Norman
Mailer
**REKLAME
FÜR
MICH
SELBER**

Norman Mailer
REKLAME FÜR MICH SELBER

LANGEN MÜLLER

Titel der Originalausgabe »Advertisements for Myself«

Aus dem Amerikanischen übersetzt von Werner von Grünau und Wilfried Sczepan

MIX
Papier aus verantwortungsvollen Quellen
FSC® C083411
www.fsc.org

© 2021 Langen Müller Verlag GmbH, München
Alle Rechte vorbehalten

© der Originalausgabe 1959 by Norman Mailer, G. P. Putnam's Sons, New York
Rechte für die deutsche Ausgabe by F. A. Herbig Verlagsbuchhandlung, 1963
Umschlaggestaltung: STUDIO LZ, Stuttgart
Umschlagmotiv: Boris Schmitz, Düren
Satz: Satzwerk Huber, Germering
Druck und Binden: CPI books GmbH, Leck
Printed in Germany
ISBN 978-3-7844-3594-7
www.langenmueller.de

Ich widme dieses Buch dem Andenken an
ANNE MAILER KESSLER (1889–1958)
und an
DAVID KESSLER
sowie an meinen Vater
ISAAC BARNETT (Barney) MAILER

An den Leser

Es gibt zwei Inhaltsverzeichnisse. Im ersten sind alle Arbeiten der Reihenfolge nach aufgeführt, und jeder, der mein Buch von Anfang bis zu Ende lesen will, mag erfreut vernehmen, daß die Reihenfolge ungefähr chronologisch ist. Getrieben von dem bewunderungswürdigen Wunsche, seine Leser zufriedenzustellen, hat der Autor ferner eine Reihe von Versuchen und Werbetexten hinzugefügt, die, kursiv gesetzt, sich wie ein roter Faden durch alle Arbeiten ziehen und die Leser mit seinem gegenwärtigen Geschmack, seinen Neigungen, Ausreden, Übertreibungen und gelegentlichen Geständnissen vertraut machen. *Wie so mancher andere literarische Scharlatan hat auch der Autor dann und wann statt des ganzen Buches nur das Vorwort gelesen, eingedenk dieses Lasters hat er sich bemüht, die* Versuche und Werbetexte *lesenswerter zu gestalten als die übrigen Seiten. Da aber dieses Verfahren zur Flüchtigkeit verführt und in der heutigen Zeit viele Leser ihrer immer wieder abschweifenden Aufmerksamkeit straffe Zügel anzulegen bestrebt sind, läßt der Autor, um den Spezialisten zu befriedigen, ein zweites Inhaltsverzeichnis folgen. In ihm sind alle Kurzgeschichten, Kurzromane, Gedichte,* Versuche und Werbetexte, *Aufsätze, Essays, Zeitungsartikel und Vermischtes nach formalen Gesichtspunkten aufgeführt.*
Für diejenigen, die von jedem Autor nur die Sahne abschöpfen und sich so des Vergnügens berauben, ihn auch von seiner schlechtesten Seite zu lieben, will ich den gefährlichen Schritt wagen, jene Arbeiten aufzuzählen, die ich für die besten dieses Buches halte. Nach der Reihenfolge, in der sie im Buch erscheinen, sind dies etwa die folgenden Arbeiten:

Der Mann, der Joga studierte
Der weiße Neger
Die schönste Zeit ihres Lebens

Reklame für mich selber auf dem Weg nach oben sowie einige der kursiv gesetzten Arbeiten.

Reklame für mich selber auf dem Weg nach oben *ist der Titel des Prologs zu einem Roman. Da durch die vorliegende Sammlung dem Roman der Boden bereitet werden soll, habe ich die Gelegenheit benutzt, einen Teil des Prologtitels diesem Buch voranzustellen. Die Jahreszahl am Ende einiger Arbeiten bezieht sich auf das Jahr, in dem sie geschrieben wurden. Da, wo keine Jahreszahl angegeben ist, handelt es sich um neues Material, das während der Jahre 1958 und 1959 für dieses Buch geschrieben wurde.*

Mein Dank gebührt Cross-Section, *der Zeitschrift* Story, The Harvard Advocate, New World Writing, New Short Novels, The Independent, One Magazine, The Village Voice, *der* N. Y. Post, Modern Writing, The Provincetown Annual, Discovery, Esquire, Partisan Review, Western Review *und* Dissent, *wo viele dieser Arbeiten zuerst erschienen sind. Außerdem gilt mein Dank den Zeitschriften* Time *und* Newsweek *für die freundliche Erlaubnis, aus den Besprechungen meines Buches* Der Hirschpark *zu zitieren.*

ERSTES INHALTSVERZEICHNIS

An den Leser 7
ERSTES INHALTSVERZEICHNIS 9
ZWEITES INHALTSVERZEICHNIS 13
Erster Versuch 17

ERSTER TEIL • ANFÄNGE

Reklame für »Eine Rechnung mit dem Himmel« 28
   Eine Rechnung mit dem Himmel 31
Reklame für »Das Größte auf Erden« 90
   Das Größte auf Erden 90
Reklame für »Vielleicht nächstes Jahr« 109
   Vielleicht nächstes Jahr 109

ZWEITER TEIL • AUS DER MITTE

Zweiter Versuch • Am Rande der Barbarei 116
Dritter Versuch 134
Reklame für drei Kriegsgeschichten 137
   Das Papierhaus 139
   Die Sprache der Männer 156
   Der tote Gook 171
Reklame für »Das Notizbuch« 194
   Das Notizbuch 195
Reklame für »Der Mann, der Joga studierte« 199
   Der Mann, der Joga studierte 204
Reklame für einige politische Aufsätze 245
   Unser Land und unsere Kultur 247

David Riesman erneut betrachtet 252
Die Bedeutung der westlichen Verteidigung 272
Nachschrift zu »Die Bedeutung der westlichen
Verteidigung« 287

DRITTER TEIL • GEBURTEN

Reklame für den dritten Teil 289
Reklame für »Der homosexuelle Bösewicht« 290
   Der homosexuelle Bösewicht 294
Vierter Versuch • Der letzte Entwurf zum Hirschpark 301
   Zwei Kritiken: *Time* und *Newsweek* 334
Nachschrift zum vierten Versuch 338
Reklame für »Neunundsechzig Fragen und Antworten« ... 341
   Neunundsechzig Fragen und Antworten 342
Fünfter Versuch • General Marihuana 353
   The Village Voice: Erste bis dritte Kolumne 356
Nachschrift zur ersten bis dritten Kolumne 381
   The Village Voice: Vierte bis siebzehnte Kolumne 382
*Reklame für das Ende einer Kolumne und eine öffentliche
Stellungnahme* 414
   Eine öffentliche Stellungnahme zu
   »Warten auf Godot« 416
Nachschrift zu einer öffentlichen Stellungnahme 427

VIERTER TEIL • HIPSTER

Sechster Versuch 428
   Der weiße Neger 436
Bemerkungen zu »Betrachtungen über Hip« 462
   Betrachtungen über Hip 463
   Hipster und Beatnik 481

Reklame für »Hip, Hölle und der Navigator« 486
Hip, Hölle und der Navigator 487

FÜNFTER TEIL • SPIELE UND
ERGEBNISSE

Reklame für »Spiele und Ergebnisse« 504
Reklame für »Es« 508
   Es 508
Reklame für »Großartig im Bett« 509
   Großartig im Bett 509
Reklame für »Der Schutzheilige der
MacDougal Alley« 511
   Der Schutzheilige der MacDougal Alley 512
Reklame für einen Brief an die New York Post 523
   Ein Brief an die New York Post 524
   Wie man mit Hilfe der Massenbeeinflussungsmittel
   einen Mord begeht – A 525
   Wie man mit Hilfe der Massenbeeinflussungsmittel
   einen Mord begeht – B 528
Reklame für »Kameraden« 534
   Kameraden oder Das Loch im Gipfel 535
Nachschrift zu »Kameraden« 545
   Eine Bemerkung über vergleichende Pornographie ... 546
   Quellen – ein Rätsel in psychischer Ökonomie 551
   Wehklage einer Dame 554
   Ich hab' zwei Kinder und ein weiteres im Ofen 557
Reklame für den Hirschpark als Schauspiel 559
   Der Hirschpark (Szene 2, 3 und 4) 559
   Ein Blick auf Picasso 578
   Würdigungen – Einige beiläufige, gewagte,
   kritische Bemerkungen über Talente unserer Zeit 581
Letzter Versuch vor meinem Weg nach oben 597

Bemerkung zu »Die schönste Zeit ihres Lebens« 603
Die schönste Zeit ihres Lebens 604
Reklame für mich selber auf dem Weg nach oben 640

ZWEITES INHALTSVERZEICHNIS

PROSA

Eine Rechnung mit dem Himmel – Kurzroman	31
Das Größte auf Erden – Erzählung	90
Vielleicht nächstes Jahr – Erzählung	109
Am Rande der Barbarei – Auszüge aus dem Roman	121
Das Papierhaus – Erzählung	139
Die Sprache der Männer – Erzählung	156
Der tote Gook – Erzählung	171
Das Notizbuch – Erzählung	195
Der Mann, der Joga studierte – Kurzroman	204
Es – Erzählung	508
Großartig im Bett – Erzählung	509
Der Schutzheilige der MacDougal Alley – Erzählung	512
Die schönste Zeit ihres Lebens – Abschnitt aus einem Roman in Vorbereitung	604
Reklame für mich selber auf dem Weg nach oben – Prolog zu einem Roman in Vorbereitung	640

ESSAYS UND AUFSÄTZE

Unser Land und unsere Kultur – Ein Beitrag zu einer Umfrage der Partisan Review	247
David Riesman erneut betrachtet – Kritische Betrachtung	252
Die Bedeutung der westlichen Verteidigung – Politischer Aufsatz	272
Der homosexuelle Bösewicht – Aufsatz	294
Eine öffentliche Stellungnahme zu »Warten auf Godot« – Kritische Betrachtung	416

Der weiße Neger – Aufsatz 436
Betrachtungen über Hip – Aufsatz mit polemischem
   Inhalt 463
Hipster und Beatnik – Aufsatz 481
Wie man mit Hilfe der Massenbeeinflussungsmittel
   einen Mord begeht (A und B) – Aufsätze 525
Eine Bemerkung über vergleichende Pornographie –
   Aufsatz 546
Quellen – Ein Rätsel in psychischer Ökonomie 551
Ein Blick auf Picasso – Kritische Betrachtung 578
Würdigungen – Einige beiläufige, gewagte, kritische
   Bemerkungen über Talente unserer Zeit – Kritik ... 581

JOURNALISMUS

Die Kolumnen für The Village Voice:
   Erste bis dritte Kolumne 356
   Vierte bis siebzehnte Kolumne 382
Ein Brief an die New York Post 524

INTERVIEWS

Neunundsechzig Fragen und Antworten 342
Hip, Hölle und der Navigator 487

GEDICHTE

Saufbolds Bebop Potpourri 414
Wehklage einer Dame 554
Ich hab' zwei Kinder und ein weiteres im Ofen 557

DRAMATISCHE VERSUCHE

Kameraden oder Das Loch im Gipfel – Ein Fragment 535
Der Hirschpark – Szene 2, 3 und 4 559

BIOGRAPHIE EINES STILS

Erster Versuch 17
Reklame für »Eine Rechnung mit dem Himmel« 28
Reklame für »Das Größte auf Erden« 90
Reklame für »Vielleicht nächstes Jahr« 109
Zweiter Versuch • Am Rande der Barbarei 116
Dritter Versuch 134
Reklame für drei Kriegsgeschichten 137
Reklame für »Das Notizbuch« 194
Reklame für »Der Mann, der Joga studierte« 199
Reklame für einige politische Aufsätze 245
Reklame für den dritten Teil 289
Reklame für »Der homosexuelle Bösewicht« 290
Vierter Versuch • Der letzte Entwurf zum Hirschpark 301
Nachschrift zum vierten Versuch 338
Reklame für »Neunundsechzig Fragen und Antworten« ... 341
Fünfter Versuch • General Marihuana 353
Nachschrift zur ersten bis dritten Kolumne 381
Reklame für das Ende einer Kolumne und eine
    öffentliche Stellungnahme 414
Nachschrift zu einer öffentlichen Stellungnahme 427
Sechster Versuch 428
Bemerkungen zu »Betrachtungen über Hip« 462
Reklame für »Hip, Hölle und der Navigator« 486
Reklame für »Spiele und Ergebnisse« 504
Reklame für »Es« 508
Reklame für »Großartig im Bett« 509

Reklame für »Der Schutzheilige der MacDougal Alley« 512
Reklame für einen Brief an die New York Post 523
Reklame für »Kameraden« 534
Nachschrift zu »Kameraden« 545
Reklame für den Hirschpark als Schauspiel 559
Letzter Versuch vor meinem Weg nach oben 597
Bemerkung zu »Die schönste Zeit ihres Lebens« 603

Erster Versuch

Wie so mancher andere eitle, hohle Wichtigtuer unserer Zeit habe auch ich während der vergangenen zehn Jahre insgeheim mit dem Gedanken gespielt, mich um das Amt des Präsidenten zu bewerben. Heute glaube ich dem Ziel ferner zu sein als je zuvor. Die Niederlage hat mein Wesen gespalten, mein Zeitgefühl ist aus dem Gleichgewicht geraten, in meinem Innern ringen Erschöpfungsgefühle eines alten Mannes mit den vorwitzig-frechen Argumenten eines aufgeweckten Jungen. So bin ich in Wirklichkeit alles andere als ein Mann von sechsunddreißig Jahren, und Zorn hat das Brutale in mir geweckt. Während ich nun etwas über diese Sammlung von Arbeiten aus meiner Feder schreibe, entdecke ich so manchen Hochmut in mir. Das läßt sich nicht ändern. Die bittere Wahrheit ist, daß ich einer Idee verfallen bin, die sich mit nichts Geringerem begnügt, als eine Revolution im Bewußtsein unserer Zeit herbeizuführen. Ob zu Recht oder Unrecht – ich gehe dabei so weit anzunehmen, daß es meinem gegenwärtigen und zukünftigen Werk unter all den Werken, die in diesen Jahren von irgendeinem amerikanischen Romancier geschaffen werden, beschieden sein wird, den nachhaltigsten Einfluß auszuüben. Ich kann mich irren, und wenn ich mich irre, dann wäre ich der Narr, der die Zeche begleichen müßte. Jedoch können wir, glaube ich, alle darin eins sein, daß es die vorliegende Sammlung um ihren wahren Wert bringen hieße, wollte ich mich als bescheidener hinstellen, als ich es bin.

Dem Leser, den die Neugier treibt, meine Behauptungen nachzuprüfen, rate ich, sich dem Kapitel »Der weiße Neger« und jenem Teil meines neuen Romans, der dieses Buch beschließt, zu widmen. Wenige Stunden angespanntester Aufmerksamkeit dürften ihm genügen, um zu entscheiden, ob er mir im großen und ganzen zustimmen kann. Denjenigen jedoch, die ein klares Bild zu gewinnen suchen, links und rechts zu unterscheiden wünschen und das Oben vom Nicht-ganz-oben, mag es beruhigender erscheinen, Schritt für Schritt in dieses Buch einzudringen.

Es hat eine Zeit gegeben, in der Pirandello mit sechs Personen auf der Suche nach einem Autor eine Komödie des Leidens hervorzaubern konnte, aber das war nur ein Hauch des Fegefeuers im Vergleich zu der peinigenden Gewissenskrätze, die ein Schriftsteller zu fühlen bekommt, wenn er seine Spiegel einander gegenüberstellt und sein Selbst durchschüttelt, um einen Stil zu finden, der eine gewisse Beziehung zu ihm hat. Ich möchte annehmen, daß dies nicht gelingt, ebensowenig wie man sich selber Zug um Zug neu zu erschaffen vermag. Aber ich muß einräumen, daß ich für eine derartige Gegenüberstellung von vornherein nicht geeignet bin, trotz zweier Romane, die ich in der ersten Person schrieb, und einer verdammten Zeit allzu leidenschaftlich geäußerter persönlicher Ansichten als Kolumnenschreiber einer Zeitung. Über mich selber schreiben heißt meinen Stil in allen möglichen Varianten und Stellungen, in einem virtuosen Feuerwerk durch eine Arena hetzen, um ich weiß nicht was zu erreichen. Begnügen wir uns damit, daß ich ein Schauspieler zu werden beginne, ein Verwandlungskünstler, als glaubte ich, den Fürsten der Wahrheit gerade in dem Augenblick zu erwischen, da ich zu einem anderen Stil übergehe.

Als ich zum Beispiel vor nicht allzu langer Zeit die Aufforderung erhielt, zum fünfzehnten Jahrestag des Harvardjahrgangs von 1913 meinen Bericht einzureichen, hatte ich zunächst vor, nicht darauf zu antworten. Dann erwog ich ein paar recht kurz gehaltene und (folglich) verächtliche Zeilen und dachte mir schließlich, scheiß drauf, setzen wir doch mal was in diesen Jahresbericht, was man nicht so ohne weiteres erwartet wie etwa folgendes:

> Wir wohnen jetzt auf dem Lande und stellen zu unserer Überraschung fest, daß es uns gefällt, obwohl die Kinder die Unsicherheit und Gefährdung in einer New Yorker Schule vermissen.

Das Leben in den Außenbezirken ist großartig, aus berechtigten Gründen großartig. Wie ich zu meinem vielleicht übertriebenen Entsetzen feststelle, macht mir sogar der hochtourige Bridgerobber Spaß, wenn ich mich allabendlich zurückkatapultieren lasse. Meine Frau und ich bemühen uns, selbstverständlich zusammen mit dem örtlichen Eltern- und Lehrerverein, Ausscheidungsturniere einzuführen. Diese Beschäftigung befriedigt allerdings nicht ganz meine programmatischen, ehrgeizigen Bestrebungen aus der Zeit vor fünfzehn Jahren, aber dennoch sind, wenn man mir meinen Enthusiasmus für ein Klischee vergönnt, die kleinen Realitäten wie der ergrauende Schädel und der schwellende Wanst aufmunternd.

Und so schrieb ich, indem ich (ganz zu Recht) voraussah, daß neunzig Prozent der Erwiderungen meines Jahrgangs jenen unnachahmlichen, unbeholfenen Zauber der Harvard-Prosa ausstrahlen würden, meine Antwort in dem Verlangen, destruktiv zu wirken und daher nützlich zu sein:

Während der letzten Jahre habe ich es nicht lassen können, in dem allzu zahlreichen Pöbel gewissenloser Egoisten mitzulaufen, die alle entschlossen sind, der nächste große amerikanische Schriftsteller zu werden. Doch betrachtet man das Lärmen, das Vergeuden von Willenskraft und das Verzehren des schöpferischen Zorns durch unsere höchst verfeinerte und wertvolle, alles verschlingende Zeit, höflich auch die Zeit des Konformismus genannt, weiß ich nicht, ob ich wirklich länger noch so zuversichtlich sein darf, auf mich oder auf einen meiner ebenbürtigen Rivalen zu setzen.

Ja, ich wollte damit sagen, daß die Quelle meines schöpferischen Zorns im Versiegen ist, daß ich bereits fünfzehn Jahre lang ein wenig im Sterben liege, was zweifellos auch für eine Anzahl der anderen gilt – keiner von uns leistet wirklich so viel, wie er es sich einmal vorgenommen hatte. Aber es ist ja auch eine schlimme Zeit gewesen, und wir alle sind von der stickigen Luft dieser Zeit niedergedrückt, zu einem plattfüßigen Jahrgang zusammengepreßt worden. Der tiefere Sinn hing mit dem Wort »verzehren« und seinen Nebenbedeutungen »schwächen«, »entkräften«, »abtöten« zusammen – und dieses Wort war der Nerv, der sich durch meine Antwort zog. Aber leider wurde im Klassenbericht durch einen Druckfehler aus dem »Verzehren des schöpferischen Zorns« ein »Vermehren des schöpferischen Zorns«, eine zwar interessante Veränderung, die jedoch meine Absicht zunichte machte. Während die Jahre nun so verstreichen und mich die Mühlen der Philosophie-Doktoren allmählich ein wenig annehmbar finden, werden Studenten in höheren Semestern über das Vermehren meines schöpferischen Zorns zu schreiben beginnen, über Mailers Vision von seinem Zorn als seinem Schild, obwohl ich doch nur ganz schlicht zu erklären versucht hatte: »Die Scheißkerle bringen uns um.« Nun ist in der zeitgenössischen Literatur, in der kein Schmerz, sei er auch offenbar, glaubhaft wirkt, falls er nicht von einem Meister des Jargons dargestellt wird, eine Bemerkung wie »Die Scheißkerle bringen uns um« so vielsagend, daß ihr fünfzig Seiten einer genau durchdachten Beweisführung folgen sollten. Ich möchte diesen Versuch aber lieber nicht unternehmen. Meine Stimmung hat sich geändert, und ich ziehe es vor, einige bittere Ergebnisse bis zum Überdruß durchgekauter Ansichten abzuladen. Sie zeigen zwar auch den Grobian in mir und reißen ein paar von Trunkenheit herrührende Verletzungen wieder auf, reinigen aber die Luft, so daß wir weiterkommen.

Jeder amerikanische Schriftsteller, der sich selber für bedeutend und besonders männlich hält, muß früher oder später ein Werk vorlegen, das von Eigenliebe im Stil Hemingways durchtränkt ist. Jeder Leser, der mich später auf meine Art über die Windungen und Ellipsen meines verschlungenen Geistes zu früheren Anmerkungen zurückkehren läßt, wird unterwegs durch Erläuterungen (nicht ganz und gar den Rhythmen Hemingways entspringend) unterhal-

ten, die ich über diesen Mann, über meine Zeitgenossen und über mich selber abzugeben habe. *Kurze Bemerkungen, alles andere als erschöpfend, aber dennoch ein geschichtlicher Augenblick.*

Denn ich habe schließlich große Sympathie für des Meisters fixe Idee empfinden gelernt, er sei das As unter den Schriftstellern seiner Zeit und aller Zeiten, und daß, wenn irgendeiner Tolstoi auf seinen Platz verweisen könne, es Ernest H. sei. Irgendwo in Hemingway lebt der hartgesottene Geist eines gerissenen Kleinstadtjungen, eines Jungen jenes Schlages, der genau weiß, daß du nur dann fein 'raus bist, wenn du als der größte Mann in der Stadt anerkannt wirst, denn nichts weiter als einer der großen Männer in der Stadt zu sein ist ermüdend, viel zu ermüdend, du erweckst Haß, und schlimmer noch als Haß, eine Welle unverschämter Vorwürfe in jedem einzelnen deiner Umgebung. Von den einen wirst du als bedeutend betrachtet, von den anderen verrissen, und jedesmal wenn du einen neuen Mann kennenlernst, bricht der Kampf aus: Wer zuletzt kommt, muß entscheiden, ob du

 a) stärker bist als er und
 b) schlauer als er und
 c) weniger abnorm.

Wenn du in allen drei Punkten bestehst, beim Ringkampf, beim Kultur-Derby und bei der Zählung der Schamhaare gewinnst, wird er für gewöhnlich, ist er ein anständiger Kerl, die Ansicht vertreten, du solltest für das Amt des Präsidenten kandidieren. Dies alles ist dir aber in erster Linie nur deshalb zugestoßen, weil dein Ruf zweifelhaft und dein Name mit der Publizität und der allgemeinen Moderichtung untrennbar verbunden ist. Daher sind deine Begegnungen mit allen Männern und Frauen um dich her gespannt und überspannt.

Es gibt eine Zeit, in der sich ein ehrgeiziger Mensch seinen Weg durch den Dschungel und zum Gipfel hinauf erkämpfen sollte – es ist die Zeit, in der die Erfahrungen fruchtbar sind und du mehr lernen kannst, als es dir jemals wieder vergönnt sein wird. Aber wenn es zu lange dauert, welkst du unter der Anstrengung dahin, brichst trunken oder mit ausgebranntem Hirn zusammen und erfährst, was es bedeutet, in der Liebe ernsthaft zu verlieren, oder wie es ist, wenn dein bester Freund nicht mehr mit dir redet; dem willensstarken Mann, der aber nicht stark genug ist, seinen eigenen Gipfel zu erklimmen, steht unweigerlich ein böser Sturz bevor.

Hemingway wußte das: Jahre hindurch hat er nichts geschrieben, was einen Achtjährigen oder eine Großmutter beunruhigen könnte, und dennoch steht sein Ruf auf festen Füßen – er wußte, dank einem feinen Instinkt für den richtigen Zeitpunkt, von vornherein, daß er für sich selber einen Werbefeldzug durchführen mußte, daß die beste Taktik, den Kinnbackenkrampf seines einschrumpfenden Genius zu verbergen, darin lag, die Persönlichkeit unserer Zeit zu werden. *Und damit hatte er Erfolg. Er tat sein Bestes, ein paar Löwen zu schießen, Paris hätte er mit ein paar hundert Mann fast erobert, er unternahm viele Dinge, die nur wenige unter uns vollbringen konnten, und ich sage dies ganz ehrlich und nicht etwa aus Heldenverehrung. Aber trotz seines Formats und all dem, was wir über die wirkliche Bedeutung des physischen Mutes von ihm gelernt haben, hat er dennoch vorgegeben, ihm sei die Vorstellung völlig fremd, daß es nicht genüge, wie ein Mann zu empfinden, sondern man müßte versuchen, auch wie ein Mann zu denken. Hemingway hat stets Angst davor gehabt zu denken, Angst davor, auch nur ein wenig von seiner Popularität zu verlieren, und so vergeudete er zuletzt wie ein Narr seine Zeit damit, sich in aller Öffentlichkeit über die Fehde zwischen seinen guten Freunden Leonard Lyons und Walter Winchell aufzuregen. Dabei weckten seine Worte bei den Besten meiner rebellischen Generation nicht einen Gedanken. Uns ist er keine Hilfe mehr. Er überläßt uns ganz allein der nervösen Langeweile einer Welt, die zu ändern er in letzter Konsequenz sich nicht energisch genug bemüht hat.*

Dennoch gestehe ich dem Mann eins zu: Er hat den Wert des eigenen Werkes gekannt und darum gekämpft, seine Bücher durch seine Persönlichkeit zu bereichern. Jeder kann sich vorstellen, wie töricht sich In einem anderen Land *oder noch besser* Tod am Nachmittag *ausnähme, hätte es ein Mann von einsfünfundsechzig geschrieben, der Pickel hat, eine Brille trägt, mit kreischender Stimme spricht und physisch ein Feigling ist. Eine solche Hypothese ist natürlich unmöglich – ein solcher Mensch wäre niemals fähig gewesen, die Gemütsbewegungen des Mannes zu empfinden, der jene frühe Prosa geschrieben hat. Aber ich übertreibe in diesem Punkt, um die Nuancen durch Kontraste hervorzuheben. Wie, wenn Hemingway im Vergleich zu seinen eigenen Helden auch nur eine Spur physischer Feigheit gezeigt hätte? Eine solche Feigheit hätte der halben literarischen Welt ein boshaftes Vergnügen bereitet, die Lächerlichkeit wäre auf dem Fuße gefolgt und hätte seine Bücher ihres lebendigen Atems beraubt. Ohne eine Vorstellung von dem großen Mann, der diese Prosa schrieb, wäre das ganze spätere Werk nur ein Gerippe von Abstraktionen gewesen, ohne Fleisch und Blut.* Der alte Mann und das Meer *ist meiner Ansicht nach eine schlechte Arbeit, wenn man nichts über den Verfasser weiß. Erst wenn man sich, mehr oder weniger unterbewußt, Ernests Gesicht auf dem Körper eines kubanischen Fischers vorstellt, erhält der Trick in dieser Erzählung seinen surrealistischen Wahrheitsgehalt.**

Die Persönlichkeit eines Autors kann die Aufmerksamkeit, die Leser seinen Büchern entgegenbringen, fördern oder beeinträchtigen. Daher ist es für ein Talent zuweilen verhängnisvoll, keine Leserschaft zu haben, die sein Format unmißverständlich öffentlich anerkennt. Du mußt, um dein Werk zu retten und mehr Leser zu erreichen, Reklame für dich machen und deine Lieblingsseite aus Hemingways

---

* Als Kritik im Extrakt: Der alte Mann und das Meer *wird als ein lebensbejahendes Werk begrüßt, als ein Triumph des menschlichen Geistes usw. usw. Aber ein lebensbejahendes Werk muß einen Augenblick der Verzweiflung enthalten – in diesem Fall muß ein schlimmer Augenblick dann eintreten, wenn der alte Mann, Santiago, sich versucht fühlt, die Angelschnur durchzuschneiden und den großen Fisch entkommen zu lassen. Hemingway ist diesem Problem aus dem Wege gegangen, indem er den alten Mann niemals ernstlich in Versuchung hat geraten lassen. Wie ein Riese (aber nicht wie ein Mensch) hat sich Santiago einfach an den Fisch geklammert – vielleicht wußte er, daß die Zeitschrift* Life *ihm jede Lebensbejahung, deren er bedurfte, liefern würde.*

ungeschriebenen Notizen von Papa, wie der arbeitsame Romancier vorwärtskommen kann, stehlen. Truman Capote hat dies, als er anfing, mit großer Kühnheit getan, und vor ihm nehme ich den Hut ab. James Jones hat es getan und seine Sache gut gemacht. Kerouac würde wie ein Stierkämpfer Ohren und Schwanz verdienen, gehörte er nicht zur Eisenhowerclique. Ich selber wäre nur allzugern einer der buntschillernden alt-jungen Männer der amerikanischen Literatur, aber ich habe einen unbeständigen Charakter, ein mürrisches Wesen und einen berechnenden Verstand. Niemals bringe ich gute oder erschöpfende Interviews zustande, da ich, wie mir scheint, mit Reportern stets in ein gespanntes Verhältnis gerate – sie wittern, so freundlich ich mich ihnen gegenüber auch zu geben versuche, daß ich sie nicht leiden kann. Die psychologische Voraussetzung für die Arbeit an einer Zeitung liegt wohl darin, ein geborener Lügner und aus einer Zwangsvorstellung heraus Patriot zu sein. Vielleicht sollte ich mir für die Pflege meiner Beziehungen zur Öffentlichkeit einen Werbeagenten verpflichten, der meine Karriere ein wenig schmiert, aber ich weiß nicht, ob ich ihn mir leisten könnte (nicht in Anbetracht des Umfangs der Aufgaben, die er für mich zu übernehmen hätte) und mich nicht früher oder später gezwungen sähe, ihm das Konzept zu verderben. Wie liebenswert er mich auch für die Öffentlichkeit zeichnen mag, brächte es mich doch an den Rand der Erschöpfung, mich als netter hinzustellen, als ich in Wirklichkeit bin. Tatsächlich würde es meine besten schöpferischen Kräfte geradezu untergraben. So liegt mir nichts daran, mich der Öffentlichkeit als Liebender zu nähern, auch könnte es mir, wie schon erwähnt, gar nicht gelingen. Ich habe als freigebiger, aber sehr verwöhnter Junge angefangen und mich offenbar zu einem etwas angeschlagenen, übelgelaunten Vereinsboxer entwickelt, der sauber und unsauber kämpfen kann, aber jedenfalls den Kampf liebt. Ich schreibe dies nicht einzig und allein aus Mitleid mit mir selber (obwohl Selbstbemitleidung eines meiner Laster ist), sondern auch, um mit einer einfachen Wahrheit herauszurücken: Ich bin mit den Jahren nicht freundlicher geworden und hege den

Verdacht, daß dies auch für sehr viele unter euch zutreffen mag. Zuviel von meiner schöpferischen Kraft habe ich verbrannt und mir zu langsam etwas von einem harten, abstoßenden und vielleicht männlichen Wissen zu eigen gemacht. Falls ich also fortfahren will, das auszusprechen, was mein Zorn mir als wahr eingibt, muß ich mehr dazu tun, um die Gleichgültigkeit zu überwinden, die von den Snobs, den Schiedsrichtern, den Managern und den Fanatikern des Konformismus ausgeht. Diese Leute beeinflussen ja den größten Teil des literarischen Lebens und spüren im Innersten ihres Unbewussten doch, wie sehr der Ehrgeiz eines Schriftstellers, wie ich einer bin, dazu neigt, in der Folge immer zersetzender, gefährlicher und mächtiger zu werden. Es ist schön, wenn ich so gut und so kraftvoll zu schreiben verstehe, daß ich stolz darauf sein kann, aber vielleicht habe ich das Erdreich fruchtbringender Sprache für immer erschöpft. Ich weiß es nicht, aber es ist möglich. Ich habe zu viele Schlägereien mitgemacht, man hat mir mit dem Hammer auf den Kopf gedroschen und bei einer Prügelei auf der Straße mir das linke Auge ausgequetscht – und selbstverständlich bin ich stolz darauf (als Kind war ich körperlich feige). Ja, ich bin stolz darauf, daß ich ein wenig gelernt habe, mich zu schlagen, auch wenn der Preis dafür sich schließlich als Verschwendung erweist. Vielleicht hat es bei mir zu viele Raufereien gegeben, zuviel geschlechtliche Betätigung, Alkohol, Marihuana, Anregungs- und Beruhigungsmittel und allzuviel lächerliche, schädelsprengende Wut über die unbedeutenden, verkrampften, zum Scheitern verurteilten Bemühungen eines höchst widerlichen, bis ins Mark nekrophilen Literaturbetriebes – diese Leute ermorden ihre Schriftsteller und schmücken dann ihre Gräber.

Wenn ich so entscheidende Worte niederschreibe, bedeutet dies in keiner Weise, daß ich allein schlecht behandelt worden bin – im Gegenteil, ich hatte mehr Glück und begreiflicherweise mehr Pech als die meisten Schriftsteller (das gibt einem die unbarmherzige Genugtuung, ein wenig mehr darüber zu wissen, worum es sich bei diesem Schwindel dreht). Nein, diese unmanierlichen Aderlässe und Koliken sollen einen klaren Sachverhalt wiedergeben, ich hatte das Glück, ein umfassendes Talent zu besitzen und einen Teil davon zu benutzen, und wenn ich weiß, wieviel mehr ich hätte leisten können, falls das Glück noch einmal meines Weges gekommen wäre ... nun, das ist nicht meine Geschichte, das ist die Geschichte jedes einzelnen. Auch der letzte unter uns hätte mehr leisten können, das eine oder andere Werk mehr, als wir geschaffen haben, und wenn es auch unsere Schuld ist, so ist es doch nicht ganz unsere eigene Schuld, und deshalb zürne ich noch immer der Feigheit unserer Zeit, die uns alle in die Zwangsjacke mittelmäßiger Zugeständnisse gepreßt hat, in dem, was einst unsere lichterfüllte Leidenschaft war, aufrecht zu stehen und Ursprünglichkeit zu bewahren.

Man kann im folgenden feststellen, daß diese Sammlung von Bruchstücken, Versuchen, Kurzgeschichten, Aufsätzen, Kurzromanen, Romanfragmenten, Gedichten und Teilen eines Schauspiels schließlich zum größten Teil gerade über ein so anregendes Thema geschrieben wurde – die Scheißkerle bringen uns wirklich um, wenn sie sich dabei auch selber umbringen. Jeden Tag fressen sich ein paar neue Lügen in den Samen, mit dem wir geboren wurden, kleine, durch Gewohnheit bedingte Lügen aus den Zeitungen, den Schockwellen des Fernsehens und den sentimentalen Täuschungen der Filmleinwand. Kleine Lügen, aber sie treiben uns zum Irrsinn, da sie den Sinn für die Wirklichkeit verkümmern lassen. Wir sind in einer Welt aufgewachsen, die weit mehr in Verfall geraten ist als das Römische Reich in seinen schlimmsten Zeiten, eine feige Welt, die dem Vergnügen nachjagt (was man billigen könnte), aber sie jagt ihm nach ohne den Mut, den hohen Preis völlig klaren Bewußtseins zu zahlen, und bringt sich so im Gewimmer und Geplärr der Angst um den Genuß. Wir verlangen nach der Lust der Orgie, aber nicht nach dem Mord in ihr, nach der Erregung durch den Genuß ohne die nagende Qual des Schmerzes, und daher lauern uns in der Zukunft Schrecken auf, aber wir fahren fort, uns zu verzehren. Wir haben ein Stück des Weges abgekürzt und versucht, den Sinn des Lebens zu verfälschen und uns unserem beunruhigten Bewußt-

sein nicht zu stellen, daß nämlich der Genuß am ehesten den Mutigen zuteil wird. Nun sind wir eine Nation von Rauschgiftsüchtigen (Koffein, Equanil, Seconal und Nikotin), von Homosexuellen, Strolchen und furzsichtigen Südstaaten-Gouverneuren. *Der Anstieg unserer Jugendkriminalität läßt sich nur noch mit der nicht eingestandenen sprunghaften Zunahme der Krebserkrankungen in unserem Volk vergleichen, jener Krankheit, die doch etwas ganz anderes ist als Krankheit: eine Woge wuchernden Wachstums, eine Orgie entarteter Zellen.*

So dürfte es wohl an der Zeit sein, auszusprechen, daß sich die Republik in wirklicher Gefahr befindet und wir, die Feiglinge, es sind, die Tapferkeit, Geschlechtsleben, Selbstbewußtsein, die Schönheit des Körpers, das Suchen nach Liebe und die Zustimmung zu einem vielleicht doch heroischen Schicksal verteidigen müssen. Aber diese Worte sollen zeigen, wie traurig wir sind, sollen es jenen unter uns zeigen, die da glauben, die meisten von uns hätten ihre Jahre damit verbracht, über Furcht, Schwäche, Dummheit, Häßlichkeit, Eigenliebe und Apathie zu schreiben. Gerade darin besteht jedoch unsere Glaubenstat, unser Versuch zu erkennen, jenen Lebensnerv des Seins, der wohl uns alle durchziehen mag, genau zu erkennen, zu erspüren und sogar zu betasten, ja, fest zu ergreifen, jene Wirklichkeit, deren Bestand möglicherweise von der Aufrichtigkeit in unserm Werk abhängt, von unserer Ehrenhaftigkeit, die es uns nicht erlaubt, Besseres auszusagen, als wir gesehen haben.*

ERSTER TEIL • ANFÄNGE

Reklame für »Eine Rechnung mit dem Himmel«

Ich war noch nicht siebzehn, als der Wunsch in mir erwachte, ein bedeutender Schriftsteller zu werden. Dieses Verlangen befiel mich recht plötzlich während der letzten zwei Monate meines sechzehnten Lebensjahrs, einer Zeit, deren ich mich gut entsinne, weil es mein erstes Semester auf Harvard war. Im Dezember 1939 und Januar 1940 war ich damit beschäftigt, die moderne amerikanische Literatur für mich zu entdecken. In diesen sechzig Tagen habe ich Studs Lonigan, USA *und* Die Früchte des Zorns *wiederholt gelesen. Später bin ich dann auf Wolfe, Hemingway und Faulkner übergegangen und in geringerem Maß auf Fitzgerald, aber Farrell, Dos Passos und Steinbeck waren in jenen sechzig Tagen, bevor ich siebzehn wurde, die Romanschreiber für mich.*

Als Student im zweiten Jahr schrieb ich sehr viele Geschichten, die von Ernest Hemingway beeinflußt waren. Obwohl mich Dos Passos und Farrell stärker erregten, war es Hemingway, den ich nachahmte – wahrscheinlich, weil er mir leichter erschien. Wie Farrell oder Dos Passos zu schreiben hätte mehr Erfahrung verlangt, als ich mit achtzehn hätte haben können. Im Alltäglichen die Wirklichkeit wahrzunehmen fällt einem schwer, wenn man jung ist, scheu, halb verliebt und ganz gewiß in sich selber verliebt, vom Geschlechtstrieb gepeitscht, obwohl man noch dabei ist, seine Pickel auszurotten – nein, es ist reizvoller, sich selber für einen Helden zu halten, der groß und stark ist und eine quälende Wunde davongetragen hat (und auch darüber zu schreiben). Eine Rechnung mit dem Himmel *handelt von einem solchen Helden. Wahrscheinlich ist sie die beste der anspruchsvollen Arbeiten, an denen ich mich auf Harvard*

versuchte, und es war fast die letzte, die ich schrieb: *Ich habe sie zu meinem zwanzigsten Geburtstag beendet.* *
In dem Jahr nach Ausbruch des Krieges war auch ich wie jeder andere mit den überhitzten Schlagworten der Massenbeeinflussungsmittel gefüttert worden. Das Nervensystem jedes einzelnen Amerikaners wurde mit Propaganda vollgestopft, und Eine Rechnung mit dem Himmel *dürfte insofern äußerst interessant sein, als dort gezeigt wird, wie ein junger, recht gescheiter Mensch sich der Schlacke gedanklichen Drecks in großen Mengen entledigt, während er sich gleichzeitig seine eigene Spielart des Drecks erschafft. Nachdem dies ausgesprochen ist, sehe ich nicht klar, wie ich* Eine Rechnung mit dem Himmel *empfehlen kann, es sei denn jenen, die an meinen früheren Arbeiten interessiert sind.***

Diese Arbeit bietet einen interessanten Gegensatz zu den Nackten und den Toten, *denn es ist ein Versuch der durch Bücher, Filme, Kriegsberichterstatter und die liberale Mentalität geförderten und irregeleiteten Phantasie, sich vorzustellen, wie der Krieg wirklich sein kann. Und ich glaube, der Tonfall verrät den eigentümlichen Größenwahn eines jungen Schriftstellers, der entschlossen ist, ein bedeutender Schriftsteller zu werden. Ich will hier auch gestehen, daß ich am 8. oder 9. Dezember 1941, während der achtundvierzig Stunden nach Pearl Harbor, als ehrenwerte junge Männer sich die Frage vorlegten, wo sie beim Kriegseinsatz von Nutzen sein*

---

* *Das allerletzte war der Versuch, einen Roman über eine Irrenanstalt zu beginnen. Einen Sommer lang hatte ich vor meinem letzten Studienjahr in einer staatlichen Anstalt gearbeitet, und zwölf Monate später, nach meinem Examen, begann ich ernsthaft an dem Roman zu arbeiten, der neun Monate und 600 Seiten später, kurz bevor ich zur Armee kam, beendet wurde. Er hieß* A Transit to Narcissus *und baute auf einem Stück auf, das ich schon früher über die gleiche Irrenanstalt unter dem Titel* Die Nackten und die Toten *geschrieben hatte.*
Ja.
** *Es spricht manches dafür, daß die einzige dieser heute noch lesenswerten schriftstellerischen Arbeiten aus der Collegezeit* Vielleicht nächstes Jahr *ist, ein gutes Stück Prosa in Salingers Stil.*

könnten, und andere praktisch denkende junge Männer sich darüber schlüssig wurden, welche Truppengattung ihnen die größte Gewißheit dafür biete, einen Druckposten zu erwischen, düsteren Spekulationen nachhing, ob ein großer Kriegsroman wohl eher über Europa als über den Pazifik geschrieben werden würde. Je länger ich darüber nachdachte, desto geringere Zweifel hegte ich: Europa würde der Schauplatz sein.

Wenn ich mich dann ein Jahr später dafür entschied, in diesem kurzen Roman über den Krieg im Pazifik zu schreiben, geschah das nicht, weil ich in die Tropen verliebt war, sondern weil 1. Amerikaner dort bereits kämpften, 2. der Krieg im Pazifik einen reaktionären Unterton hatte, den mein fortschrittlich-liberales Ohr aus Feldgendarmerie-Leitartikeln sofort heraushörte, und 3. weil es leichter war und ist, einen Kriegsroman über den Pazifik zu schreiben. Man braucht da nämlich kein Gefühl für die Kultur Europas und Amerikas Zusammenstoß mit ihr zu haben. Einen umfassenden Roman über den letzten Krieg in Europa ohne Verständnis für seine kulturelle Vergangenheit zu versuchen bedeutet aufs schlimmste zu scheitern, nämlich als ein überehrgeiziger und opportunistischer Schleimscheißer. (Genau das ist es, was den beträchtlichen Wert der Jungen Löwen *in nicht mehr gutzumachender Weise beeinträchtigt.)*

Eine Rechnung mit dem Himmel *wurde in Edwin Seavers Zeitschrift* Cross-Section *abgedruckt, die 1944 zum erstenmal erschien, Marjorie Stengel, seine Lektorin, war als erste darauf gestoßen, und die Arbeit gefiel ihr sehr. Im Lauf der Jahre sollte sie mir noch öfters und dabei immer sehr geschickt unter die Arme greifen. Damals war sie freigebig mit ihrem Lob, und Edwin Seaver war überaus anständig – ich entsinne mich, daß ich ihn etwa einen Monat, bevor ich Soldat wurde, ein paar Minuten lang sprach und dabei mit leiser Stimme murmelte,* Eine Rechnung mit dem Himmel *sei von* La condition humaine *beeinflußt.*

»Sie bewundern Malraux sehr?« meinte Seaver.

»Ich möchte gern ein zweiter Malraux sein«, platzte ich heraus.

»Soso«, sagte Seaver, und seine Freundlichkeit kam von Herzen, »vielleicht schaffen Sie's, vielleicht schaffen Sie's.« Ich habe dieses Ziel auch nicht annähernd erreicht – wem ist das schon gelungen? – aber Seavers Großmut und Marjorie Stengels Herzlichkeit haben mir, nachdem ich zur Armee gekommen war, geholfen, eine bestimmte Vorstellung von mir selber am Leben zu erhalten. Durch den größten Teil der Großen Scheiße, die der Zweite Weltkrieg für mich war, habe ich mir eine eiskalte, messerscharfe Besessenheit in meinem Herzen bewahrt. Ich hörte anderen Soldaten zu, die sich die Zunge wund redeten, wie sie, sobald sie wieder draußen seien aus dem Krieg, ein Buch schreiben würden, an dem alles dran wäre und das diese beschissene Armee anprangerte. In meinem vor Erschöpfung schlaffen Hirn dachte ich bei mir, wenn die nur wüßten, was ich selber zu tun beabsichtigte, würden sie mich auf der Stelle zum Feldwebel ernennen.

Eine Rechnung mit dem Himmel

Pater Meary, April 1942, dritter Tag

Gott will nichts Nebensächliches sein.

Zuweilen rannten alle, zuweilen gingen rannten krochen sie. Sie alle, Rice, der Indianer, Pater Meary, der Hauptmann, fluchend und stolpernd; dreißig Mann, die sich drängten, mit den Ellbogen stießen und über den schmalen Landstreifen robbten, der ihnen geblieben war.
»Vorwärts«, brüllte der Hauptmann, »vorwärts, vorwärts.« Pater Meary blickte sich nach ihm um, strauchelte und stürzte. In der Ferne hörte er die Geschütze noch immer ingrimmig miteinander streiten, als wollten sie einander nicht gelten lassen; alle diese Geräusche dröhnten und barsten in seinem Kopf. Auf dem Boden wälzte er sich herum, fühlte den Hauptmann fluchend an sei-

ner Schulter zerren.»Vorwärts, wir müssen zum Haus hinüber.« Er sah Männer an sich vorbeistürmen, sie liefen vereinzelt, und obwohl wilde Angst auch ihn ergriffen hatte, kam es ihm vor, als habe er nichts mit ihnen gemein. Ohne zu verstehen, taumelte er wieder empor. Während er hinter den zurückweichenden Männern einhertrottete und den Hauptmann, dessen Gegenwart allein ihn durch dieses Chaos trieb, in seiner Nähe spürte, sagte er sich, der Mann hätte ihn nicht so anbrüllen sollen, denn immerhin sei er ein Diener Gottes. Er verstand nichts mehr; alles in ihm war plötzlich durcheinandergewirbelt, wie der Haufen rennender Männer. Was hinten am zweiten Graben geschehen war, wußte er nicht. Zwei Tage hindurch hatten sie die Japaner zurückgeschlagen, und plötzlich war der Graben durchbrochen worden. Und nun lief er mit den anderen Männern davon.»Himmlischer Vater«, begann er mechanisch, und dann hörte er hinter sich das harte Hämmern des Maschinengewehrs, des unerbittlichen Wegweisers zum Tode. Als er eine Hand an seinem Rücken verspürte, warf er sich zu Boden. Da vernahm er das Siegesgeschrei des Feindes, das hinter ihm an- und abschwoll und vom Strand herüberklang. Dann waren sie wieder auf, rannten nun die ganze Zeit, ließen sich fallen, sobald ein Maschinengewehr knatterte, und stolperten die durch mäßigen Beschuß zerlöcherte Straße von Tinde entlang. Seine Gebete verloren ihren Zusammenhang und die Worte verwirrten sich. »Ave Maria, pax est ...«
Dann war er wieder nur Teil eines wie eine Gebärmutter zukkenden, unförmigen Haufens von Männern, die mit keuchendem Atem flohen ... aber wohin? Ihn verlangte nach Sicherheit, seine dicken Hände flatterten ungewiß von seinem Körper weg, als er stolperte, sich wieder fing und erneut stolperte, verzweifelt bemüht, hinter den rennenden Männern nicht zurückzubleiben ... rennen, aber wohin? Der Hauptmann führte sie, der Hauptmann mußte es wissen, dachte er. Der Hauptmann war Soldat.

Noch einmal fühlte er seine dünnen Beine unter sich nachgeben, fühlte sich im Dreck atmen. Die Stadt Tinde drang in ihn ein wie die Geräusche aus der Arena – der römischen Arena, dachte er –, diese Geräusche, die immer näher kamen, verkörpert in der Erbarmungslosigkeit des Maschinengewehrs. Er brauchte nicht mehr zu fallen, durchzuckte es ihn, er lag schon am Boden. Aber das Maschinengewehr schwieg nun, und dann fühlte er die Erde unter sich wegkippen. Nach einem Augenblick wurde ihm bewußt, daß jemand ihn aufgehoben hatte; der andere trug ihn über die Schulter geworfen, so daß sein Kopf herabhing und sein Gesicht dem Rücken des Mannes nah war. Er beobachtete das Kreuz auf dessen Schulter, das von seiner Uniform herabbaumelte, unheilig heftig hin und her pendelte, und als es zu Boden fiel, starrte er ihm nach, als sei es ein Vogel, der am Himmel entschwand. Auch als er es nicht mehr sah, spähte er weiterhin nach ihm aus und bemerkte, wie sich der Boden unter ihm drehte und zurückwich. Er fürchtete sich; sein abwärtshängender Kopf verlieh ihm ein Gefühl der Schwere und des Unbehaglichen; der Rücken, der ihn trug, war nicht breit, und er spürte seine Furcht zunehmen. Die Männer, die neben ihm herliefen – lag Schrecken auch auf ihren Gesichtern? Die Gräben waren durchbrochen, sagte er sich immer wieder, aber wie und wann? Er merkte, wie ihn sein Zeitgefühl verließ. Er verstand sich nicht auf solche Dinge, er war ein Gottesmann, er hatte von all dem, was sich um ihn her ereignete, keine Ahnung. Aber die Japaner waren durchgebrochen, soviel wußte er, ihre gelben Gesichter von Lust erfüllt. Diese Heiden, sie würden einen Gottesmann nicht verstehen, nicht achten. Er hatte sein Kreuz verloren, sie würden ihn mit den übrigen erschießen. Der Rauch des Todes lag über der Stadt. Das Maschinengewehr kehrte wieder, es umkreiste ihn. Der Mann, der ihn trug, stieß einen Laut aus, schwankte und stürzte. Pater Meary stürzte mit ihm, beide im Dreck ineinanderverschlungen. Er fühlte Blut auf seinem Gesicht, wandte den Kopf und sah keinen der Männer mehr laufen, alle am Boden hingestreckt, während das Maschinengewehr und dann noch eins sich zornig über sie hinweg ereiferten. Als er Schreie vernahm, dachte er nicht an das Sterben dieser Männer, sondern an ihre Seelen ... an eine bedingte Absolution für sie. Es war Blut auf seinem Gesicht, aber er verspürte keinen Schmerz ...

In San Franzisko hatte er sich eine Zeitlang unglücklich gefühlt, viele Monate hindurch. An einem Winterabend war er durch die Stadt gewandert und, da er Hunger bekam, aufs Geratewohl in das erste beste Restaurant getreten. Die Preise waren nicht hoch, und als könne er dadurch seiner niedergedrückten Stimmung entfliehen, bestellte er sich die teuersten Gerichte. Es wurde ein ausgezeichnetes Mahl. Die hübsche Kellnerin war ihm wie eine Madonna der Florentiner Schule erschienen, und als er fertig war, hatte er ihr den Dollar für das Essen und, von ihrem Gesicht beglückt, darüber hinaus einen halben als Trinkgeld gegeben. Er hatte die Verwunderung auf ihrem Gesicht bemerkt, und da er sich jetzt glücklich fühlte, gesagt: »Wenn ich etwas schätze, so ist es ein gut zubereitetes Essen, das von einer jungen, hübschen Kellnerin wie Sie nett serviert wird.« Dabei hatte er sich bemüht, mit tiefer Stimme zu sprechen, was ihn in Verlegenheit brachte. So entfernte er sich, bevor sie ihm danken konnte. Draußen jedoch hatte er sich unglücklicher gefühlt als je zuvor.

... Das Maschinengewehrfeuer kam zurück und züngelte an den Körpern der Männer um ihn her. Über ihm entstellten ein paar Flugzeuge den Himmel. »Eine Todesfalle, es ist eine Todesfalle«, hörte er jemand neben sich murmeln. Das Entsetzen war bis in seine Fingerspitzen gedrungen; jeder Muskel zuckte für sich, als sei er ausgehakt. Die Vorstellung, der Tod sei ihm wahrscheinlich, flößte ihm eine eigenartige Furcht ein. Bereits auf der Straße war ihm bei den schweren Schritten der Männer der Gedanke gekommen, es seien die Seelen, die in eine andere Existenz überwechselten. Er hatte sein Leben im Hinblick auf die Begegnung mit dem Tod gelebt, aber nun hatte er Angst. Er verstand nicht, warum es so war. Und dann versickerte jeder Gedanke in seinem Kopf, und er empfand nur noch seine Furcht. Danach nur noch die Sonne, warm auf seinem Rücken; das unverschämte Maschinengewehr, aufs neue gereizt; Gott in Seinem unerforschlichen Ratschluß. Sollten sie alle hier sterben, auf der Straße ausgestreckt, während sich das Maschinengewehr von Körper zu Körper tastete, offenbar niemals ganz sicher, ob der Körper, den die Schüsse trafen, auch tot war? Er sah einen Mann neben sich, der sich taumelnd erhob und eine Handgranate gegen das Maschinengewehr schleuderte. Er hörte einen Schrei und dann die Granate, deren Dasein sich erfüllte. Das Maschinengewehr schwieg. Die Männer um ihn her sprangen auf und rannten. Auf Händen und Knien begann er sie zu zählen und zu raten, ob es zehn oder zwölf seien, bis ihm jäh bewußt wurde, daß sie in ihrem Lauf die Straße entlang ihn zurückließen. Wieder auf den Beinen, mühte er sich ab, ihnen zu folgen, schrie »Hauptmann Hilliard, Hauptmann, Hauptmann« und stürzte zu Boden. Einer rannte zurück und schleppte ihn weg. Er fühlte, wie der Erdboden sein dickes weißes Fleisch aufschürfte, und versuchte, sein Stöhnen zu unterdrücken. Aber dann hörte der Schmerz auf, die rauhe Erde wurde zu Schlamm und war tatsächlich feucht. Da fiel es ihm ein. Sie liefen zum Steinhaus am Rande des Sumpfes. Die Laute um ihn her schienen sich zu verändern, vielleicht vernahm er sogar Hurrarufe. Der Mann ließ ihn fallen, und er sah, es war der Indianer Thomas Rice; er mußte ihm danken. Ein anderes Maschinengewehr hackte von einem Berg herunter auf sie ein, und wieder fielen Männer um ihn her. Dreck war in seinen Augen, und er konnte nichts mehr sehen. In diesem schrecklichen Augenblick fühlte er eine Hand, die ihn packte; halb kriechend merkte er, wie sie ihn zum Kellerfenster zog, spürte, als er hindurchkroch, rauhe Steinflächen an seinem Körper entlangreiben, und stürzte plötzlich zwei oder drei Fuß tief auf einen Haufen Sandsäcke. Männer drängten sich über ihn hinweg, und er wich zur Seite aus. Noch immer benommen, war er jetzt immerhin fähig, ein wenig zu sehen. Gereizt hatte ihm jemand einen Tritt versetzt. Er blickte auf und erkannte DaLucci, aber er verspürte keinen Zorn. War dieser Mann katholisch und dennoch gottlos? ... Ach ... diese Italiener! Seine Lage wurde ihm wieder klarer. Nun entsann er sich, daß man das Haus vor drei Tagen als Verteidigungsstellung ausgebaut hatte. Am Rande des Sumpfes ... kühl war es hier, wenn es nur nicht zu naß wurde. Er hatte wieder das Gefühl, als würde sein Bewußtsein hinweggeschwemmt ... die Kellerwände schienen durch Sandsäcke verstärkt ... das bedeutete weniger Splitter, so glaubte er, sie würden schon ihren Zweck erfüllen, dessen war er sicher ... Wenn nur sein Handgelenk nicht so schmerzte. Er hatte es sich wohl verstaucht, als er durch das Fenster hinunterstürzte. Ob sie hier vor Artilleriebeschuß sicher seien, fragte er sich, und dann setzte er sich jäh auf. Die Angst hatte ihn wieder gepackt. Wieviel Mann waren noch übrig? Er zählte vier, zählte nochmals, und es waren nur vier außer ihm selber – Hauptmann Hilliard, DaLucci, Rice und ein blonder Soldat, den er nicht kannte. Sollte er trotz allem dort sterben? Er sah den Indianer mit dem MG schießen und den blonden Soldaten die Munition nachschieben. Er hörte ihn sagen: »Richtig so, Feldwebel, geben Sie's ihnen, Feldwebel, verpassen Sie's den Schweinen.« Der Priester nahm es unberührt auf, durch lange Gewöhnung waren ihm grobe Ausdrücke nichts Neues mehr. Er fragte sich, wie sicher sie sich hier fühlen durften. Vermochte das Ziegelhaus wirklich den Japanern standzuhalten? Wie gebannt beobachtete er, durch das Fenster spähend, das Sonnenlicht, aber es ließ den Keller fast völlig dunkel ...

Monate hindurch hatte Schwester Vittoria ihn mit besonderer Aufmerksamkeit behandelt und ihn gelobt, wenn er großen Fleiß auf seine Aufgaben verwendet hatte; sie war eher traurig und unglücklich gewesen als etwa verärgert, wenn er einmal auf der Straße zu lange Ball gespielt hatte. Er bemerkte sogar, daß sie mit Schwester

Josette über ihn sprach und ihn oft als den besten Schüler seiner Klasse bezeichnete. Ihm gefiel es; die anderen Kinder nannten ihn zwar einen Streber, aber das störte ihn nun nicht mehr so wie früher, denn eigentlich hatte er stets größeren Spaß daran gefunden, Schulaufgaben zu machen, als sich mit den anderen Kindern herumzuschlagen. So war er nicht weiter überrascht, als sie ihn eines Tages zu sich rief, in die Wange kniff und ihm einen Brief an seine Mutter mitgab.
Seine Mutter las ihn mehrmals langsam durch, er schämte sich ihrer Unbeholfenheit beim Lesen. Immer wieder dachte er, daß seine Mutter nicht so kühl, nicht so nach gestärkter Wäsche rieche wie Schwester Vittoria. Nach einer Weile blickte seine Mutter von ihrem Stuhl zu ihm auf und lächelte ihn sehr glücklich an. Sie redeten lange miteinander. »Werde Priester, werde Priester, Timothy«, sagte sie immer wieder zu ihm, »und Gott wird stets bei dir sein.« Und wieder berührte es ihn unangenehm, wie schwerfällig sie mit den Worten umging. »Es ist eine Ehre, verstehst du, es ist eine Ehre.« Eine Weile später ... »Gott will nichts Nebensächliches sein, etwas, was man mit einer Frau teilt, sondern mit dir sein alle Tage.« Und er, der Junge, nach einer langen Weile: »Aber ich möchte kein Priester werden, Mutter, ich fühle mich dazu nicht berufen.« Sie seufzte: »Du wirst der einflußreichste von allen deinen Freunden sein, einflußreicher als irgendein Reicher, weißt du, was das für einen Armen bedeutet?« Unglücklich schüttelte er den Kopf. »Überleg es dir«, sagte sie.
Zwei Wochen später rief ihm Schwester Vittoria in ihr kleines Arbeitszimmer. Mit ihrer schönen, sanften Stimme redete sie auf ihn ein, und dabei wurde er unsicher. Als sie ihn schließlich fragte: »Spürst du nicht das Erwachen einer Berufung in dir?« versuchte er, innere Spannung oder Gemütsbewegung zu empfinden, indem er seinen Magen gewaltsam zusammenzog, so wie er ihn auch in späteren Jahren beim Betrachten religiöser Gemälde zusammenpreßte. »Ich glaube, Schwester, ich glaube, ich verspüre tatsächlich ein wenig von einer Berufung in mir.« Sie lächelte. »Du bist ein

Glückskind, Timothy, sie wird weiter in dir wachsen, es gibt sehr wenige Menschen, die so gottbegnadet sind, daß sie überhaupt ein solches Keimen verspüren.« Als er gerade zur Tür hinausgehen wollte, wandte er sich zu ihr um und sagte: »*Schwester Vittoria, ich fühle es, glaube ich, bereits ein wenig wachsen.*«

Heller, roter Staub trieb durch das Büschel Sonnenstrahlen, das in den Keller einfiel. Er sah den Indianer von Zeit zu Zeit schießen und hörte den Hauptmann neben ihm sagen: »Wir sparen uns den Mörser auf, bis die einen einsetzen; haltet nur weiter mit dem MG drauf. Hier sind wir in Deckung und können ihren Mörser als erste ausschalten. Ihr wißt, daß wir die Straße dort halten müssen, es gibt nur noch einen anderen Weg zur Küstenstraße, und der wird ebenfalls von so einem Haus verteidigt ... nur wahrscheinlich mit mehr Leuten.«
Pater Meary zwang sich zu andächtiger Versenkung. Mein Gott, dachte er verzweifelt, ich bin bereit, Dir gegenüberzutreten. Aber ein paar Brocken Putz fielen von der Decke und einige Stückchen auf seine Brust, und dabei spürte er den Tod. Einmal hatte er, als er zu den Männern sprach, gesagt: »In Schützenlöchern gibt es keine Atheisten. Nicht alle unter euch haben denselben Glauben wie ich, aber ihr alle glaubt an einen allmächtigen Gott.« »Aber, Pater Meary ...«, hatte ihn einer unterbrochen. Kalt hatte er den Mann angesehen. »Wenn Sie erst einmal Ihrem Schöpfer gegenüberstehen, dann werden Sie glauben ... werden Sie glauben müssen ...« Warum also diese ständige Furcht? Sein müder Geist wehrte sich gegen jedes Nachgeben, wehrte sich gegen die Versuchungen der Hölle. Jetzt aber kamen ihm diese Worte einen Augenblick lang geschraubt vor. Fast den Tränen nahe, versuchte er sich zu letzter Entschlossenheit aufzuraffen. Die Männer durften ihn nicht weinen sehen, sie würden sonst in ihrem Glauben wankend werden. Und sie würden ihn doch noch brauchen, wenn die Japaner sie noch mehr bedrängten. Er erhob sich; er würde ihnen Trost spenden.

Im Halbdunkel des Kellers kauerten sie an der Wand oder unterhalb des Fensters, schossen in unregelmäßigen Abständen mit dem MG, und unregelmäßig kam die Antwort. Sie schienen ihn überhaupt nicht zu bemerken. Er sank in sich zusammen und fühlte seine Entschlossenheit dahinschwinden. Als sie vor drei Tagen das Haus zur Verteidigung hergerichtet hatten, war an einer Wandseite ein schmaler Graben ausgehoben worden. Besser wäre es für ihn, sich dort aufzuhalten, wo ihn keine verirrte Kugel erreichen konnte. Schließlich würde durch seinen Tod den Männern nicht geholfen sein. Dann fühlte er wie zum Hohn seine Furcht schwinden, als er sich in den Graben fallen ließ, der ihm mehr Sicherheit bot. Er schloß die Augen. Warum, warum hatte er sich gefürchtet; es störte die Ordnung der Dinge, wenn die Gewißheiten nicht so ... nun ja, nicht so gewiß waren. Jedoch hatte er die Gewißheit, daß sein Glaube jetzt größer war denn je. In Anbetracht der Greuel, die er gesehen hatte, ergab sich Gott mit Notwendigkeit, denn die Menschen würden inmitten der Greuel, die sie erlebten, verzweifeln, wenn sie nicht Gottes wegen geschähen. Darüber dachte er nach und versuchte, dies in seinen Gedanken zu festigen.

Die Stille beunruhigte ihn; plötzlich wurde ihm bewußt, daß die MGs schwiegen. Er kauerte sich in der Dunkelheit zusammen, damit er weiter darüber nachdenken könne ...

Der Hauptmann, 1926–1930

Zwei junge Leute ohne Geld auf einer rotseidenen Bettdecke ...

Er verbrachte seine Collegezeit mit der schöpferischen Clique; surrealistische Dichtung war modern. Er trank eine Menge, war eine Weile sehr glücklich und dann sehr unglücklich, aber hinter allem empfand er eine gewisse Unversehrtheit in sich selber, ein Gefühl, das ihm das Bewußtsein gab, er würde malen, er würde die Lüge Amerikas auf tausend Bilder klatschen, er würde Millionen Menschen eine Schönheit eintrichtern, die sie nie zuvor empfunden hatten, er würde Menschen aufrütteln, auf ihnen herumtrampeln, ihnen ihre Selbstgefälligkeit wegblasen und sagen: »Da, da seht sie euch an, eure Schiebungen, eure Ehemoral (das Bild eines Geschäftsmannes, der mit einer Prostituierten schläft; ferner ein kleines Medaillon auf dem Bild mit der Aufschrift ›Schwester‹), eure Demokratie (das Porträt eines syphilitischen Negers) und schließlich euer Leben (das Triptychon aus einem Filmbild, einem kleinen Angestellten und einer einfachen Frau, der Ehefrau dieses Angestellten).« Nur ... im Haß gegen all dies bestätigte er sich selber, denn wie alle Universitätsstudenten, die zu glauben aufgehört haben, war er an jenem besonderen Punkt angelangt, an dem er der einzige Mensch war, der sich jemals eines Elendsviertels bewußt geworden war oder die Lüge in der Stimme eines Politikers erkannt hatte.

Er war als ein Mensch, der sich Gedanken machte und bereits zu zweifeln begonnen hatte, auf diese durch Stiftungen finanzierte Universität gekommen, aber er war jung und begeisterungsfähig. (Später sollte er dann sagen: »Mit siebzehn hört man auf, an Gott, mit siebenundzwanzig, an den Kommunismus zu glauben.«) Er löste sich von seiner Familie und verlegte sich auf die Malerei (keine neue Situation, er hatte in verschiedenen Büchern derartiges gelesen), aber sein Vater war Oberst in der Armee, und er hatte von ihm die Erlaubnis zum Besuch dieser Universität nur unter der Bedingung erhalten, daß er, Bowen Hilliard, am Ausbildungslehrgang für Reserveoffiziere teilnehmen und bis zu seinem Abschlußexamen ihm angehören sollte; da würde er dann das Patent als Reserveoffizier erhalten. So kam es, daß ihm im Jahre 1926, als er vom Examensjahrgang 1930 einer der einundvierzig Studenten des ersten Semesters unter achthundert war, die stolz in der Khakiuniform mit den blauen Aufschlägen auftraten, dies als ein Zeichen der Widersinnigkeit erschien, ebenso schmerzlich und außerordentlich wie der Sodamixer, der sich unter einem äu-

ßeren Zwang veranlaßt sah, sich einen Bart wachsen zu lassen. Bowen Hilliard, der Ungläubige, machte die literarische Zeitschrift der Universität; Bowen Hilliard, der Ungläubige, war als der beste Künstler im College bekannt. Bowen Hilliard fuhr nach Boston und zog protestierend durch die Straße, bevor Sacco und Vanzetti hingerichtet wurden, kam zurück und schrieb einen Leitartikel in der Zeitschrift, der ihr ein halbjähriges Verbot einbrachte: »Höre, Amerika, hör auf deine Schmach ...«
Nichts verteidigte er verstandesgemäß, fast alles aus dem Gefühl. So sagte er: »Das einzige, was beim Menschen der Unendlichkeit angehört, ist seine Selbstgefälligkeit«, aber dennoch ging er gern durch die Straßen, um Menschen um sich zu haben. Er malte sehr viel und las sehr viele künstlerische Bücher, so daß Malen für ihn stets ein bewußter, logisch gegliederter Vorgang war; er war einer der wenigen Künstler, der sein Werk und die dadurch in ihm ausgelösten Gefühle genau zu erklären wußte. Er behauptete, an nichts zu glauben, und er genoß das, denn er meinte, an nichts zu glauben bedeute an sich selber zu glauben, und zu jener Zeit war er dazu auch fähig. Gewiß, er entwickelte sich als Künstler, sein Strich (stets seine schwache Seite) wurde sicherer; stets hatte er einen klaren Sinn für das Stoffliche gehabt, aber darüber hinaus offenbarten seine Bilder ein Gefühl für das Formale, das für einen Collegemaler ungewöhnlich war. Während dieser Zeit malte er ein widersprüchliches abstraktes Bild, in dem die Farbe nicht mit der durch den zeichnerischen Entwurf festgelegten Fläche übereinstimmte, der schlecht gedruckten Bildergeschichte in einer Zeitung sehr ähnlich –, und dieses bezeichnete er als sein Meisterwerk und nannte es »Aus den Fugen geratene Gesellschaft«.
In den letzten Semestern sollte er seinen Glauben in einen anderen Menschen setzen ... Auf einer Party begegnete er einem Mädchen, das sich Cova nannte – es wurde sehr viel getrunken –, und es kam dazu, daß er in dieser Nacht mit ihr schlief. Mit der Zeit lernten sie einander sehr gut kennen, aber in der Dunkelheit kam es nur zu recht unbeholfenen Versuchen. »Welche Farbe

haben deine Augen?« hatte sie gefragt, und als er ihr antwortete braun, seufzte sie. »Ich hatte gedacht, sie seien blau«, sagte sie. Dann lachte sie. »Natürlich ist das unwichtig ...« Die Leidenschaft des Intellektuellen wird durch die ihr innewohnenden Verwicklungen zur Verzettelung getrieben, die des Künstlers gesteigert. Cova wurde für ihn zu etwas Absolutem, und in vielfacher Hinsicht, da sie schön, empfindsam und gescheit war und daher wie ein Spiegelbild seiner selbst (das Spiegelbild des Künstlers), sollte auch er für sie zu etwas Absolutem werden. Im letzten Jahr auf der Universität hatten sie ihre unglücklichen Stunden, aber sie empfanden sie eher als stärkend, denn sie entsprangen weit mehr einer klaren Selbsterkenntnis als etwa Zweifeln.

Schon früh gelangten sie zu einem gewissen Übereinkommen, denn sie hatte außer Bowen Hilliard noch andere Liebhaber. »Ich kann nicht malen«, hatte sie gesagt, »und ich kann nicht komponieren und ich schreibe nicht annähernd so gut, wie ich gerne möchte. Das mußt du einsehen: Wenn ich einen Mann nehme, und ich nehme ihn vielleicht aus vielerlei Gründen, so liegt all dem das Gefühl zugrunde, daß ich da etwas schaffe, da etwas besser mache als jede andere Frau. Ich beneide dich nicht um deine Bilder, Bowen, und du kannst mich nicht um meine beneiden. Manche Frauen sind dazu geboren, viele Männer zu haben.«
Bis zu einem gewissen Grade hatte er Verständnis dafür, und als sie schließlich die Universität hinter sich hatten und heirateten, sah er es als vernünftig ein. Er hatte festgestellt, daß sie einen Mann aus unterschiedlichen Gründen nahm, entweder weil (obwohl es nicht häufig vorkam) er ihr gefiel oder die Situation es rechtfertigte oder er ihr leid tat. (Einmal sagte er: »Du magst jeden Mann, der nicht größer ist als einsfünfundsechzig und Pickel hat«), oder in vielen Fällen, weil es für die Entwicklung der Freundschaft notwendig war, aber stets war sie zu ihm zurückgekehrt, liebte ihn stärker, nahm ihn leidenschaftlicher und bestätigte aufs neue ihr Absolutes, bestimmte es sogar nach

neu gewonnenen Wertmaßstäben. Einmal sagte sie nach langem Schweigen zu ihm: »Wir sind wie zwei junge Leute ohne Geld auf einer rotseidenen Bettdecke«, und danach richteten sie sich. Das war es, woran sie glaubten ...

Die Männer, April 1942, erster Tag

Es war einmal ein Dämchen ...

Niedergedrückt vom Morgen und der Spannung der vergangenen Nacht lagen die Männer dreckverkrustet in den beiden Gräben ihrer Stellung und starrten auf das Meer hinaus. Verkrampft und von der Furcht vor Blähungen und Darmträgheit bedrängt, starrten sie nervös aufs Meer zwischen den beiden Armen des Hafens von Tinde hinaus. Die ganze Nacht lang hatten sie die Waffen gereinigt, sich innerlich gesammelt, sich mit heimlicher Endgültigkeit in jeder Bewegung gesäubert. Besorgt, den Blick aufs Meer gerichtet, warteten sie: Wer würde das erste Schiff erspähen? Augen und Kehle ausgedörrt, die Zunge an der Rückseite trockener, klebriger Zähne entlangleckend, hielten sie Ausschau. Wie wird es sein, wie wird es sein, mein Gott ... mein Gott ...
Der Major, der die drei Kompanien in Tinde befehligte, hatte an jenem Morgen folgenden Tagesbefehl ausgegeben:

Die Japaner haben um 6.23 Uhr bei Otei angegriffen. Der Verband bestand aus einer Flottille gepanzerter Barkassen. Wir haben Meldung erhalten, daß die Hälfte der Barkassen die Fahrt in Richtung Tinde fortgesetzt hat. Die Insel Analow ist auf dieser Seite von unüberwindlichen Klippen umgeben. Die einzigen möglichen Landungsplätze sind Hanson Beach, Otei und Tinde. Da sie die beiden anderen Punkte bereits angegriffen haben, ist mit Sicherheit anzunehmen, daß sie hierherkommen werden.

Ich habe dieses Dämchen einmal gekannt, das war damals in Albany. Sie sagt zu mir, eure Sorte kenn' ich, ihr Brüder, gehen zwanzig aufs Dutzend, und da habe ich zu ihr gesagt, rechnest aber mit einem komischen Dutzend, Puppe, warum kommst du nicht rüber und spielst Dutzend mit mir? Bist du aber eine ulkige Nudel, sagt sie. Ich habe mir das noch von keinem Weibsstück bieten lassen, und ich sag' zu ihr, paß auf, nachdem sie mich gemacht hatten, haben sie die Form weggeschmissen, war gesprungen, so laut haben sie über meine Visage gelacht. Danach ist sie ein bißchen zahmer geworden, aber ... ich weiß nicht, hat noch immer nicht richtig geklappt ... Wann zum Teufel kommen die bloß? ...

Wir haben eine Insel in einer Inselkette zu verteidigen. Die Japaner halten diese Insel nicht für so wichtig, daß sie Flottenverbände einsetzen. Wir werden ihnen zeigen, daß sie damit einen Fehler gemacht haben. Ihre Motorbootflottillen rücken von Insel zu Insel vor. Wenn wir sie hier aufhalten, müssen sie ihren ganzen Angriffsplan umwerfen. Die Beherrschung der Inselkette hängt von der Beherrschung jeder einzelnen Insel ab. Die Beherrschung dieser Insel hängt von der Beherrschung der Küstenstraße ab, die an der Nordseite der Insel entlangläuft, von Hanson Beach über Otei nach Tinde. Unsere Hauptmacht liegt bei Hanson Beach und wird die Japaner aufhalten, falls sie nicht von Otei oder Tinde Verstärkungen hinüberschicken können. Wir müssen die Stadt halten, aber noch wichtiger, wir dürfen die Herrschaft über die Küstenstraße nicht verlieren.

Da war dieser Film, Jimmie Cagney, glaube ich, hast du ihn gesehen, als er gegeben wurde? Hab' ihn nämlich im *Strand* in New York gesehen. Hatten ein Orchester dort ... kann mich auf den Namen nicht mehr besinnen, nur die Sängerin, die sie hatten, die hat was getaugt, kann mich noch immer an sie erinnern. Jedenfalls hatte der Film was mit Krieg zu tun, nur war es in Frankreich; wurde ja im letzten nicht um eine kleine Insel gekämpft, und dieser Kerl Jimmie Cagney hat Schiß, hat mir richtig einen Stich gegeben, kennst doch Cagney, aber dann hab' ich mir gesagt, vielleicht kommt jeder mal an die Reihe, Schiß zu haben, wenn es losgeht. Hast du eine Ahnung, wie spät es ist? ... Der Film hat mir einen ordentlichen Schlag versetzt, werde ihn so schnell nicht vergessen ...

Sollten die Japaner in unsere Stellungen einbrechen, müssen wir sie trotzdem daran hindern, die Küstenstraße zu nehmen, die an diesem Punkt etwa zwei Meilen von der Stadt landeinwärts liegt. Zwei Straßen führen auf sie zu; und wir haben zwei Stützpunkte in zwei Häusern ausgebaut, von denen jedes jeweils eine der Straßen beherrscht. Denn von den Fenstern auf der rechten Flanke aus kann man alle Richtungen bestreichen. Das Haus auf der linken Flanke ist das Haus des alten Bankiers, es liegt im Sumpf mit nur einer Seite auf festem Boden. Alle Fenster mit Ausnahme eines Kellerfensters, das die Straße beherrscht, sind verbaut worden. Sollten eure Linien zufällig durchbrochen werden, müßt ihr versuchen, eines dieser Häuser zu erreichen, das ist wichtig.

Gewehrkolben werden langsam auf dem Boden aufgestoßen, Zigaretten nervös gegen Daumennägel geschnippt, Warten, Warten auf den Angriff, ich weiß nicht, habe noch nie einen Kampf miterlebt. Das Ende seines Absatzes klickt leise gegen das andere, und er wartet auf das Fallen eines Dreckklümpchens. Geht einem ein bißchen an die Nieren, dieses Warten, was? Mir wäre lieber, man hätte was zu tun.

Er fingert an einem Knopf herum, rückt den Helm vor und zurück. Diese Zigaretten schmecken ganz gut, ich meine, weißt schon, man raucht sie alle, und sie schmecken alle gleich, und dann findet man vielleicht eines Tages eine, die einem schmeckt ... weiß nicht, verstehst schon, was ich meine.

Jetzt ist es April, vier Monate nach Ausbruch des Krieges, und ihr alle wißt, daß wir schlecht ausgerüstet sind, keine Panzer oder Flugzeuge haben. Die Befestigungen auf der Insel sind nicht einmal eine Woche alt. Immerhin sind es die Japaner, die landen müssen, und dieser Vorteil bleibt uns. Ihr kämpft für euer Land, das größte der Welt. Alles Gute.

Wo willst denn du mit der Knarre hin? Weg damit von meinem Gesicht.

Immer mit der Ruhe, Kumpel, immer mit der Ruhe.

Mir ist mein Gesicht noch ganz lieb, weißt du, möchte es mir nicht zerschlagen lassen, bei mir zu Hause gibt es Mädchen, die waren ganz scharf auf dieses Gesicht.

Hab' doch gesagt, tut mir leid, warum zum Teufel stehst du auch im Weg?

Hör mal, Kumpel, hast es hier nicht mit einem Doofkopp zu tun, verstanden? Bei mir paßt du lieber auf, was du sagst.

Aaaaah, spar dir das für die Japse.

Wo sind sie denn, wann zum Teufel kommen sie? Diese gottverdammten gelben Hunde, haben die etwa Angst zu kämpfen? ...

Der Hauptmann: 1931–1936

Etwas Beruhigendes und doch Fröhliches ...

Das Jahr, in dem Bowen Hilliard Cova Reynolds heiratete, war das Jahr des Arbeitslosenmarsches auf Washington. Es ging ihnen nicht allzu gut. Künstlerisch machte er noch Fortschritte, seine Gemälde zeigten noch immer eine kraftvolle Frische und waren in der Ausführung noch immer besser als nur gekonnt, aber es war nicht das Jahr, um Bilder zu verkaufen. Ihre Freunde kauften ein paar, aber ihre Freunde besaßen ebenfalls kein Geld, und Bowen hatte, da es ihm zuwider war, über Preise zu reden, seine Bilder niedrig angesetzt, so daß seine Freunde, als sie welche kauften, sagten: »Es tut mir entsetzlich leid, Bowen«, und er knurrte sie dafür an: »Schon gut, hol dich der Teufel, schon gut.« Cova hatte von ihrer Familie her ein kleines Einkommen, das sie durch ihren Verdienst als Verkäuferin um zwölf Dollar in der Woche aufbesserte, während er seit der Collegezeit seine Familie nicht mehr gesehen hatte, aber die besaß ohnehin kein Geld. Als im Lauf der Zeit die Nation nicht auf sein Werk aufmerksam wurde und er niemanden damit sehr beeindruckt hatte, ging es ihm nach und nach immer dreckiger. Gelegentlich machte er ein Zugeständnis, ein bißchen Kunst für die gute Stube, aber nicht einmal die verkaufte sich gut. Überall machten die Galerien zu. Einmal hatte ein Kunsthändler sich bereit erklärt, in einer der mittelmäßigen Galerien in einer abgelegenen Straße für zwei Wochen eine Ausstellung seiner Arbeiten zu veranstalten ...

Drei Tage lang saßen Cova und er herum (sie hatte ihre Stellung verloren) und redeten nicht viel miteinander, bis einer ihrer gemeinsamen Freunde hereinkam. Dann begannen lebhafte Erörterungen, in denen sie sich abwechselnd satirisch oder begeistert über andere Maler äußerten, Plattheiten über Munch, Beckmann und Marin von sich gaben und dann plötzlich in Schweigen verfielen. Der Händler, Mr. Loestler, hatte sich inzwischen angewöhnt, zum Mittagessen drei Stunden wegzubleiben. Alle wußten, es war ein Reinfall. Hilliard betrachtete seine vierzehn Bilder, den grauen Teppich im Büro des Kunsthändlers und murmelte dann, das Licht sei schlecht. »Es tötet sie«, sagte er langsam. »Ich sage euch, es tötet sie.« Cova spazierte umher. Sie wandte sich den Freunden zu, die höflich, verständnisvoll und in den Grenzen des guten Geschmacks begeistert waren, und sagte: »Ich habe noch immer nicht gelernt, wann etwas gut oder schlecht ist, aber sie sind gut, sie sind gut, nicht wahr?«

»Cova!« mahnte er.

Er betrachtete sie, wie sie auf ihn zu kam und dabei ihr rotes Kleid zu äußerster Wirkung brachte. Es paßte zum Teppich, fand er. »Es tut mir leid, Bowen«, meinte sie. Es gelang ihm, sich zu beherrschen.
»Schon gut, mir tut es auch leid«, antwortete er.
Die Freunde gingen wieder. Bald würde erneut ein Schwarm einfallen, das wußte er. In den Räumen des Kunsthändlers roch es trocken. »Sie *sind* gut«, flüsterte er verzweifelt sich selber zu. Er dachte an ihre Zweizimmerwohnung. Wenn man ihn nur etwas für die Wände machen ließe, dachte er, vielleicht ein Wandgemälde: »Der aus den Fugen geratene Künstler«.
Dann geschah das Schreckliche. Eine Frau kam herein, um etwas zu kaufen. Sie war vierzig, hatte dunkles Haar und wurde dick. Sie wollte ein Bild für ihr Kinderzimmer haben. »Etwas Beruhigendes und doch Fröhliches. Selbstverständlich etwas Geschmackvolles.« Wie viele Scherze hatte er schon in diesem Jargon gehört. Wie viele langweilige, weitschweifige Künstlerwitze. Sie sah sich eine Weile um. »Das gefällt mir«, sagte sie. Es war ein Experiment mit einer Barbizon-Landschaft. In der Komposition der Wiese lag etwas, was ihn an einen schlechten Corot erinnerte, aber darüber hinaus war die ganze Landschaft ein wenig zu üppig, ein wenig zu grün, etwas zuviel Laub, fast so, als ob die Flanken jeder braunen Kuh, die sich auf diese Wiese verirrt hatte, in tiefem Purpur hätten gemalt werden müssen, um das Gleichgewicht in den Farben zu erhalten. »Wie heißt es?« fragte sie. »Hure in grünem Negligé«, antwortete er. Cova sah ihn entsetzt an, den Protest der Armut in ihren Augen. Die Frau kam wieder zu sich: »So brauche ich es wohl nicht zu nennen«, meinte sie. Er unterdrückte seinen Zorn: »Nein, natürlich nicht.« Danach feilschte sie mit ihm um den Preis und trieb, wie er fand, den schlechten Geschmack durch den Bruch der Höflichkeitsformen zwischen Künstler und Käufer auf die Spitze. Sie bekam es für fünfunddreißig Dollar. Zwei Wochen hatte er daran gearbeitet. Von da an machte er es sich zur Gewohnheit, ein Bild, das er nicht sofort verkaufen konnte, an

jemand zu verschenken, ob es nun ein rollschuhlaufender Junge war, ein Verkäufer oder ein Arbeiter in einem Graben. (Einmal erklärte er: »Ich habe mehr Bilder in Feinkostgeschäften hängen als jeder andere darstellende Künstler in Amerika.«)
Vier Jahre hielt er durch, arbeitete auch eine Weile für die WPA*, aber Cova und er verloren dabei etwas. Die Leute hielten sie nicht mehr für tüchtig und begabt; auch hatten die Männer kein Interesse mehr daran, Cova zu verführen. Was ihn anlangte, wurde sie für ihn die letzte Bastion. Durch all die schlechten Jahre hindurch nahm er sie immer wieder mit verzehrender Leidenschaft, und es schien ihm, als sei es jedesmal der letzte Auftritt der Geliebten. Aber in dem Versuch, alles auszukosten, waren sie beide viel zu sehr voneinander abhängig und nicht mehr fähig, noch an etwas anderes zu glauben.
Einmal begann er, nach monatelanger Niedergeschlagenheit, eine Selbstbiographie zu schreiben. Als Buch war es ein formloses Gebilde, aber da er von Zeit zu Zeit etwas hinzufügte, füllte es sich doch allmählich unter der Wucht seiner Gedanken. So schrieb er: »Malraux sagt, daß alles, wofür die Menschen zu sterben bereit sind, ihr Schicksal zu rechtfertigen bestrebt sei, indem sie ihm eine feste Grundlage in der Würde verleihen. Vielleicht wird dies überall so empfunden. Aber in Amerika leben, arbeiten und sterben die Menschen, ohne auch nur die primitivste Vorstellung von Würde zu besitzen. Bei ihrem Tode ... ja, da fragen sie sich, welche Aussichten auf den Himmel bestehen, und vielleicht schließen sie nutzlose, verzweifelte Wetten ab, stellen eine moralische Überschlagsrechnung auf, so daß sie, falls die starke Mannschaft, der Himmel, beim Spiel Sieger bleibt, also gewinnt und daher existiert, an diesem Abend den Gewinn aus ihrer Wette einstreichen

---

* *WPA – Abkürzung für Works Progress Administration: Eine im Jahre 1935 geschaffene Regierungsbehörde, die Arbeitslosen Arbeit vermittelt, indem sie den einzelnen Staaten Geldmittel zur Durchführung öffentlicher Bauvorhaben gewährt.*

können ...« Und vieles mehr in dieser Richtung, aber er spürte, daß er immer schwächer wurde.
Schließlich mußte er klein beigeben. Seit mehreren Generationen waren die Leute aus Covas Familie Architekten gewesen, und 1936 gab er es auf und nahm eine Stellung als technischer Zeichner an. Nach einem Jahr war er, nachdem er nebenbei studiert hatte, so etwas wie ein Architekt. Ihnen ging es nun viel besser (sie konnten es sich jetzt erlauben, im Village zu wohnen), aber zum Malen hatte er nur geringe Lust ... Um das auszugleichen, arbeitete er regelmäßig an seinem Buch ...

DaLucci, April 1942, erster, zweiter und dritter Tag

Gemein ist es ... gemein ist es ...

Nachdem die Schiffe vom Ende des Hafens her in Sicht gekommen waren, wußte DaLucci nicht mehr, was er zwei Tage getan hatte. Nur hin und wieder konnte er sich daran erinnern, daß sie immer näher kamen, immer näher, und er wünschte sich, irgendwo wäre ein Geschütz, irgendein elendes Feldgeschütz, um sie auf Abstand zu halten, aber sie kamen ganz einfach immer näher. Ein paar japanische Flugzeuge hatten ein amerikanisches zum Kampf gestellt, und sie waren über den ganzen Himmel gejagt, aufs Meer hinaus und kamen dann wieder. Als sie den Strand und die Gräben unter Beschuß zu nehmen anfingen, duckte er sich mechanisch, ging wie alle übrigen auf und nieder, als sei er ein Stehaufmännchen oder etwas Ähnliches, aber er wußte es nicht, mein Gott, sie benahmen sich die ganze Zeit über, als hätten sie es allein auf ihn abgesehen. Er wünschte sich, auf etwas schießen zu können, aber die Schiffe der Japse lagen zu weit draußen, obwohl er sie die ganze Zeit über immer nur näher kommen sah.
Sein Feldwebel, der Indianer, beugte sich abwartend über das Maschinengewehr, pfiff etwas vor sich hin, drehte es hier- und

dorthin, gab einen kurzen Feuerstoß ab, nur ein bißchen tacktack-tack, um festzustellen, wie es funktionierte, aber DaLucci wußte nur, daß ihm kotzübel war. Er klammerte sich an sein automatisches Gewehr, wußte aber nicht, was er damit anstellen sollte. Als die Japaner die ganze Zeit über vorrückten, hatte er es nach einer Weile angelegt und drauflosgeschossen, bis jemand ihm einen Stoß versetzte. Dann begannen die Schiffe der Japaner zu landen, und plötzlich bellten die Maschinengewehre auf beiden Seiten von ihm, ein Krach, wie er ihn nie zuvor in seinem Leben gehört hatte, und er tat nichts weiter als sein Gewehr leeren und wieder laden, schoß auf die Japse, doch ohne zu zielen. Als er aufblickte, sah er, daß es ihnen gelungen war, eines der in breiter Front angreifenden Sturmboote unbemerkt ans Ufer zu manövrieren. Bevor die Männer der Besatzung an Land zu gehen versuchten, eröffneten sie mit einem auf dem Sturmboot in Stellung gebrachten Granatwerfer zunächst ein unregelmäßiges Feuer, dann hatten die MGs auf beiden Seiten von ihm und in der ganzen Stellung das Boot durchsiebt, und sogar ein paar der eigenen Werfer gaben krachend Antwort. Es hätte ebensogut Unabhängigkeitstag sein können, wäre nicht soviel schwarzer Rauch gewesen.

Unterdessen gelang es den Japsen, noch ein paar Boote ans Ufer zu bringen, und sie feuerten aus allen Rohren auf Teufelkommraus. Er duckte sich, von Angst erfüllt, und als er wieder aufblickte und zu schießen begann, sah er, daß nun vier Boote am Strand lagen, und ihre Geschütze und Werfer gaben alles her – er hörte ein Pfeifen, jemand stieß ihn um, und dann war da neben ihm ein Mann, der aus vollem Hals schrie, zu Boden stürzte und sich das Gesicht hielt. Einen Augenblick lang glaubte er, das Blut des Mannes sei sein eigenes, denn er war von oben bis unten bespritzt, aber dann merkte er, daß er fest auf den Beinen stand und unverletzt war. Der Mann umklammerte seine Beine und sah zu ihm hoch. Das Gesicht des Mannes konnte er nicht erkennen, zuviel Blut, und dann der verdammte Krach. »Zum Teufel«, sagte er,

»zum Teufel, ach zum Teufel«, und wieder ein Granateinschlag, und er mußte sich erneut ducken ...

In Terre Haute, wo er im ärmlichen Viertel der Stadt wohnte, hatten die Leute ihre Kohlenkeller unter dem Bürgersteig, darüber große Eisenplatten wie Kanalisationsdeckel. Wenn die Kohlenwagen angefahren kamen, wurde der Deckel aufgeschraubt und so viel Kohle hineingeschüttet, wie sie bestellt hatten. Die Eisendeckel sollten verhindern, daß die Kohle naß wurde.
Als sie dort einzogen, gab es für ihren Kohlenkeller keinen Deckel. Ein paar Jahre zuvor war ein Deckel zerbrochen, und danach nahmen jedesmal, wenn eine Familie auszog, die Leute von dem Haus ohne Deckel den einen, der nun übrig war. Als sie dort hinzogen, war er noch zu jung, um das zu wissen, aber das erste, woran er sich in seinem ganzen Leben erinnerte, war, daß sie endlich einen Kohlendeckel für ihr Haus bekommen hatten, als die Familie neben ihnen auszog. Die ganze Familie war sehr beglückt, und immer wieder zeigten sie ihm den Deckel und sagten: »Sieh mal, Tony, sieh mal, das ist der Deckel«, *aber er war noch zu klein und hatte es nicht begriffen. Ohne zu wissen warum, hatte er dem Deckel einen Schlag versetzt und war in Tränen ausgebrochen. Als die anderen ihn deswegen auslachten, bekam er einen Wutanfall, und Mama DaLucci hatte ihm ein wenig Wein geben müssen.*

Das Ganze dauerte zwei Tage. Die Japaner hatten Verluste und rückten heran, und an der Stelle, wo sie vier Boote an Land gebracht hatten, entstanden erhebliche Schwierigkeiten. Von allen Seiten wurden sie zwar eingedeckt (aber es war schwer, sie zu treffen, da nur die MG-Schützen sichtbar wurden und die anderen Japse sich hinter den stählernen Panzerplatten der Boote duckten). Noch während sie sich bemühten, mit den vier Booten fertig zu werden, waren zwei weitere auf der anderen Seite in der Flanke gelandet und hatten auf Matratzen den Stacheldraht überwunden, waren in einen der vorderen Gräben eingedrungen, und dann war die Hölle los. Man konnte nicht mehr mit Mörsern in den Graben schießen, weil die Männer dort zu dicht miteinander im Kampf lagen, und als dann ein anderer Teil der vorderen Gräben zur Hälfte geleert wurde, um Leute dort hinzuwerfen, wo die Japse eingedrungen waren, hatten die ersten Japaner, die in den vier Booten warteten, angegriffen und fast hundert Meter der vorderen Grabenstellung erobert. Von dort aus unterhielten sie ein so heftiges Feuer, daß DaLucci fünf Minuten lang nicht einmal den Kopf hob. Währenddessen gelang es den anderen japanischen Booten, oder doch den meisten von ihnen, hinter dem Teil des Grabens, den die Japaner besetzt hielten, an Land zu gehen. Den ganzen Nachmittag über setzten die Japse den Kampf in den vorderen Gräben fort, und gegen Abend hörte er einen Mann sagen, die Japse beherrschten nun den vorderen Graben auf der ganzen Linie. Danach wurde es so schlimm, daß er den Kopf nicht mehr zu heben wagte, ohne gleich Gefahr zu laufen, ihn zu verlieren, und aus beiden Gräben, keine siebzig Schritt voneinander entfernt, schossen sie nun an allen Abschnitten aufeinander. Zwei Tage hindurch war er ab und zu in den Unterstand gekrochen, hatte ein wenig Schlaf erwischt, der immer wieder unterbrochen wurde, eine Tafel Schokolade hinuntergewürgt und dann wieder im Graben gehockt, ohne zu wissen, was er tun sollte, aus Furcht, sich aufzurichten und sein Gewehr in Anschlag zu bringen, aber von noch größerer Furcht seinem Feldwebel gegenüber erfüllt, der ihn immer wieder anbrüllte, er solle aufstehen und schießen. So mußte er von Zeit zu Zeit ganz einfach die Augen bis auf einen Spalt schließen, aufstehen, drei- oder viermal hintereinander, so schnell es nur ging, einen Schuß abgeben, um sich dann wieder in den Graben zurückfallen zu lassen. Niemals sah er einen lange genug, um auf ihn zielen zu können, wie man es ihm bei der Schießübung beigebracht hatte. Die drei Flugzeuge, die an dem Tag, an dem alles begann, gekämpft hatten, waren, so glaubte er, abgestürzt, aber von Zeit zu Zeit tauchte ein amerikanisches oder ein japanisches Flugzeug auf und machte Aufnahmen, bis ein anderes Flugzeug erschien und es zum Kampf stellte, und dann zogen die beiden über den ganzen Himmel ihre Kreise, zuweilen weit aufs Meer hinaus, oder sie verschwanden auf der Dschungelseite der Insel. Einmal hörte er, ein japanisches Flugzeug sei über dem Sumpf abgestürzt, aber es war wohl nicht so sicher.

Nach zwei Tagen allerdings schien es, als seien beide Seiten am Ende, und am Morgen des dritten Tages entspannte sich alles. Der Leutnant erschien und sagte, die Hälfte der Männer könne sich schlafen legen. Der Feldwebel hatte ihn als einen von diesen bestimmt und gesagt, da es so aussehe, daß er ohnehin nicht viel tauge, könne er ebensogut schlafen, damit der Feldwebel dann wenigstens nicht mehr an ihn zu denken brauche. Das paßte ihm ganz und gar nicht, aber er sagte sich, es wäre doch schön, aus diesem verdammten Lärm und dieser Hitze einmal herauszukommen.

Aber nachdem er in den Unterstand gegangen war und sich auf sein Feldbett gelegt hatte, spürte er, wie sein Körper sich verkrampfte. Nach einer Weile drehte er sich auf die andere Seite; das schien ihm eine geringe Erleichterung zu verschaffen, aber die ganze Zeit über spürte er den Zorn in sich wachsen, und ohne zu wissen warum, murmelte er ständig vor sich hin: »Gemein ist es, gemein ist es.« Er dachte immer wieder an seine Familie und seine Arbeit damals in Terre Haute, und das machte ihn nur noch zorniger. Er sah die Veranda vor sich, das morsche Geländer, dessen Stäbe im Lauf der Jahre teils herausgerissen worden waren, um sich damit zu prügeln, teils unter dem Einfluß der Witterung sich gelöst hatten. Selbst als nur noch vereinzelt Gewehrschüsse zu hören waren, fühlte er sich noch so erregt, daß er nicht weiter auf sie achtete, sondern an seinen Alten dachte, das dicke ..., und dann begann er ihn zu verfluchen, schluchzte ein wenig zwischen den Worten, die er einzeln aus der Tiefe seines Magens hervorzuholen schien. Er dachte an den Alten, wie der dort in Terre Haute auf der Veranda des Hauses saß, das allmählich zerfiel, gar nicht mal ein Trunkenbold von einem Italiener, hol ihn der Teufel, sondern

einfach dasaß, nach der Arbeit völlig ausgepumpt ... nachdem er zwölf Stunden am Tag geschuftet hatte, als Streckenarbeiter bei der Eisenbahn für sechzehn Dollar die Woche, und nun in Hemdsärmeln auf der Veranda saß und die Zeitung las ... sich der Sportseite zuwandte und sie gemächlich studierte, mit seinen Freunden plauderte, den Kindern altbekannte Rätsel aufgab, Mama mit einem Hu-Hah-Hoh ins Gesäß kniff, aber mit seinen Freunden nicht einmal Karten spielte, sondern nur dort auf der Veranda saß, völlig ausgepumpt, nichts weiter als ein fetter Fleischklotz, der über Italien redete. Zum Teufel mit ihm, zum Teufel mit ihm, zum Teufel mit dem Alten, sagte er immer wieder zu sich.
Zehn oder fünfzehn Schritt von ihm entfernt krepierte eine Granate. Etwas Erde kam über die Stufen des Unterstands heruntergeflogen, und die ganze Zeit über hörte er einen Mann langgedehnte Heultöne von sich geben, die langsam erstarben, wie er sie einmal von einem überfahrenen Hund gehört hatte. Er dachte, vielleicht war etwas von dem Mann mit der Erde vermischt, die in den Unterstand hineingetrieben wurde, und er hatte das Gefühl, als wollte sich sein Magen umdrehen.
In Schweiß gebadet richtete er sich auf seiner Pritsche auf, und einige Minuten lang vermochte er sich überhaupt nicht mehr zu beruhigen. Er zündete sich eine Zigarette an und fühlte nach den ersten Lungenzügen, wie der Zorn erneut in ihm erwachte, nur begann er jetzt zu weinen. Ein Mann ihm gegenüber auf der nächsten Pritsche richtete sich ebenfalls auf. »Nur mit der Ruhe, Kumpel«, hörte er ihn sagen, »gib mal 'ne Zigarette rüber.«
»Halt's Maul, verdammter Idiot«, brüllte er ihn an. Dann warf er ihm das Päckchen zu. Seltsam war ihm zumute, und er dachte an die elenden Arbeiten, die er verrichtet hatte, zuerst Schuhe putzen, den Gestank fremder Füße einatmen, den Gestank der Schuhwichse einatmen, noch immer konnte er sie riechen, selbst jetzt wurde ihm davon übel, und in der Schule lachten sie ihn aus, weil er danach roch. (Er hob die Finger zur Nase und beschnüffelte sie mechanisch.) Und dann, älter geworden, eine Arbeit nach

der anderen: Geschirr spülen, wobei er es auf seinen Fingerspitzen balancierte, wenn es aus der Maschine kam und zu heiß war, um es fest anzupacken, und der Tag, an dem er einen riesigen Stapel von Tellern hochhob und sie zum Teufel schickte und vorbei; dann die Arbeit auf einer Tankstelle, der beste Anfangslohn dreizehn die Woche, zwei Jahre hatte er dort gearbeitet, dann gaben sie ihm fünfzehn; Mary, im Park mit feuchtem Gesicht an ihn gelehnt: »Warum heiraten wir nicht, Tony«, und er, wütend und gereizt: »Aaaaah, hau doch ab, ich spiel' mit mir allein. Was hast du denn schon, das ich nicht für einen Dollar fünfzig bekommen könnte?« Und die Männer, die an der Ecke herumstanden, nicht genug Geld, um in einen Puff zu gehen, manchmal gerade genug, um Billard zu spielen, und ich sage euch eins, ihr Affen, sucht euch einen richtigen Beruf, so macht man Geld, bleibt von der Eisenbahn weg, die saugen euch nur das Mark aus den Knochen, sieh doch deinen Alten an, und ich sage: »Tony, wann zum Teufel wirst du endlich das Verandageländer reparieren ...?« Wieder richtete er sich auf, und in seinem Kopf drehte sich alles. »Worum in aller Welt geht es eigentlich?« sagte er immer wieder zu sich. »Worum in aller Welt ...?« Nur jetzt sehr leise.

Ein Soldat steckte den Kopf hinein. – »Raustreten, sie fangen wieder an. Los, steht auf!« Benommen griff er nach seinem Helm, warf sich das Sturmgepäck um, packte sein Gewehr und schlurfte ins Freie hinaus, unter einen Himmel, der wie am Unabhängigkeitstag war, nur schwärzer. Die Japse rückten heran, hörte er immer wieder sagen, und dann sah er es selber. Sie machten es so wie mit den Booten, griffen zunächst an einem Abschnitt des Grabens an, und wenn sich dann alle Gewehre dorthin richteten, brach es am anderen Ende los, bis nicht mehr genug Gewehre da waren, um alle unter Feuer zu nehmen. Und als sie schließlich in einen Graben einbrachen und den Angriff der Verstärkungen erwarteten, griffen die Japse im zweiten Graben mit allem, was sie zur Verfügung hatten, selber an, wo immer die Verstärkungen herausgezogen waren.

Sein Zug erhielt den Befehl, sich zu einem anderen Abschnitt in Marsch zu setzen, aber noch ehe sie die Hälfte des Weges zurückgelegt hatten, stürmten die Japaner den Teil des Grabens, in dem er sich befand. Kurz zuvor hatte er sich, während sich in seinem Kopf noch alles drehte, zornig gefragt: »Warum zum Teufel bin ich eigentlich hier dabei, warum, warum?«, und während dann die Japaner näher rückten, brüllte er, gemein ist es, gemein ist es, und etwas mußte sich in ihm verändert haben, denn als die Japaner in den Graben einzudringen begannen, nicht mehr als vierzig Schritt von ihm entfernt, hatte er auf den Feldwebel und alles gepfiffen, hatte sich ganz einfach aus dem Graben geschwungen und war in Richtung Stadt davongelaufen. Und sehr bald schien es ihm, als ob die ganze gottverdammte Armee mit ihm zusammen davonlaufe ...

Der Hauptmann, 1936–1941

»*Ich weiß nicht, Bowen, wir sind verkommen.*«

Sein Unglaube war für ihn längst keine Quelle des Trostes mehr. Im Büro des Architekten verstrichen die Tage langsam. Er, der stets den Standpunkt vertreten hatte, es sei eine Heuchelei der Künstler, die Beziehung der Linien untereinander zu analysieren, ohne das Stoffliche in Betracht zu ziehen, fügte nun Linie an Linie und setzte, wo notwendig, das Stoffliche ein, nur daß er jetzt, anstatt Betonkies oder Stahlbeton zu malen, die Querschnittsymbole dafür einzeichnete. Im Zeichenbüro arbeiteten die Männer, die Hemdsärmel durch schmale Gummibänder hochgehalten, auf hohen Hockern gebeugt sitzend, so daß die Köpfe niedriger waren als die Schultern. Einige der Zeichner trugen kurze Gamaschen. Er betrachtete dies als einer Verallgemeinerung wert und erklärte: »Zeichner sind nicht glücklich, falls sie keine Gamaschen tragen«, aber da die Leute, denen er es erzählte, niemals in einem Zeichenbüro gesessen hatten, hielten sie diesen Ausspruch nicht für sonderlich tiefschürfend.

Wenn er morgens erwachte, verzerrte er zumeist das Gesicht. Denn nach kurzer Zeit würde er seinen gesamten Arbeitstag damit verbringen, Symbole zu übertragen, aber er hatte diese Symbole nicht erfunden. Ein Tag beim Introvertiertenkongreß, sagte er oft am Morgen zu Cova, aber nur selten lächelte sie darüber. Er war sich bewußt, daß Cova ihm grollte und ihn als einen Menschen betrachtete, der seine Ideale verraten hatte; eine Weile dachte er daran, daß sie es gewesen war, die ihn bewogen hatte, die Stelle anzunehmen, die ihn ihrer Familie aufgeschwatzt hatte, und er war ärgerlich und fühlte sich verletzt; später jedoch wurde ihm klar, daß sie die Auffassung vertreten hatte, sie befänden sich in einer Klemme, es sei mehr Geld nötig und es müsse sich eine Gelegenheit bieten, damit sie sie ausschlagen könnten und sich dadurch gegenseitig aufs neue bestätigten. Sie hatte ihm zwar geraten, die Stellung anzunehmen, denn das gehörte mit zu den ausgleichenden Faktoren; er sollte seine Entscheidung treffen, während die Schalen einander die Waage hielten. Jetzt wußte er, sie hatte nichts anderes gewollt, als daß er sagte:»Wir behalten die Stellung in der WPA, ich gebe meine Ideale nicht auf«, was aber keineswegs bedeutete, sie habe es nicht satt, ohne Geld zu leben, denn sie hatte es wirklich satt, aber die Kunst war es – zu spät sollte ihm das bewußt werden –, die die beiden jungen Leute ohne Geld auf der rotseidenen Bettdecke hielt.

Eines Abends waren sie mit einem Freund, Henry, der Bowen Hilliard in manchem glich, in einer Bar und tranken. Sie hatten sich in aller Stille mit Cocktails vollaufen lassen, bis Henry das Schweigen brach, indem er immer wieder vor sich hin sang:»Wir sind die Menschen mit dem Todesdrang, wir sind die Menschen mit dem Todesdrang.« – »Halt den Mund«, hatte Cova gewarnt, aber er redete weiter.»Wir sind die Menschen mit dem Todesdrang … Klingt ganz nach Eliot, was meinst du, Bowen?« Dann hatte Cova etwas Unerwartetes getan, hatte ausgeholt und Henry ins Gesicht geschlagen.

»Nicht doch, Cova, schlag ihn nicht«, hatte er gerufen, und dann war allen zum Bewußtsein gekommen, wo sie sich befanden. Cova streifte ihn nur mit einem kurzen Blick, dann brach sie in Tränen aus. »Komm, gehen wir«, sagte er. »Ich komme sonst morgen zu spät ins Büro. Ich komme zu spät. Ich muß noch fünfzehn Klos im dritten Stockwerk des Mietshauses einzeichnen, das wir entwerfen.« Henry hatte angefangen zu lachen. »Klingt mir ganz nach Eliot, Cova, was meinst du? Der Künstler, der fünfzehn Klos auf einem Plan einzeichnet.« Er war inzwischen aufgestanden. »Schon gut, Cova, gehen wir ... Und ich bin kein Künstler mehr, Henry.« – »Man kann nicht malen, wenn man tot ist, oder?« Er hielt den Atem an. Henry blickte auf. »Es tut mir leid«, sagte Henry.

»Vergiß es.«

»Nein, ich habe gesagt, es tut mir leid ... Vergiß es nicht.«

Wenn Cova Hilliard danach mit einem anderen Mann schlief, geschah es nicht, weil das nun ihr Schöpfungsakt war, sondern weil ihrem Gatten nichts mehr geblieben war, was er ihr hätte geben können. Und er, der es wußte, hatte daraufhin angestrengter an dem Wohnblock aus gelbbraunen Ziegelsteinen gearbeitet oder hatte sich die eine oder andere Frau genommen oder sogar zu malen versucht, und fühlte, während er die Farbe auf die Leinwand spachtelte, den Zorn in sich aufsteigen, bis zu dem Augenblick, da das, was er hatte schaffen wollen, nicht dem entsprach, was er geschaffen hatte, und er das Bild vernichtete.

Sie gelangten an einen Punkt, an dem sie sich in einer letzten scharfen Wendung voneinander abkehrten. Sie hatten bereits mehrmals miteinander gebrochen, aber jedes Mal aus Angst vor dem Schritt von der Sinnlichkeit zu unwiderruflichem Zynismus innegehalten und wieder zueinander gefunden. Bei einer dieser Auseinandersetzungen geschah eines jener unerklärlichen Dinge: Sie gewannen etwas von der alten Gewißheit zurück. Jedoch konnte sie nicht von Dauer sein. Es gab nichts, was sie hätte zurückhalten können. Eines Nachts war er, eine äußerst peinliche Sache, zu früh nach Hause gekommen. Selbst im Schmerz fühlte er sich an die abgedroschenen Worte der dunkelhaarigen Frau in der Gemäldeausstellung erinnert. Als sie allein waren, hatte er zu sprechen versucht.

»Was ist los, Cova?«

»Ach, zum Teufel mit dir, Bowen, ich habe nichts dafür übrig, daß wir unsere Sorgen miteinander teilen.«

Er zündete sich eine Zigarette an. Es war notwendig, die Situation, soweit überhaupt noch etwas von ihr übrig war, zu retten.

»Du bist nicht sehr glücklich, Cova, nicht wahr?«

»Ich weiß nicht, Bowen, wir sind verkommen.«

Wie viele Male hatte er sich das gefragt? »Menschen wie wir können es sich nicht leisten, sich in die übliche Ordnung einzufügen.«

»Hör zu, Bowen, davor habe ich keine Angst, wie man es nennt, ist mir gleichgültig. Richtig: Ich bin nicht schöpferisch, ich bin ein Luder. Auch dagegen ist noch immer nichts zu sagen. Ich bin also ein Luder.«

Er ließ etwas Asche auf seine Hose fallen. Zerstreut zerrieb er sie mit den Fingern. »Das habe ich nicht gemeint, Cova. Ich halte uns noch immer nicht für verkommen. Vielleicht haben wir uns ein bißchen zuviel herumschlagen müssen. Vielleicht kommt es wirklich vor, daß sich zwei Menschen gegenseitig aussaugen.«

Gereizt hatte sie einen ihrer Schuhe abgestreift. »Sieh es doch ein, Bowen, das ist doch schon seit langem klar.«

Langsam erhob er sich. »Und wenn ich gegangen bin?«

»Ich bin überzeugt davon, daß unser Leben noch inhaltloser sein wird als je zuvor ...«

Danach unternahm er sehr viel auf einmal; er gab seine Stellung auf, zog zu Henry (empfand das Symbolische darin, aber brauchte Henry auch keine Miete zu zahlen) und beendete sein Buch, das er in einem seiner periodischen Zornausbrüche *Der Künst-*

ler im unrühmlichen Übergang nannte. Es war auch ein zorniges Buch. Von einem uninteressierten Schwindelunternehmen verlegt, brachte es ihm nur sehr wenig Geld ein, aber es diente einer ganzen Reihe von Kritikern an kleinen Provinzzeitungen als fetter Braten. Er dachte daran, wieder etwas zu malen, aber es kam ihm wie ein schlechter Witz vor, wieder von vorn anzufangen. Ein Jahr lang wechselte er von Stellung zu Stellung. Er verbrachte einen erheblichen Teil seiner Zeit mit dem Versuch, sein Leben erneut kritisch zu betrachten. Er glaubte, daß er irgendwo längs seines Weges nicht so sehr eine Abzweigung übersehen als vielmehr ein Verkehrszeichen mißverstanden habe: Er war stehengeblieben, wo er hätte weiterfahren sollen. Er hatte das Gefühl, daß er im College begabt, gescheit und innerhalb der Grenzen des Lebens, die er sich gesteckt hatte, sogar aufrichtig gewesen war. Und es schien ihm, daß es sich bei Cova ebenso verhielt. Sie hatten durchaus zueinander gepaßt, und dennoch hatten sie sich entzweit, weil sie, da sie an nichts glaubten, zuviel voneinander erwarten mußten. Hätten sie an etwas außerhalb ihres Ichs geglaubt, wäre alles in Ordnung gewesen, aber alles, was man sie in den ersten zwanzig Jahren ihres Lebens gelehrt hatte, war bei näherer Betrachtung mit den Erfahrungen unvereinbar. Form und Inhalt hatten nicht übereingestimmt. Da sie also für ihr Leben kein Ziel besaßen, hatten sie versucht, wenigstens in guter Haltung über die Runden zu kommen. Ihm schien es, als lasse sich sein Leben mit dem freundschaftlichen Streit um das Bezahlen der Rechnung nach einem Essen vergleichen; wenn aus irgendeinem Grund zwei Leute eine Rechnung bezahlen wollten, wurde der Streit stets mit Hilfe kleiner Schliche ausgetragen, so daß sehr selten zwei Personen gleichzeitig nach der Rechnung griffen und sie zerrissen. Es war, wie wenn zwei Lastwagen zur gleichen Zeit in eine eingleisige Fahrbahn mit Gegenverkehr gelangten. Zentimeter um Zentimeter mochten sie wohl versuchen, den anderen wegzudrängen, aber falls es nicht um hohe Einsätze ging, kam es niemals zu einer Kollision.

Da er in seinem Leben an nichts geglaubt hatte, was außerhalb von ihm selber lag, hatte er auch niemals den Einsatz als hoch genug empfunden, um eine Kollision hinzunehmen. Zu dem Zeitpunkt, als er mit Cova brach, war es ihnen so sehr in Fleisch und Blut übergegangen, daß selbst dann kein großer Schaden verursacht wurde. Er hatte den Eindruck, als habe er sich sehr weit von allem Unmittelbaren entfernt und als lasse sich die Sinnlosigkeit seines Lebens dadurch erklären.

Anfang 1941 schrieb er seinem Vater, er würde gern die Gelegenheit wahrnehmen, die ihm sein Patent als Reserveoffizier bot, und in die Armee eintreten. Ein halbes Jahr später wurde er (nach einigen Lehrgängen) auf Grund seines Alters zum Hauptmann befördert. Er glaubte, die Vereinigten Staaten würden sich innerhalb kurzer Zeit im Krieg befinden, und das war tatsächlich der Grund für seinen Eintritt in die Armee. Er machte sich über den kommenden Krieg keine Illusionen, und was dabei für ihn auf dem Spiel stand, war rein persönlicher Art.

Er war in die Armee eingetreten, weil er am Ende seiner kritischen Selbstbetrachtung zu dem Schluß gelangt war, sein Leben zu rechtfertigen, einen Sinn in ihm zu finden, sei nur möglich, wenn er dem Tod von Angesicht zu Angesicht gegenübertrete. Er entsann sich Malraux' fester Grundlage in der Würde. Vielleicht mußte er erst sterben, um jene Würde zu finden. Ganz gewiß glaubte er, daß Leben und Tod und Gewalthandlungen die Grundlage darstellen und es dort keinen Platz für eine Lüge mehr gebe. Er hatte beschlossen, nach der Rechnung zu greifen, selbst auf die Gefahr hin, daß sie in seinen Händen zerriß. Er hatte die Brücke von der Sinnlichkeit zum Mystizismus überquert, zog er doch diesen noch dem Zynismus vor. Einstweilen fragte er sich, wie alle übrigen auch, wie es wohl sei, sich tatsächlich die Kugeln um die Ohren pfeifen zu lassen ...

Wexler, April 1942, dritte Nacht

Er konnte es in der Zeitung von Freehold
genau vor sich sehen ...

Der Judenjunge, der blonde Judenjunge Wexler hockte am Kellerfenster und griff die Japse mit MG-Feuer an, legte sie um und tat es für die Universität von Minnesota. Er fluchte vor sich hin, der blonde Judenjunge Wexler, der Farmer aus Freehold, New Jersey, der große blonde Stürmer für die *Golden Gophers*, der nun mit MG-Munition schoß, den Angriff blockierte und selber die gemeine gelbe Mannschaft von der anderen Seite der Eisenbahngleise in Trenton angriff – und er tat es für seine große Rugbymannschaft. Das MG sprang ihm aus der Hand. Er griff nach, bekam den Ausreißer wieder in die Hand, nahm Ziel auf das nahende Unheil, traf die Kerle tief mit MG-Kugeln statt mit den Händen, und erwischte den Mann mit dem Ball. Sie waren eine kleine Mannschaft, die sich gegen eine große zu wehren hatte, sagte er sich, sie waren eine kleine Mannschaft, und der großen Mannschaft gelang es nicht, einen Erfolg zu erzielen.
»Nur mit der Ruhe«, sagte Rice, der Feldwebel, zu ihm. »Du verplemperst deine Munition.«
»*Ich* bediene das MG, Feldwebel.«
Eine Granate krepierte, ohne Schaden anzurichten, an der Außenwand. Er begann wieder zu schießen. Ihm würde so ein Halbindianer von einem Feldwebel nicht sagen, wie man kämpfte, er war zum Kämpfen geboren, hatte Rugby für die Universität von – aber er mußte sich nun selber berichtigen – für die Rugbymannschaft der Oberschule von Freehold gespielt.
Draußen war es dunkel geworden, und die Japse sahen wie Büsche aus oder wie Pappkameraden am Abend, wenn die Übung vorbei war. Sie waren die kleine Mannschaft, sie waren das Brooklyn College, das sich gegen die Universität von Minnesota wehrte, oder sie waren Minnesota, das gegen die Welt stand. »Kommt nur

ran, ihr Japse, kommt ran, ihr gelbhemdigen Affen«, knurrte er, »kommt raus aus der Verteidigung, los, versucht mich doch zu erwischen.«

Hin und wieder konnte er sie sehen, vor allem wenn sie versuchten, das ebene Spielfeld vor dem Haus zu überqueren; das war, als der Mond, der über die seitliche Böschung am Haus emporstieg, ihm sozusagen zuspielte, daß er die Gesichter zu erkennen vermochte und er den Tod zuschlagen sah. Es war nichts weiter als ein Strahl, er hielt den Gartenschlauch auf sie gerichtet, gab den Hühnern auf der Farm Futter und machte Butter aus den Japsen. Den Indianer neben ihm, der schweigsam die Munition zuführte, ein ruhiger Soldat, nein, er mochte diesen dunklen Indianer nicht, der da vor sich hin pfiff und so tat, als sei dies sein Beruf. Es war aber kein Beruf, es war ein Spiel, am ehesten noch dadurch ein Beruf, daß es einer Rugbymannschaft von Berufsspielern ähnelte. Kommt nur ran, ihr *Chicago Bears,* hier stehen die *Philadelphia Eagles,* die *Pittsburgh Steelers* und sie halten euch an der Drei-Meter-Linie auf. Ein MG hinter dem anderen Torpfosten versuchte ihm seine Finger ins Auge zu drücken. Er duckte sich, hörte die Kugeln durch das Fenster pfeifen und scheppernd gegen die hinter ihm liegende Wand prallen. In der Ferne vernahm er das Mündungsfeuer der MGs, es war eine große Sache, der Kampf zog sich über die ganze Insel hin. Das Maschinengewehr hackte auf die Rückwand ein.

»Ich befehle dir, nicht soviel zu schießen«, sagte der Indianer. »Du verrätst ihnen das Fenster.«

»Nicht schießen, Wexler, bevor sie nicht auf hundert Schritt heran sind, wir können es uns nicht leisten, daß sie das MG treffen.« Der Hauptmann kam aus dem Graben und schlängelte sich zum Fenster hinüber. »DaLucci, Sie lösen in fünf Minuten am MG ab.« Ein Laut des Verstehens drang aus dem Unterstand. »Mir gefällt es nicht, wie sich DaLucci benimmt, Hauptmann«, sagte der Indianer, »er ist zu ruhig.« – »Bist ja selber ruhig, Feldwebel«, entfuhr es Wexler. »Ich?« brummte Rice, »ich bin Indianer.« Ein Lächeln glitt über das Gesicht des Hauptmanns.»Wie viele, glauben Sie, sind noch draußen?« fragte er.»Sind nicht viele, Hauptmann, nur ein paar Züge.« – »Sind mehr, Hauptmann«, sagte Wexler. Er mußte bereits an die dreißig von ihnen getötet haben. Der Hauptmann machte ein besorgtes Gesicht.»Sie brauchen diese Straße, es sollten also mehr sein.« – »Jawohl, Sir«, meinte der Indianer. Die MGs draußen waren verstummt, und im Mondschein wirkten die Körper, die auf der Wiese herumlagen, wie kleine Erdhügel. Wexler kam sich wie in einer Falle vor. Zu Hause hatte er seine Felder, er hatte die Hühner, die Butter und die Eier, er hatte den Sportplatz außerhalb von Freehold, wo sie am Sonntagnachmittag Rugby spielten, der größte, zäheste blonde Judenjunge, der jemals Rugby für die Oberschule von Freehold gespielt hatte. Der Keller war zu klein, er wollte sich nicht damit abfinden, dort gefangen zu sein.»Jawohl, Sir, es ist ein harter Krieg«, sagte er zu sich. Der Hauptmann holte eine Tafel Schokolade hervor und teilte sie in drei Stücke. Langsam kauten sie.»DaLucci«, rief der Hauptmann,»kommen Sie mal her.« Der Italiener kam langsam auf dem Bauch herangekrochen. Noch immer schwiegen die MGs der Japaner. Durch Angst zum Schweigen gebracht, dachte Wexler. Er richtete den Blick auf ein paar verstümmelte Bäume am Rande der vom Mondlicht überfluteten Ebene. Er sagte zu sich, sie sähen ebenfalls wie Zielfiguren aus, aber das stimmte nicht. Dafür sehen sie zu zerfetzt aus, dachte er.

»Ich fürchte, das andere Haus ist vielleicht schon genommen, Leute«, sagte der Hauptmann. Er kratzte sich ein Stück Silberpapier zwischen den Zähnen hervor und ließ es zu Boden fallen. »Den Feldwebel brauche ich«, fuhr er fort.»Pater Meary kommt offensichtlich nicht in Frage. Ich möchte, daß einer von euch, Männer, auf Erkundung rübergeht. Wenn er in das Haus hineingelangen kann, was ich bezweifle, soll er Bescheid sagen, daß wir mehr Leute brauchen. Wenn nicht, soll er zurückkommen und mir melden, wie die da drüben zurechtkommen. Das Wichtigste ist, zurückkommen. Unser Funkgerät hier hat einen Treffer erhalten. Will einer von euch gehen?« In der Dunkelheit machte DaLucci ein finsteres Gesicht. »Nnnein«, sagte er gedehnt. Wexler spuckte sich leise in die Hände. »Warum nicht?« meinte er. »Ich mache es, Hauptmann.« – »Aber zurückkommen.« Er verzog das Gesicht zu einem Grinsen: »Darauf können Sie Gift nehmen, Hauptmann, ich komme bestimmt zurück.« Der Judenjunge, der querfeldein jagte, und die Zeitungen von Freehold würden die Geschichte bringen.

Er wollte schon aus dem Fenster steigen, als der Indianer ihn am Arm festhielt. »Warte«, sagte er. »Jetzt sind sie still, sie beobachten. Bleib noch da.« Rice gab aufs Geratewohl ein paar Feuerstöße ab. Das andere MG antwortete und tastete sich an der Außenwand entlang. »Gut, jetzt«, sagte Rice. »Halt dich, solange du kannst, im Schatten der Mauer. Wenn du ans Ende gelangst, beginne ich zu schießen, und dann rennst du.« Der Judenjunge schob sich vorsichtig Stück um Stück durchs Fenster hinaus. Er empfand die Luft draußen als frischer, und während er in der Nähe der Mauer entlangkroch, sein Gesicht dicht am Boden, erschien ihm das Feld riesig. Er war erregt, hier ging es ums Ganze. Die Luft von Tinde war plötzlich kalt, er sah, wie die Bäume ein wenig zitterten. Auch er zitterte. Zum Teufel, er hatte keine Lust, als Toter in der Zeitung zu stehen.

Während er im Schatten weiterkroch, schien sich die Mauer noch an die fünfzig Schritt hinzuziehen. Es war draußen so verdammt hell, wieso konnten die Japse ihn nicht sehen, denn er sah doch sie. Er warf einen Blick zurück zum Haus. Das Fenster war aus seinem Blickwinkel heraus nun so verkürzt, daß er nicht mehr hineinsehen konnte. Sehr einsam kam er sich dort draußen vor, keine Verteidigung, kein Stürmer auf dem Spielfeld, nichts als die Japse. »Das ist kein verdammtes Rugby mehr«, knurrte er in sich hinein.

Als er an das Ende des Hausschattens gelangte, hielt er inne, geduckt in der Stellung eines Läufers, der auf den Ball wartet. Wenn der japanische MG-Schütze ihn jetzt erblickte, mein Gott. Judenjunge Wexler, der nicht aufhören konnte zu spielen, allein im Dunkeln. Jäh knatterte das MG aus dem Haus heraus und zog weiße Striche durch die Finsternis. Das japanische Maschinengewehr antwortete, und beide spuckten, was das Zeug hielt; er begann zu laufen, es waren an die vierzig Schritt über freies Feld, und wenn sie ihn erblickten, würde es sein, als fasse er in ein Hornissennest. Er rannte. Die Dunkelheit der Büsche, etwa vierzig Schritt vom Hausschatten entfernt, kam auf ihn zu, und Zweig peitschten ihm ins Gesicht. Er warf sich hinein, ruhte aus und hatte Angst. Nichts hätte er jetzt lieber getan, als Eier in Kisten zu verpacken.

Bis zum anderen Haus war es noch eine Meile, und die Straße mußte er meiden. Wie, wenn während seiner Abwesenheit alle Männer, einschließlich des Hauptmanns, dort hinten getötet würden, was dann? Hätte er sich nicht auf den Weg gemacht, dann wäre er zusammen mit ihnen getötet worden, überlegte er. Schrieb Vera nun die Begleitrechnungen für die Eier aus, fragte er sich, und machte sich Vera Sorgen um die Butter?

Auf der anderen Seite der Büsche hob und senkte sich das Gelände in sanften Wellen, und es standen dort auch genug Bäume, die ihm seinen Auftrag erleichterten. Er mußte hinten um den Ort herum, denn sonst würden sie ihn, wenn er mitten hindurchging, schnappen. Er lief schnell von Baum zu Baum, landeinwärts. Eine Streife kam in der Nähe vorbei, und er erstarrte hinter einem Ast. Nachdem sie vorbei war, fühlte er die Verkrampfung in seinen Beinen. Er mußte sich beruhigen; man brach sich ein Bein, wenn man mit verkrampften Muskeln einen Ball im Flug aufnahm. Wenn er auf die Universität von Minnesota hätte gehen können, wie er es vorgehabt hatte, wäre er jetzt auch Hauptmann, würde auf seinem Hintern sitzen und die einfachen Landser losschicken, um dies oder jenes herauszufinden. Er kroch zwischen einigen Büschen hindurch. Als er am anderen Ende den Kopf hinausstreckte, sah es aus, als stehe ein Baum mit dem Rücken zu ihm, nur war es kein Baum, es war ein Posten. Er lag dort und wartete darauf, daß der Mann weitergehe, aber das tat er nicht. Langsam wandte sich der Japaner um und kehrte ihm dann wieder den Rücken zu. Judenjunge Wexler in einer Falle gefangen. Er wartete eine Weile und überlegte, ob er ihn überrumpeln solle. Sollte er den Mann erledigen, bevor er aufschrie? Aber er konnte sich nicht dazu aufraffen, die Beine versagten ihm den Dienst. Alle guten Sportler hatten es zuerst in den Beinen. Langsam, seinen Körper dicht über dem Boden, begann er auf Händen und Zehenspitzen rückwärts zu robben, einen Fuß zurück, eine Hand zurück, den anderen Fuß zurück. Als er sich etwa dreißig Schritt entfernt hatte, erhob er sich in eine kauernde Stellung und zog sich in den Schatten eines Baumes zurück. Er hatte Lust auf eine Zigarette. Wie in aller Welt sollte er denn auf diese Weise eine Meile schaffen und wieder zurückkommen? Im Hügelland, ein Stück vom Ozean entfernt, begannen ein paar Maschinengewehre zu knattern, als sei die Hölle los. Muß schon der Dschungel sein, dachte er. Die Küstenstraße lag zu seiner Rechten, aber auf diesem Weg würde es ihm niemals gelingen, denn dort kämpften ja die Japse.

Nach einer Weile setzte er seinen Weg fort, lief ein Stück, kroch dann wieder, schlich von Baum zu Baum. Er fühlte sich wohler; das war bei Gott die längste Strecke, die jemals ein Mann gelaufen war. Das hatte noch kein Mittelläufer in ganz Minnesota fertiggebracht. Wenn man ihm nur das Rugby-Stipendium gegeben hätte, säße er nun hinten im Keller, und hier müßte DaLucci es ausschwitzen. Zum Teufel mit der Zeitung von Freehold, was hätten denn Vera und er schon davon? Diese Freehold-Zeitung konnte sie als Klopapier benutzen. Und fast wollte er in sich hineinlachen. Es war weiches Papier.

Er kam auf die Kuppe eines Hügels, arbeitete sich durch das hohe Gras vor, ängstlich besorgt, nicht den Kopf hinauszustrecken. Vielleicht würde er vom nächsten Hügel aus das andere Haus sehen können. Es mußte ein Stück vom Ort entfernt liegen, wie ihr Keller auch. Er hörte Japse lachen und glitt auf dem Bauch von ihnen weg. Etwas, vielleicht war es eine Schlange, huschte über sein Gesicht. Fast hätte er aufgeschrien. Als sich die Geräusche der Japaner allzusehr näherten, blieb er liegen und fragte sich, wie er noch atmen solle. Er hatte keine große jüdische Nase, das war schon eine Hilfe, und er schnaubte sich seine Nase, auch das war ein Vorteil. Minnesota hatte ihm das Stipendium nicht gegeben, weil er Jude war, aber du lieber Himmel, was lag denn schon an einem Namen? Er hatte blondes Haar, oder etwa nicht? Er war einsachtundsiebzig, schnell und wog vor einer Dusche hundertneunzig. Jude, zum Teufel, in Freehold sagte man von ihm, er spiele wie ein großartiger Schwede. Schwede Wexler, dachte er und hielt den Atem an. Die Japaner gingen vorbei. Schwede Wexler wartete, und dann lief er, schlängelte sich durch das hohe Gras. Am Fuß des Hügels mußte er einen Bach durchqueren, und von da an quietschten seine Schuhe. Nach einer Weile zog er sie aus und trug sie in der Hand, während er sich den Hügel hinaufarbeitete. Ein Farmer mit Butter und Eiern, was für ein verteufeltes Leben für den Schweden Wexler, inzwischen hätte er schon Berufsspieler im Rugby sein können. Überall in Freehold, Asbury, Long Branch hatte man von ihm gehört, wahrscheinlich sogar in Point Pleasant.

Als er in die Nähe der Kuppe des nächsten Hügels gelangte, packte ihn die Erregung, denn nun würde er es doch noch schaffen. Die Straße und das Haus mußten auf der anderen Seite liegen, aber er wurde unruhig, weil kein Schießen zu hören war. Oben angelangt, tastete er sich um einige Felsen herum und blickte hinunter. Die Japse marschierten die Straße entlang, das Haus schien entzweigebrochen, und hier und da konnte er ein wenig Feuer herauslodern sehen.

Judenjunge Wexler zog die Schuhe an, drehte um und machte sich auf den Rückweg. Nun würde es doch nichts für die Zeitung geben, die interessierten sich nur für wirkliche Knüller. Es würde keine Annoncen zu unterzeichnen geben und auch kein Geld, so daß man die Hypothek in zehn Jahren zurückzahlen konnte, anstatt in zwanzig, in denen sie sich amortisieren sollte. Es war leichter, zurückzugehen. Er redete sich gut zu, jetzt nur nicht leichtsinnig zu werden, sich nicht überrennen zu lassen, sonst sei es um seinen Kopf geschehen und die Japse würden sein Fett zum Braten verwenden. Er fragte sich, was es wohl zu bedeuten habe, daß das andere Haus hin war. Vermutlich würde der Hauptmann es wissen, obwohl der Hauptmann auch nicht sehen konnte, wohin die Kugel rollte, aber er nahm an, es sei für sie wichtig. Immer wieder zwang er sich, an Vera zu denken, denn er konnte ebensogut an seinen besten Freund denken, aber er fühlte sich nun ganz frei und gelöst, hatte keine Angst, getötet zu werden, und brauchte nicht an sie zu denken.

Ehe er sich's versah, steckte er schon den Kopf aus den Büschen und blickte zu dem Haus hinüber, dessen Fenster alle verbaut waren, und zum Keller darunter, aus dem das MG noch immer schoß. Er wußte nicht, wie er dorthin zurückgelangen sollte, denn dazu mußte er den Teil des Geländes überqueren, auf dem der Mondschein lag, auch konnte er ihnen kein Signal geben, die Japse von ihm abzulenken. Er dachte, er würde ganz einfach warten müssen. Die MGs hörten auf, sich miteinander zu streiten, und begannen dann erneut. Natürlich mochten noch andere in einiger Entfernung von den MGs herumliegen, und sie würden ihn vielleicht entdecken, aber er mußte es wagen. Er stürzte im Mondschein über das Feld. Ein paar Gewehre begannen zu ballern, und gerade in dem Augenblick, als er in den Schatten eintauchte, wechselte das MG zu ihm hinüber. Er kroch zur Wand, schmiegte sich in den rechten Winkel, den sie mit dem Boden bildete, kauerte sich ganz zusammen, in der Hoffnung, sie würden ihn nicht sehen. Er hatte keine Zeit, sich zu fürchten. Das verdammte MG spritzte um ihn herum. Sie wußten nicht, wo er war. Das MG im Keller schwieg jetzt. Sie konnten also nicht wissen, wo das Fenster lag. Er lief an der Mauer entlang, sprang durch den Fensterschacht hinab, warf dabei fast das MG um und landete auf dem Boden. Wieder begann das MG zu rattern, er

kroch an die Wand und atmete so laut, wie er gerade Lust hatte; er fühlte sich, dort an die Sandsäcke gelehnt, recht geborgen.
»Fein gemacht, mein Junge«, sagte Rice zu ihm. Nun schoß DaLucci, und der Hauptmann führte die Munition zu. Der Hauptmann gab Rice ein Zeichen, und dieser übernahm das Zuführen der Munition. »Frage mich nur, warum die noch keinen Granatwerfer in Stellung gebracht haben«, sagte der Hauptmann. Rice brummte.
»Haben nicht so viele davon, scheinen uns hier nur festnageln zu wollen.«
Der Hauptmann kniete neben Wexler nieder. »Können Sie schon reden?«
»Jaja«, antwortete er und versuchte, sein stoßweises Keuchen zu unterdrücken; er fühlte sich schwach und durch und durch müde.
»Was ist geschehen, was ist am anderen Haus los?«
»Haben es eingenommen, ringsum Japse, sie marschieren die Straße entlang.« Der Hauptmann nickte und pfiff vor sich hin.
»Das erklärt alles, Hauptmann«, sagte Feldwebel Rice. Wieder nickte der Hauptmann. Er beugte sich neben ihm nieder. »Ja, und sagen Sie ... Wexler, äh ... wie war's denn?«
»Was?«
»Na, da draußen.«
»Ach so«, und er zuckte die Achseln. »Nicht weiter schlimm. Vielleicht ein bißchen ungemütlich.«
Es sah so aus, als wolle der Hauptmann ihn noch etwas fragen, aber er hielt an sich. Nach einer Weile fragte er jedoch: »Sind Sie, was das Haus anlangt, sicher?« »Jawohl, Sir«, antwortete er. Er hatte seinen Atem wieder unter Kontrolle.
Plötzlich bemerkte er, daß der Hauptmann zum Unterstand in der Mitte des Bodens robbte. Er kehrte mit Pater Meary zurück, und beide krochen hinüber zur Wand neben das MG. »Schießen Sie weiter wie sonst auch«, sagte der Hauptmann, »wir müssen etwas besprechen.« Sie kauerten sich alle um die MG-Stellung herum nieder. »Das andere Haus ist gefallen, und die Japse rücken

auf der Straße vor. Dieses Haus brauchen sie nicht mehr. Haben Sie mich verstanden?« Der Priester rückte ein wenig unruhig hin und her. »Wollen Sie damit sagen, Hauptmann, daß es kein wichtiges Ziel mehr ist?« Der Hauptmann schien zu lächeln. »Ja, das stimmt ... Selbstverständlich wird man uns hier nicht sitzen lassen. Man will nicht, daß kleine Widerstandsnester bleiben. Früher oder später werden die Japse ein paar leichte Feldgeschütze heranführen und uns hier ausräuchern. Es ist also völlig sinnlos, zu bleiben. Wir könnten auf der anderen Straße gegen sie kämpfen, aber ich bezweifle es.«
»Es sah nicht so aus, als ob sie noch kämpften«, warf Wexler ein.
»Nein. Nun, ich werde ... aus persönlichen Gründen«, er hielt inne. »Ich werde hierbleiben. Aber da ich kein Recht habe, euer Leben zu verlangen, so kann jeder von euch, der es wünscht, sich ergeben. Jedes Heldentum wäre hier sinnlos. Ich werde es auch nicht als Feigheit ansehen. Wer von euch will sich jetzt also ergeben?«
»Sie sagen, es sei völlig sinnlos, hierzubleiben?« fragte der Priester ein wenig nervös.
»Jedenfalls zu zweifelhaft, um es von euch zu verlangen.«
Rice räusperte sich ungeduldig. »Bin schon an Stellen gewesen, wo es heißer zugegangen ist.« Der Priester stieß einen leisen Laut der Unschlüssigkeit aus. »Es wird fraglos eine Menge Gefangene geben?« – »Ja«, antwortete der Hauptmann.
»Zum Teufel mit allem«, rief DaLucci plötzlich und stand auf, »ich gehe. Ich scheiße auf diesen gottverdammten Krieg.«
»Und Sie, Wexler?« fragte der Hauptmann.
Er wollte nicht mehr draußen im Freien sein. Wenn sie durchhielten, würde er in der Zeitung erwähnt, vielleicht ... Er wußte nicht, was zum Teufel er tun sollte. »Ich bleibe«, antwortete er langsam, bevor er noch wußte, wie ihm geschah.
»Gut, und Sie, Kaplan?«
Meary erhob sich. »Die Gefangenen werden mich brauchen. Gefangene brauchen Gott vielleicht ... mehr.« Seine Lippen zitterten.

»Sind unter euch Katholiken?« fragte er ... »Nun, möge Gott euch beistehen.« DaLucci und Meary knieten beim Fenster. »Geht mit erhobenen Armen hinaus«, sagte der Hauptmann. »Kein lautes Rufen, denn die anderen werden euch nicht verstehen und werden vielleicht glauben, es handele sich um einen Angriff.« Der Priester bekreuzigte sich. Rice drehte das MG zur Seite und lehnte sich mit dem Rücken an die Wand. »Hau ab, DaLucci, du Hund«, sagte er. »Fick dich doch ins Knie«, antwortete DaLucci, und sein kurzer, untersetzter Körper bebte vor Zorn. Sie gingen hinaus.
Die anderen beobachteten sie vom Fenster aus. Wexler wußte nicht, was er davon halten sollte. Er sah sie ins Licht hinaustreten und auf die Japaner zugehen. Das Mondlicht ließ einen Teil ihrer Hände aufleuchten. Einmal stolperte der Priester und ging dann weiter. Sie hatten sich voneinander getrennt und rückten mit etwa zehn Schritt Abstand vor. Von den Japanern her war nichts zu hören. Sie hatten schon fast das ganze Feld überquert, als das japanische MG einsetzte. DaLucci sank zu Boden, dann der Priester. Das MG spielte noch einige Augenblicke über sie hin.
Das erste, was Wexler hörte, war, wie der Hauptmann langsam sagte: »Daran habe ich niemals gedacht, daran habe ich ganz einfach nicht gedacht.« Bei den Japanern stieg höhnisches Gebrüll auf. Wexler griff zum MG. »Laßt mich ran an diese gottverdammten Hunde, laßt mich ran an sie, ich ziehe ihnen ihr gottverdammtes Fell ab.« Rice stieß ihn zur Seite. »Halt's Maul, sie haben es nicht besser verdient.«
»Hör bloß auf, du gottverdammter Indianer«, rief Wexler.
»Still, aber beide!« Es war der Hauptmann.
Wexler schwieg. Das Seltsame war, und er sagte es sich immer wieder, daß er nicht wirklich zornig war, daß er überhaupt nicht viel empfand.
Ein japanischer Soldat kroch vorsichtig heran, um festzustellen, ob noch Leute übrig waren. Rice beugte sich über das MG und zielte sorgfältig. Für nur ein paar Feuerstöße drückte er auf den Abzug und strich ein paarmal über den Gefallenen hin und her.

Höhnisch rief er zu den Japanern hinüber: »Mensch, ihr habt aber auch nichts, nicht mal Leuchtkugeln. Nicht so übel.«
Der Hauptmann war einige Minuten lang in Schweigen versunken. Nach langer Zeit sagte er: »Was war DaLucci eigentlich, bevor er zur Armee ging?«
»Er war Tankwart, glaube ich«, antwortete Wexler. »Ich habe ihn nicht sehr gut gekannt.«
»Soso«, sagte der Hauptmann.
»Wieso denn, Sir?«
»Schon gut, übernehmen Sie das Laden am MG«, befahl ihm der Hauptmann.
Die Japaner hielten sich nun zurück. Es geschah einfach nichts mehr. Er fragte sich, wie lange sie nun schon dort lagen, vielleicht drei Stunden, und das war für eine kleine Mannschaft, die sich einer größeren erwehren mußte, ziemlich lange. Aber während er dies noch dachte, begann sich bereits etwas anderes abzuspulen, und er vermochte es nicht zurückzuhalten. Er wußte nicht, warum es so kam, aber er mußte sich immer wieder vorstellen, sie seien die große Mannschaft und würden von der kleinen umhergehetzt. Er wußte nicht, ob er es glaubte oder nicht, aber nichts erschien ihm mehr sicher. Er wußte nicht, was er denken sollte ...

Der Hauptmann, April 1942, vierter Tag, 4 Uhr früh

> ... wie Männer, angetreten und nackt, die auf
> die Untersuchung warten ...

Während dieser drei Tage und Nächte hatte er den Tod in mancherlei Gestalt gesehen. Und dem Hauptmann, der nun neben Wexler und dem Indianer im Keller wartete, auf den letzten, unwiderruflichen Angriff wartete, schien es, als habe er sein ganzes Leben lang auf seinen Tod gewartet, und jetzt, da er nahte, lasse sich möglicherweise kein Sinn in ihm finden. Den ganzen Tag und die ganze Nacht, drei Tage und Nächte hindurch, hatte er Männer kämpfen und sterben sehen, und vielleicht war alles zu schnell geschehen, aber er wußte nur, daß es keine Empfindung in ihm weckte, keinen Sinn für ihn ergab. Er erinnerte sich an den verbrannten Körper eines Mannes, den er eine ganze Weile betrachtet hatte. Es war ihm wie eine furchtbare Entwürdigung erschienen, als habe sich der Mann, zu Tode verbrennend, in ein vorgeschichtliches Geschöpf verwandelt. Er war am ganzen Körper verkohlt, sein Fleisch glich durch das Zusammenschrumpfen schwarzem Fell, und seine Züge, durch das Feuer fast völlig zerstört, waren eingefallen und voller Runzeln, so daß das Gesicht des Mannes im Tode als Mund nur noch einen schwarzen Kreis aufwies, aus dem die Zähne weiß und wegen der Schwärze des Ungeheuers völlig unpassend hervorbleckten.

Er konnte sich durchaus vorstellen, daß sein eigener Tod eine ähnliche Entstellung seines Fleisches herbeiführen würde, und dennoch empfand er dabei nichts. Ihm schien, als sei er in den vergangenen drei Tagen immer abgestumpfter geworden, nicht so sehr aus Furcht als vielmehr aus einer Gefühlsleere heraus. Als er nun im Keller lag, mit dem Rücken gegen die Wand, fragte er sich, wie lange es bis zum Morgen dauern würde, wenn die Japaner das Fenster ausfindig machen und es mit einem Feuer belegen könnten, das jeden von ihnen, der versuchte, es zu erwidern, fertigmachen würde. Unter dem Schutz dieses morgendlichen Feuerüberfalls, das wußte er, würden die Japaner herankommen, über das ebene Feld draußen heranrobben. Ihn verlangte nach einer Zigarette, doch er wußte, daß er bis zum Morgen keine rauchen durfte; dann würde ihr Aufglimmen nicht mehr gefährlich sein. In seiner Nähe kauerten der Indianer und Wexler beiderseits des MGs, und nur ein kleines Stück ihrer Helme schob sich vor die Öffnung des Fensters. »Beweg dich nicht so viel«, hörte er den Feldwebel sagen und dann Wexler antworten: »Kann nicht mehr still liegen.«

Nun, da seine Lebenskräfte dem unwiderruflichen Ende zustrebten, versuchte er, sich vorzustellen, was er wohl bei seinem Tod fühlen würde und ob es beim letzten Atemzug eine allumfassende Empfindung gebe. Als er in der Feuchtigkeit des Kellers das Pulsieren der Nacht um sich her verspürte, bemühte er sich, eine gewisse Resonanz zu finden, ein Stück Schönheit, das einen Sinn in sich barg, bevor das letzte Ereignis eintrat. In dieser Dunkelheit versuchte er, so verzweifelt wie sein Geist es ihm erlaubte, den Inhalt auszuloten und ihn an die Oberfläche des Bewußtseins zu bringen und der Form seines Lebens gegenüberzustellen. Seine Hand griff erregt in die Nacht hinein. Um im Sterben hinter den letzten Sinn der Dinge zu gelangen, ihn zu ergreifen, festzuhalten und im Tode an sich zu pressen –, aber sein Arm sank herab. So würde es nicht sein. Auch würde der Tod, so dachte er, sie nicht auf einen gemeinsamen Nenner bringen, nur für einen würde dies gelten aus der Gruppe von Männern, angetreten und nackt, die auf die Untersuchung warten.

Wexler erhob sich und entfernte sich vom MG. In der Dunkelheit konnte der Hauptmann ihn nur hören, aber es schien, als habe er seine Beengtheit gespürt und als sehne er sich nach einer jähen Erlösung.»Sag mal, Feldwebel«, begann Wexler,»habe ich dir überhaupt schon erzählt, wie ich in dem einen Jahr beim Spiel in Red Bank eine Vorlage gegeben habe?« Vom Fenster her antwortete ein Knurren.»Weißt du, ich spielte den Verteidiger, so darf man ja sonst beim Rugby nicht vorgehen, aber wir hatten nun mal dieses Spiel, verstehst du? ...« Der Feldwebel zog die Beine an.

»Mach, daß du vom Fenster wegkommst. Weiß doch nie, wann ich zum Schießen komme.«

Der Hauptmann zählte in seiner Tasche drei Zigaretten. In zwei Stunden würde es draußen hell genug sein, um rauchen zu können. Wexler stampfte mit seinen großen Füßen durch die Dunkelheit. Er stolperte über etwas und fluchte undeutlich vor sich hin.»Ich hatte gerade Gelegenheit, diese Vorlage zu machen. Gibt nicht viele Verteidiger, die mit einem Ball was anfangen können, aber ich habe eben große Hände ...« Er gelangte ans andere Ende des Kellers, kehrte um, ging wieder auf das Fenster zu und sprach langsam weiter. Der Hauptmann verspürte den Wunsch in sich aufsteigen, ihn zum Schweigen zu bringen. »Sie hatten eben dieses Spiel um mich herum aufgebaut, wo ich in das hintere Feld hineinkam« – er ging in der Dunkelheit ein paar Schritte zur Seite –, »dadurch sollte ich nämlich den Ball kriegen, nur kam er nicht zu mir, sah so aus, als sei ich nur eine Deckung für den Mann am Ball, wie ich da aus der Mallinie heraus vorstürzte, und da haben sie sich um mich weiter keine Gedanken gemacht.« Sein Körper bewegte sich jetzt erregt – »und nachdem ich absichtlich einmal danebengeschossen habe, wird mir der Ball zugespielt, bin ich der Mann, verstanden? ...« Plötzlich setzte am Fenster das Maschinengewehr ein. »Hab' ihn«, sagte der Indianer.

»Ich springe also zurück, halte den Ball hoch«, er streckte seinen Arm aus, »setze zum Werfen an und ...« Das japanische MG antwortete ins Fenster hinein. Langsam sank Wexler in sich zusammen, den einen Arm beinah bis zum letzten Augenblick nach hinten ausgestreckt.

Der Hauptmann stand auf, und da er wußte, daß der Mann tot war, setzte er sich etwas langsamer wieder hin. »Ich hab' es ihm gesagt, blöder Hund«, knurrte der Indianer.

»Soll ich für Sie die Munition nachgeben?« fragte der Hauptmann.

»Schon gut, schaffe es allein. Ist ja jetzt ziemlich ruhig.«

Schweigend saßen sie da. Indem er den Kopf wandte und sich ein wenig vorbeugte, konnte der Hauptmann zum Fenster hinaussehen, und plötzlich verstand er jetzt, nachdem Wexler gefallen war, ein wenig besser, wie sein eigener Tod sein würde. Er bezweifelte, daß er irgendetwas fühlen würde. Es würde ebenso beiläufig geschehen wie bei Wexler, ohne jede Empfindung bei ihm selber. Zu spät erschien es ihm in lächerlicher Klarheit, daß ein Gefühl nur aus dem Begriffsinhalt der Erfahrung hervorgehen könne, aber nicht aus der Erfahrung selber. Situationen wie das erste sexuelle Erlebnis, trat es unerwartet ein, Gewalthandlungen und ein Tod, der nicht nach langer Krankheit kam, würden keine

Empfindung auslösen. Der Hauptmann, der die beiden ersteren erfahren hatte, erinnerte sich, daß er sie wie in einer Betäubung überstanden hatte; die Gemütsbewegung sollte erst später in kleinen Dosen nachwirken, bis zu einer Woche oder einem Jahr später, und die Erinnerung an das Erlebnis weckte dann ein Übermaß an Empfindungen in ihm; anfänglich jedoch herrschte die Dumpfheit vor. So würde auch sein Tod, das wußte er in diesem Augenblick, ganz beiläufig ohne jeden Todesorgasmus eintreten und sein instinktives Verlangen nach letzter, äußerster Ekstase niemals Erfüllung finden. Und für jeden anderen wäre sein Tod bedeutungslos. Für Cova wäre er ein Schlag, für seine Freunde ein Mißton, der sie nur leicht anrührte, da er erwartet kam und sie vielleicht bewog, zu später Stunde noch ein Glas auf ihn zu leeren. Für seine Nation wäre er eine Zeile in einer Zeitung, weit weniger interessant als die Nachricht über den Mord an einer Prostituierten. Für alle anderen ... aber andere fielen ihm nicht ein. Vielleicht würde jemand seine Bilder entdecken. Ein Lächeln verzerrte sein Gesicht ...

Dann kehrte er zu Cova zurück. Nach und nach entstand vor ihm das Bild eines Erlebnisses. Und weil er in ihm soviel von seinem eigenen Schatten zu sehen vermochte, so viel von dem, was aus ihm hätte werden können, wäre der Krieg nicht gekommen, malte er es sich weiter aus, ohne auf die vereinzelten Kampfgeräusche von draußen zu achten ...

Er wußte nicht, wie sie es erfahren würde, er glaubte, am besten wäre es für ihn, sein Vater riefe an, denn sein Vater war dafür so ungeeignet, und Cova würde, solange sie seinem Gestammel zuhörte, sich veranlaßt sehen, eine gewisse Bewegung zu zeigen. Nachdem sie den Hörer wieder eingehängt hätte, würde sie in ihr Zimmer hinaufgehen, sich hinlegen und nachdenken. Sie würde, so glaubte er, in einem Privathaus wohnen, vielleicht in einem Vorort, sich die Miete und die Unzucht mit einer Frau teilen, die möglicherweise drei Jahre älter war als sie.

Während sie in ihrem Zimmer lag, würde ihr das Bett bald unbequem werden, sie würde sich herumwälzen und schließlich anfangen zu weinen. In Bowen steckte soviel von ihr selber, sie würde ein wenig das Gefühl haben, als sei auch sie gestorben. Und unter Tränen würde sie sich zuflüstern: »Ich fühle mich so hartherzig, so entsetzlich hartherzig ...«
Unten würde es klingeln, dabei würde ihr einfallen, daß sie sich für diesen Abend verabredet hatte. Zunächst würde sie nicht öffnen wollen, aber auch nicht allein bleiben, ihr zweiter Gedanke würde sein, die Verabredung abzusagen, aber das wäre zu auffällig. Nach einer Weile würde sie nach unten laufen und den Mann noch erwischen, als er gerade weggehen wollte.
»Entschuldigen Sie«, würde sie sagen. »Ich ... ich habe ein wenig geschlafen ... Kommen sie herein.«
Er würde ein mittelgroßer Mann mit dunklem, empfindsamem Gesicht sein. Lassen wir es die erste Verabredung mit ihr sein. Er würde sehr daran interessiert sein, mit ihr zu schlafen. Sie hatten sich auf einer Party kennengelernt.
»Sie haben doch ...« Aber er würde nicht sagen: »Sie haben doch geweint.« Er würde mitfühlend lächeln und das Eingeständnis oder das Leugnen ihr überlassen.
Sie würde den Kopf zurückwerfen, als wolle sie die Tränen auf ihren Augäpfeln ins Gleichgewicht bringen, um sie kurz darauf ganz versiegen zu lassen. »Ach ... es ist zu dumm«, würde sie sagen. »Ich habe gerade erfahren, daß ein Mann, mit dem ich verheiratet war, auf einer dieser verdammten Inseln gefallen ist. Ich habe ihn früher einmal geliebt.«
Und er würde antworten: »Sie müssen sehr unglücklich sein.« Seine Stimme würde leise, taktvoll sein, ganz auf einen solchen traurigen Fall abgestimmt. Auch würde er sich nicht durch Fragen bloßstellen. Er würde noch mehr über diese Frau erfahren, und wenn sie den Tod ihres Mannes im Krieg gegen sein Freien als Zivilist um die Gunst, mit ihr zu schlafen, in die Waagschale legte, würde er ihre Gedanken von sich abzuwenden suchen.

Sie würde ein wenig lächeln. »*Ach, ich bin ein schwerer Fall von Sehnsucht*« (*sie hatte selber einmal diesen Ausdruck geprägt*), »*aber sie löst sich stets in Cointreau auf.*«
»*Heutzutage ist es schwierig, Cointreau zu bekommen*«, *würde er antworten.* »*Vielleicht möchten Sie lieber zu Hause bleiben, unser Abend kann ja ein paar Wochen warten.*« *Er würde glauben, daß sie an diesem Abend wieder ihren Mann liebte.* »*Oh nein, wir müssen ausgehen*«, *würde sie sagen, aber die falsche Fröhlichkeit in ihrer Stimme würde er mißverstehen und meinen, sie wolle mit ihrer wieder aufgewärmten Liebe allein bleiben, während sie ihrer Fröhlichkeit doch nur einen falschen Unterton gegeben hatte, damit er sich in ihrer Schuld fühlen solle, und, wenn sie im Verlauf dieses Abends eine Enttäuschung verspürte, sie auch nicht verpflichtet sei, geistreich und unterhaltend zu sein.*
Hier würde der Mann seinen entscheidenden Fehler begehen. Er würde sagen: »*Ich weiß, wie Sie sich fühlen, wir würden einander hassen. Und mag man es auch als etwas Konventionelles ansehen, zu trauern und zu Hause zu bleiben, es ist ebenso konventionell, seine Verabredungen einzuhalten, und da Sie nun heute abend konventionell sein müssen, wäre es doch besser, das zu tun, was Sie wollen, und das wäre, glaube ich, zu Hause zu bleiben.*« *Er würde annehmen, sie würde sich seiner Freundlichkeit erinnern, aber noch mehr seines tiefen Verständnisses, so daß er seine Verführung eine Woche später vornehmen könnte, wenn sie nämlich eine gewisse logische Folgerichtigkeit besitze, während sie heute abend zu sehr den Beigeschmack des Widernatürlichen an sich habe.*
Da würde sie erkennen, daß alle ihre Proteste ihn nur noch mehr davon überzeugten, und so würde sie einwilligen, sich noch einige Minuten mit ihm unterhalten und dann die Tür schließen, um ins leere Haus zurückzukehren. Obwohl sie es jetzt vielleicht ein wenig mehr danach verlangte zu weinen, würde sie dennoch nicht fähig dazu sein, denn der richtige Augenblick war verstrichen, und die Situation machte es nicht mehr erforderlich ...

Er schluckte langsam. Seine Nase durchzog ein stechender Schmerz, und plötzlich empfand er einen Haß gegen sich selber. Es kam ihm der Gedanke, daß er im Innern von seinem Tode überzeugt sei, und er wunderte sich, wie weit es mit ihm gekommen war, so zu empfinden, bestürzt darüber, daß er keine Furcht verspürte, denn ihm schien, die Todesfurcht müsse stärker sein als alles andere im Leben eines Menschen, und wenige Menschen nur gebe es, die sie überwänden. Vielleicht, so dachte er, ein paar, die wirklich fromm waren oder fest genug an etwas glaubten, um alle anderen Gefühle unterdrücken zu können, aber er wußte es nicht. Vielleicht für sein Land zu sterben, aber da bemerkte der Hauptmann eine Auflehnung in sich selber. Lange Zeit hindurch, in den Augenblicken des Trotzes gegen sein Schicksal hatte er, weit mehr als daran zu glauben, ein Etwas als gegeben vorausgesetzt, das er verspotten konnte. Und dieses »Etwas« war meist das Wort Amerika gewesen; zuweilen hatte er das Gefühl, Amerika habe ihn betrogen, aber diese Worte waren ihm unangenehm; sie klangen ihm fremd, entsprungen vielleicht aus Mitleid mit sich selber, das zu erkennen er nicht einsichtig genug war. Denn obwohl es auch stimmen mochte, war es doch ein zu umfassender Begriff, um ihn angreifen zu können; in der Sprache seiner Logik klang er unbeholfen und vielleicht ein wenig gemein. Und dennoch haßte er jetzt einen Augenblick lang das Wort Amerika; wohl erkannte er, daß der Schiffbruch in seinem Leben weitgehend auf ihn selber zurückzuführen war, aber er empfand auch, daß Amerika ihn betrogen hatte, ihn all das falsche Zeug gelehrt und ihm nichts dafür geboten hatte. Er fand, es sei nicht stark genug gewesen, sich seine Fehler einzugestehen, und es habe, wenn ihm ein Irrtum unterlaufen oder es wegen des einen oder anderen Vorfalls beschämt gewesen sei, um so lauter gebrüllt und ein wenig zu heftig die Flagge geschwenkt. Er wußte es nicht, er wollte ja an Amerika glauben, aber er wußte, dies sei ihm in den paar Stunden, die ihm noch blieben, unmöglich. Doch in einem kleinen Winkel seines Innern hegte er eine vergebliche Hoffnung, daß andere in den nächsten paar Jahren dort etwas fänden ... daß etwas aus diesem Land hervorgehen und es nicht wieder in Starrsinn und Selbstsucht zurückfallen möge wie stets zuvor. Aber in dieser Hinsicht erfüllten ihn starke Zweifel, denn niemals hatte er in Amerika etwas erfahren, was das Gefühl in ihm geweckt hätte, es würde dort auch nach seiner Zeit noch etwas Wertbeständiges geschaffen werden. Man hatte ihm davon gesprochen, Gott zu lieben, aber Gott über die durch das religiöse Ritual vorgeschriebene mechanische Gemütsbewegung hinaus zu lieben, gelang nur sehr wenigen Menschen; man hatte ihm von Gleichheit gesprochen, aber sie war nur ein äußerer Rahmen; man hatte ihm von Moral gesprochen, aber am Ende hatte sie nichts mit den Menschen gemein ...

Als vor Jahren sein Buch erschienen war, hatten alle Kritiker es verrissen, sie hatten es zynisch und gemein genannt, im Übermaß von Selbstbemitleidung und Selbstherrlichkeit erfüllt, und Monate später hatte er ihnen zustimmen müssen, daß dies im großen und ganzen zutraf.

Eine Besprechung jedoch verletzte ihn maßlos. Es gab einen Teil in diesem Buch, den er ehrlich und aufrichtig niedergeschrieben hatte, den Mittelpunkt dieses Teils bildete ein Satz, in dem er seine Gedanken über die Sinnlosigkeit um ihn her zusammengefaßt hatte. Als er ihn schrieb, hatte er an den Krieg gedacht, der kommen würde, und er hatte sich darüber gewundert, daß alle anderen ihn nicht sahen.

Nur diesem Rezensenten war es aufgefallen. Er erinnerte sich, die Kritik lange Zeit in der Hand gehalten zu haben. Dort hieß es:

> Es hat, glaube ich, Zyniker gegeben, die weniger witzig, verbitterter und in weniger unepigrammatischer Weise epigrammatisch waren als Bowen Hilliard. Es wäre ein leichtes, Hilliard als einen weiteren Misanthropen abzutun, wenn nicht dieser Mann sich

selber als einen Weisen anpriese. Nachdem ich seinen Hauptsatz entziffert habe ... der lautet ... »Den Auffassungen einer nachfolgenden Gesellschaft entsprechend zu sterben ist eine Form von emotionalem Intellektualismus, die nur von den Menschen jener Nation erreicht werden kann, welche ihre Philosophie in die Tat umsetzt« ... sehe ich mich zu der Ansicht gezwungen, daß man Bowen Hilliards Buch durch den Titel *Der Künstler mit unrühmlichen Bauchschmerzen* genauer bezeichnet hätte. Wir haben heutzutage bereits genug Schund ...

Bald würde er eine Zigarette rauchen können, eine letzte nutzlose Zigarette des Überdrusses. Und dennoch blieb ihm, über sich selber belustigt, die Hoffnung, sie würde ein wenig besser schmekken als all die Tausenden, die ihr vorangegangen waren. Er wartete auf das Morgengrauen, wollte einen letzten Tag sehen und hoffte auch, er würde diesen Tagesanbruch intensiver erleben als jeden anderen vor ihm. Er hörte die Japaner draußen schießen, dann den Indianer das Feuer erwidern und abermals Stille. Der Indianer mit seinen genauen, zweckentsprechenden Bewegungen am MG weckte sein Interesse. Eine kurze Zeit lang dachte er an den Indianer und an sich als an eine Einheit, aber er vermochte sie nicht zu empfinden. Schließlich gab er es auf, robbte zum Fenster hinüber und löste ihn am MG ab ...

Der Indianer, April 1942, vierter Tag, 5.30 Uhr morgens

Manche Kerle sind dazu geboren, in den Puff zu gehen ...

Die Schwierigkeiten für Rice begannen, als er seine Abrechnung machte. Am Fenster hingekauert, die Beine unter sich angezogen, die feste Wölbung seines Gesäßes mit den Fersen fühlend, hatte er soeben einen Japaner erwischt, der versucht hatte, sich an den seitlichen Büschen entlangzuschleichen, und überlegte nun, während er sich wieder zurücklehnte, daß dies wohl der vierzehnte gewesen sein müsse, den er zur Strecke gebracht hatte. Rice wußte, was er wußte, das war seine Devise. Er wußte, wann er einen Mann zusammenschlagen mußte und wann er durch Reden darum herumkam; er wußte genau, wenn eine Hure müde war und wie er, wenn er selber Lust hatte, sich zu unterhalten (was bei Rice nicht häufig der Fall war), dann die wirklich müde Hure herausfand. Er wußte auch, wie man, wenn Denken einen verrückt machte, den Denkapparat abschalten konnte, was jetzt sein Nachsinnen um so ungewöhnlicher erscheinen ließ.

Er hatte nun etwa alle zehn Minuten Feuerstöße mit den Japanern ausgetauscht und fand, es sei eine ziemlich flaue Zeit. Natürlich hatte er nun an so vielen Stellen so lange im Kampf gelegen, daß er an den Punkt gelangt war, wo er, wenn er nachdenken wollte, es sogar vermochte, während er mit seinem MG schoß. Und er hatte sich voller Stolz gesagt, daß er von den fünfzehn Japsen, die getötet worden waren, so gut er es festzustellen vermochte, dreizehn erledigt hatte. Er mußte allerdings zugeben, daß er das MG öfter als Schütze bedient hatte als Wexler oder DaLucci, aber nun waren sie gefallen, und das bedeutete, daß niemand es am MG mit ihm aufnehmen konnte. Und er wußte, daß die Genauigkeit nachließ, wenn man müde war. So hatte also alles seine Richtigkeit, nur daß er sich nicht ausrechnen konnte, welcher Prozentsatz dreizehn von fünfzehn war. Er versuchte eine Weile dahinterzukommen, aber er war von der Schule im Indianerdistrikt in Oklahoma zu früh abgegangen (»Wo die Huren geboren wurden«, sagte er zuweilen) und hatte also nicht viel Glück damit. Er dachte auch, sie hätten ziemlich lange durchgehalten, obwohl die Japse ebenfalls nur ein Maschinengewehr und keine Leuchtkugeln besaßen. Sie hatten wahrscheinlich deswegen keine MGs bekommen, weil ihre Hauptmacht inzwischen, wie er annahm, bereits auf halbem Wege nach Tinde war.

Er dachte darüber nach, daß sie an einem Nachmittag und in einer Nacht fünfzehn Japse erledigt hatten, gegenüber nur drei eigenen

Verlusten, und wie im schlimmsten Fall die allerletzte Gewinn- und Verlustrechnung sich auf fünfzehn zu fünf stellen würde. Und da begannen die Schwierigkeiten. Er hielt inne. Ihm wurde klar, daß er sich selber bei den fünf mitgezählt hatte. Das bedeutete, daß sie ihn geschnappt hatten, den Indianer. Plötzlich packte es ihn, er hatte nicht mehr daran gedacht, getötet zu werden, seit ... seit, mein Gott, seit dem Ersten Weltkrieg. Er war achtzehn damals, und es war in Belleau, oder nicht? ... Er entsann sich nur noch, daß ihm damals ganz übel vor Angst war, und obwohl ihm auch jetzt etwas im Magen lag, ließ es sich damit nicht vergleichen. Er war fast ein wenig überrascht, denn so hatte er es sich niemals vorgestellt. Bei all dem, was er angefangen hatte, bei der Marineinfanterie in Nicaragua, auf eigene Faust in Bolivien, Alkoholschmuggel in New Orleans, hatte er vergessen, daß man auch selber in Gefahr geraten könne, sein Leben zu verlieren ... Und er fragte sich, wie es wohl wäre.

Er hatte Lust gehabt, sich zu unterhalten, in jener Nacht war es eine müde Hure. Nur daß er, als er mit ihr im Zimmer war, auf der schmutzigen Decke saß und wegen des grellen Lichts der in diesem Zimmer nackt aussehenden Glühbirne, gar nicht fähig gewesen war, viel zu sagen.
Sie rauchten einige Zigaretten. Nicht etwa, daß sie hübsch war, er hatte nicht viele hübsche Huren gefunden, aber sie hatte etwas an sich, was ihn drei Jahre zurückversetzte oder ihn sich ausmalen ließ, was er tun würde, wenn ihm eines Tages ein Tausender aus dem Nichts zufiele, ohne irgendwelche Bedingungen.
Schließlich sagte sie: »Du bist 'n komischer Bursche« (eines war bemerkenswert, sie sagte nicht »Liebling«), »du bist aber nicht sehr gesprächig.«
Er blies den Rauch aus. »Will dir was sagen.« Er hielt inne. Sie nickte ihm zu, er solle fortfahren. Es war ihm seltsam zumute. »Ich habe im Lauf der Jahre eine Menge Mädchen gehabt, lange Zeit hindurch, aber keine von ihnen war 'ne Amateurnutte. Jedesmal hab' ich bar bezahlt.«

Sie nickte wiederum, noch immer aufmerksam. »Ich habe mir das mal auszuknobeln versucht. Ich sehe zwar nicht gut aus, aber ich bin in Ordnung. Ich habe mir schließlich gesagt, du hast zu spät angefangen. Das erstemal mit zweiundzwanzig, New Orleans, glaube ich.«
Sie legte sich mit dem Rücken aufs Bett. »Natürlich, das könnte es sein«, *antwortete sie,* »aber ich weiß nicht, Liebling, so wie ich es sehe, ist es eben so, daß manche Kerle dazu geboren sind, in den Puff zu gehen.«
Er fühlte sich vom Reden ganz benommen. »Ja, das wird's wohl sein«, *sagte er, und bald darauf ging er weg.*

Eine Weile war er damit beschäftigt, Feuerstöße abzugeben, und das lenkte seine Gedanken von seinen Sorgen ab, was beim Schießen mit dem MG stets der Fall war, aber die ganze Zeit über lauerte hinten im Schädel ein unbehagliches Gefühl, und bei der ersten Flaute, die eintrat, wurde ihm wieder bewußt, daß es ihn nun in zwei, drei oder vier Stunden erwischen würde. Das war in Ordnung, selbstverständlich, man lebte ja nicht ewig, aber zur gleichen Zeit erfüllte ihn, wenn er an den Tod dachte, ein verdammt komisches Gefühl, weil er sich ganz einfach nicht vorstellen konnte, wie das wohl sei. Er wußte, daß man nicht mehr dachte, das war klar, aber man ... man tat danach ganz einfach nichts mehr. Es war ganz einfach das Ende. Zornig schoß er sein MG ab und duckte sich, als die Antwort kam. Das bedeutete ... nichts mehr. Es war wie ein Ringen, wenn man das zu ergründen versuchte, nur mit dem Kopf.
Plötzlich wollte er wissen, warum zum Teufel er eigentlich eins verpaßt bekommen sollte. Er wollte ganz einfach wissen, worum es eigentlich ging. Überall in den Armeelagern nannte man ihn Creepy Joe, und man sagte von ihm, er kenne alle Antworten, weil er niemals Fragen stelle. Aber jetzt mußte er fragen, weil er etwas kaufte, was eine Menge kostete. Niemals hatte er danach gefragt, worum es beim Kämpfen ging; kämpfen war sein Beruf, und man

stellte keine Fragen, solange die Geschäfte gut gingen, aber jetzt hätte er es doch gern gewußt. Die Zeitungen sagten Freiheit, und er dachte, vielleicht hatten sie recht, denn das war etwas, worauf sie sich verstanden, ebenso wie er über Huren Bescheid wußte, aber Freiheit ...?

Hatte die etwas mit einer Kugel im Bauch zu tun ... er wußte es nicht ... und jetzt wollte er es, verdammt noch eins, genau wissen. Er wollte es in Worte gefaßt haben. Er hatte keine Angst vorm Sterben, aber er wollte es schwarz auf weiß haben, jedenfalls einige der Gründe. Auf jeden Fall wollte er, daß in der Fünfzehn-zu-fünf-Rubrik hinter seinem Namen ein Vermerk stehe. Niemals hatte er in dieser Weise darüber nachgedacht, aber er konnte es jetzt deutlich vor sich sehen, ein großes Hauptbuch mit vielen Eintragungen, so wie es auch der Küchenfeldwebel hatte, und etwas hinter seinem Namen: THOMAS RICE, DER INDIANER.

Er fühlte eine Hand an seiner Schulter ziehen. Es war der Hauptmann: »Ich übernehme jetzt das MG.« Er kroch zur Seite und lehnte sich mit dem Rücken an die Wand. Zehn Minuten etwa saß er dort und hing seinen Gedanken nach. Er hätte klug genug sein sollen, nicht nachzudenken, wenn damit doch nichts erreicht wurde. Aber diesmal konnte er es nicht sein lassen. Nach einer Weile kroch er zum MG zurück. Der Hauptmann hatte lange Zeit nicht mehr geschossen. Er betastete ein paar Geschosse, Kugeln und Hülsen, bevor er ihn ansprach. »Draußen wird es hell, Hauptmann.« Er kam sich komisch vor, denn er sprach nur, um etwas zu sagen. Der Hauptmann wandte sich ihm zu. »Sie haben noch ein MG in Stellung gebracht; sie rühren sich nicht, daher habe ich nicht geschossen.« Er merkte, wie er selber nickte, und verspürte ein Bedürfnis zu reden, wie seit langem nicht mehr. Der Hauptmann sagte: »Ich glaube, sie warten, bis es draußen hell ist, sie haben nur noch zwanzig Minuten und können auf Nummer Sicher gehen.« Er sah, wie sich der Hauptmann auf die Brusttasche klopfte. »Bald werden wir eine Zigarette rauchen dürfen«, sagte er. Der Indianer fühlte sich unbehaglich. »Natürlich gibt

es eine Chance«, meinte er, »wir könnten sie zurückschlagen; vielleicht kommt auch irgendein Stoßtrupp hier durch.« – »Jaja, eine Chance gibt es immer«, antwortete ihm der Hauptmann. Sie schwiegen. Er fühlte, daß er reden mußte, und konnte es doch nicht begreifen.
»Glauben Sie, sie erobern diese Insel?« fragte er.
»Ich war nie der Auffassung, daß es uns möglich sein würde, sie hier an einem Sieg zu hindern. Sie hatten mehr Zeit, um sich vorzubereiten.«
Er nickte. Das hätte er sich auch sagen können ... aber ... »Glauben Sie, wir gewinnen den Krieg?« stammelte er plötzlich.
Der Hauptmann brauchte so lange zum Antworten, daß er wollte, er hätte überhaupt nicht gefragt. »Ich glaube schon«, erwiderte er schließlich. »Jetzt stecken wir zwar allerhand ein, aber wir stehen ja erst seit vier Monaten im Kampf.« Wieder verfiel er in Schweigen. »Ja, ich glaube schon«, wiederholte er. »Wir haben mehr Männer und Material, wissen Sie, und unsere Alliierten sind recht tüchtig.«
»Tja«, sagte Rice. Irgendwie fühlte er sich enttäuscht. Da er nicht wußte, was er tun sollte, zog er seine Pistole heraus. »Ja, was sollen wir ...«, aber die Frage war zu verdammt blödsinnig. »Wir *müssen* siegen, nicht wahr?« fragte er. »Ja, darauf kommt es an«, antwortete der Hauptmann, »wir kämpfen, weil wir nicht verlieren können.«
Er betastete sein Koppelschloß. »Ist das alles?« fragte er. »Nur weil wir nicht verlieren können? Gibt es denn nichts anderes?« Er kam sich so verdammt blöde vor, aber die Fragen quälten ihn, bis er sie heraus hatte.
»Ich weiß nicht; der Krieg befindet sich erst im Anfangsstadium«, erwiderte der Hauptmann.
»Ja, aber was ist mit uns? Wir müssen sterben, weil wir nicht verlieren können ... Ich weiß nicht, ich möchte mehr als das.«
»Mehr als das ist nicht drin«, brüllte der Hauptmann, und seine Stimme wurde hart. »Und jetzt halten Sie gefälligst das Maul!«

Es war auch gleichgültig, ob er noch redete. Er sah das Gesicht des Hauptmanns zucken und wollte ihn nicht mehr sprechen hören. Der Hauptmann gewann seine Selbstbeherrschung zurück. »Wir sterben allein, Feldwebel, das ist alles.«
»Entschuldigen Sie, Sir«, sagte er.
Sie konnten nun ihre Gesichter erkennen. Ihnen gegenüber verwandelte sich das Schwarz der Büsche allmählich in Grün. »Werden bald herankommen, Hauptmann«, sagte er. Er fühlte sich nur noch müde. Das war alles. »Was bei Ihnen nicht stimmt, Feldwebel«, erklärte der Hauptmann, und seine Stimme klang, als sei sie dünn ausgewalzt, »Sie halten es für eines der unveräußerlichen Rechte des Menschen, bei seinem Tod etwas Idealismus mit dabei zu haben. Dagegen hätten Sie nichts, stimmt's, Feldwebel?«
»Nein – ach was weiß ich. Ich möchte gern eine Zigarette, Sir.«
Vom Fenster abgekehrt zündeten sie sie an, indem sie die Hände über die Flamme wölbten. Der Hauptmann kam zurück und strich über das MG hin. »Die Sonne geht gleich auf«, sagte er. »Wir sollten wirklich den Granatwerfer herausholen.« Während er sprach, schoß der Japaner wieder auf sie, und beide duckten sich. Der Hauptmann lugte um die Fensterkante. »Es wird eine Höllensonne sein«, sagte er.
»Ja«, antwortete der Indianer langsam, »manchmal sollte man sie wohl nur mit Vorsicht betrachten.«

1942

Reklame für »Das Größte auf Erden«

Es mag für manche Leser interessant sein, einen Blick in »Das Größte auf Erden« zu werfen, das ich mit achtzehn schrieb. Auf den Rat von Robert Gorham Davis bin, der damals einen Kursus für Schriftstellerei in Harvard abhielt, schickte ich es im Jahre 1941 zum College-Wettbewerb von Whit Burnetts Zeitschrift Story, bei dem ich den ersten Preis gewann. Wahrscheinlich ist während der Jahre, in denen ich schreibe, nichts geschehen, was mein Leben so sehr verändert hat. Die ferne, allmächtige und sagenhafte Welt des New Yorker Verlagswesens – die ich selbstverständlich mit den Augen eines Thomas Wolfe sah – hatte »ja« zu mir gesagt. Trotzdem ist es mir peinlich, heute diese Geschichte zu lesen. Unreif, ein Sproß jenes Stils, den man in den dreißiger Jahren schrieb, glaube ich, liegt ihr Wert nur in ihrem Schwung, der schnell und schön ist. Vielleicht ist das der Grund für den Sieg – denn bei Collegeschriftstellern ist Schwung nur selten zu finden. Aber wie wenig echte Hingabe liegt doch darin! Mit achtzehn hatte Capote bereits herrliche Arbeiten aufzuweisen, während sich »Das Größte auf Erden« wie das Frühwerk eines jungen Mannes liest, der mit dem Schreiben von erstklassigen Wildwest-, Gangster- und Schauerfilmen ein Vermögen verdienen wird.

Das Größte auf Erden

Im Innern des Imbißwagens, geschützt vor dem Regen, war es heiß und stickig. Al Groot blieb vor der Tür stehen, wischte sich die Hände, wrang den Hut aus und streifte die Schuhe an der schmutzig-braunen Matte ab. Da stand er, ein kleiner, alter, runzliger Junge von achtzehn oder neunzehn mit runden, glänzenden Augen, die unfähig schienen, einen Menschen anzusehen, falls dieser nicht hinter ihm stand. Abwartend blieb er an der Tür stehen, nicht sicher, wie man ihn empfangen würde, und musterte sorgfältig das Lokal, als würde er bald darauf eine solche Kenntnis nötig haben. Es war ein wenig eleganter als die gewöhnliche Imbißstube, da es auf der linken Seite, gegenüber den eckigen, schimmernden Hockern und der Theke aus gutpoliertem Chrom, Nischen aus dunklem, altem Holz gab. Eine Uhr an der Wand zeigte kurz nach zehn, was eine Erklärung dafür hätte sein können, warum das Lokal fast leer war. Niemand saß an der Theke, und die paar Lastwagenfahrer, die sich an zwei benachbarten Tischen rekelten und ein spätes Abendessen zu sich nahmen, waren müde und verhielten sich sehr still, nur mit ihren belegten Broten und den Bouletten beschäftigt. Hinter der Theke war nur noch ein Mann, der den Rost sorgfältig vom Fett der Frankfurter Würstchen säuberte, mit den langsamen Bewegungen eines Mannes, der eine Menge Zeit zur Verfügung hat und sich davor fürchtet, seine Arbeit zu beenden und dann leere Tische und schweigende Menschen anstarren zu müssen. Er streifte Al mit einem Blick, eine Sekunde lang unschlüssig, wie er ihn einschätzen solle, wandte sich dann wieder dem Rost zu und wischte ein letztes Mal gewissenhaft darüber hin. Er sprach, ohne aufzusehen, aber sein Ton war freundlich. »'n Abend«, sagte er. Al beantwortete seinen Gruß und sah zu, wie der Mann einige krümelige Reste abschabte.

»Eine furchtbare Nacht, was?« fragte der Mann hinter der Theke.

»Scheußlich.«

»Kann man wohl sagen. Haben wir wahrscheinlich nötig«, meinte er. »Die Ernte ist zum Teufel, wenn es nicht genug regnet.«

»Natürlich«, antwortete Al. »Was kosten denn Kaffee und Schmalzkringel?«

»Zehn.«

»Zwei Kringel?«

»Genau.«

»Oha«, machte Al. »Könnten Sie mir einen Kringel und eine halbe Tasse Kaffee für fünf Cents geben? Habe nichts weiter als einen Fünfer.«

»Ich weiß nicht«, erwiderte er. »Ich könnte, aber warum sollte ich?«
»Ich habe heute noch nichts gegessen«, bettelte Al. »Tun Sie's doch.«
Der Mann blickte auf. Al sog fachmännisch die Wangen ein, gerade genug, daß es nach etwas aussah.
»Du könntest es wohl vertragen. Nur, mußt gleich zahlen.«
Al griff in die Tasche und zog zärtlich einen Fünfer zwischen den zwei Hälften eines Dollarscheins heraus. Mehr als ein Drittel des Kringels hatte er mit dem ersten Bissen erledigt, und als ihm bewußt wurde, was er sich da für einen Luxus erlaubt hatte, trank er reumütig einen kleinen Schluck Kaffee hinterher.
»Hübsches Lokal«, sagte er.
»Mir gefällt es«, erwiderte der Mann.
»Gehört es Ihnen?«
»Stimmt haargenau, mein Junge. Ich habe gearbeitet, um dieses Lokal zu bekommen. Gehört alles mir. Wirst mich nicht dabei erwischen, daß ich was davon wegschenke. Jede Tasse Kaffee, die einer hier trinkt, ernährt auch mich.«
»Erstklassig«, meinte Al.
»Na ja«, antwortete er bitter. »Davon habe ich schon was. Siehst du einen Menschen hier drin? Siehst du, wie ich die Registrierkasse knallen lasse? Den Teufel siehst du.«
Al dachte, was für ein Pech er hatte, daß die Lastwagenfahrer in Uniformen steckten, das war gleichbedeutend mit dem Zeichen: Keine Mitfahrer. Er lächelte den Wirt mitfühlend an und versuchte, so naß auszusehen wie nur möglich.
»Mensch«, sagte er, »ich sitze schön drin.«
»Bist wohl per Anhalter gekommen, was?«
»Ja, die letzten drei Meilen gelaufen, seitdem es zu regnen angefangen hat.«
»Muß ziemlich unangenehm sein.«
»Und ob, werde wohl nicht schlafen können, wenn es nicht aufhört zu regnen. Das war mein letzter Fünfer. Sagen Sie mal, Sie hätten nicht zufällig 'ne Arbeit für mich?« fragte er dummdreist.

»Was soll ich dann tun, dir bei der Arbeit zusehen?«
»Dann lassen Sie mich heute nacht hier schlafen. Kostet Sie doch nichts.«
»Betreibe kein Übernachtungsheim.«
»Schon gut, schon gut«, sagte Al, »nur lassen Sie mich eine Weile hierbleiben, um zu trocknen. Wenn jemand reinkommt, läßt er mich vielleicht mitfahren.«
»Bleib«, antwortete er. »Habe doch einen fabelhaften Laden hier. Neues Chrom, Messinggriffe. Naja.«

Al rutschte vom Hocker herunter und setzte sich weiter hinten an einen Tisch, wo der Mann an der Theke ihn nicht sehen konnte. An die Nischenwand gelehnt lümmelte er sich hin, griff zur Speisekarte, die zwischen dem Salz- und dem Pfefferstreuer steckte, und betrachtete sie interessiert, jedoch ohne Gier, ohne Verlangen. Er dachte, daß er seit fast einem Jahr kein Steak mehr gegessen hatte. Er versuchte sich daran zu erinnern, wie es schmeckte, aber sein Gedächtnis ließ ihn im Stich, und um sich von der quälenden Vorstellung abzulenken, begann er die Rechtschreibung auf der Karte zu studieren, erriet zunächst ein Wort und stellte dann fest, wie weit er danebengeraten hatte. Noch ein Firmenfahrer war hereingekommen, und Al warf rasch einen Blick zurück, um festzustellen, wo der Wirt sei. Als er ihn ganz vorn erblickte, packte er rasch die Flasche mit Ketchup und schüttete sich, so rasch es nur ging, große Klackse davon in den Mund. Es brannte und stach in seinem Magen, und er pustete emsig, um sich den Mund zu kühlen. Dann bemerkte er ein paar Tropfen auf dem Tisch, nahm eine Papierserviette und strich die Tropfen bis zur Kante vor, wo sie hängenblieben. Mit dem kleinen Finger wischte er unter ihnen entlang, tupfte sie auf und fing die Tropfen, gerade als sie herunterfallen wollten, mit dem Mund auf.

Er tastete nach dem zerrissenen Dollarschein und fingerte an ihm herum. Dieses Mal, so dachte er, war es tatsächlich sein letzter. Einmal, noch vor drei Monaten, hatte er fünf Dollar besessen. Er überlegte und suchte sich zu erinnern, wie er dazu gekommen war. Es war alles sehr verschwommen, und er fragte sich, ob er sie gestohlen habe oder nicht. Die Vorstellung von fünf einzelnen Scheinen und all dem, was er mit ihnen anfangen konnte, überfiel ihn jäh in all ihrer Schönheit und Unerreichbarkeit. Er dachte an Zigaretten, an ein Essen, an eine saubere Frau in einem guten Haus und neue Sohlen an seinen Schuhen, aber am allermeisten dachte er daran, wie sich das Geld weich und lederartig zwischen den Fingern anfühlte und in seiner Hose zu einem kleinen, festen Bündel zusammengerollt war. »Mein Gott«, stieß er dumpf hervor, »darüber geht nichts. Gibt nichts Besseres. Hätte ich nur wieder fünf Dollar.«

Er zog seine Hand wieder hervor und mit ihr die zwei Fetzen, die er auf dem Tisch zärtlich glattstrich. Er spielte mit dem Gedanken, den Schein für noch einen Kringel anzubrechen, wußte aber, das konnte er nicht. Es war das Letzte zwischen ihm und ... Er hielt inne, denn ihm wurde bewußt, das er am Letzten bereits vorbei war – es gab kein »und«. Morgen oder heute nacht würde er in Chikago sein und vielleicht für ein paar Tage etwas zu essen finden. Vielleicht könnte er sich sogar einen halben Dollar zusammenschnorren. Aber einstweilen hatte er Hunger. Er blieb in der Nische sitzen, starrte die Wand am Ende an und träumte von seinem ehemaligen Schatz. Drei Männer kamen zum Essen herein. Al sah sie an der Tür zaudern, ob sie in einer Nische oder an der Theke essen sollten.

»Gehen wir doch in eine Nische«, sagte einer von ihnen.

Al sah sie an. Vielleicht nehmen die mich mit, dachte er. Er wartete, bis sie zu essen angefangen hatten, und ging dann zu ihnen hinüber, wobei er seine ausgeblichenen graublauen Drillichhosen hochzog. »'n Abend, Kumpels«, sagte er.

»Hallo, mein Süßer«, antwortete einer von ihnen.

»Ich heiße Al Groot.«

»Sein Vater hieß Groot«, sagte einer von ihnen und wandte sich den anderen zu.

»Mir geht's nicht um Zaster.«

Sie wurden etwas zugänglicher. »Junge, Junge, kannst auch drauf verzichten, Süßer«, rief einer von ihnen. »Setz dich, setz dich. Mein Name ist Cataract*, wegen mein Auge, taugt nischt, und der da ist Pickles und dies ist Cousin.«
Sie sahen einer aus wie der andere.
»Ihr könnt euch wohl denken, worauf ich aus bin«, sagte Al.
»Mitfahren?«
»Ja, wohin fahrt ihr?«
»Chikago.«
»Fangt mal schon an, den Sitz für mich anzuwärmen«, meinte Al. Sie grinsten und ließen sich im Essen nicht stören. Al beobachtete Cataract, wie er sich über seine Boulette hermachte. Er hielt sie zwischen dicken, fettverschmierten Fingern, die sich hineinkrallten, wie sie sich vielleicht auch in eine Frau gebohrt hätten. Er schluckte ein großes Stück hinunter, sabberte ein wenig und drückte mit der Zunge beim Essen schmatzend gegen seinen Gaumen. Al betrachtete ihn wie gebannt. Der absurde Gedanke, die Boulette zu packen und sich mit dem Mann um sie zu schlagen, stürmte auf ihn ein. Er bewegte den Kopf im Takt mit Cataracts Kinnbacken und fühlte sich elend betrogen, als Cataract das letzte Stück in seinem Mund verschwinden ließ. Cataract zündete sich eine Zigarette an und stieß geräuschvoll den Rauch aus, begleitet von einem leichten Rülpser der Befriedigung.
»Mein Gott«, flüsterte Al.
Er wandte seine Aufmerksamkeit den beiden anderen zu und blickte jedem Bissen, den sie aßen, bis zum bitteren Ende nach. Er haßte sie, und es war ihm übel.
»Gehen wir!« rief Pickles. »Los, Süßer.«
Der Wagen war eine alte Auburnlimousine mit einer kurzen, verbeulten Karosserie. Al saß mit Cataract zusammen hinten; Cousin fuhr. Cataract nahm ein Päckchen Lucky Strike heraus und ließ es die Runde machen. Al nahm das Päckchen und fummelte

---

* *grauer Star*

daran herum, als habe er Mühe, eine Zigarette herauszuziehen. Als er es zurückgab, hatte er sich zwei Stück zusätzlich geangelt, die jetzt wohlverwahrt neben seinem Dollarschein lagen.

»Wo bist'n her?« fragte Pickles.

»Easton«, antwortete Al. »Liegt in Pennsy.«

Cataract schnalzte mit der Zunge. »Netter Ort«, sagte er, streckte den Arm mit geschlossener Faust aus und drehte das Handgelenk in kleinen, kreisenden Bewegungen herum.

»Ja«, meinte Al. »Einer von den besten. Bin jetzt seit vier, nein, seit drei Jahren nicht mehr dort gewesen. Bin seitdem auf der Walze.«

»Anhalter?«

»Zum Teufel, nein«, stieß Al verächtlich hervor. »Anhalter ist doch was für Idioten. Ich arbeite mit der Bahn: ›Reise bequem im Pullman‹.«

»Tjaa. Und wie sind die Landstreicherlager?« Nun streckte Al den Arm aus.

Alle brachen sie in verständnisvolles, wissendes, bösartiges Lachen aus.

»Was macht ihr eigentlich?« fragte Al.

Wieder lachten sie.

»Wir sind Geschäftspartner«, antwortete Cataract.

Al sah sie an, schied eins nach dem anderen aus und versuchte, den Kreis der Möglichkeiten einzuengen. Er gelangte zu dem Schluß, sie seien Gauner des einen oder anderen Schlages.

»Wißt ihr, wo man in Chikago was arbeiten könnte?« fragte Al.

»Wieviel willst du denn?«

»Ungefähr zwanzig die Woche. Muß jetzt ran. Hab' nur noch vierunddreißig Eier.«

Pickles stieß einen Pfiff aus. »Wozu schnorrst du dann was zu essen?«

»Wer hat hier geschnorrt?« fragte Al. »Hab' ich euch um was anderes als eine Fahrt gebeten?«

»Nei-en.«

»Na also, dann spiel nicht den Klugscheißer.«

Pickles blickte zum Fenster hinaus und griente. »Entschuldige, Kumpel.«
»Schon gut«, sagte Al und markierte den Beleidigten.
»Schon gut, gib ihm Saures, schon gut«, ahmte Cousin ihn nach.
Cataract lachte und bemühte sich, freundlich zu sein. »Sind komische Kerle, weißt du, immer überschlau. Dabei wünschen sie sich nur, sie hätten deine vierunddreißig Piepen. Das ist die ganze Geschichte.« Das hat gezündet, dachte Al. Er ließ sich zu einem Lächeln herab.
»Ist in Ordnung«, sagte er.
Er sah zum Fenster hinaus. Sie waren noch nicht in Chikago, aber die Lichter, die aus den Häusern an der Straße schimmerten, wurden nun zahlreicher, warfen einen stetigen, gelben Schein auf die feuchten Fenster, und er wußte, daß sie sich jetzt fast in den Randbezirken befinden mußten. Gerade in diesem Augenblick sah er das Schild mit den Worten STADTGRENZE und WILLKOMMEN aufleuchten, und schon war es vorbei. Cousin bog von der Ausfallstraße ab und fuhr eine Weile auf einer Schotterstraße entlang, die schließlich in eine alte, von Öl verfärbte Asphaltstraße einmündete. Sie kamen an ein paar Fabriken vorbei, und Al dachte daran, auszusteigen, aber dann fragte er sich, ob es sich nicht lohne, mit den Männern noch ein bißchen zusammenzubleiben.
Cataract gähnte. »Wie wär's jetzt mit einem Spielchen Billard, Leute?« fragte er.
Das sind sie also, dachte Al.
»Hört mal«, begann er, »da wäre ich auch gern dabei. Bin nicht sehr gut darin, aber ich spiele es gern.« Er hatte in seinem Leben genau dreimal gespielt. »Wir sind auch nicht gut, das heißt, ich bin nicht gut«, versicherte ihm Pickles. »Wir beide können gegeneinander spielen.«
»Ja«, meinte Al, »würde mir Spaß machen.«
Cousin fuhr nun die Milwaukee Avenue entlang. Er bog nach links ab, verlangsamte dabei sehr vorsichtig die Fahrt, obwohl keine Wagen in Sicht waren.

»Dieser Cousin fährt wie ein altes Weib«, kritisierte Pickles. »Ich könnte sogar rückwärts schneller fahren.«
Cousin lachte ihn spöttisch an. »Du könntest nicht mal den Schubkarren meiner Tante fahren. Ich bin der einzige hier, der seinen Führerschein noch nicht verloren hat«, erklärte er zu Al gewandt. »Weil ich nämlich nicht so rase, wenn ich einen Wagen fahre.«
Al antwortete, er verstehe nicht viel von Autos, aber seiner Meinung nach habe Cousin vielleicht recht.
Der Wagen blieb vor einem dunkelgrauen Gebäude an der Ecke einer langen Reihe alter, zweistöckiger, schmaler Wohnhäuser stehen. Es war eine dunkle Straße, und das einzige Anzeichen dafür, daß überhaupt Menschen dort wohnten, waren die überquellenden Mülltonnen und Aschkästen, die in unregelmäßigen Abständen vor den Häusern standen. Das Spielzimmer selber lag im Keller, unter einem Schönheitssalon und den Räumen einer Handelsschule. Als Al die Treppe hinunterging, erkannte er Bleistiftkritzeleien an den Wänden: eine hastig hingeworfene Aufstellung einiger Zahlen, die Telephonnummer einer Frau, darunter eine entsprechende Bemerkung, ein paar Schamlosigkeiten und eine sehr gut gezeichnete nackte Frau. Die Treppe mündete unmittelbar vor den Tischen, die zu fünft in einer langen schmalen Reihe hintereinander standen. Im Keller war es fast dunkel, da nur der erste Tisch benutzt wurde, und weiter hinten brannte kein Licht. Pickles trat an die Theke und begann mit dem Wirt zu reden; er nannte ihn vertraulich und aus einem nicht ersichtlichen Grund zum Ärger des anderen Nick. Nick war ein untersetzter, sehr breiter und verschwitzter Italiener. Er und Pickles blickten gleichzeitig zu Al hinüber, und Pickles machte ihm ein Zeichen.
»Nick, das ist ein Freund von mir. Ich möchte, daß du ihn nett behandelst, wenn er jemals wiederkommt. Sag dem dicken Nick deinen Namen, Süßer.«
»Nenn mich Süßer«, sagte Al.
»H'lo«, begrüßte ihn Nick. »Freut mich, dich kennenzulernen.«

»Wo spielen wir?« fragte Al. Er bemerkte, daß Cataract und Cousin noch nicht heruntergekommen waren.
»Nehmt Nummer vier.«
»Süßer und ich auf Nummer vier«, rief Pickles. »Verstanden.« Er durchquerte den Raum und schaltete einige Lampen ein. Vor dem Ständer mit den Billardstöcken blieb er stehen und nahm aufs Geratewohl einen heraus. Al folgte ihm, wählte sorgfältig einen Stock, blickte an ihm entlang, um festzustellen, ob er sich verzogen hatte, und rieb ihn mit etwas Talkum ein. »Aber wir spielen keine Kaderpartie?« fragte er.
»Bestimmt nicht«, antwortete Pickles. »Hast doch nichts dagegen, wenn wir einfach spielen? Ich kenne die schwierigen Partien nicht.«
»Ich auch nicht.«
Sie warfen eine Münze, und Al mußte anfangen. Seine Stöße waren ungenau, er traf die falsche Kugel und streifte mit dem Stock die Spielfläche. Pickles stieß zu stark zu und sandte seine Kugel über den ganzen Tisch. Al brachte zwei ins Loch und spielte, so gut er konnte, denn er wußte, daß Pickles jeden Versuch einer Täuschung sofort bemerken würde. Aber beide spielten schluderig und brauchten eine Viertelstunde, um eine Partie zu beenden. Al gewann, acht Kugeln zu sieben.
»Wir sind ziemlich gleich«, meinte Pickles. »Wie wär's, wenn wir die nächste Partie um zwei Dollar spielten?«
Er beobachtete Cataract und Cousin, die gerade eingetreten waren und zu spielen begannen.
Al spürte, wie ihm am ganzen Körper der Schweiß ausbrach und über die Schenkel hinabrieselte. Ich kann mich noch immer drücken, dachte er. Zumindest habe ich meinen Dollar. Der Gedanke an noch fünf Dollar war jedoch übermächtig. Er versuchte sich auszumalen, was ihm geschehen würde, wenn er kein Glück hätte, aber immer wieder mußte er an das Gefühl denken, Geld in den Händen zu haben. Er hörte sich selber sprechen, und es war, als sei nicht er es, sondern jemand unmittelbar hinter ihm oder über ihm.

»Sagen wir, um einen Dollar«, erwiderte er.
Pickles fing an, und wieder stieß er zu hart zu. Al beobachtete, wie er Kugeln über den ganzen Tisch hinwegschmetterte und es dieses Mal noch etwas übertrieb. Sie beendeten die Partie, Al hatte am Ende drei Treffer hintereinander und gewann mit zehn zu fünf. Pickles reichte ihm einen Dollar und legte einen zweiten auf den Rand des Tisches. Al bedeckte ihn mit dem, den er bereits gewonnen hatte. Ich möchte wissen, wann er anfängt zu gewinnen, dachte Al. Wenn ich dann nur aufhören kann. Sie spielten noch zweimal um einen Dollar, und jedesmal gewann Al. Der erste Schweißtropfen bildete sich in seinem Nacken und lief ihm über den Rücken. Er bemerkte, wie Cataract ihm beim Spiel zusah und dabei zwei Kugeln in seiner Hand balancierte. Sie spielten um drei Dollar, und Al gewann mit fünf zu zwei, nachdem er anfänglich im Rückstand gewesen war.
Er richtete sich auf, und sein Bemühen, gelassen auszusehen, wirkte fast verkrampft.
»Das wären sechs Dollar«, sagte er.
»Richtig«, antwortete Pickles. »Setzen wir diesmal fünf. Ich will meine Pinunse zurückhaben.«
Diesmal gewann Pickles. Al reichte ihm die fünf Dollar, nahm nur mit Mühe die Scheine auseinander, und es war fast schmerzhaft, sie ihm zu geben.
»Noch einmal um fünf«, rief Pickles.
Al blickte verzweifelt um sich und fragte sich, ob er wohl noch aussteigen könne. »Fünf«, krächzte er. Cataract spielte noch immer mit den Kugeln.
Es war das längste Spiel, das er jemals gespielt hatte. Nach jedem Stoß hielt er inne, um sich die Hände abzuwischen. Mitten in der Partie wurde ihm bewußt, daß es sein Spiel sein würde. Jedoch vermochte er sich nicht zu entspannen, denn es war ihm klar, daß die Kraftprobe sich nur noch um ein paar Partien verzögern ließ. Er gewann, wie er es gewußt hatte, aber sofort war die Spannung wieder da. Noch einmal spielten sie um fünf, und er

gewann. Als die Partie vorbei war, getraute er sich nicht mehr, auf den Beinen zu stehen, sondern lehnte sich an den Ständer mit den Billardstöckchen und versuchte, voller Befriedigung an das Geld in seiner Tasche zu denken. Er träumte davon, wieder hinauszukommen und alles zu tun, was ihm Spaß machte, als er bemerkte, daß Pickles und Cataract sich zuzwinkerten. Cataract warf eine Kugel hoch und schloß zu rasch die Finger, so daß er sie verfehlte. Mit einem schmetternden Krachen fiel sie zu Boden, und Nick blickte von der Theke herüber. Das ist das Zeichen, dachte Al.

Sie waren nun die einzigen Leute in dem Lokal.

Pickles strich grinsend über seinen Billardstock hin. »Du hast zuviel Glück gehabt, Süßer. Ich glaube, die nächste wird meine Partie. Ich habe noch zwanzig Eier übrig. Die setze ich.«

»Nein«, antwortete Al. »Ich will nicht.«

»Hör mal, ich habe Geld verloren. Du wirst spielen.«

Alle sahen ihn drohend an.

»Ich will aufhören«, antwortete Al.

»Das würde ich nicht versuchen«, riet Cousin.

Al blickte um sich; er saß in der Falle, und die Vorstellung, sich mit ihnen zu prügeln, vermischte sich mit dem wahnwitzigen Gedanken an eine Flucht.

Cataract trat auf ihn zu, einen Billardstock in der Hand. »Na gut«, sagte Al, »ich spiele.«

Pickles begann und legte einen wunderbaren »Geraden« hin, so daß Al hilflos war. Er beugte sich über den Stock, um seine Stöße zu machen. Die Kugeln tanzten vor ihm hin und her, und er sah, wie die Spitze des Stocks auf und nieder zitterte. Er wischte sich über das Gesicht und blickte umher, um seine Muskeln zu entspannen. Als er es nochmals versuchte, war es nutzlos. Er legte den Stock auf den Tisch und ging nach hinten.

»Wohin gehst du?« fragte Pickles.

»Aufs Klo. Willst du etwa mitkommen?« Tief aus seiner Kehle heraus erzwang er ein Lachen.

Er kam durch einen kleinen Raum voller Unordnung, wo alte Sodawasserkisten aufeinandergestapelt standen. Die Toilette war eng und dreckig; die Decke höher als der Abstand von einer Wand zur anderen. Kaum war er drin, als er den Riegel vorschob, zu Boden sank und leise wimmerte. Nach einer Weile beruhigte er sich und blickte um sich. Der einzige andere mögliche Ausgang war ein Fenster, hoch oben in der Wand der Tür gegenüber. Er sah hinauf, war sich aber über seine Bedeutung nicht im klaren, bis ein zufälliger Laut von draußen ihn erkennen ließ, wo er sich befand und was mit ihm geschah. Er stand auf, betrachtete die Wand und tastete ihre Oberfläche nach Unebenheiten ab. Er sah, daß es keine gab, duckte sich und sprang. Seine Hände klammerten sich an die Kante, krallten sich für den Bruchteil einer Sekunde dort fest und rutschten ab. Wieder kniete er nieder, so dicht an der Wand wie nur möglich, spannte sich und sprang. Dieses Mal fanden seine Hände Halt. Er preßte die Fingerspitzen gegen die Steinfläche und arbeitete sich noch ein Stück höher, so daß er die Ellbogen hinaufbekam. Er ruhte sich einen Augenblick aus, zwängte dann auch seinen Bauch in die Öffnung und hing dort auf der Kante am Fenster, während seine Beine nach unten baumelten. Lautlos gelang es ihm, das Fenster vorsichtig zu öffnen, und, da er vergessen hatte, daß er sich im Keller befand, blickte er in die Dunkelheit hinab. Einen Augenblick lang packte ihn jähe Angst, bis ihm einfiel, daß er im Keller war und nach oben sehen mußte. Er veränderte seine Stellung und hob den Kopf. Im rechten Winkel zum Fenster erblickte er ein Gitter; es lag über einem Schmutzhaufen, ganz ähnlich wie bei einem Gitter der Untergrundbahn. Draußen war es dunkel, aber er konnte erkennen, daß es auf einen Durchgang hinausführte. Voller Freude nahm er sein Geld heraus, wobei er fast herunterfiel, küßte es, steckte es zurück und versuchte, das Gitter zu öffnen. Er faßte es von unten her mit den Händen an und stemmte so kräftig, wie ihm dies in seiner verkrampften Stellung möglich war. Das Gitter bewegte sich nicht. Er brachte ein Bein durch das offene Fenster und setzte sich rittlings auf die Mauer, einen Fuß drinnen und einen Fuß draußen. Er streckte sich und drückte gelassen gegen das Gitter, in dem Versuch, es aus dem Dreck, der es umgab, hinauszuheben. Als seine Bemühungen umsonst waren, preßte er immer heftiger, bis die Arme sich ihm fast in die Brust bohrten, und sein Rücken und die Schenkel schmerzten, als wollten sie auseinanderbersten. Schwer atmend hielt er inne und blickte durch das Gitter hindurch. Plötzlich warf er sich mit einem Verzweiflungsschrei dagegen und trommelte mit Händen und Armen darauflos, bis das Blut an ihnen entlanglief. Halb rasend packte er die Stangen, versuchte sie zu schütteln und brach in wildes Stöhnen aus. Seine Finger rutschten dabei gegen eine kleine Erhöhung an einer der Schlußstangen. Seine Hand tastete sie ab, streichelte sie, in der Hoffnung, eine Stelle zu finden, an der er seine Kraft gleichsam als Hebel ansetzen könne; da entdeckte er, daß es ein Bolzen zwischen dem Fundament und dem Gitter war. Da saß er nun, und gewaltige Schluchzer schüttelten ihn; gierig richteten sich seine Augen auf den Himmel über ihm. Nach einer Weile zog er das Bein zurück, zwängte sich mit dem Körper wieder hinein, schloß das Fenster und ließ sich schwerfällig zu Boden sinken, wo er mit dem Gesicht zur Wand zusammengekauert liegenblieb, als sei er dort zusammengebrochen. Ich warte einfach, bis sie mich holen kommen, dachte er. Er hörte jemanden sich der Tür nähern. Pickles klopfte an. »He, mein Junge«, schrie er von der anderen Seite der dünnen Trennwand her, »beeil dich.«

Al erhob sich, und eine ungestüme Welle der Hoffnung durchlief ihn, als er an das Geld dachte, das er noch besaß. Er preßte die Hand auf die Kehle und bemühte sich, Gewalt über seine Stimme zu gewinnen. »Bin gleich draußen«, sagte er, und es gelang ihm, bis zum Ende durchzuhalten. Er hörte, wie Pickles wegging, und fühlte sich ein wenig stärker. Er begann sich zu waschen, um das Blut zu entfernen. Seine Hände bluteten noch immer, dick und träge sickerte das Blut hervor, aber er konnte es schließlich doch stillen. Er trat zurück, blickte noch einmal zum Fenster hinauf und nahm sein Geld heraus. Er hielt es in den Händen und ließ die Scheine durch seine Finger gleiten. Er schob sie zusammen, küßt sie heftig und drückte das Papier gegen Gesicht und Arme. Zärtlich faltete er es, ließ seine Hose herunter und steckte die Scheine in eine kleine Geheimtasche, gerade unter dem Schritt. Er glättete die dadurch entstandene Wulst und öffnete die Tür, um hinauszugehen. Sein Herz klopfte noch immer, aber er fühlte sich ruhiger und entschlossener.

Ungeduldig warteten sie auf ihn und rauchten dabei nervös.

Al nahm eine von Cataracts Zigaretten und bat um ein Streichholz. Er zündete sie an und sog tief und dankbar den Rauch ein. Sie starrten ihn an, ihre Nerven fast ebenso gespannt wie die seinen.

»Los«, sagte Pickles, »du bist an der Reihe.«

Al ergriff seinen Stock und umklammerte ihn fest, damit seine Hand schneller blutete. Er beugte sich vor, tat so, als ziele er, und legte dann den Stock so hin, daß die Stelle sichtbar wurde, wo der Stock von seiner Hand verschmiert war.

»Was ist los?« fuhr Cousin ihn an.

»Ich kann keinen Stock halten«, erklärte Al. »Habe mir da drin die Hand geschnitten.«

»Meinst du damit, du kannst nicht spielen?« brüllte Pickles. »Es geht um mein Geld. Du mußt spielen.«

»Dazu kannst du mich nicht zwingen. Ich spiele nicht. Es ist mein Geld, es ist meins, verstanden, und zwingen kannst du mich nicht. Das könnt ihr nicht mit mir anstellen; ihr versucht ganz einfach, mich übers Ohr zu hauen.«

Genau das hätte er nicht sagen dürfen. Cataract packte ihn am Hemd und schüttelte ihn. »Du nimmst dir jetzt den Stock«, rief er. Al riß sich los. »Zum Teufel mit dir«, erwiderte er. »Ich höre auf.« Er ergriff seinen Hut und begann, an den Tischen vorbei auf den Ausgang zuzugehen. Er mußte noch an drei Tischen und der Theke vorüber, um bis zur Treppe zu gelangen. Er ging langsam,

in der Hoffnung, sie durch seine Ruhe zu verblüffen und damit hinauszukommen. Er wußte, daß er, wenn er rannte, keine Chance hatte. Er spürte, wie ihm diesmal der Schweiß sehr viel schneller ausbrach. In seinen Schultern zuckte es, und er war sich bei jedem Schritt, den er tat, der Anstrengung bewußt und erwartete jeden Augenblick, es würde ihn etwas treffen. Sein Gesicht war naß, und er kämpfte gegen ein quälendes Verlangen, sich umzudrehen und sie anzusehen. Hinter ihm waren sie ganz still. Er sah Nick am Eingang, der ihm mit ausdruckslosem Gesicht entgegenblickte. Wie gebannt starrte er in Nicks Augen und flehte ihn wortlos an. Ein leichtes Lächeln breitete sich auf Nicks Gesicht aus. Es verwandelte sich in ein hohes, unnatürliches Lachen, das in einem jähen Winseln abbrach. Erschrocken blickte Al rasch zurück und warf sich zu Boden. Ein Stock schwirrte vorbei und zersplitterte mit einem lauten Krachen an der gegenüberliegenden Wand. Bevor er wieder auf den Beinen war, hatten sie sich auf ihn gestürzt. Cataract drehte ihn auf den Rücken und kniete rittlings auf ihm. Hart traf sein Handballen das Gesicht, so daß er mit dem Kopf auf den Boden schlug. Er sah sie um sich herumwirbeln, die Billardtische mit ihnen vermengt, und schüttelte wütend den Kopf, um nicht das Bewußtsein zu verlieren. Erneut schlug Cataract zu.
Al trat mit dem Fuß nach ihm und traf sein Schienbein.
»Du dreckiges, kleines Schwein«, schrie Cataract. »Dir werd' ich's zeigen.«
Er stieß Al das Knie in den Magen, so daß ihm der Atem verging und er sich vor Schmerzen krümmte; einen Augenblick lang war er kampfunfähig. Sie drehten ihn herum, zogen ihm die Taschen heraus und suchten nach seinem Geld. Sie schüttelten ihn. »Wo ist es, mein Süßer?« fragte Pickles.
Al rang keuchend nach Atem.
»Ich habe es verloren«, antwortete er spöttisch.
»Es muß irgendwo in seiner Hose sein«, sagte Cousin. »Dieses Gesindel hat immer Geheimtaschen.« Sie versuchten, seine Hose

zu öffnen. Er wehrte sich wie rasend, trat, biß, schrie und benutzte Ellbogen und Knie.

»Los«, befahl Cataract, »zieht sie ihm runter.«

Al schrie so laut er konnte. Nick trat heran. »Schafft ihn raus«, sagte er. »Bald ist die Polente da. Ich will keinen Ärger.«

»Was sollen wir mit ihm machen?«

»Bringt ihn raus auf die Landstraße, wo niemand euch hört. Alles übrige bleibt eurer Phantasie überlassen.« Wieder wimmerte er vor Lachen.

Sie hoben ihn hoch und zwangen ihn hinauszugehen. Er folgte ihnen friedlich, so benommen, daß es ihm gleichgültig war. Sie schoben ihn in den Wagen, und Cousin wendete. Al saß vorn, Cataract hinter ihm; er hielt sein Handgelenk fest, so daß er, bevor sie abfuhren, nicht davonlaufen konnte.

Schweigend saß Al da, während es in seinem Kopf klarer wurde, und dachte daran, wie langsam Cousin fuhr. Er blickte hinaus, beobachtete, wie die Straße vorbeiglitt, und dachte daran, hinauszuspringen. Hoffnungslos starrte er auf das Tachometer. Sie bogen um eine Ecke, und Cousin war auf weniger als zwanzig Meilen in der Stunde heruntergegangen. Al war von Güterzügen abgesprungen, die schneller fuhren, aber da war keine Tür im Weg, und niemand hatte ihn festgehalten. Entmutigt gab er diesen Gedanken auf.

Cousin machte sich über ihn lustig. »Siehst du das weiße Schild, Süßer? Dort biegen wir nach links ab, genau um das Schild herum, und danach dauert es nicht mehr lange.«

Zorn und Empörung stiegen in ihm auf. Sie nahmen ihm etwas, was er unter Gefahr verdient hatte, und sie wollten ihn zusammenschlagen, weil sie nicht so geschickt gewesen waren wie er. Das war gemein. Er brauchte das Geld dringender als sie. Wütend beschloß er, bei der Biegung abzuspringen. Das Schild war etwa hundert Meter entfernt; das war seine letzte Chance. Er schätzte, sie würden in etwa sieben Sekunden dort sein.

Er wandte sich nach hinten zu Cataract, und sein linker Ellbogen ruhte dabei leicht auf dem Türgriff. Er hatte sich in Richtung sei-

nes herumgedrehten Handgelenks gewandt und bewegte es nicht, damit Cataract nicht bemerkte, daß der Druck darauf nachließ. Eins, zählte er leise. »Hör doch«, flehte er Cataract an, »laßt mich laufen. Ich habe das Geld nicht, laßt mich laufen.« Ungefähr dreißig Meter vorbei. Nun sprach Cataract. »Ach, bist doch ein komischer Junge, Süßer. Ich mag dich, Süßer.« Weitere zwanzig. »Ja, komisch bin ich bestimmt, zum Totlachen sogar«, antwortete er. »Oh, so komisch.« Das Schild, wo ist es? Wir müßten schon heran sein. Bitte, lieber Gott, zeig mir das Schild, das mußt du, mein Geld ist es und nicht ihres, ach, bitte. »Verdammt noch eins, bitte«, brüllte er. »Was?« schrie Cataract. Cousin verlangsamte das Tempo. Das Schild glitt vorbei. Sie bogen ein. Al spuckte Cataract mitten ins Gesicht und stieß mit dem Handgelenk gegen seinen Daumen. Sein Ellbogen drückte die Tür auf, er riß seine Hand los, drehte sich blitzschnell herum und sprang hinaus, wobei die Tür im Zurückschwingen ihn um Haaresbreite verfehlte.
Seine Beine strampelten wild, als er den Boden berührte. Ein paar Schritte taumelte er vorwärts, bevor seine Knie unter ihm nachgaben und er flach in den Staub fiel. Sein Gesicht schleifte über den Boden hin, und der Dreck fraß sich in Wangen und Hände. Eine Sekunde lang, die ihm wie eine Ewigkeit schien, lag er benommen da, und dann stemmte er die Hände gegen den Boden und zwang sich aufzustehen. Der Wagen war um die Biegung herumgefahren und wegen der Verwirrung noch mindestens dreißig Meter weitergerollt. Al warf einen Stein gegen die Männer, die herausstürzten, und rannte dann aufs freie Feld. Es hatte zu regnen aufgehört, aber der Himmel war schwarz, und er wußte, sie würden ihn niemals mehr einfangen. Er hörte sie in der Ferne, wie sie einander anbrüllten, und er lief immer weiter, ohne Gefühl in den Beinen, den Kopf seitlich geneigt und mit stoßweise gehendem Atem. Er verfing sich im Unkraut und stürzte: Er lag in weichem, feuchtem Gras ausgestreckt. Erschöpft blieb er dort liegen, sein Ohr dicht an den Boden gepreßt, aber er hörte sie nicht mehr, richtete sich auf, zupfte kraftlos an ein paar Gras-

halmen und sagte immer wieder: »Oh, diese Hornochsen, diese großen, dummen Hornochsen. Oh, diese Idioten, diese Dummköpfe ...«

Um halb drei stieg Al Groot mit vollem Magen aus einer Straßenbahn in der Nähe der Madison Street und ging in ein billiges Absteigequartier. Dem Nachtportier gab er einen neuen Dollarschein und band die fünfundachtzig Cent Wechselgeld in einen Lappen, den er an seinem Handgelenk festknüpfte. Er stand über sein Bett gebeugt, zündete ein paar Streichhölzer an und bewegte sie langsam über die Matratze hin. Ein paar Wanzen krochen aus ihren Verstecken und über das Bett. Er sammelte sie ein und zerdrückte sie methodisch. Die letzte behielt er in der Hand und sah zu, wie sie sich wand. Einen Augenblick lang verspürte er ein Unbehagen und ließ sie dann, einer inneren Regung folgend, entkommen, indem er seine Hand in einem Bogen herumwirbelte, um sie vom Bett weit weg zu schleudern. Er streckte sich aus und blickte eine Weile in die Ferne, dachte an Frauen und Bouletten, an Billardkugeln und Ketchupflaschen, an Schuhe und am meisten an das Vergnügen, einen Fünfdollarschein anzubrechen. Als er sich die letzte von Cataracts Zigaretten anzündete, überlegte er, wie anders seine Lage noch war, als er sie sich eingesteckt hatte. Er rauchte ganz offen, denn es war ihm gleichgültig, ob jemand es bemerkte, es war ja seine letzte. Al rauchte genußvoll, ungemein erregt und ließ allen Schmerz und Kummer im Bett verebben. Als er die Zigarette zu Ende geraucht hatte, versuchte er einzuschlafen. Aber er fühlte sich hellwach, und nach einiger Zeit stützte er sich auf einen Ellbogen auf und dachte darüber nach, was er am nächsten Tag unternehmen würde. Zuerst würde er sich eine Packung Zigaretten kaufen, dann würde er sich ein Frühstück leisten und danach eine saubere Frau; er würde, wenn es sein mußte, einen Dollar zahlen und dann ein Mittagessen und noch eine Frau. Jäh hielt er inne, unfähig, sich das Weitere vorzustellen, so groß war seine Ekstase. Er legte sich auf das Kissen und sprach mit sich.

»Bei Gott«, stieß Al Groot hervor, und sollte nun etwas sagen, was er nie zuvor geäußert hatte, »bei Gott, dies ist der glücklichste Augenblick meines Lebens.«

1940

Reklame für »Vielleicht nächstes Jahr«

Man wird sich vielleicht daran erinnern, daß »Eine Rechnung mit dem Himmel« *geschrieben wurde, als ich als höheres Semester in Robert Hillyers Englischkursus A-5 saß;* »Das Größte auf Erden« *war die Arbeit eines jungen Semesters, und* »Vielleicht nächstes Jahr« *wurde im dazwischenliegenden Jahr für Theodore Morrisons Englischkursus A-3 geschrieben. Wie in einer Fußnote erwähnt, ist es Prosa im Stil Salingers, aber inspiriert wurde sie von Faulkner. Ich hatte* Schall und Wahn *ein paar Monate zuvor gelesen, und es hat mich lange Zeit beeinflußt. Sein erster, noch unverdauter Einfluß wird in* »Vielleicht nächstes Jahr« *offenbar, aber der Stil, oder sollen wir sagen das Entlehnte erscheint erneut in* Am Rande der Barbarei *in McLeods Selbstgespräch vor Lovett (von dem ein Teil in diesem Buch abgedruckt ist), und wird vielleicht in Elenas Brief im* Hirschpark *am deutlichsten. Ich will damit nicht sagen, daß ich bewußt an Faulkner gedacht habe, während ich diese Teile schrieb, aber blicke ich jetzt zurück, scheint es mir völlig klar, daß dieser Einfluß vorhanden war. Ein tiefgehender Einfluß. Faulkners Stil – und das heißt seine visionäre Kraft – sollte mich in Gedanken wie das Gespenst eines unentdeckten Herrensitzes noch bis in meine späteren Themen verfolgen.*

Vielleicht nächstes Jahr

Die Züge fuhren immer vorbei, fuhren immer sehr schnell durch das Feld jenseits der Straße auf der anderen Seite unseres Hauses.

Dorthin ging ich für gewöhnlich und schlenderte unermüdlich durch die Felder, sobald Mama und Papa sich stritten, sich um Geld stritten, wie sie es immer taten, und nachdem ich ihnen eine Weile zugehört hatte, pumpte ich mir Luft in die Ohren, damit ich sie nicht mehr hören konnte, dann ging ich aufs Feld hinaus, von unserem Haus über die Straße, und rutschte den steilen Grashang hinunter, wo es glitschig war, als hätten Hunde dort hingemacht, und dann kletterte ich auf der anderen Seite hinauf, den großen Hügel auf der anderen Seite hinauf, und streifte durch das üppige, hohe Gras, bis ich zu den Eisenbahngleisen gelangte, wo ich einfach immer weiter und weiter und weiter ging.

Warum haben wir kein Geld, nie haben wir Geld, was für einen Mann habe ich bloß geheiratet, wozu ist er gut, wozu ist er gut, sieh ihn dir an, sieh dir seinen Jungen dort an, sieh dir deinen Jungen dort an, sieh ihn dir an, er artet nach dir, sieh ihn an, wie er weggeht, als ob er uns niemals hört, sieh ihn an, ein Taugenichts, genau wie du, warum verdienst du nie Geld?

Die Grashalme waren rauh und scharf, wie scharfe Seiten in einem Buch, und ich mußte die Hände in die Taschen stecken, um mir nicht die Finger zu zerschneiden. Sie waren hoch, diese Gräser, und zuweilen schlugen sie mir ins Gesicht, aber da schlug ich zurück, nur daß sie mir dann immer die Finger zerschnitten und ich zu weinen begann, aber ich gab es bald auf, weil niemand in der Nähe war, und ich wußte, wenn niemand da war, mich zu hören, gab ich es immer bald auf, obwohl ich es mir nie erklären konnte, denn ich konnte immer lange weinen und sagen, ich würde davonlaufen und sterben. Wenn Menschen um mich waren.

Ich kann doch nichts dafür, wenn ich kein Geld verdiene, mein Gott, es gibt doch Grenzen für das, was ein Mann tun kann, die ganze Zeit nichts als quengeln, quengeln, quengeln. Mein Gott, ich kann nichts dafür, es gibt Grenzen, wir haben eine Depression, alle verlieren Geld, mach dir lieber Sorgen darum, wie wir das Haus behalten, und vergleich das Kind nicht mit mir, dieses gottverdammte Kind spaltet uns mitten durch, ich kann nichts dafür, wenn er ein dummer Junge ist, er ist erst neun Jahre alt, vielleicht wird er noch klüger, ich kann nichts dafür, wenn er beschränkt ist, wir stecken in einer Depression, sage ich dir, alle verlieren Geld, es ist einfach nicht genug Geld da.

Die Eisenbahnschienen bildeten eine komische Art von Spiegel. Ich konnte mich in ihnen sehen, einen Teil von mir auf jeder Seite, ich war so groß in ihnen, dabei war ich so furchtbar klein, so klein wie mein Arm, aber da war ich furchtbar groß, ich sah so groß aus wie Papa, nur nicht so groß, wie wenn ich Papa in der Ferne den ganzen Weg den Hügel empor auf unser Haus zukommen sah, denn da sah er so groß aus wie mein Arm, aber ich wußte jedenfalls, daß er, hm, zehnmal größer war als ich.

Warum verschwindet der Junge immer, warum suchst du ihn nicht, du hast keine Arbeit, du sitzt nur herum, du könntest ihn in deiner Nähe halten, du könntest ihm beibringen, so zu werden wie du und den ganzen Tag herumzusitzen und es für mich leichter zu machen, so daß ich wenigstens nicht nach ihm zu suchen brauchte, aber nicht einmal das kannst du ihm beibringen, niemals habe ich einen Mann wie dich gesehen, meinen Vater hat man nicht aus Männern, wie du einer bist, gemacht.

Wenn ich die Schienen immer weiter entlangging, kam eine Stelle, wo ich zu einem Ort gelangen konnte, an dem alle großen, langsamen Züge in die Stadt einfuhren. War ich vorsichtig, konnte ich mich im Gras nahe heranschleichen, wo die Männer, die von den großen Zügen absprangen, auf den Feldern lagerten.

Es waren dreckige alte Männer, die saßen nur herum und rauchten Pfeife und wuschen ihre dreckigen alten Hemden in dem gelben Wassertümpel, wo ich immer schwimmen ging, bevor Mama wegen der dreckigen alten Männer zu schreien schreien schreien begann und mich nicht mehr dort schwimmen ließ.

Es sind schmutzige alte Kerle, du wirst krank werden und sterben, sie sind verseucht, verseucht sind sie, warum hat die Stadt es ihnen auch erlaubt, auf so einer Wiese zu lagern und zu übernachten, unmittelbar an der Stadtgrenze, was hat man davon, außerhalb der

Stadt zu wohnen, wenn unsere einzigen Nachbarn Landstreicher sind, was hat man davon, was denkt sich denn die Stadt, warum steckt man sie denn nicht ins Loch, wo sie hingehören, warum dürfen sie sich so nah an unserem Haus auf einer Wiese breitmachen?
Ich mochte die Männer nicht, die ganze Zeit über redeten und lachten sie miteinander, zuweilen sangen sie auch Lieder. Ich wußte, sie waren dreckige Männer, weil Mama sagte, sie würden mich mit Krankheiten anstecken, aber einmal trat ich heran und redete mit ihnen, und als ich wegging, brüllten Mama und Papa sich was zu, und die Männer sahen mich an, einer von den alten, der auf so 'ner Art Lumpensack hockte, stand auf, sah mich an und machte sich über mich lustig, sagte, Söhnchen hat bestimmt einen Zehner für einen armen alten Mann, um sich Kaffee zu kaufen, und dann brachen alle Männer in Lachen aus, ha ha ha. Die anderen Männer stellten sich um mich, und einer sagte, er wolle mein Hemd nehmen und es als Rotzlappen benutzen, und wieder lachten sie alle, der große Mann in der Mitte von ihnen tat so, als wolle er mich mit Erde bewerfen, nur wußte ich nicht, daß er mich zum besten hielt, bis ich zu weinen anfing, und da lachte er und ließ die Erde fallen.
Dieser Junge wird noch ins Unglück geraten, warum kümmerst du dich nicht um ihn, halte ihn in deiner Nähe, er geht auf die Wiese, und weiß Gott, was diese Landstreicher ihm antun werden, sie sind alle verkommen, sie leben nicht wie Menschen, sie sind keine Männer, habe ich gehört, sie sind ebensowenig Männer, wie du einer bist, wie ihr beide es seid, warum kümmerst du dich nicht um ihn, er wird in jeder Hinsicht ein Schwächling werden wie du, diese Landstreicher bringen ihn noch ins Unglück.
Papa trat auf mich zu, packte mich, hob mich auf und trug mich nach oben, er verprügelte mich, schloß die Tür hinter mir ab und ging wieder hinunter, und er und Mama schrien und schrien die ganze Zeit über, während ich weinte. Ich wartete und wartete darauf, daß sie mich hörten, aber dann muß ich eingeschlafen sein, denn es war plötzlich Morgen, und ich konnte mich nicht daran

erinnern, aufgehört und mir mit den Händen die Nase gerieben zu haben, um das Geweine abzuwischen. Sie schlossen die Tür auf, und dann schlich ich nach unten, die Haustür stand offen, und Mama und Papa saßen herum, sagten kein Wort, ich haßte sie, lief zwischen ihnen zur Tür hinaus und versteckte mich an der Seite des Hauses. Papa und Mama kamen herausgestürzt, riefen mich, rannten aber in der falschen Richtung, sie suchten mich und lächelten dabei nicht, redeten aber freundlich, wie sie es immer taten, wenn sie es nicht meinten, ebenso wie wenn sie unseren Hund greifen wollten, und das machte mich traurig, und ach, ich fühlte mich einfach entsetzlich, und als sie dann umdrehten und zurückkamen, wollte ich nicht noch einmal Prügel beziehen, und so lief ich weg, ohne daß sie mich sahen, und schlich mich über die Straße ein Stück weiter unten, ins Feld hinein und den glitschigen Hügel hinauf, rannte, rannte und rannte davon, bis ich zu den Schienen kam. An ihnen kroch ich entlang bis zu der Stelle, wo die schmutzigen Männer mit den Krankheiten waren, und ich versteckte mich im Gras, versteckte mich dahinter, um sie mir anzusehen, aber sie waren alle verschwunden, waren nicht mehr da, nur noch der Alte, der sich am Tag vorher über mich lustig gemacht hatte, und der lag am Boden, weinte und heulte, als sei er verletzt oder tot.

Ich trat zu ihm, er sah mich an und begann, auf mich zuzukriechen. Ich sah, es war sein Fuß, der verletzt war, denn es war alles so blutig und er blutete am Knie. Hilf mir, Junge, hilf mir, Junge, schrie er.

Los, verprügle den Jungen, prügle ihn, prügle ihn, er verdient es, denn er spielt mit dreckigen alten Männern, verprügle ihn doch, es ist ein furchtbares Kind, niemals gehorcht es uns, mit dem stimmt was nicht.

Der Alte sah aus wie eine Schlange, und ich trat zurück und wollte vor ihm davonlaufen, aber er kroch noch immer hinter mir her und brüllte, lauf nicht weg, Junge, ich tu dir nichts, bitte, geh nicht weg, Junge, aber er sah aus wie eine Schlange, nur daß er blutete. Ich brüllte zurück, sagte, geh weg, bist ein dreckiger alter Mann, aber er kam immer näher, und ich griff nach einem Stein und warf nach ihm, verfehlte ihn, warf aber noch einen Stein, und der traf ihn am Kopf, und er hörte auf, sich mir zu nähern, schrie entsetzlich, und sein ganzes Gesicht war mit einer Menge Blut verschmiert.

Warum, Junge, warum, Junge, warum, Junge, warum wirfst du nach mir?

Du bist ein dreckiger alter Mann, laß mich in Ruhe, ich mag dich nicht, du bist ein dreckiger alter Mann.

Junge, um Gottes willen, hilf mir, ich werde verrückt, Junge, laß mich nicht hier, Junge, es ist heiß hier, hier ist es heiß, Junge.

Da hob ich noch einen Stein auf und warf noch einmal nach ihm, nur sah ich nicht, ob ich ihn traf, da ich davonlief. Ich hörte ihn heulen und schreien, und ich hatte Angst, aber ich lief immer weiter und dann sagte ich, ich hasse sie, ich hasse sie, das Gras zerschnitt mich, ich konnte nicht mit den Händen in den Taschen laufen, und es schnitt und schnitt, ich stürzte zu Boden, sprang auf und rannte weiter nach Hause.

Das letzte Stück am Hügel ging ich wieder ruhiger, dann über die Straße, und als ich nach Hause kam, saßen Mama und Papa wieder herum, und ich fing zu weinen an. Ich weinte und weinte, und sie fragten mich, was ist los, was ist los mit dir, warum weinst du, aber ich sagte nichts weiter als nur: der dreckige alte Mann, der dreckige alte Mann.

Und Mama sagte, ich habe geglaubt, die sind alle aus der Stadt vertrieben, ich verstehe nicht, daß noch einer von ihnen da ist, du lügst doch nicht etwa? – Ich lüge nicht, ich lüge nicht. Und Papa stand auf und sagte zu Mama, ich habe dir doch gesagt, es nicht zu tun, du setzt dir was in den Kopf und kannst dann nicht aufhören, diese Männer haben wir zusammengedroschen, ich verstehe nicht, wie in der Dunkelheit noch welche übriggeblieben sind, wir hatten Taschenlampen, aber es könnte ja sein, der Junge ist selber schuld. Er hatte heute nichts dort verloren, und jedenfalls ist ihm auch nichts zugestoßen, er hat erst angefangen zu flennen, als er uns erblickte, ich habe ihn gesehen, bevor er mich sah. Da sagte Mama, wärst du ein Mann, gingst du jetzt hin und machtest sie fertig, selbst gestern abend wolltest du nicht hin ohne Hilfe, wäre ich ein Mann, würde ich den Kerl verdreschen, der meinen Jungen angefaßt hat, aber du sitzt nur hier herum und redest redest redest, der Junge sei schuld.

Papa stand auf und ging hin und her und hin und her, und er sagte, der Junge ist nicht schuld, aber der Mann auch nicht, und dann warf er sich in die Brust und sagte, nichts werde ich tun, wäre noch schöner, mit dem Jungen da, den wir beide am Hals haben, und die Stellung im Eimer und alles andere zum Teufel, könnte selber einer von ihnen sein, vielleicht nächstes Jahr, und dann richtete sich Papa auf und ging die Straße entlang, nur weiter aus der Stadt hinaus, nicht dorthin, wo der alte Mann war.

Ich konnte sehen, daß Papas Schultern im Nacken hochgezogen waren, und dann war ich glücklich, denn ich konnte an nichts anderes denken, als daß ich an diesem Tag zwei große Männer hatte weinen sehen, und vielleicht bedeutete dies, ich würde nun auch größer, und das war ein schrecklich schönes Gefühl.

1941

ZWEITER TEIL • AUS DER MITTE

Zweiter Versuch • Am Rande der Barbarei

Sobald es feststand, daß Die Nackten und die Toten *ein Bestseller werden würde und ich daher wie jeder junge Amerikaner, der im Handumdrehen viel Geld verdient, einen gewissen kleinen Ruhm genießen würde, befiel mich, wie ich mich erinnere, eine Niedergeschlagenheit. Ich war fünfundzwanzig, lebte mit meiner ersten Frau, Beatrice, in Paris und hatte einen langen, geschwätzigen, französischen Winter hinter mir, in dem ich wieder einmal entdeckte, daß ich sehr wenig wußte und noch vieles zu lernen hatte. Damals, glaube ich, gab ich mich wahrscheinlich der Hoffnung hin, das Buch* Die Nackten und die Toten *würde einen bescheidenen Erfolg haben, jeder Leser würde es für außergewöhnlich halten, aber nichtsdestoweniger könne das Buch mein Leben nicht allzusehr verändern. Ich wünschte damals, mir bescheidene Verhältnisse zu bewahren. Viele meiner Gewohnheiten, sogar meine Begabung, hingen von einer gewissen Demut ab – jenes Wort, das in unserer Zeit zu einer leeren Phrase geworden ist. Der Krieg hatte mir mit seinem Atem Demut eingehaucht. Nach vier anstrengenden Jahren, in denen ich mich in Harvard ernst genommen hatte, erteilte mir die Armee immer wieder nur die eine Lehre: Wenn es darum ging, für mich selber zu sorgen, hatte ich im Vergleich zu dem praktischen Verstand eines ungebildeten Landarbeiters nur wenig zu bieten. Zuweilen glaube ich, daß der Mut die erschöpfbarste aller Tugenden ist, und ich habe einen guten Teil davon verbraucht, um mit versiegelten Lippen den Krieg zu überstehen, da es mich das Äußerste kostete, bestenfalls ein einigermaßen brauchbarer Schütze zu sein. Es überrascht also nicht, daß ich, als ich alles hinter mir hatte, ein demütiger junger Mann war. Ich wußte, ich war nicht viel besser und taugte begreiflicherweise sogar etwas weniger als die meisten Männer, die ich kennengelernt hatte. Zumindest empfand dies ein großer Teil meines Ichs, und gerade dieser Teil beherrschte mich, während ich* Die Nackten und die Toten *schrieb. Aber als ich erst einmal der Armee ledig war, erwies sich das Glück mir gegenüber als recht gnädig. Meine erste Frau und ich hatten während des Krieges etwas Geld gespart, und so brauchte ich ein Jahr lang nicht zu arbeiten. Sie glaubte an mich, und meine Angehörigen glaubten an mich, und so konnte ich mein Buch schreiben.*

Die Nackten und die Toten flossen mir aus der Feder – ich schrieb im allgemeinen in der Woche fünfundzwanzig Seiten des ersten Entwurfs, und obwohl hier und da ein paar Wochen verlorengingen, gelang es mir dennoch, den Roman innerhalb von fünfzehn Monaten zu schreiben und umzuschreiben, und ich bezweifle, ob ich jemals wieder ein Buch mit solcher Leichtigkeit schaffen werde. Wenn ich mir heute von Zeit zu Zeit die eine oder andere Seite ansehe, gefällt mir die Zuversicht darin – sie scheint im *Mittelpunkt zu stehen – »ja«, sagt es immer, »so etwa verhält es sich«.*

Selbstverständlich wurde ich durch das Ausmaß des Erfolges aus dieser Mitte auf erhebliche Entfernung fortgeschleudert und verbrachte die nächsten Jahre mit dem Versuch, die Erlebnisse eines siegreichen Mannes in mich hineinzuschlingen, obwohl ich doch noch gar kein Mann war und keine wirkliche Fähigkeit besaß, das Leben zu genießen. Eine solche Fähigkeit erwächst einem für gewöhnlich aus einer Reihe kleiner Siege, die man voller List errungen hat, meine Erfahrungen hingegen hatten aus vielen kleinen Niederlagen, einigen Siegen und einer Explosion bestanden. So verlieh mir der Erfolg große Energie, die ich jedoch zum größten Teil in den Gleisen alter Gewohnheit vergeudete. Dabei gewann ich eine Erfahrung, die überhitzt, prächtig, beängstigend, linkisch, abschreckend und sogar, wie ich argwöhne, mörderisch war. Mein Abschied vom Leben eines Durchschnittsmenschen war zu plötzlich, nie wieder würde mir zum Bewußtsein kommen, mit welcher Teilnahmslosig-

keit man gewöhnlich solche Dinge über sich ergehen läßt, und was es bedeutet, eine langweilige Arbeit zu verrichten oder von einem Mann, den man haßt, Weisungen entgegenzunehmen. Hatte ich in der Armee eine solche Laufbahn hinter mich gebracht, so war das nun endgültig vorbei – es blieb von den ersten vierundzwanzig Jahren meines Lebens nichts mehr, worüber sich schreiben ließ, so oder so, mein Leben schien wie Erz in einem Bergwerk abgebaut worden zu sein und sich in den langen Strecken des Buches niedergeschlagen zu haben. Ich war nun prominent und leer und mußte so mein Leben von neuem beginnen, von jetzt an würden Menschen, die mich kannten, nie mehr auf mich als eine Person reagieren, die sie in ihrer kleinlichen Art mochten oder ablehnten, allein um meiner selbst willen (der unvermeidliche Satz, der in allen tränenerfüllten Bekenntnissen wiederkehrt), nein, ich war ein Schwingungszentrum in einer neuen elektronischen Landschaft von Berühmtheiten, Persönlichkeiten und Leuten von Rang. Andere Menschen, die mich kennenlernten, konnten nun unwillkürlich ihre eigene Stellung in dieser Landschaft abschätzen, indem sie beobachteten, wie ich auf sie reagierte. Ich war aus dem Publikum auf die Bühne versetzt – ich war im Handumdrehen ein Mann geworden –, ich konnte bei anderen mehr Empfindungen erregen, als ihnen dies bei mir möglich gewesen wäre; war ich früher einmal ein kühler Beobachter, weil ich in meinem Innersten wußte, daß ich größerer Gemütsbewegungen fähig war als die meisten und mich daher mit leidenschaftslosem Blick wappnen mußte, so hatte ich mich jetzt davor zu hüten, die Empfindungen anderer zu wecken. Dies galt um so mehr, als ich ein stark ausgebildetes Gewissen und dennoch ein mächtiges Verlangen besaß, gerade dies eine zu tun – die Gemütsregungen anderer auszubeuten. Da stand ich nun mit zwei mehr als durchschnittlichen Leidenschaften, die sich in entgegengesetzten Richtungen bewegten. Offensichtlich war ich ein Sklave der Furcht, ich könnte meinen Tod allabendlich vergleichend beobachten, denn die Stadt war voller Menschen, die bei der unbedeutenden Hinrichtung des eigenen Ichs ständig von Schlägen durchzuckt wurden. Es ist aufreibend, in einer *seelischen Landschaft von Mördern und Opfern zu leben: War ich früher einmal ein junger Mann, den viele übersahen, und nun in der Lage, eine späte Rache zu üben – durch mein Schreiben konnte ich diejenigen analysieren, die es unterlassen hatten, mich zu beachten –, so sollte ich jetzt erfahren, daß ich die kalte Spannung des gegen das eigene Ich gerichteten Hasses oder die Erregtheit, sich selber wieder zu mögen, auf alle möglichen Freunde, Bekannten und Fremde übertragen konnte, die schwach, ehrgeizig, verwundbar und in sich selber verliebt waren – und das mußte natürlich so etwa die halbe Horde meiner talentierten Generation sein.*

Das war eine Erfahrung, die der, die ich aus Büchern gelernt hatte, nicht mehr entsprach und auch nicht der aus dem Krieg – sie war eine namenlose Erfahrung –, und damals beklagte ich mich darüber, alles sei unwirklich. Ich brauchte Jahre, um mir dessen bewußt zu werden, daß es meine Erfahrung war, die einzige, die ich nicht vergessen durfte, daß meine nach außen zusammenhanglosen Auseinandersetzungen mit anderen und mein Interesse an mir selber sich schließlich in eine kraftvolle Vision einfügen ließen, in eine Gegenüberstellung des Tapferen und des Entsetzlichen, in einen Traum, einen Angsttraum, der anderen gehören und dennoch mein eigener sein würde. Ob ich wollte oder nicht, der Existentialismus wurde mir aufgezwungen. Ich war frei, oder zumindest hatte sich das, was in meinem Charakter noch bereit war, sich zu wandeln, den gesellschaftlichen Verpflichtungen, an denen andere ersticken, entzogen. Ich konnte versuchen, das zu werden, wofür ich mich selber entschied, und mißlang es mir – lauerte eisige Furcht hinter mir! Ich hatte nichts, womit ich ein Versagen entschuldigen konnte. Ich würde scheitern, weil ich nicht genügend Tapferkeit mitgebracht hatte, um einen Erfolg zu erzwingen. So war ich allzu frei. Der Erfolg hatte sich auf meine Vergangenheit wie ein Gehirnlappenschnitt ausgewirkt, keine Kraft der Vergangenheit schien mir in der Gegenwart helfen zu können, und es blieb mir keine andere Wahl, als mich dazu zu zwingen, auf den Kriegsschauplatz der ungeheuerlichen Gegenwart zu treten, persönlichen Schwierigkeiten

und Nöten zu trotzen und ganz allein auszuziehen, um mir einen Pfad durch eine unbekannte Wildnis zu schlagen.
Natürlich hat diese Art, meine Vergangenheit zu schildern, eine bemäntelnde Eleganz an sich. Ich hätte die Jahre, die dem Erscheinen von Die Nackten und die Toten *folgten, ebensogut beschreiben können, indem ich erzählte, ich sei verängstigt, erregt und nervös umhergereist, von der einen Frage gequält, die alle anderen zu stellen ebenfalls bereit waren und die ich mir selber ständig vorlegte: War dieser erste veröffentlichte Roman mein ganzes Talent gewesen? Oder würde mein nächstes Buch besser sein?*
In gewissem Sinne habe ich vielleicht versucht, der Frage auszuweichen, indem ich Am Rande der Barbarei *schrieb, aber tatsächlich blieb mir gar keine Wahl. Sollte ich, war meine Vergangenheit als Thema erschöpft, über die Straßen von Brooklyn oder über meine Mutter und meinen Vater schreiben, oder noch einen Kriegsroman (*Die Nackten und die Toten gehen nach Japan*)? Sollte es das Buch des heimgekehrten Veteranen werden, nachdem ich wie ein Maulwurf gelebt hatte, während ich siebenhundert Seiten in jenen fünfzehn Monaten schrieb und umschrieb? Nein, das war keine echte Alternative. Statt dessen drängte es mich, über eine imaginäre Zukunft zu schreiben, die wie bei einem osmotischen Vorgang durch den mächtigen, geistigen Einfluß meines Freundes Jean Malaquais und durch die Bücher, die ich gelesen hatte, und die ästhetischen Anschauungen, die ich als wünschenswert betrachtete, geformt wurde. Tatsächlich ist* Am Rande der Barbarei *ein Buch, das aus den verschütteten Kellern des Unbewußten in mir aufstieg, das gequälte Auge eines Romans, der sich bemühte, eine Verschmelzung meiner neuen Erfahrung mit dem übermächtigen Entsetzen jener Welt herbeizuführen, die möglicherweise ihrer eigenen Vernichtung entgegenging. Offensichtlich erstrebte ich etwas, was gerade noch im Bereich meines Vorstellungsvermögens und schließlich außerhalb davon lag und gegen Ende des Buches in einem Kapitel politischer Rhetorik versandete, ohne sich von dieser jemals ganz zu erholen. Dennoch könnte es sein, falls mein Werk in hundert Jahren noch le-*

bendig ist, daß man Am Rande der Barbarei *als den fruchtbarsten meiner ersten drei Romane betrachten wird. In seinen hektischen Stimmungen weist das Buch den Scharfblick des Wahnsinnigen für die seelischen Geheimnisse von Stalinisten, Geheimagenten, Narzißten, Kindern, Lesbierinnen, Hysterikern und Revolutionären auf. Es enthält eine Atmosphäre, für mich die Atmosphäre unserer Zeit, in der Autorität und Nihilismus im orgiastischen Abgrund dieses Jahrhunderts einander nachstellen. Es ist wohl ein Fehler, daß ich selber meine Freude daran habe, aber ich möchte aus dem Roman auszugsweise einige Seiten hier wiedergeben, weil wenige Menschen, die mein Werk mögen, ihn gelesen haben. Dabei muß doch vieles von dem, was ich später geschrieben habe, unverständlich bleiben, falls man den seltsamen Schatten, den* Am Rande der Barbarei *wirft, aber auch das irr funkelnde Licht, das vom Stoff des Romans ausgeht, nicht wenigstens flüchtig betrachtet hat.*

McLeod und Lovett

Einmal erwähnte ich ein Mädchen, mit dem ich kürzlich etwas gehabt hatte, zuckte die Achseln und sagte: »Aber es war ohne Bedeutung. Schließlich langweilten wir uns und gingen auseinander.«

McLeod zeigte sein schlaues Grinsen, und wieder verzog er den Mund so, als ob er an einem Bonbon lutsche. »So, ihr habt euch wieder getrennt.«

Verwirrt sagte ich schroff: »Gewiß, oder haben Sie so etwas noch nie gehört?«

»Doch, gehört schon. Ich höre es immer wieder. Menschen lassen sich ständig in eine Sache hineintreiben und lassen sie dann wieder im Stich.« Er lehnte sich auf seinem Bett zurück und legte die Fingerspitzen aneinander. »Um die Wahrheit zu sagen, Lovett, ich weiß nicht, was hinter diesen Dingen steckt, diesem Hin und Her. Wie Treibholz kommt es einem vor.«

»Ich kann Ihnen eine Erklärung dafür geben.«

»Oh«, sagte er grinsend. »Sicher können Sie es mir erklären. Ich wollte mir aber nur selbst klarmachen, was es bedeutet, wenn man eine Sache im Stich läßt. Früher, als ich mich mit Frauen abgab, hatte ich mein Vergnügen daran, aber heute scheint mir, wenn ich an die jeweiligen Trennungen zurückdenke, daß es doch oftmals ziemlich niederträchtig war.«

»Wenn man so ein Sadist ist wie Sie«, sagte ich mit einem Anflug von Spott. Meine Antworten waren alle gleich töricht, und ich war zum Streiten aufgelegt. Gleichmütig steckte er sie ein, und es war nicht verwunderlich, daß ich wütend wurde, weil ich keinen festen Boden unter mir spürte.

McLeod nickte. »Ach ja. Wenn ich meinen Beweggründen nachgehe, finde ich Häßliches genug daran. Damals bin ich ein rechter Schuft gewesen.« Er versicherte es mit größtem Ernst.

Aber fast unverzüglich darauf begann er wieder zu spötteln. »Nun, ich weiß zwar nichts von Ihnen, Lovett, aber wenn ich mich aus einer Sache zurückzog und dann über die Gründe nachzudenken begann, fand ich sie doch ganz interessant. Es gab Frauen, die ich verließ, weil ich sie nicht richtig befriedigen konnte, wenn es auch unangenehm ist, das einzugestehen. Und auch die eine oder andere, die mich liebte und geheiratet zu werden wünschte.« Er begann leise und grausam zu lachen. »›Wie? Heiraten?‹ sagte ich dann. ›Wen, mich? Ich denke, es war von Anfang an klar, daß jeder für sich bleibt.‹« Seine Lippen kräuselten sich, und seine Stimme schien sich in grotesker, gespielter Unschuld zu überschlagen. »›Liebes Kind, da bist du an den Falschen geraten. Ich hielt es für selbstverständlich, daß wir zwei moderne Menschen sind mit modernen Ansichten.‹« Er brüllte vor Lachen. »Ach, du mein Gott.« Und dann, indem er sich spöttisch mir zuwandte, sagte McLeod: »Noch eine, die zum Treibholz wurde.«

»Aber erlauben Sie«, warf ich ein, »muß denn ein Mann jedesmal gleich heiraten, wenn er sich mit einer Frau einläßt?«

»Nein.« Er zündete sich eine Zigarette an und war über mich belustigt. »Sehen Sie, Lovett, zwischen Ihnen und mir besteht ein Unterschied. Sie sind ein ehrlicher Mensch, und ich war es niemals. Zu Beginn hatte ich mit der Dame eine hübsche Unterhaltung darüber, daß keiner von uns die Absicht habe, sich zu binden, und daß es, wohlverstanden, um nichts anderes als ein sauberes, gesundes Vergnügen gehe. Aber sehen Sie, Lovett, dabei ließ ich es nicht bewenden. Der alte Adam, dem man unterworfen bleibt, begann sich in mir zu regen, ich machte Pläne. Verstehen Sie, was ich meine? Ich tat alles, was in meiner Kraft stand, um das Mädchen verliebt zu machen – wieviel Genie habe ich im Bett verschwendet! Und bestimmt habe ich sie zur Liebe gebracht und mich fast zu Tode gequält, um ihr zu zeigen, daß es außer mir keinen Mann auf der Welt gibt, der so wie ich zu lieben versteht.« Er hustete. »Aber sobald sie es bestätigte – war Schluß! Es wurde mir dann langweilig, und ich dachte, daß es nun an der Zeit sei, auseinanderzugehen.« Er lachte wieder, über sich selber und über mich. »Und wenn das Fräulein anfing, von Ehe zu sprechen, hätten Sie mich erleben sollen. ›Du bist nur auf Versorgung aus‹, sagte ich ihr, ›und das enttäuscht mich. Wie konntest du mich so betrügen?‹« Wieder einmal brüllte er vor Lachen. »Oh, es war ein verteufelter Trick. *Sie* betrog mich, haben Sie das mitbekommen? Und wir gingen auseinander, weil sie mich betrogen hatte!«

McLeod und Hollingsworth

Ich beobachtete McLeod. Er saß in seinen Stuhl zurückgelehnt und studierte, was Hollingsworth geschrieben hatte. Von Zeit zu Zeit lachte er, aber mißmutig. Dann reichte er mir den Block. Ich las das erste Blatt, während mein Herz törichterweise klopfte. Hollingsworth hatte folgendes notiert:
Gibt zu, Bolschewist zu sein
Gibt zu, Kommunist zu sein

Gibt zu, Atheist zu sein
Gibt zu, Kirchen gesprengt zu haben
Gibt zu, gegen das freie Unternehmertum zu sein
Gibt zu, für Gewaltanwendung zu sein
Rät, den Präsidenten und den Kongreß zu ermorden
Rät, den Süden zu vernichten
Rät zur Anwendung von Gift
Empfiehlt die Erhebung der Farbigen
Gibt zu, sich einer fremden Macht verbunden zu fühlen
Ist gegen Wallstreet

Schweigend gab ich den Block an McLeod zurück. Mit toter Stimme und ohne jede Ironie sagte er zu Hollingsworth: »Sie haben einen Fehler gemacht. Ich habe die Verwendung von Gift nicht angeraten.« Hollingsworth hatte sich wieder gefaßt. Verhalten, aber doch mit einer gewissen Festigkeit schüttelte er den Kopf. »Es tut mir leid. Ich widerspreche ungern jemandem, aber das haben Sie gesagt; ich habe es gehört.«
McLeod zuckte die Achseln. »Nun gut, lassen Sie es dabei.« Er nahm einen tiefen Zug aus seiner Zigarette. »Sagen Sie, mein Lieber«, kam es gedehnt von ihm, »kann ich sonst noch etwas für Sie tun?«

Guinevere

Ein Juwel, aber in Messing gefaßt. Heute morgen hatte sie einen Hausanzug getragen und darüber einen Bademantel. Ihr rotes Haar, mit dem sie unzweifelhaft stets experimentierte, war nur notdürftig hochgesteckt und strebte nach allen Seiten von ihrem Kopf fort. An den Füßen aber trug sie Abendschuhe, ihre Nägel waren lackiert und die Lippen frisch geschminkt. Sie glich einem Haus, dessen Rasen gepflegt war, dessen Küche jedoch ein heilloses Durcheinander zeigte. Ich wäre nicht überrascht gewesen, wenn sie sich umgedreht und wie der leichtbekleidete Star einer Revue – aaah! – plötzlich ihr entblößtes Hinterteil gezeigt hätte.

Guineveres Filmstoff

»Ich habe mir vorzustellen versucht, mit welcher Besetzung man die Geschichte verfilmen müßte, aber ich bin mir noch nicht darüber klargeworden, und außerdem, glaube ich, wird das Hollywood sowieso von sich aus entscheiden. Aber wenn ich auch nur daran denke, regt es mich auf. Hör zu!
Sie spielt hier in Brooklyn, und die Hauptdarsteller sind ein Arzt, ein wirklich gutaussehender Bursche mit Bart, einem kräftigen, weißt du, und seine Assistentin, die so aussieht wie eine von den blonden Stars, und dann findet er eine dunkelhaarige Freundin, die irgendeine Charakterdarstellerin spielen könnte.« Guinevere zündete sich eine Zigarette an. »Und nun hat es dieser Arzt, der an sich einen anständigen Charakter besitzt, gutmütig ist und so weiter, mit den Frauen. Er hat den größten Erfolg und ist sich vielleicht dessen gar nicht bewußt. Dutzende von Freundinnen sind um ihn herum, und es gibt keine, weißt du, die sich ihm nicht hingeben würde. Aber seine Lieblingsfreundin ist dieser blonde Star, seine Assistentin, ebenfalls ein gutes Kind, das sich sein ganzes Leben lang abrackert und verrückt nach ihm ist. Richtig verliebt, weißt du, aber sie zeigt es nicht und ist nach außen hin ablehnend.« Guinevere seufzte zufrieden. »Die andere aber ist ein Mädchen der Gesellschaft, so 'ne Kühle, Reservierte, und sie sucht ihn auf, um ihn zu konsultieren, vielleicht wegen irgend so einer Frauensache, und er nimmt sie, und sie kommen nicht mehr voneinander los. Wochenlang führt er sie aus in Nachtklubs, fährt mit ihr ans Meer, zu Landklubs, und sie geht ihm nicht mehr aus dem Sinn. Es ist wie Zauberei. Aber die ganze Zeit über fühlt er sich auch an die Assistentin gebunden, und gelegentlich sind sie auch zusammen, und zwischen ihnen ist wirkliche Liebe, während es bei der anderen bloß Leidenschaft ist.«
»Dann«, unterbrach ich, »liebt er also die Blonde wirklich?«
»Jawohl.« Aber ohne Atempause fuhr sie fort: »Nun gut. Mit den Eltern von der Dunkelhaarigen gibt es jedoch Krach, denn die

mögen den Arzt nicht, weil er ebenso einfacher Herkunft ist wie seine Assistentin. Aber sie können nichts dagegen machen, es ist eben blinde Leidenschaft.« Sie stockte und murmelte vor sich hin: »Einiges deckt sich mit meinen eigenen Erfahrungen.« Sie schnippte die Asche von ihrer Zigarette. »Nun geht das eine Weile so weiter, bis es zu einem Höhepunkt kommt. Er verbringt eine Nacht mit der Vornehmen, und sie wird schwanger. Aber bevor sie es feststellt, ist er sich bereits darüber klargeworden, daß sein wirkliches Interesse der Assistentin gilt, und sie sind sich einig, zu heiraten. Als das dunkle Mädchen ihn niedergeschlagen aufsucht, spricht er mit ihr und überzeugt sie, daß er sie nicht liebt und daß er eine Operation an ihr vornehmen will. Und hier kommt es zu der ersten großen Szene. Der Doktor operiert die Frau, mit der er sich eingelassen hat, und dabei assistiert die Blonde, die er liebt. Du kannst dir denken, was der Film daraus machen kann, selbst wenn sie mit der Szene Anstoß erregen könnten. Aber ich glaube, sie werden sie trotzdem drehen. Sie könnte auch einen Gehirntumor haben oder was Ähnliches. Es würde eine gute Operationsszene werden, verstehst du; wie er seine Anweisungen an die Helferinnen gibt, die ihm die Messer, Zangen und das Verbandszeug reichen, während er kaltblütig als guter, verantwortungsbewußter Arzt seine Arbeit tut.« Guinevere starrte mich wie abwesend an. »Bei der Operation unterläuft ihm ein Versehen. Zwar wird sie das Kind nicht bekommen, aber zugleich tut er etwas, wodurch das Mädchen nie mehr zur Liebe taugen wird. Sie sieht äußerlich unverändert aus, aber innen ist sie ein Krüppel. Sie ist ein schönes Mädchen, aber sie kann's nicht mehr. Als sie dahinterkommt, wird sie wild und beabsichtigt, ihn bloßzustellen, aber seine Assistentin, die ein fabelhafter Mensch ist, überzeugt ihn, daß er die andere heiraten muß, was er auch tut, obgleich zwischen ihnen nie etwas sein kann, und so leben sie zusammen in derselben Stadt, und die Angelegenheit mit der Blonden geht weiter. Sie lieben sich immer noch, und jetzt ist es genau wie damals mit der anderen, er ist verrückt nach ihr und so weiter, und sie liebt ihn. Aber seine

Frau, die sich jetzt als ein Aas entpuppt, kommt dahinter, und so verläßt ihn die Assistentin und geht nach New York. Der Arzt aber macht immer mehr Geld und treibt sich nebenbei mit einer Menge Frauen rum, aber sein Herz gehört der blonden Assistentin. Doch sehen sie sich jahrelang nicht.« Sie hielt inne.
»Und ahnst du, wie es nun ausgeht?«
Aber so rasch kam das Ende nicht. Ein wundervolles Detail folgte dem anderen. Meine Aufmerksamkeit war dahin, und ich hörte kaum noch zu, denn Monina stand in der Dielentür und gab ein Tänzchen zum besten. Das Kind war immer noch nackt, aber irgendwoher hatte sie sich ein Tablett für Cocktailgläser verschafft, und in einer unglaublich herausfordernden Haltung trug sie es wie ein Feigenblatt und machte mit ihrem Körper obszöne Bewegungen. Sie kam ein paar Schritte näher, den blonden Kopf hatte sie gefühlvoll zur Seite geneigt, als lausche sie einer exotischen Musik. Aber plötzlich zuckte sie mit einem schmollenden Ausdruck auf den Lippen zurück, und ihre Glieder waren wie von Entsetzen gelähmt. Während die Mutter erzählte, tanzte sie schweigend, als setze sie ihre Worte in Bewegung um. Als die Geschichte zu Ende war, hörte auch der Tanz auf. Monina zog sich zur Tür zurück und fuhr sich zärtlich über die Hüften. Obwohl sie mich niemals angesehen hatte, war mir klar, daß sie das Ganze nur meinetwegen aufführte. Ihre blonden Wimpern zuckten und erreichten fast die Wangen, und wenn sie ihre Augen aufschlug, blickte sie immer nur auf die Wand. Und währenddessen erzählte Guinevere achtlos ihre Geschichte.

»Sie sehen sich in New York wieder, der Arzt und seine Assistentin, nachdem seine Frau gestorben ist, und es geht wieder von vorne los. Ich meine, mit Trinken und Lieben, und nichts kann sie mehr aufhalten. Und die Assistentin erzählt ihm nicht, daß sie ein Baby von ihm bekommen hat, nachdem er sie verließ, denn sie weiß, daß er ihr keinen Glauben schenken und annehmen wird, es sei von einem anderen. Aber der Arzt will sie heiraten, und sie hält ihn hin, weil sie nicht weiß, was sie mit dem Kind anfangen soll. Und da sie es ihm doch nicht erzählen kann, bringt sie es um. Bedenke, ihr eigenes Kind! Und sie wird verhaftet und der Arzt ebenfalls, denn ich habe ganz zu erwähnen vergessen, daß er den Totenschein ausgestellt hat, als sie ihn schließlich doch einweihte. Und zum Schluß kommen sie ins Gefängnis. Vor ihrer letzten Stunde aber können sie durch einen gutmütigen Wärter zusammen sein, und dort in der Zelle gehören sie sich zum letztenmal, und das läßt sie ihre Hinrichtung leichter ertragen.«

Monina kam bei den letzten Worten ihrer Mutter auf Zehenspitzen zu mir gerannt, hielt in Reichweite vor mir an, und mit einem kindlichen, verliebten Ausdruck hob sie das Feigenblatt über ihren Kopf und stellte sich triumphierend zur Schau.

Zum erstenmal sah sie mich an, als ob ich wirklich vorhanden sei. Aber im nächsten Augenblick verwirrten sich ihre Züge vor Entsetzen. Ihr Mund verzerrte sich plötzlich, die Augenbrauen zogen sich zusammen, und sie brach in lautes Jammergeschrei aus. Innerhalb einer Minute verwandelte sie sich in ein kleines hysterisches Frauenzimmer.

Lannie und Hollingsworth

»Ich erkannte, daß ich krank werden würde, wenn ich nicht was zu trinken bekäme; denn wie lange bin ich schon wie eine Biene ohne Nektar?« Lannie umarmte sich selber. Ihre dünnen Arme ragten wie Stangen aus den beschmutzten Ärmeln ihres Pyjamas. Und mit plötzlich rauher Kehle sagte sie: »Lovett, du versprachst, mir etwas Geld zu leihen?«

Ich gab ihr zwei Zehndollarscheine.

»Mikey ist mein Bankier«, sagte sie zu Hollingsworth mit einer ironischen Geste.

Nach all den vielen kleinen Enttäuschungen, die ich erlebt hatte, platzte ich jetzt heraus: »Ich bin nicht dein Bankier! Und wenn du glaubst, daß ich das Geld nicht selber nötig hätte, dann bist du im Irrtum.« Sie sprang aus ihrem Sessel auf, kam zum Sofa, auf dem ich saß, und kniff mich in die Wange. »Er ist Bankier«, sagte sie zu Hollingsworth, »aber ein reizender, und obgleich er sich Sorgen macht wegen des ausgeliehenen Geldes und die schwarze Hand des Geldes nachts nach seinem Herzen greift, kann er doch dem Wunsch nicht widersprechen, reizend zu sein, und muß nun Schulden machen und sein Schicksal tragen.« Vergnügt wirbelte sie umher. »Bankiers sind schlimm, wenn sie einem zusetzen.« Ich erkannte, ohne daß es mir besonders naheging, daß sie das alles für Hollingsworth aufführte und daß keines ihrer Worte und keine ihrer Bewegungen unbedacht waren. Sie hätte eine Geisha sein können, die das Ritual einer Teezeremonie ausführte. Hollingsworth saß da und beobachtete sie. Es schien, als hätte er sich um einen Millimeter von seinem Sitz erhoben. Seine Augen blickten höflich drein, und auf seinem Gesicht lag ein Ausdruck leiser Neugier, als sei er der Provinzler, der schweres Geld bezahlt hat und nun die Schönheitstänzerinnen beobachtet, wie sie ihre Kostüme abstreifen. (Das ist das magische Laster der Großstadt, daß man auftrumpft: »Ich bin hergekommen, um sie nackt zu sehen«, sagt er zu seinem Nachbarn, »aber ich sehe nichts.« Und er wird die Amüsierbuden zertrümmern, wenn man ihn betrügt. Vielleicht aber muß er betrogen werden.) »Ich glaube«, brachte ich hervor, »daß unser Leroy hier mehr von Banksachen versteht als ich.«

Der Geheimagent gibt Ratschläge

Hollingsworth richtete die Lampe so, daß ihr Schein jetzt zwischen sie beide fiel. Mit sanfter Stimme fuhr er fort. »Nun, im Gegensatz zu anderen blicke ich nicht auf solche Burschen hinab. In der Tat haben wir doch alle unterschiedliche Charaktere. Nur dürfen wir nicht zu eigenwillig sein. Sie sind Ihr ganzes Leben lang ein unglücklicher Mensch gewesen und wollen nicht zugeben, daß es Ihr eigener Fehler war. Und darum machen Sie die Gesellschaft dafür verantwortlich, wie Sie es ausdrücken. Das ist nicht notwendig. Sie hätten ein gutes Leben führen können, auch heute noch, wenn Sie sich klarmachen würden, daß die anderen nicht anders sind als Sie, darum ist es sinnlos, für die Zukunft zu arbeiten.« Seine Hand strich über den Tisch, als wolle sie das Holz streicheln. »Maßvoller sein! Wir haben nicht genügend mitbekommen, um uns auf große Dinge einzulassen. Wenn dieser Bursche zu mir käme, um meinen Rat einzuholen, würde ich ihn beiseite nehmen und ihm auseinandersetzen, daß er besser daran täte, sein eitles Streben aufzugeben und sich nicht anders zu benehmen als alle anderen. Denn niemals werden wir wissen, was hier wirklich drinsteckt«, Hollingsworth klopfte leise an seine Brust, »und wir unterliegen Täuschungen. Ich gebe nicht zwei Cents für alle Ihre Schreibereien. Ein gutes Leben führen, mein Lieber, das ist mein Fall, und darum bin ich schlauer als die meisten Ihrer Sorte.« Sein blasses Gesicht begann sich zu röten.

»Sie können Ihre Theorie über Bord werfen«, sagte er plötzlich.

McLeods Selbstgespräch

»Vergessen Sie nicht, daß man sich dem Land jenseits des Ozeans völlig verschrieben hatte und man dann zum endgültigen Verstehen der blutigen, unerläßlichen Aufgabe der Geschichte und der unvollkommenen Menschen kommt, mit denen man sie ändern will, und es gehört die ganze Entscheidungskraft dazu, sich klarzumachen, daß es Gute und Böse auf der einen Seite und Böse und Gute auf der anderen Seite gibt. Und was für eine klägliche, aber nichtsdestoweniger köstliche Befriedigung bereitet es, wenn man von gewissen, unangenehmen Vorfällen auf der Seite, auf der man steht, hört, weil man es als eine Prüfung für sich selber ansieht und davor nicht zurückschrickt, so schwer es auch ist. Gut, aber dann kommt es noch härter, sie brennen einem alles Weichliche aus, und man macht sich selber härter, weil man alles hinnimmt, alles auf sich nimmt.« Er hielt mitten im Raum an und blickte mit zusammengepreßtem Mund erwartungsvoll auf mich. Wenn ein Glas Wasser in seiner Hand gewesen wäre, würde er es mit einem Schluck hinuntergestürzt haben. »Aber das ist erst der Anfang, denn bald erkennt man, daß man sich zu verleugnen beginnt, all die Sehnsüchte des dumpfen Körpers, bis man ausgebrannt ist, ausgebrannt für kommende Generationen, und man sich nur noch treiben lassen kann. Begreifen Sie nicht, Sie armes Schwein«, schrie er in mein unbewegliches Gesicht, »warum wir so lange in einer jetzt reaktionär gewordenen Lage verharrten und dadurch Brennmaterial für die Gegenrevolution ansammelten? Man hat ja kein Leben mehr, und darum weiß man nicht, was es bedeutet, zu verleugnen, was den Sinn des Lebens ausgemacht hat; denn, wenn man falsch gehandelt hat, was ist dann mit den zehn Millionen Gräbern? Und so ist man denen völlig verhaftet, verstehen Sie das? Und jede Handlung, die man vollbringt, kann nur noch mehr die eigene politische Stellung befestigen oder, wie ich es jetzt nennen müßte, die nicht mehr vorhandene. Aber da ist dieser Alpdruck, daß man was falsch gemacht hat, wo sich doch täglich etwas ändert, bis schließlich nur noch der eine Weg übrigbleibt, durch Schuldbekenntnisse zur Absolution zu gelangen. Und trotz all dieser Aktivität und abermals Aktivität ist man den alten Ideen gegenüber noch aufgeschlossen: Akkumulation und Ausbeutung der einen Klasse durch die andere. Oder Sie schlagen Ihre Zähne in das Fleisch, das Ihnen erlaubt ist: Immerhin, der Privatbesitz ist abgeschafft und darum ... darum sollte man ... ich existiere, und darum ist auch die alte Idee des Sozialismus noch am Leben, und es gehen einem phantastische Feststellungen durch den Kopf. Eine davon, natürlich eine völlig absurde, habe ich zu Papier gebracht: ›Die historische Funktion der Sowjets ist die Zerstörung des geistigen Gehalts des Marxismus.‹«

Lannie in Lovetts Ohr

»Hast du vergessen? Erinnerst du dich nicht mehr, wie die Ärmsten der Armen in den Raum getrieben wurden, in dem man sie vergaste? Und wie ging das vor sich? Und mit welcher Würde sterben wir alle? Laß es mich dir erzählen. Die Wachen wurden aus einer Liste herausgesucht, so kamen sie aus der Küche oder vom Postenstehen, und man versammelte sie in einem Raum, und ein Offizier gab ihnen Befehle. Und jeder von ihnen bekam eine Extratasse voll, und sie tranken, und dann trieben sie die Gefangenen zusammen, die vorher von anderen ausgewählt worden waren. Und die Gefangenen marschierten dahin, und wenn einer mehr als hundert Pfund wog, war er ein Riese, verglichen mit den übrigen, und sie schlurften dahin und lachten und versuchten, den Blick der Wachen zu erhaschen. Und die Wachen waren betrunken. Und du würdest erstaunt sein, wie glücklich man sich noch in einem solchen Augenblick fühlen kann. Während die Tragödie beginnt. Sie kommen in das Vorzimmer, einen Raum mit grauen Wänden, ohne Fenster, die Männer nach rechts und die Frauen nach links, und die Kleider herunter, in einem Augenblick. Ohne Kleider werden sie von den Wachen in den anderen Raum getrieben. Und Hände befühlen sie gierig. Und sie können den Gestank all der nackten Menschen riechen, während ihnen durch den Schnaps wohl ums Gemächt ist und sie auf einen Hintern klatschen und wie die Verrückten lachen, die Nackten aber schreiend in den letzten aller Räume taumeln. Und man müßte glauben, daß sie sich dort auf das Sterben vorbereiten, denn bedenke, sie haben einen langen Weg hinter sich, und mit jedem Schritt sind sie betrogen worden. – Warte, meine Geschichte ist noch nicht zu Ende«, sie hob eine Hand, ihre Augen waren klar und ihre Sprache sehr deutlich, als deklamiere sie vor einem Spiegel. »Die Wachen haben noch etwas vor. Als sie dabei sind, die Türen zu schließen, wird verkündet, daß der Staat in seiner unendlichen Gnade einen von ihnen erretten will, und zwar den

Stärksten. Derjenige, der den anderen überlegen ist, solle begnadigt werden. Diese Erklärung, obwohl sie des Staates würdig gewesen wäre, entsprang dem Gehirn eines einzelnen Wachtmannes, der sie sich genau für diesen Augenblick aufbewahrt hatte. Und nun beobachteten die Wachen durch ein Fenster, wie einer dieser nackten Elenden die Haare des anderen rauft und Blut da rinnt, wo man glauben möchte, daß kein Blut mehr vorhanden sei, und die Hälfte von ihnen ist tot oder schreit wie die Schweine, die mit gesenktem Kopf auf das Messer warten, und während sie sich zerkratzen und zerbeißen, drehen die Wachen das Gas an und brüllen vor Lachen über die Narren, die glaubten, gerettet zu werden, wenn sie sich gegenseitig zerfleischen ... Das ist die Welt, Mikey! Wenn da nur einer gewesen wäre, der gesagt hätte, laßt uns mit Würde sterben. Aber sie ersticken im Gas mit dem Blut des Freundes auf den Lippen.«

»Da war es schon zu spät«, murmelte ich.

»Höre, mein Freund«, sagte sie sanft. »Wieder wogt das Gras, und wir sind verloren in Kindheitserinnerungen. Das ist vorbei. Verstehst du? Es gibt keine Lösungen.«

Später, gleiche Szene, Lovett:

»Und was dann, wenn ich mein Gefängnis nicht zu wählen wünsche?«

»Du mußt, und zwar freudig. Das ist das Geheimnis.«

»Keiner wird siegen«, erklärte ich. »Sie werden sich gegenseitig umbringen. Und das ist es, was du in Wirklichkeit zu sehen wünschst.«

Ihr Gesicht machte einen abwesenden Eindruck. »Wer weiß, was wir wünschen? Vielleicht ist alles, was übriggeblieben ist, daß wir das Feuer lieben.«

1948–51

Dritter Versuch

Bei dem Roman Die Nackten und die Toten *hatte ich Glück – er erschien gerade zu der Zeit, als alle für einen langen Kriegsroman zugänglich waren.* Am Rande der Barbarei *erblickte das Licht der Welt zu einem höchst unglücklichen Zeitpunkt, gerade ein paar Monate, nachdem die Chinesen in den Koreakrieg eingetreten waren und uns dadurch wieder einmal Anlaß zu einem verkrampftüberschwenglichen Ausbruch schleimigen Nationalgefühls boten. Jeder, der für Zeitungen, Zeitschriften, das Fernsehen, den Film und Werbeunternehmen arbeitete und schrieb, entdeckte damals (falls er noch harmlos war), daß die Arbeit seiner Feder unsere Rückkehr zur Keuschheit, zur Ordnung, zum Schwulst und zur Verehrung des Leblosen, des Sinnlosen und des Sicheren unauffällig beschleunigen sollte. Es hätte eines guten Romans bedurft, um diese schlimme Zeit zu überwinden – offensichtlich war* Am Rande der Barbarei *nicht gut genug.*

> … Verhältnismäßig selten entdeckt man einen Roman, dessen offenbare Absicht darin liegt, so viele Leser wie möglich geistig, moralisch, physisch und politisch zu verderben … Ich nehme an, daß der Erfolg der *Nackten und der Toten* Norman Mailer bis zu dem Punkt ermutigt hat, wo er glaubt, er könne alles, was er nur wolle, in Amerika schreiben und veröffentlichen und dennoch damit wegkommen … Hat man (pflichtgemäß) diesen übelriechenden Roman zu Ende gelesen und ihn behutsam in den Müllkasten geworfen, spürt man das übermächtige Verlangen, ein heißes Bad mit sehr starker Seife zu nehmen.

So schrieb Sterling North in seiner Kritik, und das war komisch, aber nicht so komisch war Time: *»Langatmig, geschmacklos und schamlos«, und gar nicht komisch war Anthony West im* New Yorker:

Der einzige Sinn, sich so ausführlich mit dieser wirren Scharade zu befassen, liegt darin, daß man wahrscheinlich behaupten wird, eine schlechte Presse sei der Preis, den Mr. Mailer für die mutige Geste hat zahlen müssen, ein offenkundig sozialistisches Buch geschrieben und veröffentlicht zu haben. Die Wahrheit ist, daß es wie Mussolinis Stück über Napoleon von einer monolithischen, nahtlosen Bösartigkeit ist, die es klar aus der politischen Arena heraushebt. Das Wesen seiner Mängel erkennt man an dem unbeherrschten und offensichtlich neurotischen Symbolismus. Die Wahl eines Waisenkindes, das in einer Anstalt aufwuchs, als die für eine Generation charakteristische Gestalt und die Wahl sexueller Unzulänglichkeit und sexueller Niederlage, um das Verhältnis zwischen dem Individuum und der Regierung zu symbolisieren, verraten etwas noch außerhalb einer ungeordneten oder unbekümmerten Denkweise Liegendes, etwas, was einem völligen Verlust der Herrschaft über das eigene Gefühlsleben nahekommt.

Ich könnte noch weitergehen, aber wozu? Die Kritiken bewegten sich in einem Verhältnis von fünfzig, die schlecht, zu fünf, die gut waren. Es gibt wenige Unsicherheiten, die der ästhetischen Unsicherheit gleichkommen, und erscheint ein Werk, das sich in jenem eigenartigen Niemandsland zwischen dem Versagen des Künstlers und dem Versagen des Lesers niederläßt, dann haben die Kritiker eine Macht, die in keinem Verhältnis zu ihrem anspruchslosen Geist steht. Die gleichen Leute, die nach fünfzig Seiten aufhörten, Am Rande der Barbarei *zu lesen, weil sie gehört hatten, es sei schlecht, hätten statt dessen (gute Kritiken vorausgesetzt) zugegeben, die Lektüre sei ungemein amüsant gewesen, selbst wenn sie nicht alles verstanden hätten. Vielleicht war es richtig so, daß diesem ersten existentialistischen Roman in Amerika (sofern man nicht Faulkners Werke ganz zu Recht als existentialistisch bezeichnet) ein existentialistisches Schicksal beschieden sein sollte und ihm die erwartete gute Aufnahme verwehrt und ein kümmerliches Dasein zugewiesen wurde, was sich wiederum auf den Autor auswirken und ihn ebenso beeinträchtigen sollte. Wahrscheinlich hätte ich es lernen können, meinen Abstieg zu den weniger bedeutenden Mannschaften zu überstehen, ohne mir durch allzu viele Tränen mein Bier zu verwässern, nur wurde ich dabei von einer seltsamen Eingebung verfolgt. Ich spürte (für mich zutiefst bedrückend), daß ich darauf zutrieb, etwas Unverzeihliches zu sagen. Es reichte bereits aus, um die meisten Leser in Erregung zu versetzen – oder was schlimmer ist – zu langweilen, sie hatten plötzlich das beunruhigende Gefühl, daß meine Vision – wie schwach sie auch sein mochte – zum Gewaltsamen und zum Orgiastischen hinführte. Ich will damit nicht sagen, es sei mir klar gewesen, in welcher Richtung ich mich bewegte, vielmehr erhielt ich eine Reihe dummer, langweiliger Andeutungen, die Dinge, über die zu schreiben es mich trieb, seien tabu.*

Drei oder vier Jahre unfruchtbarer Arbeit, mangelndes Selbstvertrauen, feiges Freundlichtun und Anfälle von Flegelhaftigkeit waren die Auswirkungen dieser dummen, langweiligen Andeutungen. Ich mußte, um neu anzufangen, in mein Innerstes hinabsteigen, und zwar ganz wörtlich, denn 1950 gab ich meinen Blinddarm her und 1954 schlug ich mich mit einer kranken Leber herum. Aber damit greife ich vor. Sofort erkannte ich die Veränderung an der Leblosigkeit meines Stils. Ich zwang mich zu angestrengter Arbeit und versuchte, allzufrüh einen Roman zu beginnen, einen ziemlich oberflächlichen Roman über Hollywood, der nach einem Monat der schlimmsten Schreiberei, die ich mir je geleistet habe, in sich zusammenbrach; ich wandte mich Kurzgeschichten zu, dachte entmutigt an die Möglichkeit eines Versuchs, mir vorübergehend meinen Lebensunterhalt als Verfasser von Kurzgeschichten zu verdienen – sozusagen eine New Yorker Karriere, ich würde im New Yorker, *in* Harper's Bazaar, *in* Mademoiselle *erscheinen – aber genug davon. Es ist ganz gewiß nicht meine Absicht, hier eine ausführliche Selbstbiographie vorzulegen. Eine eingehendere Schilderung meiner Depressionen und der Episoden, die sich in dem langen Jahr abspielten, bevor ich die Arbeit an dem Buch* Der Hirschpark *beginnen* konnte, läßt sich für jenen zweifelhaften Tag aufheben, an dem ich mich hinsetze, um über mein Leben zu schreiben. Für den Augenblick möchte ich nur besonders darauf hinweisen, daß die Richtung, die ich in Am Rande der Barbarei einschlug, ein erster Schritt zu der Arbeit ist, die ich wahrscheinlich von jetzt an tun werde. Denn ich will den Versuch unternehmen, in die Geheimnisse von Mord, Selbstmord, Blutschande, Orgien, Orgasmus und des Zeitbegriffs einzudringen. Diese Themen füllen nun mein Gehirn und wecken in mir die Vorstellung, daß ich ganz gute Aussichten habe, der erste Philosoph des Hip zu werden. So kann der Leser, der es eilig hat, diese Möglichkeit nachzuprüfen, einiges überschlagen – die anderen jedoch, die es interessiert, was ich, bald nach Am Rande der Barbarei schrieb, brauchen nur umzublättern.

Reklame für drei Kriegsgeschichten

»Das Papierhaus«, »Die Sprache der Männer«, »Der tote Gook« und »Das Notizbuch« wurden alle in der gleichen Periode geschrieben, und zwar schnell. Ich fing am Morgen mit einer Erzählung an, und hatte ich sie nicht am gleichen Tag beendet, gab ich sie auf und entschied, sie hatte nicht geschrieben werden sollen. Mit dieser Methode schrieb ich innerhalb einiger Wochen zehn Erzählungen. »Das Papierhaus« war an einem Tag geschafft, ebenso »Die Sprache der Männer«. »Der tote Gook« bildete eine Ausnahme, dazu brauchte ich zwei Tage. Am Schreiben solcher Geschichten gefiel mir, daß ich keine Verantwortung hatte. Bei einem Roman bewege ich mich an den Tagen, an denen ich arbeite, mit zwei oder drei Seiten täglich vorwärts (und hin und wieder lege ich einen Spurt von vier oder fünf ein), aber immer fürchte ich, an einem unbekümmerten Morgen, an dem mir alles zufließt, falsch abzubiegen, nur um dann sechs Monate später zu entdecken, daß ich hundertfünfzig Seiten wegwerfen muß. Arbeitet man im Keller eines Romans, in der Dunkelheit des ersten Entwurfs, fällt es einem schwer, eine *erregende Idee von einer minderwertigen zu unterscheiden, seine melodramatische Finte in der Handlung von einer guten dramatischen Wendung. Es ist leicht, einen schweren Fehler zu begehen, und ich gehe vor wie ein Bankier, stets darauf bedacht, nichts von meinem investierten Kapital zu verlieren.*

Bei diesen Kurzgeschichten konnte ich schlimmstenfalls die Arbeit eines Tages verlieren, und so preschte ich vorwärts. Einige dieser Erzählungen gelangen mir, und die hier abgedruckten sind nicht übel. Trotzdem bin ich nicht sehr stolz auf sie, denn sie sind so konventionell. Bei ihnen ist kein Bemühen zu bemerken, das Haus um ein paar Zoll zu erhöhen.

Tatsächlich, glaube ich, war es die einzige Zeit, in der ich Zuflucht in meiner Arbeit suchte. Die Geschichten gehen auf Die Nackten und die Toten *zurück – zumindest versuchen sie es –, und wahrscheinlich werden einige Leser an ihnen mehr Gefallen finden als an allem anderen, was hier abgedruckt ist. Aber ich weiß, ich habe da nicht nach mehr gestrebt, als ich vermochte, und so empfinde ich Trauer bei dieser Prosa. Meine Stimmung war in jenen trüben Tagen für gewöhnlich mit der Vorstellung verbunden, nichts Bedeutendes sei mir mehr geblieben, worüber ich schreiben könnte, vielleicht auch sei ich tatsächlich gar kein Schriftsteller – oft dachte ich daran, Psychoanalytiker zu werden. Ich befaßte mich sogar mit dem Gedanken, in die Wirtschaft zu gehen, um Material für einen Roman zu sammeln, oder ein paar Jahre mit meinen Händen zu arbeiten. Jeder dieser Möglichkeiten nachzugehen wäre gescheiter gewesen, als mit Schreiben fortzufahren, aber offensichtlich ziehe ich es vor zu glauben, ich hätte recht gehabt, dabei zu bleiben, und daher ist es fast unvermeidlich, eine Abneigung gegen die Stimmung jener Tage, in denen ich diese Geschichten schrieb, zu hegen und damit die Geschichten selber zu verleugnen.*

»Das Papierhaus« ist Vance Bourjaily gewidmet. Er erzählte mir die Anekdote, auf der die Geschichte beruht, und war so großzügig, sie mir, als ich daran interessiert war, zur Bearbeitung zu überlassen.

Das Papierhaus

In der Armee ist Freundschaft oft genug ein Zufall. Wenn Hayes und ich Freunde waren, so ist das vor allem der Tatsache zuzuschreiben, daß wir Köche in der gleichen Schicht waren und daher mehr voneinander sahen als von jedem anderen. Genauer betrachtet mochte ich ihn nicht einmal, aber Monate hindurch kamen wir in der stillschweigenden Annahme miteinander aus, gute Kameraden zu sein, und so unternahmen wir auch vieles zusammen. Wir betranken uns und besuchten das Geishahaus am Ort gemeinsam und teilten einander sogar einige unserer Sorgen mit.

Es war keine schlechte Zeit. Der Krieg war vorbei, und wir lagen mit einer Kompanie, die knapp Sollstärke besaß, in einer kleinen japanischen Stadt in Garnison. Wir waren auf rund fünfzig Meilen im Umkreis die einzige amerikanische Truppe, und daher war die Disziplin gelockert, und jeder konnte so ziemlich das tun, was ihm beliebte. Die Küche war mit vier Köchen und einem Küchenfeldwebel besetzt, und wir hatten ebenso viele japanische Köche zur Hilfe. Die Arbeit war selten schwer, und die Dienststunden verstrichen schnell. Niemals hat mir die Armee so gut gefallen wie während dieser Monate.

Hayes sorgte dafür, daß wir unsere Freizeit bekamen. Er war aggressiver als ich, älter und stärker und viel sicherer in seinen Ansichten. Ich machte mir keine Illusionen darüber, daß ich nichts anderes als der Schwanz an seinem Drachen war. Er war einer dieser großen Herdenmenschen, die Gesellschaft und ein unkritisches Ohr brauchen, und beides vermochte ich ihm zu bieten. Es gefiel ihm auch, daß ich zwei Jahre am College hinter mich gebracht hatte, bevor ich in die Armee eintrat, und dennoch wußte er so sehr viel mehr als ich, jedenfalls was das Militär betraf. Oft genug rieb er es mir unter die Nase. »Du bist wohl hier der Mann, der bis zu den Ohren in den Büchern gesteckt hat«, rief er zum Beispiel, während er einen Kochtopf hinknallte, »aber mir scheint, keins dieser Bücher hat dir beigebracht, wie man Wasser

kocht. Was für ein Koch!« Sein Humor war grobschlächtig, daran war nicht zu zweifeln. »Nicholson«, brüllte er mir eines Tages zu, »ich habe gerade gehört, es gibt einen Fernkursus in der Inspektion von Handfeuerwaffen. Warum bildest du dich nicht fort? Auch du könntest siebenundachtzig Dollar im Monat verdienen.«
Oft war er in gereizter Stimmung. Zu Haus hatte er Ärger, und das verbitterte ihn. Wie es schien, lebte seine Frau bereits einige Monate nach seinem Eintritt in die Armee mit einem anderen Mann zusammen. Er hatte sich von ihr scheiden lassen, aber jetzt waren noch finanzielle Fragen zu regeln, und seine Eitelkeit war verletzt. Er behauptete, die Frauen zu hassen. »Sind Schlampen durch die Bank«, ließ er sich vernehmen. »Elende Schlampen, das kann ich dir sagen, es ist eine gottverdammte Schlampenwelt, merk dir das, mein Sohn.« Mit einem raschen Ruck und Anheben seiner mächtigen Schultern trug er einen Kessel von einem Herd auf den anderen und rief mir dabei zu: »Die einzigen anständigen sind die echten Prostituierten.«
Ich stritt mich mit ihm herum, oder zumindest versuchte ich es. Jeden Tag schrieb ich einen Brief an ein Mädchen in meiner Heimatstadt, und je mehr Zeit verstrich und je mehr Briefe ich ihr schrieb, desto mehr mochte ich sie. Er machte sich immer wieder über mich lustig. »Das ist die Sorte, auf die ich besonders stehe«, spottete er. »Die literarischen. Nichts macht denen soviel Spaß, wie einen Kerl durch Briefeschreiben bei der Stange zu halten. Das ist die Sorte, die immer zehn Männer auf sich warten hat.«
»Ich weiß, daß sie sich mit anderen trifft«, antwortete ich, »aber was soll sie denn tun? Und sieh doch uns an, fast jede Nacht sind wir drüben im Geishahaus.«
»Jaja, ein feiner Vergleich. Wir geben unser Geld an diesem Ende aus, und sie nimmt es am anderen ein. Wolltest du das damit sagen?« Ich rief ihm ein Schimpfwort zu, und er lachte. In solchen Augenblicken war er mir äußerst zuwider.
Jedoch hatte er auch noch eine ganz andere Seite. So manchen Abend verbrachte er nach Arbeitsschluß eine Stunde damit, sich

zu waschen und sich anzuziehen, seinen schwarzen Schnurrbart zu stutzen und die Bügelfalte seiner besten Uniform kritisch zu mustern. Wir tranken etwas und gingen dann die schmalen, schlammigen Straßen zum Geishahaus hinüber. Für gewöhnlich war er guter Laune. Jedesmal wenn wir dann auf den Weg abbogen, der zum Haus führte, und uns dort in die Diele gesetzt hatten, um uns die Schuhe auszuziehen, oder genauer gesagt, lässig auf eine Geisha oder ein Dienstmädchen warteten, das uns diese Mühe abnahm, begann er vor sich hin zu summen. Sobald wir den sauberen, hübschen, kleinen Raum betraten, wo die Geishas die Soldaten begrüßten, begann seine gute Laune überzusprudeln. Ich hörte ihn einmal sogar poetisch werden«, als er die Mädchen in ihren festlichen Kimonos betrachtete, alle hübsch, alle zart, alle im sanften Licht zwitschernd, alle in kleinen Abendschuhen auf den bunten geflochtenen Strohmatten umhertrippelnd. »Ich sage dir, Nicholson«, erklärte er, »es sieht wie ein gottverdammter Weihnachtsbaum aus.« Gern sang er im Geishahaus, und da er eine angenehme Baritonstimme hatte, scharten sich die Geishas um ihn und klatschten in die Hände. Ein paarmal versuchte er auch, ein japanisches Lied zu singen, und die Fehler, die er in der Tonhöhe und in der Sprache machte, waren so amüsant, daß die Geishas vor Vergnügen kicherten. Er war in solchen Augenblicken wirklich ein hübscher Kerl, um so mehr, als die blauen Augen und das gesunde, rötliche Gesicht zu dem schwarzen Schnurrbart und dem muskulösen Körper in der sauberen Uniform in lebhaftem Gegensatz standen. Er schien von Kraft und Frohsinn erfüllt. Er klatschte zwei Geishas zu sich heran und rief durch das Zimmer laut und lustig einem anderen Soldaten etwas zu. »He, Brown«, schrie er, »ist das nicht eine tolle Masche?« Und auf die Antwort hin: »Wir haben es noch nie so gut gehabt«, lachte er in sich hinein. »Sag das noch einmal, Jack«, brüllte er. Die Geishas fanden ihn immer bezaubernd. Zu ihrem großen Vergnügen sprach er ein komisches Japanisch, liebkoste sie, und seine Bewunderung für sie schien in seinen Augen aufzublitzen. Stets war er herzlich. Wie viele Männer, die Frauen hassen, verstand er den Eindruck zu erwecken, als vergöttere er sie.

Nach mehreren Monaten entschied er sich für ein bestimmtes Mädchen. Ihr Name war Yuriko, und es war bei weitem die beste Geisha in diesem Haus. Mit ihrem winzigen Katzengesicht war sie recht anziehend und bewegte sich mit beträchtlichem Charme, was sogar bei dem kollektiven Charme, den alle Geishas zu besitzen schienen, auffiel. Sie war gescheit, geistreich und, da sie einiger englischer Wörter mächtig war und eine schauspielerische Begabung besaß, komplizierte Gedankengänge durch Pantomimen wiederzugeben, durchaus fähig, ausgedehnte Unterhaltungen zu führen. Es war kaum erstaunlich, daß die anderen Mädchen sie anerkannten und sie unter ihnen den Ton angab.

Da ich Hayes stets wie ein Schatten zu folgen schien, hatte auch ich ein festes Mädchen, und ich vermute, daß Mimiko, die ich mir aussuchte, tatsächlich durch Yurikos List für mich ausgewählt wurde. Mimiko war Yurikos beste Freundin, und da Hayes und ich immer zusammen waren, hatten wir es recht gemütlich. Jeden zweiten Sonntag, wenn wir keinen Küchendienst hatten, zahlten wir den Mädchen ihre Zeit, und Hayes machte durch wohlbedachte Bestechungen in Form von Konserven und einigen Pfund Butter, die an den Feldwebel der Fahrbereitschaft gingen, seinen Einfluß geltend, um einen Jeep zu leihen. Wir nahmen die Mädchen aufs Land hinaus, fuhren auf Nebenstraßen oder Bergpfaden und dann hinab zum Meer, wo wir am Strand entlangwanderten. Es war eine herrliche Gegend. Alles schien so gepflegt, und wir zogen aus einem kleinen Kieferngehölz in ein schmales Tal, gingen durch stille Dörfer oder Fischerorte, die wie Nester an den Felsen klebten, picknickten, unterhielten uns und setzten gegen Abend die Mädchen wieder im Haus ab. Es war eine sehr schöne Zeit.

Sie hatten außer uns noch andere Kunden, aber sie lehnten es ab, die Nacht mit einem anderen Soldaten zu verbringen, wenn sie wußten, daß wir kamen, und in dem Augenblick, in dem wir das

Haus betraten, wurden Yuriko oder Mimiko, falls sie beschäftigt waren, benachrichtigt. Ohne daß wir lange warten mußten, traten sie zu uns. Mimiko ließ ihre Hand in die meine gleiten und lächelte mich höflich und freundlich an, und Yuriko schlang ihre Arme um Hayes und küßte ihn nach amerikanischer Sitte zur Begrüßung auf den Mund. Miteinander gingen wir in eines der oberen Zimmer und unterhielten uns dort ein Stündchen oder zwei, während wir Sake tranken. Dann trennten wir uns für die Nacht, Yuriko ging mit Hayes und Mimiko mit mir.

Mimiko war nicht besonders hübsch und hatte die friedfertige Natur eines Zugtiers. Ich mochte sie ganz gern, aber wäre Yuriko nicht gewesen, wäre ich kaum bei ihr geblieben. Tatsächlich gefiel mir Yuriko. Mit jedem Tag, der verstrich, erschien sie mir aufgeweckter und reizender, und ich beneidete Hayes um seinen Besitz. Zu gern hörte ich ihr zu, wenn sie sprach. Yuriko erzählte uns lange Geschichten über ihre Kindheit und ihre Eltern, und obwohl das Thema kaum geeignet war, Hayes zu interessieren, hörte er ihr mit offenem Mund zu und zog sie an sich, wenn sie fertig war. »Die Kleine sollte auf der Bühne stehen«, sagte er oft zu mir. Ich erinnere mich, sie einmal gefragt zu haben, wie sie eine Geisha geworden sei, und sie erzählte es uns in allen Einzelheiten. »Papa-san, krank krank«, begann sie und deutete mit den Händen ihren Vater an, einen alten japanischen Bauern, dessen Rücken gekrümmt und dessen Arbeitszeit lang war. »Mama-san traurig.« Ihre Mutter weinte vor uns, weinte sehr hübsch, wie ein japanisches Geishamädchen, die Hände zum Gebet gefaltet und mit der Nase ihre Fingerspitzen berührend. Das Land war verschuldet, die Ernten waren schlecht, und Papa-san und Mama-san hatten miteinander gesprochen, geweint und waren sich klar darüber geworden, daß sie Yuriko, nun vierzehn, als Geisha verkaufen mußten. So hatte man sie verkauft, und sie war ausgebildet worden, und in wenigen Augenblicken zeigte sie uns mit Hilfe einer Zeichensprache, auf die sie instinktiv verfiel, wie sie sich von einem ungebildeten vierzehnjährigen Bauernmädchen in eine sechzehnjährige Geisha verwandelt hatte, die die Teezeremonie sicher beherrschte, eine einwandfreie Aussprache besaß, die ihre Glieder im Tanzen geübt hatte und deren Stimme des Gesanges kundig war. »Ich, erstklassige Geisha«, erzählte sie uns und fuhr fort, zu erklären, welchen Vorzug es bedeute, eine Geisha erster Klasse zu sein. Sie hatte nur die reichen Männer der Stadt unterhalten und keine Liebhaber, falls sie nicht das Flattern der Schwäche in ihrem Herzen verspürte – und nun flatterten ihre Hände erregt zur Brust, ihre Arme streckten sich einem imaginären Geliebten entgegen, und ihre Blicke huschten zwischen uns hin und her, um festzustellen, ob wir verstanden hatten. In zehn Jahren würde sie genügend Geld gespart haben, um sich ihre Freiheit zu erkaufen und eine gute Ehe einzugehen.

Aber, bumbum, der Krieg war zu Ende gegangen, die Amerikaner waren gekommen, und nur sie hatten Geld genug für Geishamädchen. Und sie wollten keine Geishamädchen haben. Sie verlangte es nach einer *joro,* einer gewöhnlichen Hure. Und so wurden die erstklassigen Geishas zu zweitklassigen Geishas und drittklassigen Geishas, und da war nun Yuriko, eine drittklassige Geisha, gedemütigt und unglücklich, oder zumindest wäre sie es, falls sie nicht Hayes-san liebte und er ihre Liebe erwiderte.

Nachdem sie geendet hatte, war sie schwermütig. »Liebt Hayes-san Yuriko?« fragte sie, die Beine unter sich angezogen, ihr kleines festes Gesäß auf der Strohmatte, während sie ihm eine Schale mit Sake reichte und ihre Hand zum Holzkohlenbecken ausstreckte.

»Natürlich liebe ich dich, Kleine«, antwortete Hayes.

»Ich, eine Geisha erster Klasse«, wiederholte sie ein wenig trotzig.

»Ob ich das nicht wüßte«, erwiderte Hayes strahlend.

Als wir in der Frühe des nächsten Morgens in die Unterkunft zurückkehrten, in der die Kompanie lag, begann Hayes darüber zu sprechen. »Die ganze Nacht hat sie weiter auf mich eingeredet«, sagte er. »Ich habe einen Kater. Dieser japanische Sake.«

»Eine traurige Geschichte, die dir Yuriko da erzählt hat«, murmelte ich.

Er blieb mitten auf der Straße stehen und stemmte die Hände in die Hüften. »Hör mal zu, Nicholson, sei doch vernünftig«, antwortete er gereizt. »Ist Unsinn, es ist alles Unsinn. Mit diesen Geschichten möchten sie dich zum Weißbluten bringen. Der arme Papa-san. Sind alles Huren, verstanden? Eine Hure ist eine Hure, und Huren sind sie, weil sie Huren sein wollen und nichts Besseres kennen.«
»Das ist nicht wahr«, widersprach ich. Die Geishas taten mir leid. Sie schienen so ganz anders zu sein als die wenigen Prostituierten, die ich in den Vereinigten Staaten kennengelernt hatte. In diesem Haus war ein Mädchen, das mit dreizehn Jahren verkauft worden war, und es war unberührt in diesen Dienst getreten. Nach der ersten Nacht auf ihrer neuen Arbeitsstelle hatte sie drei Tage lang geweint, und selbst jetzt nahmen viele Soldaten sie nur voller Scham.
»Was ist mit Susiko?« fragte ich.
»Ich glaube es nicht, es ist Schwindel«, brüllte Hayes. Er packte mich an den Schultern und hielt mir eine Rede. »Ich werde dich schon noch aufklären. Ich will nicht behaupten, daß ich *Superman* bin, aber ich weiß, was hier gespielt wird, verstanden? Ich weiß, was gespielt wird. Ich behaupte nicht, daß ich besser bin als jeder andere, aber ich mache mir in der Hinsicht auch nichts vor. Und ich werde wild, wenn Leute mich dazu bringen wollen, einen solchen Quatsch zu schlucken.« Er ließ meine Schultern ebenso jäh los, wie er sie gepackt hatte. Sein rötliches Gesicht war jetzt rot, und ich spürte, was für ein Zorn in ihm getobt hatte.
»Schon gut«, murmelte ich.
»Ja, schon gut.«
Im Lauf der Zeit begann er, Yuriko ebenso zu behandeln wie alle anderen, die er gut kannte. Er ließ sich in seinen Launen gehen. War er mürrisch, gab er sich nicht die Mühe, es zu verbergen; war er aggressiv, beschimpfte er sie; war er glücklich, sang er ihr etwas vor oder betrank sich bis zur Besinnungslosigkeit oder küßte sie viele Male vor Mimiko und mir und erzählte ihr mit lauter Stimme, die oft dem Jähzorn nahe schien, daß er sie liebe. Einmal

beschimpfte er sie in seinem Rausch, und ich mußte ihn wegzerren. Am nächsten Tag brachte er Yuriko ein Geschenk, das Modell eines hölzernen Reliquienschreins, das er bei einem japanischen Schnitzer erworben hatte. Und die ganze Zeit über war mir klar, daß Yuriko ihn liebte.

Die Zimmer im oberen Stockwerk empfand ich immer als Papierzimmer. Sie bestanden aus Stroh und leichtem Holz und Pergament, das auf hölzerne Rahmen geklebt war, und lag man in der Mitte des Fußbodens auf der Matte, hatte man das Gefühl, als ob alle Laute aus den benachbarten Zimmern ohne jede Behinderung durch die Schiebetüren wehten. Mimiko und ich hörten sie oft in der nächsten Kammer miteinander reden, und lange nachdem Mimiko eingeschlafen war, lag ich noch neben ihr und lauschte Yurikos Stimme, die sanft und leicht wie ein Hauch durch die dünnen Trennwände drang. Sie erzählte ihm von ihrem Tag und den Ereignissen, die im Haus vorgefallen waren. Sie hatte sich mit Mama-san gestritten, der runzligen alten Frau, die ihre Bordellmutter war, und Tasawa hatte von ihrem Bruder gehört, dessen Frau ihm gerade ein Kind geboren hatte. In zwei Tagen sollte ein neues Mädchen kommen, und Katai, die vor zwei Tagen gegangen war, hatte sich eine Krankheit zugezogen. Mama-san teilte die Holzkohle für die Feuerbecken ein, zweifellos war sie geizig. So ging es immer weiter, ein Bilderbogen häuslichen Lebens. Sie hatte die Knöpfe an seiner Kampfuniform versetzt; er sah gut aus, wurde aber immer dicker, und sie selber würde einen neuen Kimono kaufen müssen, denn der Kimono Nummer zwei war schäbig geworden, und Nummer drei war hoffnungslos. Sie machte sich Sorgen um Henderson-san, der sich nun zwei Nächte hintereinander betrunken und Kukoma geschlagen hatte. Was sollte sie mit ihm anfangen?

Und Hayes, den Kopf zweifellos in ihrem Schoß, lauschte ihr und murmelte leise Antworten, entspannt und zärtlich, wenn sie ihm die Verbitterung aus dem Gesicht streichelte, es mit ihren Fingerspitzen glättete, während ihr kindliches Lachen leise durch die

Zimmer klang. Es gab noch andere Laute: von schnarchenden Männern, kichernden Mädchen, zwei Soldaten im Streit und das leise, gedämpfte Geflüster einer Geisha, die irgendwo in einer der Kammern weinte. So flutete es in diesem kleinen Haus mit seinen dreißig Papierzellen inmitten einer kleinen japanischen Stadt über mich hin, während die japanische Nacht den Mond eines Künstlers über den Reisfeldern und den Kiefernwäldern aufsteigen ließ, wo die Bäume zu hohen Gewölben emporwuchsen. Ich beneidete Hayes, beneidete ihn, obwohl ich Mimikos regungslosen Körper an dem meinen spürte, und beneidete ihn um Yurikos Zärtlichkeit, die sie ihm mit solcher Leidenschaft entgegenbrachte.
Eines Nachts erzählte er ihr, er liebe sie. Er liebe sie so sehr, daß er sich erneut verpflichten und mindestens für ein weiteres Jahr in dieser japanischen Stadt bleiben würde. Ich hörte es durch die Pergamentwände hindurch und hätte ihn am nächsten Morgen danach gefragt, hätte er es nicht selber erwähnt. »Ich habe es ihr gesagt, und das war eine Lüge«, erklärte er.
»Warum hast du es ihr dann aber gesagt?«
»Weiber muß man belügen. Das rate ich dir. Du mußt sie immer näher an dich heranziehen, ihnen eintrichtern, was du magst, und das einzige Kunststück dabei ist nur, es selber niemals zu glauben. Verstanden, Nicholson?«
»Nein, das verstehe ich nicht.«
»Es ist die einzige Art, mit ihnen fertig zu werden. Yuriko kann ich mir um den Finger wickeln.« Und er fuhr fort, mir in allen Einzelheiten das Liebesspiel zwischen ihnen zu schildern, bis mir schon durch die Leidenschaft seiner Erzählung klar wurde, was er zu zerstören wünschte. Er hatte es ernst gemeint, als er mit Yuriko sprach. Während ihre Hände auf seinem Gesicht lagen und nächtliche Nebelschwaden gegen die Fenster trieben, hatte er sich für ein weiteres Jahr verpflichten wollen, um sich ihre Finger auf seinem Gesicht zu bewahren und die Zeit einzufrieren, damit alles so bleibe. In der Nacht zuvor mußte ihm dies alles möglich erschienen sein, er mußte es geglaubt und gewollt haben, hatte sich

selber am Morgen die Papiere unterzeichnen sehen. Statt dessen hatte er mich erblickt, hatte das düstere Olivgrau meiner Uniform gesehen und gewußt, es sei nicht möglich, es sei ihm innerhalb des Spielraums, den seine Natur ihm bot, auf keinen Fall möglich.

Als wir sie am nächsten Abend besuchen gingen, war er betrunken, mürrisch und schweigsam, und Yuriko vermochte ihn nicht aufzuheitern. Ich glaube, sie spürte, daß etwas nicht stimmte. Sie seufzte häufig, unterhielt sich mit Mimiko auf Japanisch und streifte ihn immer wieder mit einem scheuen Blick, um festzustellen, ob sich seine Stimmung änderte. Dann – es mußte für sie doch viel bedeutet haben – fragte sie zaghaft: »Du dich melden für noch ein Jahr?« Er sah sie an, wollte schon nicken und lachte dann kurz. »Ich fahre nach Hause, Yuriko. In einem Monat werde ich in die Heimat versetzt.«

»Du wiederholen, bitte?«

»Ich verschwinde von hier. In einem Monat. Ich verpflichte mich nicht wieder.«

Sie wandte sich ab und blickte zur Wand. Als sie sich wieder umdrehte, kniff sie ihm in den Arm.

»Hayes-san, du heiraten mich, ja?« sagte sie mit einer Stimme, die gekränkt und scharf zugleich klang.

Er schob sie von sich. »Ich heirate dich nicht. Geh weg. Du vögelst mit zu vielen Männern herum.«

Sie hielt den Atem an, und ihre Augen funkelten einen Augenblick.

»Ja. Du heiraten Vögel-Mädchen.« Yuriko schlang die Arme um seinen Hals. »Amerikanischer Soldat heiraten Vögel-Mädchen.«

Dieses Mal stieß er sie so kräftig von sich, daß es ihr wehtat. »Hau ab«, brüllte er sie an.

Jetzt war sie schon ziemlich zornig. »Amerikanischer Soldat heiraten Vögel-Mädchen«, rief sie spöttisch.

Niemals zuvor habe ich ihn so wütend gesehen. Dabei erschreckte mich, daß er sich so beherrschte und nicht einmal seine Stimme hob.

»Dich heiraten?« fragte er. Ich vermute, was ihn dabei so reizte, war die Tatsache, daß dieser Gedanke bereits ihm selber gekommen war; nur erschien es ihm empörend, ihn nun aus dem Munde einer Prostituierten zu hören. Hayes griff zu seiner Flasche und nahm einen Schluck. »Du und ich werden jetzt vögeln, und damit Schluß«, sagte er zu Yuriko.

Sie aber ließ sich nicht einschüchtern. »Kein Vögeln heute nacht.«

»Was soll das heißen, ›kein Vögeln heute nacht‹? Heute nacht wirst du vögeln. Du bist nichts weiter als eine *joro*.«

Yuriko wandte ihm den Rücken zu. Sie hielt ihren kleinen Kopf gesenkt. »Ich, Geisha erster Klasse«, flüsterte sie so leise, daß wir sie fast nicht hörten.

Da schlug er sie. Ich versuchte, ihn abzuhalten, aber mit einem Schlag stieß er mich zur Seite. Yuriko floh aus dem Zimmer. Wie ein Stier rannte Hayes hinter ihr her. Er erwischte sie einmal, gerade lange genug, um ihr die Hälfte des Kimonos herunterzureißen, packte sie noch einmal, um ihr auch noch den Rest herunterzuziehen. Schließlich gelang es ihm, das arme, schreiende und fast nackte Mädchen in dem Zimmer, wo sich die Geishas mit den Soldaten trafen, an sich zu zerren. Etwa ein Dutzend Mädchen und mindestens ebenso viele Soldaten waren als Zuschauer zugegen. Hayes griff ihr in die Frisur und riß sie auseinander, er warf sie in die Luft, er schleuderte sie zu Boden, lachte trunken, und unter den Schreien der Mädchen und dem Gelächter der verblüfften Soldaten konnte ich ihn auf die Straße ziehen. Ich hörte Yuriko in größter Erregung hinter uns jammern.

Ich brachte ihn nach Hause bis an sein Bett, und er sank in den Schlaf eines Betrunkenen. Am Morgen war er zerknirscht. Bei den dumpfen Kopfschmerzen, mit denen er erwachte, liebte er sie ganz gewiß nicht, aber er bedauerte seine Brutalität. »Sie ist ein braves Mädchen, Nicholson«, sagte er zu mir, »sie ist ein braves Mädchen, und ich hätte sie nicht so behandeln sollen.«

»Du hast ihren Kimono zerrissen«, erzählte ich ihm.

»Jaja, ich werde ihr einen neuen kaufen müssen.«

Es wurde ein schlechter Tag. Beim Frühstück schienen alle, die zum Essenempfang antraten, von den Ereignissen gehört zu haben, und Hayes wurde unaufhörlich gehänselt. Es stellte sich heraus, daß Yuriko, nachdem wir gegangen waren, sich mit Fieber ins Bett hatte legen müssen, und alle Mädchen waren empört. Im Haus der Geishas war an jenem Abend der Betrieb so gut wie eingestellt worden.

»Du hast sie öffentlich entehrt«, sagte einer von Hayes' Kameraden grinsend. »Mensch, die waren aufgeregt.«

Hayes wandte sich zu mir. »Ich werde ihr einen guten Kimono kaufen.« Er verbrachte den Vormittag damit, Lebensmittel auszusuchen, die er auf dem Schwarzen Markt verkaufen wollte: Er mußte genug zusammenbringen, um den Preis eines guten Kimonos erschwingen zu können, und es machte ihm Sorge, daß die Vorräte allzusehr ausgeplündert werden könnten. Den Nachmittag benutzte er dazu, seine Waren zu verkaufen, und beim Abendessen waren wir zwei müde Köche.

Hayes zog sich in aller Eile um. »Los, gehen wir hinüber.« Er trieb mich vorwärts und nahm sich nicht einmal Zeit, eine Flasche Alkohol zu kaufen. Wir waren die ersten Gäste, die an diesem Abend im Geishahaus erschienen. »Mama-san«, brüllte er die Alte an, »wo ist Yuriko?«

Mama-san deutete nach oben. Der Ausdruck ihres Gesichts war verschlossen. Hayes jedoch nahm sich nicht die Zeit, sie aufmerksam anzusehen. Er sprang die Treppe hinauf, klopfte an Yurikos Tür und trat ein.

Yuriko war sanft und ernst. Sie nahm sein Geschenk mit einer tiefen Verbeugung entgegen, wobei sie den Boden mit der Stirn berührte. Sie war freundlich, sie war höflich, und sie war ziemlich zurückhaltend. Sie schenkte uns noch zeremonieller, als es sonst ihre Art war, Sake ein. Nach einigen Minuten trat Mimiko ein, und ihr Gesicht war voller Unruhe. Und doch war sie es, die mit uns sprach. Yuriko verhielt sich lange Zeit still. Erst als Mimiko in Schweigen versank, begann Yuriko zu reden.

Sie teilte uns in ihrer Mischung von Englisch, Japanisch und Zeichensprache mit, in zwei Wochen gehe sie auf Reisen. Sie war dabei sehr förmlich.
»Eine Reise?« fragte Hayes.
Es solle eine lange Reise werden. Yuriko lächelte traurig.
Hayes drehte seine Mütze in der Hand. Sie verlasse das Geishahaus?
Ja, sie verlasse es für immer.
Sie werde vielleicht heiraten?
Nein, sie werde nicht heiraten. Sie sei entehrt, und niemand werde sie haben wollen.
Hayes begann seine Mütze zusammenzuknüllen. Ob sie einen *musume* habe? Gehe sie mit einem *musume* weg?
Nein, kein *musume*. Hayes sei der einzige *musume* in ihrem Leben. Wohin sie denn gehe?
Yuriko seufzte. Das könne sie ihm nicht sagen. Da sie jedoch vor Hayes abreise, hoffe sie, er würde sie in den nächsten paar Wochen recht oft besuchen.
»Verflucht noch eins, wohin gehst du denn?« brüllte Hayes sie an. Da fing Mimiko zu weinen an. Sie weinte laut, bedeckte ihr Gesicht mit den Händen und wandte sich ab. Yuriko sprang auf, um sie zu trösten, streichelte ihr den Kopf und seufzte nun gemeinsam mit Mimiko.
»Wohin reist du denn?« fragte Hayes sie nochmals. Yuriko zuckte die Achseln.
So ging es eine Stunde lang weiter. Hayes drang in sie, und Yuriko lächelte. Hayes flehte sie an, und Yuriko machte ein trauriges Gesicht. Als wir schließlich aufbrechen wollten, rückte Yuriko mit der Sprache heraus. In zwei Wochen, am Sonntagnachmittag um zwei Uhr, würde sie in ihr kleines Zimmer gehen und dort Harakiri begehen. Sie sei entehrt, und daran lasse sich nun nichts mehr ändern. Es sei sehr freundlich von Hayes-san, sich zu entschuldigen, und die Juwelen ihrer Tränen seien das einzig passende Geschenk in Anbetracht seiner Freundlichkeit, aber

Entschuldigungen würden die Entehrung niemals auslöschen können, und so sei sie gezwungen, Harakiri zu begehen.

Wieder begann Mimiko zu weinen.

»Willst du etwa damit sagen, daß du dich in zwei Wochen umbringen wirst?« stieß Hayes aus.

»Ja, Hayes-san.«

Er warf die Arme hoch. »Das ist doch Spaß, ist doch alles Spaß, verstanden?«

»Ja, Spaß-Spaß«, antwortete Yuriko.

»Willst du mich an der Nase rumführen, Yuriko?«

»Ja, Hayes-san, Spaß-Spaß.«

»Machen wir, daß wir von hier wegkommen, Nicholson.« Er wandte sich in der Tür um und lachte. »Einen Augenblick lang wäre es dir fast gelungen, mich reinzulegen, Yuriko.«

Sie neigte den Kopf.

In der folgenden Woche besuchte Hayes sie dreimal. Yuriko blieb unverändert. Sie war still, sie war freundlich und sie war ziemlich abwesend. Jede Nacht weinte Mimiko auf meiner Matte. Hayes ertrug es so lange wie möglich, aber am Ende der Woche fing er wieder davon an.

»Es war doch nur ein Scherz, nicht wahr, Yuriko?«

Yuriko bat Hayes-san, nicht wieder davon zu sprechen. Es sei unhöflich von ihrer Seite. Sie wolle ihm keinen unnötigen Schmerz zufügen. Wenn sie davon gesprochen habe, dann doch nur, weil die lautersten Gefühle ihres Herzens ihm gehörten und sie ihn in der Woche, die ihnen noch bleibe, so oft wie nur möglich sehen wolle. Er schnaufte vor Wut und Enttäuschung und knurrte: »Hör ... mit ... dem ... Quatsch ... auf. Verstanden?«

»Ja, Hayes-san. Nicht mehr reden-reden.« Sie wolle es nicht mehr erwähnen, erklärte sie uns. Es sei ihr klar, wie sehr es ihn verletze. Der Tod sei in einem Geishahaus ein unerfreuliches Gesprächsthema. Sie wolle versuchen, uns die Zeit zu vertreiben, und sie bitte uns, ihr zu verzeihen, wenn das Wissen um ihr eigenes Schicksal sie zuweilen traurig stimme.

Als wir am Morgen in das ehemalige Schulhaus zurückgingen, war Hayes schweigsam. Den ganzen Tag über arbeitete er sehr emsig und schimpfte mich mehrmals aus, weil ich seine Kochanweisungen nicht genauer befolgt hatte. Während dieser Nacht schliefen wir in unserer Unterkunft, und in den frühen Morgenstunden weckte er mich.
»Nicholson, ich kann nicht schlafen. Glaubst du, daß dieser verrückte Käfer es wirklich ernst meint?«
Ich war hellwach. Ich hatte selber nicht gut geschlafen. »Ich glaube nicht, daß es ihr Ernst ist.«
»Ich weiß, daß sie es nicht ernst meint.« Er fluchte.
»Hm.« Ich zündete mir eine Zigarette an und zerdrückte sie wieder. »Wenn man sich die Sache allerdings genauer überlegt, Hayes, du weißt doch, daß die Orientalen ganz anders denken.«
»Die Orientalen! Zum Teufel noch eins, Nicholson, Hure ist Hure. Sind alle gleich, sage ich dir. Die will uns nur auf den Arm nehmen.«
»Wenn du meinst.«
»Ich werde es ihr gegenüber nicht einmal mehr erwähnen.«
Die ganze zweite Woche hindurch hielt sich Hayes an sein Wort. Mehr als einmal war er nahe daran, sie nochmals zu fragen, zwang sich dann aber zum Schweigen. Es war sehr schwierig. Im Lauf der Zeit weinte Mimiko immer offener, und Yurikos Augen füllten sich, wenn sie Hayes ansah, mit Tränen. Sie küßte ihn zärtlich, seufzte und bemühte sich dann wieder, durch Anspannung ihres Willens, wie es schien, fröhlich zu sein. Einmal überraschte sie uns mit einigen Blumen, die sie gepflückt hatte, und flocht sie uns ins Haar. Tag um Tag verstrich. Ich wartete darauf, daß die anderen Männer in der Kompanie bald etwas Neues zu hören bekämen, aber Hayes sagte kein Wort, und die Geishas schwiegen ebenfalls. Dennoch spürte man, daß die Atmosphäre im Haus sich verändert hatte. Die Geishas begegneten Yuriko voller Ehrerbietung, und recht häufig berührten sie im Vorbeigehen ihr Gewand.

Am Sonnabend konnte Hayes es nicht länger ertragen. Er bestand darauf, daß wir das Geishahaus in dieser Nacht verließen, und bat Yuriko, uns bis auf die Diele, wo die Schuhe angezogen wurden, zu folgen. Während sie ihm die Schuhe zuband, hob er ihren Kopf und sagte zu ihr: »Morgen muß ich arbeiten. Montag sehen wir uns wieder.« Sie lächelte ihn unsicher an und band ruhig seine Schuhe zu.

»Yuriko, ich habe gesagt, Montag sehen wir uns.«

»Nein, Hayes-san. Besser morgen. Montag nicht mehr hier. Verschwunden, vorbei. Du kommen morgen vor zwei Uhr.«

»Yuriko, morgen habe ich Dienst. Ich habe doch gesagt, wir sehen uns Montag.«

»Jetzt Lebewohl sagen. Mich niemals wiedersehen.« Sie küßte uns auf die Wange. »Lebwohl, Nick-san. Lebwohl, Hayes-san.« Eine einzelne Träne rollte über jede Wange. Ihre Finger tasteten über Hayes' Jacke hin, und sie floh nach oben.

In dieser Nacht konnten Hayes und ich überhaupt nicht schlafen. Er kam an mein Bett und saß eine Weile schweigend da. »Was meinst du?« fragte er, nachdem eine geraume Zeit verstrichen war.

»Ich weiß nicht.«

»Ich weiß es auch nicht.« Er begann zu fluchen. Immer wieder trank er aus einer Flasche, aber es blieb ohne Wirkung. Er war völlig nüchtern. »Hol mich der Teufel, wenn ich da morgen rübergehe«, sagte er.

»Tu, was du für richtig hältst.«

Er fluchte laut. Der Vormittag nahm kein Ende. Hayes arbeitete schnell, und es blieb ihm nichts mehr zu tun. Das Essen war eine Viertelstunde zu früh fertig. Um halb zwölf ließ er zum Essen heraustreten. Um ein Uhr waren die japanischen Köche mit den Kochtöpfen fertig.

»He, Koto«, fragte Hayes einen der Japaner, einen Mann mittleren Alters, der im Exportgeschäft gearbeitet hatte und Englisch sprach.

»He, Koto, was weißt du über Harakiri?«
Koto lächelte. Er war stets sehr höflich und wenig aufschlußreich.
»Ach, Harakiri. Eine Sitte des japanischen Volkes«, antwortete er.
»Komm mit«, sagte Hayes zu mir, »wir haben Zeit bis drei Uhr, bevor wir das Abendessen vorbereiten müssen.« Als ich ihm in die Unterkunft gefolgt war, zog er sich bereits seine Ausgehuniform an. Am Abend zuvor hatte er es unterlassen, sie aufzuhängen, und dieses eine Mal war sie zerknittert. »Wie spät ist es?« fragte er mich.
»Viertel zwei.«
»Los beeil dich!«
Auf dem Weg zum Geishahaus rannte er fast die ganze Zeit, und ich rannte mit ihm. Als wir uns näherten, schien das Haus völlig still. Niemand in der Diele und niemand im Empfangszimmer. Hayes und ich standen dort in tiefer Stille.
»*Yuriko!*« rief er.
Wir hörten ihre Füße auf der Treppe trippeln. Sie trug einen weißen Kimono ohne jeden Schmuck und war nicht geschminkt.
»Du doch gekommen«, flüsterte sie. Sie küßte ihn. »Lebwohl, Hayes-san. Ich gehe jetzt hinauf.«
Er ergriff ihren Arm. »Du darfst es nicht tun, Yuriko.«
Sie versuchte, sich von ihm zu befreien, aber er hielt sie verzweifelt fest. »Ich lasse dich nicht gehen«, brüllte er. »Yuriko, du mußt damit aufhören. Es ist doch bloß ein Spaß.«
»Spaß-Spaß«, hörten wir rings um uns her. »Spaß-Spaß, Spaß-Spaß, Spaß-Spaß.«
Kreischend vor Lachen trat jede Geisha des Hauses in das Zimmer. Sie umringten uns, und ihre Stimmen schnatterten »Spaß-Spaß« wie eine Gänseherde.
Yuriko lachte uns aus. Mimiko lachte uns aus, und alle lachten sie uns aus. Hayes bahnte sich mit den Schultern einen Weg zur Tür. »Machen wir, daß wir hier rauskommen.« Wir drängten auf die Straße hinaus, aber die Geishas folgten uns. Während wir uns

durch die Stadt zurückzogen, strömten sie aus dem Geishahaus hinaus und marschierten hinter uns her; ihre Kimonos leuchteten bunt, und ihre schwarzen Haare schimmerten im Sonnenschein. Die Bewohner der Stadt starrten uns an und kicherten; wir gingen nach Hause, und die Geishas folgten uns und bedachten uns auf Englisch, Japanisch und durch Gesten mit lauten Beschimpfungen. Hinter den einzelnen Stimmen vernahm ich mit der Regelmäßigkeit marschierender Füße ihr rhythmisches »Spaß-Spaß, Spaß-Spaß«.

Nach einer Woche gingen Hayes und ich, bevor wir in die Heimat abreisten, zu einem letzten Besuch in das Haus zurück. Wir wurden höflich empfangen, aber weder Yuriko noch Mimiko wollten mit uns schlafen. Sie schlugen vor, wir sollten uns Susiko nehmen, die dreizehnjährige ehemalige Jungfrau.

1951

Die Sprache der Männer

Anfänglich schämte sich Sanford Carter, bei der Armee Koch zu werden. Das war nicht auf Snobismus zurückzuführen, wenigstens nicht auf Snobismus in seiner reinsten Form. Während der zweieinhalb Jahre bei der Armee hatte Carter die Köche immer mehr hassen gelernt. Für ihn waren sie ein Symbol all dessen, was bestechlich, überheblich und dumm war und in der Armee besondere Vorrechte genoß. Das Bild, das ihm dabei vor Augen schwebte, war ein dicker Koch mit einem riesigen Sandwich in der einen Hand und einer Flasche Bier in der anderen, über dessen schweineähnliches Gesicht der Schweiß floß und der, den einen Fuß auf eine Mehltonne gestützt, die japanischen Köche anbrüllte: »Beeilt euch, Männer, ich habe nicht den ganzen Tag Zeit.« Mehr als einmal war Carter in diesen zweieinhalb Jahren, von Erbitterung getrieben, nahe daran gewesen, als er in der Eßschlange vorrückte, einem Koch sein Essen ins Gesicht zu schleudern. Sein Zorn entzündete sich häufig an einer Nichtigkeit, an einem Paar dicker Lippen, dem verächtlichen dumpfen Klatschen der Kelle auf seinem Teller, oder entsprang der gehässigen Annahme, der Koch gebe ihm nicht genug. Da das Leben in der Armee fast in jeder Hinsicht einer Ehe glich, war dieses Ungehaltensein über offensichtlich belanglose Kleinigkeiten keinesfalls ein Zeichen mangelnder Ausgeglichenheit. Jeder Soldat empfand die eine oder andere Gewohnheit seiner Gattin, der Armee, als unerträglich.

Dennoch wurde Sanford Carter Koch, und um die Ironie dieses Vorgangs auf die Spitze zu treiben, erwies er sich als Koch geeigneter als in jeder anderen Stellung. Schon nach wenigen Monaten stieg er vom einfachen Soldaten zum ersten Koch im Rang eines Feldwebels der technischen Truppe auf. Dafür gab es eine einfache Erklärung. Während seiner ganzen Laufbahn in der Armee hatte ihm sein Übereifer zu schaffen gemacht. Er hatte alles zu ernst genommen, hatte sein Bestes tun wollen, und so war er in Situationen, in denen er besser ruhig geblieben wäre, aufgeregt. Er war sehr jung, einundzwanzig, hatte das verhältnismäßig ereignislose Leben eines Jungen aus dem Mittelstand geführt und brauchte nun einigen Erfolg in der Armee, um sich selber zu beweisen, daß er nicht völlig wertlos sei.

Nacheinander hatte er als Beobachter bei der Feldartillerie, als Schreiber bei einem Infanteriestab, als Strippenzieher bei der Nachrichtentruppe und schließlich als Schütze versagt. Als der Krieg endete und sein Regiment nach Japan verlegt wurde, war Carter noch immer Schütze; seit acht Monaten war er Schütze. Und noch aufschlußreicher, er war einer der ältesten im Zug; der Kern altgedienter, hartgesottener Veteranen, die seine Gruppe geführt hatten, war allmählich in die Heimat zurückgekehrt, und ihm schien, daß er auf Grund seines Dienstalters mindestens Anspruch auf die Stellung eines Unteroffiziers habe. Aber nur das Dienstalter allein gab ihm diesen Anspruch, sonst nichts. Sobald man ihm eine Verantwortung auferlegt hatte, entledigte er sich ihrer in jämmerlicher Weise, viel zu aufgeregt und viel zu gewissenhaft. Stets hatte er zu viele Fragen gestellt, die Aufgabe zu streng von allen Seiten betrachtet und seine Nervosität auf die Männer übertragen, die er führen sollte. Da er auch zu feinfühlig und zu stolz war, sich bei den Unteroffizieren der einzelnen Züge lieb Kind zu machen, konnte er sich auch nicht an ihren gelegentlichen Unterhaltungen darüber beteiligen, wer ihr Nachfolger werden solle. In seiner Einfältigkeit hatte er immer wieder davon geträumt, man würde ihm eines Tages eine Gruppe unterstellen, und er war zutiefst verletzt, als diese Gruppe einem Mann übergeben wurde, der Monate nach ihm beim Zug eingetroffen war. Der Krieg war vorbei, Carter hatte in den Staaten eine junge Frau (nur zwei Monate hatte er mit ihr gelebt), er fühlte sich einsam und war von dem Gedanken besessen, nach Hause zu kommen. Während sich nun eine Woche nach der anderen hinzog und das Regiment, die Kompanie und sein eigener Zug die gleiche Ausbildung fortsetzten wie seit dem Tag seines Eintritts in die Armee, glaubte er überzuschnappen. Bis zum Tage seiner Entlassung würden noch Monate vergehen, und inzwischen war es ihm unerträglich geworden, zum x-tenmal die einzelnen Teile des Maschinengewehrs auswendig zu lernen und an drei Abenden der Woche einen Stubenappell über sich ergehen zu lassen. Er sehnte sich nach einem Winkel, wo er seine Wunden lecken könnte, nach irgendeiner Tätigkeit bei der Armee mit einer bestimmten Anzahl von Dienststunden und einer bestimmten Anzahl von Stunden völliger Freiheit, in denen er ganz für sich allein war. Er haßte die Armee, die riesige Armee, die ihm bewiesen hatte, daß er für keine Arbeit taugte und unfähig war, Erfolg zu haben. Er schrieb lange Klagebriefe an seine Frau, redete immer weniger mit den Männern um ihn her und war während der belanglosesten Ausbildungsstunden – geschlossenes Exerzieren oder Waffenreinigen zum Appell – stets am Rand heftiger Wutausbrüche. Falls es ihm nicht gelang, seinen stillen Winkel zu finden, würde er mit Sicherheit durchdrehen.

So nahm er die Gelegenheit in der Küche wahr. Die Tätigkeit dort versprach ihm nichts weiter als einen Tag Dienst und einen Tag frei, der ihm völlig zur Verfügung stand. Das gefiel ihm. Zuerst erhielt er die Aufgabe, das Brot für die Kompanie zu backen; jede zweite Nacht arbeitete er bis zum frühen Morgen, knetete und formte seine fünfzig Pfund Teig. Um zwei oder drei Uhr morgens war er fertig, und der greifbare Lohn für seine Arbeit waren die fünfzig Brotlaibe, alle frisch aus dem Ofen, alle sauber und vom Duft fruchtbarer, schöpferischer Arbeit umweht. Er lernte das seltene und daher ungemein befriedigende Gefühl kennen, am Ende einer Arbeit im Dienste der Armee das Ergebnis seiner Mühen zu sehen.

Einen Monat nachdem er Koch geworden war, wurde das Regiment aufgelöst: Die Männer, die noch nicht genügend Punkte aufwiesen, um in die Heimat entlassen zu werden, wurden anderen Einheiten zugeteilt. Carter landete bei einer Kompanie der Feldzeugmeisterei in einer anderen japanischen Stadt. Inzwischen hatte er jeden Gedanken daran aufgegeben, vor seiner Entlassung noch zum Unteroffizier befördert zu werden; er begnügte sich damit, jeden zweiten Tag zu arbeiten. Er nahm seine Arbeit als selbstverständlich hin, und deshalb ging sie ihm auch glatt von der Hand. In der Küche seiner neuen Kompanie hatte er als Bäcker angefangen; es dauerte nicht lange, bis er zum ersten Koch avanciert war. Es geschah alles sehr schnell. Der eine Koch wurde in die Heimat entlassen, weil er seine Punkte erreicht hatte, ein zweiter bekam eine Hautflechte, und ein dritter wurde, nachdem er sich eine Geschlechtskrankheit zugezogen hatte, aus der Küche versetzt. Von der Schicht, in der Carter arbeitete, waren nur noch er und ein Mann übriggeblieben, der Analphabet war. Carter erhielt nach außen hin die Aufsicht übertragen, und bald war er auch tatsächlich der führende Mann. Für jedes Essen unterrichtete er sich aus einem Kochbuch der Armee, besorgte sich die einzelnen Zutaten, mischte sie in der angegebenen Reihenfolge und nahm sie, nachdem die entsprechende Zeit verstrichen war, vom

Herd. Seine Gerichte schmeckten weder besser noch schlechter als die aller anderen Armeeköche. Aber der Küchenfeldwebel war beeindruckt. Carter hatte eine Lücke geschlossen. Als das nächste Mal Beförderungen ausgesprochen wurden, machte Carter einen großen Satz vom einfachen Soldaten zum Feldwebel.

An der Oberfläche war er glücklich, unter der Oberfläche überglücklich. Er brauchte mehrere Wochen, um sich bewußt zu werden, wie dankbar und hocherfreut er war. Seine Beförderung fiel mit seiner Kommandierung zu einer Abteilung zusammen, die in einem kleinen Hafen stationiert war. Als Carter dort eintraf, stellte er fest, daß er für dreißig Mann kochen sollte und als erster Küchenfeldwebel fungierte. Ihm waren ein weiterer Armeekoch und vier ständige japanische Köche unterstellt, alle tüchtige Arbeiter. Er kochte wie früher jeden zweiten Tag, aber zwischen den Mahlzeiten gab es stets eine Pause von ein bis zwei Stunden; er teilte sich mit dem anderen Koch ein Zimmer und lebte zum erstenmal seit mehreren Jahren verhältnismäßig ungestört; der Hafen war schön; es gab nur einen Offizier, der die Leute in Frieden ließ; auf Grund eines Irrtums bei der Intendantur war die Verpflegung reichlich, denn es waren Rationen für vierzig statt für dreißig Mann vorgesehen; ganz allgemein war alles zufriedenstellend. Der stille Winkel war zu einem Ruheposten geworden.

Es war die glücklichste Zeit in Carters Leben bei der Armee. Seine japanischen Köche mochte er gern. Er befaßte sich mit ihrer Sprache, besuchte sie zu Hause und gab ihnen von Zeit zu Zeit etwas Verpflegung als Geschenk. Sie vergötterten ihn, weil er freundlich und freigebig war, sie niemals anbrüllte, seine gute Laune in Spielen übersprudelte und die Arbeit in der Küche angenehm machte. Inzwischen wuchs sein Selbstvertrauen. Er war kein großer Mann, aber sein Körper wurde durch die schwere Arbeit fülliger; er sang sehr viel und scherzte mit den Leuten, die zum Essenempfang antraten. Die Küche wurde sein Besitz, sein Reich, und da es ein warmer, sonniger Raum war, machte ihm allein der Anblick schon Freude. Es dauerte nicht lange, und seine gute Laune schlug sich in einer Reihe von Bemühungen nieder, das Essen zu verbessern. Er begann, Kleinigkeiten außer der Reihe zu machen, was unmöglich gewesen wäre, hätte er für mehr als dreißig Mann kochen müssen. Morgens servierte er den Männern frische Eier, als Rührei oder Spiegelei in frischer Butter gebraten, ganz nach Wunsch. Anstatt sechzig Eier auf einer großen Pfanne zusammengeschlagen, briet er jeweils zwei Eier in einer kleinen, je nach dem Geschmack des einzelnen Soldaten. Er buk wie eine Frau, die ihren jungen Ehemann zufriedenstellen will; mittags und abends gab es Obsttorte oder Mürbegebäck, oft auch beides. Er gab sich große Mühe. Den japanischen Köchen brachte er bei, das Brot so zu rösten, daß es gerade richtig war. Überzählige Verpflegung tauschte er in japanischen Läden gegen Gewürze um. Die Hähnchen rieb er mit Paprika und Knoblauch ein. Er bereitete sogar einen Teig zu, um solche gewöhnliche Standardverpflegung wie Gehacktes aus Corned Beef oder Fleisch- und Gemüseeintopf etwas schmackhafter zu machen. Aber alles schien umsonst. Anfänglich bemerkten die Männer zwar die Verbesserungen, aber nach einiger Zeit nahmen sie sie als selbstverständlich hin. Ganz gleichgültig, wieviel er auch arbeitete, um sie zufriedenzustellen, sie standen mit gesenkten Köpfen in der Schlange, nickten ihm kühl zu und aßen ohne jede weitere Bemerkung. Nach dem Essen stand er zwischen den Tischen herum und stellte fest, wieviel sie gegessen und was sie liegengelassen hatten; er wartete auf ein Lob, aber die Soldaten schienen gleichgültig. Sie aßen offenbar, ohne dabei etwas zu schmecken. In ihren Gesichtern sah er die Abneigung sich spiegeln, mit der er früher einmal selber die Köche angestarrt hatte.

Die Flitterwochen waren vorbei. Die Freude, die er über die Küche und über sich selber empfunden hatte, begann zu gerinnen. Wieder wurde er sich seines schmerzlichen Verlangens bewußt, Menschen zufriedenzustellen, seine Pflicht zu erfüllen und ein Mann zu sein. Als Kind waren ihm bei einem bösen Wort Tränen in die Augen getreten, und er hatte in einer Atmosphäre gelebt, wo auch die kleinste Leistung freundlich gelobt wurde. Er gehörte, wie er oft verbittert dachte, zu jener Sorte junger Männer, die an die Aufmerksamkeiten und den Schutz der Frauen gewöhnt sind. Er hätte alles, was er besaß, hingegeben – die Liebe seiner Frau, die Liebe seiner Mutter, die Vorteile seiner Erziehung und die ihm gewisse finanzielle Sicherheit beim Eintritt in das Geschäft seines Vaters –, wenn er auch nur ein einziges Mal fähig gewesen wäre, einen Graben so gut wie der ungebildetste Farmer auszuheben.

Statt dessen war er nun in die schmerzliche Unsicherheit jener Tage zurückgekehrt, die er nach seinem Eintritt in die Armee erlebt hatte. Wieder einmal wurden die belanglosesten Dinge die schmerzlichsten; Ereignisse, die man als selbstverständlich hinnehmen konnte, wuchsen zu maßloser Bedeutung heran, und die Verpflegung der Männer wurde ihm mit jeder Mahlzeit immer unerträglicher.

So schloß nun Sanford Carter den Kreis. Hatte er früher einmal die Köche gehaßt, so haßte er nun die Soldaten. Zu den Essenszeiten verzog sich sein Gesicht zu einer verbitterten, streitsüchtigen, finsteren Miene, von der er früher einmal angenommen hatte, die Köche seien mit ihr geboren. Und er knurrte die uralte Klage der Hausfrauen vor sich hin: wie wenig die anderen anerkannten, was er für sie tat.

Schließlich kam es zu einer Explosion. Eines Tages trat Unteroffizier Taylor an ihn heran; er hatte Taylor hassen gelernt, weil er der geborene Führer der Abteilung war und die anderen Männer mit seinen Späßen endlos zu unterhalten wußte. Taylor besaß die Gabe, sich selber als untüchtig, hilflos und unfähig hinzustellen, aber doch so, daß den anderen klar wurde, in Wirklichkeit sei das Gegenteil der Fall. Keiner war so gewandt wie er, keinem fiel alles so leicht, er konnte eine Geisha in zwei Minuten bezaubern und in weniger als fünf alles, was er nur wollte, von einem Feldwebel beim Nachschub erhalten. Carter beneidete ihn um die beglückende Selbstverständlichkeit und den Gleichmut, mit dem ihm alles gelang; und dann begann er, ihn zu hassen.

Taylor hänselte Carter wegen des Kochens, und er wußte sehr genau, wo er sein Messer ansetzen mußte. »He, Carter«, rief er durch den ganzen Speisesaal, als das Frühstück ausgegeben wurde, »du hast meine Eier zweimal umgedreht, und ich habe extra darum gebeten, sie möglichst wenig zu braten.« Die Männer brüllten vor Lachen. Es war Taylor gelungen, jedenfalls schien es Carter so, die ganze Lage mit ein paar Worten zu umreißen, alles wurde dadurch deutlich, wie nämlich Carter arbeitete und es doch nutzlos war, wie Carter sich Mühe gab, ihre Zuneigung zu gewinnen, und dennoch nichts erntete als ihre Verachtung. Carter zog ein mürrisches Gesicht und antwortete dann mit rauher Stimme: »Das nächste Mal zerschlage ich sie dir auf dem Kopf.« – »Du zerschlägst sie, und ich esse sie«, entgegnete Taylor, »aber steck nur keinen Finger hinein.« Und wieder erhob sich das Gelächter. Er konnte Taylor nicht mehr ausstehen.

Es war Taylor, der ihn um Speiseöl bat. Etwa zwanzig Soldaten wollten im Geishahaus ein Fischgericht braten; den Fisch hatten sie auf dem Markt im Ort gekauft, aber Öl konnten sie nicht auftreiben, und so wurde Taylor als ihr Vertreter in die Küche gesandt. Er war Carter gegenüber zuvorkommend, machte ihm Komplimente über das Essen, schlug ihm auf den Rücken, und es gelang ihm, bei Carter das Eis zu brechen, so daß er sich im stillen über die Aufmerksamkeit freute und schon glaubte, er habe Taylor falsch beurteilt. Dann aber fing dieser mit dem Öl an. Carter wurde übel vor Wut. Zwanzig Mann von den dreißig der Abteilung gingen zum Fischessen. Das bedeutete nichts anderes, als daß Carter als einer der zehn Unerwünschten angesehen wurde. Er hatte es gewußt, aber es ist immer schmerzlicher, ein Wissen bestätigt zu erhalten, als es zu erwerben. Wäre er allein gewesen, hätten seine Augen sich mit Tränen gefüllt. Und er war über Taylors List empört. Er konnte sich Taylor vorstellen, wie er zehn Minuten später zu den anderen sagte: »Ihr hättet hören sollen, wie ich Carter zuerst eingeseift habe. Ich bin wohl blöde, aber Mensch, der ist ja noch blöder.«

Carter war nahe daran, ihm das Öl zu geben. Er ahnte, welche Folgen eine Weigerung Taylor gegenüber nach sich ziehen würde, und wollte sich dessen Forderung schon fügen. Da aber fiel ihm ein, wie er sich später selber verachten würde.
»Nein«, sagte er schroff und knirschte mit den Zähnen, »ihr könnt es nicht bekommen.«
»Was willst du damit sagen, ›ihr könnt es nicht bekommen‹?«
»Ich gebe es euch nicht.« Carter konnte den Zorn, der nun in Taylor bei dieser Ablehnung aufstieg, fast körperlich spüren.
»Du willst also deinen Kameraden, die sich einen netten Abend machen wollen, keine lausigen zwanzig Liter Öl geben?«
»Ich habe es satt ...«, begann Carter.
»Ich auch.« Taylor entfernte sich.
Carter wußte, daß er dafür würde zahlen müssen. Er überließ die japanischen Köche sich selber und ging, um das schweißgetränkte Hemd zu wechseln; als er an der großen Unterkunft vorbeikam, in der die meisten Leute der Abteilung schliefen, hörte er Taylors erregte Stimme.
Carter verzichtete darauf, das Hemd auszuziehen. Statt dessen kehrte er in die Küche zurück, wo er die Männer im Speisesaal hin und her laufen hörte und einen Mann, der vor Zorn brüllte. Das war Hobbs, ein Südstaatler, ein Bulle von einem Mann mit einer mächtigen Stimme.
An der Küchentür wurde höflich angeklopft. Taylor trat ein. Sein Gesicht war bleich, und in seinen Augen glomm kalte Genugtuung. »Carter«, sagte er, »die Leute wollen dich im großen Aufenthaltsraum sprechen.«
Carters Antwort klang rauh. »Wenn sie mich sprechen wollen, können sie in die Küche kommen.«
Er wußte, er würde sich in seiner Küche mutiger benehmen als irgendwo anders. »Ich bin noch eine Weile hier.«
Taylor schloß die Tür, und Carter ergriff eine Schreibtafel, an der die Speisekarte für den nächsten Tag befestigt war. Dann tat er so, als überprüfe er die Vorräte auf den Regalen der Speisekammer.

Es war seine Gewohnheit, einen Blick auf die Vorräte zu werfen, bevor er sich entschloß, was er am nächsten Tag auftischen wollte, aber an diesem Abend glitten seine Blicke gedankenlos über die Konserven hin. In einer Ecke standen sieben Zwanzigliterkanister Speiseöl, ohne weiteres genug, um einen Monat damit auszukommen.

Carter trat aus der Speisekammer und schloß die Tür hinter sich. Er hielt den Kopf gesenkt und gab vor, die Speisenfolge aufzuschreiben, als die Soldaten eintraten. Es waren noch mehr, als er erwartet hatte. Von den zwanzig, die an der Party teilnehmen wollten, hatten sich alle bis auf zwei oder drei durch die Tür gedrängt. Carter ließ sich Zeit und blickte gemächlich auf. »Ihr Leute wollt mich sprechen?« fragte er geradeheraus.

Sie waren wütend. Zum erstenmal in seinem Leben sah er sich den feindseligen Gesichtern vieler Männer gegenüber. Es war der unangenehmste, bangste Augenblick, den er jemals kennengelernt hatte. »Taylor hat uns gesagt, du willst uns das Öl nicht geben«, stieß einer hervor.

»Richtig, will ich auch nicht«, antwortete Carter. Er klopfte mit dem Bleistift auf die Holztafel, klopfte ganz langsam und hoffte dadurch, äußerlich gelassen zu wirken.

»Was für eine Gemeinheit«, rief Porfirio, ein kleiner Kubaner, den Carter stets als seinen Freund angesehen hatte. Hobbs, der große Kerl aus dem Süden, blickte auf Carter hinab. »Hättest du was dagegen, uns zu sagen, warum du beschlossen hast, uns kein Öl zu geben?« fragte er ruhig.

»Weil ich verrückt wäre, wenn ich euch noch mal was 'ranschaffen würde. Das habe ich nun zur Genüge getan«, erwiderte Carter. Seine Stimme klang beinahe rauh und gebrochen, in ihr schwangen die Demütigungen mit, die er so lange hingenommen hatte, und er wußte, wenn er so weitermachte, konnte er in Tränen ausbrechen. »Ich bin der diensttuende Küchenfeldwebel«, erklärte er so kühl wie möglich, »und ich bestimme, was aus dieser Küche 'rausgeht.« Er sah jeden einzelnen von ihnen fest an und versuchte, sie mit seinen Blicken zu bezwingen, fühlte sich aber in den Gleisen seiner eigenen Unfähigkeit festgefahren. Nie hätten sie sich ein solches Vorgehen einem anderen Küchenfeldwebel gegenüber erlaubt.

»Was für ein Geschwafel«, brummte einer.

»Du willst also keine beschissenen zwanzig Liter Öl für einen Kameradschaftsabend 'rausrücken«, sagte Hobbs etwas lauter.

»Denke nicht daran. Das ist mein letztes Wort. Ihr Männer könnt machen, daß ihr 'rauskommt.«

»Sieh einer an, du lausiger, kleiner Rotzjunge«, polterte Hobbs los, »wie viele Zwanzigliterkanister Öl hast denn du auf dem Schwarzen Markt verhökert?«

»Überhaupt keine.« Carter hatte dies wie ein Schlag mit der flachen Klinge getroffen. Verbittert und wie betäubt sagte er sich, das sei nun der Dank dafür, daß er vielleicht der einzige ehrliche Koch in der ganzen amerikanischen Armee war. Und er fand sogar noch die Zeit, sich über das merkwürdige Vorurteil zu wundern, das ihn gehindert hatte, Lebensmittel auf eigene Rechnung zu verkaufen.

»Mensch, ich habe dich doch gesehen, wie du das Zeug weggetragen hast«, rief Hobbs. »Ich habe gesehen, wie du es auf den Markt geschleppt hast.«

»Ich habe Lebensmittel hingebracht, um sie gegen Gewürze einzutauschen«, entgegnete Carter heftig.

Unter den Männern erscholl gemeines Gelächter.

»Habe ja nichts dagegen, wenn ein Koch was verkauft«, fuhr Hobbs fort, »jeder hat bei der Armee seine Masche. Aber ein Koch sollte einem Kameraden ruhig mal 'n bißchen Extraverpflegung geben, wenn dieser darum bittet.«

»Gib ihm Saures«, rief einer.

»Alles Quatsch«, schrie Taylor. »Ich habe Carter Butter, Eier und alles, was es nur gibt, auf den Markt tragen sehen.«

Ihre Gesichter waren gerötet, und sie umdrängten ihn.

»Ich habe nie etwas verkauft«, entgegnete Carter verbissen.

»Und ich sage dir«, beschimpfte ihn Hobbs, »du bist ein abgefeimter Gauner. Du hast unsere Küche ausgeplündert, und deshalb gibst du uns jetzt nichts.«
Carter wußte, es gab für ihn nur eine einzig mögliche Antwort, wenn er unter diesen Männern weiterzuleben hoffte. »Das ist eine gemeine Lüge«, sagte er zu Hobbs. Er legte die Tafel hin, warf seinen Bleistift mit einer langsamen gezielten Bewegung in eine Ecke des Raums und ging mit verkrampftem Herzen auf Hobbs zu. Er getraute sich nicht, ihn zu schlagen. Er wollte lediglich kämpfen bis zum Umfallen, den Schmerz und die Schläge, die er einstecken würde, als Stärkung für seine Selbstachtung hinnehmen.
Zu seiner unbeschreiblichen Erleichterung warf sich Porfirio zwischen sie und hielt sie mit der selbstzufriedenen Wildheit eines kleinen Mannes, der einen Kampf verhütet, auseinander. »Hört doch mit dem Unsinn auf! Hört auf!« rief er.
Carter ließ sich von ihm zurückstoßen und wußte, daß er einen Punkt gewonnen hatte. Er witterte bereits die Möglichkeit eines ehrenvollen Abgangs.
Heftig stieß er um sich und versuchte, von Porfirio loszukommen. Der Zorn loderte in ihm, und doch war es ein Zorn, dem er im nächsten Augenblick ein Ende hätte setzen können. »Na schön, Leute«, brummte er unwirsch, »ich gebe euch das Öl, aber da wir gerade dabei sind, will ich euch einiges sagen.« Mit rotem Gesicht und schweißnassem Körper stürzte er in die Vorratskammer und war schon wieder mit einem Zwanzigliterkanister draußen. »Da«, rief er, »bratet euch jetzt euren Fisch, so gut ihr könnt, denn es wird für euch auf einige Zeit die letzte gute Mahlzeit sein. Es hängt mir zum Halse 'raus, euch anständig zu behandeln. Ihr glaubt, ich muß schuften ...« – er wollte noch sagen, bis aufs Blut – »Irrtum. Von jetzt an werdet ihr kennenlernen, wie der Fraß bei der Armee auszusehen hat.« Er war fast hysterisch. »Nehmt das Öl ruhig. Macht euch euren Bratfisch.« Die Tatsache, daß sie selber für sich kochen wollten, war die allergrößte

Beleidigung. »Von morgen an bekommt ihr richtige Armeeverpflegung.«

Seine Stimme war so heftig, daß sie vor ihm zurückwichen. »Raus aus dieser Küche«, rief er. »Hat keiner von euch hier was zu suchen.« Leise gingen sie hintereinander hinaus und wirkten ein wenig betreten.

Carter fühlte sich erschöpft und schämte sich, denn er wußte, daß er seine Worte nicht im Ernst gemeint hatte. Als er jedoch eine halbe Stunde später die Küche verließ und an der großen Unterkunft vorbeiging, hörte er rauhes Gelächter, hörte seinen Namen und dann noch mehr Lachen.

In dieser Nacht schlief er schlecht und wachte schon um vier Uhr auf. Um fünf Uhr war er in der Küche, stand blaß und nervös herum und wartete auf das Eintreffen der japanischen Köche. An diesem Morgen war das Frühstück für die Männer wie eine schwere Bombe. Carter hatte ganz hinten im Vorratsraum herumgewühlt und eine verstaubte Büchse Trockenei gefunden, eine Erinnerung an Zeiten, als frische Eier niemals auf der Verpflegungsliste erschienen. Die Japaner sahen ihn verwundert an, als er das klumpige Pulver in eine Pfanne mit Wasser rührte. Kaum hatte es sich halb aufgelöst, stellte er sie bereits aufs Feuer. Noch flüssig nahm er das Ganze wieder herunter. Der Kaffee war kalt, der Toast verbrannt und die Hafergrütze am Topfboden angesetzt. Die Männer stocherten mit ihren Gabeln im Essen herum, tranken vorsichtig einen Schluck Kaffee und sprachen flüsternd miteinander. Wie Wrasen trieb die schlechte Laune durch die Küche.

Zu Mittag öffnete Carter Dosen mit einem Eintopfgericht aus Fleisch und Gemüse. Er warf den Inhalt in eine Pfanne und wärmte ihn leicht an. Er reichte dieses Gericht mit angebrannten grünen Bohnen und Trockenkartoffeln, die wie Stroh schmeckten. Als Nachtisch erhielten die Männer einen einzigen lauwarmen Dosenpfirsich und kalten Kaffee.

So ging es weiter. Drei Tage lang kochte Carter Schweinefraß und litt sogar noch mehr darunter als die Männer. Kam die Essenszeit heran, überließ er die Ausgabe den japanischen Köchen, setzte sich in sein Zimmer, schwitzend vor Scham, und dennoch entschlossen, nicht nachzugeben. Dabei machte ihn diese Entschlossenheit krank.

Carter siegte. Am vierten Tag erschien eine Delegation der Männer bei ihm. Sie erklärten, sie hätten doch in Wirklichkeit sein Essen die ganze vergangene Zeit über anerkannt, es tue ihnen leid, seine Gefühle verletzt zu haben, sie hörten sich seine Einwendungen und seine Vorwürfe an, und nur zu bereitwillig verzieh Carter ihnen alles. An diesem Abend ging es bei der Abteilung hoch her. Es gab gefüllte Brathähnchen, Zitronenschaumspeise und Schokoladentorte. Der Kaffee war so heiß, daß sie sich den Mund verbrannten. Mehr als die Hälfte der Männer ließ es sich nicht nehmen, Carter wegen des Essens Komplimente zu machen.

In den folgenden Wochen wurden zwar die Lobesworte seltener, aber sie hörten doch nie ganz auf. Schließlich begann sich Carter zu schämen. Es wurde ihm klar, daß die Männer versuchten, ihn bei guter Laune zu halten, und nur zu gern hätte Carter ihnen gesagt, es sei nicht länger notwendig.

Tiefer Frieden senkte sich über die Küche. Carter freundete sich sogar mit Hobbs, dem großen Kerl aus dem Süden an. Hobbs trat eines Tages auf ihn zu und redete, nach Art eines Farmers, zunächst einmal über alle möglichen anderen Dinge. Er erzählte ihm von seinem Vater und von seinen Mädchen, spielte indirekt auf den Abend an, als sie sich beinahe geschlagen hätten, und schließlich erklärte er Carter mit der Höflichkeit des Südstaatlers: »Weißt du, es tut mir leid, daß ich damals das Maul so weit aufgerissen habe. Du hattest völlig recht, als du dich mit mir schlagen wolltest, und wenn du mir noch immer böse bist, will ich mich auch mit dir prügeln, um dir Genugtuung zu geben, obwohl ich es lieber nicht täte.«

»Nein, ich will mich jetzt nicht mehr mit dir herumschlagen«, antwortete Carter herzlich. Sie lächelten sich zu. Sie waren Freunde. Carter wußte, daß er Hobbs' Achtung gewonnen hatte. Hobbs erkannte ihn an, weil er bereit gewesen war zu kämpfen. Das war einem Mann wie Hobbs verständlich. Carter mochte ihn in diesem Augenblick so sehr, daß er sich wünschte, ihre Freundschaft wäre noch enger.

»Weißt du«, sagte er zu Hobbs, »es ist doch seltsam. Ich habe tatsächlich niemals etwas auf dem Schwarzen Markt verkauft. Nicht, daß ich stolz darauf bin, aber ich habe es wirklich nicht getan.« Hobbs runzelte die Stirn. Er sah so aus, als wolle er sagen, Carter brauche nicht zu lügen. »Ich mache einem Mann keinen Vorwurf daraus«, erklärte Hobbs, »wenn er sich ein wenig Geld nebenher aus seiner eigenen Arbeit verdient. Zum Teufel, ich verkaufe ja auch Benzin von der Fahrbereitschaft. Nur gebe ich eben auch Benzin ab, wenn einer der Kameraden mal eine kleine Vergnügungsfahrt mit einem Jeep machen will.«

»Nein, aber ich habe wirklich nichts verkauft«, mußte Carter ihm nochmals versichern. »Hätte ich jemals etwas auf dem Schwarzen Markt verscheuert, hätte ich das Speiseöl ohne weiteres hergegeben.« Wieder runzelte Hobbs die Stirn, und es wurde Carter klar, daß er ihm noch immer nicht glaubte. Aber Carter wollte diese Freundschaft, die gerade erst im Entstehen war, nicht verlieren. Er glaubte, er könne sich vielleicht durch ein weiteres Eingeständnis retten. »Weißt du noch damals«, begann er erneut, »entsinnst du dich, als Porfirio uns auseinanderdrängte? Ich war sehr froh, als ich mich mit dir nicht herumzuschlagen brauchte.« Carter lachte und erwartete, Hobbs würde in sein Lachen einfallen, aber über dessen Gesicht glitt ein Schatten.

»Komische Art, es zu sagen«, meinte Hobbs.

Danach war er ihm gegenüber stets freundlich, aber Carter wußte, daß Hobbs ihn niemals als Freund ansehen würde. Carter dachte oft darüber nach und fragte sich, was ihn eigentlich von den anderen unterscheide. Es bereitete ihm nun weiter keine Sorge mehr, ein Mann zu werden; er meinte, bis zu einem gewissen Grad sei er es bereits. Aber in seinem Innersten hätte er doch gerne gewußt, ob er die Sprache der Männer jemals lernen würde.

1951

Der tote Gook*

Das Regiment lag über ein Gebiet von zwanzig Meilen Breite und mehr als zehn Meilen Tiefe verstreut. In konventionellem Sinne ließ sich dies kaum als Front bezeichnen. Hier fand sich ein vorgeschobener Posten von zehn Mann; dort, eine Meile entfernt, ein Zug mit dreißig oder vierzig Mann; irgendwo weiter hinten lagen der Stab und die Stabskompanie und irgendwo seitlich noch eine Einheit. Überall im Vorgebirge und in den Bergen dieses Teils der Philippinen standen ein paar tausend amerikanische Soldaten in Gruppen von zehn, zwanzig und fünfzig Mann etwa ebenso vielen Japanern gegenüber, die wie sie selber die Gipfel günstiger Berge besetzt hielten oder in einem Hinterhalt inmitten der tropischen Vegetation der Täler und Flußläufe sich verbargen. Es kam kaum zu einer Gefechtsberührung. Hätte die eine oder andere Armee die Absicht gehabt, vorzurücken, und auch nur ein weiteres Regiment hineingeworfen, wären rasche Fortschritte erzielt worden, aber das Schicksal des Feldzuges sollte woanders entschieden werden. Während eines Monats und noch während eines weiteren, als der milde Winter endete und die tropischen Regenfälle des Frühjahrs einsetzten, unternahmen die vorgeschobenen Posten und Abteilungen dieser isolierten Streitkräfte lange Erkundungsvorstöße gegeneinander, stapften meilenweit durch Reisfelder, kleine Hügel hinauf, schmale Flüsse entlang und durch Dschungelwälder – Vorstöße, bei denen zehn, fünfzehn oder sogar bis zu zwanzig Meilen an einem einzigen Tag zurückgelegt wurden und die fast immer ohne Zwischenfälle verliefen. Anstelle einer Front gab es ein Ineinandergreifen isolierter Stellungen, japanische Einheiten lagen zwischen Amerikanern und amerikanische Einheiten zwischen Japanern. Die Vorstöße

---

* *Geringschätzige Bezeichnung für einen dunkelhäutigen Eingeborenen der Pazifischen Inseln, aber auch für einen Japaner, Chinesen oder Koreaner. In dieser Erzählung handelt es sich um Filipinos.*

wurden ebenso häufig nach hinten durchgeführt wie nach vorn, und kleine Gruppen von Männern umstreiften einander mit kreisenden Bewegungen, und jede Abteilung durchkämmte ihr Gebiet in Spiralen.

Die Situation hätte schlimmer sein können. Verluste gab es nur wenige, und der Nachschub wurde regelmäßig herangeführt. Viele der vorgeschobenen Posten wurden aus dem rückwärtigen Gebiet mit warmer Verpflegung versorgt, und manche Abteilungen waren in Dörfern der Filipinos untergebracht, so daß die Leute mit einem Dach über dem Kopf schliefen. Aber es war auch wiederum nicht die beste aller möglichen Situationen. Fast jeden Tag wurde jeder Mann einmal zu einem Spähtrupp eingeteilt, und obwohl diese Erkundungstätigkeit immer wieder ohne besondere Vorkommnisse verlief, bedeutete sie dennoch schwere Arbeit. Wenn ein Trupp um acht Uhr morgens aufbrach, hatte er Glück, wenn er gegen Ende des Nachmittags wieder zurückkehrte. Die Morgensonne stach auf die Männer herab, der mittägliche Regen durchnäßte sie, und der Schlamm ballte sich unter ihren Sohlen. Sie hatten kein Ziel, sondern patrouillierten in Kreisen, die Berge hinauf und über Steilhänge hinunter, und obendrein mußte jeder von ihnen eine Ausrüstung schleppen, die niemals weniger als fünfundzwanzig Pfund wog. Sie trugen ihre Gewehre, und sie trugen zwei Handgranaten, die, angehakt an ihrem Koppel, das Gewicht der Patronentaschen noch erhöhten. Über die Schultern hatten sie zwei Munitionsgurte geschlungen, an den Hüften zerrte das Gewicht der gluckernden Feldflasche, und in den Brusttaschen rieben sich die Ecken der Pappschachteln mit Verpflegung ab. Nichts von all dem war für sich schwer; alles zusammengenommen jedoch war es ganz beachtlich. Für einen gesunden Mann bei einem Jagdausflug war es ein zumutbares Gewicht; hier jedoch handelte es sich um kranke Männer, die durch chronische Nachwehen solcher Krankheiten wie Malaria und Gelbsucht und durch Beschwerden wie Geschwüre, Durchfall und Fußpilz geschwächt waren.

Es war langweilig. Die Gefahr war zwar da, aber sie war fern; es gab wohl Abwechslung, doch nur selten. Die meiste Zeit über war es nichts als Arbeit, dabei Arbeit von der unangenehmsten Art, eine gemeine und langwierige Arbeit. Zumeist beklagten sich die Männer nicht. Es gab Besseres zu tun, aber ganz gewiß auch Schlimmeres, und für diejenigen, die nun schon seit mehreren Jahren in Übersee waren und außer diesem noch an anderen Feldzügen teilgenommen hatten, war es ganz gewiß nicht die scheußlichste Art, ihre Dienstzeit herumzubringen. Sie waren damit zufrieden, daß sie die Ereignisse so still wie möglich an sich vorbeitreiben lassen konnten. An einem Frühlingsmorgen nun bereitete sich der dritte Trupp des ersten Zuges der B-Kompanie darauf vor, auf Erkundung zu gehen. Wegen Krankheit und durch den Verlust eines Mannes war seine Zahl während der letzten zwei Monate von zwölf Mann auf sieben zurückgegangen, und da zwei Mann auf der Kuppe des Hügels, wo sie ihre Stellung ausgehoben hatten, als Wache und zum Bedienen des Feldtelephons zurückbleiben mußten, waren nur fünf Mann übrig, um die Aufgaben eines Spähtrupps, der theoretisch eine Stärke von zehn Mann aufweisen sollte, zu erfüllen. Diese Tatsache, die bei lebhafterer Gefechtslage als gefährliche Ungerechtigkeit betrachtet worden wäre, wurde hier lediglich als ein kleiner Nachteil empfunden. Selbstverständlich bestand stets die Möglichkeit, daß etwas geschehen könnte, wobei sich ihre geringe Zahl unheilvoll auswirken würde, aber da sie nun seit geraumer Zeit mit nur fünf Mann operierten und bis dahin noch nichts vorgefallen war, sahen sie eigentlich nur in der Tatsache, daß sie fast niemals Ruhe erhielten, einen Grund zum Klagen. Wären sie durch eine plötzliche und scheinbar völlig willkürliche Verteilung von Ersatzleuten auf ihre volle Stärke gebracht worden, so hätten sie wahrscheinlich weiterhin mit fünf Mann ihre Erkundungsvorstöße durchgeführt und dadurch den Vorteil gewonnen, jeden zweiten Tag mit Nichtstun verbringen zu können.
An diesem Morgen sollten sich offenbar vier Filipinos ihnen anschließen. Sie tauchten in dem Tal, das unterhalb der Kuppe lag,

auf und schlenderten auf den vorgeschobenen Posten zu. Mit ihren weißen Hemden und hellblauen Hosen waren sie bereits aus einiger Entfernung sichtbar und näherten sich ohne jede Vorsicht, als erwarteten sie, erkannt zu werden. Lucas, der Feldwebel, dem der Trupp unterstand, hatte schon früh am Morgen einen Telephonanruf erhalten, und nun sagte er ruhig: »Da sind sie ja. Machen wir uns fertig.« Er hatte bereits die Leute eingeteilt, die mitgehen sollten, und diese schnallten sich jetzt ihre Ausrüstung an. Ein paar Minuten später schwankten er und die vier anderen Männer durch das Gras des Abhangs hinab und steuerten auf die Filipinos in dem Reisfeld zu.

»Was ist los, haben wir heute die Gooks dabei?« wurde Lucas von Brody, einem mageren, zähen Gefreiten gefragt.

»Scheint so.« Lucas war ein großer, ruhiger Mann, der langsam redete und langsam dachte. Er war nicht sehr intelligent und behauptete auch nicht, es zu sein, aber vielleicht war er für einen Feldwebel gerade aus diesem Grund kein schlechter Soldat. Nichts vermochte ihn so leicht aus der Fassung zu bringen. Sein Empfindungsvermögen war zu grob, um zwischen dem Außergewöhnlichen und dem Alltäglichen unterscheiden zu können, und so nahm er seine Befehle entgegen, handelte gemäß dem Teil, den er davon verstanden hatte, und regte sich niemals auf, wenn etwas anders ausfiel, als man erwartet hatte.

Der Gefreite Brody war nervös, reizbar und oft zornig. »Warum in aller Welt sind denn die Gooks da?« fragte er und deutete auf die Filipinos.

»Schlag mich tot, wenn ich das weiß«, antwortete Lucas mit schleppender Stimme. Er rückte gerade eine Handgranate an seinem Koppel zurecht. »Am Telephon war irgendein Gerede darum. Die Gooks sind aus Panazagay oder so ähnlich. Sie sind heute früh beim Stab aufgetaucht, und dann hat der Stab beschlossen, sie herzuschicken.« Der Trupp näherte sich den Filipinos. Sie waren schlanke, braune Männer mit den geschmeidigen Körpern asiatischer Bauern, und alle lächelten gleichzeitig die Soldaten an.

»Feldwebel Lucas, Sir?« fragte einer von ihnen. Die Art, in der er vorgetreten war, ließ erkennen, daß er der einzige war, der Englisch sprach.
»Tag«, sagte Lucas freundlich. Er war zuvorkommend und gelangweilt.
Der Filipino, der Englisch konnte, begann mit Lucas zu reden. Er sprach sehr weitschweifig in einer gestammelten Mischung von Englisch und einem Zeug, das er für Englisch hielt. Die anderen Männer des Trupps gaben sich keine Mühe, ihm zuzuhören. Sie hockten sich in dem schlammigen Boden des Reisfeldes auf ihre Absätze und sahen gleichgültig die Filipinos an, die sich ihnen gegenüber, etwa zehn Schritt entfernt, in einer Reihe niedergelassen hatten. Von Zeit zu Zeit lächelte einer der Filipinos, und dann nickte einer der Amerikaner zur Antwort. Ein wenig abseits stand Lucas schwerfällig da, sein Ohr geneigt, um hier und da in der, wie es schien, endlosen Geschichte die eine oder andere Einzelheit aufzuschnappen.
»Da möchte ich jetzt erst einmal klarsehen«, sagte er ruhig. »Die Guerillas haben die Japaner in einen Hinterhalt gelockt?«
»Nein, Sir, nein, weiß nicht. Vielleicht Japs, vielleicht Guerillas, vielleicht großer Hinterhalt. Viel Schießen. Partisanen nicht zurück. Jetzt amerikanische Soldaten vielleicht Japse in den Hinterhalt ziehen.«
Lucas nickte. Offensichtlich wußte er nun nicht mehr als vorher, und während er weiterhin zuhörte, wurde es ebenso offenbar, daß er sich keine Mühe mehr gab, die einzelnen Wörter voneinander zu unterscheiden. Als der Filipino seinen Bericht beendet hatte, gähnte Lucas. »Na schön. Wie heißt du? Miguel?«
»Ja, Sir.«
»Gut, Miguel, du führst uns. Du bringst uns, wohin du willst. Nur langsam und mit der Ruhe, verstanden? Wir haben es nicht eilig, und es ist ein heißer Tag.«
Miguel sagte den anderen Filipinos etwas auf Tagalog, und sie antworteten kurz. Sie standen auf und setzten sich im Zuckeltrab über das Reisfeld in Bewegung.

»Genau das habe ich gemeint«, sagte Lucas zu Miguel. »Befiehl ihnen, langsamer zu gehen.« Widerstrebend gab er diesen Befehl an die anderen drei Filipinos weiter, die ihn ebenso widerstrebend zu befolgen schienen. »Mensch, die haben es doch immer eilig«, brummte Lucas laut. Die anderen vier Soldaten folgten dem Feldwebel. Die Filipinos rückten in einer geschlossenen Gruppe vor, etwa dreißig Schritt vor den Amerikanern, die mit einigem Abstand voneinander in einer aufgelockerten Reihe gingen. Keiner der Soldaten wußte, worum es sich bei diesem Unternehmen handelte, und sie gaben sich nicht einmal die Mühe zu fragen. Bei jedem Spähtruppunternehmen gab es immer nur ein gewisses Maß an Abwechslung, und das war nun schon seit langem erschöpft. Es schien sinnlos, jetzt etwas zu fragen. Falls alles gut ging, würden sie es zu gegebener Zeit schon erfahren. Ihnen war nicht einmal daran gelegen, sich über die Richtung, in der sie vorrückten, klar zu werden; sie hatten diese Hügel und Reisfelder schon so oft überschritten und durchquert, daß es ihnen fast unmöglich erschien, sich dort zu verirren. Sie stapften hinter Lucas her, die Gewehre umgehängt und die Köpfe nach vorn geneigt, um den Boden vor sich zu prüfen. Nicht einmal der Gedanke an einen Hinterhalt bereitete ihnen große Sorge. In einem so weiten Gebiet bestand nur geringe Wahrscheinlichkeit, daß feindliche Truppen jeden Augenblick aufeinanderstoßen könnten. Der Versuch, ständig auf der Hut zu sein, schien ein wenig lächerlich. Jeder folgte dem Mann vor ihm, träumte ein wenig, blickte sich ein wenig um und war bestrebt, nicht allzu sehr an die Hitze, die Geschwüre an den Beinen oder das gewohnte kleine Ungemach chronischen Durchfalls zu denken. Brody allein bildete da eine Ausnahme. Brody machte sich Sorgen. Brody war gereizt. Brody sah Möglichkeiten aller Art. »Wohin gehen wir?« fragte er keuchend, als er hinter Lucas marschierte.

»Ach, was weiß ich«, antwortete Lucas. »Wir folgen ganz einfach den Gooks.«

Brody trottete ein paar Schritte weiter und holte dann den Feldwebel ein. »Ja, aber warum?«

Lucas zuckte die Achseln. »Ich glaube, sie haben dem Alten was vorgeschwafelt. Er hat mir befohlen, mit ihnen mitzugehen.«

»Was haben die Gooks denn gesagt?« fuhr Brody hartnäckig fort.

»Miguel, der hat eine Menge zusammengeredet, aber ich kann diesem Gooksgeschwätz nicht folgen. Irgendwas von einem Hinterhalt, Partisanen und Japsen. Alles durcheinander, und ich könnte wetten, es ist ein blinder Alarm. Weißt doch, wie aufgeregt diese Gooks sind.« »Ich, ja, ich kenne sie«, antwortete Brody grimmig. »Ich hasse die Gooks.« Er stolperte in ein Loch, das ein Büffelhuf geschlagen hatte, und vertrat sich den Fuß. »Immer lachen sie uns aus. Sind gemeine Kerle, verstehst du, doppelzüngig.« Ebenso plötzlich, wie er zu sprechen begonnen hatte, verfiel er wieder in verbissenes Schweigen.

Lucas antwortete ihm nicht. Er hatte ein Stück Tabak zwischen Zähne und Wange geschoben und bewegte sich in der gemächlichen Gangart eines großen Mannes, hielt das Gewehr in einer Hand und ließ es im Rhythmus seiner Schritte mitschwingen. »Ach, es gibt gute Gooks und schlechte Gooks«, erklärte Lucas nach einer Weile. Brody fluchte. »Sieh dir nur ihre weißen Hemden an. Die sind auf zehn Meilen Entfernung zu erkennen.« Sein Körper zitterte vor verhaltener Erregung.

Lucas errötete. Tatsächlich hatte er diese Einzelheit gar nicht bemerkt. »Mich stört es nicht«, brummte er.

»Aber mich.« Brody reizte es, daß Lucas alles, was er sagte, abtat. Der Schweiß rann ihm in die Augen. »He, ihr da«, schrie Brody den Filipinos nach, »he, ihr Gooks, zieht diese Hemden aus. Wollt ihr etwa, daß wir in einen Hinterhalt geraten?«

Sie sahen ihn töricht an, lächelten und versuchten zu verstehen. Wütend stürzte Brody hinter ihnen her, und seine Feldflaschen, seine Verpflegung, seine Munitionsgurte und die Handgranaten schlugen dumpf und metallisch im Laufen aneinander. Den ersten Filipino auf seinem Weg stieß er mit solcher Gewalt, daß er fast zu Boden gefallen wäre. »Dein Hemd«, rief Brody aufs höchste erregt, »zieh es aus.«

Endlich hatten sie verstanden. Wieder lächelten sie, murmelten Entschuldigungen, zogen ihre weißen Hemden aus, so daß ihre braunen Oberkörper entblößt waren, und schlangen sich das weiße Baumwollzeug wie einen Gürtel um die Hüften.

»Schon besser«, brummte Brody. Er verlangsamte seinen Schritt und trat hinter Lucas, der ihn aber nicht ansah, wieder in die Reihe. Lucas schob nur den Kautabak von der einen Seite seines Mundes zur anderen.

Brody befand sich in einem Zustand, den alle Männer des Trupps kannten und der von Zeit zu Zeit jeden von ihnen befiel. Ein Mann mochte normalerweise freundlich, abweisend oder gleichgültig sein, aber es gab Zeiten, in denen er nur aus Zorn zu bestehen schien, seine gereizten Nerven auf die harmlosesten Fragen nichts als mürrische Antworten auslösten und alles, was er tat, sich in einem allgemeinen Haß gegen die unwahrscheinlichsten Leute und Dinge äußerte – mochte es nun sein bester Freund oder ein Stein sein, dem er einen Tritt versetzen konnte. Brody machte gerade eine solche Zeit durch.

Es begann mit einem Brief von seiner Freundin, die ihm mitteilte, sie werde einen anderen heiraten. Sie habe vier Jahre gewartet, aber länger warte sie nun nicht mehr. In gewisser Weise berührte ihn dieser Brief kaum. Brody war seine Freundin so fern geworden wie der Mond. Jedoch hatte der Brief eines erreicht, nämlich Brody daran zu erinnern, wie er lebte, und das war unerträglich. Er hatte in vielen Gefechtseinsätzen gestanden, hatte alle Phasen des Kampfes durchgemacht. Er hatte die Erregung des unerprobten Soldaten erlebt, ebenso wie die Erfahrung des alten; er war von der Vorstellung, er würde niemals fallen, zu dem düsteren und dann gleichgültigen Glauben an den Gedanken, wahrscheinlich würde er doch getötet werden, übergewechselt. Er war sogar bis zu dem Punkt gelangt, wo es ihm nichts Besonderes mehr ausmachte. Wie bei den anderen Männern stumpften auch bei ihm

die Sinne ab, die Gedanken wurden träger, und die Zeit war ein neutrales Vakuum, in dem man neutrale Erfahrungen sammelte. Das Leben verstrich in sanfter, farbloser Niedergeschlagenheit. Dieser Brief zerstörte die Kruste, die sich um ihn gebildet hatte. Er erinnerte ihn an eine Welt, in der Menschen noch genügend Interesse für sich aufbrachten, um solche Handlungen wie etwa eine Trauung zu vollziehen. Er erweckte in ihm das Gefühl, es sei doch ganz angenehm zu leben, und dieses Gefühl machte ihm vieles unerträglich. Der Brief ließ Tote für ihn wieder lebendig werden und brachte ihm, was schlimmer war, sein Ich zum Bewußtsein. Er richtete das Schlimmste an, was einen Mann im Einsatz befallen konnte, er zwang nämlich Brody, sich zu fragen, wer er sei und was es bedeute, wenn er stürbe. Es gab keine Möglichkeit, dem auf den Grund zu gehen, nicht einmal die Möglichkeit, zusammenhängend darüber nachzudenken. Das führte dazu, daß jeder schlummernde Nerv in Brodys Körper geweckt wurde und seinerseits eine Frage stellte. Als einzige Antwort wußte er lediglich ein Strohfeuer des Hasses zu entfachen, das nun in ihm schwelte und bei allem, was ihm in den Weg kam, erneut auflodere. An diesem Tag waren es die Filipinos. Im Augenblick hielt Brody sie für alles, was ihm zugestoßen war, unmittelbar verantwortlich.
Langsam rückte der Spähtrupp vor. Die Männer durchquerten Reisfelder und Sümpfe, folgten Pfaden durch Bambusgehölze und stiegen Hügel mit hohem Gras und spärlichem Baumbestand empor. Die Hitze nahm, als sich die Sonne dem Zenit näherte, immer mehr zu, und Mücken, Moskitos und Fliegen quälten sie an den unbedeckten Stellen ihrer Haut. Nach einer Stunde legten sie eine Pause ein und setzten dann den Marsch fort. Es war heiß, und der Schweiß färbte die ausgeblichenen grünen Drillichuniformen der Männer schwarz. Sie hatten Durst. Die Sonne brannte ihnen auf die Köpfe.
Die Hügel waren jetzt mit Gestrüpp bedeckt. Bald wurde es dichter, der Boden wurde weicher, sumpfiger, und die Bäume wuchsen höher. Ihr Laubwerk schloß sich über den Männern und

dämpfte das Licht des Tages. Noch immer war es heiß, aber jetzt war es dunkel, dunstig und schwül, und in der Luft lag eine reglose Erwartung wie vor einem Gewitter. Die Männer schwitzten nun noch stärker.
Die Filipinos gelangten an einen schmalen Bach, den sie an einer Furt durchwateten. Auf der anderen Seite gabelte sich der Pfad. Miguel kam zurück, um mit Lucas zu reden.
»Sehr gefährlich von hier an, Sir, Jahpaner, viele Jahpaner.«
Lucas nickte. »Gut, passen wir also auf.« Er versammelte seine Leute um sich und teilte ihnen mit, was Miguel gesagt hatte. »Mir scheint«, murmelte er leise, »ich bin schon vor ein paar Wochen diesen Pfad entlanggegangen, und nichts war hier. Aber vielleicht wissen die Gooks etwas. Halten wir die Augen offen.«
Diese Warnung Lucas' veränderte die Männer des Spähtrupps. Nun war jeder einzelne von ihnen wachsam. So war es oft. Nach einem stundenlangen Marsch schienen alle wie auf einen Schlag zu erwachen, als sei die Furcht oder die Wachsamkeit eines einzigen Mannes auf alle übergegangen.
Die Beschaffenheit des Pfades erhöhte ihre Vorsicht. Er war sehr schmal, so daß immer nur ein Mann ihm folgen konnte. Außerdem bog er alle paar Schritt nach links oder rechts ab, und jeder Soldat machte immer wieder die unangenehme Erfahrung, seinen Vordermann bei jeder Biegung verschwinden zu sehen. Schweiß tropfte ihnen von den Augen, fiel von der Nase und rann in den Mund. Sie atmeten schwer, und bei jedem Schritt musterten sie aufmerksam das Laub um sich herum und spähten nach einem möglichen Scharfschützen aus. Jedesmal wenn einer über eine Wurzel stolperte oder ein anderes leises Geräusch verursachte, zuckten die übrigen wie ein Mann zusammen. Nachdem sie sich zehn Minuten lang auf dem Pfad vorgearbeitet hatten, waren sie müder als zu jedem anderen Zeitpunkt dieses Tages, es war ihnen heißer, sie waren nasser und sie waren bedrückter.
Lucas gab Miguel durch einen Pfiff ein Zeichen. »Laß deine Männer anhalten.« Miguel sah aus, als wolle er lieber weitergehen,

aber Lucas hatte sich bereits hingesetzt. »Wir machen eine Pause. Sag es den anderen«, flüsterte er dem Mann hinter sich zu. Leise teilte jeder den Befehl dem nächsten mit. Alle blieben sie einen Augenblick lang stehen, ihre feuchten Hemden klebten am Körper, ihre Münder sogen an feuchten Zigaretten, deren Papier an den vom Schweiß aufgeweichten Stellen sich braun verfärbt hatte. Vorsichtig setzten sie sich hin, und jeder Soldat blickte zunächst sichernd den Pfad in beiden Richtungen entlang. Obwohl sie sich mit dem Rücken gegen Baumstämme lehnten und das Gewehr auf den Knien hielten, befanden sie sich doch nicht ganz in einem Zustand der Entspannung. Die Köpfe waren nach oben gerichtet, die Augen musterten das Laub ringsumher, und die Muskeln der Unterarme waren gespannt, um, falls notwendig, sofort das Gewehr zu ergreifen. Trotzdem rauchten sie ihre Zigarette.

Aus der Richtung, in der sie sich bewegt hatten, drang ein dumpfer Laut zu ihnen. Alle Männer fuhren zusammen und beruhigten sich dann wieder. Es war die Schneide eines Buschmessers, das in etwas hineinschlug, einen feuchten Ast, die fleischige Masse einer Frucht – sie wußten es nicht. Eine Minute später hörten diese Laute auf, und jeden Mann erwartete ein unverhoffter Genuß. Es wurden Stücke reifer Ananas, die die Filipinos von einer Ananasstaude abgeschnitten hatten, nach hinten durchgegeben. Gierig aßen sie die Frucht und hielten nach Scharfschützen Ausschau. Ihre Beine waren müde, die Augen schmerzten ihnen vom Hineinstarren in den Dschungel, ihre Kehlen waren ausgedörrt und genossen die Köstlichkeit des herbsüßen Saftes, ihr Magen nahm die Nahrung verlangend auf, und die Arme zitterten unter der Anstrengung, ein Gewehr, das Stück einer Frucht und eine Zigarette halten zu müssen. Mit jedem Bissen, der aus zitternder Hand verschlungen wurde, erlebten sie die beglückende Befriedigung ihres Durstes und gleichzeitig das lastende Bewußtsein, wie gefährlich es war, auf einem solchen Pfad auszuruhen. In dem düsteren Licht des Dschungels schien jede Minute gefahrdrohend, und dennoch wurde das Köstliche dieses Mahls gerade durch die Situation gesteigert.

Nach einigen Minuten gab Lucas einen weiteren Befehl den Pfad entlang. Ein rauhes Flüstern löste das nächste aus. »Wir brechen auf. Wir brechen auf.«

Während sie weitermarschierten, wurde es Lucas klar, daß die Filipinos auf eine ganz bestimmte Stelle zusteuerten. Mit jedem Schritt steigerte sich ihre Spannung, und sie rückten immer vorsichtiger vor. Nun gab es auf dem Pfad minutenlange Pausen, in denen sich einer der Filipinos vorarbeitete, den Pfad erkundete und dann zurückkehrte, um den anderen ein Zeichen zu machen. Eine halbe Stunde verging, und die Strecke, die sie mit jeder Sekunde zurücklegten, wurde immer kleiner. Diese Pausen steigerten die Gereiztheit, die Müdigkeit und die Spannung. Die Männer standen dann auf dem engen Pfad, während das Laub sie im Nacken kitzelte und Insekten ihre regungslosen Körper plagten. Still stehen verursachte mehr Mühe als Bewegung. Sie vermochten nur noch an die Hitze, die Feuchtigkeit und die schmerzenden Blasen an den Füßen zu denken. Auch konnten sie dann Geräusche deutlicher vernehmen als beim Marschieren. Sie spürten die Gefahr stärker, als wenn sie sich bewegten. Alles in allem fühlten sie sich unsicherer, und das machte sie streitsüchtig.

Brody war am unruhigsten. »Sag ihnen, sie sollen sich beeilen, Lucas«, flüsterte er, oder er wischte sich den Schweiß vom Kinn und stöhnte: »Überlaß es den Gooks.«

Diese Aufforderungen schienen Lucas völlig gleichgültig zu lassen.

Ungerührt stand er an der Spitze und blickte den Filipinos nach, die vorauseilten, dann wieder zurückkehrten, nickte jedesmal feierlich, wenn sie ihm ein Zeichen machten, ihnen zu folgen, und blieb wieder stehen, während sie die nächsten paar hundert Fuß des Pfades erkundeten. »Sie führen uns in eine Falle«, zischte Brody ihm wütend zu, und Lucas zuckte die Achseln. »Das glaube ich nicht«, flüsterte er zurück.

Der Spähtrupp kam nicht mehr als etliche hundert Schritt in einer Viertelstunde voran, und so rückte er den Pfad entlang nur jeweils ein kleines Stück vor. Sie durchquerten noch einen Bach, und während sie warteten, füllten einige der Männer schweigend ihre Feldflaschen und taten eine der Pillen hinein, die sie zum Desinfizieren ihres Trinkwassers bei sich führten. Ein Stückchen weiter kamen sie an der Leiche eines japanischen Soldaten vorbei, der in der Nähe des Pfades lag, und sie bemühten sich, so weit entfernt wie nur möglich an ihm vorbeizugelangen, mehr aus Ekel vor den fressenden Maden als etwa davor, einen Toten zu sehen, denn das war für sie nichts Neues.

Bald darauf sollten sie noch einen entdecken. Es stellte sich heraus, daß das Ziel des Spähtrupps erreicht war, bevor sie es überhaupt erfahren hatten. Der Pfad stieg nun um ein paar hundert Fuß an und fiel dann jäh zu einer kahlen Talsenke ab. In der Mitte der Senke lag ein toter Filipino hinter einem japanischen Maschinengewehr. Miguel und die drei Bauern standen am Rand der Senke und blickten traurig zu ihm hinab. Nach und nach stießen die Soldaten zu ihnen, bis eine Gruppe von neun Mann, fünf in Uniform und vier in blauen Hosen, weiße Hemden um ihre Hüften geschlungen, sich am Rand der schmalen Schlucht versammelt hatten und in das stille, gleißende Sonnenlicht hinabblickten, das auf der Haut des toten Partisanen schimmerte und das tropische Gelbgrün des Grases in der Senke reflektierte.

»Oh, Sir«, sagte Miguel leise zu Lucas, »er tapferer Mahnn. Er letzten Monat drei Jahpaner getötet. Er hierhergekommen jede Nacht.«

»Ist er jede Nacht allein hierhergekommen?« fragte Brody.

Miguel nickte. »Vorige Nacht im Dorf wir hören schießen. Jahpanische Granate. Luiz nicht besitzen jahpanische Granate. Sie ihn töten, glauben wir, vorige Nacht.«

»Warum hat er sich denn mitten in die Senke gesetzt?« fragte Lucas. »Da gibt er doch eine herrliche Zielscheibe ab.«

»Ach«, antwortete Miguel, »Luiz nur Amateursoldat.«

Lucas sah ihn scharf an, aber Miguels Ausdruck blieb unbeweglich. Lucas gähnte. »Suchen wir mal ein bißchen herum, Leute, es könnten ja noch immer Japse hier sein.«
Der an sich schon kleine Trupp teilte sich nochmals in zwei und drei Mann. Lucas und Brody umgingen die Senke auf der einen Seite und trafen mit den anderen bei der Fortsetzung des Pfades wieder zusammen. Die Senke schien verödet.
»Gib mir Deckung«, rief Lucas und stürzte auf die offene Grasfläche hinaus.
Vorsichtig näherte er sich dem Toten, um sich zu vergewissern, ob die Leiche nicht durch Drähte mit einer verborgenen Sprengladung gekoppelt sei. Einen Augenblick später winkte er Brody zu, ihm zu folgen.
»Das MG können wir ebensogut mitnehmen«, sagte er. »Ein schönes japanisches MG.« Er betrachtete es mit der sachverständigen Neugier eines Kenners. »Mensch, das ist aber ein komisches, altes MG«, fuhr Lucas fort.
Miguel schloß sich ihnen auf dem Boden der Talsenke an. »Sir, wir jetzt zurückgehen?«
»Ich glaube, wir haben wohl gefunden, weswegen wir hergekommen sind«, meinte Lucas achselzuckend.
»Sir. Vier Filipinos. Wir tragen Leichnam zurück. Sie kommen mit Filipinos?«
Brody drängte sich zwischen ihnen vor. »Es wird uns nur aufhalten. Sollen sie es doch allein machen.«
»Sir, sehr gefährlich ohne amerikanische Soldaten.«
Lucas fingerte am Abzug der japanischen Waffe herum. »Ein richtiges, leichtes MG. Ganz ähnlich wie unsere BARs«, erklärte er. Miguel zupfte ihn zaghaft am Ärmel, und Lucas blickte auf. »Ich glaube, wir können ruhig mit ihnen gehen«, sagte er, als wolle er sich entschuldigen, zu Brody gewandt.
Brody hatte das Gefühl, als würde eine Ungerechtigkeit ins Endlose weitergesponnen. »Sie haben uns hierhergelockt und damit angeschmiert«, fluchte er. »Sie wollten nichts weiter, als daß wir

einen ihrer dreckigen Kerle holen. Das ganze Unternehmen hätten sie auch ohne uns durchführen können.«
»Ich weiß nicht«, murmelte Lucas, »meiner Ansicht nach muß ein Mann beerdigt werden. Ich glaube, wir werden sie doch begleiten.« Er wandte sein Gesicht von Brody ab und klopfte auf das MG. »Und dies da sollten wir auch mitnehmen.«
»Wozu?« fragte Brody. »Es ist schwer.«
»Oh, nur so.« Lucas dachte voller Freude daran, nach seiner Rückkehr zum Stützpunkt das MG auseinanderzunehmen. Er hatte die Absicht, es völlig zu zerlegen und es dann wieder zusammenzusetzen. Der Gedanke daran weckte in ihm ein Gefühl freudiger Erwartung, wie er es seit Monaten nicht mehr gekannt hatte.

Brody war gereizter denn je. Alles, was Lucas tat, erschien ihm empörend. Wie ein Mann, der eine Frau schlagen möchte und dann dies Verlangen in sich unterdrückt, bat nun Brody sozusagen die Frau, ihn zu schlagen. Lebhaft hob er das japanische MG auf.
»Du willst es mit zurücknehmen?« fragte er Lucas, ohne eine Antwort zu erwarten. »Na schön, ich werde mir das Ding auf die Schulter laden.«
»Richtig, Brody, du trägst es den ganzen Weg zurück.« Brody wurde es klar, daß er zu weit gegangen war. »Und ich will kein Gejammer hören«, fügte Lucas hinzu.

Der Spähtrupp kehrte um. Es war heißer, feuchter als zuvor, und es begann wieder zu regnen. Die Soldaten arbeiteten sich mühsam durch einen Morast vor, und die Filipinos schwankten hinter ihnen her; sie trugen Luiz' Leichnam, den toten Partisanen, an eine Stange gebunden. Nun waren es die Amerikaner, die es eilig hatten und das verseuchte Gebiet so rasch wie möglich verlassen wollten, während die Filipinos, keuchend unter der Anstrengung, einen Toten an einer schweren Stange zu tragen, von Zeit zu Zeit gezwungen waren, stehenzubleiben.

Brody marschierte wütend drauflos. Das japanische Maschinengewehr wog mindestens zwanzig Pfund. Zusammen mit dem

Gewicht seiner eigenen Ausrüstung war dies eine unangenehme, zusätzliche Belastung. Es schien auch keine Möglichkeit zu geben, das MG richtig zu tragen. Wie er es auch nahm und sich umhängte, ob er es über einer Schulter, auf dem Rücken oder vor dem Bauch trug, das MG schien nur aus Vorsprüngen, Ausbuchtungen, Spitzen und Kanten zu bestehen. Entweder war es der Kolben, die Mündung oder das Griffstück, die sich ihm ständig zwischen die Rippen, in die Arme und die Schulterblätter bohrten. Und noch schlimmer: Das MG strömte einen widerlichen Geruch aus. Es war der Geruch japanischen Fischtrans und der Geruch von Luiz, der sich das MG angeeignet hatte, ein Geruch nach einem Filipino-Bauern, für Brody eine Mischung aus Büffelmist, Philippinendreck und Filipinofraß, die ranziger Sojasauce nicht unähnlich war. Am allerschlimmsten aber war der Geruch von Luiz' Blut, ein eigentümlich süßlicher, aufdringlicher Geruch, Übelkeit erregend und seiner Nase offenbarend, daß das Blut noch nicht völlig getrocknet war. Es war der Geruch eines Mannes, der tot war, und er vermischte sich mit dem Fischtran, der Sojasauce und dem beträchtlichen Gestank von Brodys eigenem Körper und Brodys eigenen schweißdurchtränkten Sachen, bis er glaubte, er werde noch durchdrehen. Der Geruch war überall; er lagerte in seinen Lungen und wirbelte durch seine Nasenlöcher zurück. Sein Schweiß berührte das MG und schien dabei neue, noch unangenehmere Gerüche freizusetzen. Brody verbohrte sich in seinen Zorn. Es war sein Glück, dachte er verschwommen, daß er einen Mann wie Lucas zum Feldwebel hatte; es war sein Glück, einem so dummen Haufen anzugehören, daß der dümmste aller Filipinos und auch der listigste unter ihnen sie hereinlegen konnte, oder richtiger, sie überall hinführen, sie zu einem Marsch von fünf Meilen bewegen konnte, wozu, für nichts und wieder nichts, nur um den Filipinos als Schutz zu dienen, damit diese einen ihrer eigenen Leute zurückbringen konnten, einen Mann, der blöde genug gewesen war, in der Nacht hinauszugehen und sich abknallen zu lassen. Brody war davon überzeugt, es handele sich um eine abgekartete Sache. Alles zielte nur darauf hin, ihn das MG tragen zu lassen. Für ihn verwandelte sich der Geruch in Luiz, er verfluchte das MG beim Marschieren, redete dabei zu Luiz und sagte ihm, er halte ihn für einen völlig nichtsnutzigen Gook, während er das MG von sich abhielt, da es ihm gegen die Rippen schlug und das Brustbein wund stieß. Trau einer den Gooks, trau einer den Gooks, trau einer diesen elenden Gooks, wiederholte er immer wieder von neuem, sagte es schneller und schneller, wie eine Beschwörungsformel, um sich in seiner Erbitterung und der zunehmenden Erschöpfung davor zu bewahren, in Tränen kindlicher Wut auszubrechen. Der Marsch zurück war ungewöhnlich lang. Die Filipinos trotteten mühsam vorwärts und keuchten unter ihren Anstrengungen, ließen die Stange fallen, sobald die Amerikaner ausruhten, nahmen sie wieder auf und liefen in ihrem orientalischen Zuckeltrab weiter, wenn die Amerikaner wieder aufbrechen wollten. Als sie aus dem Dschungel traten, überquerte der Spähtrupp die Felder in Richtung auf das Dorf der Filipinos, auf Panazagay zu. Die Sonne dörrte sie aus, der Regen durchnäßte sie, und die Sonne trocknete sie wieder. Die Hitze durchtränkte ihre Sachen mit dem Schweiß ihrer Körper. Brody taumelte, die Filipinos taumelten, und die anderen schleppten sich mit letzter Kraft weiter, die Sonne briet die Erdkugel, über die sie hinzogen. Und wie das MG stank! Brody hätte es kaum noch etwas ausgemacht, wären sie in einen japanischen Hinterhalt geraten. Er hätte sich zu Boden geworfen und es den anderen überlassen, sich darum zu kümmern. Er gab sich nicht einmal die Mühe, aufzublicken. Er schwankte nur dreißig oder vierzig Schritte weiter und holte dann das letzte aus seinen Lungen heraus, indem er zehn oder fünfzehn Schritt lief, um den letzten Amerikaner wieder einzuholen. Auf die Filipinos hinter sich achtete er nicht. Er dachte an alles mögliche. Durch die Abgestumpftheit, die ihn bei diesem Marsch befiel, konnte er sich nicht von der Vorstellung befreien, daß er einen Toten in seinen Armen trug. Einen Mann, der völlig tot war. Er hatte tote

Männer ganz und tote Männer zerfetzt und verstümmelt gesehen, aber dies war der erste Tote, der für Brody völlig tot war, und das erfüllte ihn mit Furcht. Er war nicht weit vom Wahnsinn entfernt. Es schien fast, als trage Luiz ihn und als sei er – Brody – derjenige, der gestorben war. Was bedeutete das? Er hatte den Tod so oft gesehen, daß der Tod das Eine war, das ihm absolut nichts mehr bedeutete. Nur nicht in diesem Augenblick. Er verklebte ihm seine Poren. Zum heißen Schweiß, den die Sonne hervortrieb, fügte er nun den kalten Schweiß seiner Gedanken. Brodys gequälte Nerven hätten sich nur durch einen Schrei befreien lassen. »Schweine, die Gooks sind Schweine«, murmelte er laut. »Sie leben wie Schweine.« Und das MG nahm ihn in seine Arme, ein tanzendes Skelett, dessen Totenschädel dicht vor seinem Gesicht hin und her pendelte.

Endlich gelangte der Spähtrupp nach Panazagay, ein Dorf aus Bambushütten auf Pfählen, mit einem schlammigen Weg zwischen den Häusern, keine Straße, keine Geschäfte. Die Filipinos trugen Luiz' Leichnam zu seinem Haus. Es war eine kleine Bambushütte, und sie stand vor der Dorfpumpe. Die Soldaten warfen sich neben der Pumpe zu Boden, tauchten Gesicht und Körper ins Wasser und blieben dann ermattet liegen, zu erschöpft, um zu essen.

Aus der Hütte drang klagendes Schreien. Der Schrei einer Frau, dann das Jammern eines Kindes, dann die lauten Klagerufe mehrerer Frauen und Kinder. Aus allen Hütten des Dorfes kamen nun Menschen hervor, aus allen Richtungen näherten sie sich der Hütte vor der Dorfpumpe und stiegen die Bambusleiter hinauf, die in die Hütte führte. Das Konzert der Klagen schwoll immer stärker an. Die Soldaten lagen am Boden und hörten diese Schreie kaum. Sie waren viel zu erschöpft. Die Laute des Jammers schienen ihnen ebenso fern und unverständlich wie die fremdartige Tonleiter orientalischer Musik. Frauen weinten, Kinder weinten, und aus der Bambushütte flutete der Schmerz mit der Regelmäßigkeit und Eintönigkeit der Meeresbrandung. Nach einer Weile waren die Soldaten ausgeruht genug, um zu essen, und sie kauten lustlos an ihrem harten Käse, dem Zwieback aus den Schachteln und schlürften gleichgültig von ihrem antiseptischen Wasser. Als sie ihre Mahlzeit und die Ruhepause beendet hatten, fühlten sie sich genügend erfrischt, die verweinten Gesichter der Bauern und Bäuerinnen, welche die Bambushütte verließen, mit einiger Neugier zu betrachten. Lucas entschied, es sei an der Zeit, zurückzukehren. Die fünf Mann des Trupps schlossen ihre Koppel, warfen sich die Munitionsgurte um, griffen zu ihren Gewehren und wollten schon aufbrechen. Miguel jedoch hielt sie auf. In gebrochenem Englisch dankte er den Männern des Spähtrupps im Namen von Luiz' Witwe, daß sie ihr den Gatten zurückgebracht hätten, und übermittelte ihnen ihr Bedauern, daß sie sie nicht zum Essen eingeladen habe. Lucas hörte sich diese Rede wie ein Höfling an und erklärte Miguel, er solle ihr ausrichten, die amerikanischen Soldaten seien glücklich, ihr behilflich gewesen zu sein. Die beiden Männer schüttelten sich die Hände, und Lucas klatschte mit der Hand auf den Gewehrkolben, um seine Verlegenheit zu verbergen.

»Sag mal, Miguel«, begann er.

»Sir?«

»Was hat eigentlich diesen Luiz« – er sprach den Namen wie Luise aus – »getrieben, so mir nichts, dir nichts hinauszugehen?«

»Ich nicht wissen, Sir, sehr tapferer Mahnn. Sein Sohn von Jahpanern getötet. Luiz jede Nacht seit Monaten weggegangen.«

Lucas stieß einen Pfiff aus. »Ach, was du nicht sagst.«

»Jawohl, Sir.«

»Tja, ich nehme an, er war in Ordnung«, meinte Lucas. Er winkte Miguel zu und schlenderte mit seinen Leuten zum Dorf hinaus. Sie hatten bis zum Stützpunkt noch einen Marsch von drei Meilen vor sich. Der Weg verlief über die Kuppen kahler, nur von Gras bewachsener Hügel, und die Männer mußten hinauf und hinunter und wieder um die Flanken endloser Bodenwellen herum. Brody ging mit gesenktem Kopf, um Luft ringend, und seine Brust hob sich schwer. Es waren mit die längsten drei Meilen, die er jemals zurückgelegt hatte, und dabei gab es darunter welche, die ihm wirklich lang vorgekommen waren. Als sie ihren Stützpunkt erreichten, warf er sich neben dem MG, das er getragen hatte, auf den Boden und blieb keuchend liegen. Die beiden Männer, die den Tag über Wache geschoben hatten, traten zu ihm, um sich das MG näher anzusehen, aber Brody knurrte sie wie ein Tier an.

»Bildest du dir etwa ein, es gehört dir?« warf ihm einer der beiden vor.

»Ich habe das MG geschleppt, verstanden? Ich sehe es mir auch als erster an.«

Während sich die anderen Männer des Trupps mit Wasser wuschen, das sie aus Zwanzigliterkanistern in ihre Helme laufen ließen, oder Briefe schrieben oder in ihren Löchern schliefen, starrte Brody das MG an. Er wollte gerade anfangen, es zu reinigen, als Lucas herüberkam, um ihm die Beute abzunehmen. Brody war zu müde, um sich lange zu streiten. Gleichgültig ließ er Lucas das MG nehmen und sich, um auszuruhen, in sein Loch fallen.

Brody schlief sofort ein und wurde zur Ausgabe der Abendkost, die ihnen von einem Jeep gebracht wurde, geweckt. Das Essen bestand aus einem warmen Eintopfgericht in einem Thermosbehälter und heißem Kaffee. Er schlang es herunter und schlief erneut ein; er schlief wie ein Betrunkener, der vom Alkohol betäubt ist. Selbst als er mitten in der Nacht geweckt wurde, um auf Wache zu ziehen, war er noch immer müde. Er hockte im MG-Nest und starrte in das Tal hinab. Vom Vollmond beschienen bewegte sich das raschelnde Gras in Wellen von Silberlicht und Schatten. Fünfzehn Minuten lang saß er mit der Hand am Abzug, überzeugt davon, er sehe zwei Männer dicht nebeneinander im Gelände stehen. Dann erwies es sich als ein Pferd, das bis dorthin gewandert war, und obwohl Brody nicht einmal wußte, ob der Partisan Luiz ein Pferd besessen hatte, war er dennoch sicher, daß das Pferd dem toten Filipino gehörte.

Luiz hatte in einer vom Mondlicht beschienenen Talsenke allein gewartet, auf das Auftauchen von Japanern gewartet, um sie aus dem Hinterhalt anzugreifen. Luiz hatte in der Dunkelheit das MG den Pfad entlanggeschleppt, wo sie gerastet hatten, um die Ananas zu essen, und dann saß er ganz allein in einer silbrigen Nacht, nichts weiter zur Gesellschaft als das Schleichen von Tieren und das peinigende Stechen der Insekten. Es schien unmöglich; es schien ... ungeheuer. Wie ein eiserner Dorn drang die Gewalt dieser Erkenntnis in Brodys Bewußtsein ein.

Zum erstenmal hörte Brody wirklich das Weinen der Filipinofrauen. Sie hatten alle um den toten Gook geklagt. Im sicheren Schutz seines MG-Nestes begann Brody zu frösteln. Das alles beunruhigte ihn sehr. Würde er in diesem Augenblick getötet, würden die Männer des Trupps um ihn herumstehen und ihn betrachten. Schließlich würde die Nachricht bis zu den paar Männern durchsickern, die er in anderen Trupps aus anderen Zügen kannte. »Schlimm, was, das mit Brody?« würden sie sagen oder vielleicht würden sie nicht mehr sagen als: »Brody, das war doch der Bursche, der ...?« Der was getan hatte? Brody überkam, als er sich fragte, was er in seinem Leben jemals getan habe, ein unangenehmes Gefühl.

Ihm war zumute, als sei er Millionen Meilen von jedem anderen auf der Welt entfernt. Niemals hatte er in seinem Leben etwas unternommen, was er auch nur im geringsten als ein wenig außergewöhnlich hätte betrachten können, und er konnte sich auch nicht vorstellen, was er tun sollte. Es erfüllte ihn nur das Gefühl, er müsse, bevor er stürbe, noch etwas tun. Man sollte ihn nicht vergessen.

Er dachte an seine Eltern. Sie würden um ihn weinen, aber er wußte nicht mehr, wie sie eigentlich waren. Er glaubte nicht mehr an sie. Da war er, in einer unermeßlichen tropischen Nacht, auf einem kleinen Hügel ganz für sich allein, und niemandem bedeutete er etwas. Luiz' Familie hatte geweint, sie hatte um einen toten Gook geweint. Aber wer würde um Brody weinen?

Es war ungerecht. Er war der ungewissen Eintönigkeit, der langweiligen Arbeit und der schützenden Niedergeschlagenheit, die ihn wie ein Verband eingehüllt hatten, beraubt. Er war nackt, und es war dies eine der erschreckendsten Erfahrungen seines Lebens. Als seine Wache um war, lag Brody auf dem Rücken, und es durchliefen ihn Schauer des Grauens. Die Himmelskuppel über ihm war unendlich und schwarz – wie der Tod konnte sie ihn in sich aufnehmen.
Und doch war am Morgen die Krise überstanden. Seine Nerven hatten sich beruhigt. Brody nahm als einer von vielen seinen Platz im Trupp wieder ein. Er war nichts weiter als einer der sieben Männer, einer, der nicht mehr und nicht weniger redete, seine Briefe schrieb, Karten spielte und wortkarg zu den täglichen Spähtruppunternehmen auszog. Schon bald war ein anderer an der Reihe, sich in seinen Trotz zu verbeißen, mürrisch zu sein und auf wohlmeinende Fragen wütende Antworten auszuspeien.
Brody aber hatte doch nicht ganz vergessen. Von allen Spähtruppunternehmen, an denen er teilgenommen hatte und an denen er sich in den kommenden Monaten noch beteiligen sollte, entsann er sich stets des einen, bei dem sie Luiz gefunden hatten. Als der Feldzug beendet war und das Regiment an einen festen Standort verlegt wurde, um für die bevorstehende Invasion Japans ausgebildet zu werden, geschah es immer wieder, daß Brody zu den ungewöhnlichsten Zeiten an die Bambushütte und an die Pumpe im Dorf zurückdenken mußte. Er erinnerte sich daran, wenn er betrunken war, oder mitten in einem Ausbildungskursus oder einmal sogar auf dem Höhepunkt eines Pokerspiels, als er gerade eine volle Hand gewonnen hatte. In der Nacht, in welcher der Krieg endete, erinnerte er sich an die Patrouille in höchst eigenartiger Weise.
Er und Lucas waren ausgegangen, um sich zu betrinken. Sie waren durch die kleine Filipinostadt geschlendert, in der das Regiment in Garnison lag, und hatten dem Geknatter der Handfeuerwaffen gelauscht, die zur Feier in die Luft abgefeuert wurden.

Sie waren die ganze Zeit umhergewandert, berauscht und doch wie betäubt, unfähig, miteinander zu reden. Beide fühlten sich wie erstarrt.

An der Stadtgrenze gelangten sie in eine kleine Straße, die bei den Kämpfen um die Stadt dem Erdboden gleichgemacht worden war. Alle Häuser aus Holz und Beton waren zerstört, und an Stelle des vertrauten Trümmerhaufens, den der Krieg zurückzulassen pflegt, waren aus Pappkartons, Lattenkisten und verrostetem Wellblech winzige Hütten errichtet worden. In diesen Hütten lebten Filipinos, und aus mehreren drang das Licht einer Kerze, festgetropft in ihrem Halter, und warf einen warmen Schein auf die Vorhänge aus grober Leinwand, die in der Kühle des Augustabends regungslos hingen. Die Hütten erinnerten Brody an eine Barackenstraße am Rande der amerikanischen Stadt, in der er wohnte, und er dachte daran, wie er einmal an einem warmen Sommerabend mit einem Mädchen dort spazierengegangen war. Er versetzte einem Trümmerstück einen Tritt und sagte: »Besinnst du dich noch auf den Gook mit dem japanischen MG?«

»Ja, natürlich«, antwortete Lucas, als hätten beide ihn gut gekannt, »er war ein komischer Kerl.«

»Tja.«

Damit war ihre Erstarrung gewichen. »Erinnerst du dich noch an Newman, wie es ihn bei Aitape erwischt hat?« fragte Lucas.

»Jaja, und Benton.«

»Richtig, Benton«, erwiderte Lucas. Sie schlenderten dahin, sie erinnerten sich. Für Brody begannen sich die beiden Jahre und der Bruchteil einer harten, leeren Zeit, die er auf Inseln im Pazifik verbracht hatte, mit einer Anhäufung kleiner Einzelheiten zu füllen, welche die Erinnerung erträglich machten. Er glaubte, es sei der Alkohol, und er wurde sehr traurig. Er sah alle Männer vor sich, die an all den Ufern, unter all den Kokospalmen, in all den Sümpfen, Dschungeln und Reisfeldern des ganzen fremden Landes, das sie durchquert hatten, gefallen waren, und er hätte um ihretwillen weinen können, wäre Lucas nicht bei ihm gewesen. Er wünschte sich, sie könnten da sein, um an dem Tag, an dem der Krieg endete, die Dämmerung auf den Philippinen einzuatmen. Sie sprachen miteinander, und die Nacht senkte sich über die Trümmer einer philippinischen Stadt; schließlich stellten sie sich in eine Schlange von Soldaten, die auf die Vorführung eines Films in dem großen Zelt der Zeltstadt des Regiments warteten. Niemand vermochte still zu sitzen, und lange bevor der Film vorbei war, gingen Brody und Lucas hinaus in die Nacht und entfernten sich. Sie kauften von einem Filipinohändler eine Flasche, und Brody trank noch mehr Alkohol und taumelte zurück zu seinem Bett. Bevor er in der Nacht des Sieges einschlief, bemerkte er, daß er um Luiz weinte, so heftig weinte wie die alten Frauen in der Bambushütte. Er beweinte Luiz von ganzem Herzen, denn nun war es nicht mehr so unerträglich notwendig, jemand zu finden, der um ihn weinte.

1951

Reklame für »Das Notizbuch«

Diese Geschichte erschien zuerst in The Cornhill, *einer englischen Zeitschrift, und wurde im Leitartikel der Literaturbeilage zur* Times *der gleichen Woche lobend erwähnt, tatsächlich wurden ihr mehr Besprechungszeilen gewidmet, als irgendeiner meiner Romane in den kurzen Kritiken englischer Zeitungen jemals erntete. Andererseits kam ein Mädchen zu mir, nachdem ich mich bei einem Kursus für Schriftsteller, den John Aldridge in der New School vor ein paar Jahren hielt, eingeschrieben hatte, und sagte: »Mr. Mailer! Wie konnten Sie es wagen, Ihren Namen unter diese Kurzgeschichte zu setzen!?«*

Nun, ich weiß es nicht, aber vielleicht hatte sie recht. »Das Notizbuch« wurde in einer Stunde geschrieben, und es steht jedem frei, die Geschichte ernst zu nehmen oder sie für belanglos zu halten. Manchmal glaube ich, daß sie einen jener Augenblicke festhält, die

Menschen zu erleben vermögen, wenn sie zu lange in einen Spiegel blicken und sich bewußt werden, daß das Gesicht, ja, dieses Gesicht das einzige ist, dem sie niemals entfliehen können.

Das Notizbuch

Der Schriftsteller hatte einen Streit mit seiner jungen Geliebten. Sie waren auf dem Weg zu ihr nach Hause, und als die Auseinandersetzung fortdauerte, entfernten sich ihre Körper beim Gehen immer weiter voneinander.
Offensichtlich war die junge Dame die treibende Kraft in diesem Streit. Ihre Stimme wurde ein wenig lauter, Kopf und Schultern bewegten sich zu ihm hin, als wolle sie ihren Worten größeren Nachdruck verleihen, aber dann wandte sie sich höchst verärgert von ihm ab, und ihre Absätze klapperten auf dem Pflaster in gleichmäßigem, straffem Rhythmus, der ziemlich zornig klang.
Der Schriftsteller litt einigermaßen würdevoll. Er setzte einen Fuß vor den anderen, blickte starr geradeaus, sein Gesicht war traurig, und von Zeit zu Zeit lächelte er müde und nickte zu jedem Wort, das sie sagte.
»Ich habe es satt«, rief die junge Dame. »Ich habe es satt, daß du immer den Überlegenen spielst. Warum mußt du eigentlich immer so überheblich sein?«
»Darum«, sagte der Schriftsteller mit so ruhiger Stimme, mit so sanftem Ton, daß seine Antwort auch gelautet haben könnte: »Meine Heiligkeit verleiht mir das Recht, überheblich zu sein.«
»Gibst du mir jemals etwas?« fragte die junge Dame und fand dann selber die Antwort. »Du begrüßt mich nicht einmal richtig. Du bist der kälteste Mann, den ich jemals gekannt habe.«
»Oh, das ist aber nicht wahr«, meinte der Schriftsteller leise.
»Etwa nicht? Alle halten dich für so nett und freundlich, alle außer denen, die dich besser kennen. Jeder, der dich kennt, weiß Bescheid.«

Tatsächlich ließ das den Schriftsteller nicht ungerührt. Er mochte die junge Dame sehr und wollte sie nicht unglücklich sehen. Auch wenn er mit einem anderen Teil seines Gehirns registrierte, wie sie ihre Sätze bildete, so daß das letzte Wort eines Satzes den Anstoß zum nächsten zu geben schien, achtete er dennoch genau auf alles, was sie sagte.

»Bist du da auch ganz gerecht?« fragte er.

»Jetzt endlich verstehe ich dich«, entgegnete sie zornig. »Du willst gar nicht lieben. Du willst nur einfach all das sagen, was man von dir erwartet, und unterdessen all das beobachten, was du dabei empfinden solltest.«

»Ich liebe dich. Ich weiß, daß du mir nicht glaubst«, antwortete der Schriftsteller.

»Eine Mumie bist du. Du bist nichts weiter als eine ... eine ägyptische Mumie.«

Der Schriftsteller war der Meinung, daß die bildhaften Vergleiche der jungen Dame, geriet sie erst einmal in Zorn, bestenfalls ziemlich geistlos seien. »Meinetwegen, dann bin ich eben eine Mumie«, sagte er leise.

Sie warteten auf das Umschalten der Verkehrsampel. Traurig lächelnd stand er an der Bordkante, und die Traurigkeit seines Gesichts war so vollkommen, so geduldig, so überzeugend, daß die junge Dame mit einem leisen Schrei auf die Straße hinausstürzte und auf ihren hohen Absätzen hinüberlief. Der Schriftsteller war gezwungen, ein paar Schritte zu rennen, um sie wieder einzuholen.

»Dein Verhalten ist jetzt so anders«, fuhr sie fort. »Ich bin dir ganz gleichgültig. Vielleicht war das früher nicht so, aber jetzt liegt dir nichts mehr an mir. Wenn du mich ansiehst, siehst du mich in Wirklichkeit gar nicht an. Ich existiere nicht für dich.«

»Du weißt doch, was du mir bedeutest.«

»Du wärst in diesem Augenblick sehr viel lieber woanders. Du magst mich nicht, wenn ich böse werde. Du hältst mich für vulgär. Also gut, dann bin ich eben vulgär. Ich bin für deine emp-

findlichen Gefühle zu vulgär. Ist das nicht ein Jammer? Bildest du dir ein, daß du der Mittelpunkt der Welt bist?«
»Nein.«
»Warum bist du so zornig? Findest du, ich hätte dich heute abend nicht genug beachtet? Es tut mir leid, wenn ich es nicht getan habe. Es ist mir gar nicht bewußt geworden. Ich liebe dich doch.«
»Natürlich liebst du mich, gewiß«, sagte die junge Dame mit einer Stimme, die von so bissigem Spott erfüllt war, daß sie fast weinte.
»Vielleicht würde ich es mir gerne einbilden, aber ich weiß nun Bescheid.« Ihre Gestalt neigte sich im Gehen ihm zu. »Eins will ich dir noch sagen«, fuhr sie verbittert fort, »du kannst anderen so weh tun, wie der grausamste Mensch auf der Welt es nicht vermöchte. Und warum? Ich will es dir sagen. Weil du niemals etwas empfindest und dabei so tust, als sei es der Fall.« Sie konnte ihm ansehen, daß er ihr nicht zuhörte, und sie fragte voller Erbitterung: »Woran denkst du denn jetzt?«
»An nichts weiter. Ich höre dir zu, und es wäre mir lieber, du regtest dich nicht so auf.«
Tatsächlich war der Schriftsteller recht unruhig geworden. Es war ihm gerade ein Gedanke gekommen, den er gern in sein Notizbuch geschrieben hätte, und es bedrängte ihn die Vorstellung, wenn er jetzt nicht das Notizbuch aus seiner Jackentasche zöge und den Gedanken niederschriebe, würde er ihn wahrscheinlich vergessen. Er versuchte, sich den Gedanken mehrfach zu wiederholen, um ihn seinem Gedächtnis einzuprägen, aber das blieb stets ein unsicheres Verfahren.
»Ich rege mich auch auf«, sagte die junge Dame. »Natürlich bin ich aufgeregt. Nur eine Mumie regt sich nicht auf, nur eine Mumie kann immer vernünftig und höflich sein, weil sie nichts empfindet.« Wären sie jetzt nicht so schnell gegangen, hätte sie mit dem Fuß aufgestampft. »Woran denkst du denn?«
»Es ist nicht wichtig«, antwortete er. Er dachte, zöge er jetzt das Notizbuch aus der Tasche und hielte es in seiner Hand, könnte er

vielleicht im Gehen einiges hineinkritzeln. Möglicherweise würde sie es nicht bemerken.

Aber es erwies sich als zu schwierig. So mußte er unter einer Straßenlaterne stehenbleiben. Sein Bleistift bewegte sich rasch in einer nervösen, elliptischen Schrift, während er ihre Anwesenheit neben sich als bedrückend empfand. *Erregte Szene, durch Notizbuch verschärft,* schrieb er. *Junger Schriftsteller, Freundin. Schriftsteller vom Mädchen beschuldigt, Beobachter im Leben zu sein, aber nicht daran teilzunehmen. Hat einen Gedanken, muß ihn ins Notizbuch schreiben. Tut es und treibt dadurch den Streit auf die Spitze. Mädchen bricht darüber Beziehung ab.*

»Jetzt hast du einen Einfall«, murmelte die junge Dame.

»Hmm«, gab er zur Antwort.

»Dieses Notizbuch. Ich habe gewußt, du würdest dieses Notizbuch hervorziehen.« Sie begann zu weinen. »Du bist wirklich nichts anderes als ein Notizbuch«, schrie sie und rannte die Straße entlang, und ihre hohen Absätze machten sich mit unbeschwertem Getrommel auf dem Bürgersteig über ihren Kummer lustig.

»Nein, warte doch«, rief er hinter ihr her. »Warte, ich erkläre es dir.«

Dem Schriftsteller fiel ein, wenn er eine solche Skizze ausführte, ließen sich gewisse Nuancen noch ändern. Vielleicht sollte die Pointe darin liegen, daß der junge Mann sein Notizbuch herauszieht, weil er spürt, dies sei die beste Art, das, was von ihrem Verhältnis noch übrig ist, zu zerstören. Es war ein guter Gedanke. Plötzlich dämmerte es ihm auch, dies sei es vielleicht, was er getan hatte. War es sein Wunsch gewesen, sein Verhältnis zu seiner jungen Geliebten zu beenden? Er dachte darüber nach, stolz auf die Tatsache, daß er vor sich selber keinen einzigen Beweggrund verbergen würde, wie unerfreulich er auch sei.

Es schien jedoch nicht zu stimmen. Er mochte die junge Dame gern, er mochte sie sehr und er wünschte sich auch noch nicht das Ende ihres Verhältnisses. Einigermaßen verwundert stellte er fest, daß sie bereits fast einen Häuserblock entfernt war. Daher begann er, hinter ihr her zu laufen. »Nein, wart doch«, rief er. »Ich erkläre es dir, bestimmt.« Und im Laufen schlug das Notizbuch leicht und warm gegen seinen Körper, ein übermütiger Spielkamerad, stets treu, ihm stets liebevoll ergeben.

1951

Reklame für »Der Mann, der Joga studierte«

Meine Kurzgeschichten hatten keinen allzu großen Erfolg. Sie wurden zwar schließlich hier und dort angenommen, aber es ist schwierig, eine Geschichte unterzubringen, die nicht im Hinblick auf eine bestimmte Zeitschrift geschrieben wurde. Jeder Agent hätte mir das sagen können, aber ich hatte es mehr auf eine Therapie als auf künstlerisches Wirken abgesehen, ich nahm alle meine Kraft zusammen, um zu schreiben – wie ich schon erwähnte, wurde die Zeit nach dem schnellen Versinken von Am Rande der Barbarei, *still wie sie war, vielleicht die schlimmste, die ich jemals erlebt habe. In meinem Geist waren zusammenhanglos Gedanken lebendig, einen langen Roman zu beginnen, aber aus diesen vereinzelten Gedanken wurde sehr wenig, bis eines Abends einige Freunde von mir die Redakteurin einer Zeitschrift für Damenmoden zu einer Party mitbrachten, die ich gab. Ich hatte damals eine Wohnung in der Pitt Street, weit drüben an der unteren East Side unterhalb der Williamsburgh Bridge, eine scheußliche Wohnung, in Panzerschiffgrau renoviert. In dieser Woche wurde gerade »Das Papierhaus« von der Zeitschrift dieser Dame geprüft, und so nahm man von vornherein an, durch unser Zusammentreffen würde die Angelegenheit entschieden. Das geschah auch. Die Frau und ich übten nicht die geringste Anziehungskraft aufeinander aus, und als sie wegging, war es klar, daß die Zeitschrift »Das Papierhaus« nicht bringen würde. Und noch schlimmer, die Frau war so herablassend gewesen. Ich ärgerte mich, in eine solche Situation hineingeraten zu sein und mein Gefühl dafür, wie diese Dinge normalerweise vor sich gehen, so ge-*

trübt zu haben, daß ich mir einbildete, »Das Papierhaus« *könnte in* Mademoiselle *oder* Harper's Bazaar *oder in* Vogue *abgedruckt werden. Man mußte schon den Nobelpreis gewonnen haben, bevor sich eine Modezeitschrift mit einer Hure aus einem Bordell als Heldin abfand.*

Dieser Abend war für mich das Ende vieler unfruchtbarer Monate. Mit Kurzgeschichten und ihren Absatzmöglichkeiten, mit Redakteuren und Agenten war ich nun fertig, und auch mit der Vorstellung, mir meinen Weg zurück als eine Art amateurhafter Literaturpolitiker zu erkämpfen, fertig mit dem Versuch, schlechter zu schreiben, als ich es verstand, anstatt mich lieber auf etwas Umfangreiches vorzubereiten. Am Morgen erwachte ich mit dem Plan für einen Prolog und einen achtteiligen Roman im Kopf, wobei der Prolog der Tag eines kleinen, enttäuschten Mannes sein sollte, eines unbedeutenden verkannten Künstlers. Die acht Romane sollten die acht Phasen seines Traums in der folgenden Nacht sein, die einzelnen Bücher würden sich um die Abenteuer eines sagenhaften Helden, Sergius O'Shaugnessy, drehen, der durch viele Welten reisen würde, durch die Welt des Vergnügens, des Geschäftslebens, des Kommunismus, der Kirche, der Arbeiterklasse, des Verbrechens, der Homosexualität und der Mystik. Um die Form des Romans zu verdichten, wollte ich die Zeit der Handlung verzerren und zersplittern, indem ich viele der handelnden Personen in den einzelnen Büchern erneut auftreten ließ, allerdings auf verschiedenen Altersstufen. Eitel und Elena, zum Beispiel, würden im Hirschpark *fünfundvierzig bzw. fünfundzwanzig sein und Sergius dreiundzwanzig, jedoch in dem späteren Roman über die Arbeiterklasse würde Elena ein siebzehnjähriges Mädchen sein, das seine erste Liebesaffäre mit Sergius hatte, dessen Alter wiederum sich von dreiundzwanzig in vierzig verwandelt haben würde. So sollte die Vergangenheit für den einen die Zukunft des anderen sein.*
Kein anspruchsloser Roman – dazu brauchte man, um ihn richtig zu schreiben, das Sitzfleisch Zolas und den Kopf eines Joyce. Zu-

mindest aber hatte ich meine Niedergeschlagenheit überwunden und verbrachte die schönsten Tage seit vielen Monaten, getrieben von dem Eifer, mit dem ich mir Notizen und nochmals Notizen für meine Gestalten und meine acht Romane machte.

Wenn der Leser sich ein wenig über die napoleonische Zuversicht eines Mannes wundert, der eines Morgens mit der Absicht erwacht, die nächsten fünfzehn Jahre einem so rauhen Abenteuer zu widmen, wie es eine Reise durch die Kunst des Romans darstellt, kann ich ebensogut gestehen, daß ich mit dem Gedanken in die Armee eingetreten war, ich würde nach meiner Entlassung den Roman des Zweiten Weltkriegs schreiben. Wenn mir auch das besondere Glück zuteil geworden war, im Kampf eingesetzt zu werden, wenn ich mich auch den größten Teil eines Jahres hindurch mit der Annahme, ich würde wahrscheinlich fallen, getragen und daher meinen Wunsch vergessen hatte, einen Kriegsroman zu schreiben (was die Ursache dafür sein mochte, daß ich meine Erfahrungen überhaupt sammeln konnte), nun, so war ich doch auf irgendeine Weise am anderen Ende wieder herausgekommen. Als ich alles hinter mir hatte, war ich fähig zu schreiben, und zwar besser als je zuvor. So besaß ich ein großes, wenn auch unberechenbares Zutrauen zu der Größe meiner ehrgeizigen Ziele.

Wenn man mir hier eine Parenthese gestattet, möchte ich einflechten, daß es nicht schwierig ist, einen größeren Kriegsroman zu schreiben – es ist lediglich schwierig, einigermaßen begabte Schriftsteller zu finden, die mit dem Krieg in enge Berührung gekommen sind. Insbesondere während der letzten, überorganisierten Schlägerei wurden Schriftsteller für gewöhnlich in Schreibstuben eingesetzt oder Sondereinheiten zugewiesen. Fast während meines ganzen Aufenthaltes in Übersee mußte ich mich vor einer Karriere als Schreiber der einen oder anderen Kategorie drücken. Jeder Mann in den Streitkräften, der einen guten Intelligenzquotienten aufzuweisen hat, kann sich darauf verlassen, daß seine Karteikarte gezogen wird, sobald irgendwo ein neuer Mann für die Schreibmaschine gesucht wird. Aber es gelang mir, ein einfacher Schütze zu bleiben, und später war ich stolz darauf, daß ich fähig gewesen war, auf Spähtrupp zu ziehen, im Einsatz zu stehen und meinen Arbeitsdienst zu verrichten, ohne dabei die Kraft meines Talents einzubüßen. Das ist nicht so leicht. Wenn es zehn von uns gegeben hat, die gute Kriegsromane über das Kampfgeschehen geschrieben haben, kommen auf diese zehn hundert andere, die im abstumpfenden Rhythmus des Krieges, in seiner Langeweile, seinen Erschütterungen und – niemand möge dies für zu gering erachten – in seiner Ungerechtigkeit ihre Begabung eingebüßt haben. Was mich an Verdammt in alle Ewigkeit *ganz besonders beeindruckt hat, ist die Tatsache, daß Jones wahrscheinlich mehr durchgemacht hatte als ich und zumindest meine Kraft besaß – von allen Romanen, die ich von Schriftstellern meiner Generation gelesen habe, hat kein anderes Buch mich so tief aufgewühlt.*

Aber ich bin von meinem achtteiligen Roman abgekommen, und einige mögen sich fragen, was aus ihm geworden ist. Je tiefer ich in den ersten Entwurf vom Hirschpark *eindrang, desto sicherer wußte ich, daß dieser erste der acht Romane an Unklarheit und gequältem Stil eingehen würde, falls ich nicht die einfacher geknüpfte Handlung wählte, die sich aus meinen Gestalten entwickelte. Der Entschluß, den Plan eines achtteiligen Romans aufzugeben, stellte sich erst ein, nachdem ich den ersten Entwurf vom* Hirschpark *beendet hatte. Das war viele Monate später, und ich hatte nun einen Roman, an dem ich arbeiten konnte, und einen guten Prolog, der als selbständiger Kurzroman dazustehen vermochte, und so war es nicht allzu schwierig einzuräumen, ich sei noch nicht so weit. Aber wie der Leser später in diesem Buch feststellen kann, enthält es ein Fragment von rund dreißig Seiten aus meinem – werden es einmal tausend sein? – aus jenem langen Roman, der mir wieder in den Sinn gekommen ist, ein Nachkomme von* Moby Dick. *Er wird soviel Zeit, Kraft, Geld und Geduld erfordern, daß ich nicht weiß, ob ich das alles aufbringen werde, und so werde ich die getrennten Teile fallenlassen, auf den Traum verzichten und mich an einem bescheideneren Aufstieg auf der Spirale der Zeit versuchen.*

»Der Mann, der Joga studierte« ist der Prolog aus dem früher geplanten Werk, und ich habe ihn in drei oder vier Wochen angestrengter, konzentrierter Arbeit geschrieben, nicht wenig durch das Lob unterstützt – das ich in jenen Tagen gut gebrauchen konnte –, das Lob von Lillian Ross, von Dan Wolf (dem jetzigen Herausgeber der Village Voice*), von meiner Schwester Barbara Alson und von Adele Morales, die später meine zweite Frau werden sollte.*

Die folgende Einleitung wurde der Ballantine-Ausgabe vorangestellt:

> Mein letzter Roman, *Der Hirschpark*, war ursprünglich als erstes Buch eines riesigen achtteiligen Romans gedacht. Die Themen dieser gewaltigen – und schließlich unausführbaren – Idee sind in »Der Mann, der Joga studierte« begraben, einem kurzen Roman, der als Prolog für alle acht Romane geschrieben wurde. Lange bevor ich den *Hirschpark* beendete, hatte ich dieses größere Projekt aufgegeben, und dieser Roman wurde schließlich geschrieben, um für sich ein selbständiges Ganzes zu bilden. Aber es wird, glaube ich, den Lesern, die den *Hirschpark* kennen, auffallen, daß mit gewissen Namen, insbesondere »O'Shaugnessy«, bereits in dem hier abgedruckten Prolog gespielt wird, wie es auch einige Parallelsituationen gibt.
>
> Da »Joga« in seinem Aufbau nicht ganz befriedigend ist (gewisse Abschweifungen und Umwege sind als Teil der fallengelassenen Konstruktion des großen Werkes übriggeblieben), hätte ich es vielleicht umschreiben sollen, um ihm eine klarer gegliederte, innere Geschlossenheit zu verleihen, aber aus Gründen, die wahrscheinlich sentimentaler Natur sind, ziehe ich es in dieser, seiner ursprünglichen Form vor.

Der Mann, der Joga studierte

1

Wäre es nicht nutzlos, würde ich mich vorstellen. Der Name, den ich gestern abend noch hatte, wird heute abend nicht der gleiche sein. Im Augenblick denke ich an Sam Slovoda. Gezwungenermaßen studiere ich ihn, diesen Sam Slovoda, der weder gewöhnlich noch ungewöhnlich ist, nicht jung und doch nicht alt, nicht groß und nicht klein. Er schläft, und daher ist es angebracht, ihn jetzt zu schildern, denn wie die meisten Menschen zieht er das Schlafen dem Nichtschlafen vor. Er ist ein sanfter Mann von angenehmem Äußeren, der gerade vierzig geworden ist. Da sein Schädel oben eine kleine kahle Stelle aufweist, leistet er sich zum Ausgleich die Eitelkeit eines Schnurrbarts. Ist er wach, benimmt er sich im allgemeinen liebenswürdig, jedenfalls Fremden gegenüber; er wirkt freundlich, duldsam und herzlich. Tatsache ist, daß er wie die meisten von uns vor Neid, Gehässigkeit und Schwatzhaftigkeit fast überläuft, ein Mann, der sich darüber freut, andere ebenso unglücklich zu sehen wie sich selber, und dennoch – das ist das Schlimmste, was sich über ihn sagen läßt – ist er ein anständiger Mensch. Er ist besser als die meisten. Er würde es begrüßen, eine gerechtere Welt zu sehen, er verachtet Vorurteile und Sonderrechte, versucht, niemandem zu schaden, und wünscht sich, beliebt zu sein. Ich möchte noch weiter gehen. Er besitzt eine ernsthafte Tugend – er mag sich selber nicht, er wünscht sich, er wäre besser. Er befreite sich gern von Neid, von dem ärgerlichen Zwang, über seine Freunde zu reden, und nur allzu gern brächte er den Menschen größere Liebe entgegen; insbesondere möchte er seine Frau mehr lieben und seine beiden Töchter, ohne die quälende und dennoch unheilbare Vorstellung, sein Leben von ihnen im staubigen Spinngewebe häuslicher Pflichten und der Plackerei um das Geld eingesponnen zu wissen.

Wie oft sagt er sich voller Verachtung, daß er die Grausamkeit eines freundlichen, schwachen Mannes besitze.

Darf ich hier feststellen, daß ich Sam Slovoda eigentlich ganz gern mag; nur bin ich eben von ihm enttäuscht. Er hat zu vieles versucht, aber niemals von ganzem Herzen. Er hat ein ernsthafter Romanschriftsteller sein wollen und sonnt sich jetzt nur noch in diesem Ehrgeiz; er hatte den Wunsch, dieser Welt etwas Bedeutendes zu hinterlassen, und hat es nun, vielleicht nur vorübergehend, zu einem überarbeiteten Textschreiber für Witzblätter gebracht; als er jung war, versuchte er, ein Bohemien zu sein, und hat sich statt dessen eine Frau und eine Familie zugelegt. Von seinem Drang nach mannigfaltigen neuen Erfahrungen kann ich wohl sagen, daß er sich nur noch mit seiner Furcht vor neuen Menschen und ungewohnten Situationen vergleichen läßt.

Dafür ein Beispiel. Gestern schlenderte Sam die Straße entlang, als ihn ein Bettler um Geld anging. Sam bemerkte den Mann erst zu spät; irgendwelchen belanglosen Gedanken nachhängend blickte er erst auf, als ein riesiges Ungeheuer von einem Kerl mit rotem, verzerrtem Gesicht und ausgestreckter Hand vor ihm stand. Sam ist wie so viele andere Menschen: Jedesmal wenn so ein menschliches Wrack ihn um einen Zehner bittet, kommt er sich wie ein Feigling vor, wenn er das Geld hingibt, und schämt sich, tut er es nicht. Dieses Mal dachte nun Sam: Ich lasse mich nicht einschüchtern, und eilte an ihm vorbei. Aber der Bettler ließ sich nicht so einfach abschütteln. »Hab ein Herz, Bruder«, rief er ihm mit seiner Whiskystimme nach, »ich brauche dringend was zu trinken.« Sam blieb stehen und brach in Lachen aus. »Wenn es nur nicht für Kaffee ist, da hast du einen Vierteldollar«, rief er und lachte, und der Bettler lachte auch. »Bist ein Mann nach meinem Herzen«, sagte der Tippelbruder. Sam ging weiter, zufrieden mit sich selber, und dachte an so etwas wie die Gemeinschaft, die zwischen allen Menschen bestehe. Damit machte Sam es sich sehr leicht. Er hätte es besser wissen sollen. Er hätte wissen sollen, daß er sich nur erleichtert fühlte, weil diese Situation einen so guten Ausgang genommen hatte. Obwohl Sam glaubt, daß solche Kerle ihm leid tun, haßt er sie doch in Wirklichkeit. Wer weiß denn, welcher Gewalttat sie fähig sind?

Zu diesem Zeitpunkt gibt es in Sams Leben etwas Hochinteressantes, wenn auch viele sich darüber lustig zu machen pflegen. Er ist dabei, sich psychoanalytisch behandeln zu lassen. Ich selber möchte nicht darüber spötteln. Es hat die ungewöhnlichste Situation zwischen Sam und mir geschaffen. Ich könnte auf Einzelheiten eingehen, aber das wäre vielleicht voreilig. Es ist besser, Sam beim Aufwachen zu beobachten.

Seine Frau, Eleanor, ist seit einer Stunde auf, und sie hat das Fenster geschlossen und vergessen, die Heizung abzudrehen. Im Zimmer ist es erstickend heiß. Sam stöhnt in einem Zustand der Betäubung, der weder Schlaf noch Erholung, ist, öffnet ein Auge, gähnt, stöhnt erneut und liegt gekrümmt da, beengt und in einen Pyjama eingezwängt, der ihm trotzdem zu weit ist. Wie schmerzlich es für ihn ist, sich zu erheben! Gestern abend war eine Party, und heute morgen, Sonntagmorgen, erwacht er mit einem Kater. Ständig ist er am Morgen niedergeschlagen, und der heutige Tag bildet keine Ausnahme. Er befindet sich in einem Zustand abstumpfender, ihm vertrauter Mutlosigkeit, der ihn fast alle Tage befällt.

Draußen schneit es. Schließlich schlurft Sam zum Fenster und öffnet es, um Luft einzulassen. Während der Sauerstoff eines Wintermorgens sein Gehirn klärt, blickt er sechs Stockwerke tief auf das riesige Geviert der Wohnsiedlung Queens hinab, wo er sein Zuhause hat. Mürrisch starrt er den handbreiten Matsch an, der den eintönigen künstlichen Park bedeckt; dieser Park liegt zwischen seinem Wohnblock und einem völlig gleichen Gebäude, keine hundert Schritt entfernt. Wo der Schnee geschmolzen ist, sind die Wege schwarz, und auf dem fast verlassenen Kinderspielplatz schwingt eine Schaukel hin und her, von einem verdrossenen kleinen Jungen gestoßen, der in Überschuhen, mit Schal und Mantel ganz allein zwischen den leeren Bänken spielt. Der

Schnee fällt träge, ein nasser Schnee, der wahrscheinlich in Regen übergehen wird. Mißgelaunt versetzt der kleine Junge auf dem Spielplatz der Schaukel einen letzten Stoß und trottet enttäuscht davon; seine Überschuhe hinterlassen eine kleine Spur wie von einem Tier. In Sams Rücken, in der Vierzimmerwohnung, die er wie ein Blinder kennt, sind nur die Geräusche zu vernehmen, die Eleanor beim Zubereiten des Frühstücks macht.

Nun ja, denkt Sam, Niedergeschlagenheit am Morgen sei eine Phase seiner Analyse, hat Dr. Sergius gesagt.

Oft formt Sam seine Gedanken in solchen Sätzen. Es ist nicht gänzlich seine Schuld. Die meisten Menschen, die er kennt, denken und reden in dieser Weise, und Sam gehört nicht zu den stärksten Menschen. Seine Sprache ist zu der gerade herrschenden Moderichtung verurteilt. Ich habe ihn sanft, fast entschuldigend, folgende Bemerkung über seine Töchter machen hören: »Mein Verhältnis zu ihnen wird noch immer dadurch beeinträchtigt, daß ich mich noch nicht durch alle meine femininen Identifizierungen hindurchgearbeitet habe.« Das Traurigste dabei ist, daß der Satz für Sam einen Sinn ergibt, auch wenn er dem Leser nichts bedeutet. Eine ganze Menge von Betrachtungen, Entdeckungen und Erinnerungen teilen Sam ihre Begriffsinhalte mit. Sie haben für ihn die Bedeutung einer liebgewonnenen Zeile aus einem Gedicht.

Obwohl Eleanor nicht analytisch behandelt wird, redet sie doch ähnlich. Ich habe sie in Gesellschaft äußern hören: »Ach, ihr kennt doch Sam, er glaubt nicht nur, daß ich seine Mutter bin, er wirft mir vor, geboren zu sein.« Wie bei den meisten Frauen kann man auch bei Eleanor damit rechnen, daß sie sich des Jargons ihres Mannes bedient.

Was mich dabei belustigt, ist die Tatsache, daß Sam die Ausdrucksweise anderer Menschen kritisiert. Bei der Party gestern abend unterhielt er sich mit einem Schriftsteller aus Hollywood, einem jungen Mann voller Energie und Begeisterung. Der junge Mann redete etwa folgendermaßen: »Verstehst du, mein Jung-

chen, ich kann jedes Manuskript mit blödsinnigen Einfällen spikken, aber worauf ich mich nicht verstehe, ist Herzeleid. Meine Frau sagt, sie wird mir noch Herzeleid verpassen. Der Haken ist der, daß ich so ein richtiges Leben Marke Solide geführt habe. Ich will damit sagen, ich bin mal oben und mal unten gewesen wie alle Menschen, aber niemals hat es in meinem Leben Gezeter gegeben. Ich wüßte nicht, wie ich Gezeter beschreiben sollte.«
Auf der Fahrt nach Hause hatte Sam zu Eleanor gesagt: »Es ist eine Schande. Ein Schriftsteller sollte etwas Achtung vor der Sprache haben.«
Eleanor antwortete, indem sie Sams Empörung ins Komische verzerrte. »Das mußt du eben verstehen, ich bin ein echter Künstlertyp. Kultur ist für Leute, die Comics schreiben.«
Im allgemeinen finde ich Eleanor reizvoll. Während der zehn Jahre, die sie verheiratet sind, ist sie fett geworden, und ihr dunkles, einst langes Haar ist nun der herrschenden Mode entsprechend männlich kurz geschnitten. Aber das ist nichts weiter als Spitzfindigkeit. Sie besitzt noch immer ihre beste Eigenschaft, eine gesunde Überschwenglichkeit, die in ihren dunklen Augen aufglüht und in ihrem Lächeln erstrahlt. Sie hat schöne Zähne. Sie scheint sich ihres Körpers bewußt zu sein und an ihm Gefallen zu finden. Sam redete sich gut zu, er sollte sich zu seinem eigenen Besten darüber klar werden, wie sehr er sie braucht. Seitdem er psychoanalytisch behandelt wird, hat er entdeckt, daß er aus weit wesentlicheren Gründen als nur aus einem Gefühl der Verantwortung bei Eleanor bleibt. Selbst wenn keine Kinder da wären, würde er wahrscheinlich zu ihr halten.
Unglücklicherweise ist die Sache doch noch komplizierter. Ständig – um ihren eigenen Ausdruck zu verwenden – macht sie ihm Konkurrenz. In den Augenblicken, in denen ich Eleanor nicht mag, ärgert mich ihr Mangel an Aufrichtigkeit. Sie ist zu scharfzüngig, und nicht oft schenkt sie Sam, was er am meisten braucht, nämlich kritiklose Ermutigung, um der Strenge, mit der er sich selber betrachtet, entgegenzuwirken. Wie so viele, die sich

zu diesem Thema klar äußern, wird Eleanor einem erzählen, daß sie dem Schicksal grolle, eine Frau zu sein. So wie sich Sam vom Leben enttäuscht fühlt, ist es auch Eleanor. Sie meint, Sam habe sie um die echte Entwicklung ihrer eigenen Fähigkeiten und ihrer Begabung betrogen, ebenso wie Sam sich betrogen glaubt. Ich nenne sie unaufrichtig, weil sie nicht so wie Sam bereit ist, die Schuld daran bei sich selber zu suchen.
Sam kann natürlich dies alles selber sagen. Die Sache ist nur, daß er es auf etwas andere Weise empfindet. Wie die meisten Männer, die seit zehn Jahren verheiratet sind, ist Eleanor für ihn nicht ganz Wirklichkeit. Gestern abend bei der Party gab es etwa ein halbes Dutzend Menschen, denen er zum erstenmal begegnete, und mit ihnen sprach er angeregt, spürte ihre Reaktionen, empfand den Widerhall bei ihnen, war sich des Lebens in ihnen bewußt, ebenso wie sie des Lebens in ihm. Eleanor hingegen existiert in seinen Nerven. Sie stellt für ihn nur eine ziemlich verschwommene Verkörperung dar, zumeist denkt er an sie in der dritten Person, wie an einen Menschen, vor dem er Dinge zu verbergen hat. Unweigerlich fühlt er sich bei ihr unbehaglich. Es ist zu dumm. Es tut mir immer wieder leid, wenn die Liebe zu jener Pomade aus Zuneigung, Groll, Langeweile und gelegentlichem Mitleid zerschmilzt, was wir bestenfalls zu gewärtigen haben, wenn ein Mann und eine Frau lange Zeit miteinander gelebt haben. Oft genug ist es schlimmer, oft genug nichts weiter als Haß.
Jetzt frühstücken sie, und Eleanor plaudert über die Party. Sie tut so, als sei sie auf ein junges Mädchen in einem trägerlosen Abendkleid eifersüchtig, und tatsächlich braucht sie nicht nur so zu tun. Sam hatte sich betrunken über das Mädchen gebeugt; offensichtlich hatte er sie begehrt. Und doch versucht Sam an diesem Morgen, als Eleanor darauf zu sprechen kommt, verwundert dreinzuschauen.
»Welches Mädchen war es denn?« fragt er ein zweites Mal.
»Oh, du weißt doch, die Hysterische«, antwortet Eleanor, »die, die mit ihrem Milchladen immer vor deinem Gesicht herumstol-

ziert ist.« Eleanor hat ihre eigene Art, Sam gewisse Ansichten aufzudrängen. »Sie ist Charlies neue Freundin.«
»Das habe ich nicht gewußt«, murmelt Sam. »Er schien den ganzen Abend nicht in ihrer Nähe gewesen zu sein.« Eleanor streicht Orangenmarmelade auf ihren Toast und beißt mit sichtlichem Genuß ein Stück ab. »Offenbar sind alle beteiligt. Charles nahm es ganz komisch. Er sagte, er sei zu dem Schluß gelangt, daß die großen Liebesaffären der Geschichte sich zwischen hysterischen Frauen und gleichgültigen Männern abgespielt hätten.«
»Charles haßt Frauen«, erklärt Sam selbstgefällig. »Paß mal auf, fast alles, was er über sie sagt, ist eine einzige Ladung Aggressivität.« Sam hat alle Ursache, Charles nicht zu mögen. Bei einem Ehemann mittleren Alters bedarf es schon eines mehr als mittelmäßigen Charakters, einem Freund zuzustimmen, der unbeschwert von einer Frau zur anderen flattert.
»Zumindest aber entlädt Charles seine Aggressivität«, bemerkt Eleanor.
»Er ist fast ein klassisches Beispiel für den Don-Juan-Komplex. Ist dir einmal aufgefallen, wie masochistisch seine Frauen sind?«
»Ich kenne ein paar Männer, die ebenso masochistisch sind.« Sam nimmt einen Schluck Kaffee. »Warum hast du das Mädchen eine Hysterikerin genannt?«
Eleanor zuckt die Achseln. »Sie ist Schauspielerin. Und ich konnte ihr ansehen, daß sie ein Typ ist, der die Männer verrückt macht.«
»Du solltest nicht so voreilig urteilen«, predigt Sam. »Ich hatte den Eindruck, sie leide unter Zwangsvorstellungen. Vergiß nicht, daß man zwischen den äußeren Abwehrhandlungen und den tiefer wurzelnden Konflikten unterscheiden muß.«
Ich muß zugeben, daß diese Unterhaltung mich langweilt. Sie steht als kleine Kostprobe stellvertretend für die Art und Weise, in der Sam und Eleanor sich zu unterhalten pflegen. Zu Sams Verteidigung vermag ich nichts zu sagen; er war stets von einem gewissen Jargon eingenommen.

Es verblüfft mich immer wieder, wie bereitwillig wir alle möglichen Arten von angeblich schlimmen Geheimnissen über uns selber offenbaren. Wir können den Haß, den wir unseren Eltern gegenüber empfinden, erklären, und wir sind über die Perversionen, zu denen wir neigen, ziemlich erfreut. Wir sind offenbar entschieden stolz darauf, uns selber überlegen zu sein. Kein Motiv ist zu schrecklich, als daß wir es nicht untersuchten. Sobald jedoch jemand auch nur andeutet, wir hätten schlechte Tischmanieren, lodert der Zorn in uns auf. Sam wird allem, was man über ihn sagen mag, zustimmen, vorausgesetzt, es ist genügend ernsthaft gemeint – er wäre der erste zuzugeben, er trage sich mit dem Gedanken, seine Frau zu ermorden. Aber sagt man ihm, er habe Angst vor Kellnern, oder deutet man Eleanor an, sie sei eine Nörglerin, werden beide ziemlich verärgert sein.

Sam hat dieses selber bemerkt. Manchmal kann er den Jargon in seiner Stimme hören, und er verletzt ihn. Und doch scheint er machtlos, seine Gewohnheiten zu ändern.

Ein Beispiel: Er sitzt in einem Sessel und grübelt über das Frühstück nach, während Eleanor abwäscht. Die beiden Töchter sind nicht zu Haus; sie sind über das Wochenende auf Besuch zu ihrer Großmutter gefahren. Sam hatte sie zu diesem Besuch ermuntert. Er hatte sich auf die Freiheit, die Eleanor und er genießen würden, gefreut. Während der letzten paar Wochen schienen die Kinder seine Aufmerksamkeit in geradezu unmöglicher Weise in Anspruch zu nehmen. Doch jetzt sind sie nicht da, und er vermißt sie, er vermißt sogar ihren Lärm. Sam aber kann sich mit der Vorstellung nicht abfinden, daß viele Menschen mit der Gegenwart unzufrieden sind und entweder von der Vergangenheit träumen oder die Zukunft vorwegnehmen. Sam muß dies als eine »Ambivalenz gegenüber menschlichen Qualitäten« bezeichnen. Einmal fühlte er sich sogar bewogen, seinen Psychoanalytiker, Dr. Sergius, zu fragen, ob eine solche Ambivalenz ihn nicht fast zur Vollkommenheit charakterisiere, und Sergius, den ich mir stets wie den Kopf auf einer Münze vorstelle, flach und scharf umrissen – kahler Schädel und Hornbrille – antwortete mit seinem deutschen Akzent: »Aber, mein lieber Mr. Slovoda, wie ich Ihnen schon sagte, wäre ich am glücklichsten, wenn Sie diese psychoanalytischen Lehrbücher aus Ihrer Lektüre ausschlössen.« Unter solchen Vorwürfen kann Sam nur zusammenzucken. Es stimmt ja alles, sagt er zu sich selber, er gehört im Grunde eben zu jenen ehrgeizigen Narren, die sich großer Worte bedienen, wenn es auch mit kleinen getan ist.

2

Während Sam im Sessel sitzt, dringt graues Winterlicht durch die Fenster, und draußen fällt der Schnee. Er sitzt allein in einem modernen Sessel und starrt die in Grau-, Grün- und Beigetönen gehaltene Ausstattung ihres Wohnzimmers an. Bevor sie heirateten, war Eleanor Malerin, und sie hat dieses Zimmer eingerichtet. Es ist sehr hübsch, aber wie viele Ehemänner kann Sam es nicht leiden, verabscheut die Reproduktionen moderner Maler an der Wand, den schmalen, asymmetrisch geformten Couchtisch, der wie eine Spinne auf Drahtbeinen balanciert und auf einer Strohmatte steht. In der Ecke steht das allergrößte Scheusal, der Spielkamerad seiner Kinder, ein Nilpferd von einer Fernseh-Radio-und-Plattenspieler-Truhe mit dem blinden, verunstalteten Gesicht der Bildröhre.

Eleanor hat die Sonntagszeitung in Reichweite seiner Hand gelegt. Sam hat die Absicht, bald an die Arbeit zu gehen. Ein Jahr lang hat er ein- oder zweimal im Monat einen Tag etwas nachgedacht und ein bißchen für einen Roman geschrieben, den er eines Tages hofft anfangen zu können. Gestern abend hatte er zu sich gesagt, morgen würde er arbeiten. Er bringt jedoch jetzt nur wenig Begeisterung dafür auf. Er ist müde, er ist zu niedergedrückt. Das Schreiben für die Comics scheint seine Phantasie zu erschöpfen.

Sam liest die Zeitung, als schäle er eine riesige Banane. Eine Zeitungsseite nach der anderen wird heruntergerissen und auf die

Strohmatte geworfen, bis nur noch der Unterhaltungsteil übrig ist. Mit ruheloser Gereiztheit überfliegt ihn Sam. Die Biographie einer politischen Persönlichkeit dringt mit ihrer schwülstigen Prosa bis in das gigantische Kreuzworträtsel auf der Rückseite hinein. Die Schilderung eines malerischen Winkels der Stadt verliert sich in statistischen Angaben und warnenden Aufsätzen über die Jugendkriminalität und weicht schließlich Photographien des neuen Wohnstils, den einem die Wüstenarchitektur bietet. Sam betrachtet eine Fensterwand im Tiefdruckverfahren, mit einem Josuabaum am Rande eines Schwimmbeckens.

Es folgt ein Artikel über einen Arbeiter. Seine Frau und seine Familie werden geschildert, seine Wohnung, sein Lohn und sein Haushaltsplan. Sam liest eine Beschreibung darüber, was der Arbeiter jeden Abend zu essen hat und wie er jeden Abend der Woche verbringt. Diese Ausführungen sind zielstrebig: Der typische amerikanische Arbeiter muß zwar sein Geld zusammenhalten, aber er lebt trotzdem gesichert und sorgenfrei. Er möchte sein Leben nicht mit einem anderen tauschen.

Sam ist empört. Vor einem Jahr hatte er in dem Versuch, etwas Geld nebenbei zu verdienen, einen ähnlichen Artikel geschrieben. Ziemlich versteckt, so glaubte er wenigstens, hatte er dabei die Ansicht vertreten, der durchschnittliche Arbeiter sei von Unsicherheit verfolgt. Selbstverständlich wurde der Artikel abgelehnt.

Sam wirft den Unterhaltungsteil weg. Solche Augenblicke des Zorns plagen ihn häufig. Sam kann nicht anders; die Unaufrichtigkeit in den Redaktionsstuben, die geebnete, kampflose Welt, die in diesen Artikeln gezeigt wird, macht ihn rasend. Wie zornig er ist – wie zornig und wie hilflos.»Die Taten von Männern und nicht ihre Empfindungen sind es, die Geschichte machen«, denkt er bei sich und lächelt verzerrt. In seinem Wohnzimmer wagt er es, gegen die Windmühlen einer riesigen, mächtigen und heuchlerischen Gesellschaft anzugehen; während seiner Arbeitswoche rackert er sich in einer Redakteurszelle ab, um Raumschiffe, ge-

waltsamen Tod, Frauen mit goldenen Locken und wollüstigen Brüsten zu schaffen, und Männer, die mit den Fäusten handeln und sich in patriotischen Schlagworten ergehen. Ich weiß, was Sam empfindet, während er dort im Sessel sitzt, die Sonntagszeitung um ihn her verstreut, die Zeitung mit ihren Kriegsberichten, ihren Morden, ihren Konferenzen, ihren Vergnügungen und all dem Blendwerk einer wirklichen Welt, die keiner zu begreifen vermag. Es ist entsetzlich enttäuschend. Man weiß nicht, wo beginnen.
Heute betrachtet sich Sam so ziemlich als einen Narren, weil er früher einmal ein Radikaler war. Es liegt kein großer Trost mehr in der Vorstellung, daß die meisten Menschen, die in einer korrupten und auf Erwerb bedachten Gesellschaft Erfolg haben, selber notwendigerweise korrupt sind und daher der eigene Mißerfolg der Preis ist, den man für seinen Idealismus zu zahlen hat. Sam vermag sich nicht mehr an die angenehme Bitterkeit zu erinnern, die in dem Bewußtsein liegt, für seine Grundsätze gelitten zu haben. Sergius setzt ihm deswegen allzu hart zu.
Sie haben in dieser Hinsicht viel miteinander gearbeitet. Sergius ist der Meinung, daß Sams Sorge um den Zustand der Welt stets unecht gewesen sei. Zum Beispiel haben sie bei einer Analysestunde entdeckt, Sam habe den Artikel über den Arbeiter von vornherein so geschrieben, daß eine Ablehnung mit Sicherheit zu erwarten gewesen sei. Denn schließlich hasse Sam die Redakteure; die Annahme eines solchen Artikels würde bedeuten, daß er nicht besser sei als sie, ein mittelmäßiger Mensch. Solange er Mißerfolge zu verzeichnen habe, sehe er sich nicht gezwungen, sich selber zu beurteilen. Daher sei Sam unrealistisch. Er lehne mit seinem Intellekt die Welt ab, und das ermögliche ihm, den unmittelbareren Wirklichkeiten seines gegenwärtigen Lebens nicht ins Gesicht blicken zu müssen.
Sam streitet sich zwar mit Sergius herum, aber das ist sehr schwierig. So sagt Sam: »Vielleicht blicken Sie auf Radikale mit Verachtung herab, weil es bequemer ist, solche Ideen nicht zur

Kenntnis zu nehmen. Würden Sie sich erst einmal für sie interessieren, könnte dies gewisse unangenehme Veränderungen in Ihrem Leben zur Folge haben.«
»Warum«, erwidert Sergius, »halten Sie es für so notwendig, davon auszugehen, ich sei ein Bourgeois, der nur an seiner Bequemlichkeit interessiert ist?«
»Wie kann ich über diese Dinge diskutieren«, sagt Sam, »wenn Sie darauf bestehen, daß meine Ansichten der Ausdruck neurotischer Bedürfnisse sind, während die Ihren nur einen leidenschaftslosen ärztlichen Rat darstellen?«
»Ihnen ist so sehr daran gelegen, mir in unseren Auseinandersetzungen eine Niederlage beizubringen«, entgegnet Sergius. »Würden Sie zugeben, daß es schmerzlich wäre, auf das Bewußtsein der Bedeutung, das Sie durch intellektuelle Diskussionen gewinnen, zu verzichten?«
Ich glaube, Sergius tut seine Wirkung. Sam hat in letzter Zeit oft Gedanken, die ihn vor Jahren abgestoßen hätten. So denkt Sam zum Beispiel im Augenblick, es sei vielleicht besser, das Leben eines Arbeiters zu führen, ein einfaches Leben, und in solchen Bedürfnissen wie Essen und Geld völlig aufzugehen. Dann könnte man glauben, um glücklich zu sein, sei es nur notwendig, mehr Geld, mehr Güter und weniger Sorgen zu haben. Es wäre so schön, denkt Sam wehmütig, wenn man glauben könnte, daß die Quelle des eigenen Kummers nicht in einem selber liegt, sondern der Schuld des Chefs oder der Welt oder einer Pechsträhne zuzuschreiben ist.
Diesen beiläufigen Träumereien hängt Sam ziemlich häufig nach. Er denkt gern an andere Arten des Lebens, die er hätte führen können, und eine äußerst erstaunliche Vielfalt von Tätigkeiten läßt ihn neidisch werden. Es ist ziemlich leicht zu begreifen, warum er sich das Leben eines Direktors mit dem Gefühl einer allmächtigen Befehlsgewalt wünscht, die ein solches Leben mit sich bringen mag, aber im Grunde genommen aus dem gleichen Impuls sehnt sich Sam auch danach, ein Bohemien zu sein, der

in einer ungeheizten Dachstube haust und dessen Leben von einem Tag zum anderen nichts weiter ist als ein elendes Geraufe. Nachdem Sam einmal einen Artikel gelesen hatte, wünschte er sich sogar, Priester zu sein. Etwa zehn Minuten lang dünkte es ihn schön, sein Leben Gott zu weihen. Ich weiß, daß solche Phantastereien weitverbreitet sind. Nur weiß ich auch, und zwar weit besser als Sam, wie ernst es ihm in Wirklichkeit damit ist und welchen wunderlichen und verschlungenen Pfaden seine Phantasie zu folgen vermag.

Das Telephon klingelt. Sam hört, wie Eleanor ihm zuruft, an den Apparat zu gehen. Mit einem Ruck nimmt er den Hörer ab. Es ist Marvin Rossman, ein alter Freund, und Marvin hat ein ungewöhnliches Anliegen. Sie sprechen einige Minuten lang miteinander, und Sam rutscht auf seinem Sessel ein wenig hin und her. Kurz bevor er auflegt, lacht er. »Wieso denn, Marvin, nein, es kommt mir wie ein Abenteuer vor«, sagt er.

Gegen Ende des Gesprächs hat Eleanor das Zimmer betreten. »Worum geht es denn?« fragt sie.

Sam ist offensichtlich ein wenig aufgeregt. Immer, wenn er versucht, besonders gleichgültig zu wirken, hat Eleanor allen Anlaß zum Mißtrauen. »Marvin hat«, antwortet er langsam, »offenbar einen pornographischen Film erworben.«

»Von wem?« fragt Eleanor.

»Er sagte etwas von einem alten Freund von Louise.«

Eleanor lacht. »Ich kann mir nicht vorstellen, daß Louise einen alten Freund mit einem unanständigen Film hat.«

»Menschen sind nun einmal voller Überraschungen«, meint Sam nachsichtig.

»Sag mal«, fragt Eleanor plötzlich, »warum hat er uns denn angerufen?«

»Wegen unseres Projektors.«

»Wollen sie ihn benutzen?« fragt Eleanor.

»Genau das«, antwortet Sam zögernd. »Ich habe sie eingeladen herüberzukommen.«

»Hast du schon mal daran gedacht, daß ich meinen Sonntag anders verbringen möchte?« fragt Eleanor mürrisch.
»Was ist denn schon dabei«, murmelt Sam. Wie die meisten Männer fühlt er sich bewogen, wenn es um Pornographie geht, recht unbekümmert zu tun. »Ich bin irgendwie neugierig auf den Film, das gebe ich zu. Ich habe nämlich nie einen gesehen.«
»Man muß alles einmal ausprobieren, willst du das damit sagen?«
»So ungefähr.« Sam versucht, seine Erregung zu verbergen. Tatsache ist, daß er ebenso wie die meisten von uns von Pornographie fasziniert ist. Sie gehört zu den unbedeutenderen Beschäftigungsarten, aber mehr aus Mangel an Gelegenheit als aus anderen Gründen. Ein- oder zweimal hat Sam eine Sammlung von Aktphotographien gekauft, wie sie in fragwürdigen Buchhandlungen angeboten werden, und hat sie schuldbewußt und erregt in der Wohnung versteckt.
»Ach, das ist aber dumm«, sagt Eleanor. »Du wolltest doch heute arbeiten.«
»Ich bin gerade nicht in Stimmung.«
»Ich werde was zu essen machen müssen«, beklagt sich Eleanor.
»Haben wir denn genug Alkohol?«
»Wir können Bier besorgen.« Sam macht eine Pause. »Alan Sperber und seine Frau kommen auch.«
»Sam, du bist ein Kind.«
»Eleanor«, sagt Sam und beherrscht seine Stimme, »wenn es dir zuviel Mühe macht, kann ich ja den Projektor auch hinüberbringen.«
»Eigentlich müßte ich dich dazu zwingen.«
»Bin ich ein solcher Idiot, daß ich dich erst um Erlaubnis bitten muß, bevor ich Freunde einlade?«
Eleanor ahnt, daß Sam, wenn er sich gehen ließe, in Pornographie ertrinken könnte. Sie ist recht verärgert über ihn, aber es fiele ihr nicht im Traum ein, Sam zu erlauben, den Projektionsapparat zu Marvin Rossman hinüberzubringen, wo er sich den Film ohne sie ansehen könnte – das erscheint ihr auf unerklärliche Weise

gefährlich. Außerdem möchte sie ihn ebenfalls sehen. Die Mutter in Eleanor ist davon überzeugt, daß er ihr nicht schaden kann. »Na gut, Sam«, sagt sie, »aber du bist trotzdem ein Kind.« Genauer gesagt, ein Halbwüchsiger, entscheidet Sam. Seit Marvins Anruf verspürt Sam die freudige Erregung eines Halbwüchsigen, der sich im Badezimmer einschließt. Analkomplex, denkt Sam mechanisch.

Während Eleanor hinuntergeht, um Bier und Aufschnitt in einem Lebensmittelgeschäft zu kaufen, holt Sam den Projektor hervor und beginnt, ihn zu säubern. Er geht dabei alles andere als systematisch vor. Er weiß, daß der Apparat in Ordnung ist, denn er hat erst vor ein paar Wochen Filme von Eleanor und seinen Töchtern vorgeführt, aber von dem Augenblick an, als Eleanor die Wohnung verlassen hat, wird Sam von dem unruhigen Gefühl verfolgt, die Projektionslampe könnte ausgebrannt sein. Kaum hat er sie überprüft, macht er sich Sorgen um den Motor. Vielleicht müßte er geölt werden, und er durchwühlt auf der Suche nach einer Ölkanne eine Schublade mit Werkzeug. Es ist lächerlich. Sam weiß, daß er nur versucht, die Reaktionen, die sich bei Sergius einstellen werden, aus seinen Gedanken zu verdrängen. Sergius wird alle Gründe, die Sam hatte, um diesen Film zu sehen, »durcharbeiten« wollen. Na schön, sagt sich Sam, denn er weiß von vornherein, was dabei zum Vorschein kommen wird: Beziehungslosigkeit, der Wunsch, Eleanor nicht als sexuelle Partnerin zu haben, ein Ausweichen vor der Verantwortung, usw., usw. Zum Teufel mit Sergius. Sam hat noch nie einen unanständigen Film gesehen und er möchte es unbedingt.

Er muß über sich selber lachen. Er weiß, er könnte nicht nervöser sein, wenn er gerade mit einer Frau schlafen wollte, die er niemals zuvor berührt hat. Es ist wirklich eine Schande.

Als Eleanor zurückkehrt, hält sich Sam in ihrer Nähe auf. Ihr Schweigen bedrückt ihn. »Ich nehme an, sie werden bald hier sein«, sagt Sam.

»Wahrscheinlich.«

Sam weiß nicht, ob er sich über Eleanor ärgert oder sich davor fürchtet, daß sie ihm böse ist. Sehr zu seiner Überraschung umschlingt er sie und hört sich selber sagen: »Vielleicht heute abend, wenn sie gegangen sind ... ich meine, wir haben die Wohnung für uns allein.« Weder schmiegt sich Eleanor an ihn, noch rückt sie von ihm ab. »Es ist nicht wegen des Films, Liebling«, fährt Sam fort, »ich schwöre es dir. Meinst du nicht, wir könnten vielleicht ...«
»Vielleicht«, sagt Eleanor.

3

Die Gäste sind da, und es wäre ganz gut, auch über sie ein paar Worte zu sagen. Marvin Rossman, der den Film mitgebracht hat, ist Zahnarzt; es wäre allerdings richtiger, ihn als einen gescheiterten Arzt zu bezeichnen. Rossman steckt voll statistischer Angaben und sonstiger Informationen über die Pfuscherei der Ärzte, und diese Dinge berichtet er mit seiner verdrießlichen Stimme, die ihm zur Gewohnheit geworden ist, einer so trägen, so traurigen Stimme, daß in ihr das Humorvolle seiner Bemerkungen fast untergeht. Oder vielleicht bringt gerade das seine besondere Art von Humor hervor. In seiner Freizeit ist er Bildhauer, und wenn man Eleanor Glauben schenken darf, fehlt es ihm nicht an Begabung. Oft versuche ich, ihn mir vorzustellen, wie er in seinem gemieteten Dachatelier arbeitet, seine große, knochige Gestalt ein Bild der Niedergeschlagenheit. Er preßt ein Stück Ton auf das Gerüst, knetet es traurig mit seinem Daumen und zuckt die Achseln: Er glaubt nicht, daß er etwas von Wert schaffen könnte. Als er mit Sam am Telephon sprach, war er auch dem Film gegenüber, den sie sehen sollten, pessimistisch. »Er kann nichts taugen«, erklärte er mit seiner melancholischen Stimme. »Ich weiß, er wird eine Enttäuschung sein.« Ebenso wie Sam trägt er einen Schnurrbart, aber Rossmans hängt an den Enden herunter.

Alan Sperber, der mit Rossman zusammen gekommen ist, ist für die Slovodas Gegenstand einiger Neugier. Er ist nicht unbedingt weibisch: Er ist ein schwerer, untersetzter Mann, aber seine Stimme ist zu sanft, seine Bewegungen sind zu geziert. Er ist herzlich und doch zimperlich zurückhaltend; reizbar und doch sanft; er erzählt gern lange, ziemlich affektierte Geschichten, hat ständig eine neue bereit, trägt aber sonst nur wenig zur allgemeinen Unterhaltung bei. Als Rechtsanwalt scheint er eine Niete zu sein. Man kann sich nicht vorstellen, daß er einem Mandanten Vertrauen einzuflößen vermöchte. Er gehört zu jenen dicken, rosigen Männern, die mit vierzig jungenhaft wirken, und die Fliegen und die grauen Flanellanzüge, die er trägt, lassen ihn nicht erwachsener erscheinen.

Roslyn Sperber, seine Frau, war früher Lehrerin; sie ist eine zurückhaltende, nervöse Frau, die jedoch in betrunkenem Zustand eine ganze Menge redet. Normalerweise ist sie ganz nett und hat nur eine Gewohnheit, die in gewissem Grade störend wirkt. Es ist nur ein kleiner Fehler, aber das gesellschaftliche Leben ähnelt der Ehe darin, daß Gewohnheiten von entscheidenderer Bedeutung sind als Laster oder Tugenden. Diese Gewohnheit, von der die Freunde der Sperbers so unangenehm berührt sind, ist Roslyns gesellschaftliche Anmaßung. Vielleicht sollte ich eher von intellektueller Anmaßung sprechen. Hat sie Gäste, benimmt sie sich, als habe sie einen Salon, und mit ihrer vogelartigen Stimme zwingt sie ihre Besucher, noch ein intellektuelles Appetitbrot zu sich zu nehmen. So erklärt sie:»Ihr müßt euch Sams Ansichten über den Weltmarkt anhören«, oder:»Hat euch Louise schon von ihrer Ehescheidungsstatistik erzählt?« Es ist fast rührend, denn sie möchte so gern, daß sich alle wohlfühlen. Ich habe gesehen, wie sich auf ein scharfes Wort von Alan hin ihre Augen mit Tränen füllten.

Marvin Rossmans Frau, Louise, ist in ihren Ansichten ein wenig schroff und allzu bestimmt. Sie arbeitet als Fürsorgerin und äußert sich mit größter Entschiedenheit, sobald sich das Gespräch jenen Gebieten zuwendet, auf denen sie sachverständig ist. Sie ist ein großer Gegner der Psychoanalyse und erklärt schonungslos:

»Alles ganz schön und gut für Leute aus dem ober-mittleren Bereich« – sie meint damit den gehobenen Mittelstand, – »aber es gehört schon mehr dazu als nur eine Couch, um die Probleme all der Leute zu lösen ...«, und dann folgen Ausführungen über Rauschgiftsüchtige, Jugendkriminalität, Psychosen, die Verteilung der Unterstützungsgelder, Elendsquartiere und andere Schilderungen unerfreulicher Zustände in unserer Zeit. Alle diese Kategorien zählt sie mit seltsamem Genuß auf, mit einer Art Vorfreude. Man könnte denken, sie bestelle sich ein Menü. Sam mag Marvin gern, aber Louise kann er nicht leiden. »Man glaubt, sie hätte die Armut entdeckt«, beklagte er sich einmal Eleanor gegenüber.
Die Slovodas fühlen sich den Rossmans und Sperbers überlegen. Würde man in sie dringen, könnten sie dafür keinen einzigen überzeugenden Grund angeben. Ich glaube, genaugenommen betrachten sich Sam und Eleanor ganz einfach nicht als einer Klasse zugehörig und finden, daß die Sperbers und Rossmans kleinbürgerlich sind. Es fällt mir schwer, ihre Haltung zu erklären. Ihre Gäste empfinden ein ebenso großes Unbehagen und entschuldigen sich ebensooft wie die Slovodas wegen des Geldes, das sie haben, und wegen des Geldes, das sie zu verdienen hoffen. Sie alle machen sich in gleicher Weise Gedanken über fortschrittliche Erziehung und die Methoden, ihre Kinder so aufwachsen zu lassen, daß sie ausgeglichene Menschen werden – tatsächlich diskutieren sie jetzt darüber –, sie betrachten sich als verhältnismäßig frei von sexuellen Vorurteilen oder richtiger gesagt, Sam und Eleanor sind nicht weniger gierig als die anderen. Die Bildung der Slovodas ist auch nicht gründlicher, es fiele mir schwer zu behaupten, daß Sam belesener, besser informiert sei als Marvin oder Alan oder, was das anlangt, Louise. Wahrscheinlich läuft es auf folgendes hinaus: Im Grunde seines Herzens hält sich Sam für einen Rebellen, und es gibt wenige Rebellen, die nicht originelle Gedanken für sich in Anspruch nehmen. Eleanor war früher ein Bohemien und dünkt sich intellektueller als ihre Freundinnen, die nur aufs College gingen und dann geheiratet haben. Louise Rossman pflegte

dies äußerst zutreffend folgendermaßen auszudrücken: »Künstler, Schriftsteller und Menschen aus der schöpferischen Schicht hegen in ihrer Berufsideologie den Glauben, daß sie klassenlos seien.« Eins möchte ich über diese Gesellschaft noch sagen. Sie alle sind die hemmungslosesten Heuchler. Sie sind durch halb New York geeilt, um sich einen pornographischen Film anzusehen, und sind im Augenblick nicht im geringsten aneinander interessiert. Die Frauen kichern wie Kinder, die man kitzelt, über Bemerkungen, die gar nicht so komisch sein können. Und dennoch sind sie alle entschlossen, anstandshalber noch eine ganze Weile zu reden. Immerhin müssen es ernsthafte Gespräche sein. Einmal hat Roslyn gesagt: »Ich komme mir so komisch vor, wenn ich daran denke, mir einen solchen Film anzusehen«, und die anderen sind über ihre Bemerkung hinweggegangen. Im Augenblick spricht Sam über Wertmaßstäbe. Ich möchte hier noch bemerken, daß Sam Gespräche liebt und förmlich aufblüht, wenn er sich des langen und breiten über eine Idee auslassen kann.

»Worin bestehen heute unsere Wertmaßstäbe?« fragt er. »Es ist doch wirklich phantastisch, wenn man es sich einmal genauer überlegt. Nehmt irgendeinen begabten jungen Mann, der jetzt das College verläßt.«

»Zum Beispiel mein jüngerer Bruder«, wirft Marvin mürrisch ein. Er streicht sich mit seiner knochigen Hand über seinen traurigen Schnurrbart, und diese Bemerkung hat nun etwas Belustigendes an sich, als habe Marvin gesagt: »O ja, du hast mich an all die Mühsal, die Sorgen und die Pflichten erinnert, die mein fabelhafter jüngerer Bruder mir aufbürdet.«

»Gut, nehmen wir ihn«, sagt Sam. »Was will er denn werden?«

»Er will gar nichts werden«, antwortet Marvin.

»Das behaupte ich ja«, erklärt Sam erregt. »Anstatt in bestimmten Berufen arbeiten zu wollen, möchten die besten dieser jungen Leute am liebsten gar nichts tun.«

»Alan hat einen Vetter«, wirft Roslyn ein, »der schwört, er würde eher Geschirr spülen als Geschäftsmann werden.«

»Wäre das nur wahr«, unterbricht Eleanor. »Mir scheint, daß sich heutzutage alle immer mehr dem Konformismus hingeben.« Darüber streiten sie sich eine Weile. Sam und Eleanor stellen fest, das Land kranke an einer Hysterie; Alan Sperber widerspricht ihnen und erklärt, es handele sich da lediglich um eine Spiegelung der Schlagzeilen; Louise behauptet, es gebe kein hinreichendes Kriterium, um Hysterie zu beurteilen; Marvin aber sagt, er wisse überhaupt nichts.

»Es werden in unserer Zeit bereits greifbarere Gewinne auf dem Gebiet der Freizeit erzielt«, fährt Alan fort, »als ihr es für möglich haltet. Betrachten wir doch nur einmal die Neger ...«

»Ist der Neger etwa weniger milieugestört?« ruft Eleanor leidenschaftlich.

Sam führt die Unterhaltung auf sein Ausgangsthema zurück.

»Die Wertmaßstäbe der jungen Leute von heute, und unter jungen Leuten verstehe ich die Besten dieser Schicht, diejenigen, die Ideen haben, stellen eine einzige Reaktion der Gleichgültigkeit auf unsere Kulturkrise dar. Tatsächlich steht dahinter Verzweiflung. Sie wissen nur, was sie nicht tun wollen.«

»Das ist auch einfacher«, meint Alan nachsichtig.

»Das ist durchaus kein ungesunder Zustand«, fährt Sam fort. »Im Gegenteil, dadurch werden die Selbstgefälligkeit und die falschen Werte der Vergangenheit korrigiert, aber diese Einstellung hat neue falsche Werte geschaffen.« Er hält es für richtig, dies noch zu unterstreichen. »Falsche Werte scheinen stets weitere falsche Werte zu erzeugen.«

»Definiere deine Begriffe genauer«, sagt Louise, die Wissenschaftlerin.

»Ich meine es so«, antwortet Sam, »es gibt keine Auflehnung, auch keine Unterwerfung. Die jungen Leute wollen nicht heiraten und ...«

Eleanor unterbricht ihn. »Warum sollte sich ein Mädchen Hals über Kopf in die Ehe stürzen? Es verliert dadurch jede Möglichkeit, sich zu entwickeln.«

Sam zuckt die Achseln. Nun reden sie alle auf einmal. »Die jungen Leute wollen nicht heiraten«, wiederholt er, »aber sie wollen auch nicht nicht heiraten. Sie lassen sich lediglich treiben.«
»Es ist dies ein Problem, dem in zehn Jahren unsere eigenen Kinder gegenüberstehen werden«, sagt Alan, »obwohl ich glaube, Sam, daß du die Sache übertreibst.«
»Meiner Tochter«, erklärt Marvin, »ist es peinlich, daß ich Zahnarzt bin. Es ist ihr sogar noch peinlicher als mir.«
Sie lachen.
Sam erzählt eine Geschichte von seiner Jüngsten, Carol Ann. Er hatte eine Auseinandersetzung mit ihr, und sie ist in ihr Zimmer gegangen. Sam ist ihr gefolgt und hat sie durch die Tür gerufen.
»Keine Antwort«, sagt Sam. »Wieder habe ich gerufen, ›Carol Ann‹. Ich war ein bißchen besorgt, versteht ihr, denn sie schien mir so verstört, und so sagte ich zu ihr: ›Carol Ann, du weißt doch, daß ich dich liebe.‹ Und was glaubt ihr, gibt sie mir zur Antwort?«
»Was?« fragt Roslyn.
»Sie hat gesagt: ›Vati, warum bist du so stürmisch?‹«
Nun lachen alle wieder. Hier und da ein Gemurmel, wie gescheit, so etwas zu sagen. In dem Schweigen, das folgt, beugt sich Roslyn vor und wirft mit ihrer hohen Stimme rasch ein: »Du mußt dir von Alan diese wunderbare Geschichte von dem Mann, der Jogi studierte, erzählen lassen.«
»Joga«, verbessert Alan. »Sie ist zu lang zum Erzählen.« Aber die Gesellschaft setzt ihm zu.
»Na schön«, sagt Alan mit seiner begütigenden Gerichtssaalstimme, »es handelt sich um einen Freund von mir, er heißt Cassius O'Shaugnessy.«
»Du meinst doch nicht etwa Jerry O'Shaugnessy?« fragt Sam.
Alan aber kennt keinen Jerry O'Shaugnessy. »Nein, nein, hier handelt es sich um Cassius O'Shaugnessy«, sagt er. »Er ist tatsächlich ein ganz außergewöhnlicher Mann.« Alan sitzt schwerfällig in seinem Sessel und spielt an seiner Fliege herum. Sie alle sind

an seine Geschichten gewöhnt, die in einem umständlichen Stil vorgetragen werden und das Bemühen erkennen lassen, einen gewissen weltmännischen, heiter-beschwingten Ton anzuschlagen, worin Alan bestimmt jemand anders nacheifert. Sam und Eleanor schätzen wohl seine Fähigkeit, solche Geschichten zu erzählen, aber sie haben etwas dagegen, daß er dabei so von oben herabredet.

»Man könnte meinen, wir seien ihm unterstellte Geschworene«, hat Eleanor einmal gesagt. »Ich kann es nicht leiden, wenn jemand so von oben herab redet.« Sie verabscheut vor allem, daß Alan stillschweigend davon ausgeht, sein Vorleben, seine soziale Stellung, überhaupt sein ganzes Leben außerhalb dieses Zimmers seien der Position, die er hier einnimmt, bei weitem überlegen.

Eleanor nimmt nun Alans Geschichte etwas von ihrem vielversprechenden Anfang, indem sie bemerkt: »Ja, und dann wollen wir uns den Film ansehen, wenn Alan fertig ist.«

»Pst«, macht Roslyn.

»Cassius war eine ganze Weile vor mir auf dem College«, erzählt Alan, »aber ich hatte ihn kennengelernt, bevor ich mein Examen machte. Von Zeit zu Zeit kam er zu mir rüber und besuchte mich. Ein absolut außergewöhnlicher Mensch. Die erstaunlichste Karriere. Er hat so ungefähr alles angefangen.«

»Mir gefällt es sehr, wie Alan erzählt«, zwitschert Roslyn nervös.

»Cassius war mit Dos Passos und Cummings in Frankreich; er wurde sogar mit Cummings zusammen verhaftet. Nach dem Krieg war er einer der Begründer der Dadaistenschule, und eine Zeitlang war er, wie ich gehört habe, Fitzgeralds Führer auf der Suche nach dem Gold der Cote d'Azur. Er kannte jeden Menschen und unternahm alles. Könnt ihr euch vorstellen, daß Cassius noch vor Ende der zwanziger Jahre das Geschäft seines Vaters geleitet hatte und dann in ein Kloster ging? Man behauptet, er habe T. S. Eliot beeinflußt.«

»Heute würden wir Cassius einen Psychopathen nennen«, bemerkt Marvin.

»Cassius hat sich selber als einen großen Dilettanten bezeichnet«, antwortet Alan, »obwohl vielleicht die russische Konzeption vom großen Sünder, wie sie im neunzehnten Jahrhundert galt, besser zu ihm passen würde. Aber was sagt ihr dazu, wenn ich euch nun erkläre, daß dies erst der Anfang seiner Laufbahn war?«
»Worum geht es eigentlich?« fragt Louise.
»Noch nicht«, sagt Alan und hebt eine Hand. Er scheint durch sein Benehmen andeuten zu wollen, daß er sich nicht verpflichtet fühlt fortzufahren, wenn seine Zuhörer für die Geschichte kein Verständnis aufbringen. »Im Kloster studierte Cassius Marx. Er brach seine Gelübde, trat aus der Kirche aus und wurde Kommunist. Die ganzen dreißiger Jahre hindurch spielte er eine große Rolle in der Partei, ging nach Moskau und war in alle Parteikämpfe verwickelt. Erst während der Prozesse in Moskau reiste er ab.«
Während Alan solche Geschichten erzählt, hat sein Benehmen etwas Weibisches an sich. Beim Sprechen streichelt er sich flüchtig die Hand, und er erwähnt Namen und Orte mit einer trägen Verspieltheit in der Stimme, als wolle er dadurch zu verstehen geben, daß es seinen Zuhörern und ihm vor allem auf Nuancen ankomme. Die Geschichte, wie Alan sie erzählt, wird allzu sehr in die Länge gezogen. Hier mag genügen, daß Cassius O'Shaugnessy, der Mann, von dem er erzählt, Trotzkist wird, dann Anarchist und schließlich während des Zweiten Weltkrieges Pazifist, weshalb er ihn in einer Gefängniszelle erleidet.
»Ich möchte erwähnen«, fährt Alan fort, »daß ich seine Verteidigung übernommen hatte und es mir gelang, ihm zu einem Freispruch zu verhelfen. Stellt euch nur meinen Schmerz vor, als ich erfuhr, er habe seinen anarchistischen Freunden den Rücken gekehrt und lebe mit Gangstern zusammen.«
»Das ist ja unheimlich«, stößt Eleanor hervor.
»Unheimlich, das kann man wohl sagen«, stimmt Alan ihr bei. »Cassius hatte sich irgend etwas eingebrockt und verschwand. Was konnte man auch mit ihm machen? Erst kürzlich habe ich erfahren, er sei nach Indien gegangen und studiere Joga. Tatsäch-

lich habe ich es von Cassius selber gehört. Ich fragte ihn nach seinen Erlebnissen, und er hat mir die folgende Geschichte erzählt.«
Jetzt verändert sich Alans Stimme, er spielt Cassius' Rolle und spricht mit einer aller Erfahrung überdrüssigen Stimme, weise und traurig in ihrem Wissen. »›Ich saß auf meinen Schenkeln und betrachtete meinen Nabel‹, erzählte mir Cassius, ›als ich plötzlich meinen Nabel unter einem ganz anderen Aspekt entdeckte. Mir schien, als ob mein Nabel, wenn ich eine Drehung entgegen dem Uhrzeigersinn machte, sich abschrauben ließe.‹«
Alan blickt auf und betrachtet seine Zuhörer, die nun gespannt und beunruhigt sind, denn sie wissen noch nicht recht, ob jetzt ein Scherz folgt. Alans Daumen und Zeigefinger zupfen in der Mitte seines fülligen Bauches herum, seine Füße sind auf dem Teppich gekreuzt, eine symbolische Geste, die an den auf seinen Schenkeln kauernden Cassius erinnern soll.
»›Mit einem tiefen Atemzug vollzog ich die Drehung, und die Abgründe von Wishtarni taten sich unter mir auf. Mein Nabel hatte sich zu lösen begonnen. Ich wußte, daß ich nunmehr den Lohn für drei Jahre geistiger Versenkung empfing. So‹, sagte Cassius, ›drehte ich noch einmal, und wieder schraubte sich mein Nabel um ein weiteres Stück heraus. Ich drehte und drehte immer weiter‹«, Alans Finger kreisen jetzt auf seinem Bauch, »›und nach einer Weile wußte ich, daß sich mein Nabel bei einer weiteren Drehung für immer lösen würde. Am Rand der Offenbarung tat ich einen süßen Atemzug und drehte meinen Nabel los.‹«
Alan blickt zu seinen Zuhörern auf.
»›Verdammt‹, sagte Cassius, ›da ist mir doch mein Arsch abgefallen.‹«

4

Die Geschichte hatte die Zuhörer in gereizte Stimmung versetzt. Sie war für Alan alles andere als charakteristisch, ein wenig fehl am Platz, nicht gerade ekelhaft, aber ärgerlich und widersinnig.

Sam ist der einzige, der mit etwas mehr als nur verwirrter Höflichkeit lacht, und allen außer Alan und natürlich Roslyn, die das Gefühl hat, als sei sie der Regisseur gewesen, erscheint seine Heiterkeit übertrieben. Meiner Ansicht nach läuft es bei dieser Geschichte auf einen Mangel an gutem Geschmack hinaus. Vielleicht ist Alan aus diesem Grund nicht der Rechtsanwalt, den man bei ihm voraussetzt. Er hat nicht den Instinkt dafür – in seinem Beruf ebenso notwendig wie für einen Schauspieler –, was in jedem einzelnen Augenblick gewünscht wird, ein Gefühl dafür, was eine anregende, aber gemächliche Entwicklung der logischen und gefühlsmäßigen Zusammenhänge fördert, und was nicht. Nur ein Narr würde eine so lange Geschichte erzählen, während doch alle auf den Film warten.

Jetzt treffen sie die entsprechenden Vorbereitungen. Die Männer rücken Sessel zurecht, damit diese in einer Reihe mit der Couch stehen, der Projektor wird aufgestellt und die Leinwand entrollt. Sam versucht zu reden, während er den Film einlegt, aber niemand hört ihm zu. Plötzlich scheinen sie zu begreifen, daß ihnen etwas Entsetzliches zugemutet wird. Man betrachtet Pornographie doch nicht in einem Wohnzimmer mit einem Bierglas in der Hand und in Gegenwart von Freunden. Es handelt sich dabei um einen äußerst unbefriedigenden Kompromiß; man kann weder die Vorzüge einsamer Betrachtung noch die eines gemeinschaftlichen Meinungsaustausches wahrnehmen. Im Grunde handelt es sich hier um das gleiche Entsetzen, das man empfindet, wenn man die Brause aufdreht und mit kaltem anstatt mit warmem Wasser überschüttet wird, während der Körper sich auf Wärme eingestellt hatte. Vielleicht ist das auch der Grund dafür, daß sie nun, da der Film begonnen hat, soviel lachen. Auf der Leinwand zuckt der Titel auf: *Die böse Tat,* dazwischen Schrammen, Löcher und die Staubkratzer, die vom Alter des Films zeugen. Ein Mann und eine Frau sitzen auf einer Couch und trinken Kaffee. Sie unterhalten sich. Was sie sagen, erscheint in Druckschrift auf einer reich mit Blumenornamenten verzierten Karte, die zwischen

belanglosen Gesten, einer zum Munde geführten Tasse, einem Lächeln, dem Anzünden einer Zigarette, eingeblendet wird. Der Mann heißt offenbar Frankie Idell; er spricht mit seiner Frau, Magnolia. Frankie ist dunkelhaarig, er ist finster und flüstert Magnolia, seiner dunkelhaarigen Gegenspielerin, mit verzerrten, vom Schminkstift geschwärzten Augenbrauen etwas zu.
Die Untertitel haben folgenden Wortlaut:

FRANKIE: Sie wird bald hier sein.
MAGNOLIA: Diesmal wird uns das kleine Luder nicht entkommen.
FRANKIE: Nein, meine Liebe, diesmal sind wir vorbereitet.
(Er wirft einen Blick auf seine Uhr.)
FRANKIE: Horch, sie klopft!

Die Aufnahme einer großen, blonden Frau, die an die Tür klopft. Sie ist wahrscheinlich über dreißig, aber ihr kurzes Kleid und ihr Hut mit den Bändern deuten an, daß sie ein fünfzehnjähriges Mädchen darstellen soll.

FRANKIE: Komm herein, Eleanor.

Wie man sich denken kann, brechen die Zuhörer dabei in hysterisches Lachen aus. Es ist ein so wunderbares Zusammentreffen. »Wie gut ich mich an Frankie erinnere«, sagt Eleanor Slovoda, und Roslyn Sperber ist die einzige, die das gar nicht komisch findet. Inmitten des Gelächters der anderen sagt sie mit beunruhigter Stimme, und läßt sich dabei offensichtlich von ihren eigenen Sorgen treiben: »Ob wir den Film in der Mitte anhalten müssen, damit die Birne abkühlen kann?« Die anderen brüllen vor Vergnügen, sie kichern, die Verknüpfung ihrer eigenen Bemerkung mit der Handlung des Stücks macht sie schwach.
Frankie und Magnolia haben sich zu beiden Seiten der Heldin, Eleanor, niedergelassen. Ein Augenblick verstreicht. Plötzlich

fallen sie unbeholfen über sie her. Magnolia küßt Eleanor, und Frankie nimmt eine unzüchtige Liebkosung vor.

ELEANOR: Wie könnt ihr es wagen? Hört auf!
MAGNOLIA: Schrei nur, meine Kleine. Es wird dir nichts helfen. Die Wände sind schalldicht.
FRANKIE: Wir haben uns etwas ausgedacht, um dich dazu zu bringen mitzumachen.
ELEANOR: Das ist entsetzlich. Ich bin bis heute unberührt. Faßt mich nicht an!

Der Untertitel blendet aus. Ein neuer erscheint. Er lautet: *Aber es gibt keine Rettung vor diesem entschlossenen Paar.* Als wieder aufgeblendet wird, entdecken wir Eleanor in einer äußerst mißlichen Lage. Ihre Hände sind gefesselt, in Schlingen festgehalten, die von der Decke herabhängen, und sie kann sich nur in hilfloser Angst vor den entschlossenen und immer kühneren Annäherungen Frankies und Magnolias winden. Sie haben es nicht eilig damit, sie zu demütigen, und genießerisch prüfen sie, was ihnen da geboten wird.

Die Zuschauer lachen nicht mehr. Beklommene Stille hat sich über sie gesenkt. Mit aufgerissenen Augen verschlingen sie die Bilder auf Sam Slovodas Leinwand.

Eleanor ist nackt. Nachdem sie ihr das letzte Stück heruntergezogen haben, umkreisen Frankie und Magnolia sie in einer grotesken Pantomime, die Lippen lüstern aufgeworfen, die Glieder vor Begierde verzerrt. Eleanor fällt in Ohnmacht. Geschickt durchschneidet Magnolia ihre Fesseln. Wir sehen, wie Frankie ihren reglosen Körper wegträgt.

Nun wird Eleanor auf einem Bett festgeschnallt, und der Mann und seine Frau quälen sie mit Federn. Körper winden sich in so komplizierten Stellungen, in so gewagten Kombinationen auf dem Bett, daß sich die Zuschauer vorbeugen – Sperbers, Rossmans und Slovodas –, als fühlten sie sich versucht, die flüchtigen Bilder zu

umfassen. Die Hände zeichnen abstrakte Kreise auf die Leinwand, jähe Stöße und genießerische Pausen vor einem so grell beleuchteten weißen Hintergrund, daß Vertiefungen und Schwellungen, Glied gegen Leib und Mund an Unbeschreiblichem, Spitze einer Brustwarze, Wölbung eines Nabels in riesiger Vergrößerung auftauchen, dahinfließen und in einem taumelnden, schwankenden Sturz versinken und das Auge der Kamera verdecken.
Ein leises Gemurmel, völlig unbewußt, kommt von ihren Lippen. Die Zuschauer bewegen sich selbstversunken im Rhythmus mit, vereinigen sich gierig im Schatten, vergewaltigt und vergewaltigend, von ihrer Phantasie mitgerissen. Am Ende des Films wird Eleanor, die jungfräuliche Hure, vom Bett gelöst. Sie küßt Frankie, sie küßt Magnolia. »Ihr Lieben«, sagt sie, »machen wir es doch noch einmal.« Die Projektionslampe wirft nun ein blendendes, leeres Licht, der Apparat läuft weiter, das Ende des Filmstreifens macht *slap-tap, slap-tap, slap-tap, slap-tap, slap-tap, slap-tap.*
»Stell ihn ab, Sam«, sagt Eleanor.
Aber als das Licht im Zimmer brennt, können sie einander nicht anblicken. »Können wir den Film noch einmal sehen?« murmelt jemand. Und so klopft Eleanor nochmals an die Tür, wird gefesselt, entehrt, geschändet und in leidenschaftliche Verzückung versetzt. Jetzt beobachten sie ganz nüchtern, und im Zimmer ist es schwül von der Erregtheit ihrer Körper, die Dunkelheit ein Balsam für den orgiastischen Anblick. In den *Hirschpark,* denkt Sam, in den *Hirschpark* Ludwigs XV. wurden die schönsten Jungfrauen Frankreichs gebracht, und dort blieben sie, in märchenhafte Seide gekleidet, parfümiert und mit Perücken geschmückt, ein Schönheitspflästerchen auf der Wange, Damen der Lust, die auf die Lust des Königs warteten. So hatte Ludwig ein Reich ausgeplündert, eine Schatzkammer an den Rand des Bankrotts gebracht und eine Sintflut vorbereitet, während an Sommerabenden die Mädchen in seinem Garten ihre Auftritte hatten, Abbilder der bösen Tat des achtzehnten Jahrhunderts, schöne Werkzeuge der Lust eines einzigen Mannes, unzüchtige Spiegelung der Macht

eines Königs. In jenem Jahrhundert trachteten die Männer nach Reichtum, um seine Früchte zu genießen; in der heutigen Zeit gelüstet es die Männer nach Macht, um noch mehr Macht anzuhäufen, nach einem Zusammentragen von Macht zu Pyramiden aus Abstraktionen, dessen Ergebnis in Geschützen und Drahtverhauen besteht – Stützen der Statistik für jene Männer, die die Könige dieses Jahrhunderts sind und in der Freizeit, die ihnen die Macht läßt, nichts weiter tun, als in die Kirche zu gehen, zu behaupten, ihre Frauen zu lieben und vegetarisch zu essen.

Ist es möglich, fragt sich Sam, daß alle hier Anwesenden, zwei Rossmans, zwei Sperbers und zwei Slovodas, sobald der Film beendet ist, sich ihrer Kleider entledigen und selber die Orgie veranstalten, die ihre Begierde in tiefstem Grunde aufrührt? Sie werden es nicht tun, das weiß er, sie werden Witze machen, sobald der Projektor weggestellt ist, sie werden sich auf die kalte Platte stürzen, die Eleanor auftragen wird, und noch mehr Bier hinunterstürzen – und er mit ihnen. Er wird der erste sein, der einen Witz reißt.

Sam hat recht. Der Film hat ihm in ungewöhnlicher Weise die Grenzen jedes einzelnen zum Bewußtsein gebracht. Während sie mit roten Gesichtern und starrem Blick dasitzen und Brote mit Schinken, Salami und Zunge verschlingen, beginnt er sie aufzuziehen.

»Roslyn«, ruft er, »ist die Birne schon abgekühlt?«

Sie kann ihm nicht antworten. Sie verschluckt sich am Bier, ihr Gesicht wird glasig, und sie ist hilflos vor Lachen, hinter dem sie sich verbirgt.

»Warum bis du so stürmisch, Vati?« wirft Eleanor rasch ein. Sie beginnen, über den Film zu diskutieren. Als intelligente Menschen müssen sie darüberstehen. Einer wirft die Frage nach den Schauspielern in diesem Stück auf, und erneut setzt die Diskussion ein. »Ich sehe nicht ein«, sagt Louise, »warum es so schwierig sein sollte, sie einzuordnen. Die Pornographie ist eine Aufgabe für kriminelle Elemente und Prostituierte.«

»Nein, du wirst keine gewöhnliche Prostituierte auftreiben, die so etwas tut«, behauptet Sam beharrlich. »Dazu bedarf es einer besonderen Charakterveranlagung.«
»Sie müssen Exhibitionisten sein«, sagt Eleanor.
»Es geht dabei nur ums Geld«, behauptet Louise.
»Ich frage mich, was diese Mädchen wohl empfunden haben«, meint Roslyn. »Sie tun mir leid.«
»Ich wäre gern der Kameramann«, erklärt Alan.
»Und ich wäre gern Frankie«, sagt Marvin traurig.
Auch für die Dauer einer solchen Unterhaltung gibt es eine Grenze. Die Witze verlieren sich in Schweigen. Alle sind mit dem Essen beschäftigt. Als sie wieder zu reden beginnen, geht es um andere Dinge. Jeder Bissen saugt die Erregung auf, die der Film geweckt hat. Sie klatschen über die Party am Abend zuvor, sie reden darüber, welche Männer sich für welche Frauen interessierten, wer sich betrank, wem übel wurde, wer eine unangebrachte Bemerkung machte und wer mit der Freundin eines anderen nach Hause ging. Nachdem dieses Thema erschöpft ist, erwähnt einer von ihnen ein Stück, das die anderen nicht gesehen haben. Bald dreht sich die Unterhaltung um Bücher, ein Konzert und eine Einzelvorstellung eines befreundeten Künstlers. Unweigerlich gerät die Konversation in ein bestimmtes Fahrwasser. Während die Männer von Politik reden, sprechen die Frauen über Moden, fortschrittliche Schulen und Rezepte, die sie versucht haben. Sam beunruhigt diese Spaltung, er weiß, daß Eleanor so etwas nicht mag; er weiß, sie wird sich später über das Bedürfnis der Männer, sich abzusondern, und die tiefe Verachtung beklagen, die sie der Intelligenz der Frauen entgegenbringen.
»Aber du hast ja mitgemacht«, wird Sam erwidern. »Niemand hat dich gezwungen, bei den Frauen zu bleiben.«
»Sollte ich sie denn allein lassen?« wird Eleanor antworten.
»Warum müssen sich denn die Frauen stets absondern?«
»Weil sich die Männer nicht für das, was wir zu sagen haben, interessieren.«

Sam seufzt. Er hat mit Interesse gesprochen, aber in Wirklichkeit ist er gelangweilt. Es sind nette, angenehme Menschen, denkt er, aber sie sind so gewöhnlich, genau von dem Schlag, mit dem er so viele Jahre verbracht hat – harmlose Scherze, ein wenig Klatsch, kleine alltägliche Erlebnisse, ein enger Kreis, in dem jeder den anderen durch seine Gegenwart bemuttert. Die Gebärmutter mittelständischen Lebens, stellt Sam bedrückt fest. Er ist tatsächlich schlechter Stimmung. Alles ist mit Unzufriedenheit geladen. Alan ist zu den Frauen getreten. Er findet, wenn Freunde zu den Sperbers auf Besuch kommen, ein großes Vergnügen daran, besondere Gerichte zuzubereiten, und nun beschreibt er Eleanor, wie man Blaubeereierkuchen macht. Marvin rückt dicht an Sam heran.

»Ich wollte dir noch etwas sagen«, beginnt er, »Alans Geschichte hat mich daran erinnert. Ich habe neulich Jerry O'Shaugnessy gesehen.«

»Wo war er denn?«

Marvin zögert. »Für mich war es ein Schock, Sam. Er arbeitet im Bowery-Viertel. Ich glaube, er ist unter die Weinsäufer gegangen.«

»Er hat immer viel getrunken«, erwidert Sam.

»Tja«, und Marvin läßt seine mageren Knöchel knacken. »Was für eine elende Zeit ist das doch, Sam.«

»Wahrscheinlich wie die Jahre nach 1905 in Rußland«, sagt Sam.

»Aus all dem aber wird keine revolutionäre Partei hervorgehen.«

»Nein«, meint Sam, »nichts wird geschehen.«

Er denkt an Jerry O'Shaugnessy. Wie sah er aus? Was sagte er? Sam fragt Marvin und schnalzt bei der entmutigenden Antwort mit der Zunge. Für ihn ist es wie ein Schlag. Er rückt näher an Marvin heran, er empfindet etwas Gemeinsames. Immerhin haben sie ein paar Jahre miteinander durchgemacht. In den dreißiger Jahren waren sie in der Kommunistischen Partei, miteinander sind sie ausgetreten, heute haben sie die Politik satt, noch immer Radikale aus Gewohnheit, aber ohne jede Begeisterung

für ihre Sache. »Für mich war Jerry ein Held«, sagt Sam. »Für uns alle«, meint Marvin.
Der sagenhafte Jerry O'Shaugnessy, denkt Sam. Früher, in der Partei, hatten sie eine Legende um ihn gewoben. Sie alle mit ihrer Herkunft aus dem Mittelstand und ihrem Verlangen, einen Arbeiterhelden zu kennen.
Ich darf wohl sagen, daß ich Jerry O'Shaugnessy niemals so gern gemocht habe wie Sam. Ich habe ihn für einen selbstgefälligen Angeber gehalten. Sam jedoch in seiner Zaghaftigkeit, in seinem Wunsch zu reisen, Abenteuer zu erleben und viele Frauen kennenzulernen, mußte O'Shaugnessy ja geradezu vergöttern. Zumindest war er von seiner Laufbahn begeistert.
Der arme Jerry, der als Strolch endet. Er war alles gewesen. Trapper in Alaska, Gangsterchauffeur, Offizier in der Fremdenlegion und Gewerkschaftsorganisator. Die Nase war ihm eingeschlagen worden, am Kinn trug er Narben. Wenn er von seinen Jahren zur See oder seinen Erfahrungen in Spanien sprach, lauschten ihm die Stenotypistinnen und Textilarbeiterinnen, die Rundfunkautoren und arbeitslosen Schauspieler, als sei er der Prophet einer neuen Romantik, und ihr Blut geriet im Bann revolutionärer Visionen in Wallung. Ein Mann mit ungeheurem Charme. In jener Zeit war es leicht, seine Eigenliebe mit der Liebe zu allen unterdrückten Arbeitern zu verwechseln.
»Ich glaubte, er sei noch immer in der Partei«, sagt Sam.
»Nein«, antwortet Marvin, »ich erinnere mich, daß man ihn vor ein paar Jahren hinausgeworfen hat. Er soll irgendwelche Gelder verspielt haben, das jedenfalls wird behauptet.«
»Hätte er nur die ganze Kasse genommen«, meint Sam bitter.
»Die Partei hat ihn jahrelang ausgenutzt.«
Marvin zuckt die Achseln. »Sie haben sich gegenseitig ausgenutzt.« Sein Schnurrbart hängt herab. »Ich will dir noch was von Sonderson erzählen. Er ist noch immer in der Partei, weißt du. Der fortschrittlichste Zahnarzt in New York.« Sie lachen.
Während Marvin seine Geschichte erzählt, denkt Sam an anderes.

Seitdem er die Parteiarbeit niedergelegt hat, hat er viel gelesen. Er weiß über Gefängnisse und die Geheimpolizei, politische Morde, die Moskauer Prozesse, die Ausbeutung der Arbeiter bei den Sowjets und die Sonderrechte der Funktionärsclique Bescheid; dies alles ist ihm schmerzlich. Unentschlossen steht er zwischen dem Verlust eines Landes, das er nie gesehen hat, und der Ablehnung des Landes, in dem er lebt. »Ist die Partei heute nicht etwas Entsetzliches?« stößt er hervor.

Marvin nickt. Sie versuchen, den Abstand zwischen Parteimitgliedern, die sie gekannt haben, pathetischen, liebenswürdigen oder lästigen Menschen – ihnen selber nicht unähnlich – und im Gegensatz dazu, die Unermeßlichkeit historischer Logik zu begreifen, deren Entwicklung sich in Totenstatistiken widerspiegelt. »Alles schizoid«, sagt Sam. »Das heutige Leben ist schizoid.« Marvin ist derselben Meinung. Gelangweilt von der Gereiztheit ihrer schwachen Stimmen, sind sie sich schon viele Male darüber einig gewesen, aber immerhin brauchen sie den Trost solcher Klagen. Marvin fragt Sam, ob er seinen Roman aufgegeben habe, und Sam erwidert: »Vorläufig.« Er könne keine Form finden, erklärt er. Er wolle keinen realistischen Roman schreiben, denn die Realität sei nicht mehr realistisch. »Ich weiß nicht, was es ist«, sagt Sam. »Um dir die Wahrheit zu sagen, ich glaube, ich mache mir was vor. Ich werde dieses Buch niemals beenden. Ich möchte mich nur mit dem Gedanken tragen, daß ich eines Tages etwas Gutes schaffe.« Da sitzen sie in freundlicher Niedergeschlagenheit. Die Unterhaltung hat sich abgekühlt. Das Gespräch zwischen Alan und den Frauen ist verstummt.

»Marvin«, fragt Louise, »wie spät ist es?«

Sie sind bereit zu gehen. Sam muß unverblümt das aussprechen, was er nur andeutungsweise hatte erwähnen wollen. »Sag mal«, flüstert er Rossman zu, »hättest du was dagegen, wenn ich den Film ein paar Tage hier behalte?«

Marvin sieht ihn an. »Aber selbstverständlich nicht, Sam«, antwortet er mit seiner verdrießlichen Stimme. »Ich weiß doch, wie es ist.« Er klopft Sam auf die Schulter, als wolle er dadurch symbolisch den Wechsel des Besitzverhältnisses ausdrücken. Sie sind Komplicen in einer Verschwörung. »Wenn du dir mal den Projektor leihen willst«, schlägt Sam vor. »Wozu«, sagt Marvin gedehnt, »außerdem dürfte da wohl kein großer Unterschied bestehen.«

5

Es ist, wenn man es sich recht überlegt, ein äußerst ärgerlicher Tag gewesen. Während Sam und Eleanor die Wohnung aufräumen, die Aschenbecher leeren und das wenige Geschirr abspülen, sind sie weder auf sich selber noch aufeinander gut zu sprechen. »Was für ein verlorener Tag«, bemerkt Eleanor, und Sam kann ihr nur zustimmen. Er hat nichts geschrieben, ist nicht an der frischen Luft gewesen und doch ist es schon später Abend, und er hat zuviel geredet, zuviel gegessen und ist durch den Film, den sie gesehen haben, erregt. Er weiß, daß er ihn sich mit Eleanor zusammen, bevor sie sich schlafen legen, noch einmal ansehen wird; sie ist damit einverstanden. Aber wie das bei Sam in letzter Zeit so oft vorkommt, vermag er sich nicht mit Sicherheit auf ihre Vereinigung zu freuen. Eleanor ist vielleicht in der richtigen Stimmung, vielleicht aber auch nicht; es gibt für ihn keine Möglichkeit, die Sache zu steuern. Es ist deprimierend; Sam weiß, daß er Eleanor in solchen Augenblicken wie ein schuldbewußter, trauriger Hund umschleicht. Mag er sich noch so sehr über sie ärgern, mag er noch so wütend auf sich selber sein, er kann dennoch nicht viel dagegen ausrichten. Oft liegen sie, nachdem sie den Akt vollzogen haben, schweigend nebeneinander, beide gekränkt, beide in der Gewißheit, daß der andere die Schuld trage. In solchen Stunden quält die Erinnerung sie grausam. Nicht immer ist es so gewesen. Am Anfang ihrer Ehe, und natürlich während der sechs Monate, die sie vor ihrer Ehe zusammengelebt hatten, war alles ganz anders. Für sie war ihr Liebesverhältnis sehr erregend; beide versicherten einander, zwar mit einiger Übertreibung, doch ohne eigentlich die Unwahrheit zu sagen, niemand sei in der Vergangenheit dem anderen in der Liebe vergleichbar gewesen. Ich muß wohl romantisch veranlagt sein. Ich finde stets, daß dies das Schönste im Leben eines Menschen ist. Genau betrachtet, haben wir am Ende doch so wenig erreicht, und jene kurze Zeit, in der wir geliebt werden und als Liebende triumphieren, ist köstlich durch unser Machtbewußtsein. Selten nur erkennen wir dann unsere Bedeutungslosigkeit; wir nehmen uns zu wichtig. In Sams Fall hat die Enttäuschung sogar noch größeres Gewicht. Wie so viele junge Männer bildete er sich insgeheim ein, ein außergewöhnlicher Liebhaber zu sein. Man vermag aber dies nicht wirklich zu glauben, ohne nicht auch gleichzeitig die ebenfalls geheime Überzeugung zu nähren, daß man im Grunde doch unfähig sei. Es ist – ganz gleich, was Sergius dazu sagen würde – eine erregendere und darum reizvollere Selbsterkenntnis als die nüchterne Einstellung, die Sam nun, wenn auch ungern, aus eigener Erfahrung anerkennt, daß nämlich die Liebesfähigkeit des Mannes von der Hingabefähigkeit der Frau abhängig ist. Wie gesagt, er findet sich mit dieser Einstellung ab, sie ist schließlich ein Merkmal der Reife. Wie sehr die psychoanalytische Behandlung auch Einfluß über ihn gewinnt, in seinem Innern ist etwas, was jenen Widerwillen nicht zu unterdrücken vermag, den er bei dem Gedanken empfindet, daß Eleanor sein sexuelles Talent so gering geachtet und ihm nicht zugestanden hat, mit seinen Fähigkeiten auch noch andere Frauen zu beglücken. Ich mache mich über Sam lustig, aber das würde er auch selber getan haben. Es ist kaum von Bedeutung; durch Spott läßt sich nicht alles vollbringen, und in Sam lodert jener tief verborgene, empfindsame Schmerz: Es gibt nichts Schlimmeres, als für die eigene Partnerin reizlos und uninteressant zu sein, viel schlimmer als der Welt nichts zu bedeuten, oder, was das gleiche ist und Sams Fall genauer umreißt, niemals im voraus zu wissen, wann er Eleanor unerwünscht ist.

Vielleicht übertreibe ich die ganze Angelegenheit, aber dann nur, weil sie für Sam so wichtig ist. Das Verhältnis zwischen Eleanor und ihm ist in Wirklichkeit gar nicht so schlecht – ich weiß von anderen Paaren, die sehr viel weniger oder gar nichts haben. Aber Vergleiche sind für Sam nur ein schwacher Trost; seine Ansprüche sind zu hoch. Das gilt auch für Eleanor. Ich bin überzeugt, daß die unglücklichsten Menschen jene sind, die aus der Liebe eine Kunst machen wollen. Dies verdirbt andere Bemühungen. Von allen Künstlern sind sie ganz gewiß die elendesten.
Soll ich ein Beispiel bringen? Sam und Eleanor sitzen auf der Couch, und der Projektor, auf seine geringste Geschwindigkeit eingestellt, wiederholt die gekünstelte Pantomime der drei Darsteller. Wenn man diesen Schatten ein Leben zugestehen könnte ... aber tatsächlich ist ihnen ein solches Leben ja gegeben. Sam und Eleanor sind nichts weiter als ein brennendes Verlangen, ein schmerzliches Glühen, eine Schwelle zur Befriedigung; der Hauptteil ihres Wesens hat sich in den Frankie, die Magnolia und die Eleanor des Films versenkt. Tatsächlich sind die Variationen unbeschreiblich. Es ist die zügelloseste Orgie, die jemals von fünf Gespenstern gefeiert wurde.
Der selbstkritische Sam! Angesichts eines Films treibt er es mit seiner Frau, und man kann ebensowenig behaupten, daß dies unbefriedigend sei, wie man behaupten kann, es sei erfreulich. Es ist schmutzig, ganz einfach porno-schmutzig, es ist wie eine unzüchtige Spülbürste, quer über den häuslichen Ärger und die Frühstückseier geklatscht. Es ist so schmutzig, daß nur eine Hälfte von Sam – er ist durchaus in Einzelteile aufspaltbar – überhaupt daran teilhat. Jener Teil, der sein Gehirn darstellt, ist besorgt wie ein in seiner Ehe betrogener biederer Bürger. Er fühlt den Pulsschlag seiner Unruhe. Wird er lange genug durchhalten, um Eleanor zu befriedigen? Werden die Kinder heute abend zurückkommen? Er kann nicht anders. Inmitten dieses Treibens ist er plötzlich davon überzeugt, daß die Kinder zur Tür hereintreten werden.»Warum bist du so stürmisch, Vati?«

So geht es nun einmal. Sam, der Liebhaber, ist sich der Anstrengung bewußt. Einen Augenblick lang ist er Frankie Idell, Zerstörer von Jungfrauen – Das verpasse ich dir! Du Hure! –, im nächsten ist er mit wogendem Körper und tastenden Händen nichts weiter als ein Absatz aus einem psychoanalytischen Lehrbuch. Er denkt an die Empfindlichkeit seiner Hoden. Er hat irgendwo gelesen, dies sei ein Zeichen des Weibischen in einem Mann. Wie stark wohl seine latente Homosexualität sei, fragt sich Sam besorgt, während er verkrampft zustößt und warmer Schweiß ihn kalt überrieselt. Identifiziert er sich mit der Eleanor des Films? Technisch gesehen, ist der Höhepunkt befriedigend. Nebeneinander liegen sie in der Dunkelheit, der Film ist zu Ende, und der laufende Projektor summt eintönig im stillen Zimmer. Sam steht auf, um ihn abzustellen; er kehrt zurück und küßt Eleanor auf den Mund. Offenbar hat sie die Vereinigung mehr genossen als er; sie ist zärtlich und berührt seine Nasenspitze.

»Weißt du, Sam«, sagt sie, während sie da neben ihm liegt, »ich glaube, ich habe diesen Film schon früher einmal gesehen.«

»Wann?«

»Ach, du weißt doch, wann. Damals.«

Sam erfüllt der dumpfe Gedanke, daß Frauen stets am liebevollsten sind, wenn sie sich einer Untreue entsinnen.

»Damals!« wiederholt er.

»Ich glaube, ja.«

Aus der Erinnerung hervorschießend wie ein sich nähernder Stern, der gleichsam als ein Punkt im Bewußtsein beginnt und immer weiter anschwillt, bis er mit seinem verhaßten Bild das Auge sprengt, fällt es Sam ein, und in der Dunkelheit fühlt er sich schwach. Vor zehn, vielleicht elf Jahren heirateten sie, doch waren sie schon vorher verliebt gewesen. Eleanor hatte ihm davon erzählt, aber in den Einzelheiten blieb sie stets ungenau. Offenbar hatte es zwei Männer gegeben und noch ein Mädchen, und alle waren sie betrunken gewesen. Sie hatten sich einen Film nach dem anderen angesehen. Widerwillig und doch fasziniert kann sich Sam den Rest vorstellen. Wie hat es ihn gequält, wie sehr erregt. Es sind nun Jahre her, seitdem er daran zurückgedacht hat, aber er erinnert sich. In der Dunkelheit wundert er sich über das Unvernünftige der Eifersuchtsqualen. Es war unmöglich, sich diese Nacht noch jetzt vorzustellen – daher ist sie um so wirklicher; Eleanor, seine dicke Frau, die irgendeinen Trottel gegen ihren Morgenrock preßt, vergessene Heldin schwarzer Orgien. Es hätte nichts zu bedeuten, behauptete Eleanor; Sam sei es, den sie liebe, und der andere sei nichts weiter als eine Laune gewesen, von der sie sich zu befreien wünsche. Ob es heute das gleiche sein würde, denkt Sam, oder war Eleanor von Frankie geliebt worden, von dem Frankie eines gewissen Films, dem Frankie unter den beiden Männern, den sie seit jenem so lange zurückliegenden Abend niemals wiedergesehen hat?

Die Lust, die mir dieser Schmerz bereitet, denkt Sam wütend. Es ist ganz und gar nichts Perverses daran. Wenn Eleanor ihm Schmerz bereitet, bedeutet es schließlich, daß sie etwas Lebendiges für ihn ist. Ich habe oft beobachtet, daß die Realität eines Menschen von seiner Fähigkeit, uns weh zu tun, abhängt; Eleanor als die verschwommene, anklagende Verkörperung der Ehefrau ist anders, völlig anders als jene Eleanor, die warm in Sams Bett liegt, eine reizvolle Eleanor, die sein Fleisch zu verwunden vermag. Mit der Lust des Schmerzes verwandt ist darum die süßere Lust, die dem Schmerz folgt. Müde liegt Sam in Eleanors Armen, und sie unterhalten sich und bedienen sich dabei des vertrauten Jargons, als seien sie alte Professionelle, und sie sind sich darüber einig, daß sie nicht mehr angesichts eines Films den Liebesakt vollziehen werden; es sei zwar aufregend gewesen, habe sie aber doch innerlich unbeteiligt gelassen; alles in allem sei es schön, aber doch nicht ganz richtig gewesen; sie habe zwar diesmal seine Anstrengung genossen, sei sich aber über eine Wiederholung des Aktes nicht ganz sicher. Es ist ihr altvertrautes abwägendes Gespräch, ein Zeichen dafür, daß sie sich nahe sind und zufrieden miteinander. Sie sprechen nicht über den Akt, wenn er nicht gezündet hat; dann gehen sie schweigend zu Bett. Nachdem nun aber Eleanors Befriedigung Sams Bewußtsein des Nichtbefriedigtseins besänftigt hat, reden sie mit der Versöhnlichkeit und den schmeichelhaften Worten vertrauter Partner. Eleanor schläft ein, auch Sam ist am Einschlafen, schmiegt sich an ihren warmen Körper und legt seine Hand mit der Zufriedenheit eines Bildhauers auf ihren rundlichen Leib. Er ist schläfrig, und schläfrig denkt er, daß diese wenigen Augenblicke kreatürlicher Geborgenheit, dieses kurze Mitgefühl, das er für den Körper empfindet, der vertrauensvoll neben ihm schlummert, diese Behaglichkeit, die ihm die Wärme ihres Körpers schenkt, vielleicht das einzige sind, was er als Antwort auf die Frage nach dem Sinn seines Lebens erwarten kann. Daß aus den Enttäuschungen, den vereitelten Hoffnungen und dem Ablauf der langweiligen Jahre diese wenigen Augenblicke erwachsen, in denen er ihr nahe ist und ihre gemeinsam verbrachten Jahre einen Wert erhalten, der lohnender ist als die Summe all dessen, was in sie hineingesteckt wurde.

Aber dann denkt er an den Roman, den er schreiben will, und da ist er wieder hellwach. Ebenso wie das Schlafmittel, das ohne Wirkung bleibt und einen all die Übel, um derentwillen man die Droge einnahm, um so schlimmer erleiden läßt, zerreißt Sam die Verheißung eines von allem Geschlechtlichen befreiten Schlafes und ist nun mit nervösen Lenden und aufgeblähter Eifersucht einem Geschehen ausgeliefert, das seit zehn Jahren tot ist, und gereizt über den Körper der Frau, der seine Glieder behindert, bricht er in Schweiß aus. Er sagt sich, daß er den Tag vergeudet hat, wie so viele Tage seines Lebens, und morgen im Büro wird er nichts weiter sein als seine zehn Finger, die die Handlung und die Worte für Bramba, den Venusmenschen, und Lee-Lee Deeds, Hollywood-Star, heruntertippen, während das riesige Werk, mit dem er sich selber betrügt, das er sich stets als Beweis seines Wertes vor Augen hält, während dieser gewaltige Roman, der ihn mit einzigartigem Schwung aus dem Engpaß, in dem er erstickt, emportragen würde, das Werk, dessen Dutzende von handelnden

Personen eine Vision des Lebens in üppiger Vielfalt entstehen ließen, zerschellt an einem Strand sinnloser Bemühungen liegt und verfault. Notizen hier, Seiten dort, so wuchert es durch ein gestaltloses Wrack ungeordneter Ideen und halbvollendeter Episoden hindurch, völlig ungeformt. Er hat nicht einmal einen Helden dafür.

Heute könnte man keinen Helden finden, denkt Sam, einen Mann der Tat und der Besonnenheit, der Sünde fähig und doch groß genug zum Guten, einen Menschen ohne Grenzen. Es gibt nun einen modernen Helden, durch nichts weiter verdammt als die Häßlichkeit von Wünschen, deren Befriedigung er niemals kennenlernen wird. Man braucht einen Mann, der die Bühne beherrschen könnte, einen, der – ganz gleich wen, jedenfalls nicht ihn selber. Einen, denkt Sam, den es bei genauer Überlegung gar nicht geben kann.

Der Romanschriftsteller, denkt Sam, während er unter den Decken schwitzt, muß in Paranoia leben und versuchen, eins mit der Welt zu sein; er muß Erfahrungen fürchten und dennoch nach ihnen hungern; er muß sich für ein Nichts halten und dennoch glauben, er sei allen anderen überlegen. Das Weibliche in seinem Wesen schreit nach Beweisen seiner Manneskraft; er träumt von Macht und besitzt nicht die Fähigkeit, sie zu erringen; er liebt sich selber über alles und verachtet daher alles, was er ist.

Das ist er, denkt Sam, er entspricht ganz der genauen Vorschrift, und dennoch ist er kein Romanschriftsteller. Es fehlt ihm an Energie und an Glauben. Ihm bleibt nur noch, eines Tages einen Artikel über das Wesen des idealen Romanschriftstellers zu schreiben. In der Dunkelheit steigen die Erinnerungen empor, Hefeblähungen der Angst. Aus weit zurückliegenden Bohemetagen tritt Eleanors Freundin hervor, ein Mädchen, das krank gewesen war und in eine Anstalt eingewiesen wurde. Sie besuchten sie, Sam und Eleanor, sie nahmen den Vorortzug und saßen auf dem Rasen des Anstaltsgartens, während Patienten um sie herumstrichen, ganz in sich versunken eine Litanei anstimmten oder unter der

Berührung eines Insekts, das über ihre Haut kroch, vor tollpatschig übertriebenem Entsetzen erschauerten. Die Freundin war schweigsam gewesen. Sie hatte gelächelt, sie hatte ihre Fragen kurz beantwortet und sich dann wieder der Betrachtung des Sonnenlichts und des blauen Himmels zugewandt. Beim Aufbruch nahm das Mädchen Sam beiseite. »Sie vergewaltigen mich«, sagte sie flüsternd. »Jeden Abend, wenn die Türen geschlossen werden, kommen sie in mein Zimmer und drehen den Film. Ich bin die Heldin und werde allen möglichen sexuellen Ausschweifungen unterworfen. Sag ihnen, sie sollen mich in Frieden lassen, damit ich ins Kloster eintreten kann.« Und während sie sprach, voller Entsetzen vor ihrem Körper, rieb sie ihre Arme aneinander. Armes gequältes Ding. Sie hatten sie später wiedergesehen, und da lallte sie vor sich hin, das Gesicht zu einem blöden, lüsternen Ausdruck verzerrt.

Sam schwitzt. So wenig weiß er, und es gibt so viel zu wissen. Ein junger Mann aus der Zeit des wirtschaftlichen Tiefstandes mit ihren ökonomischen Vokabeln, was kann denn er von Wahnsinn oder Religion wissen? Beide sind ihm so fremd. Er ist ein Bastard, denkt Sam, von einer halb protestantischen und halb katholischen Mutter und einem halb katholischen und halb jüdischen Vater ohne Religion erzogen. Er ist nur zu einem Viertel Jude, und dennoch ist er ein Jude, oder als solcher fühlt er sich wenigstens, da er nichts vom Evangelium, vom Tabernakel oder der Messe weiß, der Jude durch Zufall, durch seine geistige Einstellung. Was ... was hat er jemals von Buße gewußt, von Selbstaufopferung, Abtötung des Fleisches, Nächstenliebe? Beschäftigt mich mein Verhältnis zu Gott? grübelt Sam und lächelt in der Dunkelheit verbittert. Nein, das hat ihn niemals beschäftigt, denkt er, weder im Glück noch im Unglück »Sie drehen den Film«, sagt das Mädchen in das Ohr seiner Erinnerung hinein, »und so kann ich nicht ins Kloster eintreten.«

Wie entsetzlich war die Irrenanstalt. Ein Konzentrationslager, stellt Sam fest. Vielleicht würde dies eines Tages die Welt sein,

oder war das nur eine Spiegelung seines Gefühls der Hoffnungslosigkeit? »Versuchen Sie nicht, die Probleme der Welt zu lösen«, hört er von Sergius und schüttelt ein zerwühltes Kissen zurecht. Wie könnte er nur seinen Roman aufbauen? Welche Form ihm geben? Es ist so kompliziert. Zu zerfahren, denkt Sam, zu zerstreut. Wird er jemals einschlafen? Erschöpft, die Glieder gespannt, sein Magen überwach, spielt er wieder einmal das Spiel, sich selber zum Einschlafen zu bringen. »Ich fühle meine Zehen nicht«, sagt Sam zu sich, »meine Zehen sind abgestorben, meine Waden sind eingeschlafen, meine Waden schlafen ...«
Zwischen Wachsein und Entschlummern, in die Empfindungslosigkeit hinein, die unter Decken dahintreibt, gebe ich Sam einen Gedanken ein. »Zerstöre die Zeit, und das Chaos läßt sich ordnen«, sage ich zu ihm.

»Zerstöre die Zeit, und das Chaos läßt sich ordnen«, spricht er mir nach, und in seinem verzweifelten Verlangen nach Schlaf murmelt er zur Antwort: »Ich fühle meine Nase nicht, meine Nase ist ganz taub, meine Augen sind schwer, meine Augen sind schwer.«

So betritt Sam das Universum des Schlafes, ein Mann, der so zu leben trachtet, daß er den Schmerz vermeidet, und dem es lediglich gelingt, der Lust zu entgehen. Was für ein trauriger Kompromiß ist doch das Leben!

1952

Reklame für einige politische Aufsätze

Über sie braucht nicht viel gesagt zu werden. Die erste Arbeit stellt meine Antwort auf eine in Partisan Review *unter dem Titel »Amerika und die Intellektuellen« abgedruckte Umfrage dar und wurde etwa zu der Zeit geschrieben, als ich meine Kurzgeschichten verfaßte. Die erste Stellungnahme kam von einem Freund, der sich zu der zweifellos gutgemeinten Behauptung verstieg, mein Stil klinge lebendig. Es war eine Schmeichelei. Die auf die Umfrage eingereichten Arbeiten wurden im tiefsten Winter 1951–1952 geschrieben, und nur wenige Beiträge ließen eine geistvolle Behandlung des Themas erkennen.*

Später, und teilweise auf Grund dieser ersten Arbeit, trat Irving Howe, der damals gerade Dissent *gründete, an mich mit der Bitte um Mitarbeit heran. Wenn ich auch mit dieser Zeitschrift nicht viel zu tun hatte und mir ihren raschen Aufschwung (in fünf oder sechs Jahren hat sich die Auflage verdreifacht) nicht als mein Verdienst anrechnen kann, freue ich mich dennoch, daß ich mit ihr wenigstens etwas zu tun gehabt habe. Für einige von uns bedeutete es tatsächlich etwas, für eine Zeitschrift schreiben und auf diese Weise feststellen zu können, ob die eigenen Ideen Früchte trugen oder verkümmerten.*

Trotzdem weiß ich nicht, ob viele Leser an den beiden längeren politischen Aufsätzen »David Riesman erneut betrachtet« und »Die Bedeutung der westlichen Verteidigung« ihre Freude haben werden. Ihr Stil ist eher etwas ermüdend, und ich kann ruhig zugeben, daß es mir sehr schwerfällt, politische Aufsätze zu schreiben. Dies ist, glaube ich, zum Teil auf meine Abneigung zurückzuführen, mich an einer solchen Arbeit zu versuchen – sie ist für die Feinheiten des persönlichen Stils schädlich (ebenso wie Gewichtheben einem Boxer schadet), und nur Menschen, die dafür begabt sind, wie George Orwell, sind offenbar fähig, das politische Essay mit erzählender Prosa zu vereinen. Ich hatte Beispiele guten polemischen Schrifttums, an die ich mich halten konnte – Howes Arbeiten für Dissent *waren erstklassig, und Dwight Macdonald besaß einen Stil, um den ich ihn beneidete –, aber sobald ich selber daranging, einen Aufsatz zu schreiben, schien sich mir, während ich meine Sätze formte, die Kehle zuzuschnüren, und meine Diktion wurde sichtlich von der üblen politischen Prosa unserer Zeit geprägt, mit der ich durch frühzeitiges, leidenschaftliches und unüberlegtes Lesen liberalen Schunds schlimmster Art im Stile Max Lerners mir den Kopf vollgestopft hatte.*

Der Stil des Aufsatzes »David Riesman erneut betrachtet« dürfte wahrscheinlich weniger schlecht ausgefallen sein, weil die Arbeit zu einem späteren Zeitpunkt geschrieben wurde und ich mir nicht allzuviel Mühe damit gab, daher stand mir hier und da hinreichende geistige Frische zur Verfügung, um ein paar Dinge treffend formulieren zu können – die letzten Seiten des dritten Abschnitts bieten ein gutes Beispiel dafür.

Andererseits ist der Aufsatz »Die Bedeutung der westlichen Verteidigung« in einem schwerfälligen, unausgewogenen Stil geschrieben, und das ist schade, denn die Ideen sind aufregend, wenn der Leser sich durch sie nur hindurchzuwinden versucht. Die Arbeit weist mangelhafte Zeitangaben auf, und in vielen meiner direkten Prophezeiungen habe ich mich, wie so mancher andere politische Wettermacher, geirrt, aber jedenfalls weist der Aufsatz auf das Paradoxe in der westlichen Verteidigung und der Logik der russischen Außenpolitik hin. Jeder Konservative oder Liberale, dem dieses Buch zufällig in die Hände gerät, mag aus der Arbeit »Die Bedeutung der westlichen Verteidigung« mehr Genuß und Anregung schöpfen als aus allem anderen, denn wenn die darin geäußerten Erkenntnisse auch der analytischen Anmut eines Walter Lippmann entbehren, stellt die Betrachtungsweise ein radikales Gegenstück zu Lippmanns feinem Spürsinn für politische Kräfteverhältnisse und Widersprüche dar. Dem Aufsatz habe ich einige Bemerkungen über den Sputnik hinzugefügt.

Unser Land und unsere Kultur

Eine Umfrage

Zunächst einmal muß ich offen erklären, daß ich mit den Voraussetzungen dieser Umfrage fast durchweg nicht einverstanden bin. Daher kann meine Antwort auch kaum als positiver Beitrag gewertet werden, aber vielleicht erbringt sie den Nachweis, wie wichtig es sein kann, dem wahren Sachverhalt nicht auszuweichen. Auf jeden Fall muß man zugeben, daß sich die Haltung der älteren amerikanischen Intellektuellen und Schriftsteller unserem Land und seiner Kultur gegenüber geändert hat. Die Neue Kritik scheint sich so ziemlich überall durchgesetzt zu haben, die Ansichten der *Partisan Review* über das Leben in Amerika sind in der Tat eines Partisanen würdig, und zahlreiche Schriftsteller, Intellektuelle, Kritiker – wen immer wir in diese Kategorie aufnehmen wollen – haben ihr ökonomisches Gepäck von der WPA zu den Luce-Unternehmen verlagert, wie ein Schriftsteller, der für *Time* oder *Life* arbeitete, einmal bemerkte. Von den größeren Romanciers haben Dos Passos, Farrell, Faulkner, Steinbeck und Hemingway alle Zwischenstufen von der Entfremdung bis zu unterschiedlichen Graden der Anerkennung, wenn nicht sogar regelrecht begeisterter Aufnahme wegen ihrer Mitarbeit am *American Century* durchlaufen. Traut man sich überhaupt noch zu erwähnen, daß ihre Arbeiten, die sie nach dem Zweiten Weltkrieg veröffentlicht haben, in einzigartiger Weise hausbacken und schwülstig sind? Beruht es lediglich auf einem Zufall, daß sie sich jetzt wie das Kollektivprodukt einer Gruppe von Familienvätern lesen?

Eine derartige Umfrage finde ich entsetzlich. Man erwartet, daß ein J. Donald Adams die Initiative dazu ergreift, ein John Chamberlain eine Flut von begründenden Leitartikeln von sich gibt und ein Bernhard De Voto seine Muskeln spielen läßt. Diese Periode hat den Beigeschmack heilsamer Manifeste. Überall ermahnt man den amerikanischen Schriftsteller, doch ja gesund zu werden, zu wachsen, sich mit dem amerikanischen Sinn für das Reale abzufinden, sich zusammenzuschließen, Krankhaftes zu meiden und eine Umwertung überkommener Sitten und Gebräuche zu vollziehen. Gibt es nichts, uns daran zu erinnern, daß der Schriftsteller es nicht nötig hat, sich in seine Gesellschaftsordnung einzugliedern, und daß seine Arbeit oft am besten gedeiht, wenn er in Opposition zu ihr steht? Ich würde sagen, der Künstler empfindet seine Entfremdung am stärksten, wenn er das Gefühl dafür verliert, wem er eigentlich entfremdet ist. In diesem Zusammenhang frage ich mich, ob es wohl während der letzten fünfzig Jahre eine Zeit gegeben hat, in der den amerikanischen Künstler seine Entfremdung schmerzlicher berührt hat als heute. Er kann nicht mehr mit Genuß den alten Kampf gegen die Zensur ausfechten; statt eines Comstock oder eines Sumner gibt es nur noch die Lektoratsfunktionäre, die sich einer gewählten Sprache im Dienste der Unterdrückung bedienen. Er besitzt nicht die Naivität der zwanziger Jahre mit ihrem sichtlichen Vergnügen daran, *d'épater le bourgeois,* er kann nicht mehr an den gesellschaftlichen Trick der Wirtschaftskrise glauben; ihm bleibt nur die aufgewärmte Sentimentalität der Kriegsjahre. Man kann mit Edmund Wilson darin übereinstimmen, daß in den letzten fünfzig Jahren die schönen Künste und die Literatur in Amerika wohl einen kräftigen und belebenden Auftrieb erfahren haben, doch fast ohne Ausnahme spiegelt sich in dieser Literatur Entfremdung und Protest, Abscheu und Aufruhr. Der Schriftsteller besaß einen Spürsinn für seinen Feind, und das gab ihm neuen Nährstoff.

Heute ist der Feind nicht greifbar, die Arbeit scheint getan, die Leserschaft ist intellektueller als der Schriftsteller selber. Die Gesellschaft ist rationalisiert, und der Fachmann mißbraucht den Künstler. Der Glaube an die Wirksamkeit eines Angriffs gegen seine Gesellschaftsordnung ist dahin, doch konnte die Notwendigkeit eines Angriffs durch nichts ersetzt werden. Wenn nun eine Reihe von bedeutenden Intellektuellen und Schriftstellern es als ihre Aufgabe ansieht, die amerikanische Gesellschaft von innen her zu deuten (und zwar mit Hilfe der in der Politik üblichen, seltsamen Raumverhältnisse, bei denen rechts mit innen und links mit außen gleichgesetzt wird), muß man dann unbedingt annehmen, daß den Motiven Ernstlicheres zugrunde liegt als lediglich Erschöpfung?

Möglicherweise muß man das. Was aber offenbar nie zur Diskussion gestellt wird, sind die Alternativen. Jeder Intellektuelle, der jetzt »innen« steht, scheint seine Wandlung als Ergebnis der Anwendung reinen Denkens auf moralische Lauterkeit zu betrachten. Die Tatsache, daß außerhalb von ihm eine Gesellschaft existiert, die ihn bedroht, beeinflußt, umherstößt und ihm Versprechungen macht, wird als rein mechanische Linkspropaganda abgetan. Es wird für im höchsten Grade taktlos gehalten, wenn man durchblicken läßt, daß der Künstler oder Intellektuelle, der nicht als »Innenstehender« vorwärtskommt, »außen« keine Gemeinschaft finden kann und, sofern er zur ersten Garnitur gehört, die Ausübung seiner Fähigkeiten im Verborgenen dulden und, falls er nur zweitrangig ist, den noch viel schmerzlicheren Vorwurf hinnehmen muß, auch nicht eine Spur von Geschmack zu besitzen.

Die Geschichte des zwanzigsten Jahrhunderts scheint es in der Tat darauf angelegt zu haben, ignoriert zu werden. Keiner der Intellektuellen, die jetzt eingefleischte Amerikaner sind, stellt je die Erfordernisse eines modernen Krieges zur Diskussion – wenigstens nicht in gedruckter Form. Nie sagt man, daß der totale Krieg und die totale Kriegswirtschaft eine totale Reglementierung des Denkens bedingen. Vielmehr wird behauptet, die Gesellschaft sei zu schwer zu verstehen und die Geschichte lasse sich unmöglich voraussagen. Es ist ebenso modern geworden, über Nationalökonomie die Nase zu rümpfen und »das menschliche Dilemma« zu betonen, wie es in den dreißiger Jahren modern war, das Umgekehrte zu tun. Nationalökonomie ist heute etwas für Fachleute, und die Krise des Weltkapitalismus gilt als langweilig genug, um dem proletarischen Roman ebenbürtig zu sein. Nie hört man von dem Verschwinden des Weltmarktes, auch ist der Hinweis nicht gerade höflich, der Wohlstand Amerikas sei durch die Produktion von Zerstörungsmitteln bedingt. Dabei ist es nicht nur die Sowjetunion, die in einen Krieg als Antwort auf unlösbare Probleme getrieben wird.

Die Umfrage stellte wohl die Themen der Massenkultur und der demokratischen Gesellschaftsordnung zur Diskussion, ohne jedoch ernsthaft zu erörtern, wieviel Freiheit es eigentlich gibt, Ideen, sofern sie nonkonformistische Ideen sind, *wirksam* veröffentlichen zu können, ohne sich auch nur zu fragen, ob die demokratischen Kräfte immer schwächer werden und im Falle eines Krieges völlig zum Erliegen kommen, und schließlich ohne überhaupt in Betracht zu ziehen, wie Amerika sich in Zukunft ändern kann. Alles wird von statischen Gesichtspunkten aus erwogen. Wir sind demokratisch, wir unterstützen den Westen, und der Wohnwagen der amerikanischen Künstler ist nicht mehr isoliert. Die wichtigste Aufgabe besteht darin, die gesunden Aspekte des amerikanischen Lebens herauszufinden und zu entscheiden, ob wir mit dem Film zusammenarbeiten können.

Ich habe gesagt, daß keiner der älteren amerikanischen Schriftsteller und Intellektuellen seit dem Krieg etwas Bedeutendes geleistet hat. Die Literaturgeschichte der letzten Jahre ist, sei es zum Guten oder Schlechten, von den jüngeren Schriftstellern bestritten worden, die unweigerlich als Barbaren oder Dekadente erscheinen. Beantwortet dies an sich nicht schon die Frage? John Aldridge konnte in seinem Buch *After the Lost Generation* nur mit einem Rezept aufwarten – wir brauchen ein Genie. Falls und wann immer ein solches auftaucht, wird es nach meinen Überlegungen weit mehr mit »Schweigen, Verbannung und List« zu tun haben als mit einer lebhaften Teilnahme an dem von Tatendrang durchpulsten amerikanischen Leben. Es lohnt sich schon, wenn wir uns vor Augen halten, daß die großen Künstler – auf jeden Fall aber die Modernen – fast immer in Opposition zu ihrer Gesellschaftsordnung stehen und daß Integration, öffentliche Anerkennung, Nicht-Entfremdung, usw., usw. seit jeher der Propaganda förderlicher gewesen sind als der Kunst.

1952

David Riesman erneut betrachtet

Die einzige Besprechung von *Individualismus erneut betrachtet* (*Individualism Reconsidered*, The Free Press, 1954), die ich bis zu dem Zeitpunkt, an dem ich dies schreibe, gesehen habe, ist eine Lobeshymne von Granville Hicks in *The New Leader* vom 19. Juli 1954. Er beschließt seine Würdigung mit den Worten: »Davon bin ich jedoch überzeugt, daß diese unsere Kultur, selbst wenn sie von der Erde verschwinden sollte, doch im Bewußtsein der Menschen als ein Beispiel dafür weiterleben wird, was die Menschheit zu vollbringen vermag. Zu den Kräften, die diese Überzeugung geschmiedet haben, gehören auch die Schriften David Riesmans.« Wie gesagt ist dies die einzige Besprechung, die ich gelesen habe, aber ich kann mir die anderen vorstellen, und es bedarf keiner prophetischen Begabung, um anzunehmen, daß Hicks' Besprechung typisch ist. Denn darüber besteht kein Zweifel, daß Riesman der Allerliberalste unter den professionellen Liberalen ist, und obwohl ich noch keinem Menschen begegnet bin, der von ihm beeinflußt worden ist, habe ich seinen Namen in vielen Hinweisen, Waschzetteln und Gelegenheitsarbeiten gelesen, in denen ihm von solchen Geistesleuchten der liberalen Gruppe wie Arthur Schlesinger jr. und Max Lerner ein außergewöhnliches Lob gespendet wird.

1

Nach einer solchen Einleitung ist es kaum peinlich auszusprechen, daß ich *Individualism Reconsidered* eher langweilig als packend fand. Ein Buch von rund fünfhundert Seiten, stellt es eine Sammlung von dreißig Essays dar, die während der letzten sieben Jahre in verschiedenen Zeitschriften veröffentlicht wurden, wobei der Akzent auf jenen Arbeiten liegt, die Riesman von 1950 bis zum gegenwärtigen Zeitpunkt geschrieben hat; in seinem Denken ist seit den vierziger Jahren eine gewisse Verschiebung und,

nach meinem Dafürhalten, ein Rückschritt eingetreten; wie er ja auch selber ausführt»... meine späteren Schriften sind weniger scharf und satirisch; sie enthalten eine etwas optimistischere Einstellung gegenüber der amerikanischen Kultur.«
Die Essays sind qualitativ und in ihren Themen recht unterschiedlich; Riesman behandelt so weit auseinanderliegende Gegenstände wie den Charakter von Lesern juristischer Zeitschriften und die aus den Gedanken Freuds zu ziehenden politischen Schlußfolgerungen, auch widmet er sich einer soziologisch-historischen Betrachtung über die Ausbreitung des Fußballsports. Seine Vielseitigkeit ist zu loben, auch wenn dies von der Behandlung der Themen nicht gesagt werden kann, denn trotz der reichhaltigen Skala seiner Aufsätze, sehen wir im Augenblick einmal von seinen Ideen ab, ist doch das Bedrückende in *Individualism Reconsidered* sein mit modernem soziologischem Jargon überladener Stil (individuieren, Randständigkeit, Persönlichkeitsideale und pluralistisch); und Langeweile wird eben dadurch hervorgerufen, daß Riesman mit so vielen Worten so wenig zu sagen weiß und, wie so viele Soziologen, vom Leben selber den Leser wenig fühlen oder ahnen läßt. Seinen Aufsatz über den juristischen Beruf, der faszinierende Beobachtungen über die Stellung des Rechtsanwalts in der Gesellschaft, über die Lebensart und die geistige Beweglichkeit von Lesern juristischer Zeitschriften und dergleichen enthält, nehme ich aus, glaube aber ohne bewußte Selbstgefälligkeit sagen zu können, daß ich aus diesen fünfhundert Seiten kaum etwas anderes erfahren habe. Es gibt Essays über populäre kulturelle Gebiete, über den Individualismus und seine Werte, über Minderheitenfragen, über Totalitarismus und über die Probleme der sozialwissenschaftlichen Methodik; der Wortlaut eines langen Vortrags über die Beziehungen zwischen technischem und sozialem Fortschritt ist abgedruckt; es findet sich auch eine herablassende Würdigung Veblens mit einer psychoanalytischen Interpretation seines Charakters, um nachzuweisen, warum Veblen nach Riesmans Ansicht jetzt ein »schlechter, wenn

auch oft amüsanter und herausfordernder Interpret Amerikas« geworden sei. Nur die Essays über Freud verfehlen nicht ihre Wirkung, und dies nicht so sehr wegen der dort geäußerten Ansichten (keinem, der mit Horney oder Fromm vertraut ist, wird die kritische Würdigung etwas Neues bringen), sondern wegen des beträchtlichen Umfangs der geleisteten Arbeit und des ehrlichen Bemühens; und ich möchte wohl behaupten, daß man Riesmans Ehrlichkeit und seinen Arbeitsfleiß, die Zahl seiner Projekte und die Vielseitigkeit seiner Interessen bewundern kann. Man rechne ihm auch noch zu seinen Gunsten einige 1947 geschriebene Äußerungen darüber an, was er »The Nerve of Failure« nennt: »... der Mut, die Möglichkeit einer Niederlage, eines Mißerfolges hinzunehmen, ohne sich davon moralisch zermalmen zu lassen«, und: »Welche Behörde hat die Bestimmung erlassen, daß es falsch sei, sich kritisch oder negativ zu äußern, wenn man nicht auch konstruktiv sein kann?«; man füge diesem frühen Essay noch seine verständnisvolle Besprechung von *Communitas* von Percival und Paul Goodman hinzu, die unter dem Titel »Einige Beobachtungen über Pläne zum Gemeinwesen und Utopien« ebenfalls 1947 geschrieben wurde, und man hat fast alles über Riesmans jetzt erloschenes radikales Temperament und fast alles über das, was interessant ist, gesagt.

Ich glaube nicht, daß meine Ansichten nur auf Vorurteilen beruhen, obwohl ich gerechterweise zugeben muß, daß ich mit Abneigung an Riesmans Werk herangegangen bin. Trotzdem, auch ein wohlwollender Leser dürfte es kaum übersehen, daß er in seinen Schriften abschweift, seine Akzente sich verschieben, seine Aufsätze bedeutsame Titel tragen und er in ihnen bedeutsame Themen anschneidet, nur um sie dann zu zerren, bis er immer wieder das Essay nach seitenlang sich dahinschleppender Diskussion unversehens zu einem Abschluß bringt, fast als sei er ein weitschweifiger, notleidender Privatdozent, der sein Ziel aus den Augen verloren hat, einen Blick auf seine Uhr wirft, entdeckt, daß er bereits eine halbe Stunde zu lange gesprochen hat, nun für die längere Benutzung des Saales wird zahlen müssen und daher zu einem jähen Ende drängt, indem er die abschließenden dramatischen Schlußfolgerungen zieht, die er vor Beginn der Vorlesung auswendig gelernt hatte. Würde man Riesman nicht so ernst nehmen, bezweifle ich, ob *Individualism Reconsidered* einen eifrigen Verleger gefunden hätte, geschweige denn verständnisvolle Rezensenten, ganz zu schweigen von dem Wunsch in ihm selber, seine Essays zu sammeln und sie in einem Buch vorzulegen. In seinen letzten Schriften spürt man, vielleicht fälschlicherweise, eine gewisse Selbstgefälligkeit, als habe Riesman angefangen, sich für eine allgemein bekannte Persönlichkeit zu halten.

2

Aber schließlich ist es nicht *Individualism Reconsidered*, worüber die Kritiker schreiben. Im wesentlichen rezensieren sie erneut *Die einsame Masse*, ein besseres und wichtigeres Buch. Da der überwiegende Teil der Essays in *Individualism Reconsidered* lediglich Ausgangspunkte oder Erweiterungen der Diskussion über die in *Die einsame Masse* vertretene These darstellt, ist es nur natürlich, die Themen in *Individualism Reconsidered* zu dem Gedankenaufbau in *Die einsame Masse* in Beziehung zu setzen.
Abgesehen von seiner kühn eklektischen Betrachtungsweise der Erfahrung, »... der Pluralismus, der eine der Ruhmestaten des Liberalismus ist«, worauf ich später noch zu sprechen kommen möchte, drehen sich Riesmans Ideen in *Die einsame Masse* um die Terminologie, die er prägte: »traditionsgeleitet«, »innengeleitet« und »außengeleitet«. Übergeht man die bevölkerungsstatistischen Merkmale, die er mit diesen Kategorien in Verbindung bringt, läßt sich kurz feststellen, daß Riesman den traditionsgeleiteten Menschen (ganz grob gesagt: den Bauern) bei einer Betrachtung des modernen amerikanischen Lebens als verhältnismäßig unwichtig ansieht. *Die einsame Masse* stellt einen Versuch

dar, die dynamischen Kräfte der amerikanischen gesellschaftlichen Entwicklung im Hinblick auf die wachsende Neigung des amerikanischen Charakters zu erforschen, sich von der Innen-Lenkung zur Außen-Lenkung zu verändern. Diese beiden Kategorien werden ausführlich erklärt. Der innengeleitete Mensch – der Geschäftsmann des neunzehnten Jahrhunderts wäre ein ideales Beispiel – ist im wesentlichen ein Mensch, der sich selber die Richtung angibt, wie ein »Kreiselkompaß« funktioniert und auf Produktion eingestellt ist, seit frühster Kindheit im Leben auf die Erreichung gewisser, ihm innewohnender Ziele ausgerichtet wurde und darum starr, stark, pflichtbewußt und fähig ist, Einsamkeit, Opposition und Kampf zu ertragen, jedoch in all seinem Tun von Schuldgefühlen getrieben wird. Im Gegensatz zu ihm ist der außengeleitete Mensch anpassungsfähig, von Ängsten geplagt, nicht um solche Ziele wie Erfolg, moralische Rechtschaffenheit oder ernste Arbeit bemüht, sondern auf den Beifall einer jeden Gruppe oder all jener Gruppen bedacht, die er als gleichartig empfindet. Sein Handeln wird »radar-gesteuert«, sein Glück liegt im Sicheinfügen, seine Einstellung zur Gesellschaft ist eher die des Konsumenten als die des Produzenten, die Hauptsorge für ihn ist nicht so sehr seine Arbeit als vielmehr seine »Neigungen«. Er unterwirft sich »dem Vorgang, auf die Signale von anderen genau achtzugeben ...«, und sein Verhalten ist das »... außergewöhnlicher Empfänglichkeit für die Handlungen und Wünsche anderer«.

Bei der ersten kritiklosen Hinnahme dieser Kategorien gerät man in eine geistige Erregung und hat das Gefühl, daß vieles im Begriff steht, sich einem zu offenbaren, viel Soziologie, viel Lebensweisheit. Aber das Buch erinnert einen an eine Vorstellung, die auf eine starke Erregung abgestimmt beginnt, in welcher jedoch der Schauspieler nicht genügend Reserven besitzt, diese Rolle durchzuhalten. So kommt es zu Leerlauf, Enttäuschungen, recht erstaunlichen Schlußfolgerungen, die aus einem Nichts heraus konstruiert zu sein scheinen, zu unglaublich naiven Äußerungen,

Wiederholungen der früheren Spannung, und schließlich senkt sich über einem mahnenden Hinweis, denn Riesman ist nichts, wenn er nicht mahnen kann, der Vorhang, und man wartet auf die wehende Fahne im Hintergrund. Als schließlich *Individualism Reconsidered* erscheint, ist die Erwartung berechtigt: »... unsere schöpferische Kraft, von Konferenzen wie dieser angeregt, ist das eine Element. Die Studenten, die uns zusammenführten, haben sich die ganze Idee ausgedacht und dann Mittel und Wege gefunden, sie auszuführen. Sie stehen als Beispiel für die neue Generation amerikanischer Unternehmer, die sich der Teamarbeit verschrieben haben, nicht gewinnsüchtig sind und Betätigungsfelder in der Welt außerhalb unserer Grenzen suchen.«

Nicht immer liest sich Riesman wie ein Leitartikel aus *Life,* aber ich glaube, es gibt in diesem Zitat nichts, was er nicht Wort für Wort verteidigen würde, und die Richtung von *Die einsame Masse* war auf solche Äußerungen abgestellt. Denn Riesman bezeichnete die Entwicklung der außen-geleiteten Persönlichkeit als eine Reaktion auf etwas Einzigartiges in der Geschichte – eine Wirtschaft des Überflusses. Der außen-geleitete Mensch als gesellschaftliche Erscheinung tritt in seiner Eigenschaft als Verbraucher auf, und der Kapitalismus schickt sich dadurch an, etwas anderes als Kapitalismus zu werden. Der Konkurrenzkampf verschwindet allmählich und wird durch kooperative Postenjägerei der außen-geleiteten Typen ersetzt, die weit mehr darauf bedacht sind, Anerkennung zu finden, als um jeden Preis Erfolg zu haben. Die Schärfe des Konflikts mildert sich. Die Produktionsbeschleunigung wird mit der Zeit durch Steuerung der »Stimmung« und durch »Samthandschuhe« ersetzt; die Betriebsleitung räumt den Arbeitern mehr ein, als gefordert wird, und ihrerseits verlangen die Arbeiter nicht alles, was sie verlangen könnten; riesige Ausgaben innerhalb der Produktion (Lenkung durch Ausschüsse, Anreizsysteme und dergleichen) lösen gewaltigen Verbrauch ab, kurzum: »Wer wollte in dieser modernen Atmosphäre der Teilhaberschaft, der Kameradschaftlichkeit, des gedämpften Wettbe-

werbs und ungedämpfter, umfangreicher Produktion noch der Geizkragen sein, der Berufsgeheimnisse oder Kapital hortet ... oder Zeit hortet (sehr wenige führende Männer der Wirtschaft sind so unerreichbar, wie ihre Sekretärinnen gern vorgeben).« Riesman geht mit seinen Überlegungen sogar so weit, daß er erklärt, es gebe in Amerika keine herrschende Gruppe oder Klasse mehr, die Macht sei vielmehr auf eine Vielfalt von Vetogruppen verteilt: die Kirche, jüdische Organisationen, protestantische Organisationen, Lobbyisten, Verbrauchergruppen; daß sie aufgeteilt sei zwischen Betriebsleitung und Arbeiterschaft, unter den »sich bekriegenden Haufen von Viehhändlern, Getreidehändlern, Milchhändlern, Baumwollhändlern«, den Weißen aus dem schwarzen Gebiet, Volksgruppen, »den Leitartiklern und Märchenerzählern, die zur Sozialisierung der Jugend beitragen«, »den Militärs, welche die Verteidigung und zum Teil die Außenpolitik beherrschen«, und daß sie »in den Händen der kleinen Kaufleute und freiberuflich Schaffenden liege, die den Kongreß beeinflussen, wie z. B. Grundstücksmakler, Rechtsanwälte, Autoverkäufer, Leichenbestatter und dergleichen«.
Macht im Sinne von Vorherrschaft gibt es nicht; sie ist »situationsgebunden und unbeständig«. »Selbst jene Intellektuellen zum Beispiel, die sich als weitgehend machtlos betrachten und diejenigen fürchten, bei denen sie die Macht wähnen, ziehen es vor, sich von den Machtgebilden, die sie heraufbeschwören, ängstigen zu lassen, als sich der Möglichkeit gegenüberzusehen, daß das Machtgebilde, an dessen Existenz sie glauben, sich im wesentlichen verflüchtigt hat.«
Es gibt vieles, was ich ausgelassen habe, und Riesman ist trotz seiner blinden Liebe zur Überflußwirtschaft dem amerikanischen Leben gegenüber nicht völlig unkritisch. Seine Haupteinwände richten sich gegen die eifrige Freudlosigkeit der »Außen-Geleiteten«, und in einer großzügigen Parallele zu dem Traum der Radikalen aus den dreißiger Jahren von einem erneuerten Super-Proletariat hält Riesman nach einer Entwicklung Ausschau, die

er als die des autonomen Individuums bezeichnet, eine Vorstellung, die der des Psychoanalytikers vom »zeugungsbedingten« Angehörigen des Mittelstandes sehr nahekommt. Wie die Massen des Mittelstandes sich aus dem Zustand der Außen-Lenkung zur Autonomie hin entwickeln sollen, wird offengelassen, obwohl Riesman da eine Hoffnung in den Massenbeeinflussungsmitteln sieht. »Sicherlich liefern die großen Künstler in den Massenbeeinflussungsmitteln einschließlich der Regisseure, Schriftsteller und anderer Leute hinter der Bühne, die Künstler ›herausbringen‹ und stützen, einen bedeutenden Beitrag zur autonomen Entwicklung der Persönlichkeit. Die Darsteller ... üben einen ständigen Druck auf die bestehenden Grüppchen der Außen-Geleiteten aus und zeigen immer wieder neue Wege, auf denen sich der einzelne von ihrem Einfluß frei machen kann. Jene Kritiker, die den amerikanischen Film am schärfsten kritisieren, übersehen dies allzu leicht.«

3

Was ist zu all dem zu sagen? Im Stil sozialistischer Polemik könnte man erklären, daß Riesmans Konstruktion mit einem Schlag erledigt sein müsse, da die Überflußwirtschaft künstlich und aus einer Kriegswirtschaft hervorgewachsen sei und für den Fall, daß kein Krieg ausbreche, zu einer Krise führen werde oder ihr gesundes Fortbestehen von einem Krieg abhängig sei. Ich bin der Ansicht, daß dies im allgemeinen zutrifft, aber da Riesman wahrscheinlich den Standpunkt vertreten würde, die Überflußwirtschaft sei der primäre Faktor, die Kriegswirtschaft dagegen sei nur etwas Oberflächliches und könne durch das amerikanische Improvisationstalent sowie durch neuen Wagemut und dergleichen ersetzt werden, möchte ich diese Argumente, die wie die meisten Wirtschaftsgespräche zwischen Liberalen und Sozialisten sich unweigerlich zu einer Kontroverse über Keynes und Marx ausweiten, umgehen und versuchen, der Angelegenheit auf andere Weise beizukommen.

In *Individualism Reconsidered* gibt es ein Essay mit dem Titel »Einige Betrachtungen zur gesellschaftswissenschaftlichen Forschung«, in dem Riesman ganz klar feststellt, daß der gegenwärtige Abstand in der Gesellschaftswissenschaft zwischen den Tatsachensammlern und den Theoretikern sehr groß ist. Die Verfahren und die Hilfsmittel der Gesellschaftswissenschaft erlauben ein Erforschen von Tatsachen nur auf sehr begrenzten Gebieten, und die Theoretiker, die ausführlichere Synthesen der Gesellschaft auszuarbeiten wünschen, müssen dies vorwiegend auf der Grundlage ihrer Intuitionen und Vorstellungen tun. In diesem Sinne läßt sich, glaube ich, sagen, daß jede anspruchsvolle gesellschaftswissenschaftliche Arbeit eine künstliche Schöpfung ist und eine Weltanschauung spiegelt, die eher jener Welt vergleichbar ist, welche ein Romancier gestaltet, als den Konstruktionen eines Wissenschaftlers. Selbstverständlich wäre ich der letzte, der behauptete, daß die Welt, die ein Romancier schafft, für uns als eine Hilfe zum Verständnis der Wirklichkeit (oder ob es eine Wirklichkeit überhaupt gibt) wertlos sei, aber ich möchte doch auf den Unterschied nachdrücklich hinweisen. Niemandem fällt es ein, einen Roman, zumindest einen guten Roman, als ein Dokument zu betrachten; wir gehen stillschweigend davon aus, daß die darin vertretene Weltanschauung sich aus den Vorurteilen, Instinkten und dem Empfindungsvermögen des Romanciers zusammensetzt, und wir lernen in dem Maße aus einem Roman, wie unsere eigenen Vorurteile und intuitiven Wahrnehmungen durch das Kunstwerk angesprochen, bestätigt oder widerlegt werden.

Dies erscheint mir nun die beste Art, *Die einsame Masse* zu betrachten – es ist eher eine aus der Phantasie geborene Schöpfung als eine soziologische Analyse; und wiederum möchte ich damit nicht etwa sagen, sie habe keinen Wert, weil ihre »Realität« auf einer »Fiktion« beruhe. Gewiß, ein großer Teil des Materials wurde durch Interviews gesammelt, und andere Arten soziologischer Hilfsmittel werden benutzt, um es hier und dort zu unterbauen, aber niemand kann ernsthaft behaupten (mit Ausnahme vielleicht eines Doktors der Gesellschaftswissenschaft), daß das einstündige Interview oder das zwölfstündige Interview oder selbst tausend Interviews »wissenschaftlich« seien. Riesman selber würde keine solche Behauptung aufstellen. Sie entsprechen den sehr parteiischen und begrenzten Begegnungen mit der »Erfahrung«, die manche Romanciers auf der Suche nach Material benutzen – und wer könnte sagen, daß der gute Soziologe mit seiner Fachsprache *ipso facto* ein besserer Beobachter sei als der gute Romancier? Weit wichtiger als das Tatsachenmaterial sind die Einstellung und die vorgefaßten Meinungen, mit denen der Künstler oder *gleicherweise* der Soziologe seine Arbeit beginnt. Ganz zu schweigen von der Energie und dem Ehrgeiz.

Als »Romancier« oder besser noch als »Künstler« betrachtet, fehlt es Riesman meiner Ansicht nach an Format. Die Art seiner Erkenntnisse erinnert an eine Unzahl von Romanciers, die dazu neigen, zu großen Nachdruck auf zu Geringes zu legen, bis sich ganze Systeme von Gut und Böse aus den belanglosen Einzelheiten einer Wohnzimmereinrichtung herauskristallisieren lassen. (Bei genügender Begabung kann man dies natürlich tun, aber es ist offensichtlich sehr schwer.) Riesmans Vorstellung vom »außen-geleiteten« Menschen, wie er in Freunden oder in einem selber erkennbar ist, leidet nichtsdestoweniger unter unserem Argwohn, daß er ein Kolossalgemälde des amerikanischen Lebens entwirft, das allzusehr der schwächlichen und ängstlichen Welt des mittelständischen Intellektuellen innerhalb oder außerhalb akademischer Kreise entspricht. Außerdem fragt man sich, wie neu eigentlich das Phänomen der »Außen-Lenkung« ist – man denke doch nur einmal an die Galerie weiblicher Charaktere in einem viktorianischen Roman. Und in der Welt der Wirtschaft, wo Riesman soviel Nachdruck auf die Entwicklung einer außen-geleiteten Zusammenarbeit anstatt eines innen-geleiteten Konkurrenzkampfes legt, könnte man sagen, es wäre in der Tat überraschend, wenn die wirkenden Kräfte in den menschlichen

Beziehungen jetzt ebenso gemein, brutal und rücksichtslos wären, wie sie es, sagen wir, in den dreißiger Jahren waren. Mit ebensolcher Wahrscheinlichkeit ist anzunehmen, daß Riesman der Versuchung erlegen ist, die Spuren der »Außen-Lenkung«, die bei Regierungsbeamten und Wirtschaftsführern zu finden sind, in ihrer Bedeutung zu übertreiben. Man könnte ähnlich kritische Einwände gegen seine Vorstellung erheben, daß es in Amerika keine wirklich herrschende Gruppe gebe. Immer wieder offenbaren Riesmans Erklärungen eine ungewöhnliche Arglosigkeit. Wenn er auf die Macht des Einflusses der Reklame zu sprechen kommt, behauptet er tatsächlich, daß er persönlich niemals durch Reklame beeinflußt, sondern lediglich verärgert und abgestoßen worden sei. Er fügt hinzu, daß alle, mit denen er gesprochen habe, das gleiche erklären, aber den Irrtum begehen, zu glauben, sie selber würden durch die Reklame nicht beeinflußt, bei den anderen aber müsse es der Fall sein. Warum so etwas annehmen, fragt Riesman. Warum nicht der Auffassung beistimmen, daß alle der Macht der Reklame gegenüber gleichgültig sind und diese nichts weiter als ein riesiger Schwindel ist, nur deshalb so zählebig, weil sie zu einer festen Einrichtung geworden ist? Nirgendwo in seiner Arbeit scheint Riesman auch nur die geringste Ahnung davon zu haben, daß sowohl die Gesellschaft als auch das Individuum unbewußten Strömungen unterworfen ist und zahlreiche soziologische Phänomene auf zwei Ebenen verlaufen; so kann ein bestimmter Mensch oder genausogut können alle Amerikaner ganz bewußt glauben, sie seien über die Reklame erhaben, während sie unbewußt eine Versklavung erleiden, die sie ganz erheblich beeinflußt. Es ist einem fast peinlich, Riesman an etwas so Elementares erinnern zu müssen.
Fast in der gleichen Weise behandelt Riesman auch das Problem der Macht in Amerika. Man kann nicht umhin, seine Äußerungen mit der Selbstrechtfertigung des kommunistischen Mitläufers zu vergleichen, der zuverlässig versichert, in der Sowjetunion gebe es keine Diktatur, hingegen sei die Regierungsgewalt zwi-

schen der Arbeiterklasse, den Bauern, der Intelligenz, der kommunistischen Partei, den nüchtern denkenden Leitern großer Industriebetriebe, den angesehenen Staatskünstlern usw. aufgeteilt. Die Formen der Macht werden für ihren Inhalt genommen, und man unternimmt keinen Versuch, zwischen denen, die führen, und den anderen, die geführt werden, zu unterscheiden. Obwohl die Frage, wer in Amerika die Macht hat, zweifellos schwieriger zu beantworten ist als in der Sowjetunion (wenn auch gewiß nicht unüberwindlich schwierig), ist die Annahme, es gebe keine Macht, oder ein wenig anders formuliert, keine Auswirkung der Macht bestimmter Größen, durch nichts gerechtfertigt. Es mag richtig sein, und ich möchte annehmen, es ist richtig, daß in Amerika weder eine Gruppe noch einzelne Personen bewußt der Ansicht sind, sie übten eine wirklich wesentliche Macht aus; aber man kann der Meinung sein, man habe keine Macht, und es kann sich trotzdem ganz anders verhalten. Ein neurotischer, von Arbeit überlasteter General mag sehr wohl glauben, daß er nicht die Macht besitzt, auch nur das geringste zustande zu bringen; ein betrunkener Soldat auf einem Bordellbummel kann sich dagegen einbilden, daß alle Freiheit und jede Verfügungsgewalt in seinen Händen liege, aber man müßte schon die Idee der Gesellschaft selber leidenschaftlich ablehnen, um den Standpunkt zu vertreten, es gebe zwischen dem General und dem einfachen Soldaten, unabhängig von ihrem Willen oder der persönlichen Auffassung von ihrer Stellung, kein bestimmtes gesellschaftliches und machtmäßiges Verhältnis. Natürlich möchte ich damit nicht sagen, daß »Wall Street« oder »General Motors« Amerika beherrscht oder daß Mittel der Massenbeeinflussung das Denken der Menschen absolut bestimmen. Aber es ist weit lächerlicher anzunehmen, daß die »Macht« zwischen General Motors als einer Einheit und einer bestimmten Anzahl von Kleinstadtanwälten, die in den Kongreß einziehen, gleichmäßig verteilt sei. Riesman scheint sich niemals ernsthaft damit befaßt zu haben, ob *jeder beliebige* Kleinstadtanwalt in den Kongreß einziehen kann. Und wiederum braucht man bezüglich der Massenbeeinflussungsmittel nicht den Standpunkt zu vertreten, daß das Denken der Menschen völlig kontrolliert wird, daß vielmehr das Denken eines Menschen, und zwar nur ein kleiner Teil seines Denkens, in geringfügiger Weise beeinflußt wird – mehr ist nicht nötig, damit er sich gesellschaftlich in die historische Gesamtentwicklung einfügt; anders ausgedrückt, die Taten der Menschen und nicht ihre Gefühle machen Geschichte, aber die Taten eines Menschen, insbesondere auf gesellschaftlichem und geschichtlichem Gebiet, sind auf den ganzen Menschen bezogen verhältnismäßig geringfügig. Nichtsdestoweniger ist es dieser Bruchteil, der durch die Massenmedien beeinflußt werden kann und beeinflußt wird und der leider Geschichte macht.

Betrachtet man die Geschichte der letzten zehn Jahre und berücksichtigt man die vollständige Kehrtwendung der amerikanischen Politik gegenüber der Sowjetunion innerhalb weniger Jahre (man darf nicht vergessen, daß die Sowjetunion in dieser Zeit nicht im geringsten von ihrem Standpunkt abwich), ist es, glaube ich, von nur geringer Bedeutung, ob es eine herrschende Klasse gibt, welche die Fäden in der Hand hält, oder nicht. Die meisten verantwortungsbewußten Sozialisten würden eine solche Vorstellung wegen ihrer Primitivität, ihres stalinistischen Beigeschmacks und ihrer völligen Unzulänglichkeit, komplizierteren Tatsachen gerecht zu werden, verwerfen. Aber etwas ganz anderes ist es, die eigene Ansicht über Amerika als einen gesellschaftlichen Organismus mit einer kapitalistischen Wirtschaft aufzugeben, deren Probleme schwierig und wahrscheinlich unlösbar sind; die Reaktion dieses Organismus auf eine beliebige historische Situation muß zwangsläufig von seiner Notwendigkeit, am Leben zu bleiben, abhängen, und zwar in dem Maße, wie diese Notwendigkeit durch zahllose kleinere gesellschaftliche Organismen, Traditionen und schließlich Individuen reflektiert, entstellt, unterstützt und behindert wird, die sich alle gegenseitig aufheben oder ihre Anstrengungen (soweit es sich um *Aktionen* handelt) verdoppeln, bis das Endergebnis dieser zahlreichen

Faktoren klar und deutlich erkennen läßt, wo in Amerika die Macht liegt und wo die Notwendigkeit. Daß die »Macht« dabei nicht neun Zehnteln des »Volkes« gehört, sondern vielmehr bei solch massiven und sich ergänzenden Konstellationen wie Wirtschafts- und Gewerkschaftsführung, bei der Hierarchie der Militärs und Regierungsbeamten, bei der Kirche und den Organen der Massenbeeinflussung liegt, versteht sich für Radikale mehr oder weniger von selber. Diese werden mir, wie ich glaube, auch zugestehen, daß nicht die Interessenunterschiede der von mir soeben genannten Gruppen bemerkenswert sind (hat es jemals ein Gesellschaftssystem einschließlich der Sowjetunion gegeben, in dem es nicht zu gewaltigen Interessengegensätzen innerhalb der herrschenden Führungsschicht gekommen ist?), sondern weit eher sind es die von diesen Machtgruppen gemeinsam erstrebten Ziele, welche die beste Erklärung für den fast vollständigen Konformismus in Amerika während des Zweiten Weltkriegs und der folgenden acht Jahre bieten. Was die gesamte vorsozialistische Geschichte charakterisiert und was (hoffen wir es nicht) eine sozialistische Geschichte, sollte es eine geben, charakterisieren würde, ist doch, daß die große Masse der Menschen die Bedürfnisse des gesellschaftlichen Organismus, in dem sie leben, weit mehr befriedigen muß, als es umgekehrt der Fall ist.

Ich bin mir darüber im klaren, daß das von mir vorgebrachte Argument ebensosehr eine »Fiktion« darstellt wie die Welt David Riesmans. Es gibt am Ende keinen Weg, auf dem man versuchen könnte, eine komplizierte Realität ohne eine »Fiktion« zu begreifen. Aber man kann sich jene besondere »Fiktion« aussuchen, die der Summe der eigenen Kenntnisse, Erfahrungen, Neigungen, Bedürfnisse, Wünsche, Wertmaßstäbe und schließlich der eigenen moralischen Notwendigkeiten am meisten entspricht. Und man kann sogar versuchen, die Wirklichkeit in kleinem Maßstab mit Hilfe der »Fiktion« nachzubilden. Eins kann man immer tun: die »Fiktionen« miteinander vergleichen und versuchen festzustellen, wohin sie einen wohl führen.

4

In *Individualism Reconsidered* lassen Riesmans Ideen eine weitere Tendenz erkennen. Er hat angefangen, sich mit dem zu befassen, was er als »Verlagerung des Schwerpunkts« bezeichnet, und ich glaube, dies läßt sich am besten durch eine Reihe von Zitaten erklären:

... diese Männer handeln getreu der Vorstellung, die sie von sich selber als reelle Geschäftsleute haben, wie eifrig sie auch behaupten (was, je nach Stimmung, die meisten Amerikaner behaupten werden), daß sie nur aus Eigennutz handeln.

Reiche Studenten benehmen sich oft so, als schämten sie sich ihres Reichtums. Ich habe mich zuweilen versucht gefühlt, darauf hinzuweisen, daß die Reichen eine Minderheit darstellen und ebenfalls Rechte besitzen.

Den Studenten ginge es viel besser, wenn sie eine Position dagegen beziehen könnten, eine Position zu beziehen.

Stickiger Konformismus unter dem Banner des Nonkonformismus.

... »die Tyrannei der Machtlosen« gegen ihre Gruppe – die Tyrannei bedrängter Lehrer, Liberaler, Neger, Frauen, Juden, Intellektueller und so weiter gegeneinander.

Der gegenwärtige Versuch, das Land im Kampf gegen Günstlingswirtschaft in der Verwaltung und Bonzentum zu vereinen, erscheint mir gefährlich, denn indem wir der Politik eine ideologische Einheit aufzwingen, bedrohen wir ein paar Männer mit Ausrottung, die zwar im Geld schwimmen, das wir gut erübrigen können, die aber dafür unseren ideologischen Pluralismus beschützen.

So muß zum Beispiel den Studentinnen an einigen unserer liberal eingestellten Universitäten gelegentlich gesagt werden, daß sie nicht völlig in Verdammnis fallen, wenn sie in sich gegen die Neger oder gegen die Juden gerichtete Gefühlsregungen entdecken – *sonst werden sie vielleicht ihre Schuld sühnen, indem sie versuchen, die Rassenfrage in der Ehe zu lösen!* Aber sogar diese Ansicht muß unter Berücksichtigung des gesellschaftlichen Gesamtgefüges geäußert werden – in diesem Fall eine Ansicht, daß das Los der Neger in Amerika, von den Juden ganz zu schweigen, nicht immer so völlig hoffnungslos ist, daß es der radikalen Preisgabe schützender Vorurteile bedarf. [Kursiv eingesetzt.]

In manchem College werden Professoren, die vor den Velde- oder Jennerausschüssen voller Würde und Zurückhaltung aussagen (wobei sie häufig die Ausschußmitglieder *erziehen* ...) als Beschwichtiger angeprangert. [Kursiv eingesetzt.]

Ich entsinne mich in diesem Zusammenhang einer Unterhaltung mit dem tatkräftigen Herausgeber einer liberalen Zeitschrift, der in einem seiner Artikel die Meinung vertreten hatte, es lasse sich einiges zur Rechtfertigung der Untersuchungsausschüsse vorbringen: Sie seien nicht alle bösartig, und schließlich habe es doch kommunistische Verschwörungen gegeben. Das Ergebnis war, daß er mit Briefen bombardiert wurde, in denen man ihm vorwarf, nun begehe auch er Verrat an der Sache, gebe der Hysterie nach und lasse seine treuen Leser im Stich. Tatsächlich *gab* er der Hysterie nach – nämlich der seiner Leser – und beschloß, keine derartigen Artikel mehr zu veröffentlichen.

Ich frage mich, ob diese »Verlagerung des Schwerpunkts« nicht im wesentlichen auf intellektuelle Taschenspielerkunststücke hinausläuft, bei denen eine liberale Platitüde in ihr Gegenteil verkehrt und dadurch der Gewinn einer Erkenntnis vorgetäuscht wird. Riesman führt uns den uneigennützigen Geschäftsmann, den verfolgten Reichen, »die Tyrannei der Machtlosen«, die Vorzüge der Korruption und des Vorurteils sowie die Hysterie der Liberalen vor, ganz zu schweigen von zahlreichen anderen Dingen. Natürlich liegt in vielen dieser Erkenntnisse eine Wahrheit, aber bis zu welchem Grad, und welcher Art? Das Leben selber, wenn man es statisch betrachtet, es als etwas ansieht, »was ist«, und nicht als etwas, »was sein sollte«, ist in seinen Aspekten stets so verschiedenartig, daß es eine Unmenge unumstößlicher Wahrheiten gibt. Alle Menschen und Institutionen sehen sich mit ihren eigenen Augen, und wahrscheinlich gibt es auf dieser Erde wenige Situationen, deren moralische Beurteilung nicht so umgekehrt werden kann, daß sie eine gleichwertige Wahrheit vortäuscht. Eine geistige Durchdringung dieser Art kann niemals versagen, aber andererseits kann sie auch niemals Erfolg haben, denn sie stellt nichts anderes dar als ein Umschalten, einen Wechsel der Polaritäten. Eine auf den Kopf gestellte Platitüde bleibt noch immer eine Platitüde.

Lassen Sie mich aus *Winesburg, Ohio,* zitieren, wo Sherwood Anderson es so ausgezeichnet ausdrückt:

> Der alte Mann führte Hunderte von Wahrheiten in seinem Buch auf. Ich will nicht versuchen, euch alle aufzuzählen. Da war die Wahrheit der Jungfräulichkeit und die Wahrheit der Leidenschaft, die Wahrheit des Reichtums und die der Armut, die der Sparsamkeit und die der Verschwendung, die der Unbekümmertheit und die der Hemmungslosigkeit. Nach Hunderten und Aberhunderten zählten die Wahrheiten, und alle waren sie schön.

5

Angesichts der gewaltigen Verlagerung des Schwerpunkts, die Riesmans Werk kennzeichnet – das Fehlen herrschender Klassen, das Ersetzen des Konkurrenzkampfes durch Zusammenarbeit, die Wandlung im amerikanischen Charakter vom gewohnten Typ des draufgängerischen, unternehmungsfreudigen Menschen zum außen-geleiteten Menschen –, kann man sich wohl fragen, ob Riesman, trotz seiner ernsthaften Absichten, zum Denken anzureizen und die Menschen zum »Erkennen« der Wirklichkeit zu bringen, nicht tatsächlich zu einem Denken im Kreis, zu einem passiven Denken ermutigt, wenn auch zu einem Denken, bei dem man sich einbildet, mit großen Schritten voranzukommen, Energie auszustrahlen und sich einer Entdeckung zu nähern. Liegt nicht darin seine wesentliche Verlockung für den Liberalen, der sich genau das wünscht: eine Denkweise, die, wohl eine Aura erregender Spannung auslöst, ihn jedoch nicht zwingt, seinen Ideen einen bedeutenden Teil seiner Ziele oder seiner Bequemlichkeit zu opfern? Man fühlt Riesmans Verlangen, in allen Aspekten der Gesellschaft etwas Rechtmäßiges, etwas *Funktionelles* zu finden. Am Ende scheint er zu glauben, daß alles, was ist, notwendigerweise etwas Gutes enthalten muß, und so endet ein geistiger Vorgang, der zuerst noch das Denken anregt, in eklektischer Monotonie. Schließlich ist alles gleich, alles zu rechtfertigen – man verfällt in Apathie und Ergebenheit. Für den linken Liberalen – in Ermangelung einer besseren Klassifizierung –, den, wie alle anderen, die neurotischen intellektuellen Anforderungen des Kalten Krieges mehr und mehr erschöpft haben, gibt es Frieden und manches Anziehende in der endlos abgewandelten Welt des Bestehenden, denn dort kann man am Ende alle Dinge verkehrt oder nötigenfalls wieder ins rechte Licht gerückt sehen.

Man kann nicht genug darauf hinweisen, wie neurotisch das politische Klima unserer Zeit ist, und der Liberale, der aktiv sein möchte, sieht sich keiner einfachen Situation gegenüber. Denn ich möchte behaupten, wir leben in einem so reaktionären Klima, daß die normalen Hilfsmittel zum Verständnis der amerikanischen Gegenwartspolitik wie das Leitwerk eines Flugzeugs, das die Schallmauer durchbricht, eher hemmend als fördernd sind; und zum Entsetzen und zur Verwirrung der Liberalen sind es die Republikaner, die in Korea Frieden schließen, die sich, wenn auch noch so widerstrebend, gezwungen sehen, McCarthy zu bekämpfen, die in Indochina einen Waffenstillstand annehmen und die eines Tages vielleicht sogar das kommunistische China angesichts der Möglichkeit, dadurch China und Rußland zu spalten, anerkennen werden; alles in allem treiben sie jene Politik, die normalerweise der Demokratischen Partei zukommt; ebenso möchte ich behaupten, daß es die Demokratische Partei sein dürfte, die, falls und sobald sie kommt, die vollständige Reaktion durchsetzen wird. Könnte man sich zum Beispiel, wäre Stevenson gewählt worden, vorstellen, daß er gegen den – insgeheim fröhlichen – Schmerz und die heuchlerischen Proteststürme der Republikaner, Amerikaner hätten umsonst ihr Leben gelassen, in Korea Frieden schlösse?

Zu derart verwirrenden Verhältnissen in der Politik kommt noch die Tatsache, daß eine politische Tätigkeit für Radikale in Amerika schwierig geworden ist, und die Stellung eines für die Freiheit des Individuums eintretenden Sozialisten zu halten bedeutet eine fast völlige geistige Entfremdung von Amerika hinzunehmen, ebenso wie eine Reihe schmerzlicher Erfahrungen und persönlicher Widersprüche bei der eigenen Arbeit. Es ist für uns schwierig, eine Brücke zum Liberalen zu schlagen, den Versuch zu unternehmen, ihn zu überzeugen, wenn wir ihm keinen Platz bieten können, zu dem er gehen könnte, kein Land, keine Sache, keine Bewegung, überhaupt nichts; dabei sind wir selber den Versuchungen endlos kreisender Gedanken, den Verlagerungen des Schwerpunkts ausgesetzt, bis wir, weit davon entfernt, die Befriedigung zu erlangen, uns selber als Märtyrer zu betrachten, mit größerer Wahrscheinlichkeit uns mit solchen Fragen wie unserem eigenen neurotischen Verhältnis zum Leben selber foltern. Riesman spricht zungenfertig vom stickigen Konformismus der Nicht-Konformisten, aber er übersieht dabei, daß das radikale Temperament oft äußerst radikal sich gegen einen selber wendet, und er ist bei weitem nicht der erste, der fragt, ob einer wegen des mühelosen Stolzes, den der Nicht-Konformismus bieten mag, Sozialist sei. Auf diese Weise ist Riesmans Anziehungskraft für

Radikale fast ebenso stark wie für Liberale – wenn nicht unbewußt stärker, und es gibt wahrscheinlich wenige Sozialisten, die sich nicht versucht gefühlt haben, das Was-ist durch das schwerer greifbare Was-sein-sollte zu ersetzen.

6

Dennoch wurzeln, trotz allem, das Wesen des Sozialismus, seine Idee und seine moralische Leidenschaft so tief in der westlichen Kultur, daß es wahrhaft unerträglich und mehr als nur ein wenig phantastisch erscheint, wieso Menschen nicht in wirtschaftlicher Gleichheit und in Freiheit leben sollten. So wie für einige Menschen die ernsthafte künstlerische Aussage die Antwort auf die Frage nach dem Sinn des Lebens darstellt, so ist die Leidenschaft zum Sozialismus der einzige Sinn, den ich im Leben derer, die keine Künstler sind, finden kann; wenn man keine »Werke« schaffen kann, darf man doch zumindest von einer Zeit träumen, in der Menschen Menschen hervorbringen, und die Befriedigung kann dem Radikalen aus der Vorstellung erwachsen, daß er versucht, diese Idee am Leben zu erhalten.

Wenn man die Entwicklung zur »Außen-Lenkung« ernst nehmen soll, ist es ebenso vernünftig zu behaupten, die wachsende Furcht im Leben Amerikas entstehe aus dem geheimen Schuldbewußtsein, daß Überfluß und Gleichheit völlig unvereinbar blieben und wir den Punkt erreicht hätten, an dem der Sozialismus nicht nur eine moralische Forderung darstellt, sondern unbewußt offenbar ist – offenbar genug, um die Seelen jener Millionen, die wissen und dennoch nichts unternehmen, mit Sorge zu erfüllen.

Denn solange wir unsere Mythen wählen können, ziehe ich diese Riesmans grundlegender, wenn auch unbewiesener Fiktion vor, die sich schließlich um die alte Geschichte dreht, daß die Reichen unglücklich sind und die Armen ein einfaches, glückliches Leben führen. Vielleicht würde es stimmen oder zur Hälfte stimmen, wenn man solche Weisheiten statistisch erarbeiten könnte. Doch am Ende hängt das Glücksproblem weder mit Politik noch mit dem Handeln noch mit der sittlichen Auffassung zusammen. Als Sozialisten erstreben wir eine sozialistische Welt nicht deshalb, weil wir uns einbilden, die Menschen würden dadurch glücklicher – solche Behauptungen überläßt man am besten den Diktatoren –, sondern weil wir im Leben selber den moralischen Imperativ verspüren, die menschlichen Verhältnisse zu bessern, selbst wenn dies am Ende nichts anderes bedeuten sollte, als daß das menschliche Leid auf eine höhere Ebene gehoben wurde und die Geschichte der Menschheit sich nur vom Melodrama, von der Posse und vom Gruselmärchen zur reinen Tragödie weiterentwickelt hat.

1954

Die Bedeutung der westlichen Verteidigung

Für den Liberalen ist das Problem der Verteidigung des Westens vielleicht noch entscheidender als für den Sozialisten, da es der Liberale ist, der Utopien vermeidet und sich darum ohne Ausweg sieht. Auf der einen Seite wird er durch die in Amerika herrschende Neigung zum Konformismus, zur Hysterie und zum McCarthyismus in zunehmendem Maße erschreckt, wenn nicht sogar deprimiert; als Alternative gibt es für ihn nur die schwere Gefahr des »sowjetischen Imperialismus«. Angesichts einer solchen Zukunft fühlt er sich – mit den Worten Dwight Macdonalds – geneigt, »eine unvollkommen lebende, offene Gesellschaftsordnung einer vollkommen toten, geschlossenen Gesellschaftsordnung vorzuziehen«.

Ich möchte sagen, daß der Fehler bereits in der Formulierung einer solchen Alternative liegt und daß das Werkzeug dieser Alternative – die westliche Verteidigung – die endgültige und höchst verabscheuungswürdige Vernichtung des Westens in sich birgt. Ich muß hinzufügen, daß ich zur Begründung dieser Behauptung kein dokumentarisches Material und keine Forschungsergebnisse vorlegen werde. Ein solches Vorhaben würde zum ersten meine Fähigkeiten übersteigen, zum anderen hat dies, meine ich, wenig Zweck, es sei denn, man würde es in einem riesenhaften Ausmaß durchführen. Ich stelle diese Behauptung also in aller Bescheidenheit zur Diskussion. Weder bin ich von ihr völlig überzeugt noch vertraue ich auf meinen politischen Scharfblick. Wie dem auch sei, ich habe diese Anschauung seit einigen Jahren verfochten und bin zu der Feststellung gelangt, daß sie sich, wenigstens für mich, als eine nicht unfruchtbare Hypothese erwiesen hat, die mir eine bessere Einsicht in die Ereignisse vermittelt.

1

Die angebliche Notwendigkeit einer Verteidigung des Westens wird damit begründet, daß sie ein Bollwerk der Zivilisation gegen die räuberischen und aggressiven Ziele der Sowjetunion sei. Wenn man die Frage stellt, warum die Sowjetunion »räuberisch« sei, erhält man fast immer die weitschweifige Antwort, es liege in der Natur eines totalitären Regimes, aggressiv und imperialistisch zu sein. Was natürlich überhaupt nichts besagt.
Man findet es vollkommen in Ordnung, daß unsere drittrangige Nachahmung stalinistischer Geschichtsverzerrung, unsere propagandabeflissene Regierung das Schlagwort vom »sowjetischen Imperialismus« geprägt hat. Es ist ein Wunder, daß die nächste Seite nicht auf Stalins Bemühen basiert, auch die Erfindung des Imperialismus für die UdSSR zu beanspruchen. Welche Verbrechen und Greueltaten die Sowjets auch begangen, welche Verdrehungen des Sozialismus sie auch vorgenommen haben mögen, man kann sie kaum des Imperialismus beschuldigen.* Schuld

---

* *Der Verleger der amerikanischen Ausgabe hat zu bedenken gegeben, daß meine Definition des Imperialismus (von der er mehr oder weniger abweicht) den Eindruck zu erwecken scheint, die Sowjetunion trage, weil sie in dem Sinne, wie ich den Begriff definiere, nicht »imperialistisch« sei, darum eine geringere Schuld als der Westen. Wir haben uns darauf geeinigt, daß ich nicht die Absicht habe,*

allein hat der Westen, jener Kelch der Zivilisation, und keine Propaganda wird diese Schuld jemals vertuschen können. Imperialismus bedeutet – man ist gezwungen, auf die Anfangsgründe zurückzugreifen – doch noch immer die Verwendung des überschüssigen Mehrwertes, um neue Absatzmärkte zu erschließen, unterentwickelte Länder zu beherrschen, eine einseitige Kontrolle über den Ausbau bestimmter Industriezweige auszuüben und Einflußsphären zu gewinnen. Als modernes Beispiel fällt mir dabei Venezuela ein. Unterstrichen werden muß, daß der Imperialismus seine ausschließliche Aufgabe darin sieht, Investitionsmöglichkeiten für den unproduktiven Kollektivprofit des Monopolkapitalismus zu finden. Die Schwierigkeit, solche Absatzmärkte und unterentwickelte Länder zu finden, hat der Geschichte der westlichen Zivilisation während des Ersten Weltkriegs, durch alle Wirren und Wirtschaftskrisen, sogar über den Verlust des Weltmarkts hinaus und während des ganzen Zweiten Weltkriegs den Stempel aufgedrückt, bis als einzige Lösung, die seit dem Zweiten Weltkrieg noch übrig war, sich die Rüstungswirtschaft anbot. Sie allein verbindet die Vollbeschäftigung mit einem notwendigerweise darniederliegenden Markt – die Sowjetunion hat zu viele unterentwickelte Länder der Erde verschluckt.

Darin liegt die Krise des Monopolkapitalismus. Von Gicht geplagt, in Amerika an hohem Blutdruck leidend, kann er nur noch so lange weiterbestehen, wie er Rüstungsmaterial produziert, dessen »Endverbraucher« – (leider kann ich die Quelle dieses Zitats nicht finden) – »der feindliche Soldat ist«. Der Liberale wird nun die Ansicht vertreten, die »Keynessche Volkswirtschaftslehre« und der »Wohlfahrtsstaat« würden die Widersprüche des Kapi-

---

diesen Eindruck hervorzurufen. Wie der Gesamtheit meiner Abhandlung hoffentlich klar zu entnehmen sein wird, dienen die Definitionen, die ich dem Wirtschaftssystem des Westens bzw. dem des Ostens beigelegt habe, lediglich analytischen Zwecken und sollen keineswegs ipso facto *eine moralische Überlegenheit über die UdSSR oder die Vereinigten Staaten ausdrücken. (Diese Fußnote wurde für die Erstveröffentlichung in der Zeitschrift* Dissent *geschrieben.)*

talismus beseitigen, doch da sich dies bis jetzt in allem, was einer Verwirklichung des beabsichtigten Ziels nahekam, als politisch unmöglich erwiesen hat, ruht die Bürde des Beweises unverändert auf ihm. Man kann sich ja wohl auch kaum vorstellen, daß die chronischen Krämpfe des Kapitalismus durch ein Geheimmittel kuriert werden sollen, das von der privaten Finanzwelt nichts anderes verlangt, als sich mit der Liquidierung und schließlichen Umwandlung ihrer Macht abzufinden. Als ob es so leicht wäre, den Staat aufzufordern, den Ast, auf dem er sitzt, abzusägen! Ich glaube, man kann ohne Übertreibung behaupten, daß die Vereinigten Staaten, wäre die Sowjetunion eine Utopie, gezwungen sein würden, ein stalinistisches Schreckgespenst zu erfinden.

2

Die wirtschaftlichen Probleme der UdSSR sind naturgemäß ganz anderer Art. Die chronische Krise der Sowjetunion beruht nicht so sehr auf der Notwendigkeit, ein Absatzgebiet für den Übergewinn zu finden, sondern vielmehr auf ihrem Unvermögen, eine organische Produktionssteigerung durchzuführen. Man braucht den unglückseligen Verlauf der sowjetischen Geschichte, der sich teils von der Lehre Lenins herleitet, teils der kapitalistischen Einkreisung zuzuschreiben ist, nicht zu wiederholen, doch hätte das »große Experiment«, wenn es schon nichts anderes bewiesen hat, zumindest den Beweis erbringen müssen, daß man den Sozialismus nicht in einem isolierten Block, geschweige denn in einem isolierten Land aufbauen kann. Wenn das Land auch noch rückständig bzw. unterentwickelt ist, wie es das zaristische Rußland war, wird natürlich alles noch viel schlimmer. Trotzki hat einmal gesagt, Sozialismus bedeute mehr Milch, nicht weniger Milch, aber der sowjetische Versuch, eine Großwirtschaft aufzubauen, würde dazu führen, den Akzent auf weniger Milch zu legen. Man kann nicht riesige Stahlwerke, Kohlengruben, Eisenbahnstrecken und sonstige Schwerindustriebetriebe in forciertem Tempo aus dem Boden stampfen, ohne gleichzeitig von den Arbeitern eine längere Arbeitszeit bei geringeren Reallöhnen zu verlangen. Marx erwähnte einmal die ökonomische Unbrauchbarkeit der Sklavenarbeit als Produktionssystem, wofür die UdSSR einen erneuten Beweis geliefert hat. Ihre Unfähigkeit, die eigene Produktivität gegenüber der der Vereinigten Staaten und Westeuropas zu steigern, beruht im wesentlichen auf dem ausweglosen Dilemma, gezwungen zu sein, an die Arbeiter als Gegenleistung für die ständig schlechter werdende Versorgung mit Verbrauchsgütern immer höhere Anforderungen zu stellen.

Man kann einen Menschen ebenso wie ein Tier sich zu Tode arbeiten lassen, und das, wovor dem sowjetischen Parteifunktionär graut, ist der periodische Zusammenbruch der ökonomischen Arithmetik. Um die Stahlproduktion auf einem bestimmten Sektor zu verdoppeln – ein rein willkürliches Beispiel –, stellt er fest, daß er seine Arbeitskräfte verdreifachen muß. Unter derartigen Bedingungen, die durch die Häufigkeit und Gleichzeitigkeit ihres Auftretens noch verschlimmernd wirken, kann der Staat der Sowjetunion einen nur noch an jenes Anschwellen der Gelenke erinnern, das sich bei Blutarmut einstellt. Weit davon entfernt, imperialistisch zu sein, weist die sowjetische Aggression eine viel größere Ähnlichkeit mit dem Frühkapitalismus auf. Es ist das Bedürfnis nach Ausbeutung, wirtschaftlicher Ausbeutung, das eine Ausdehnung der Aggressionsbestrebungen seit dem Krieg forciert hat. Bei einer solchen Ausbeutung, die wirtschaftlichen Transfusionen gleichzusetzen ist, besteht die Hoffnung, aus ihrer ökonomischen Falle ausbrechen zu können. Denn Ausbeutung kann in Konsumgüter übersetzt werden, und mit einem größeren Angebot von Konsumgütern läßt sich mit Recht eine Steigerung der Produktionsleistung erwarten. Das dürfte auch, meine ich, der Hauptgrund für das brutale und allem Anschein nach vernunftwidrige Verhalten der sowjetischen Funktionärsclique in den östlichen Satlitenstaaten sein, und nicht irgendwelche Theorien oder Erklärungen, die sich auf einen verschwommenen Totalitätsbegriff stützen. Dennoch wurde das Problem der Produktionssteigerung in der UdSSR – ich möchte es *das* Problem nennen – durch die aus dem Krieg erzielten Gewinne nur zeitweilig gemildert. Mit Ausnahme der Tschechoslowakei und Ostdeutschlands sind alle Völker, die die Sowjetunion verschlungen hat, ebenso wie China, rückständige, fast hoffnungslos rückständige Länder, und die ihnen abgezapften Blutmengen haben das Problem nur etwas abgeschwächt, etwas verschoben und gleichzeitig neue Probleme heraufbeschworen. Die Sowjetunion ist jetzt die Herrscherin über ein wirtschaftlich ausgemergeltes Reich, das für sie allmählich immer wertloser wird (und zwar in demselben Verhältnis, wie die einzelnen Bestandteile ausgeplündert werden), und doch kann es wie alle Reiche nicht aufgegeben werden, ohne die Gefahr, daß die Mitte ebenfalls zusammenbricht. Selbst die Plünderer müssen am Ende für ihre Beute bezahlen, und die Sowjets sind nun in einer Lage, in der sie ihren Satelliten Erleichterungen, Reformen und was die endgültige Katastrophe bedeutet, Gegentransfusionen zugestehen müssen.

3

Gegen diesen Hintergrund möchte ich das Paradoxon der westlichen Verteidigung stellen. Die wirkliche Lösung – wahrscheinlich die einzig mögliche Lösung, wenigstens in diesem Jahrzehnt –, die sich für die Widersprüche in der sowjetischen Wirtschaft ergibt, liegt in der Produktionskapazität und -technik Westeuropas, insbesondere Westdeutschlands, Frankreichs, Englands und bis zu einem geringeren Grade auch der skandinavischen Länder und Italiens. Der stalinistische Funktionär gelangt zwangsläufig zu dem Schluß, daß die wirtschaftliche Anämie behoben werden könne, wenn es gelinge, diese Länder unter sowjetischen Einfluß zu bringen. Mit einer Zunahme der Konsumgüter würde schließlich auch im Verhältnis dazu die Produktion ansteigen, und die UdSSR würde endlich die Möglichkeit besitzen, den Vorsprung der Vereinigten Staaten einzuholen. Ist erst einmal ein stalinistisches Europa verwirklicht, steht am Ende auch der Weg zu einer stalinistischen Welt offen. Wenn also die Notwendigkeit, sich Westeuropa einzuverleiben, besteht, und ich möchte annehmen, daß das Politbüro darin durchaus eine Notwendigkeit erblickt, kann mit Recht die Frage gestellt werden, warum die Sowjetunion bisher keinen Finger krumm gemacht hat, um ganz Europa zu besetzen, und nicht das Risiko eines Krieges eingegangen ist. Warum zögert sie gerade zu einer Zeit, in der die westliche Verteidigung noch immer Wirklichkeit werden kann? (Ich glaube, wir können uns darin einig sein, daß zu keinem Zeitpunkt seit Kriegsende für die Sowjets eine wirkliche *militärische* Schwierigkeit bestand, Westeuropa zu besetzen.) Die Antwort, eine einfache Binsenwahrheit, wurde in den Zehntausenden von Artikeln, »Experten«-analysen und Sensationsschlagzeilen, die hierzulande die Frage bereits im Keim ersticken, meines Wissens auch nicht mit einer Silbe erwähnt. Man hat zwei gegensätzliche, wenn auch in gleicher Weise entstellende Erklärungen bereit. Die konformistische Presse ignoriert die acht Jahre, die seit dem Zweiten Weltkrieg verflossen sind, begnügt sich damit, ihren Lesern die ständige Bedrohung durch einen sowjetischen Angriff vor Augen zu halten, und läßt auch nicht im mindesten durchblicken, daß es außer einer unmittelbar bevorstehenden Aggression durch die Russen auch noch eine andere Möglichkeit geben könnte, wenn wir nicht bewaffnete Fußsoldaten hätten, um sie abzuschrecken. Die mikroskopisch kleine Stimme der »fortschrittlichen« Presse, die im Grunde aus gesinnungstreuen Mitläufern besteht, begnügt sich mit der naiven (wir wollen höflich sein) Annahme, die Sowjetunion wünsche den Frieden und der Friede würde ihre Probleme lösen. (Wie es in der Tat der Fall sein könnte, wenn man anstelle des Problems »Stalinismus« liest und für das Rezept »innere Revolution« setzt.) Aber es würde zu weit führen, die geradezu fetischistische Begeisterung der »Fortschrittler« vor dem Altar der Verstaatlichung der Industrie kritisch zu beleuchten.

Der Grund, warum die UdSSR nicht angreift, liegt darin, daß die Produktionskapazität Westeuropas für die sowjetische Wirtschaft nur dann einen Wert hat, wenn sie intakt bleibt. Deutschland und Frankreich zu besetzen, ist eine Sache; die Produktion beider Länder aufrechtzuerhalten, eine andere. Ohne daß ein einziger Soldat europäischen Boden betritt, würden die Vereinigten Staaten trotzdem durchaus in der Lage sein, die Produktionsstätten Westeuropas dem Erdboden gleichzumachen. Strategische Bombardierungen, selbst ohne Anwendung atomarer Waffen, würden die Schlüsselindustrie mit Erfolg lahmlegen und die Verkehrswege unbenutzbar machen. (Wenn man dagegen einwendet, die Bombardierung Deutschlands während des letzten Krieges habe nicht seine Wirtschaft zu zerstören vermocht, so muß nachdrücklich auf die Unterschiede hingewiesen werden. Deutschland führte seinen Krieg schließlich auf eigene Faust und mit einiger Entschlossenheit, was wohl kaum dasselbe sein dürfte wie ein erobertes Land, dem befohlen wird, für seine Eroberer zu produzieren. Ich werde darauf später zurückkommen.) Die Chance, die sich der Sowjetunion bietet, würde lediglich darin bestehen, ihrem ausgesaugten Grundbesitz einen weiteren Friedhof hinzuzufügen. Schlimmer. Durch einen solchen Angriff würden die sowjetischen Armeen sich als Invasoren einen fast einmütigen Haß zuziehen, und zu den Versuchungen und demoralisierenden Einflüssen, denen die Besatzungstruppen ausgesetzt sein würden, kämen auch noch Sabotage, passiver Widerstand und die Tätigkeit der von den westeuropäischen Völkern organisierten Untergrundbewegungen. Unter solchen Bedingungen würde an die Stelle der Schwierigkeit, aus einem eroberten Europa Produktionsgüter herauszuholen, die weitaus größere Schwierigkeit treten, die Bevölkerung am Leben erhalten zu müssen. In der Tat würden bei dem unheilvollen Ausgang eines solchen Sieges die Russen selber sich dazu verpflichtet fühlen. Darum stellt die Invasion Westeuropas durch die UdSSR keine praktische Lösung dar, nicht einmal eine aus Verzweiflung geborene Lösung, denn solche Lösungen müssen immer eine wenn auch noch so geringe Aussicht auf Erfolg in sich bergen, hier aber gibt es keine. In Westeuropa einfallen heißt es zerstören (selbst wenn Amerika zu diesem Zeitpunkt eine isolierte Stellung einnehmen sollte, würde seine militärische Notwendigkeit darin bestehen, Vergeltung zu üben), und die Zerstörung Westeuropas beraubt die sowjetische Produktion jeglicher Möglichkeit, sich von ihrer Krise und Anämie zu erholen.

4

Welcher Alternative sieht sie sich dann gegenüber? Die Antwort auf diese Frage ist, wie ich glaube, in großen Zügen ebenfalls sehr einfach. Von ihrem Standpunkt aus gesehen, müssen die Sowjets einen Weg zu finden versuchen, wie sie Westeuropa auf friedliche Weise unter ihren Einfluß bringen können. Dafür bietet die Hauptentwicklung der sowjetischen Außenpolitik zahlreiche Beispiele. Ihr Ziel ist die ideologische und wirtschaftliche Entfremdung Westeuropas von Amerika, die Anbahnung von Handelsbeziehungen zwischen Ost und West sowie deren allmähliche Erweiterung und schließlich, letztere zum Mittelpunkt der europäischen Wirtschaft zu machen, während die kommunistische Partei in diesen Ländern, um attraktiver zu erscheinen, an der Oberfläche »liberalisiert« werden würde. Ließe sich dieses Ziel erreichen, würde der Weg zur Ausplünderung Westeuropas durch sowjetische Handelskommissionen offenstehen. Dabei würde es nicht einmal erforderlich sein, daß Westeuropa in formaler Hinsicht kommunistisch wird.

Wenn die Verwirklichung dieser Politik unmöglich und mehr als nur ein wenig phantastisch erscheint, muß man sie zu der von den Sowjets während der letzten Jahre verfolgten Strategie in Beziehung setzen. Ich möchte behaupten, daß Rußland den Koreakrieg nicht als einen unüberlegten politischen Schnitzer begann, sondern als ein wohldurchdachtes Unternehmen, um Amerika in Asien genau zu dem Zeitpunkt zu binden, als sei-

ne Energie und das Einverständnis Westeuropas einen raschen und erfolgreichen Aufbau der westlichen Verteidigung zu versprechen schienen. (Beiläufig kann man auch noch andere Vorteile für die Stalinisten anführen: eine Sandkastendemonstration der Zerstörung, die Europa zu gewärtigen haben würde, und die günstige Gelegenheit, die Anerkennung Chinas durch die Vereinten Nationen mit all den aus einer solchen Anerkennung sich ergebenden Gefahren einer titoistischen Abweichung zu verhindern. Aber das liegt eigentlich schon außerhalb meines Themas.) Es mag genügen, daß der Koreakrieg für die Sowjets zumindest in einer Beziehung ein Erfolg war – die Pläne für die westliche Verteidigung haben sich nicht erfüllt, und die Aussichten scheinen heute schlechter zu sein als je zuvor. Darüber hinaus machen sich die Widersprüche bei der Bewaffnung Westeuropas bemerkbar; die Vereinigten Staaten sehen sich einem Konflikt zwischen Westdeutschland und Frankreich gegenüber: Westdeutschland ist darauf erpicht, trotz seiner geographischen Insellage eine Militärmacht zu werden, und Frankreich, die natürliche Grundlage jeder Verteidigung, verhält sich bestenfalls teilnahmslos und im schlimmsten Falle ablehnend. Kein Wunder, daß Dulles von der »mühevollen Neuwertung« zu sprechen beginnt. Es ist durchaus nicht unmöglich, daß sich die Vereinigten Staaten innerhalb der nächsten fünf Jahre aus Europa zurückziehen.
Nichtsdestoweniger bezweifle ich es. Die amerikanischen Militärbehörden sehen sich einem derart furchterregenden Schreckgespenst gegenüber, daß noch viel geopfert und noch viel mehr gedroht werden wird, bevor man sich entschließt, das Projekt der westlichen Verteidigung aufzugeben. Wenn nämlich Amerika aus Europa abzieht und es der Sowjetunion gelingt, sich Europa »friedlich« einzuverleiben, gibt es keine brauchbare militärische Alternative für die Zerstörung Westeuropas aus der Luft. Wollte man Europa gestatten, für die Bedürfnisse der Sowjetunion zu produzieren, würde dies für die Stellung Amerikas als vorherrschende Weltmacht verhängnisvoll sein. Ebenso wie die Engländer im letz-

ten Krieg sich gezwungen sahen, die französische Flotte bei Toulon zu zerstören, so wird Amerika sich verpflichtet fühlen, Westeuropa in Trümmer zu legen. Selbstverständlich wird so etwas nicht ohne gehörige Vorbereitung geschehen. Man muß für einen bedeutsamen Umschwung des ideologischen Klimas (den ein »Rückzug« Amerikas bereits verursacht hätte), eine ständige Verschlechterung der Beziehungen zu Westeuropa, eine Reihe von Ultimaten und Zurückweisungen, sowie für die Durchsetzung einer Reihe neuer geistiger Standpunkte, in denen dem Wahnsinn des politischen Lebens in Amerika volles Verständnis entgegengebracht würde, entsprechende Vorsorge treffen. Die Bombenangriffe, die schließlich durchgeführt würden – man würde ihnen zweifellos eine Bezeichnung wie »Operation Freiheit« beilegen –, hätten zum Ziel, den Schandfleck der Schwerindustriezentren des »roten« Frankreichs auszuradieren. Man braucht sich nicht nur auf Orwell zu stützen. Das unterschiedliche Ansehen, das das deutsche Volk in den Augen der amerikanischen Presse besaß, mag zur Auffrischung des Gedächtnisses dienen. Im Jahre 1945 noch faschistische Bestien und im Jahre 1948 bereits die heldenhaften Bürger von *West*berlin zu sein, ist schließlich nicht so schwierig, wenn der Ruf auf Legenden beruht. Auch dürfte es nicht schwieriger sein, umgekehrt zu verfahren. In weniger als einem Jahr wurde nämlich das Bild Rußlands, das dem durchschnittlichen Zeitungsleser vermittelt wurde, fast vollständig ins Gegenteil verkehrt.

5

Man kann nicht mit Bestimmtheit sagen, ob die Vereinigten Staaten gegen ein allkommunistisches Europa einen Krieg anfangen würden, aber es ist sehr wahrscheinlich, und was der Sache viel näher kommt, ob Krieg oder nicht Krieg, die Situation wäre für Amerika unerträglich. Wenn es keinen Krieg anfängt, hat es in zehn oder mehr Jahren die Aussicht, auf die eine oder andere Weise dem Stalinismus zu unterliegen; falls es aber einen Krieg beginnen und Westeuropa bombardieren sollte, würde seine Lage kaum gebessert werden. Denn hier würde es sich um eine völlig andere Art der Bombardierung handeln als etwa bei Vergeltungsangriffen gegen eine russische Aggression. Den europäischen Nationen, die den Angriffen der amerikanischen Luftwaffe ausgesetzt wären, würde die russische Propaganda, die Vereinigten Staaten seien barbarisch und kriegslüstern, ein anschauliches Beispiel dafür liefern, und der Dritte Weltkrieg würde genauso werden, wie die Russen ihn sich wünschen. Die ganze Welt würde sich zu einem »Kreuzzug« gegen Amerika zusammenschließen. Gerade der Luftkrieg, mit dessen Hilfe die Produktionsstätten Westeuropas im Falle einer sowjetischen Aggression ausgeschaltet werden könnten, würde jetzt überhaupt nichts ausrichten. Denn es ist das Merkmal eines Kreuzzuges, daß ökonomische Gesetze zeitweilig außer Kraft gesetzt werden können. Was an Produktionsanlagen verlorengeht, wird durch den produktiven Geist der Arbeiter mehr als wettgemacht, und Untätigkeit wird durch Improvisation, Sabotage durch Zusammenarbeit, Untergrundarbeit durch Patriotismus ersetzt. Man braucht sich nur das Beispiel der Produktion Rußlands im letzten Krieg zu vergegenwärtigen, wo – unabhängig von der physischen Zerstörung der Wirtschaft – das Produktionstempo, die Begeisterung und die Leistungsfähigkeit wahrscheinlich noch nie so hoch gewesen waren. (Bis zu einem gewissen Grade gilt etwa das gleiche auch für Deutschland.) Es ist also für Amerika als vorherrschende Weltmacht das dringlichste Gebot zu verhindern, daß Europa für die Sowjetunion ein zusätzliches Produktionsgebiet wird. Und da dies nur eintreten kann, wenn Westeuropa auf einige Zeit sowohl von Rußland als auch von den Vereinigten Staaten frei sein würde, ist Amerika gleichfalls zu verhindern gezwungen, daß Westeuropa unabhängig wird. Hier verrät sich die Doppeldeutigkeit der westlichen Verteidigung. Wenn sie auch auf der einen Seite als eine im Grunde genommen unverhohlene Erklärung für die Entschlossenheit Amerikas aufzufassen ist, die europäische Wiederbewaffnung zu erzwingen, wie sehr dies auch auf Kosten des Lebensstandards und der möglichen politischen Unabhängigkeit des europäischen Arbeiters geschehen mag, so ist in ihr ein noch viel unheilvollerer Zweck verborgen. Denn was nur selten zugegeben und doch von fast allen als erwiesene Tatsache angesehen wird, ist, daß die westliche Verteidigung in Wirklichkeit Westeuropa gar nicht zu schützen vermag. Sie besitzt lediglich genügend Macht, um es zu zerstören.

Sollte dies dem liberal eingestellten Leser übertrieben erscheinen, möge er einmal die Bedingungen prüfen, unter denen zur Zeit ein Krieg ausbrechen könnte. Einerlei, wo er beginnen würde, und die Wahrscheinlichkeit spricht für Asien, eins ist gewiß. Die Sowjetunion würde gezwungen sein, gegen Deutschland und Frankreich zu Felde zu ziehen. Die russische Taktik des Kalten Krieges, Europa auf friedlichem Wege zu gewinnen, hätte sich damit als falsch erwiesen, und aus diesem Grunde könnten die Sowjets es nie zulassen, daß eine so riesige Produktionsanlage für die Vereinigten Staaten arbeitet. Folglich würde die Sowjetunion zum Angriff übergehen, und die begrenzten Divisionen des westlichen Verteidigungssystems, deren Stärke zwar nie ausreichen würde, um den sowjetischen Armeen Widerstand entgegenzusetzen, müßten dennoch stark genug sein, einen geordneten Rückzug durchzuführen, einen derart wohlgeordneten Rückzug, daß jede Fabrik auf ihrem Wege in Schutt und Asche gelegt und die Erde bis zum Atlantik kahlgesengt werden würde. Ist die militärische Zerstörung Westeuropas abgeschlossen, könnte Amerika dem Krieg gegen die Sowjetunion zuversichtlich entgegensehen. Ihr einziger Verlust wäre ein Friedhof.

Jetzt kann man natürlich die Frage stellen, warum die westliche Verteidigung nicht so weit ausgebaut wird, daß sie die Russen in ihren Grenzen hält. Aus politischen Gründen ist dies jedoch nicht möglich. Für eine solche Aufgabe wäre eine Armee von fünfzehn bis zwanzig Millionen Mann erforderlich, was einer wirtschaftlichen Bankrotterklärung Europas gleichkäme und in den Vereinigten Staaten zu einer äußerst rigorosen Senkung des Lebensstandards führen würde. Vom amerikanischen Standpunkt aus ist dies nicht nur politischer Selbstmord, sondern auch höchst überflüssig. Der Schlüssel zum Problem, gleichzeitig aber auch das bedenkliche Paradoxon, ist eben, daß es lediglich im Interesse der Sowjetunion liegt, den Produktionsreichtum Westeuropas unangetastet zu lassen; die Zerstörung Westeuropas (in gehöriger Weise natürlich) bedeutet für Amerika – militärisch gesehen – ein größeres Maß an Sicherheit als das Risiko, es den Russen als Besitz zu überlassen. Dieses Paradoxon muß sich der verantwortungsbewußte Liberale ständig vor Augen halten, von den Sozialisten, die »den Westen wählen«, ganz zu schweigen. Die westliche Verteidigung ist zur Zeit, ob man will oder nicht, der aktive Ausdruck der Wahl und nimmt somit verantwortungsbewußten Sozialisten jede Möglichkeit, sich in Europa politisch zu ihrem Vorteil zu entwickeln. Auf der einen Seite entsprechen sie nicht dem amerikanischen Bedürfnis nach europäischen Staatsmännern, die obligatorische Zyniker sein müssen und sich der Lage der europäischen Arbeiterklasse gegenüber gleichgültig verhalten; auf der anderen steht die Erkenntnis des europäischen Sozialisten, daß eine Unterstützung der westlichen Verteidigung einem Einverständnis mit der Zerstörung des Westens im Kriegsfall gleichkommt. Und eben die westliche Verteidigung ist es, die den Krieg näher rücken läßt, denn sie macht die Hoffnung auf das Entstehen eines Dritten Lagers zunichte.

6

Was ist da zu erwarten? Die Antwort darauf ist nicht einfach, doch neige ich zu der Auffassung, daß der Hoffnung auf den Sozialismus und, konkreter ausgedrückt, der Erhaltung des Friedens am besten damit gedient ist, daß man das System der westlichen Verteidigung in sich zusammenfallen läßt. Dadurch würde zwar ein Vakuum zurückbleiben, aber man könnte bereits für die Bildung eines unabhängigen, neutralen Westeuropas mit sozialistischer Färbung Vorsorge treffen. (Kaum mehr als eine Färbung, das muß man schon zugeben, da es sich von Feinden umringt finden und außerdem seine Wirtschaft nahezu darniederliegen würde.) Aber trotzdem besteht hier Hoffnung, vorausgesetzt, daß ein solches Europa sich seine Unabhängigkeit gegenüber sowjetischen Angeboten und Vorschlägen bewahren könnte. Versagt es dabei, würde der Dritte Weltkrieg, wie ich bereits an früherer Stelle auseinanderzusetzen versucht habe, fast mit Sicherheit ausbrechen, wobei es kaum ins Gewicht fiele, wer einen solchen Krieg gewönne, so verheerend würde er sein. Aber im gleichen Maße wachsen auch die Friedensaussichten, denn wenn Männer kommen, die der Lage gewachsen sind, ist es durchaus möglich, daß Europa, indem es den Osten gegen den Westen ausspielt, am Leben bleibt, bis es im Verhältnis zu der zunehmenden Schwäche und den unlösbaren Widersprüchen innerhalb der beiden riesigen Machtblöcke stark geworden ist. Es besteht auch die Möglichkeit, daß ein unabhängiges Europa den aktiven nonkonformistischen Traditionen des amerikanischen politischen Lebens zu einem neuen Aufschwung verhelfen würde. Denn im Gegensatz zur heutigen Zeit, in der das sozialistische Denken zersplittert ist und der Liberale (ich spreche nicht von Liberalen mit Muskeln wie James Wechsler und Sidney Hook) verzagten Sinnes sich dem Konformismus angepaßt hat, den die politischen Bedürfnisse Amerikas erfordern, einschließlich der Anweisung, Westeuropa gefügig zu erhalten, würde es dann um positive Ziele gehen, gälte es nun eine berechtigte Sache, etwas Greifbares zu unterstützen – den Fortbestand der Unabhängigkeit Europas –, und dies würde eine Begeisterung entfachen, die die ideologische Einöde und Wildnis des McCarthyismus, Eisenhowerismus, Stevensonismus usw. ersetzen könnte. Am Horizont könnte Asien der heraufziehende neue Tag sein und nicht mehr ein stalinistisches Dämmerlicht. Aber man verliert sich in apokalyptischen Bildern. Es wird Zeit, diese Angewohnheit fallenzulassen. Was übrigbleibt, ist das Argument, daß durch die westliche Verteidigung, die Europa von den Sowjets hermetisch abkapselt, die UdSSR zu gewagten Unternehmen in Asien gedrängt wird, die früher oder später zum Kriege führen müssen. Ein Versagen der westlichen Verteidigung bietet jedoch die Möglichkeit, Zeit zu gewinnen und Europa vor der Einäscherung zu bewahren, und eröffnet von neuem die schwache Aussicht auf eine sozialistische Weltordnung.

1953

Nachschrift zu
»Die Bedeutung der westlichen Verteidigung«

Nur noch eine kurze Bemerkung. Schließlich will ich nicht wieder einen neuen Artikel schreiben.

In der »Westlichen Verteidigung« habe ich gesagt, die psychologischen und gesellschaftlichen Widersprüche der Sowjetunion seien wahrscheinlich größer als die der Vereinigten Staaten und darum würden die Sowjets von unlösbaren Produktionsproblemen bedrängt.

Aber die Tatsachen scheinen meine Behauptung nicht zu bestätigen. Als die Russen den Sputnik auf seine Bahn sandten, hieß das, es war ihnen gelungen, aus vielleicht einer Million Menschen, die auf die eine oder andere Art an die Produktionskette gebunden sind, an der Weltraumraketen hergestellt werden, eine präzise, minuziöse, sorgfältige Arbeitsleistung herauszuholen. Hierbei kann es sich natürlich um einen relativ verschwenderischeren und aufwendigeren Einsatz menschlicher Arbeitskraft gehandelt haben als bei unseren Satellitenprojekten, aber das wissen wir nicht. Da die Russen erfolgreicher als wir gewesen sind, verhält es sich wahrscheinlich anders –, daß nämlich die gewisse Art straff und präzis organisierter Zusammenarbeit, die nun einmal erforderlich ist, um Raketen auf ihre Bahn zu schießen, bei uns bereits in den Strudeln organisatorischer Streitigkeiten und psychologisch bedingter Fehler scheitert (angefangen vom leitenden Ingenieur, der mit neurotischer Beharrlichkeit auf der weniger brauchbaren Konstruktion eines wichtigen Bauteils besteht, bis zur Stenotypistin im Büro, die ein paar Zahlen in einem Schlüsselbrief falsch tippt), und daher sind wir im Verhältnis zu der aufgewendeten gesellschaftlichen Energie wahrscheinlich weniger produktiv – relativ betrachtet – als die Sowjets. Wenn dies zutrifft, wenn wir verhältnismäßig mehr produktive Energie verschwenden (weil unsere psychologischen Widersprüche uns in größere Passivität, Angst, Hysterie und Schuldgefühle hineintreiben als die Passivität, Angst, Hysterie und die unergiebigen fixen Ideen der Sowjets), dann dürfte die Wahrscheinlichkeit wachsen, daß Amerika noch vor der UdSSR sich einer Krise gegenübersehen wird, und zwar nicht nur einer Krise in der Außenpolitik, von erschöpften Bündnissen mit ausländischen Staaten und von Kriegsdrohungen, sondern einer inneren Krise der gesellschaftlichen und psychologischen Phänomene, die sich als Zerrspiegelbild einer Entwicklung von Millionen Menschen zu gesteigerter sexueller Betätigung manifestieren wird. Diese Entwicklung wurde teilweise durch die Bedürfnisse eines gedeihlichen Konsumgütermarktes und den in den öffentlichen Massenbeeinflussungsmitteln ausgetragenen Konkurrenzkampf um die Gunst des Publikums beschleunigt. Da unser Land außerdem kirchlich eingestellt, geschlechtlicher Betätigung abhold und von Gewohnheiten beherrscht ist, hat sich die immer rascher fortschreitende Entwicklung unseres sexuellen Geschmacks nur heimlich vollziehen können; er ist dabei voller onanistischer Surrogate, die unsere Schuld- und Angstkomplexe verstärken. Daraus kann sich eine unangenehme und heimtückische Schwächung der nationalen Kraft ergeben, d. h. weniger Kraft für die Liebe, weniger Kraft für die Arbeit und weniger Kraft für den Kalten Krieg, und wenn das zutrifft, dann rührt der nächste Zusammenbruch in Amerika vielleicht nicht vom Zentrum seiner Wirtschaft her (wobei man die eigene Richtung nach dem Kompaß des klassischen Marxisten ermittelt und abliest), sondern erfolgt im Überbau der Gebräuche, Sitten, Geschmacksrichtungen, Modeströmungen und Stilarten, die das Streben nach Liebe jedes einzelnen von uns formen.

DRITTER TEIL · GEBURTEN

Reklame für den dritten Teil

Der nun folgende Teil dieser Sammlung setzt sich fast ausschließlich aus Stücken zusammen, die im Konzept geschrieben wurden. Sie sind oberflächlich, unausgewogen, bisweilen zu persönlich, nicht sehr angenehm. Es gäbe kaum eine Entschuldigung dafür, solche Bruchstücke aufzunehmen, hätte ich nicht beschlossen, meine ganze Persönlichkeit in dieses Buch zu legen. Nachdem ich mich dafür entschieden hatte, kann ich nicht umhin, auch die schlimmsten meiner Arbeiten vorzuzeigen, denn sie wurden während der zwei oder drei Jahre geschrieben, als meine Ideen sich schneller änderten als meine Persönlichkeit und ich in eine ganze Reihe von Abenteuern und Mißgeschicken verwickelt war – Fehden mit Verlegern, Selbst-Analyse, Marihuana, meine heimliche Entdeckung des Jazz, ein paar echte Freundschaften mit einigen Leuten in Harlem, mehrere in die Brüche gegangene Freundschaften bei der Village Voice, *und eine schöne Zeit mit meiner zweiten Frau, der Malerin Adele Morales. So spiegeln diese Schriften das Bemühen, einen Stil zu finden, der das zum Ausdruck brachte, was ich nun empfand – es war allzu neu.*

Da ich von diesen Originalstücken an sich nur sehr wenig empfehlen kann, bin ich doch ganz glücklich, sagen zu können, daß die anderen Arbeiten in diesem Teil, insbesondere die lange Schilderung, die hier den Titel »Der letzte Entwurf zum Hirschpark*« trägt und für die Veröffentlichung in* Esquire *die Überschrift »Gedanken eines Geächteten« erhielt, durchaus wert sind, gelesen zu werden, insbesondere von jenen, die eine minuziöse Abhandlung langweilt, bis sie zum Bekenntnis wird.*

Reklame für »Der homosexuelle Bösewicht«

Vor einiger Zeit, zu Anfang der fünfziger Jahre, gründete eine Gruppe junger Männer in Los Angeles eine homosexuelle Zeitschrift mit dem Titel One. *Um die Aufmerksamkeit auf sich zu lenken, schickten sie Freiexemplare der Zeitschrift und einen persönlichen Brief an eine Reihe großer und kleiner Berühmtheiten, unter ihnen Bischof Fulton Sheen, Eleanor Roosevelt, Tennessee Williams, Arthur Miller und achtundfünfzig andere, darunter auch an mich. Es war eine interessante Idee. Im Briefkopf prangte die Aufschrift:* One – die homosexuelle Zeitschrift, *und wie ein Haufen Chips waren am linken Rand die Namen von uns Größen aufgeführt, als ständen wir dahinter.* »Lieber Norman Mailer«, *hieß es in dem Brief,* »links werden Sie Ihren Namen aufgeführt sehen. Sie sind einer der prominenten Amerikaner, die wir für unsere Zeitschrift zu interessieren suchen, damit Sie uns helfen können, die allgemeine Unwissenheit und Feindseligkeit auf diesem Gebiet zu zerstreuen.« *Und der Brief enthielt des weiteren eine Aufforderung, für die Zeitschrift zu schreiben. (Ich gebe dies aus dem Gedächtnis wieder.) Etwa einen Monat später folgte diesem Brief ein Telephonanruf – der New Yorker Sekretär der Organisation war am Apparat, um mir zu sagen, er wisse zwar nicht genau, was ich mit alledem zu tun habe, aber die Leute an der Westküste hätten ihn aufgefordert, sich mit mir in Verbindung zu setzen, weil ich vielleicht für sie schreiben könnte. Ich beeilte mich, ihm mitzuteilen, daß ich über Homosexualität auch nicht das geringste wisse.*

Nun ja, versicherte mir der Sekretär (er hatte eine hohe, einschmeichelnde Stimme), er könne ja begreifen, wie ich zu der ganzen Sache stände, aber er könne Mr. Mailer versichern, es sei wirklich eine sehr einfache Sache, Mr. Mailer könne doch das, was er sagen wolle, unter einem Pseudonym mitteilen.

»Ich habe Ihnen doch erklärt«, antwortete ich, »ich verstehe von der ganzen Sache nichts. Ich kenne überhaupt kaum irgendwelche Homosexuelle.«

»*Ach, du lieber Gott*«, *erwiderte der Sekretär,* »*ich könnte Sie doch mit einer ganzen Reihe von uns zusammenbringen, Mr. Mailer, und da würden Sie sehen, was für interessante Probleme wir haben.*«
»*Nein ... nun hören Sie mal.*«
»*Würden Sie nicht zumindest erklären, Mr. Mailer, daß Sie mit den Zielen der Zeitschrift sympathisieren?*«
»*Ich finde allerdings, daß die Polizeivorschriften gegen Homosexuelle überflüssig sind, und was dergleichen mehr ist. Ich halte die Homosexualität für eine Privatangelegenheit.*«
»*Würden Sie das für uns sagen?*«
»*Es ist keine neue Idee.*«
»*Ich kann verstehen, Mr. Mailer, daß ein Mann mit Ihrem Namen und Ihrem Ruf sich nicht gern mit solchen gefährlichen Ideen einläßt.*«
Er hatte recht. Ich war wohl bereit, meinen Namen unter jede radikale Erklärung zu setzen, es war mein Stolz, alles, woran ich glaubte, gedruckt zu sehen, und dennoch war ich nicht bereit, ein Wort zur Verteidigung der Homosexuellen in der Öffentlichkeit von mir zu geben.
So knurrte ich den New Yorker Sekretär der Zeitschrift One *an:*
»*Falls ich etwas über Homosexualität schreiben sollte, würde ich auch meinen Namen daruntersetzen.*«
»*Würden Sie das, Mr. Mailer? Passen Sie auf, ich muß Ihnen sagen, daß wir auf Grund sehr vorsichtiger statistischer Ermittlungen die Zahl der Homosexuellen in diesem Land auf zehn Millionen schätzen. Wir haben die Absicht, im Kongreß Einfluß zu gewinnen, und in ein paar Jahren glauben wir in der Lage zu sein, unseren eigenen Kongreßabgeordneten zu wählen. Wenn Sie einen Artikel für uns schreiben würden, Mr. Mailer, dann könnten Sie ja vielleicht unser erster Kongreßabgeordneter werden!*«
Ich kann mich nicht mehr an den Namen des Sekretärs erinnern, aber er besaß eine bescheidene, doch messerscharfe Intelligenz – er wußte, wie er mich anzupacken hatte. Das Absurde mit dem Apokalyptischen koppeln, und schon war ich gefesselt. Bevor also noch

unser Gespräch beendet war, hatte ich versprochen, einen Artikel für die Zeitschrift One *zu schreiben.*
Er ist hier abgedruckt. Ich zögerte es monatelang immer wieder hinaus, mich daranzumachen, jedesmal war ich gedrückter Stimmung, wenn ich mich meines Versprechens entsann, und ich wand mich bei dem Gedanken an das Gerede – denn auf jeden Leser, der meinen Beitrag las, würden zehn oder hundert kommen, die nur davon hörten, daß Mailer für eine schwule Zeitschrift schrieb. Man würde es als erwiesen ansehen, ich sei homosexuell – wie unangenehm! Ich wünschte mir immer wieder, die Zeitschrift One *würde eingehen und auf immer verschwinden.*
Dann geriet der New Yorker Sekretär mit den Leuten von der Westküste in einen Streit. Er schrieb mir einen Brief, in dem er mir riet, nun doch keinen Beitrag zu liefern. Da er meine Verbindung zu dieser Zeitschrift darstellte, war ich nun von meinem Versprechen entbunden. Dennoch fragte ich bei den Herausgebern an, ob sie noch immer einen Artikel von mir wollten. Es kam nicht überraschend, sie wollten noch. Ich erhielt ihre Antwort in Mexiko, und in niedergedrückter Stimmung machte ich mich an die Arbeit und schrieb »Der homosexuelle Bösewicht«. Zweifellos ist er der schlechteste Aufsatz, den ich jemals geschrieben habe, konventionell, nichtssagend, pflichtgetreu, die Quintessenz des Biedermanns. Sein intellektuelles Niveau würde ihn normalerweise in die Seiten von Reader's Digest *verweisen, und wenn* Reader's Digest *auf seinem zweifellos nützlichen Niveau sich hätte nützlich erweisen wollen, hätte es durch einen Nachdruck den Coup eines Biedermanns gelandet, denn der Artikel besitzt eine zufriedenstellende gedankliche Schwerfälligkeit, die auf den Zustand dumpfer Angst zurückzuführen ist, in dem er geschrieben wurde.*
Nun ist es leichter zu verstehen, warum ich die Sache geschrieben habe. Der Hirschpark *lag bei Rinehart bereits in Fahnen vor, und ich war deswegen deprimiert. Abgesehen vom Stoff hielt ich es für ein zaghaftes, gehemmtes Buch. Ich muß gewußt haben, daß meine Furcht vor der Homosexualität als Thema meine schöpferischen*

Kräfte erstickte, und in Anbetracht des brutalen Rhythmus meiner Natur konnte ich diese Hemmung nur überwinden, indem ich völlig unbekleidet mitten ins Problem hineinsprang. Tut man dies mit Eleganz, kann man dem Schlimmsten die Spitze abbrechen, aber ich war zu unbeholfen, fühlte mich verstopft und von der Unerschrockenheit meines Willens angewidert, und so ist »Der homosexuelle Bösewicht«, wenn auch als ein Stück Arbeit ganz ehrenwert, in das Grau trauriger Vorsicht gehüllt.

Dennoch war es für meine eigene persönliche Entfaltung wichtig. Die graue Prosa im »Homosexuellen Bösewicht« setzte dem unbesorgten Redeschwall meiner radikalen Periode ein Ende – ich wußte, daß ich über die Homosexualität nichts Interessantes zu sagen hatte, weil die vernunftmäßige Konzeption des Sozialismus, durchaus geeignet, um über das Werk David Riesmans zu schreiben, sich auf die Nöte des Homosexuellen nicht anwenden ließ. Nein, dazu mußte man den Gedanken in die Tiefe labyrinthischer und oft gefährlicher Abgründe folgen, wo das Geschlechtliche und die Gesellschaft in ihrer mörderischen Dialektik beinander hausen. Als ich »Der homosexuelle Bösewicht« schrieb, erkannte ich, wie arm an neuen Ideen ich war, und es half mir, eine Stauung gehäufter Ängste, Hemmungen und Befürchtungen um meinen guten Namen zu sprengen. Als ich dann später nach New York zurückgekehrt war und mein Geist im ersten Fieber der Selbstanalyse mit mir durchging, sollte ich Monate und Jahre bei den endlosen Verflechtungen von Gewohnheit und Niederlage verweilen, die bei so vielen von uns als latente Homosexualität vorhanden sind, und ich begann mich selber zu verstehen und reifte vielleicht etwas mehr zum Mann, obwohl es noch zu früh ist, damit zu prahlen, denn ein Mann zu sein bedeutet, den eigenen unaufhörlichen Lebenskampf zu bestehen. Mit jedem faulen Kompromiß gegenüber der Autorität einer Macht, an die man nicht glaubt, büßt man etwas von der eigenen Männlichkeit ein. Und dies erklärt zum Teil die Zählebigkeit des organisierten Glaubens, des Patriotismus und der Achtung vor der Gesellschaft. Aber das wäre ein anderer Essay, und hier folgt nun »Der homosexuelle Bösewicht«.

Der homosexuelle Bösewicht

Diejenigen Leser von *One,* die mein Werk kennen, mögen etwas überrascht sein, daß ich für diese Zeitschrift schreibe. Immerhin habe ich mich wie jeder andere zeitgenössische Romancier schuldig gemacht, den homosexuellen (oder genauer bisexuellen) Personen in meinen Romanen unerfreuliche, lächerliche oder unheimliche Züge zu verleihen. Ein Teil der Wirkung von General Cummings in *Die Nackten und die Toten* – zumindest für diejenigen, die seinen Charakter als gut durchdacht betrachten – beruhte auf der Homosexualität, die ich ganz offen als eine seiner wesentlichen Triebkräfte andeutete. Und wiederum war in *Am Rande der Barbarei* der »Bösewicht« ein Geheimpolizist mit Namen Leroy Hollingsworth, dessen Sadismus und Hinterhältigkeit in einem unmittelbaren Zusammenhang mit seiner sexuellen Abweichung standen.

Als ich diese Romane schrieb, tat ich es bewußt aufrichtig. Ich glaubte wirklich – wie so viele Heterosexuelle –, daß es eine wesentliche Beziehung zwischen der Homosexualität und dem »Bösen« gebe, und es erschien mir durchaus natürlich, das Thema in einer solchen Weise zu behandeln. Auch sah ich darin ein *Symbol* der Gerechtigkeit. Die Ironie des Schicksals fügte es, daß ich während all dieser Jahre nicht einen einzigen Homosexuellen kannte. Natürlich war ich Homosexuellen begegnet, hatte einige als homosexuell erkannt und andere »verdächtigt«; Jahre später sollte ich auch feststellen, daß ein paar gute Freunde homosexuell waren, aber ich hatte niemals einen Homosexuellen in einem tieferen menschlichen Sinn wirklich gekannt, was ja bedeutet, Gefühle des Freundes mit seinen Augen und nicht mit den eigenen zu betrachten. Ich *kannte* keinen Homosexuellen, weil ich es ganz offensichtlich gar nicht wollte. Es genügte mir, jemanden als homosexuell zu erkennen, und schon hörte ich auf, ihn als ernst zu nehmende Persönlichkeit zu betrachten. Er mochte intelligent oder tapfer, gütig oder geistreich, tugendhaft oder von Lastern gequält sein – es war ohne Bedeutung. Ich sah ihn bestenfalls als lächerlich und schlimmstenfalls – wieder dieses Wort – als unheimlich an. (Ich glaube, es ist übrigens bezeichnend, daß so viele Homosexuelle es für nötig halten, sich zu tarnen, sogar manchmal mit Frauen zu prahlen, die sie hatten, ganz zu schweigen von den tausend feineren Schlichen, so daß Heterosexuelle sich häufig nur allzugern täuschen lassen, denn das ermöglicht ihnen, Freundschaften fortzusetzen, die sie sonst, durch ihre Vorurteile und gelegentlich ihre Befürchtungen gezwungen, abbrechen würden.)

Nun übertreibe ich natürlich bis zu einem gewissen Grad. Ich war niemals ein lauter Eiferer, ich habe mich nie darauf eingelassen, einem Homosexuellen wehe zu tun, zumindest nicht direkt, und ich habe niemals die Befriedigung verstehen können, mit der manche Soldaten schilderten, wie sie in einer Bar einen Schwulen fertiggemacht hätten. Kurz, mein Verhalten entsprach dem »Antisemitismus des feinen Mannes«.

Das einzig Bemerkenswerte daran ist, daß ich ja wohl kaum in einer Kleinstadt wohne. New York ist, worin seine Freuden und Leiden liegen mögen, nicht das unzivilisierteste Milieu, und ginge man auch mit der Behauptung zu weit, seine Haltung gegenüber den Homosexuellen sei mit der Empörung verwandt, die ein Liberaler oder ein Radikaler beim Wort »Nigger« oder »Judenlümmel« empfindet, so begegnet man dort trotzdem einem erheblichen Maß an Duldsamkeit und tiefem Verständnis. Die harte und starre Trennung der homosexuellen und heterosexuellen Gesellschaft ist oft ziemlich verwischt. Im Verlauf der vergangenen sieben oder acht Jahre hätte ich mehr als ausreichend Gelegenheit gehabt, einiges über Homosexuelle zu erfahren, wenn ich nur gewollt hätte, aber offensichtlich wollte ich nicht.

Es ist schade, daß ich die psychologischen Wurzeln des Wandels in meiner Haltung nicht verstehe, denn daraus ließe sich möglicherweise etwas Wertvolles lernen. Der Wandlungsprozeß selber schien mir ein verstandesmäßiger Vorgang gewesen zu sein, insofern, als der Anstoß offenbar durch meine Lektüre erfolgte und nicht durch einschneidende persönliche Erfahrungen. Das einzige Anzeichen für das Schwinden meines Vorurteils war, daß wir, meine Frau und ich, uns mit einem homosexuellen Maler angefreundet hatten, der neben uns wohnte. Er war nett, er war rücksichtsvoll, er war ein guter Nachbar, und schließlich waren wir in verschiedenen Kleinigkeiten sogar von ihm abhängig. Es wurde stillschweigend hingenommen, daß er homosexuell war, und niemals redeten wir darüber. Da jedoch so vieles von seinem persönlichen Leben zwischen uns nicht erörtert werden konnte, war diese Freundschaft begrenzt. Ich ließ ihn gelten, wie ein Bankier in einer Kleinstadt vor fünfzig Jahren einen »anständigen« Juden hätte gelten lassen.

Etwa zu dieser Zeit erhielt ich ein Freiexemplar von *One*, das die Herausgeber an viele Schriftsteller versandt hatten. Ich erinnere mich, daß ich mir die Zeitschrift einigermaßen interessiert und belustigt angesehen habe. Manches hinterließ bei mir einen ungünstigen Eindruck. Ich fand die Qualität der Beiträge im allgemeinen schlecht (die meisten Leute, mit denen ich darüber gesprochen habe, sind sich einig, daß das Niveau der Zeitschrift inzwischen gestiegen ist), und ich hielt es für unklug, daß man in einer angeblich ernsthaften Zeitschrift vielsagende Anzeigen aufgenommen hatte. (Tatsächlich bin ich noch heute ohne Rücksicht auf die Probleme der Rentabilität derselben Ansicht.) Aber die Herausgeber verrieten in ihrem Ton einen gewissen Kampfgeist und eine gewisse Aufrichtigkeit, und obwohl ich nicht gerade mit ihnen sympathisierte, kann ich doch wohl sagen, daß ich den Dingen nicht ablehnend gegenüberstand. Und das Wichtigste, meine Neugier war geweckt. Ein paar Wochen später fragte ich den befreundeten Maler, ob ich von ihm Donald Webster Corys *The Homosexual in America* ausleihen könne.

Die Lektüre war eine wichtige Erfahrung. Mr. Cory scheint mir ein bescheidener Mann zu sein, und ich glaube, er würde wohl als erster zugeben, daß sein Buch zwar sehr gut ist, genau durchdacht und seine Argumente überlegt vorgetragen werden, aber doch kaum ein großes Buch. Nichtsdestoweniger fallen mir nicht viele Bücher ein, die meine Vorurteile so radikal ausgemerzt und meine Vorstellungen so sehr verändert haben. Ich lehnte mich auf, ich sträubte mich beim Lesen gegen seine Behauptungen und war oft verärgert, aber ich vermochte meine wachsende Niedergeschlagenheit darüber, daß ich mich in dieser Angelegenheit sehr engherzig verhalten hatte, nicht zu überwinden; und dabei war »engherzig« ein Wort, das ich nur ungern auf mich selber anwandte. Damit kam auch die Erkenntnis, daß ich mich selber davon ausgeschlossen hatte, einen sehr großen Teil des Lebens zu verstehen. Dieser Gedanke ist für einen Schriftsteller stets beunruhigend. Ein Schriftsteller besitzt sein Talent, und soweit wir wissen, ist er damit geboren, aber ob sich sein Talent entwickelt, hängt bis zu einem gewissen Grad davon ab, ob er es benutzt. Er kann als Persönlichkeit wachsen, oder er kann einschrumpfen, aber damit möchte ich keine leichtfertige Parallele zwischen sittlicher und künstlerischer Entwicklung ziehen. Notfalls darf der Schriftsteller ein ausgemachter Strolch werden, aber seine Wachsamkeit, seine Neugier und seine Reaktionsfähigkeit dem Leben gegenüber dürfen sich nicht verringern. Das Verhängnisvolle liegt darin, daß man einschrumpft, das Interesse allmählich erlischt, das Mitgefühl schwindet und bis zu einem Punkt verdorrt, an dem das Leben selber jeden Reiz verliert und das eigene leidenschaftliche Bemühen, andere Menschen zu verstehen, sich in Überdruß und Abneigung verwandelt.

So kam es, daß ich mich, als ich Mr. Corys Buch las, tatsächlich bei dem Gedanken ertappte: *Mein Gott, Homosexuelle sind doch auch Menschen!* Zweifellos wird das den homosexuellen Lesern von *One*, denen es schon allzu schmerzlich bewußt geworden ist, daß sie wirklich Menschen sind, unglaublich naiv erscheinen, aber das Vorurteil ist nun einmal mit der Naivität eng verbunden, und sogar das Abstreifen des Vorurteils, insbesondere wenn es plötzlich geschieht, hat etwas Naives an sich. Wenn ich diesen

Aufsatz erneut lese, finde ich seinen Stil in der Tat einfältig, aber es wäre sinnlos zu versuchen, daran etwas zu ändern. Man lebt sich nicht über Nacht auf einem Gebiet ein, dem man sich bisher verschlossen hat. Auf jeden Fall begann ich, mich mit meinem Vorurteil gegen die Homosexualität auseinanderzusetzen. Ich war nun schon seit einigen Jahren ein freiheitlicher Sozialist, und allen meinen Überzeugungen lag der Gedanke zugrunde, die Gesellschaft müsse jedem Individuum freie Bahn lassen, sich auf die ihm gemäße Weise selber zu entwickeln. Der freiheitliche Sozialismus (das erste Wort ist ebenso wichtig wie das zweite) enthält zweifellos die unausgesprochene Forderung, daß man die Vielfalt menschlicher Erfahrungen achten solle. Von grundlegender Bedeutung für alle meine Überlegungen war, daß vor allen Dingen die geschlechtlichen Beziehungen der Freiheit bedürfen, selbst wenn eine solche Freiheit im Grunde wiederum auf Unfreiheit hinausläuft. Denn die Geschichte bietet gewiß genug Beispiele für die Verkettung von sexuellen Verboten mit politischer Unterdrückung. Eine faszinierende Arbeit auf diesem Gebiet ist *The Sexual Revolution* von Wilhelm Reich. Ich glaube, daß ich dank dieser Lektüre zum erstenmal die Verfolgung der Homosexuellen als eine politische und reaktionäre Handlung begriff, und ich habe mich aufrichtig geschämt.

Dies hatte positive Folgen. Im Verlauf der nächsten Monate stellte ich fest, daß mir sehr vieles klarer wurde. Ich merkte, daß ich mehr von den Menschen, mehr vom Leben begriff. Meine Lebensauffassung war erschüttert worden, Lichter und Schatten hatten sich verschoben, mit anderen Worten, ich lernte. Es war für mich persönlich vielleicht peinlich und dennoch ein Gewinn. Wahrscheinlich gibt es keinen feinfühligen Heterosexuellen, dem nicht zu dem einen oder anderen Zeitpunkt seine latente Homosexualität zu schaffen macht. Wenn ich auch nicht bewußt homosexuelle Triebe verspürte, hatte ich mir doch mehr als einmal die Frage vorgelegt, ob nicht in meiner heftigen Abneigung gegen Homosexuelle etwas Verdächtiges liege. Wie angenehm zu entdecken, daß, sobald man Homosexuelle als echte Freunde anerkennt, die Spannung schwindet. Ich stellte fest, daß die latente Homosexualität mich fortan in Ruhe ließ. Sie erschien mir bei weitem nicht mehr so wichtig, und dies brachte mich paradoxerweise zu der Erkenntnis, daß ich tatsächlich völlig heterosexuell veranlagt bin. Enge Freundschaften mit Homosexuellen waren nun frei von geschlechtlicher Begierde und erweckten in mir auch nicht die geringste sexuell gefärbte Empfindung – zumindest keine stärkere, als in jeder menschlichen Beziehung vorhanden ist. Jedoch beschäftigte mich zu dieser Zeit ein eigentümliches Problem. Ich war dabei, den *Hirschpark* zu beenden, meinen dritten Roman. Darin kam eine unwichtige Person namens Teddy Pope, ein homosexueller Filmstar, vor. Im ersten und zweiten Entwurf war er als stereotype Gestalt, als komische Figur aufgetreten; er benahm sich in geradezu alberner Weise affektiert und wirkte daher lächerlich. Einer der Gründe dafür, daß ich mich gegen Corys Buch so auflehnte, lag darin, daß die Charakterisierung, die ich entworfen hatte, mich zu beunruhigen begann. Im Leben gibt es zwar zahllose lächerliche Menschen, aber im Grunde wollte ich eben doch zum Ausdruck bringen, daß Teddy Pope lächerlich wirkte, weil er homosexuell war. Ich war mit der Charakterisierung unzufrieden, bevor ich noch *The Homosexual in America* gelesen hatte; ich hatte bereits das Gefühl, sie sei ausschließlich aus Boshaftigkeit zusammengesetzt, aber ich glaube, ich hätte es trotzdem dabei belassen. Nach Mr. Corys Buch war es für mich unmöglich. Ich glaubte nicht mehr an Teddy Pope, so wie ich ihn gezeichnet hatte.

Jedoch ist es sehr schwierig, einen fast fertigen Roman zu ändern. Taugt das Buch überhaupt etwas, sind die Proportionen, der Bedeutungsgehalt und die Beziehungen der handelnden Personen untereinander so innig verwoben, daß man sie nicht auseinanderreißen kann, ohne das gesamte Werk zu schädigen. Außerdem hege ich eine Abneigung dagegen, daß in Romanen die neuesten

Ideen eines Schriftstellers an den Mann gebracht werden. Ich hatte daher kein Verlangen, Teddy Pope in einen starken, tugendhaften Charakter zu verwandeln; das wäre ebenso unwahr gewesen, wie wenn ich ihn in der ihm einmal gegebenen Gestalt beibehalten hätte. Auch stand er, obwohl eine Nebenfigur, in einer wichtigen Beziehung zu dem Ablauf der Handlung, und man konnte ihn ganz offensichtlich nicht allzu radikal verändern, ohne einen großen Teil des Romans umarbeiten zu müssen. Ich entschied mich daher, nicht ganz glücklich, Teddy Pope mehr oder weniger unangetastet zu lassen, jedoch zu versuchen, ihm etwas mehr Tiefe zu geben. Vielleicht ist mir das gelungen. Ihn werden zwar niemals viele Leser bewundern, aber es ist durchaus möglich, daß sie Verständnis für ihn aufbringen. Zumindest richtet sich der Spott nicht mehr gegen ihn, und er ist auch nicht mehr die Zielscheibe meiner Boshaftigkeit. Ich glaube daher, daß *Der Hirschpark* durch die Änderung ein besseres Buch geworden ist. Ich hoffe auch, daß einige Leser möglicherweise dazu angeregt werden, die Skala der homosexuellen Persönlichkeit als Parallele zur Skala der heterosexuellen Persönlichkeit zu betrachten, selbst wenn Teddy Pope einen Typ aus der unteren Hälfte des Spektrums darstellt. Jedoch halte ich es für wahrscheinlicher, daß die Mehrzahl homosexueller Leser, die sich vielleicht dazu bequemen, den *Hirschpark* zu lesen, mit ihm unzufrieden sein werden. Ich kann nur sagen, daß ich selber kaum mit ihm zufrieden bin: Aber dieses Mal habe ich doch zumindest das Grenzgebiet des fruchtbaren Themas der Homosexualität entdeckt, anstatt es mir leicht zu machen und in ihr eine symbolische Parallele zum Bösen zu suchen. In dieser Hinsicht fühle ich mich nun als Schriftsteller reicher und bin zuversichtlicher. Es ist mir bewußt geworden, daß ein großer Teil meines Vorurteils gegen Homosexuelle lediglich meinen ästhetischen Bedürfnissen diente. In der Vielfalt und Widersprüchlichkeit des amerikanischen Lebens wird die Schwierigkeit, einen Charakter zu finden, der einem als Hauptperson dienen kann, nur noch durch die Schwierigkeit aufgewogen, den Bösewicht zu entdecken, und solange ich mir meine Vorurteile bewahren konnte, fehlte es mir nicht an literarischen Bösewichten. Nun wird das Problem für mich komplizierter, aber vermutlich auch lohnender, denn tief in meinem Innern war ich niemals sehr glücklich oder stolz, auf homosexuelle Strohmänner einzuschlagen.

Eine letzte Bemerkung. Wenn der Homosexuelle jemals eine wirkliche gesellschaftliche Gleichstellung und Anerkennung erlangen will, muß auch er sich hart ins Zeug legen und seine eigenen Vorurteile abschütteln. In den Trotz getrieben, ist es nur natürlich, wenn auch bedauerlich, daß viele Homosexuelle sich zu der Annahme versteigen, homosexuelle Veranlagung sei die Voraussetzung für eine innere Überlegenheit. Treibt man diese Auffassung weit genug, gelangt man zu einem Standpunkt, der ebenso verdummend wirkt und ebenso lächerlich und unmenschlich ist wie das Vorurteil des Heterosexuellen. Schließlich sind Heterosexuelle ja auch Menschen, und Anerkennung, Duldsamkeit und Mitgefühl sind nur auf der Grundlage gegenseitigen Verstehens möglich.

1954

Vierter Versuch • Der letzte Entwurf zum Hirschpark

In seiner Besprechung meines Romans Der Hirschpark *sagte Malcolm Cowley, es müsse schwieriger gewesen sein, dieses Buch zu schreiben als* Die Nackten und die Toten. *Damit hatte er recht. Am* Hirschpark *habe ich zumeist in gedrückter Stimmung gearbeitet, meine Leber, die auf den Philippinen gelitten hatte, forderte einen hohen Preis dafür, daß ich gegen die Flut einer langen Depression die Arbeit zu erzwingen suchte. Die Sache wurde nicht besser, als der erste Entwurf des Romans niemand bei Rinehart & Co. gefiel. Der zweite Entwurf, der für mich das fertige Buch darstellte, weckte* bei den Lektoren ebenfalls wenig Begeisterung und bei Stanley Rinehart, dem Verleger, offensichtlichen Kummer. Ich war voller Ungeduld, denn ich wollte nun, nachdem es geschafft war, nach Mexiko reisen, aber bevor ich gehen konnte, bat mich Rinehart um eine Woche Bedenkzeit, ob er das Buch bringen wolle. Da er mit mir bereits einen Vertrag geschlossen hatte, in dem ihm keine Möglichkeit eingeräumt war, den Roman nicht anzunehmen (eine bei Autoren, die sich mehr oder weniger gut verkaufen, übliche Vereinbarung), hätte die Ablehnung des Manuskripts ihn einen erheblichen Vorschuß gekostet. (Später erfuhr ich, er habe gehofft, seine Anwälte würden das Buch obszön finden, aber das war nicht der Fall, zumindest damals nicht im Mai 1954.) So blieb ihm tatsächlich keine Wahl, als sich – wenn auch schweren Herzens – damit einverstanden zu erklären, das Buch im Februar erscheinen zu lassen. Um ihn ein wenig aufzuheitern, ging ich auf seine Bitte ein, mir meinen Vorschuß erst nach Erscheinen zahlen zu dürfen, obwohl die erste Hälfte bei Ablieferung des Manuskripts fällig war. Ich glaubte, dieses Entgegenkommen würde unsere Beziehungen verbessern.

Wenn nun einige Leser sich fragen sollten, warum ich denn mein Buch nicht zurückgenommen und es einem anderen Verleger angeboten habe, so lautet die Antwort: Ich war müde, sehr müde. Erst vor einigen Wochen hatte ein Arzt mehrere Male meine Leber untersucht, und sie hatte sich als krank und erschöpft erwiesen. Ich hoffte, einige Monate in Mexiko würden mir die Möglichkeit bieten, mich zu erholen.

Aber die nächsten Monate waren alles andere als lustig. Beim Hirschpark hatte ich mir die größte Mühe gegeben, glaubte aber dennoch, er sei wahrscheinlich eine unbedeutende Arbeit. Auch wußte ich nicht, ob ich wirklich daran interessiert war, ein neues Buch anzufangen. Natürlich versuchte ich es, ich sammelte Notizen und begann einige Ideen für einen Roman über den Stierkampf und für einen anderen über ein Konzentrationslager zusammenzustückeln; während dieser Zeit schrieb ich »David Riesman erneut betrachtet« und »Der homosexuelle Bösewicht«; ich las die meisten

Werke der anderen Schriftsteller meiner Generation (ich glaube, ich suchte nach einem Maßstab für meinen dritten Roman), sah die Fahnen durch, als sie kamen, änderte hier oder dort eine Zeile und schickte sie zurück. Indem ich ein wenig arbeitete, erholte ich mich etwas, aber es war eine Zeit gleichgültigen Dahintreibens. Als wir im Oktober nach New York zurückkehrten, lag Der Hirschpark *bereits im Umbruch vor. Im November erschien in* Publisher's Weekly *die erste Voranzeige. Dann – es waren nur noch knappe neunzig Tage bis zum Erscheinen – erklärte mir Stanley Rinehart, ich müsse ein kleines Stück im Buch streichen: sechs nicht sehr aufschlußreiche Zeilen über das sexuelle Verhältnis zwischen einem alten Produzenten und einem Callgirl. In dem Augenblick, in dem man bereit war, die Aufgabe dieser sechs Zeilen in Betracht zu ziehen, wurden sie zum moralischen Mittelpunkt des Romans. Für meine Leber würde es kein Mitleid sein, sie zu streichen. Aber ich wußte auch, daß Rinehart es ernst meinte, und da ich noch immer erschöpft war, erschien mir der Versuch, diesen Absatz zu behalten, etwas unrealistisch. Wie ein Geizhals hatte ich Energie aufgespeichert, um ein neues Buch zu beginnen, ich wollte nicht, daß mich jetzt etwas davon ablenkte. Ich gab also bei dem einen oder anderen Wort nach, fand mich bereit, eine Zeile umzuschreiben, und kehrte, von mir selber nicht sehr beeindruckt, von dieser Besprechung nach Haus zurück. Am nächsten Morgen rief ich Ted Amussen, den Cheflektor an, um ihm zu sagen, der ursprüngliche Wortlaut müßte wiedereingesetzt werden.*

»Na gut«, antwortete er, »gut. Ich weiß nicht, warum Sie sich überhaupt auf irgend etwas eingelassen haben.«

Einen Tag später stellte Stanley Rinehart die Veröffentlichung ein, stoppte die Werbung (er kam zu spät, um die erste Ausgabe von Publisher's Weekly *aufzuhalten, die mit einer ganzen Seite für den* Hirschpark *bereits unterwegs nach England war) und brach seine vertragliche Verpflichtung, das Buch herauszubringen. Ich begab mich nun auf die Wanderschaft, um einen neuen Verleger zu finden, und ehe ich mich's versah, war das Buch schon bei Random*

House, Knopf, Simon and Schuster, Harper's, Scribners und inoffiziell bei Harcourt, Brace gewesen. Es wäre schön, eines Tages die Einzelheiten zu berichten, aber vorläufig nur ein paar Zeilen eines Dialogs und ein Lektoratsgutachten.

Bennet Cerf: Dieser Roman wird die Verlagsarbeit um zwanzig Jahre zurückwerfen.

Alfred Knopf zu einem Lektor: Halten Sie dies für ein Buch, das das Verlagssignet eines Barsois tragen soll?

Der Anwalt eines Verlages beglückwünschte mich zu jedem Wort in jenen sechs Zeilen, die Rinehart so erregt hatten, daß er seinen Vertrag brach. Dieser Anwalt sagte: »Es ist bewundernswert, wie Sie hier das Problem anfassen.« Dann brachte er mehr als hundert Einwände gegen andere Teile des Buches vor. Der eine galt der Zeile: »Sie war reizend. Ihr Rücken war in seinen Umrissen anbetungswürdig.« Mir wurde gesagt, das müsse verschwinden, und der Grund: »Die Hauptgestalten sind nicht verheiratet, und darum läßt Ihre Schilderung eine befürwortende Deutung eines hurerischen Verhältnisses zu.«

Einige Zeit nachdem Random House das Buch gesehen hatte, aß ich mit Hiram Hayden zu Mittag. Er erzählte mir, er sei für die Entscheidung des Verlages verantwortlich, es nicht zu bringen, und obwohl ich seinem Urteil nicht zustimmte, mußte ich seine Aufrichtigkeit bewundern – es kommt selten vor, daß ein Lektor einem Autor die Wahrheit sagt. Hayden erklärte mir weiterhin, das Buch sei für ihn niemals lebendig geworden, obgleich er bereit gewesen sei, es günstig zu beurteilen. »Ich kann Ihnen sagen, daß ich voller Erwartung zum Buch gegriffen habe. Natürlich hatte ich schon von Bill darüber gehört, und Bill hatte mir erzählt, ihm gefalle es nicht, aber ich achte niemals auf das, was ein Schriftsteller über die Arbeit eines anderen sagt ...« Bill war William Styron, und Hayden hatte durch die Arbeit im Verlag mit ihm zu tun. An jenem Abend, als ich feststellte, daß Rinehart vertragsbrüchig geworden war, hatte ich

Styron gebeten, Hayden anzurufen. Ein Grund dafür, Styron um diesen Gefallen zu bitten, lag darin, daß er mir einen langen Brief über den Roman schrieb, nachdem ich ihm das Manuskript gezeigt hatte. Darin hatte er erklärt: »*Ich mag den* Hirschpark *nicht, aber ich habe daran einen Narren gefressen.*« *So kam ich darauf, mich an ihn zu wenden.*
Der Bericht über diese Vorgänge ist auch in anderer Hinsicht nicht weniger trostlos. Die einzige Großmut, die mir widerfuhr, fand ich bei dem inzwischen verstorbenen Jack Goodman. Er schickte mir eine Photokopie seines Lektoratsgutachtens für Simon und Schuster, und da es eine verständnisvolle Auffassung verriet, wurde es für mich zu einem objektiven Maßstab für die Situation. Ich nahm an, daß das Buch nach dem Erscheinen Ärgernis erregen würde, wie es Goodman vermutete, und so war ich, als ich mich später an die Durchsicht der Fahnen machte, nicht frei von der einen oder anderen Befürchtung. Aber darüber läßt sich an entsprechender Stelle noch einiges sagen. Hier der Kern seines Gutachtens.

Mailer lehnt es ab, Änderungen vorzunehmen ... (Er) will Anregungen in Betracht ziehen, behält sich aber das Recht endgültiger Entscheidungen vor, so daß wir unsere Entscheidung danach treffen müssen, wie das Buch jetzt vorliegt.
Das ist nicht einfach. Es ist voller Vitalität und Kraft, einer der lesenswertesten Romane, denen ich je begegnet bin. Mailer erweist sich als eine Art F. Scott Fitzgerald der Kinsey-Ära. Seine Dialoge sind ungehemmt, und die Sexualität des Buches ist völlig verwoben mit seinem Ziel, eine Gesellschaftsschicht zu schildern, für die Moralbegriffe nicht existieren. Ort der Handlung ist offensichtlich Palm Springs. Hauptfiguren sind Charles Eitel, Filmregisseur, der zuerst das Kongreßkomitee gegen unamerikanische Umtriebe herausfordert, dann aber ein willfähriger Zeuge wird; seine Geliebte; eine große Filmschauspielerin, die seine ehemalige Frau ist; ihr Geliebter, der der Erzähler ist; der Chef einer großen Filmgesellschaft; dessen Schwiegersohn; ein selt-

samer, gequälter Kuppler, der Eitels Gewissen ist, und verschiedene Halbweltdamen, Homosexuelle und Schauspieler. Meiner unmaßgeblichen Ansicht nach wird der Roman in gewissen Kreisen unerwünscht sein, und er kann uns durchaus eine Klage wegen Obszönität einbringen; das müßte natürlich durch unsere Anwälte überprüft werden. Wäre es möglich, dies von Anfang an zu erkennen, hier eine geschlossene Front zu beziehen und die ganze Angelegenheit positiv und zuversichtlich zu beurteilen, wäre ich dafür, daß wir das Buch verlegen. Jedoch fürchte ich, eine solche Einmütigkeit wird unmöglich zu erreichen sein, und in einem solchen Fall sollten wir es ablehnen, obwohl ich davon überzeugt bin, es wird einer der Bestseller der nächsten paar Jahre werden. Es ist das Werk eines ernst zu nehmenden Künstlers ...

Der achte Verlag war G. P. Putnam. Ich wollte das Buch ihm nicht anvertrauen, denn ich hatte vor, als nächstes zu Viking zu gehen, aber Walter Minton sagte immer wieder:»Geben Sie uns drei Tage. Sie erhalten innerhalb von drei Tagen unsere Entscheidung.« So schickten wir es also an Putnam, und drei Tage später nahmen sie es bedingungslos und ohne eine einzige Änderung zu verlangen an. Ich hatte einen Sieg errungen, ich hatte meinen Standpunkt durchgesetzt, aber in Wirklichkeit war ich nicht sehr glücklich. Über die Versorgung mit höflichen Briefen von Verlagen, die mich nicht haben wollten, war ich so aufgebracht, daß ich mich bereits mit dem Gedanken trug, die Absagen von zwanzig Verlagen zu sammeln, den Hirschpark *auf eigene Kosten zu verlegen und damit zu versuchen, im Verlagswesen Geschichte zu machen. Statt dessen sah ich mich plötzlich mit Walter Minton in einem Boot sitzen, der sich seitdem einen Ruf als Verleger von* Lolita *erworben hat. Er ist der einzige Verleger, dem ich jemals begegnet bin, der einen guten General abgeben würde. Monate nachdem ich zu Putnam kam, erzählte mir Minton:»Ich war bereit, den* Hirschpark *zu nehmen, ohne ihn gelesen zu haben. Ich wußte, Ihr Name würde einen Absatz von genügend Exemplaren gewährleisten, um Ihnen Ihren Vorschuß zu zahlen, und ich sagte mir, eines Tages würden Sie noch so ein Buch wie* Die Nackten und die Toten *schreiben«, und auf diese Art, ohne Angst vor der Zensur, kann man seiner Strategie sicher sein.*

Nun habe ich versucht, diesen Bericht mit einem Minimum an Tränen zu begießen, aber den Hirschpark *durch das Nervensystem von acht Verlagen zu zerren war meinen eigenen Nerven nicht allzugut bekommen, noch war es der Aufnahme meiner Arbeit am neuen Roman förderlich. In den zehn Wochen, die das Buch für den Weg von Rinehart bis zu Putnam brauchte, vergeudete ich die Energie, die ich seit Monaten so sorgfältig aufgespeichert hatte. Es war bitter und komisch, wieviel von meiner Substanz ich in ein paar Stunden erregter Telephongespräche aufzehrte; niemals hatte ich Sinn für das Praktische gehabt, aber in jenen Tagen, als ich den* Hirschpark *von Haus zu Haus trug, ließ ich ihn ebensowenig aus den Augen wie eine theaterbesessene Mutter, die ihr Kind in das Büro jedes Produzenten drängt. Ich war für dieses Buch Amateurvertreter, Botenjunge, Verlagsberater, Machiavelli am Mittagstisch, Narr bei den Fünf-Uhr-Cocktails, erlernte in aller Eile das Verlagsgeschäft, machte hundert Fehler und bezahlte für jeden erneut mit einem Haufen Energie.*

In gewisser Weise hatte die Sache einen Sinn. Zum erstenmal seit Jahren machte ich jene Art von Erfahrungen, die sich eines Tages wahrscheinlich in einer guten Arbeit niederschlagen würden, und so führte ich gewaltsam viele kleine Ereignisse herbei, die ohne jeden praktischen Wert waren, wobei ich nebenbei sogar einige Verleger beleidigte, als wolle ich bis an die äußersten Grenzen jeder Situation vorstoßen. Ich versuchte, ein neues Verhältnis zu den Dingen zu finden, und in der Tat lernte ich dabei einiges. Aber niemals werde ich erfahren, wie der Roman über das Konzentrationslager ausgefallen wäre, hätte ich mich nach meiner Rückkehr nach New York ruhig an die Arbeit machen können, und wäre Der Hirschpark *rechtzeitig erschienen. Möglich, daß ich es mit dem Buch nicht ernst gemeint habe, es ist auch möglich, daß mir dabei etwas Gutes* entgangen ist, aber wie dem auch sei, in all der Aufregung versank dieser Roman, ging ebenso verloren wie »der kleine Gegenstand« in Am Rande der Barbarei und hat sich seitdem nicht mehr gerührt. Mein eigentliches Bekenntnis aber besteht darin, daß ich in jener Zeit einige meiner Gedankenverbindungen mit Hilfe von Marihuana knüpfte. Wie mehrere meiner Generation hatte ich es im Laufe der Jahre von Zeit zu Zeit geraucht, aber niemals hatte es mir etwas bedeutet. In Mexiko jedoch, in tiefer Niedergeschlagenheit und mit einer kranken Leber, schenkte mir Marihuana ein neues Gefühl für die Zeit, die ich doch so gut zu kennen überzeugt war, und ich mochte es so gern, daß ich es hin und wieder auch in New York nahm.

Dann begann Der Hirschpark *wie ein Bettler von Haus zu Haus zu ziehen, und unterwegs machte Stanley Rinehart mir klar, er würde versuchen, den Vorschuß nicht zu zahlen. Bis dahin hatte ich ihm Sympathie entgegengebracht. Es bedurfte meines Erachtens schon einer bedenklich verrenkten Zivilcourage, das Buch in der Art fallenzulassen, wie er es tat. Ein kostspieliger moralischer Standpunkt und für mich verlustreich, aber immerhin ein moralischer Standpunkt. Als sich herausstellte, daß er für eine derart moralische Haltung nicht die Kosten zu tragen gewillt war, wurde es für mich ein häßliches Erlebnis. Es dauerte viele Monate, und ich mußte die Dienste meines Anwalts in Anspruch nehmen, um das Geld zu bekommen, aber schon lange davor war ich mir über die Situation völlig klar geworden. Tief in meinem Innern wurde mir bewußt, daß ich seit Jahren jene Art komischer Figur darstellte, die ich in einem meiner Bücher nur allzugern zerrupft hätte, ein Radikaler, der vom naiven Glauben des neunzehnten Jahrhunderts besessen war, daß die Menschen, mit denen er geschäftlich zu tun hatte, 1. gebildete Herren seien, 2. ihn gern mochten und 3. seine Ideen achteten, auch wenn sie mit ihnen nicht übereinstimmten. Nun aber mußte ich erfahren, daß man mich gar nicht so sehr vergötterte, daß man meine Ideen als unbequem, wenn nicht gar abstoßend betrachtete, und daß mein schönes Amerika, das zu kritisieren ich mich so viele Jahre hindurch bemüht hatte, in Wirklichkeit genauso war, wie ich es beschrieben hatte, und nicht nur den Figuren in meinen Büchern, sondern auch mir und anderen Menschen sehr übel mitspielte. Wenn nun die Geschichte Amerikas in den Jahren seit dem Kriege schon keine wahrhaft mutige oder edle Tat zu verzeichnen hat, wovon ich fest überzeugt war und es heute noch bin, warum überraschte es mich dann, daß die Leute im Verlagswesen nicht mehr so gut waren wie früher und die Tage von Maxwell Perkins längst der Vergangenheit angehörten, unwiederbringlich dahin waren, verschwunden wie Greta Garbo und Scott Fitzgerald? Es ist, könnte man behaupten, für einen Reklamemann nicht gerade einfach zuzugeben, daß Reklame eine unlautere Tätigkeit sei, und ebenso schwierig war es für den emsigen Romancier, feststellen zu müssen, daß es jetzt nur noch Cliquen, Modeströmungen, Richtungen, Snobs, Schnösel und Dummköpfe gab, ganz zu schweigen von einem Dutzend verknöcherter Kritikaster, daß für die alte Vorstellung von einem selber als bedeutendem Schriftsteller, einer maßgeblichen Persönlichkeit in den Gefilden der Literatur, kein Platz mehr war. Man war zu einer Reihe mathematischer Proportionen und Gleichungen geworden und gedieh am besten, wenn man sich möglichst eng zusammenschloß, denn dann war das literarische Aktienkapital für eine Fusionierung reif. Die Zeiten, in denen Menschen zu den Romanen eines Schriftstellers standen, ganz gleich, was andere sagen mochten, waren vorbei. Statt dessen warteten nun gute junge Leser auf das Urteil sachkundiger junger Männer, von Akademikern, die die moderne Literatur verschlangen, eifrig darauf bedacht, einen einzustufen, einem gleichlautende und ähnliche Stellen, das Grundthema, die einem aus der literarischen Tätigkeit zufließenden Gesamteinnahmen und jeden Selbstbezug in Form eines Haufens schablonenhafter Worte nachzuweisen. Die Artikel, die über einen und ein Dutzend anderer geschrieben wurden, entstammten Köpfen, die sich auf das Kollektivprodukt verstanden und daher in ihrem Denken zu schwerfällig waren, um Spürsinn für das Individuelle, Besondere zu entwickeln. Es gab eine Gren-*

ze dafür, wieviel Lob man einem Werk spenden konnte, bevor der Kritiker seinen Mangel an kritischen Fähigkeiten offenbarte, und so war es natürlich für den Geist des Experten klüger, die Themen von zehn Schriftstellern durchzukauen, als sich mit den Schwierigkeiten und Problemen jedes einzelnen von ihnen auseinanderzusetzen.

Ich hatte am Ende einer Ära angefangen, meine guten amerikanischen Romane zu lesen – ich konnte mich an Leute erinnern, die wehmütig von der Erregung sprachen, mit der sie in eine Buchhandlung gegangen waren, weil der zweite Roman von Thomas Wolfe erschienen war, und im College hatte ich bei einem Tee, den das Lehrerkollegium gab, eine Stunde lang der Ehefrau eines Professors gelauscht, die das Glück hatte, John Dos Passos gekannt zu haben.

Meine Vernarrtheit als Halbwüchsiger in den Beruf des Schriftstellers hatte sich als dauerhafter erwiesen, als ich hätte annehmen können. Ich war sogar so naiv zu glauben, daß die Leute, die ins Verlagsgeschäft gingen, sich noch immer am meisten für die wenigen Schriftsteller interessierten, die diesem Beruf ein gewisses Maß an Ehre gaben, und ich hatte mich selber ernst genommen und geglaubt, ich sei einer dieser Schriftsteller.

Statt dessen kriegte ich mein Fett verpaßt und hatte es auch verdient, da ich mir das gegen mich sprechende Material nicht angesehen hatte. Ich war aus der Mode gekommen, und darauf lief es hinaus, das war der springende Punkt, nichts weiter, die Verlagsgewohnheiten der Vergangenheit würden mir für meinen Hirschpark nichts nützen, und so zerbrach etwas in mir, wie es in gefühlvoller Sprache heißt, aber ich weiß nicht, ob es wirklich ein liebendes Herz war oder vielmehr eine Zyste des schwachen, des wirklichkeitsfremden und des bedürftigen Herzens, und schließlich loderte mein Zorn auf. Ich glaube fast, daß sich in meiner Psyche eine Wendung vollzog, denn ich spürte, wie etwas sich in mir verwandelte – zum Mord hin. Am Ende hatte ich genügend gesunden Menschenverstand, um zu begreifen, daß die gestaltende Kraft meiner Begabung davon abhing, ein wenig mehr zu kämpfen und mich etwas weniger nach Hilfe umzusehen, sollte meine Arbeit größere Kreise anspre-

chen als die anderer. Aber ich verzerre durch eine solche Darstellung den eigentlichen Ablauf, denn ich brauchte Jahre, um an diesen ersehnten Punkt zu gelangen. Damals merkte ich nur, daß ich ein Geächteter war, ein psychisch Geächteter, und das gefiel mir, es gefiel mir ganz erheblich besser als der Versuch, ein Gentleman zu sein, und unter dem Einfluß einer Reihe von Gefühlsspannungen, die sich gegenseitig beschleunigten, versenkte ich mich in die todbringende Botschaft des Marihuana: Zum erstenmal in meinem Leben begriff ich, was es bedeutet zu genießen.
Ich könnte hier darüber schreiben, aber das wäre verkehrt. Soll diese Erfahrung bleiben, wo sie ist, und in dem einen oder anderen Jahr wird man sie vielleicht in einem Roman wiederfinden. Für den Augenblick genügt es, festzustellen, daß Marihuana die Sinne weckt und den Geist schwächt. Am Ende zahlt man für das, was man erhalten hat. Bekommt man etwas Großes, werden die Kosten entsprechend sein. Auch das eigene Laster untersteht dem Gesetz moralischer Sparsamkeit, aber diese Erfahrung macht man zuallerletzt. Ich glaubte noch immer, es sei möglich, etwas zu finden, was nichts kostet. Während also nun Der Hirschpark bei Putnam ruhte und ich gute neue Freunde in Harlem fand, geriet ich in jenen beseligenden Taumel, in dem sich jede Nacht ein neuentdecktes Reich des Jazz vor einem auftut und die Dürre des Vergangenen sich am Regen erfrischender Laute labt. Was einem in den vergangenen Jahren schal und fade erschienen war, empfindet man nun als prickelnd; wie süß ist doch die Illusion der raschen Wandlung! Um mit all dem Schritt zu halten, begann ich ein Tagebuch zu führen, eine wahllose Anhäufung von Gedanken und Entwürfen zu riesigen Projekten – ich schrieb hunderttausend Wörter in acht Wochen, mehr als einmal zwanzig Seiten am Tag, in einem Stil, der wohl oder übel der verkrampften Vergangenheit entsprang, einem geballten Schwulst von soziologischen und psychologischen Fachausdrücken. Es überläuft mich kalt, wenn ich mir diese Seiten heute ansehe. Und doch förderte dieses Tagebuch mehr Ideen zutage, als ich jemals wieder haben werde; Ideen, die mein Gehirn in so rascher Folge und in so üppiger

Vielfalt durchzuckten, daß ich bisweilen glaubte, es müsse von der Hitze ihres Entstehens betäubt sein. (Wahrt man alle Proportionen, kann man behaupten, daß Kokain sich vielleicht in ähnlicher Weise gut und schlecht auf Freud ausgewirkt hat.) Bereits im Februar, etwa um die Zeit, als Der Hirschpark *ursprünglich erscheinen sollte, ging das Tagebuch zu Ende. Inzwischen hatte ich beschlossen, im Roman einiges zu ändern, keine Streichungen, wie sie die Anwälte wünschten, sondern nur ein paar leichte stilistische Änderungen. Bei Putnam war man darüber nicht gerade glücklich. Minton vertrat den Standpunkt, es gehe etwas von dem Interesse an dem Buch verloren, wenn der Text nicht mit Rineharts Fahnen identisch sei, und Ted Purdy, der das Buch betreute, erklärte mir öfter als einmal, daß sie das Buch »genauso wie es ist« haben wollten. Außerdem dachte man daran, es im Juni als Sommerneuerscheinung herauszubringen.*

Gut, ich wollte mir die Sache überlegen. Ich begann die Fahnen durchzusehen, und das Buch las sich, als habe ein anderer es geschrieben. Ich hatte mich verändert, war nicht mehr der Schriftsteller, der sich mit diesem Roman abgemüht hatte, so sehr verändert, daß ich ihn ohne Reue oder Eitelkeit betrachten konnte, ohne das Verlangen, mich selber zu rechtfertigen. Nachdem ich nun drei Jahre mit dem Buch gelebt hatte, konnte ich endlich zugeben, daß der Stil nichts taugte, von Anfang an nichts getaugt hatte, daß ich das Leben meines Romans mit einer poetischen Prosa erwürgt hatte, die in ihrer allzu selbstbewußten Art verführerisch und formal war und das Leben meiner Figuren verfälschte, insbesondere das Leben meines Erzählers, der die Stimme meines Romans war und damit der Handlung ihre Atmosphäre verlieh. Er war Leutnant in der Luftwaffe gewesen, kaltblütig und hart genug, sich vom Insassen eines Waisenhauses hochzuarbeiten. Ihn in einem Stil erzählen zu lassen, der bestenfalls an Nick Carraway in The Great Gatsby *erinnerte, mußte selbstverständlich seine Wesenszüge verwischen und das Buch wirklichkeitsfremd erscheinen lassen. Nick war als eheliches Kind einer anständigen Familie aus dem Mittelwesten und*

Princeton geboren worden – er mußte so schreiben, wie er es tat, sein Stil war er selber. Aber der Stil von Sergius O'Shaugnessy, wie gut er auch wirken mochte (und die Rinehart-Fassung vom Hirschpark hatte ihre starken Seiten) war ein Stil, der in erster Linie meiner Entschlossenheit entsprang, zu beweisen, daß auch ich einen guten Stil schreiben konnte.

Wenn ich meinen Roman verbessern, den Stil aber wahren wollte, mußte ich den Erzähler der Sprache anpassen, seine Vergangenheit ändern, ihn zu einem Zuschauer machen, zu einem reichen, hübschen Jungen, der, sagen wir, von zwei altjüngferlichen Tanten erzogen wurde; nur durch einen glücklichen Zufall und/oder dank den Erfordernissen der Romanhandlung gelang ihm eine Liebesaffäre mit einem Filmstar. Eine solche Handlung würde ein weniger verwirrendes Buch ergeben, wohl stilistisch gut, aber unbedeutend. Wenn ich jedoch jenen ersten Erzähler beibehalten wollte, mein Waisenkind, meinen Flieger und Abenteurer, den Keim – denn drei Jahre war er der ruhende Keim eines neuen Themas –, um ihn also zu behalten, mußte ich den Stil, von dem inneren Gefüge eines jeden Satzes fortschreitend, verändern. Ich konnte zwar den Rahmen des Buches beibehalten, glaubte ich – denn er wurde ja eigens für einen solchen Erzähler geschaffen –, aber den Stil mußte ich umarbeiten. Wahrscheinlich sah ich dies alles nicht so klar, wie ich es jetzt darstelle. Ich glaube, ich begann ganz bewußt mit dem Gedanken zu spielen, ich würde nur ein wenig herumflicken und versuchen, einen Kompromiß zustande zu bringen. Aber der Steuermann meines Unterbewußtseins mußte sich bereits entschieden haben, denn es war für mich keine eigentliche Überraschung, daß ich mich schon nach wenigen Tagen, in denen ich hier und da einige Wörter geändert hatte, immer schneller auf den Mittelpunkt des Problems zustreben sah und nach zwei oder drei Wochen fest an der Arbeit war, einen neuen Hirschpark *zu schreiben. Das Buch wurde nach einer Methode überarbeitet, für die ein Lektor niemals Lust noch Zeit aufbringen würde, es wurde Satz um Satz durchforscht, Wort für Wort, und der Stil dieses Buches verlor seine Politur, wurde holprig, ich kann wohl* sagen, wirklichkeitsnah, denn nun stand ein vierschrötiger, muskulöser Körper hinter der Stimme. Er war die ganze Zeit dagewesen, im Porzellan eines gekünstelten Stils eingekapselt, aber als ich nun drauflosmeißelte, gewann das Werk an Klarheit und Frische – nie habe ich eine Arbeit so genossen –, und ich hatte den Eindruck, als lernte ich endlich schreiben, als lernte ich die Verbindungsglieder der Sprache und den Sinn eines Wortes kennen, hatte das Gefühl, als käme ich der Bedeutung der Laute ganz nahe und könnte entscheiden, welches von zwei verwandten Wörtern weiblicher oder unmittelbarer wirkte. Ich begann sogar zu ahnen, wie es Flaubert ergangen sein mochte, denn während der weiteren Überarbeitung des Buches forderten oft fünf oder sechs Wörter, die ich am Rande untereinander hingeschrieben hatte, eine kleine Entscheidung von mir, welches von ihnen zu wählen sei. (Da die Rinehart-Fahnen als Arbeitsexemplar vorlagen, blieb mir nur wenig Raum, zwischen den Zeilen zu schreiben.) Während ich gutgelaunt weiterarbeitete, schickte ich die Seiten zum Abschreiben, aber sobald ich die alten Fahnen hinter mich gebracht hatte, machte ich mich auch an das neue, mit der Maschine geschriebene Exemplar. Ich darf wohl behaupten, das Buch war lebendig geworden und in mein Gehirn eingedrungen.

Bald kam Unruhe in die bisherige Freude an der Arbeit; das Bewußtsein dessen, was ich tat, begann an meiner Kraft zu zehren. Es war, als sei ich das Opfer einer Krankheit geworden, deren erste Symptome sich als Erregung, in einem ans Phantastische grenzenden Arbeitstempo und in der Zuversicht, es könne ewig so weitergehen, bemerkbar gemacht hatten. Doch inzwischen näherte ich mich einem zweiten Stadium, in dem der schnelle Rhythmus eher einem Fieber ähnelte; der erste Hauch der Erschöpfung war spürbar, das Wissen, daß am Ende einer durchzechten Nacht die Kälte wartete. Ich wollte in einem für mich tödlichen Tempo weitermachen, indem ich all die kleinen Zentren des Gehirns, welche die schwierigen Entscheidungen treffen mußten, belastete und überlastete. Indem ich das seidenfeine Gewebe des ursprünglichen Satzbaus zerriß, griff ich in eine Unzahl sorgfältig gehüteter Gewohnheiten, ebenso wie in alles, was an feiner nervlicher Substanz oder chemischen Stoffen ihre Entstehung beeinflusst haben mochte.

Sechs Jahre lang hatte ich Romane in der ersten Person geschrieben; es war der einzige Weg für mich, ein Buch zu beginnen, obwohl die dritte Person mir mehr zusagte. Schlimmer, ich schien unfähig, einen Erzähler in der ersten Person hinzustellen, der nicht übermäßig zart, reizbar und in schmerzlicher Weise empfindsam war, ein immerhin seltsames Porträt von mir, denn ich war nicht zart, jedenfalls nicht in körperlicher Hinsicht; kam es auf Kraft an, nahm ich es mit jedem anderen auf. Zu jener Zeit erging ich mich in stundenlangen Erinnerungen daran, daß ich so etwas wie ein Sportsmann gewesen war (Universitätsrugby auf Harvard, jahrelang Skilauf), im Einsatz nicht schlappgemacht und einmal, als eine Bande in meiner Dachwohnung eine Party sprengte, zwei Hammerschläge auf den Kopf erhalten hatte und noch immer fähig gewesen war, um mich zu schlagen. Dennoch schien mich die Verwendung der ersten Person zu lähmen, als hätte ich eine tiefe Abneigung dagegen, eine Stimme hervorzubringen, die in irgendeiner Beziehung mächtiger war als ich. So hatte ich mich bei jedem Erzähler, an dem ich mich versuchte, in einem falschen Stil festgefahren. Wenn ich jetzt in einem Kampf gestanden und festgestellt hatte, daß ich trotz meiner Schwächen in anderer Hinsicht doch standhaft genug war, um an sechs wichtigen Zeilen festzuhalten, so mag mir das neue Selbstachtung eingeflößt haben. Ich weiß nicht, aber zum erstenmal war es mir möglich, mich der ersten Person in der Weise zu bedienen, daß ich auch etwas von der Hartnäckigkeit und dem Kampfgeist, die mir ebenfalls eigen sein mochten, andeuten konnte. Es gelang mir, die hohle Wirklichkeit der ersten Person mit den eigenen echten Gefühlen des Abseitsstehenden zu erfüllen, als den ich mich selber immer empfunden hatte, denn Brooklyn, wo ich aufgewachsen bin, ist durchaus nicht der Mittelpunkt. Es gelang mir also, einen Abenteurer zu gestalten, an den ich glaubte, und

in dem Maße, wie er für mich lebendig wurde, begannen auch die anderen Teile des Buches, die ein Jahr und länger stagniert hatten, ebenfalls lebendig zu werden. Eitel, mein Regisseur, und Elena, seine Geliebte, erlebten Neues, und ihr Charakter änderte sich. Es war ein Phänomen. Ich lernte den Roman als etwas Wirkliches empfinden. Zuvor hatte O'Shaugnessy, ein Mann mit schwacher Stimme, Eitels Geschichte erzählt, nun jedoch war es ein zuversichtlicher junger Mann: Wenn der neue Erzähler erklärte, Eitel sei sein bester Freund, und daher versuche er nicht, Elena allzu anziehend zu finden, so waren der Mann und die Frau, von denen er sprach, jetzt schärfer gezeichnet als früher. Ich erzählte nicht mehr von zwei netten Menschen, die in der Liebe versagen, weil die Welt für sie zu mächtig und zu grausam ist; der neue O'Shaugnessy hatte mich nach und nach zu der mühsameren Schilderung zweier Menschen gebracht, die ebenso stark wie schwach sind, ebenso verdorben wie rein, und trotz aller Tapferkeit in einer armseligen Welt sich nicht weiter zu entwickeln vermögen, weil sie eben am Ende doch nicht tapfer genug sind und daher einander mehr Schaden zufügen als ihrer ungerechten Umwelt. Und das war für mich erregend, denn dadurch hatte Der Hirschpark *die seltene Wehmut einer Tragödie erhalten. Die stärkste Wirkung bei einer Prosadichtung geht von der Betrachtungsweise aus, und indem man O'Shaugnessy Tapferkeit verlieh, gewannen die anderen an Leidenschaft.*
Aber für mich begann damit die Strafe. Ich schuf nun einen Menschen, der tapferer und stärker war als ich, und je besser mir mein neuer Stil gelang, desto mehr zeichnete ich damit auch ein Porträt von mir selber. Man empfindet Scham darüber, sich auf diese Weise selber anzupreisen, eine Scham, die so stark wurde, daß es einer psychologischen Vergewaltigung gleichkam, weiterzugehen. Jedoch konnte ich nicht die Zeit opfern, die kritischen Selbstbetrachtungen, die sich in mir anhäuften, zu verdauen, ich sah mich gezwungen, mich anzutreiben, und so arbeitete ich immer häufiger mit Hilfe von Tricks, indem ich am Abend Marihuana nahm und mich dann mit einer Überdosis Seconal in Schlaf versetzte. Am Morgen spru-

delte ich von neuen Erkenntnissen über, konnte in die bereits geschriebenen Worte neue Worte hineinlesen und vermochte so mein Arbeitstempo einzuhalten, da der gewissenhafteste Teil meines Gehirns zu benommen war, um sich einzumischen. Mit jedem Tag nahm mein logisches Denkvermögen ab, aber das Buch besaß seine eigene Logik, und so brauchte ich keine genauen Überlegungen mehr. Was ich erreichen wollte und was die Drogen mir gewährten, war die Fähigkeit, blitzschnell zu assoziieren. In diesem Punkt war ich oft besonders hellsichtig und spürte in den Zeilen meines Textes neue Erlebnisse auf, wie ein Einsiedler, der die Offenbarung der Heiligen Schrift überschwenglich in sich aufnimmt, ich sah so vieles in einigen Wendungen, daß ich mehr als einmal in die Fallgrube des Amateurschriftstellers stürzte: Da meine Worte mich so bewegten, nahm ich an, alle anderen würden von ihnen ebensosehr angeregt, und in mancher Zeile verbog ich den Satz so, daß er sich nur dann gut lesen ließ, wenn man ihn langsam las, etwa ebenso langsam, wie wenn ein Schauspieler ihn laut vorläse. Sobald man in dieser Weise schreibt, wird der schnelle Leser (er stellt sicher den größten Teil der Leserschaft dar) straucheln und sich an den lautlichen Verschiebungen deiner Prosa stoßen. Dann sollte man sich am besten der herausfordernden Taktik eines Hemingway bedienen, denn in einem solchen Fall ist es von entscheidender Bedeutung, ob der Leser der Meinung ist, es sei die Schuld des Autors, oder aus Ehrfurcht vor dessen Ruf als Schriftsteller in der Zeile wieder zurückgeht, sein Tempo verlangsamt und herauszufinden versucht, warum er beim Lesen sich so dumm anstellt, daß er dem vertrackten Synkopenrhythmus im Stilgefüge nicht zu folgen vermag.
Ein Beispiel: Im Hirschpark von Rinehart hatte ich folgendes stehen:

»Sie schreiben in der Presse so interessant über meinen Süßen«, erklärte sie eines Nachts einigen Leuten in der Bar, »daß ich ihn wirklich mal ausprobieren sollte. Wirklich, Süßer.« Und sie gab mir einen schwesterlichen Kuß.

Ich änderte das ein ganz klein wenig ab, setzte an Stelle von »erklärte« »sagte« ein und fügte später »ältere Schwester« hinzu, so daß es nun hieß:

Und sie gab mir einen schwesterlichen Kuß. Ältere Schwester.

Nur zwei Wörter, aber ich hatte das Gefühl, als sei ich auf ein göttliches Naturgesetz gestoßen, als hätte ich einen unschätzbaren Schlüssel gefunden – der Kuß einer älteren Schwester war ein weltliches Universum vom Kuß einer jüngeren Schwester entfernt –, und ich gedachte mir selber den Nobelpreis dafür zu verleihen, daß ich das Klischee des schwesterlichen Kusses durch ein solches Glanzlicht und eine so feine Unterscheidung bereichert hatte.

Nun, als zusätzliche Erklärung war es ja recht spaßig, und dafür, daß es nur zwei Wörter waren, ließen sie einiges von dem spüren, was es zwischen Sergius und Lulu an widerstreitenden Gefühlen gab. Außerdem diente es als kleines Beispiel dafür, mit welchem Scharfblick Sergius die Welt sah und welchen Platz er in ihr einnahm. All dies gereichte oder hätte einem Leser, der langsam vorging, innehielt und nachdachte, zum Vorteil gereichen können. Doch wenn jemand es eilig hatte, war der kleine Satz »ältere Schwester« wie ein Finger ins Auge, er stieß ins Unterbewußtsein und versetzte dem Denkrhythmus einen unangenehmen Stoß.

Ich nahm fünfhundert derartige Veränderungen vor. Ich begann beim ersten Absatz des Buches, im dritten Satz, der den Leser durch den aufgestauten Rhythmus hinhält, »Das liegt nun schon einige Zeit zurück«, und tat dies mit Absicht, um meine Leser von Anfang an zu bremsen, wie ein Boxer, der seine Rechte zwei Sekunden nach dem Gong vorstößt und so dem Gegner keine Gelegenheit gibt, das Tempo des Kampfes zu bestimmen.

Jedoch erhob sich die Frage, ob ich den Leser wirklich bremsen konnte, und so begannen im weiteren Verlauf meiner Arbeit, an einem Punkt, an dem ich anfing, ganze Absätze und Seiten zu schreiben, um sie den neuen Putnam-Fahnen anzufügen, die Zermürbung durch die Drogen und die Möglichkeit eines Mißerfolgs sich zu einer Depression auszuweiten. Da wurde auch noch Benzedrin in die Waagschale geworfen, und ich trieb nun einem ziemlich rapiden Kräfteverfall entgegen. *Denn ob ich nun erwartete, daß meine Leser mich langsam läsen, mochte ich sie auch noch so anflehen, es zu tun, sie würden sich mit großer Wahrscheinlichkeit doch nicht daran halten, wenn die Besprechungen schlecht waren. Als ich mir nun deswegen Sorgen machte, wurde es noch schlimmer, denn ich wußte von vornherein, daß drei oder vier meiner wichtigeren Kritiken schlecht sein mußten – zum Beispiel die in der Zeitschrift* Time, *denn dort war Max Gissen der Redakteur für Buchbesprechungen und ich hatte ihn einmal in aller Öffentlichkeit beleidigt, indem ich bemerkte, daß ein Mann, der für einen so hochgradig und auf so hinterlistige Art totalitären Kopf wie Henry Luce arbeite, kaum eigene Gedanken haben könne. Die* New York Daily Times *würde schlecht sein, weil Orville Prescott für seine Abneigung gegen Bücher bekannt war, die sexuelle Dinge allzu offen behandelten, und die* Saturday Review *würde ebenfalls schlecht sein. Das heißt, wahrscheinlich würden sie schlecht sein, die Mentalität der Rezensenten würde nicht das Niveau des Kritikerpapstes Mr. Maxwell Geismar übersteigen, und Geismar schien nicht zu wissen, daß der Titel meines zweiten Romans* Barbary Shore *und nicht* Barbary Coast *lautete. Ich könnte dies ausspinnen, aber wesentlicher ist die Tatsache, daß ich mir noch vor Beendigung des Buches wegen der Kritiken Gedanken gemacht hatte, und diese zweifelhafte Betätigung entsprang einer Art innerer Selbsterkenntnis, die mir in jener Zeit zu Gebote stand. Ich wußte, was meiner Energie nutzte und was ihr schadete, und so wußte ich auch, daß ich für die Lebensfähigkeit meines Werkes in Zukunft und auch im Hinblick auf seinen Umfang einen Erfolg brauchte. Ich hatte ihn sogar dringend nötig, wenn ich die Erschöpfung überwinden wollte, die ich seit* Am Rande der Barbarei *mit mir herumtrug. Manche Schriftsteller werden jahrelang nicht genügend beachtet, und so lernen sie frühzeitig, sich in ihren Arbeitsgewohnheiten dieser geringen Anerkennung anzu-*

passen. Ich glaube, mit fünfundzwanzig hätte ich es tun können. Mit Die Nackten und die Toten *hatte jedoch ein neues Leben angefangen; wie ich schon früher in diesem Buch schrieb, hatte ich unter seelischen Wehen eine ganze Anzahl bescheidener Gewohnheiten geändert, um als Mann mit einem Namen, der bei Fremden rasche Reaktionen auslösen konnte, ein wenig glücklicher zu leben. Ging es anfänglich auch über meine Kräfte, denn ich fing als ein anständiger, aber furchtsamer junger Mann an, so hatte ich mich inzwischen an das neue Leben gewöhnt; ich hatte den Erfolg lieben gelernt – wahrscheinlich war ich von ihm sogar abhängig geworden, oder zumindest war das bei meinen neuen Gewohnheiten der Fall.*

Als Am Rande der Barbarei *in hinterhältiger Weise verrissen wurde, trat die Schädigung meiner Nerven zwar nur langsam ein, dafür aber gründlich. Sofort war meine Stellung erschüttert – Amerika ist ein schnelles Land –, aber mein Ich erlaubte mir nicht, dies zu begreifen, und ich machte schwere Jahre heimtückisch vorbereiteter gesellschaftlicher Niederlagen durch, weil ich nicht erkannte, daß ich von anderen nicht mehr als so groß angesehen wurde wie früher. Ständig überschätzte ich mich selber. Um es ganz grob zu sagen, ich glaubte, ich ließe andere Leute fallen, während in Wirklichkeit sie mich fallenließen. Und selbstverständlich wußte es mein Unterbewußtsein besser. Es kam zu verlustreichen, grausamen, wenn auch unhörbaren Auseinandersetzungen zwischen den Armeen des Ichs und des Es, morgens beim Aufstehen war mein Energievorrat erschöpfter als beim Zubettgehen am Abend zuvor. Sechs, sieben Jahre, in denen ich literarische Luft atmete, hatten mich gelehrt, daß ein Schriftsteller, von solchem Haß umgeben, nur am Leben bleiben konnte, wenn er nicht genügend anerkannt wurde, denn dann vergötterte ihn eine Clique, oder vom großen Publikum in solchem Übermaß gekauft wurde, daß er bei den Snobs ohnmächtige Wut weckte. Ich wußte, wenn* Der Hirschpark *ein gewaltiger Bestseller wurde (für mich waren hunderttausend Exemplare zur magischen Zahl geworden), hatte ich gewonnen. Ich würde dann der* erste ernst zu nehmende Schriftsteller meiner Generation sein, der zweimal mit einem Bestseller hervorgetreten war, und dann würde es ohne Belang sein, was die Kritik dazu sagte. Mochte die halbe Verlegerweit es billig, schmutzig, auf Sensation abgestimmt, zweitrangig und so weiter und so fort nennen, es würde ein schwacher Zorn sein und nicht weh tun können, denn die literarische Welt leidet ein wenig an der Nationalseuche – ein ernst zu nehmender Schriftsteller wird mit Sicherheit als bedeutend angesehen, wenn seine Bücher Bestseller sind; tatsächlich sind die meisten Leser nicht von seinem Wert überzeugt, bis seine Bücher sich durchsetzen. Steinbeck ist besser bekannt als Dos Passos, John O'Hara wird von Leuten ernst genommen, die Farrell abtun, und tatsächlich bedurfte es dreier Jahrzehnte und des Nobelpreises, bevor Faulkner auf eine Stufe mit Hemingway gestellt wurde. Aus diesem Grund hätte es nichts genutzt, wenn mir jemand damals erzählt hätte, daß der finanzielle Erfolg eines Schriftstellers mit größerer Begabung wahrscheinlich mehr auf das Nebensächliche in seinem Werk als auf das Wesentliche zurückzuführen sei. Eine solche Behauptung hätte auf mich nicht den geringsten Eindruck gemacht – ich wußte nur, daß sieben Verlage bereit gewesen waren, mir jede Zukunft abzusprechen, und wenn also das Buch nicht einschlug, würden sehr viele Leute sich etwas auf ihre Voraussicht zugutehalten und sich um mich noch weniger Gedanken machen. Ich sah ein, falls ich Bücher weiterschreiben wollte, die mir Spaß machten, bedurfte ich der treibenden Kraft eines neuen Erfolges, brauchte ich frisches Blut. In jeder einzelnen Faser meines Seins wußte ich, daß Der Hirschpark es verdammt nochmal schaffen würde, oder ich geriet in den Bannkreis einer ernstlichen Krankheit, einer Willensschwäche im wahrsten Sinne des Wortes.

Immer wieder lastete auf mir der Alpdruck der Frage, was wohl geschehe, wenn alle Kritiken schlecht sein würden, so schlecht wie die meines Buches Am Rande der Barbarei. *Ich versuchte mir einzureden, dies könne nicht geschehen, aber ich war dessen nicht si-*

cher, und ich wußte, falls das Buch eine einstimmig schlechte Presse erhielt, aber dennoch Anzeichen für einen guten Absatz verriet, ich wahrscheinlich Gefahr lief, mir eine Klage wegen Obszönität einzuhandeln. Infolge der krampfartigen Nachwehen aus den McCarthy-Jahren bestand in Verlegerkreisen noch immer eine große Furcht vor der Zensur, in England war so etwas im Hinblick auf die Kritik entschieden ein Nachteil, und ich wußte auch, daß ich einen solchen Prozeß verlieren könnte – es würde sich vielleicht niemand von Ruf finden, der erklärte, das Buch sei bedeutend. Würde es verboten, konnte das für mich den Untergang bedeuten. Angesichts der Kraftreserven, die ich in diese Arbeit warf, wußte ich nicht mehr, ob ich noch eine Niederlage einzustecken bereit war – zum erstenmal in meinem Leben war ich bis an den Rand der Erschöpfung gelangt, ich konnte durch meine Furcht hindurch das andere Ende erkennen, ich wußte, es würde eine Zeit kommen, in der ich nicht mehr Herr meiner selbst war, ich würde vielleicht all dessen verlustig gehen, was ich so gern als das unzerstörbare Zentrum meiner Kraft betrachtet hatte (das zu kultivieren ich selbstverständlich Geld und Zeit gehabt hatte). Schon waren die ersten Anzeichen zu erkennen – ich begann, in der Putnam-Fassung des Hirschparks *Wendungen zu vermeiden, die, gesetzlich betrachtet, zweifelhaft waren, und hin und wieder, wie ein Spieler, der sich gegen den Verlust seines Einsatzes sichert, milderte ich einzelne Sätze aus der Rinehart-Fassung des* Hirschparks, *zwar nicht erheblich, nur stets auf die neuen Wesensmerkmale O'Shaugnessys abgestimmt, etwa die Änderung einer Stelle wie* »Endlich war ich in der Lage, in den geheimnisvollen und magischen Leib eines Filmstars einzudringen« *in den folgenden Satz, dessen Inhalt dem Wesen O'Shaugnessys viel mehr entsprach:* »Ich erlag der Versuchung, das geheimnisvolle Gehirn eines Filmstars zu entdecken.« *In diesem Zusammenhang wirkte* »Gehirn« *spaßig, denn genau darauf lief es hinaus, und* »entdecken« *war ein von stärkerem Leben erfülltes Wort als das eigentlich richtige* »eindringen«, *aber ich konnte nicht ganz sicher sein, ob ich meiner neuen Ästhetik nachjagte oder vor der Polizei Angst hatte.*

Das Problem lag darin, daß Der Hirschpark *in seiner neuen Fassung das sinnliche Element viel stärker betonte, die Figuren waren kraftvoller, die Atmosphäre war leidenschaftlicher. Hatte ich doch jene Art galoppierender Selbstanalyse durchgemacht, die einen für die sexuelle Nuance jeder Geste, jedes Wortes und jedes Gegenstandes äußerst empfänglich macht – das Buch schien mir nun mit einer überaus gespannten Atmosphäre geladen, geradezu ein erschreckendes Buch, ein eiskalter Meißel gegen all den bröckligen Mörtel unserer schuldverstrickten Gesellschaft. Nach meiner Ansicht wurde es zu einem gefährlicheren Buch, als es in Wirklichkeit war, und in meinem von Rauschgift getrübten Verfolgungswahn sah ich für jede harmlose Dialogzeile langwierige Konsequenzen voraus.*

Ich wehrte zwar die Panik ab, wenn auch selbstverständlich nur mit großem Energieaufwand, und von Zeit zu Zeit war ich so weit geschwächt, daß ich eine Zeile strich, denn ich hielt mich nicht für fähig, sie vor Gericht unbefangen zu verteidigen. Aber es war ein Fehler, durch Selbstzensur an meinen scharfen Kanten herumzufeilen, denn meinem alten Stolz, ich sei der kühnste Schriftsteller, der aus meiner saft- und kraftlosen Zeit hervorgegangen sei, erwuchs daraus keine neue Lebenskraft, ich glaube, es trug vielmehr dazu bei, die geringe Chance zu ersticken, mir den Weg zu einem Roman zu ebnen, der ebenso bedeutend hätte sein können wie Fiesta.

Aber ich möchte das noch etwas ausspinnen. Ursprünglich handelte Der Hirschpark *von einem Filmregisseur und einem Mädchen, mit dem er ein übles Verhältnis hatte, und diese Geschichte wurde von einem empfindsamen, jedoch blutleeren jungen Mann erzählt. Indem ich den jungen Mann änderte, rettete ich das Buch davor, ins Flache abzugleiten, schuf jedoch dadurch ein Mißverhältnis, weil mein Erzähler zu sehr an Interesse gewann und in der zweiten Hälfte des Buches zu wenig mit ihm geschah, und darum stand zu erwarten, daß Leser von diesem Teil des Romans enttäuscht sein würden.*

Noch bevor ich fertig war, sah ich eine Möglichkeit, ein ganz anders geartetes Buch zu schreiben. In dem, was ich bisher getan hatte, wurde Sergius O'Shaugnessy durch eine Filmgesellschaft Gelegenheit geboten, die Rechte an seiner Lebensgeschichte zu verkaufen und einen Vertrag als Schauspieler zu erhalten. Nach mehreren Komplikationen lehnte er schließlich dieses Angebot ab, verlor die Liebe seines Filmstars Lulu und zog allein seines Weges, um Schriftsteller zu werden. Diese Episode war nie ein wichtiger Teil des Buches gewesen, aber nun sah ich, daß der neue Sergius fähig war, das Angebot anzunehmen. Ginge er nun nach Hollywood und würde selber Filmstar, bot dies gute Möglichkeiten, denn in O'Shaugnessy hatte ich einen Typ, der ehrgeizig war, wenn auch auf seine eigene Art, und Moral besaß. Mit einem solchen Charakter konnte man in die Widersprüche unserer Zeit tief eindringen.

Nun, meine Verfassung war nicht danach, ein solches Buch in Betracht zu ziehen. Mit jeder Arbeitswoche durch Suff, Marihuana, Benzedrin, Seconal, Miltown, Kaffee und zwei Päckchen Zigaretten pro Tag bombardiert und ausgehöhlt, aufgepulvert und gesteinigt, arbeitete ich voller Schwung und überwach und sank dann wieder in todesähnliche Erschöpfung. Die ganze Zeit über war die Angst hinter mir her, weil ich den Teufelskreis in mir selber vollendet hatte: Ich war übermüdet, müder als je zuvor während des Krieges. Als so die Wochen verstrichen und der Erscheinungstermin vom Juni auf den August und schließlich auf den Oktober verschoben wurde, war von mir nur noch ein zerrüttetes Etwas übrig, das seinen Protest bald in das besänftigende Ruhekissen der einen Droge, bald in den aufstachelnden Schmerz der anderen hineinheulte. Ich mußte doch den Mut aufbringen können, diese Maschinerie zum Sterben zu bringen, die Fahnen wieder zurückzuverlangen, aufzuhören – mich auszuruhen, mir weitere zwei Jahre zu gönnen und ein Buch zu schreiben, das mich dem Ende meiner Nacht ein Stück näher brächte. Aber ich hatte den Punkt hinter mir gelassen, an dem ich noch anhalten konnte. Meine Unruhe war zu groß geworden. Ich wußte nichts mehr, ich hatte keine klare Vorstellung mehr von dem Ineinandergreifen der einzelnen Elemente, wie man sie doch bei einem langen Roman zur Wahrung der natürlichen Pro-

portionen braucht. Und wahrscheinlich hätte ich gar nicht so sehr an einem neuen Buch gearbeitet als mich mit dem Gesetz herumgestritten. Natürlich hätte ein anderer die Kraft aufgebracht, das neue Buch zu schreiben, und es wäre ihm auch gelungen, sich allem anderen gegenüber gleichgültig zu verhalten, aber von mir war das zuviel verlangt. Inzwischen war ich gleichsam ein Liebhaber in einer schlechten, jedoch nicht mehr zu meisternden Liebesaffäre geworden, meine Geliebte war das Buch, und es hätte zuviel gekostet, diese Geliebte aufzugeben, bevor wir nicht miteinander fertig waren. Meine Phantasie hatte sich festgelegt – nun aufzuhören hätte bedeutet, daß meine Seele zur Hälfte in einer Hölle zurückblieb.

Da mir jedoch bewußt war, was ich versäumt hatte, ließ mich Scham die Geißelung durch die Drogen nur noch stärker empfinden. In den letzten Wochen hatte ich mich so verausgabt, daß ich, obwohl noch etwa ein Dutzend Stellen durchzusehen waren, kaum mehr als eine Stunde am Tag arbeiten konnte. Gewöhnlich rappelte ich mich wie ein alter Mann aus einer Seconalbetäubung hoch, etwa das Vier- oder Fünffache der normalen Dosis in meinen Adern, und ließ mich in einen Sessel fallen, wo ich stundenlang sitzen blieb. Es war Juli, die Hitze in New York war grausam, und der letzte Teil des Buches mußte bis zum 1. August abgeliefert sein. Putnam hatte sich mehr als zuvorkommend gezeigt, aber die Veröffentlichung war nun einmal ins Rollen gekommen, und das Buch ließ sich nicht bis über Mitte Oktober hinaus verschieben, oder es würden damit alle Chancen für einen großen Herbstumsatz verlorengehen. Ich saß in einem Sessel und sah mir im Fernsehen ein Baseballspiel an oder stand gelegentlich auf und ging hinaus in die Hitze, zu einem Drugstore, wo ich ein Sandwich und ein Glas Malzmilch zu mir nahm – das war für diesen Tag mein Ausgang: Er glich einem Spähtruppunternehmen unter tropischer Sonne, und dabei waren es nicht mehr als zwei Häuserblocks. Nach meiner Rückkehr legte ich mich hin, von meinem Kopf lösten sich die äußeren Hüllen der Betäubung, und mit Hilfe einer kleinen Dosis

Benzedrin wanden sich dann die ersten Gedanken wie Schlangen durch mein Gehirn. Später holte ich mir Kaffee – das bedeutete eine Wanderung zur Küche hinüber, aber als ich zurückkam, hatte ich einen Schreibblock und einen Bleistift in der Hand. Während ich mir eine nachmittägliche Abscheulichkeit im Fernsehen ansah, wobei die Langeweile der Schauspieler durch ihre verkrampften Späße mit einer Trostlosigkeit sickerte, die der meinen entsprach, griff ich zum Block, wartete auf den ersten Satz – wie alle hochgradig Süchtigen hatte ich in mir das feine Gefühl eines alten Mannes für den richtigen inneren Zeitpunkt entwickelt – und arbeitete zunächst langsam, doch dann immer schneller, während die Wirkung der Drogen, zwei Schiffen vergleichbar, die in Sichtweite aneinander vorbeikreuzen, das ihre dazu beitrug, eine Stunde lang, nicht gut, aber auch nicht schlecht. (Die Seiten 195–200 der Putnamausgabe wurden auf diese Weise geschrieben.) Dann ermüdete mein Geist, und damit war die Arbeit für diesen Tag getan. Ich saß herum, sah mir noch ein wenig das Fernsehprogramm an und versuchte, meinen abgestumpften Geist auszuruhen, aber gegen Abend fielen meine zerrütteten Nerven ungestüm wieder über mich her, und um zwei Uhr früh entspann sich der mannhafte Kampf um das Wagnis, mit zwei Tabletten schlafen zu gehen oder meinem Bedürfnis nach drei abermals nachzugeben.

Es gelang mir, das Buch bis zum letztmöglichen Termin zu beenden. Vollkommen war es nicht – in der Art, wie ich es durchsah und hier und da ein wenig umschrieb, hätte ich noch weitere zwei oder drei Tage gebrauchen können, aber ich bekam das Buch fast so hin, wie ich es mir wünschte. Danach fuhr ich mit dem Wagen zum Cape hinaus und blieb mit meiner Frau in Provincetown; ich versuchte, mich zu erholen, und es ging recht gut, denn ich gewöhnte mir die Schlaftabletten und das Marihuana ab und fand ein gutes Stück in jene Welt zurück, in der die Maßstäbe des Ichs gelten. Ich beschäftigte mich mit dem Zauberberg, nahm mir für die Lektüre Zeit und wies den Hirschpark *in meinem Bewußtsein auf einen* bescheideneren Platz. Wie sich herausstellen sollte, war das auch ganz angebracht.

Ein paar Wochen später kehrten wir in die Stadt zurück, und ich erlaubte mir etwas Meskalin. Vielleicht stirbt man ein wenig, wenn man das Gift des Meskalins im Blut hat. Am Ende einer langen Reise in mein Inneres, die sich durch eine kurze Schilderung nicht wiedergeben läßt, wurde das Buch Der Hirschpark erneut an die Oberfläche meines Bewußtseins geschwemmt. Ich richtete mich auf, tastete mich durch einen Lustgarten samtenen Lichts, fand den Baum des Bleistifts und das Bett des Notizbuchs und brachte beide zur Vereinigung. Aus einer inneren Substanz, die ich noch nicht gekannt hatte, kamen die Wörter für die letzten sechs Zeilen meines verdammten Buches, eins nach dem anderen, leidenschaftslos auf mich zugeflogen, jedes für sich mit sanftem Schwung und in steilem Sturz, gelöst in ihren Windungen, als wandle sich das Seinsgefühl unversehens zu einem anderen Sein. Ich war erledigt. Es war das einzige Mal, daß ich unmittelbar unter dem Einfluß einer Droge etwas Gutes geschrieben hatte, auch wenn ich dafür mit einem maßlosen Katzenjammer büßen mußte.

Auf diese Weise entstand der letzte Satz des Romans, und hätte ich noch einen Tag gewartet, wäre es zu spät gewesen, denn während der nächsten vierundzwanzig Stunden begann die Druckerei mit dem Schneiden und Binden. Das Buch war meinen Händen entglitten.

Als Der Hirschpark sechs Wochen später erschien, fühlte ich mich nicht mehr achtzig Jahre alt, sondern wie ein energischer, hysterischer Dreiundsechziger, und ich lachte wie ein alter Pirat über die Empörung, der ich durch die Gleichung von Sexus und Zeit Lebenskräfte eingehaucht hatte. Die wichtigen Kritiken ergaben ein Verhältnis von etwa sieben guten zu elf schlechten, und die Berichte von außerhalb der Stadt zeigten ein Verhältnis von fast drei schlechten

Besprechungen zu einer guten, aber ich war nicht unglücklich, denn die guten Besprechungen waren temperamentvoll geschrieben und die schlechten wimmelten geradezu von sachlichen Irrtümern, so daß es langweilig wäre, mehr als nur ein paar wiederzugeben. Hollis Alpert nannte in der Saturday Review *das Buch »grell und taktlos«. Im Hinblick auf Sergius O'Shaugnessy schrieb Alpert: »Teppis hat ihm 50 000 Dollar für den Verkauf der Rechte an seiner ziemlich langweiligen Lebensgeschichte geboten ...« Es ist zwar nur eine Kleinigkeit, aber die Summe belief sich auf 20 000 Dollar, und das muß ein halbes dutzendmal auf den Seiten des Buches erwähnt worden sein. Paul Pickrel in* Harper's *ereiferte sich über meinen entsetzlichen Stil und zitierte dann den folgenden Satz als Beispiel dafür, daß ich oft unverständlich sei:*

»(he) could talk opening about his personal life while remaining a dream of espionage in his business operations.«

Zufällig bekam ich Pickrels Besprechung auf den Fahnen von Harper's *zu Gesicht, und so konnte ich die Leute darauf hinweisen, daß der Satz falsch zitiert worden sei. Das vierte Wort laute nicht »opening«, sondern »openly«.* Harper's *korrigierte wohl das falsche Zitat, ließ aber natürlich die Bemerkung über meinen Stil stehen. Interessanter war die Art und Weise, in der sich die New Yorker Zeitschriften und Zeitungen voneinander unterschieden.* Time, *zum Beispiel, war schlecht,* Newsweek *war gut,* Harper's *war entsetzlich, aber* The Atlantic *war ausreichend, die* New York Daily Times *war sehr schlecht, die* Sunday Times *war gut, die* Daily Herald Tribune *stellte mir ein ganz schlechtes Zeugnis aus, die* Sunday Herald Tribune *war mehr als gut,* Commentary *war vorsichtig, aber anerkennend, der* Reporter *war hingerissen, die* Saturday Review *erteilte mir eine Abfuhr, und Brendan Gill, der für den* New Yorker *schrieb, reihte einige Ohrfeigen und Superlative aneinander, die etwa folgendes Bild ergaben:*

… ein großes, kraftvolles, brutales, mißgestaltetes und abstoßendes Buch, so stark und so schwach, so gewandt und so tastend, daß nur ein Schriftsteller mit dem größten und rücksichtslosesten Talent es zwischen zwei Buchdeckel hätte pressen können.

Das sind ein paar der wenigen Zeilen, die ich in all den Besprechungen meiner Bücher als verständnisvoll empfunden habe. Daß Malcolm Cowley eins der gleichen Wörter benutzte, als er sagte, Der Hirschpark sei »bedeutend und rücksichtslos«, ist, glaube ich, interessant, denn Der Hirschpark war wirklich ein rücksichtsloses Buch – und immerhin besaßen zwei Kritiker den Instinkt, dies zu empfinden.
Eine Auffassung kehrte in vielen Besprechungen wieder. Am stärksten formulierte sie John Hutchens in der New Yorker Tageszeitung Herald Tribune:

… die Originalfassung wurde angeblich mehr oder weniger umgeschrieben, und es wurden dabei gewisse Stellen ausgemerzt, die dem Autor für den allgemeinen Verbrauch zu erotisch erschienen. Und dadurch ist aus einem Buch, das sich zumindest einen gewissen Ruf als Sensationsknüller hätte erwerben können, eine glatte Niete geworden …

Ich war so verärgert, daß ich den rund zwanzig Zeitungen, in denen dieser Gedanke auftauchte, einen Brief schrieb. Was mich dabei erboste, war die Tatsache, daß ich doch niemals wirklich beweisen konnte, das Buch nicht »gesäubert« zu haben. Im Verlauf der Jahre würden allzu viele Leser den verschwommenen Eindruck gewinnen, ich hätte, vom Schweiß des Feiglings überströmt und die Anweisungen eines Verlegers im Ohr, große Stücke des saftigsten Fleisches aus dem Buch herausgeschnitten. (Was das betrifft, erhalte ich noch immer gelegentlich einen Brief, in dem ich gefragt werde, ob es möglich sei, den nicht durch Streichungen verdorbenen Hirschpark zu erhalten.) Zu einem Teil sollten die durch die Umar-

beitung der Rinehart-Fahnen entstandenen Kosten diese Gerüchte auslösen, und tatsächlich war ich ja, wie ich gezeigt habe, von dieser Anschuldigung nicht ganz freizusprechen. Sogar die sechs Zeilen, die Rinehart so mißfallen hatten, waren ein wenig geändert worden; ich hatte sie einmal einem Freund gezeigt, dessen Urteil ich schätzte, und er meinte, es sei zwar unmöglich, die Anweisungen, wie Rinehart sie gegeben habe, zu befolgen, aber immerhin besitze eine Wendung wie »der Born der Macht« eine viktorianische Schwülstigkeit. Ja, das traf wohl zu, es stimmte mit O'Shaugnessys neuem Stil nicht mehr überein, und so änderte ich den Ausdruck in »Kraftquelle«. Ein Fehler war, daß ich bei diesen sechs Zeilen wohl einen kleinen ästhetischen Gewinn einheimste, jedoch dabei größere Klarheit hinsichtlich eines Prinzips einbüßte.

Was bleibt noch zu sagen? Das Buch schlug ganz gut ein, es stieg auf der Bestsellerliste der New York Times auf den siebenten und dann auf den sechsten Platz, blieb dort ein paar Wochen und rutschte dann wieder hinunter. Gegen Weihnachten war es so ziemlich von der Liste verschwunden – für immer, denn die Atmosphäre des Hirschparks und der Geist des Weihnachtsfestes hatten so ganz und gar nichts Gemeinsames. Dennoch setzte es sich durch; wäre es im Juni erschienen und hätte man es dann mit den niedrigen Verkaufsziffern im Sommer vergleichen können, hätte es die dritte oder die zweite oder sogar die erste Stelle erklimmen können, denn es wurden, nach der Anzahl der Remittenden zu urteilen, über fünfzigtausend Exemplare verkauft, was in der Verlagswelt sehr viele verwunderte, ebenso wie es einige enttäuschte, darunter mich selber. Ich mußte entdecken, daß ich mich auf einen Riesenabsatz oder einen Mißerfolg eingestellt hatte – einen mittelmäßigen Erfolg hinnehmen zu müssen, war grausam. Woche um Woche wartete ich auf eine dramatische Wendung, durch die der Absatz des Buches, statt zu sinken, hinaufgetrieben würde, aber das ist niemals eingetreten. Ich stand vor einem Unentschieden, nicht zerschmettert, auch nicht erfolgreich, und da ich mich zu dieser Zeit ausgehöhlt fühlte, von der Arbeit erschöpft, und auf eine rasch wirkende

Transfusion durch einen großartigen Erfolg wartete, war ich über den gleichbleibenden Absatz des Buches tief enttäuscht und niedergeschlagen. Nachdem ich meine Worte mit einer nie zuvor gekannten Empfindungskraft neu gestaltet hatte, vermochte ich nicht zu begreifen, warum andere meine Auffassung vom Leben, von der Liebe und der Traurigkeit nicht teilten. Wie ein verhungerter Revolutionär in einer Dachstube hatte ich aus innerer Notwendigkeit und Fieber, aus visionärer Kraft und Furcht nichts Geringeres als das Vertrauen eines Irren auf die Identität meines Seins und die Bedürfnisse aller anderen zusammengebraut. Die Erkenntnis, daß meine Zauberkraft nicht ausreichte, um die Stunde der Apokalypse zu beschleunigen, daß ich vielmehr, wie alle anderen auch, der Zermürbung durch halben Erfolg und kleine Fehlschläge unterlag, war eine neue, unerfreuliche Last, die ich auf mich nehmen und tragen mußte. Etwas Gottähnliches in meiner Zuversicht begann abzubröckeln, und meine Größe war fast zu der eines kleinen Jungen zusammengeschrumpft. Ich wußte, ich hatte es verpaßt, auf die besten Karten, die ich jemals in der Hand hielt, entsprechend zu reizen.

Nun sind einige Jahre verstrichen, mehr Jahre, als ich geglaubt hatte, und ich habe angefangen, mir ein neues Spiel Karten zuzulegen, ein neues Buch, das typische Buch eines Geächteten, und daher weder einfach noch legal zu veröffentlichen. Zwei Auszüge aus diesem Roman werden an einer späteren Stelle dieser Sammlung wiedergegeben, und daher will ich hier nur folgendes erwähnen: O'Shaugnessy wird einer der drei Helden sein, und es besteht, wenn ich dieses Mal mein Ziel erreichen soll, große Wahrscheinlichkeit, daß meine erschöpften Sinne die Arbeit ohne die anfeuernde und zugleich schwächende Wirkung von Drogen werden schaffen können.

Aber darüber später. Ein passendes Ende für diesen Bericht ist die Annonce, die ich in The Village Voice *einsetzen ließ. Ich hatte den Anzeigenraum im November 1955 gekauft, einen Monat nach dem*

Erscheinen des Buches, hatte die Anzeige selber aufgesetzt und sie selber bezahlt, und ich glaube jetzt, ich wollte mich auf diese Weise von der Freude über einen raschen Triumph verabschieden, ich wollte mich für die schlimmen Mißgriffe in dem kühnsten Bemühen, zu dem ich mich bis dahin aufgerafft hatte, entschuldigen, und ganz gewiß wollte ich der Welt (so nebenbei, aus schäbigem Mitleid) erklären, daß ich mich um die Weisheit, Zuverlässigkeit und Zuständigkeit des literarischen Urteils jener altjüngferlichen, auf ihren erstarrten Traditionen bockenden Kritiker den Teufel scherte.

Außerdem hegte ich die schwache Hoffnung – mag dies glauben, wer will –, daß die Anzeige doch noch ihre Wirkung tun und einige Leute dazu ermuntern würde, das Buch zu kaufen.

Hier ist sie:

All over America "THE DEER PARK" is getting nothing but
RAVES

"THE YEAR'S WORST SNAKE PIT IN FICTION"
FRANK O'NEILL — CLEVELAND NEWS

"SORDID... CRUMMY"
Herman Kogan
Chicago Sun-Times

"MORONIC MINDLESSNESS... ...GOLDEN GARBAGE HEAP"
John Hutchens — N.Y. Herald Tribune

"DISGUSTING"
Houston Post
"EXASPERATING"
Yale Lit
"GAUCHE"
Chas. Rolo Atlantic

"UNFAIR" Los Angeles Herald Express
"UNDISCRIMINATING" Argonaut San. Fran.
"EMBARASSING" Hartford Times
"UNSAVORY" Des Moines Register
"JUNK" Little Rock Gazette

"NASTY" – ORVILLE PRESCOTT
"SILLY" – HOLLIS ALPERT
"DULL" – LON TINKLE
"BOTCH" – PAUL PICKREL

NORMAN MAILER
author of THE NAKED AND THE DEAD
The DEER PARK

'A BUNCH OF BUMS'
SCOTT O'DELL — LOS ANGELES MIRROR NEWS

"THE DEER PARK" $4.00 G. P. PUTNAM — AVAILABLE AT YOUR LOCAL BOOK STORE
THIS ADVERTISEMENT HAS BEEN PAID FOR BY NORMAN MAILER
AUTHOR OF "THE NAKED AND THE DEAD," "BARBARY SHORE," AND "THE DEER PARK"

Überall in Amerika löst »DER HIRSCHPARK« nichts als
EMPÖRUNG aus.

»IN DER ROMANLITERATUR DIE SCHLIMMSTE SCHLANGENGRUBE DES JAHRES«
Frank O'Neill — Cleveland News

»Schmutzig und abstoßend«
Herman Kogan
Chicago Sun-Times

»Geistloses Geschwafel eines Schwachsinnigen ... Goldener Abfallhaufen«
John Hutchens — N. Y. Herald Tribune

»Ekelerregend« Houston Post
»Ein Ärgernis« Yale Lit.
»Taktlos« Chas. Rolo Atlantic

»Gemein« Los Angeles Herald Express
»Seicht« Argonaut San. Fran.
»Peinlich« Hartford Times

»Anstößig« Des Moines Register
»Schund« Little Rock Gazette
»Unflätig« — Orville Prescott

»Dumm« — Hollis Alpert
»Langweilig« — Lon Tinkle
»Stümperei« — Paul Pickrel

»EINE BANDE VON STROLCHEN«
Scott O'Dell — Los Angeles Mirror News

»Der Hirschpark« $ 4.00 G. P. Putnam — In Ihrer Buchhandlung erhältlich.
Diese Anzeige wurde von Norman Mailer bezahlt, dem Verfasser der Romane »Die Nackten und die Toten«,
»Am Rande der Barbarei« und »Der Hirschpark«.

Zwei Kritiken

Time Magazine vom 17. Oktober 1955

»Bitte verstehen Sie mich nicht zu schnell«, warnt Mailer den Leser mit einem dem Buch vorangestellten Zitat von André Gide. Da ist nicht viel zu verstehen in diesem Roman über das Leben der Film-Fauna an der Westküste; Alltägliches und Sex werden so dick wie immer aufgetischt. Bei *Die Nackten und die Toten* schien das verzeihlich; von den Jungs einer Dschungel-Kampfgruppe (»Kinseys Armee« nannte sie einmal ein englischer Kritiker) kann man nicht erwarten, daß sie so sprechen wie die weiblichen Mitglieder eines Buchklubs. Aber im *Hirschpark* (der Titel stammt von einem riesigen Privatgehege, das Ludwig XV. von Frankreich sich zur Befriedigung seiner geschlechtlichen Begierden hielt) sprechen die Damen genau wie die Landser im Dschungel und benehmen sich wie die Tiere darin.

Wenn er wie ein Schiedsrichter bei einem Ringkampf durch die ineinanderverschlungenen Glieder späht, vermag der Leser einen Helden zu entdecken: einen blonden, blauäugigen Waisenknaben namens Sergius O'Shaugnessy, der aus gesundheitlichen Gründen den Dienst bei der Luftwaffe quittieren mußte. Das Abwerfen von Napalmbomben auf koreanische Dörfer hat eine schwere seelische Erschütterung in ihm hervorgerufen (er ist sogar zeitweilig impotent geworden), darum will er natürlich Schriftsteller werden. Seine Methoden sind ganz interessant. Er begibt sich mit einem Pokergewinn von 14 000 Dollar zu einem 200 Meilen von Hollywood entfernten, in der Wüste liegenden Spieler-Eldorado namens Desert D'Or – einem Vorort im literarischen Gefilde eines draufgängerischen Nihilismus, auf das sich Autoren wie James M. Cain, Dashiell Hammett und Raymond Chandler festgelegt haben. O'Shaugnessy kommt zwar nicht zum Schreiben, aber er begegnet 1. einem tollen Weibsstück namens Lulu, das ihm über seine peinlichen Schlafzimmerhemmungen hinweghilft, und 2. einem mißverstandenen Filmgenie, das auf den Namen Charles Francis Eitel hört und sich zu entscheiden versucht, ob es vor einem Kongreßausschuß auspacken soll. Während Eitel in Desert D'Or umherschleicht, träumt er von dem großen Film, den er eines Tages zu machen hofft – eine Story im Stil einer *This-Is-Your-Life*-Fernsehsendung über ein Kongreßmitglied, das den Entschluß faßt, ein Heiliger zu werden. Diese Idee stellt eine von Mailer ins Gemeine verkehrte Version eines Buches mit dem Titel *Schreiben Sie, Miß Lonelyhearts* von Nathanael West dar, der auch eine kleine satirische Erzählung über Hollywood schrieb, die auf einer Seite mehr Stilgefühl, Geist und Klarheit offenbart, als sich aus dem ganzen *Hirschpark* herauslesen läßt.

Alle im *Hirschpark* vorkommenden Probleme werden auf eine Weise gelöst, die man leicht hätte vorhersagen können, doch nicht, bevor der Inhalt eines weiblichen Gedächtnisses, das sich durch besondere Merkfähigkeit für sexuelle Absonderlichkeiten auszeichnet, über das ganze Buch ausgegossen wird. (Beiläufiger Geistesblitz, der in Europa hochgezogene Augenbrauen verursachen wird: Nach einer unerlaubterweise verbrachten Nacht ist es der Herr, der das Frühstück zubereitet.) ... Ein Ausdruck aus dem Hollywood-Jargon, der im *Hirschpark* nicht vorkommt, ist »Vorladungsneid«, der sich als geistiger Zustand des Hollywood-Liberalen definieren läßt, der noch nie vor irgendeinen Untersuchungsausschuß zitiert wurde. Bei Mailer scheint es wirklich schlimm zu sein. Seine Darstellung eines Verhörs durch zwei vom »Ausschuß zur Untersuchung subversiver Tätigkeit« gedungene, brutale, unratspeiende Schläger ist dazu geeignet, kleine Kinder zu erschrecken. Es ist eben Pech für Mailer, daß er jedes Bett an der Pazifikküste befummelt, ohne unter ihm Senator McCarthy vorzufinden.

Newsweek Magazine vom 17. Oktober 1955

Norman Mailers Verzweiflung

Dieser große neue Roman vom Verfasser des langen Kriegsberichts »Die Nackten und die Toten« ist eine Studie moralischer Verwirrung und Verzweiflung unter modernen Amerikanern. Schauplätze der Handlung sind das als Mittelpunkt sittlicher Verdorbenheit und Entwurzelung überall verzeichnete Hollywood und ein luxuriöser Ort in den nahegelegenen Badlands. Es ist jedoch unnötig, anzunehmen, daß derartige persönliche Mißgeschicke nur auf die Filmwelt oder die Gesellschaftskreise der Kaffeehäuser und Nachtbars beschränkt sind. Es ist die besondere Stärke des Romans, daß er die unglücklichen Umstände nicht als Sensation bringt, sondern als seien sie durchaus alltäglich, was sie ja auch sind, und als gelinge es den Menschen, jahrelang unter diesen Umständen zu leben, was sie ja beweisen. Mailer entlehnt den Titel seines Buches Mouffle D'Angervilles »Privatleben Ludwigs XV.«: »... der Hirschpark, dieses liebliche Tal, anzuschauen wie der Hort der Unschuld und Tugend, hat dennoch so viele Opfer verschlungen, die, falls sie je wieder zur Gesellschaft zurückkehrten, alle Laster und Ausschweifungen mit sich trugen, die sie zwangsläufig von den skrupellosen Initiatoren dieses Ortes übernahmen.« Die männliche Hauptfigur ist der Filmregisseur Charles Francis Eitel, die Studie eines verbitterten, aber edelmütigen Mannes, der an einen empfindsamen, ehrgeizigen, doch in die Fangstricke aalglatter Kompromisse und sinnlicher Ausschweifungen geratenen Menschen erinnert. Nachdem er sich von einem brünstigen, krankhaft egozentrischen jungen Filmstar Lulu Meyers hat scheiden lassen, bändelt er mit Elena Esposito an, der verstoßenen Geliebten des Produzenten Munshin, der der Schwiegersohn des Filmstudioleiters Teppis ist. Munshin und Teppis sind prächtig gezeichnete komisch-schreckliche Figuren. Mit vereinten Kräften gelingt es ihnen, die Kontrolle über

Eitel zu gewinnen. Inzwischen schlüpft – wie sie behaupten – die strahlende Miß Meyers in eine Liebesaffäre mit dem Erzähler der Geschichte, einem intelligenten Luftwaffenveteran, der seine hohen Pokergewinne verjubelt und sich fragt, was er wohl sonst noch mit sich in Desert D'Or anstellen könne.

Bei der Schilderung dieser Weltlinge beweist Mailer eine besondere Meisterschaft auf zwei Erfahrungsgebieten: die vielfältig schillernden Farben der Enttäuschungen und die pathologische Nuance, die in der Erwartung liegt, geschlechtliche Faszination könne als Ersatz für umfassendere und tiefere Gemütsbewegungen dienen. Das zweite Motto, das Mailer dem Buch voranstellt, ist ein Zitat von André Gide: »Bitte verstehen Sie mich nicht zu schnell.« Mailer besitzt die Kraft des echten Romanciers, in die Tiefe seiner Figuren hinabzuloten.

Als ein Roman über Hollywood kann das Buch durchaus mit so eindrucksvollen Werken wie F. Scott Fitzgeralds »The Last Tycoon« und Nathanael Wests »The Day of the Locust« konkurrieren.

Das Buch ist eine Goldgrube ungezählter treffender Charakterisierungen: »Munshin konnte wie sehr viele Hollywood-Leute offen und warmherzig über seine persönlichen Dinge sprechen, während er in seinen geschäftlichen Angelegenheiten ein Musterbeispiel an Zurückhaltung war.«

Geisteszustände, wie sie in diesem Roman geschildert werden, kann Hollywood kaum für sich allein in Anspruch nehmen. Mailer legt ein gutes Wort ein für vielversprechende, begabte Menschen in aller Welt, die ihren Begierden erlegen sind und deren Intellekt sich in den auf einzigartige Weise labyrinthisch verschlungenen Versuchungen der modernen Welt verirrt hat.

Fazit: Die festlich Gekleideten und die armen Schlucker.

Nachschrift zum vierten Versuch

Während ich den Hirschpark *umschrieb, hatte ich – am Ende angelangt – erkannt, und zwar aus Bewunderung für Hemingways Kraft und aus Verachtung für seine Schwächen, daß ich wohl oder übel einer der wenigen Schriftsteller meiner Generation war, dem es darum ging, im Geiste Hemingwayscher Disziplin zu leben; damit meine ich jedoch nicht, daß ich daran interessiert war, eine zweitrangige Nachahmung seines Stils zu versuchen; vielmehr teilte ich mit Papa die – in meinem Fall sehr langsam erworbene – Ansicht, es sei, selbst wenn man die Entwicklung zum Mann mit der Abstumpfung der eigenen Begabung bezahle, immer noch wichtiger, ein Mann zu sein als etwa ein sehr guter Schriftsteller. Wahrscheinlich also konnte ich demnach kein sehr guter Schriftsteller werden, falls ich nicht vorher lernte, den Mut nicht zu verlieren und, was noch schwieriger ist, mehr davon aufzubringen.*

Erfüllt von der nüchternen, neuen Erkenntnis, das Geheimnis zu allem liege darin, niemals das Leben zu betrügen, machte ich mich sofort an den Versuch, das Leben nun doch zu hintergehen. Der Hirschpark *war geschafft, in sechs Wochen würde er erscheinen; ich konnte mir nicht helfen, aber ich glaubte, zwanzig freundliche Worte von Ernest Hemingway könnten entscheidend dazu beitragen, daß das Buch nicht nur ein halber Erfolg würde, sondern ein Durchbruch. Es würde ihm gefallen, es mußte ihm gefallen – es konnte gar nicht anders sein, er mußte sehen, wieviel darin steckte.*

So überwand ich meine Hemmungen, meinen Stolz, besorgte mir aus verläßlicher Quelle seine Adresse und beschloß, ihm ein Exemplar mit meiner Widmung zu schicken. Aber da ich wütend auf mich selber war, jenem Hollywood, das ich so gut kannte, einen Trick abgeluchst zu haben, drehte ich sozusagen auf halbem Weg um und schrieb die folgenden Worte in Vater Ernests Exemplar:

FÜR ERNEST HEMINGWAY
– weil ich schließlich nach all diesen Jahren höchst neugierig bin, zu erfahren, was Sie von diesem hier halten; – aber wenn Sie mir nicht antworten, oder aber mit solchem Gewäsch antworten, dessen Sie sich Amateurschriftstellern, Schmeichlern, Arschkriechern usw. gegenüber bedienen, dann scheiß' ich drauf und werde niemals wieder versuchen, mit Ihnen in Verbindung zu treten; – und da ich argwöhne, daß Sie noch eitler sind als ich, mache ich Sie am besten gleich darauf aufmerksam, daß Sie auf Seite 000 in einer Weise erwähnt werden, die Ihnen vielleicht gefällt, aber vielleicht auch nicht.

NORMAN MAILER

Etwa zehn Tage später kam das Buch mit der Post zurück, das gleiche Umschlagpapier und vielleicht sogar die gleiche Schnur um das Päckchen herum. Hinten und vorn ein Stempel auf Spanisch, der unserm Empfänger unbekannt – zurück an Absender entspricht. So blieben mir also die folgenden Möglichkeiten zur Auswahl:
1. Die Adresse war nicht richtig, und der Postbeamte im Postamt von Havanna hatte noch niemals von Ernest Hemingway gehört.
2. Es war das übliche Verfahren, daß alle Bücher, die Mr. und Mrs. Hemingway unaufgefordert erhielten, als nicht zustellbar zurückgeschickt wurden, um den Absender so wenig wie möglich zu verletzen.
3. Mary, die gute Ehefrau, hatte die Widmung als erste gesehen, hielt es für am besten, ihren Mann nicht bei seiner Arbeit zu stören, und traf eine einer Dame würdige Entscheidung.
4. Hemingway hatte sich den Hirschpark *angesehen und war dabei zu dem Schluß gelangt, er könne weder ja noch nein sagen, rief seinen guten Freund Oberst C. in der kubanischen Postverwaltung an, ließ die Insel nach einem dem meinen ähnlichen Packpapier durchstöbern (denn das Originalpapier war beim Empfang vom kubanischen Diener zerrissen worden), beauftragte den besten Fälscher von Havanna, die Handschrift nachzuahmen, bedachte die*

zuständigen Behörden wegen dieses Bruchs postalischer Etikette mit einer modida *und öffnete eine Flasche Champagner über dem Buch, kurz bevor es von einem der besten Postfacharbeiter in Havanna gestempelt und zu Putnam zurückgeschickt wurde, wo Walter Minton es in seinen Schreibtisch legte, mit dem Hintergedanken, seinen Enkeln könne es einen halben Tausender einbringen. Oder 5. Die Widmung wurde gelesen und schlug ein.* »*Wenn du unbedingt so scharf 'rangehen mußt, alter Grobian, dann schreib nur nicht so etwas wie* ›*höchst neugierig*‹«*, sagte Papa, ließ das Buch in das ursprüngliche Packpapier wieder einwickeln, stempelte es mit seinem eigenen Stempel* Empfänger unbekannt *(bei Abercrombie and Fitch erworben) und begann an diesem Tage eine Viertelstunde früher mit dem Trinken.*

Das ist in seiner Art alles ganz schön und gut, aber einmal sah ich, wie ich mich erinnere, im Fernsehen, wie Carmen Basilio in der achten Runde einen von Tony De Marcos besten Schlägen hinnahm, den Boden unter den Füßen verlor und sich im Ring hinzusetzen begann; dann jedoch, seinen Hintern noch ein paar Fingerbreit vom Boden entfernt, wälzte sich Basilio auf das eine Knie, schnellte hoch, wich dem Niederschlag aus (niemals zuvor hatte er in einem Kampf zu Boden gehen müssen und niemals danach) und erledigte nach einigen Runden De Marco durch k. o. Am nächsten Tag brachten die Zeitungen einen Bericht, den ich gern für wahr halten möchte und in dem es hieß, Basilio habe auf die Frage, warum er beim Zählen nicht bis acht gewartet und sich ein wenig ausgeruht habe, geantwortet: »*Ich wollte keine üblen Gewohnheiten annehmen.*«

Ich hätte diesen Rat befolgen können. Aber Mäßigung ist wohl die letzte Tugend, die ich mir zulegen werde, und ein paar Tage, nachdem das Buch an Hemingway abgegangen war, zerfiel der ohnehin geborstene Panzer meines Stolzes vollends zu Staub, und ich schickte Widmungsexemplare an Graham Greene, Cyril Connolly, Philip Rahv und ein Dutzend andere, an die ich mich, wahrscheinlich aus Scham, nicht mehr erinnere. Der einzige, der mir antwortete, war

Moravia, aber wir kannten uns ja, und ich hatte ihm gesagt, ich verlangte von ihm keine Stellungnahme für Reklamezwecke, so daß also diese meine Bemühung, mir den Weg etwas zu ebnen, mit einem Fiasko endete. Ich hoffe nur, nicht wieder so übereifrig zu sein, Romane, deren ich mich nicht schäme, an erfolgreiche Romanciers und Kritiker zu schicken und sie um ihre Aufmerksamkeit zu bitten. Nachdem ich diese Beichte meinem Herzen abgerungen habe, ist mir jetzt zumute, als hätte ich die Erinnerung daran wie eine geheime Schande mit mir herumgeschleppt; sie war es, die mich während des nächsten halben Jahres immer weiter und tiefer in kühne Behauptungen, halberledigte Arbeiten, unausgeglichene Schwülstigkeiten hineintrieb und mir zu dem – freilich selbstgewählten – Ruf eines Sonderlings verhalf. Ich stand am Rande vieler Dinge, und es brodelte eine nicht geringe Gewalttätigkeit in meinem Innern.

Reklame für »Neunundsechzig Fragen und Antworten«

Diesem Interview braucht nicht viel vorausgeschickt zu werden. Alle, denen das Wechselspiel von Frage und Antwort zwischen einer Zeitung und einem Autor gefällt, finden es vielleicht interessant. Lyle Stuart, ein alter Freund von mir und Redakteur von The Independent *(damals hieß es* Exposé*), legte mir eine Liste von neunundsechzig Fragen vor, nachdem ich mich zu einem Interview mit ihm bereit erklärt hatte. Ich warf im Laufe des Tages einmal einen Blick auf die Fragen und beantwortete sie dann später am Abend mehr oder weniger hintereinander, wobei ein Freund von mir meine Worte niederschrieb. Zugunsten dieses Interviews läßt sich nur sagen, daß es in dieser unmittelbaren Form veröffentlicht wurde. Literarische Dialoge jener Art, wie man sie in* The Paris Review *zu sehen bekommt, werden stets vom Autor überarbeitet, der oft Jahre damit verbringt, an seinen Äußerungen herumzufeilen. Dagegen ist nichts einzuwenden, tatsächlich kann dadurch gute Literatur entstehen. Hemingways Interview in* The Paris Review, *18. Aus-*

gabe, ist vielleicht seine stärkste Veröffentlichung seit dem Krieg, er hat niemals bessere Prosa geschrieben. Aber in diesem Interview, soweit man ihm einen Wert zubilligen kann, haben wir ein Dokument dessen, was unser so wenig befriedigender Held einen Monat nach Erscheinen des Hirschparks zu sagen hatte – zumindest darüber, wie er mit einem von Marihuana verseuchten Gehirn redete, denn eine halbe Stunde, bevor er die Fragen zu beantworten begann, hatte er sich eine Prise genehmigt.

Eine Abbitte: Am Anfang des Interviews fällt eine dumme Bemerkung über Henry Miller.

Eine Warnung: Die Zuversicht in diesen Äußerungen (zu einer Zeit, als noch zu erwarten stand, Der Hirschpark würde ein riesiger Bestseller werden) wird später, in den Beiträgen für The Village Voice, *in einen verworrenen und weniger aufrichtigen Narzißmus umschlagen.*

Neunundsechzig Fragen und Antworten

F. Wie ist die heutige literarische Situation in Amerika?
A. Ich glaube, meine Haltung dazu wird bei der Beantwortung dieser Fragen deutlich werden.
F. Warum?
A. Weil das meine Art ist, Fragen zu beantworten.
F. Was würden Sie einem jungen Schriftsteller am Rande des Ruhms sagen, wenn Sie ihm einen Rat erteilten?
A. Versuchen Sie, den rebellischen Künstler in sich am Leben zu erhalten, wie verlockend oder erschöpfend auch die Versuchungen sein mögen.
F. Warum schreiben Sie?
A. Ich glaube, ich schreibe, weil ich zu den Menschen durchdringen möchte und dadurch, daß ich zu ihnen durchdringe, die Geschichte meiner Zeit ein wenig beeinflussen will.

F. Glauben Sie, daß irgend jemand auf Schriftsteller hört?
A. Ja. Aber die meisten Leser lauschen mit dem Ohr des Unbewußten.
F. Philip Rodman hat einmal geäußert, wenn ein Schriftsteller sehr erfolgreich sei, könne er vielleicht bis zu sechs Menschen vordringen, die wirklich begreifen, was er zu sagen versucht. Erreichen Sie Ihre sechs?
A. In gewissem Sinne kann niemand »wirklich begreifen«, was ein anderer Mensch zu sagen versucht, jedenfalls nicht, wenn wir die ungeheure Verzweigtheit der Erfahrungen und die noch größere Kompliziertheit, wenn nicht überhaupt die einzigartige Gesamtpersönlichkeit jedes Menschen in Betracht ziehen. Aber in der Praxis vermag für gewöhnlich eine beträchtliche Anzahl von Menschen das meiste von dem, was der Schriftsteller zu sagen hat, zu »begreifen«, allerdings hängt dies von dem Können des Schriftstellers und von seinem Stil ab.
F. Was versuchen Sie im *Hirschpark* auszudrücken?
A. Alles, was ich im Alter von zweiunddreißig Jahren über das Leben weiß.
F. Was empfinden Sie Buchkritikern gegenüber im allgemeinen? (Würden Sie sie als Eunuchen oder als Huren einstufen?)
A. Das kommt auf ihre Art zu schreiben an.
F. Warum hat Rinehart den *Hirschpark* nicht verlegt?
A. Weil er Angst hatte.
F. Ist es wirklich, wie manche Kritiker Ihnen vorwerfen, ein Buch über geschlechtliche Dinge?
A. Ja, es handelt auf der ganzen Linie davon. Und es handelt auch auf der ganzen Linie von Moral. Ein Schriftsteller, der in Amerika aufgewachsen ist, kann kaum über das eine schreiben, ohne nicht auch das andere zu beschwören. Henry Miller ist die einzige Ausnahme, die ich kenne. Und irgendwo in ihm wittere ich den Moralisten.
F. Wie stehen Sie zu sexuellen Dingen?
A. Was ich persönlich darüber denke, geht Sie nichts an. Wie ich

darüber als literarisches Thema denke, steht auf einem ganz anderen Blatt. Meiner Ansicht nach ist es vielleicht das letzte Grenzgebiet des Romans, das von den Romanciers des neunzehnten und des frühen zwanzigsten Jahrhunderts noch nicht völlig erforscht wurde.

F. Ist *Der Hirschpark* nicht tatsächlich das, was sich jeder junge Mann vom Paradies erträumt?

A. Das habe ich mich auch schon gefragt.

F. Sind Sie bei Ihrem Verleger auf Schwierigkeiten hinsichtlich der Zensur gestoßen?

A. Nicht bei G. P. Putnam. Die anderen sechs Verlage, an die *Der Hirschpark* geschickt wurde, versuchten eine Zensur unmittelbar auszuüben. Sie brachten dabei als Entschuldigung vor, das Buch gefalle ihnen nicht ganz.

F. Worin liegen die Aufgaben eines Zensors?

A. Alles zu verzögern, was in der Luft liegt.

F. Glauben Sie, daß die augenblickliche Zensurströmung uns zu einer Nation geistiger Eunuchen machen wird?

A. Wir stehen vor einer außerordentlich verwickelten Situation. Wir haben es nicht nur mit einer Zensurströmung zu tun, sondern es gibt auch noch der Zensur feindliche Gegenströmungen. Ganz allgemein betrachte ich die Situation optimistischer als vor Jahren. Aber das mag nichts weiter als eine Spiegelung meiner gegenwärtigen Stimmung sein. Und das wäre verständlich.

F. Ist *Der Hirschpark* autobiographisch? Drückt der Erzähler Ihre Gedanken aus?

A. *Der Hirschpark* ist nicht autobiographisch. Niemand in diesem Buch spricht unmittelbar für mich. Ich schreibe nun schon zu lange, um noch solche Fehler zu begehen.

F. Wissen Sie, ob sich *Der Hirschpark* in Hollywood gut verkauft?

A. Nach meinen Informationen wohl.

F. Ist dieses Buch im Grunde nicht ein Liebesgedicht an die Adresse der Filmindustrie?

A. Sagen wir lieber ein Gedicht von Liebe und Haß.

F. Welcher andere lebende Schriftsteller möchten Sie gern sein, wären Sie nicht Norman Mailer?
A. Keine Ahnung. Da ich nur mein eigenes Leben kenne, bleibe ich am liebsten bei mir selber.
F. Schreiben Sie, um zu essen, oder essen Sie, um zu schreiben?
A. Wer eine solche Frage stellt, versteht nichts von Schriftstellern. Jeder ernst zu nehmende Schriftsteller tut doch wohl beides. Äße er nur, um zu schreiben, wäre er lediglich ein Dichter, ein Dilettant oder ein mieser kleiner Kritiker, der in seinem Käfig gehalten wird, bis sein Chefredakteur ihn hinausläßt, um ein neues Buch zu verschlingen.
F. Schreiben Sie besser vor oder nach sexueller Betätigung oder während der Zeiten, in denen Sie sich eine solche Betätigung versagen?
A. Ich habe viel darüber nachgedacht, weiß aber keine bestimmte Antwort darauf zu geben.
F. Wie hat sich Ihr Verhältnis zur Gesellschaft verändert, seit Sie *Die Nackten und die Toten* schrieben?
A. Damals war ich Anarchist und bin es auch heute. Zwischendurch gehörte ich während der Wallace-Kampagne der Fortschrittspartei an, habe dann aber im Jahre 1949, zur Zeit der Friedenskonferenz im Waldorf, ziemlich unvermittelt mit ihr gebrochen. Es folgte eine Periode politischer Wanderungen im kleinen Kreis des freiheitlichen Sozialismus. Ich war gleichzeitig sehr radikal und dennoch lau. Ich bin auch Mitarbeiter am *Dissent* gewesen. Bin es natürlich heute noch. Das alles ist nur sehr skizzenhaft, aber ich versuche, sieben Jahre kurz zu umreißen. Sagen wir so: Heute bin ich marxistischer Anarchist, was ein Widerspruch in sich selber ist, aber kein nutzloser Widerspruch, denn ich bemühe mich dabei um selbständiges Denken. Ich glaube, mein »Verhältnis zur Gesellschaft« hat sich insofern geändert, als mich Politik an sich heute nicht so sehr interessiert wie Politik als ein Teil des gesamten Lebens.
F. Was würden Sie wählen, wären Sie heute gezwungen, etwas anderes zu tun als zu schreiben?

A. Hunderterlei. Vorausgesetzt, daß ich nichts von alldem bis zum Ende meines Lebens tun müßte.
F. Wen hassen Sie?
A. Leute mit Macht und ohne Herz, das heißt, Leute, die einfach kein Verständnis für andere Menschen aufbringen.
F. Glauben Sie, daß der Sozialismus oder der Nationalismus sich jemals in Amerika breitmachen wird?
A. Nicht in dem Sinn, den man diesen Begriffen heute beilegt. Möglicherweise in einer sehr komplizierten Abwandlung dieser Begriffe.
F. Was würden Sie sagen, wenn Sie an alle Amerikaner eine Botschaft von zehn Worten richten könnten?
A. Bitte verstehen Sie niemanden zu schnell.
F. Was halten Sie von dem gegenwärtigen künstlerischen Nachwuchs in Greenwich Village?
A. Ich bin fest davon überzeugt – vielleicht ist es aber auch nicht mehr als eine Ahnung –, daß eine ganze Reihe wirklich erregender Romane in den nächsten zehn Jahren aus diesem Kreis hervorgehen wird. Vorausgesetzt natürlich, daß wir nicht wieder in den Kalten Krieg zurücksinken. Ein Kalter Krieg geht offenbar mit schärferer Zensur Hand in Hand; schärfere Zensur erzeugt größere Furcht, insbesondere bei bedeutenden Schriftstellern; größere Furcht aber bedeutet ganz allgemein minderwertigere Arbeit.
F. Glauben Sie, daß es heute in Amerika gute Schriftsteller gibt, die keine Möglichkeit finden, ihre Werke erscheinen zu lassen?
A. Wenn gute Schriftsteller Romane schreiben, die obszön im üblichen Sinn oder besonders radikal sind, können Sie sich darauf verlassen, daß sie Mordsschwierigkeiten haben würden, einen Verleger zu finden. Jedoch gibt es im Verlagswesen hier und dort ein paar gute Leute, und in Anbetracht dessen, daß zwei Verlage nicht einmal im entferntesten die gleiche Linie verfolgen, gibt es stets eine gewisse Chance, ein gutes, aber heikles Buch zu veröffentlichen.

F. Wird das Fernsehen die Romanlektüre verdrängen?
A. Ganz gewiß scheint es doch das Lesen zu beeinträchtigen.
F. Hat in Amerika das Buch mit festem Einband eine Zukunft?
A. Meiner Ansicht nach eine sehr zweifelhafte.
F. Haben Sie politische Ambitionen?
A. Man kann in Amerika nicht aufwachsen, ohne hin und wieder mit der Möglichkeit zu spielen, Präsident zu werden. Aber als Anarchist versuche ich, nicht zuviel daran zu denken.
F. Was bedeutet Ihnen die Religion?
A. Religion als Institution hat mir nie viel bedeutet. Ich glaube an Gott, aber das ist ein sehr persönlicher Glaube, und ich kann bis zum heutigen Tag nicht das geringste Verlangen in mir entdekken, irgendeiner Kirche beizutreten. Allzu viele Kirchen erscheinen mir wie ein Gefängnis des Geistes.
F. Welches soziale Problem halten Sie für das wichtigste?
A. Daß mehr Menschen die Möglichkeit erhalten, all das zu tun, wovon sie in ihrem Innern träumen. Mit anderen Worten: daß es auf der Welt weniger Angst und weniger Niedergeschlagenheit geben möge, denn alle autoritären Mißstände spiegeln im Grunde doch nur das Maß der Verzweiflung in der Welt wider.
F. Glauben Sie an ein Leben nach dem Tode?
A. Um darauf antworten zu können, müßte ich ein Buch schreiben.
F. Glauben Sie, man würde Jesus Christus, wenn er heute lebte, erlauben, in die Kirche einzutreten?
A. Da ziehe ich mich am besten hinter die Antwort zurück, die Dostojewskij in dem Kapitel *Der Großinquisitor* gab.
F. Wer ist Ihr Lieblingsschriftsteller?
A. Es gibt welche, die ich bevorzuge, aber sie wechseln.
F. Sind Sie ein Anhänger Freuds?
A. Ich bin davon überzeugt, daß Freud ein Genie war, ein großer, geradezu unwahrscheinlicher Entdecker nie geahnter Geheimnisse, Rätsel und neuer Probleme. Aber seine Antworten waren doktrinär, mumienhaft und in philosophischer Hinsicht äußerst

langweilig. Vergleicht man ihn mit anderen genialen Gestalten, so halte ich ihn dennoch für einzigartig. Er besaß so wenig Optimismus, und es kommt selten vor, daß man ein Genie findet, das nicht zumindest einen zornigen Optimismus besitzt. Oder doch schlimmstenfalls – einen apokalyptischen Blick für die endgültige Katastrophe.
F. Sind schwarze Listen notwendig?
A. Ja – für die Propaganda.
F. Warum?
A. Weil sie bei den Leuten den Eindruck erwecken, eine ohnmächtige Verschwörung verfüge tatsächlich über Macht und sei daher eine Gefahr für Vaterland, Fahne und Familie.
F. Sind Sie jemals auf eine schwarze Liste gesetzt worden?
A. Ich glaube wohl, aber selbstverständlich könnte ich das niemals beweisen.
F. Haben Menschen vor Ihnen Angst, weil sie Sie nicht verstehen können oder gerade *weil* sie Sie verstehen?
A. Ich bin überrascht, daß Leute vor mir Angst haben. Was kann ich ihnen denn antun? Aber immerhin ist es eine nette Frage.
F. Wurde die Figur Charles Eitels im *Hirschpark* in irgendeiner Weise nach Charles Chaplin gestaltet?
A. Nein, keineswegs. Chaplin ist ein Genie, und ich würde es mir nicht anmaßen, über ein Genie zu schreiben. Noch nicht.
F. Eitel hat schließlich ausgesagt. Sind Sie der Ansicht, nur so könne sich ein dem Kommerziellen verhafteter Künstler über Wasser halten – indem er alles auspackt, was ein Kongreßausschuß von ihm wissen will?
A. Ein Künstler folgt seiner eigenen Natur. Ein Geschäftsmann folgt der Natur, welche die Gesellschaft ihm auferlegt. Meine Antwort lautet daher: Selbstverständlich tun kommerziell eingestellte Talente, was man von ihnen verlangt, und sagen, wozu man sie zwingt.
F. Sie stellen Ihrem Buch Gides Worte voran: »Bitte verstehen Sie mich nicht zu schnell.« Haben die Besprechungen gezeigt, daß Sie von Ihren Kritikern überhaupt verstanden worden sind?

A. Der eine oder andere hatte eine verschwommene Vorstellung von dem, was ich sagen wollte. Malcolm Cowley hat den Nagel auf den Kopf getroffen, als er schrieb, *Der Hirschpark* sei viel schwieriger zu schreiben gewesen als *Die Nackten und die Toten*.
F. Glauben Sie, daß der Kommunismus in Amerika jemals wieder in Mode kommen könnte?
A. Möglich, wenn es mit der UdSSR zu einer Art Koexistenz kommt. Aber das sind nicht die Dinge, die mir schlaflose Nächte bereiten. Sollte es geschehen, so wird wahrscheinlich ein neuer Typ davon angezogen werden. Vielleicht die Leute mit den grauen Flanellanzügen.
F. Welche Eigenschaft mögen Sie bei einer Frau am meisten?
A. Liebe, mit einem reichlichen Schuß Sexualität.
F. G. Legman hat einmal geäußert, ein Mann sei entweder ein Schaf oder eine Ziege. Was sind Sie?
A. Ich versuche, ein Mann zu sein. Warum sollte ich mich angesichts der Mannigfaltigkeit der menschlichen Natur mit Legmans Begriffen begnügen?
F. Ist Rebellion gesund?
A. Ebenso gesund wie die Lust am Leben.
F. Worin liegt für Sie das größere Vergnügen, im Begehren oder in der Erfüllung?
A. Beides ist schön. Wie die meisten Menschen hatte ich das Glück, von Zeit zu Zeit zu erfahren, welche Vorteile und welche Genugtuung beide zu bieten haben.
F. Ben Hecht und eine Reihe anderer, ehemaliger literarischer Leuchten haben sich dem Konformismus gebeugt. Glauben Sie, daß die Zeit Sie in einen hochbezahlten Autor, der dem Publikumsgeschmack folgt, verwandeln wird?
A. Ich bezweifle es, aber ich weiß auch, daß bei jedem der Wille sich einmal erschöpfen kann.
F. Hätten Sie einen Rat für Ihre Feinde?
A. Ja. Ich möchte sie in aller Bescheidenheit bitten, sich nur ein ganz klein wenig vor mir in acht zu nehmen.

F. Wie stehen Sie zum Geld?
A. Meiner Ansicht nach ist Geld zu haben wahrscheinlich ein wenig besser, als keins zu haben. Geld ist eins von den Dingen, die dem Menschen Energie verleihen, und ich glaube, das ist auch der Grund dafür, daß sich die meisten so grausam abrackern müssen, um es zu bekommen.
F. Und zur Kleidung?
A. Kleidung gehört zu den wenigen Dingen, für die ich mich nie sonderlich interessiert habe. Wahrscheinlich ziehe ich mich etwas besser an als der Durchschnitt, zumindest wenn ich mich fein mache. Oder glaubt das jeder ehemalige Soldat von sich?
F. Was halten Sie von Ernest Hemingway?
A. Im *Hirschpark* habe ich in einem Satz gesagt, was meine Romanfigur Sergius O'Shaugnessy über ihn dachte. Wenn man über Hemingway etwas aussagen möchte, kann man dies in Form eines Rätsels tun, oder man muß mindestens zehntausend Worte schreiben, um als Kritiker Neues zu bringen. Wenn ich so etwas behaupte, ergibt sich daraus ganz offensichtlich, daß er nach meinem Dafürhalten auf alle amerikanischen Schriftsteller einen sehr großen Einfluß ausgeübt hat, selbst wenn sie wie Faulkner dadurch angeregt wurden, in entgegengesetztem Sinne zu schreiben – vielleicht sogar in einer Richtung, die bedeutender ist. Es ist mir jedoch unmöglich, darauf zu antworten, wie ich Hemingway einstufe. Jedesmal wenn ich an ihn denke – so oft geschieht das ja nicht –, muß ich nämlich feststellen, daß mein Urteil Schwankungen unterworfen ist, je nachdem, was mir Neues über ihn einfällt. Zumindest ist das doch ein Zeichen einer gewissen Größe, und im Augenblick möchte ich meinen, daß Hemingways Einfluß noch eine ganze Weile andauern wird.
F. Was geschieht in der Gewerkschaftsbewegung?
A. Ich weiß es nicht, und ich glaube auch nicht, daß überhaupt viel geschieht.
F. Glauben Sie, daß Hitler noch am Leben ist?
A. Nein, ich glaube nicht, daß er jemals ein Versteck finden könnte.

F. Ihr General Cummings in *Die Nackten und die Toten* scheint den Triumph des Faschismus zu symbolisieren. Kann der Faschismus jemals triumphieren?

A. Faschismus ist ein sehr verschwommener Begriff. Man könnte sich durchaus vorstellen, daß die eine oder andere Abart des »Faschismus« triumphiert. Es ist doch eine der möglichen Alternativen, nicht wahr? Sollte er jemals nach Amerika kommen, wäre es ein sehr verfeinerter und nicht so starrer Faschismus.

F. Der einsame Berg in den *Nackten und die Toten* schien das Ziel zu symbolisieren, nach dem die Menschen streben, ohne es je zu erreichen. Kann der Mensch die Einsamkeit überhaupt bezwingen?

A. Ich meine, danach trachten im Grunde alle Menschen.

F. Woran kann ein Mensch glauben?

A. Es ist besser, sich auf seine Gefühle zu verlassen als auf den Rat anderer.

F. Was ist Ihr größter Ehrgeiz?

A. Ein wirklich großer Schriftsteller zu sein.

F. Glauben Sie, daß die Psychiatrie die Probleme lösen wird, die uns bedrängen?

A. Sie wird einige Probleme lösen und unweigerlich neue hervorbringen. Ob sie eine kulturelle Strömung zum Guten oder Schlechten darstellt, kann nur die Geschichte dieses Jahrhunderts erweisen.

F. Wer wird die Psychiater analysieren?

A. Die Romanciers.

F. Glauben Sie, daß der Mensch die Wasserstoffbombe überleben wird?

A. Ja. Ich glaube wirklich nicht, daß wir uns selber vernichten werden. Aber immer wieder werden wir diesem Punkt sehr nahe kommen.

F. Welche Zeitungen lesen Sie? Welche Zeitschriften?

A. Ein wenig von allem. Den *Scientific American*, die Zeitschriften *Cue* und *Commonweal*. Das dürfte Ihnen eine Andeutung davon geben, was ich meine.

F. Falls Sie auf eine einsame Insel verbannt würden und dürften nur fünf Bücher mitnehmen, welche würden es sein?
A. Vor den »Nackten« habe ich zwei Romane geschrieben, die nicht veröffentlicht wurden, und so habe ich in meinem Leben also fünf Romane verfaßt. Diese fünf Romane würde ich auf eine einsame Insel mit mir nehmen, denn wenn man allein auf einer einsamen Insel sitzt, ist es kaum möglich, noch viel aus Büchern dazuzulernen. Man kann nur die Natur betrachten, Mystiker werden und versuchen, tiefer in die eigene, primitive Natur einzudringen. Ich würde daher meine fünf Romane mitnehmen, nicht weil sie so gut sind, sondern weil sie die besten Selbstzeugnisse darstellen, um jene Reise zur Erforschung des Ichs antreten zu können.
F. Was würden Sie sagen, wenn Sie einem jungen Mann, der heute in hundert Jahren so alt sein würde wie Sie, eine Botschaft hinterlassen könnten?
A. Ich würde sagen: Bitte bedienen Sie sich Ihrer wissenschaftlichen Erkenntnisse, um das Geheimnis des Gedankenaustauschs mit den Toten zu entdecken, denn ich zum Beispiel wüßte gern, was seit meinem Tod geschehen ist. Das heißt, wenn ich es »dort draußen« wirklich nicht wissen sollte und ich mich nicht tatsächlich über Sie lustig mache.
F. Sind Sie glücklich?
A. Jeder Mann und jede Frau haben ihre eigenen Vorstellungen vom Glück. Sollen doch die Leute auf Grund meiner Antworten selber entscheiden, wie glücklich oder wie unglücklich ich bin.
F. Was halten Sie von Marilyn Monroe?
A. Sie muß sehr tapfer sein, denn sie hat einen so langen Weg hinter sich gebracht. Sie ist eine der wenigen Schauspielerinnen, auf die ich wirklich noch immer etwas neugierig bin.
F. Arbeiten Sie an einem neuen Roman?
A. Ja.
F. Welche Rolle spielt der Künstler in unserer Gesellschaft?

A. Ich glaube, so beunruhigend, wagemutig und aufwühlend zu sein, wie es in seinen Kräften steht.

1955

Fünfter Versuch • General Marihuana

The Village Voice wurde von Daniel Wolf, Edwin Fancher und mir ins Leben gerufen; der Gedanke, eine solche Zeitung zu gründen, stammte von Wolf, und das Geld, um anzufangen, gaben Fancher und ich (und später Howard Bennett). Während des ganzen Frühjahrs und Sommers 1955 mußten sich Fancher und Wolf allein in die zahllosen mühseligen Einzelheiten einarbeiten, die mit der Gründung einer Wochenschrift zusammenhängen. Da ich anfänglich genug damit zu tun hatte, den Hirschpark *zu beenden, und danach von dieser Anstrengung erschöpft war, habe ich nicht viel mehr als ein paar amateurhafte Ratschläge und den Namen des Blattes beigetragen:* The Village Voice. *Als daher die erste Ausgabe gegen Ende September erschien, konnte ich sie mit der Gelassenheit eines Menschen lesen, der sie an einem Kiosk für fünf Cent gekauft hatte.*

Zwei Wochen später erschien mein Roman. Als nach einem weiteren Monat die kleinen Wellen der Erregung über das Erscheinen des Hirschparks *zu keiner großen Woge anschwollen, die weitere Erregung versprach, begann ich allmählich eine postkoitale Niedergeschlagenheit und Leere zu spüren. Wahrscheinlich würde es Monate oder sogar Jahre dauern, all das zurückzugewinnen, was ich in das Buch hineingesteckt hatte, und ich besaß nicht den Mut, nun untätig dazusitzen und zu warten, bis die Wunden von selber heilten. Es war wohl auch gar nicht möglich. Meine Selbstanalyse vollzog sich noch immer im D-Zug-Tempo, und da mir vor allem daran lag, ein paar hundert schädliche Gewohnheiten abzulegen, die meine Persönlichkeit in einen für ihre freie Entfaltung zu engen Raum sperrten, kam ich mir damals wie ein Schauspieler vor, der sich nach einer besonderen Rolle umsieht. Es war auch nicht die richtige Zeit, mich wieder dem Schreiben eines Romans zu widmen. Im Grunde meines Herzens wollte ich einen Krieg, und das* Village *hatte ich bereits als Schlachtfeld ausersehen. Im übrigen verlor die Zeitung tausend Dollar in der Woche. Ich konnte mir daher einreden, ich würde gebraucht. So begann ich an* The Voice *mitzuarbeiten, spielte mal hier und mal dort mit, war aber zu sehr von Ungeduld erfüllt, um mich in mühselige Arbeiten zu verbohren; auch war meine Kraft etwas zu Zweifelhaftes, um eine Arbeit von Anfang bis Ende durchzuführen. Woche um Woche verlor ich, von kühnen Programmen und lauen Entschlüssen hin und her gerissen, an Prestige, während die Mitherausgeber und ich allmählich einsahen, daß hier grundverschiedene Auffassungen darüber bestanden, wie die Zeitung weitergeführt werden solle. Sie wollten Erfolg sehen, ich hingegen wollte ein Blatt, das allen ins Gesicht schlug. Sie erstrebten eine Zeitung, welche die Bedürfnisse konservativer Kreise befriedigte – Kirchennachrichten, Versammlungen politischer Organisationen und so weiter. Bevor die Zeitung provozierend sein dürfe, so argumentierten sie, müsse sie erst einmal Wurzel geschlagen haben. Ich hingegen vertrat die Ansicht, wir hätten nur dann eine Zukunft, wenn es gelingen sollte, ein Publikum anzusprechen, für das sich noch keine Zeitung interessiert habe. Mir war, als gäre unter der Oberfläche eine Revolution, und ich wüßte nicht, daß ich unrecht hatte. Die* Beat*-Bewegung, der Gipfelpunkt des* Hip, *hatte mit Kerouac ihren Einzug gehalten, und weil sie so anheimelnd und verschroben war, eine Kreuzung zwischen Folklore und Märchen, griff die Madison Avenue sie auf, mußte sie aufgreifen, denn sie war seit Jahren das erste sensationelle Phänomen, das aus den Kreisen der großen Ungewaschenen hervorgegangen war und das die Madison Avenue nicht kreiert, gedeichselt oder vorausgesagt hatte. Mein Einsatz für diese Bewegung war verfrüht gewesen, aber ich frage mich noch immer, ob eine Zeitung, wie sie mir vorschwebte, diese moralische und sexuelle Revolution, die jetzt erst noch auf uns zurollt, nicht hätte beschleunigen können. Das* *jedoch ist strittig. Tatsache ist, daß wir, Fancher, Wolf und ich, im vierten Monat seit Bestehen der Zeitung, als auch alles übrige nicht gerade zum besten stand, uns darauf einigten, der Romancier Norman Mailer könne eigentlich Zeitungskolumnist werden. Eins aber wußten die anderen nicht: daß nämlich diese Kolumne mit meiner privaten Kriegserklärung gegen den amerikanischen Journalismus, die Massenbeeinflussungsmittel und den Totalitätsanspruch eines wahre Orgien feiernden Persönlichkeitkults begann.*

Wie alle Generäle, die eine Ein-Mann-Armee befehligen, fing auch ich im Vertrauen auf eine Geheimwaffe an. Ich hatte Marihuana. Diese Mary-Jane öffnete mir, im ersten Genuß, das Tor zu den Abgründen des Geschlechtlichen, und dies war wiederum alles, was ich besaß, und alles, wonach ich verlangte. Wieder einmal war es mir vergönnt, das Roß der Eigenliebe zu tummeln – ein Gottesgeschenk für Frauen, Ehefrau, Literatur und Geschichte, Marihuana, mein Pferd. Kaum hatte ich mich von einer Erschöpfung erholt, brannte ich schon auf die nächste; für diesen unbestallten General war der Sexus das Schwert der Geschichte, denn nur wenn das geschlechtliche Triumphe feierte, vermochte der Geist den Rhythmus eines neuen Erlebnisses zu erfassen. Im Vertrauen auf Haschisch, Suff, Harlem, spanische Ehefrau, marxistische Kultur, drei Romane, Sieg, Katastrophe und das Schicksal überblickte der General sein Terrain und befand es für günstig: das Village *als Treibhaus der in Amerika beherrschenden Meinungen, als Kreuzungspunkt zwischen Kleinstadt und Massenbeeinflussungsmitteln. Da der General nichts anderes als* Hip *war (jedenfalls schätzte er sich so ein), wußte er natürlich, daß die Mentalität des* Village *einem verkrampften Afterschließmuskel glich, zusammengeschnürt von Snobismus, Mißerfolg, Haß und fixen Ideen. Um die Aufmerksamkeit an sich zu reißen, mußte man diesen Haß herausfordern. Der General beabsichtigte, das Messer seiner Ideen dem Ich des* Village *bis ans Heft in das Herz zu stoßen, und Mitte Januar 1956 schrieb er als Kriegserklärung seine erste Kolumne.*

Sie lautet:

Auf die Schnelle: Eine Kolumne für langsame Leser

Erste Kolumne

Ich entsinne mich, daß ich vor vielen Jahren in der Zeitung einmal einen Beitrag von Ernest Hemingway las und mir dabei dachte: »Was für ein hohles Geschreibsel.« Das ist die Strafe dafür, ein angesehener Schriftsteller zu sein. Jeder mit Namenszug versehene Beitrag, der im Druck erscheint, wird nach den üblichen, sadistischen literarischen Maßstäben beurteilt, und nicht etwa mit der unbeschwerten Toleranz eines Zeitungslesers, der sich darüber freut, für sein Geld noch zusätzlich eine Kleinigkeit zu erhalten.

Aber das ist nun einmal eine Tatsache, mit der jeder Berufsschriftsteller sich bald abzufinden lernt, und ich weiß, daß auch ich mich damit werde abfinden müssen, da ich nicht sicher bin, ob diese Kolumne besonders gut ausfallen wird. Es würde nämlich zuviel Zeit in Anspruch nehmen, und somit wäre Zeit für eine zweifellos aussichtslose Sache vergeudet. Greenwich Village ist ein böses Pflaster – es wimmelt dort von Snobs und Kritikern. Daß viele von ihnen sich in ihren Ambitionen getäuscht sehen und inmitten ihrer Freuden ein Hungerdasein führen müssen, macht sie nur noch bissiger. Und das ganz zu Recht. Befände ich mich in ihrer Lage, würde ich auch nicht nachsichtig sein. Da sich nun aber ihr allgemeiner Groll gegen alle richtet, die begabter sind als sie, sehe ich nur einen Weg für mich, ebenfalls den geliebten Traditionen des Village zu folgen, indem ich jede Woche Anlaß zu flammendem Haß gegen mich gebe.

An diesem Punkt kann mit Fug und Recht gefragt werden: »Ist das für Sie der einzige Grund, eine Kolumne zu schreiben?« Und die nächstbeste Antwort darauf lautet vermutlich: »Geltungsbedürfnis. Mein Bemühen also, in aller Öffentlichkeit festzustellen, bis zu welchem Grade ich aus reinem Geltungsbedürfnis bestehe.« Ich habe das Verlangen, die mir zufliegenden Anschauungen einem halb unfreiwilligen Publikum aufzuzwingen. Täte ich dies nicht, bestünde stets die Gefahr, diese Eingebungen des Zufalls zu einem Roman zu verarbeiten, und wir alle wissen ja, wie entsetzlich so etwas ist.

Ich fühle mich ferner zu der Behauptung verleitet, daß die Romanciers die einzigen Menschen sind, die eine Kolumne schreiben sollten. Ihre Interessen sind weit gesteckt, wenn auch seicht, in ihren Gewohnheiten sind sie zur Genüge unzuverlässig, um recht oft etwas Neues zu sagen zu haben, und in den meisten anderen Beziehungen sind sie kolumnistischer als die Kolumnisten. Die meisten von uns Romanciers, die überhaupt etwas taugen, sind unweigerlich halbgebildet; ungenau, wenn auch gelegentlich geistreich; selbstverständlich unerträglich eitel; und – für einen guten Journalisten eine unentbehrliche Voraussetzung – ebenso darauf versessen, eine Lüge auszusprechen wie die Wahrheit. (Wenn wir die Wahrheit sagen, brennen wir vor Verlangen, unser Publikum zu überzeugen, während eine Lüge uns reichliche Muße bietet, das Ergebnis zu betrachten.)

Wir, die guten Romanciers, besitzen ferner die höchst unjournalistische Tugend, niemals Vaterland und Fahne zu preisen, es sei denn, wir sind krank, müde, ganz allgemein von Niederlagen verfolgt und möchten uns auf rasche und unehrliche Weise einen Dollar verdienen. Man würde immer nur Romanciers auffordern, Kolumnen zu schreiben, hätten wir es nicht mit der traurigen Tatsache zu tun, daß Zeitungsredakteure von Berufs wegen verpflichtet sind, Patrioten zu sein, und daher keinen Wert darauf legen, mit uns zusammenzukommen. Tatsächlich würde sogar *The Village Voice*, die für eine so junge Zeitung bemerkenswert konservativ und in allen öffentlichen Angelegenheiten höchst patriotisch eingestellt ist usw. usw., auch mich nicht haben wollen, wäre sie nicht aus finanziellen Gründen auf honorarfreie Beiträge und darüber hinaus auf einen erfolgversprechenden Namen erpicht, so daß diese Leute fast alles schlucken. Und ich, als Aktienminorität in der *Voice-AG*, muß ihnen darin recht geben, daß diese Zeitung zusätzlich zu ihrem allgemeinen Schmachtstil und ihrer Schrulligkeit in der Tat noch etwas anderes braucht. Auf jeden Fall fangen wir, lieber Leser, mit einer Zusammenarbeit an, die sich vielleicht über drei Wochen, drei Monate oder, möge der Himmel dies verhüten, dreiunddreißig Jahre hinziehen wird. Ich bete nur um eines – daß ich von Ihnen eher genug habe als Sie von mir. Sobald ich gelernt habe, kolumnesisch in einer Viertelstunde statt in der unrentablen Zeit von zweiundfünfzig Minuten zu schreiben, die ich hierfür gebraucht habe, werden wir alle genauer wissen, ob unser läppisches Geschäft weitergeführt werden kann. Sollte dies der Fall sein, gibt es eine Möglichkeit unter hunderten – oder sagen wir unter hunderttausend –, daß ich es zu einem auf Liebes- und Mordaffären versessenen Gewohnheitskolumnisten bringe, der etwas Oberflächliches oder Lasterhaftes oder Ungenaues über viele Dinge unter der Sonne zu sagen haben wird, und wer weiß, auch einiges über die Nacht.

Es war ein Blitzkrieg. Die Kolumne stachelte den Haß einer ganzen Reihe von Leuten an, und der General hatte die Aufmerksamkeit auf sich gelenkt. Nun brauchte man lediglich noch den Haß von sich selber auf Dinge zu richten, die ihn weitaus mehr verdienten. Die zweite Kolumne erwies sich jedoch als eine Katastrophe. Der General hatte die Absicht, der ersten Kolumne einen geharnischten Aufmarsch philosophischer Streitkräfte folgen zu lassen, aber das Ergebnis war alles andere als eindrucksvoll. Kurz bevor die Kolumne in Druck gehen sollte, meinte der Herausgeber, sie sei für viele Leser in gewisser Hinsicht eine Zumutung. Der General war zwar schroff, aber stimmte ihm bei. Innerhalb weniger Minuten schrieb er ein Vorwort, das in Kursiv gesetzt werden sollte.

WARNUNG: Die Kolumne dieser Woche ist schwierig. Getreu meiner Verpflichtung der *Voice* gegenüber habe ich sie schnell geschrieben. Da ich nicht alle meine Leser auf einmal verlieren möchte, schlage ich vor, daß bis auf die langsamsten Leser mich dieses Mal alle übergehen. Sind Sie nicht zum Nachdenken aufgelegt, oder haben Sie kein Interesse am Nachdenken, dann wollen wir bis zur nächsten Kolumne keine Notiz voneinander nehmen. Und falls Sie doch noch von hier an weiterlesen, seien Sie bitte so liebenswürdig, sich zu konzentrieren. Angesichts der geistigen Impotenz einer so trägen Leserschaft wie der gegenwärtigen ist die Kunst, sorgfältig zu schreiben, im Aussterben begriffen. Das Denken stellt immerhin eines der beiden Hauptvergnügen dar, die in einer durch die Vernunft bestimmten Demokratie (zumindest theoretisch) möglich sind; das andere Vergnügen wäre die sinnliche Liebe, höflich auch als die Jagd nach dem Glück bezeichnet.

Dieser rasch eingesetzte Abschnitt sollte der Kolumne für die nächsten sechzehn Wochen zu schaffen machen. Als Antwort auf die Warnung ging ein Bombardement von Briefen auf The Voice *nieder.*

Sehen wir einmal davon ab, daß Sie sich einen »Ruf« erworben haben, indem Sie in Ihrem EINEN & EINZIGEN Buch Dos Passos in jämmerlicher Weise nachgeahmt (vornehmer Ausdruck für Diebstahl) haben und nun *wiederum* nachahmen und indem Sie in Ihrer Kolumne den überarbeiteten, müden, langweiligen, krächzenden, allzu oft kopierten Henry Miller wie mit einer Schablone abmalen; warum Sie sich nun aber als etwas anderes als einen gerade hinreichend begabten Lohnschriftsteller betrachten, verrät eine ernsthafte innere Störung, die Sie mit einem Psychoanalytiker besprechen sollten. Woran Sie leiden, ist doch offensichtlich akuter Größenwahn; zuweilen müssen Sie sich einbilden, daß Sie der unbestreitbar große Norman Mailer sind. Eins steht fest: Ihre Schwärmerei für sich selber wird als eines der großartigsten Liebesabenteuer in die Geschichte eingehen.
Eine neugierige Frage: Werden Sie *Voice* auch diesen Brief abdrucken lassen? Ich bezweifle es. *So* verachten Sie ja die öffentli-

che Kritik auch nicht. Wenn es ums Ganze geht, setzen auch Sie, gerissen wie Sie sind, hinter Ihrer vorfabrizierten spöttischen Fassade auf Nummer Sicher.

Joe Jensen
Bank Street

Als in der folgenden Woche noch mehr Briefe eintrafen, darunter einige, die sich positiv zur Kolumne äußerten, begrüßte sie der General mit der Ruhe eines Douglas MacArthur, der die Nachricht von einer günstigen Wendung an der Front erhält. Da der General in seinem ersten größeren Krieg den Oberbefehl führte, dauerte es eine Weile, bis er begriff, daß zwischen einer Schlacht, in der sich eine Wendung vorbereitet, und einer, in der sie sich bereits vollzogen hat, ein Unterschied besteht. Er glaubte die Heimatfront bereits hinter sich und warf daher in aller Eile geistige Reserven in die dritte Kolumne. Verfrüht. Neun Zehntel des Village gruben sich gerade erst mühselig aus den Trümmern heraus, die der Blitzangriff hinterlassen hatte, und so war von der Bevölkerung nirgends etwas zu sehen, als er einen neuen Angriff in entgegengesetzter Richtung gegen die folgenden Bollwerke amerikanischer Traditionen einleitete: Mr. Ed Sullivan, Mr. Leonard Lyons, Mr. Max Lerner, Miss Dorothy Kilgallen, Mr. Walter Winchell, Miss Hedda Hopper, das Columbia Broadcasting System, die New York Post, *die* New York Daily News, *das* N. Y. Journal American, *den* New York Daily Mirror *sowie gegen Poeten, Liberale, Reaktionäre, Mr. Adlai Stevenson und das optimistische Herz.*

Als die Reaktion auf die dritte Kolumne nichts weiter als eine von einem edlen Krieger namens Schmidt verfaßte Parodie auf seine zweite Kolumne auslöste, die mindestens ebenso gut war wie die Parodie des Generals und über die sich das Village in überschwenglicher Weise weit mehr amüsierte, wurde es dem General klar, daß der Feldzug nicht unbedingt in sechs Wochen gewonnen werden könne und dem militärischen Grundsatz, man tue gut daran, einen Zweifrontenkrieg zu vermeiden, doch einige Bedeutung zukomme.

So warf er weiteren Geist an die nahe Front, aber im Verlauf des nächsten Monats ging ihm der Geist aus. In feierlich trägen Bewegungen schleppten sich nun schlammverkrustete Wörter in die Schützengräben, wo sie sofort einschliefen. Bei der achten Kolumne waren ringsum Stacheldrahtverhaue errichtet, und der Feldzug setzte sich mühselig in den Frühling hinein fort. Der General und seine Kameraden sprachen nicht immer miteinander, und der Krieg endete, wie Sie sehen werden, in einem mörderischen Kampf zwischen Panzerwaffe und Nachschub.

Heute ist das ganz lustig, aber damals fehlte der Abstand. Zu einer Zeit meines Lebens, da ich mehr empfand als je zuvor, als meine Erfahrungen mir fast eine Bestätigung für mehr als nur eine meiner Ansichten gaben und meine Sinne noch immer unter Spannung standen, genau zu dieser Zeit, als man das kleinste Ereignis an einem gleichgültigen Tag noch immer als ein Zeichen dafür wertete, daß man in etwas Neues hineinwuchs oder infolge vertrauter Gewohnheiten in eine Niederlage zurückglitt, in eben diesen Monaten des Jahres, die (zum Guten oder zum Schlechten) für mich im höchsten Maße entscheidend waren, mitten in der Arbeit an den Kolumnen, die ich für The Village Voice *schrieb, stellte ich fest, daß die Kolumne an einem Fehler litt, den ich nicht erwartet hatte – sie war schlecht geschrieben.*

Ausdruck der eigenen Persönlichkeit ist zu einem Symbol unserer Zeit geworden, das von der Republik fast ebenso verehrt wird wie der öffentliche Wohlfahrtsfonds, aber es wird nur zu leicht übersehen, daß der Ausdruck der eigenen Persönlichkeit für gewöhnlich als Therapie endet. Das Abscheuliche eines schlechten Stils liegt darin, daß der Autor sein Nervensystem säubert, indem er unser eigenes durch die seelischen Ablagerungen seines üblen Geschmacks beschmutzt. Allzuoft sollte in diesen Kolumnen die Sprache durchtrieben und frömmelnd, selbstgerecht und schwülstig, übereifrig und ungenau werden. Mit Marihuana als Psychoanalytiker gab es Wochen, in denen die Seele das Bedürfnis empfunden haben muß, sich von Stilgewohnheiten zu befreien, die sich wie Gesteinsschichten im Geist abgelagert hatten. Die Wirkung der Droge kam einer Sprengladung gleich – Trümmer mittelmäßigen Erzes schienen sich an jedem Ausgang des Gehirns Tag für Tag aufgehäuft zu haben, und so gab es eigentlich nichts anderes zu tun, als sie hinauszuschaffen. So litten meine Leser mehr als eine Woche lang, während die Kolumne mir als Therapie diente: Ich stieß einen Teil der Schlacke der Vergangenheit ab. Mein Stil wurde durch kein edles Bedürfnis inspiriert, er war im Grunde nichts anderes als ein Abführmittel für schlechte Gewohnheiten, meine Empfindungen jedoch, kampflustig und diktatorisch, entsprangen dem Zorn. Es war der Zorn darüber, was bei mir vergeudet worden war, und verständlicherweise galt der gleiche Zorn der Vergeudung bei anderen. Wenn es in mir eine edle Regung gab, so war es der Zorn gegen den Konformismus in Amerika, der die schöpferischen Kräfte erstickte, denn er hemmte die Selbstentfaltung des Volkes, eine äußerst schwerwiegende Behinderung, da der Mensch möglicherweise nicht mehr alle Ewigkeit vor sich hat, um sich selber zu entdecken – dieser Zorn nun, zunächst einmal wegen des eigenen Verlustes und dann wohl auch wegen der Verluste, die andere erlitten, wurde ohne sorgsames Abwägen durch die höheren Sinnesfunktionen in die ungebändigte Leidenschaft der Zeitungssprache umgewandelt. Ein guter Stil ist das Ergebnis mächtiger Gemütsbewegungen; sie schlagen sich auf einer Druckseite erst nieder, nachdem sie durch die im Bewußtsein verankerten feinmaschigen Filter der Selbstzucht, der Vorsicht, des Faktes, der Wahl, des guten Geschmacks und sogar der inneren Hemmungen geleitet wurden – vorausgesetzt, daß diese Hemmungen etwas Ehrenhaftes an sich haben. Aber mein Bewußtsein glich einer verbrannten und trümmerübersäten Kriegslandschaft, und meine logischen Denkgewohnheiten ächzten wie halbzerstörte Gebäude beim leichtesten Windstoß. Ich hatte mich nicht zu der niederdrückenden Arbeit bequemen wollen, den Umfang meiner Verluste abzuschätzen und mir darüber klar zu werden, wo und wie ich eine neue Stadt des Geistes errichten könne; nun aber war mein Wille ein Diktator; wie alle Tyrannen empfand er die dringende Not der Gegenwart als unerträglich. Es war nicht die richtige Zeit für den Frieden: Es gab eine Generation, die nur auf Erweckung wartete, eine Aufgabe von heroischem Ausmaß, für deren Bewältigung ich mich zu einem Teil als geradezu in göttlicher Weise geeignet betrachtete. Kurz und gut, damals schrie, heute ruft die Zeit flehentlich nach einem Journalisten und einer Zeitung, deren Worte die dichten Nebelschwaden der Apathie, der Unersättlichkeit, schwelenden Hasses und finsterer Freude zu zerreißen vermögen und den allgemeinen Sieg all dessen, was es in der amerikanischen Mentalität an Selbstgefälligkeit, übertriebenem Sicherheitsbedürfnis und Gedankenlosigkeit gibt, zu verhindern wissen.

Aber ganz offensichtlich fand ich in meiner Kolumne nicht den richtigen Ton und konnte somit nicht erfahren, wie viel oder wie wenig möglich war. Die durch Marihuana bewirkte innere Verwirrung förderte all das an die Oberfläche, was an mir abstoßend war, und mein Stil war der schwerfälligen, unheilvollen Prosa von drei Generationen großer Radikaler entlehnt, allerdings nicht der größten (erwähnen wir nicht die Ziegelmauern und das Isolierwerk um die Rohrleitungen der Psychologen und Soziologen, die ich ebenfalls untersuchte), und so gab es bleierne Adern, durch die der Blutstrom lebendiger Empfindung fließen mußte.

Es ist natürlich alles verteufelt komplizierter, als ich es dargestellt habe. Denn damals hatte ich wenig davon geahnt; die meisten Kolumnen erschienen mir großartig (was wäre auch ein General ohne Kampfmoral?), und zuweilen ging ich sogar so weit, jeden Freund für einen Feind zu halten, wenn er der Kolumne gegenüber Zweifel äußerte. Ich hatte schließlich sehr viel zu verlieren. Da ich die Kolumne als ein erstes Aufflackern eines neuen amerikanischen Bewußtseins sehen wollte, da ich, sollte die Kolumne ein Fehlschlag sein, nichts Geringeres verlieren würde als mein neu entdecktes und so unerbittliches Verlangen, ein Held meiner Zeit zu werden, setzte ich alles, was ich hatte, aufs Spiel; es war in Wirklichkeit noch viel schlimmer. Denn nach der Verwüstung der schöpferischen Reser-

ven, die der gewaltsame letzte Entwurf des Hirschparks *in meinem Gehirn angerichtet hatte, empfand ich, wie schon angedeutet, das Bedürfnis, ein Jahr lang brachzuliegen; statt dessen hatte ich mich in den Mittelpunkt einer unerfreulichen und lächerlichen Situation hineinmanövriert. Da ich versuchte, mit zu geringen Mitteln zu viel zu erreichen, zehrte der einfache Vorgang, wöchentlich eine Kolumne zu schreiben, Kräfte in mir auf, die ich ein Jahr später für zehn Wochen tüchtiger Arbeit an einem neuen Roman besser hätte verwenden können.*

Nach einer solchen Ankündigung mag dem uninteressierten Beobachter das Schreiben als eine verhältnismäßig geruhsame Beschäftigung erscheinen. Viele der Kolumnen lesen sich wie jene zahmen Arbeiten, die ein Schriftsteller während einer Zeit der Schwäche vollbringt, keine besondere Leistung, auch nicht völlig hoffnungslos, ganz amüsant, aber am besten gleich vergessen. Durch ihre innere Entwicklungsgeschichte jedoch werden diese Kolumnen zu einer Katastrophe, denn niemals zuvor hatte ich, wo ich so viel aufs Spiel setzte, so wenig geleistet. Wenn ich den Roman, mit dem ich mich jetzt trage, nicht beende, so liegt das sicher daran, daß sein bester Teil in jenem durch Rauschgift forcierten Ausplündern meiner Tätigkeiten verlorenging, das für mich das eigentliche, wenn auch verborgene Thema dieser Kolumnen für The Village Voice *geworden war.*

Zweite Kolumne

WARNUNG: Die Kolumne dieser Woche ist schwierig. Getreu meiner Verpflichtung der *Voice* gegenüber habe ich sie schnell geschrieben. Da ich nicht alle meine Leser auf einmal verlieren möchte, schlage ich vor, daß bis auf die langsamsten Leser mich dieses Mal alle übergehen. Sind Sie nicht zum Nachdenken aufgelegt, oder haben Sie kein Interesse am Nachdenken, dann wollen wir bis zur nächsten Kolumne keine Notiz voneinander nehmen. Und falls Sie doch noch von hier an weiterlesen, seien

Sie bitte so liebenswürdig, sich zu konzentrieren. Angesichts der geistigen Impotenz einer so trägen Leserschaft wie der gegenwärtigen ist die Kunst, sorgfältig zu schreiben, im Aussterben begriffen. Das Denken stellt immerhin eine der beiden Hauptvergnügen dar, die in einer durch die Vernunft bestimmten Demokratie (zumindest theoretisch) möglich sind; das andere Vergnügen wäre die sinnliche Liebe, höflich auch als Jagd nach dem Glück bezeichnet.

Da es die Aufgabe einer Zeitungskolumne sein soll, einen Gedankenaustausch herbeizuführen, wäre es kein so dummer Gedanke, den Versuch zu unternehmen, festzustellen, worin ein solcher Gedankenaustausch eigentlich besteht.

Das Denken hat seinen Ursprung irgendwo tief im Unbewußten – einem Unbewußten, das man sich als etwas Göttliches vorstellen kann – oder das, wenn man es als begrenzt betrachten will, in seiner Komplexität noch immer riesig genug ist, um den Vergleich mit einem Ozean zuzulassen. Aus dem gewaltigen und mächtigen Bereich des Unbewußten eines jeden Menschen, vielleicht aus den Tiefen unseres Lebens selber und über all die abschreckend mächtigen und unterirdischen Bergketten des Geistes, die es dem Menschen verwehren, sich auszudrücken, steigt aus dem geheimnisvollen Quell unseres Wissens die kleine Selbstbefruchtung des Denkens, das bewußte Denken, empor. Damit aber ein Gedanke lebt (und so uns Würde verleiht), bevor er wieder unausgesprochen verschwindet, um vielleicht nie wieder gedacht zu werden, muß er einem anderen mitgeteilt worden sein – der Gefährtin, einem guten Freund oder gelegentlich auch einem Fremden. Erst durch Mitteilung eines Gedankens kann möglicherweise der Gedanke – wie unwahrscheinlich dies auch sein mag – einen anderen überzeugen und ihn oder sie zu einer kleinen Handlung inspirieren. Unnötig zu sagen, daß diese kleine Handlung wahrscheinlich nicht dem entspricht, was wir angeregt hatten, aber es bleibt eine Handlung, zu der wir beiläufig den Anstoß gegeben haben. Zumindest ist es uns, wie grob oder ungeschickt wir auch vorgegangen sein mögen, gelungen, etwas einem anderen mitzuteilen, und so sind die Handlungen der anderen, ebenso wie die unseren, das Ergebnis. In diesem strengen Sinn gibt es keine Mitteilung, falls ihr nicht eine Handlung entspringt, sei es unmittelbar oder in einer unbekannten und ungewissen Zukunft. Eine Mitteilung, die nicht zu einer neuen Handlung führt, ist keine Mitteilung – sie ist nichts weiter als die fruchtlose Darstellung neuer sozialer oder die eintönige Weiterbeförderung veralteter Ideen.

LÜGEN

Und eine alte soziale Idee ist die Lüge. Wo es sich nicht um reine, vorsätzliche Unaufrichtigkeit handelt (wie zum Beispiel bei vier Fünfteln des Auswurfs der Klatschkolumnisten), ist sie bestenfalls die Beschreibung eines Zustands, den es gar nicht mehr gibt. Die Gesellschaft stellt in jedem Augenblick den eigensinnig verzögerten Ausdruck früherer und einseitig gesammelter Erfahrungen der Menschheit dar. Unsere frühere Erfahrung gehört jedoch der Vergangenheit an, sie ist unser Wissen vom Tod, und wenn wir die Theologen aus dem Spiel lassen (denn ich habe, ganz offen gesagt, von Theologie keine Ahnung), möchte ich allen Ernstes behaupten, daß jedes Wachstum ein größeres Geheimnis in sich birgt als der Tod. Wir alle können Mißerfolg verstehen, wir alle tragen den Mißerfolg und den Tod in uns, aber nicht einmal der Erfolgreiche vermag die unfaßbare Erhabenheit und die unerklärlichen Wunder des Wachsens zu beschreiben. Wenn wir alle, darunter sonderbare, dialektische Idealisten wie ich selber, uns darauf einigen könnten, daß der Verlauf der Geschichte nicht vorauszusehen und die Zukunft unbekannt ist, müßten wir auch zugeben, daß die Gesellschaft, wiewohl eine Maschine, dennoch nicht das Schicksal der Menschheit entscheidet, sondern lediglich neun Zehntel ihrer Möglichkeiten auf der Grundlage dessen verarbeitet, was die Gesellschaft aus der Vergangenheit gelernt hat. Da wir uns alle in einem Umwandlungsprozeß befinden, da wir in den geheimen Winkeln unserer Hirne dem Leben, das wir um uns her sehen, bereits weit voraus sind (der zivilisierte Mensch war über das, was er sah, stets empört, sonst gäbe es keine Zivilisation) – da wir alle uns in unseren Träumen über die tatsächlichen gesellschaftlichen Möglichkeiten hinaus entwickelt haben, die unserer Zeit unmittelbar zugänglich sind – jener *lebendigen* Gegenwart, die von den langsamen, mechanischen Entschlüssen der Gesellschaft fast erstickt wird –, wissen und fühlen wir, daß alles, was auch immer uns zustoßen mag, als Reaktion darauf geschieht, was sich zwischen unserem drängenden Verlangen, Ausdruck für uns selber zu finden und die leidenschaftliche Liebe zu unserem Leben zu entdecken, und dem widerstrebenden, mechanisch reagierenden System vergangener sozialer Ideen, Plattheiten und Lügen abspielt.

MACHT

Nur ist es schwierig, das auszudrücken, was man meint. Der Vorgang, etwas zu schreiben (wovon man erwartet oder hofft, daß es veröffentlicht wird), ist ein gesellschaftlicher Akt; er wird – sogar, wenn das Geschriebene sehr gut ist – beinahe zur Lüge. Sich auf gesellschaftlicher Ebene mitzuteilen (im Gegensatz zu der persönlichen oder menschlichen Ebene) bedeutet, daß man für zumindest neun Zehntel einer Aussage die unglaubwürdigen Märchen der Gesellschaft übernehmen muß, um das noch übrige Zehntel, das neu sein mag, überzeugend darzustellen. Der Gedankenaustausch in der Öffentlichkeit stellt das Todesurteil für jeden als wahr empfundenen Gedanken dar. (Natürlich erstreben trotzdem alle Menschen, die sich mitteilen wollen, einen Gedankenaustausch in der Öffentlichkeit, denn es ist die einzige Möglichkeit, in verhältnismäßig kurzer Zeit eine große Zahl von Menschen zu beeinflussen.) Sich in der Öffentlichkeit mitzuteilen bedeutet sich der Massenbeeinflussungsmittel – Film, Rundfunk, Fernsehen, Reklame, Zeitungen, Bestseller-Romane usw. – zu bedienen, das heißt also, des größten und geringwertigsten gemeinsamen Nenners – und dies wiederum besagt, daß man sehr wenig aus sich selber herausgeht, denn durch dieses Verfahren wird man Teil eines Apparats, der eine Antithese zur Individualexistenz darstellt. Ich habe Antithese gesagt, weil dieser Apparat versucht, die Geschicke der Menschen durch die veralteten und daher nicht mehr anwendbaren Ergebnisse der Vergangenheit zu lenken. Während man schreibt, betritt man ein außerhalb von einem selber liegendes Labyrinth von Erwartungen, Folgerungen, Befürchtungen, Begierden und gesellschaftlichen Moderichtungen: Kurz gesagt, Lohn oder Strafe beeinflussen die Sprache und verändern den Gedanken. Dies trifft sogar zu auf die höchst ernsthaften Versuche, sich mitzuteilen, wie sie, sagen wir mal, der Künstler oder der gelegentlich schöpferische Gelehrte unternimmt. Sobald man das Land der massiven öffentlichen Nachrichtenübermittlung betritt, der Nachrichtenübermittlung über ein weitverzweigtes Netz von Stationen, sobald man an den Treibriemen der Massenbeeinflussungsmittel gefesselt ist – insbesondere in unserem Fall an das Fließband des Kolumnisten –, besteht kein Verlangen mehr, sich auch nur die Spur eines Gedankens zu bewahren. Es gibt nur die Macht um der Macht willen, und es ist eine feige Macht, denn sie verkleidet sich und tritt in anspruchsloser, anziehender Gestalt auf. Nach außen hin ist nur der Versuch zu bemerken, in konventioneller Weise zu unterhalten. (Ganz offensichtlich ist es ein recht schwieriges Spiel, zu unterhalten und dennoch nichts Neues zu sagen, und deswegen werden vielleicht Kolumnisten, Lohnschreiber und dergleichen so gut bezahlt.)

Daher ist es meine Absicht, etwas zu versuchen, wovon ich nicht glaube, daß ich es schaffen kann. Ich will versuchen (im Gegensatz zu dieser Kolumne), so für Sie zu schreiben, als redete ich in meinem Wohnzimmer oder dem Ihren. Darum werden meine

Ansichten nur zum Teil klar formuliert sein, falls sie nicht überhaupt völlig unverständlich bleiben, aber zumindest werden sie in unangenehmer Weise den Fragen dicht auf den Leib rücken, die mich tatsächlich beschäftigen.

OBSZÖNITÄT

Aber auch so verspreche ich mir sehr, sehr wenig. So werde ich zum Beispiel nicht in der Lage sein, mich irgendwelcher Obszönitäten zu bedienen, und dabei machen doch gerade Obszönitäten im Wohnzimmer, und, was das anlangt, auch an anderen Orten, sehr vieles verständlich. Denn was sind Obszönitäten, genau betrachtet, anderes, als unsere armseligen, entwerteten Kehllaute für die mit Zauberkraft ausgestatteten Teile des menschlichen Körpers, und darum stellen sie eine elementare Mitteilung dar, denn sie bringen Klarheit, und seien sie auch noch so unbequem, in viele der Fragen, Rätsel, Schmerzen und Freuden, die das Geheimnis des Lebens umkreisen.
Nein, ich werde nicht imstande sein, irgendwelche Obszönitäten zu gebrauchen – wie schade! –, denn ein kleiner Umstand unseres gesellschaftlichen Zusammenlebens, der allzu häufig vergessen wird, ist doch der, daß eine obszöne Ausdrucksweise, deren sich, zumindest von Zeit zu Zeit, 95 Prozent der Menschen in diesem Lande bedienen, den Versand dieser Zeitung durch die Post verhindern würde. Und es gibt noch andere Einschränkungen, Geschichten von unangenehmen Leuten in der Tagespresse, die ich nicht erzählen darf, von Leuten, die feige oder ein Ausbund der Lasterhaftigkeit, heuchlerisch oder noch schlimmer sind oder schlechthin nichts taugen, Geschichten, die ich nicht erzählen darf, weil man sonst diese Zeitung wegen übler Nachrede verklagen würde. (Nun ja, vielleicht finden wir auch da noch einen Weg.)
So machen mich diese Beschränkungen und all die anderen Dinge traurig, weil ich mich gern offen ausdrücken möchte, und das echte Gespräch von Seele zu Seele wird, wie jeder Soldat und je-

der ehemalige Soldat weiß, durch die gemeinen Ausdrücke, die Gott unserer Zunge gab, erleichtert, darüber hinaus noch durch alles andere, mit dem Er uns beschenkte, so durch boshafte Geschichten, Frauen, Gesellschaft, Schmerz, Freude, Licht und Schatten und all die anderen geheimnisvollen Dualitäten unseres geheimnisvollen Universums.

Daher, Brüder, laßt mich zum Ende dieser Predigt kommen, indem ich für uns die Gnade erflehe, uns zu vergegenwärtigen, wenn auch nur hin und wieder, daß jenseits der mechanischen Mitteilung mit Hilfe all der augenfälligen und hoch entwickelten Gesellschaftssysteme das Wissen um das Leben, das Wissen um einen schöpferischen Geist weiterbesteht (wir alle sind schöpferisch, und sei es auch nur, um neues Leben selber zu erschaffen) und daher auch das wiewohl noch dumpfe Bewußtsein einer sich ausdehnenden und nicht notwendigerweise unwürdigen Entwicklung der Menschheit.

Da diese ehrenwerte Kanzelrede nun zu einem Ende kommt, verspreche ich, in der nächsten Woche für etwas Unterhaltung zu sorgen. Vielleicht sogar ein paar Dialoge. Wenn ich es selber sagen darf: Darauf verstehe ich mich ganz gut.

BRIEFE AN VOICE

Sehr geehrte Herren!
Mailer, dieser Kerl. Er ist eine bösartige, narzißtische Seuche. Werden Sie ihn los. Er erinnert mich an einen Menschen, der in eine Gegend mit freundlichen Leuten zieht und die Herzlichkeit und Harmonie um sich her nicht zu ertragen vermag; deshalb tut er alles, was in seiner Macht steht, diese zu zerstören. Sie haben eine so nette Zeitung. Verderben Sie sie nicht. Das einzige, was Mailer einem mitzuteilen hat, ist seine Selbstbeweihräucherung.

Phyllis Lynd
West 87th Street

Sehr geehrte Herren!
Warum will Norman Mailer unbedingt ein Philosoph sein? Dadurch hat er bereits zwei seiner Romane verdorben und den mittleren völlig erledigt. Ein weniger begabter Schriftsteller wäre dabei schon längst draufgegangen. Es ist eine Besessenheit, wie sie Congreve eigen war, den es danach verlangte, als Mann von Lebensart und nicht als ein Literat angesehen zu werden. Und jetzt hat er endlich in einer Zeitung, die ihm zum Teil gehört, dafür einen geradezu paradiesisch weiten Spielraum. Wenn er so fortfährt, wie er begonnen hat, besteht alle Aussicht, daß er sich selber das antut, was Lillian Ross einmal Hemingway angetan hat. Sollte er sich andererseits auf diese Weise abreagieren und so etwas aus seinen künftigen Romanen ausmerzen, würde *Voice* der Literatur einen wirklichen Dienst erwiesen haben. Aber kann *Voice* selber eine solche Operation überleben? Kann sie die unerträgliche Geziertheit von Mr. Mailers herablassender Haltung seinen Lesern gegenüber, seine heuchlerischen Warnungen, »mich heute nicht zu lesen«, sein törichtes Verlangen, man solle ihn langsam und sorgfältig lesen, überstehen? Und wenn er sich dann endlich bereit findet, uns einen Knochen hinzuwerfen (»also gut, wenn ihr darauf besteht, aber nur einen!«), läßt er seine kleine Maske fallen und beginnt mit dem Schwulst eines T. S. Eliot, der Weitschweifigkeit eines Maxwell Anderson und mit dem Verstand eines Lloyd Douglas seine Kanzelrede für den Tag anzustimmen: daß ein Gespräch schwierig sei, manche Menschen lügen und das gegenseitige Verstehen durch Obszönitäten erleichtert werde. Ich bin davon überzeugt, daß Mr. Mailers Philosophie durch Obszönitäten erleichtert wird. Und ich frage mich, ob sie nicht überhaupt den einzigen lesbaren Teil davon darstellen.

Sheridan Dale
Broad Street

Sehr geehrte Herren!
Sieh sich doch mal einer diesen selbstbewußten Norman Mailer an. Er beginnt damit, seine Leser gönnerhaft zu behandeln (nennt uns Gernegroße, Versager und Bohemiens) und deutet an, es langweile ihn, eine Kolumne schreiben zu müssen. Und schließlich erzählt er uns auch noch, daß wir ihn wahrscheinlich nicht verstehen werden, er es aber dennoch mannhaft versuchen will.
Was soll all dies Gejammer, es sei so schwierig für ihn, sich selber mitzuteilen, weil er sich an so viele Menschen innerhalb der Gesellschaft wenden muß und nicht etwa nur an einen alten Freund im eigenen Wohnzimmer, der sich mit seiner – Mailers – Obszönität und seinem dumpfen Stöhnen über die Tiefe und die Sinnlichkeit des Lebens geduldig abfindet?
Mr. Mailer ist der Ansicht, der Grund dafür, daß es ihm schwerfalle, seine Gedanken anderen mitzuteilen, sei bei der Gesellschaft zu suchen. »Der Gedankenaustausch in der Öffentlichkeit«, sagt er, »stellt das Todesurteil für jeden als wahr empfundenen Gedanken dar.«
Die Gesellschaft, Mr. Mailer, besteht aus Menschen, und in diesem Land sprechen die meisten von uns Englisch, und ich erlaube mir zu behaupten, daß die meisten von uns ganz ähnliche Empfindungen haben wie Sie und auch ähnlich wie Sie denken. Ich wage zu behaupten, daß wir Sie verstehen können, wenn Sie sich klar ausdrücken. Tun wir es nicht, bleibt meiner Ansicht immer noch die Frage, ob das an uns oder an Ihnen liegt.

Lu Burke
Bleecker Street

Antwort
Ich fühle mich versucht, meine Kolumne »TONIKUM – Eine Spritze für die Trägen« zu nennen. Da die Kritiken an meiner äußerst schutzlosen Persönlichkeit fast nichts mit dem zu tun haben, was ich vorige Woche schrieb, schlage ich denen, die ih-

rerseits an mich geschrieben haben, vor, die Kolumne der vorigen Woche noch einmal zu lesen. Mailer, der arme Kerl, leidet an Größenwahn, aber es trifft mehr oder weniger für alle seine Arbeiten zu, daß sie bei nochmaligem Lesen besser sind.

N. M.

Dritte Kolumne

Hier kommt die von mir versprochene Unterhaltung.

NACHRICHTEN VON DEN
MASSENVERSUMPFUNGSMITTELN

Ed Sullen-Vain* über Station C von BS

Ich möchte Sie heute abend mit einem großen Amerikaner bekannt machen, ein feiner Kerl ... Einer unserer führenden und zukunftsreichen Champions bei der nächsten, hm, Olympiade ... Ein Kerl, der das herzzerreißende, lähmende Handikap früher Erfolge überwunden hat, ich will damit sagen, ein großartiger Bursche ... Ein sehr netter ... nein, ein ausgezeichneter Typ echt amerikanischen Schlages, der bei internationalen Sport- und Leichtathletikwettkämpfen ... die wir alle als die Olympischen Spiele bezeichnen ... sehr große Chancen hat ... Das heißt, er hat versprochen, uns den Bongo-Board-Meisterschaftstitel vom Eisernen Vorhang zurückzuholen ... Ich freue mich, und es ist mir eine Ehre, Mr. Lightning hier am Bongo-Board vorzustellen ... der Stolz unserer Flagge ... *Norman Mailer????*

---

* *Im folgenden nimmt Mailer einige amerikanische Publizisten von Rundfunk und Presse aufs Korn, indem er sich nach Art von Wortspielen über ihre Namen lustig macht. – Ed Sullivan: Sullen-Vain = mürrisch-eitel*

Cheddar Chopper* in N. Y. Daily Nose

Es wäre mir lieb, einige der nicht unterrichteten und geradezu finsteren Elemente, die noch immer in unserer gesäuberten und glücklichen Filmkolonie existieren, würden einsehen, daß sie alle diese Romane von Romanciers mit schmutzigen Fingernägeln nicht mehr weiter zu kaufen brauchen. Diese launischen New Yorker Verleger haben die schwächeren Elemente hier bei uns über den grünen Klee gelobt. Dabei haben wir in dieser Stadt Talente genug, die »Die Caine war ihr Schicksal« fünfzigmal im Jahr schreiben könnten.

Wax Burner** im N. Y. Homely

Bei meiner letzten exklusiven Vortragsreise für diese Zeitung hatte ich Gelegenheit, zu Hunderten von anregenden jungen Gesichtern der jüngsten College-Generation zu sprechen. Allzu rasch zu Verallgemeinerungen über das zu gelangen, was ich erfahren habe, und ich habe so viel erfahren, hieße ein unzulängliches Urteil fällen und könnte dazu führen, die Lichter und Schatten der psychologischen und soziologischen Nuancen, die ich erforscht habe, zu verwischen. Jedoch möchte ich kurz und in groben Zügen, trotz aller Widersprüche und faszinierenden Gegenströmungen, sagen, daß die neue amerikanische College-Generation nicht aus Rebellen, Bilderstürmern, Zynikern und destruktiven Elementen besteht, sondern vielmehr eine ermutigende Gesundheit, Reife und ein echtes Sicheinfügen in die Gesellschaft zeigt ... Die jungen Menschen, denen ich bei meinen Vorträgen begegnet bin, sind Antifaschisten, Antimarxisten, Antirepublikaner, Antinihilisten und Antipazifisten. Und dennoch blicken sie dem Krieg nicht mit ruhiger Gelassenheit entgegen. Sie zeigen

---

* Hedda Hopper: Cheddar Chopper = Käse-Hackmesser
** Max Lerner: Wax Burner = Wachsbrenner

ein auf Wissen beruhendes Interesse am Heiraten. Sie bekennen ganz offen ihren Mangel an Furcht vor geschlechtlichen Erlebnissen. Andererseits haben sie *nicht* Nicht-Angst vor dem Sexuellen. Sie sind sich dessen bewußt, daß es mißbraucht werden kann. Ich habe die fortdauernde ernsthafte, überlegte, liberale und auf das Wesentliche gerichtete geistige Individuation dieser Menschen erfahren, die sich überall, wohin ich kam, wenn auch noch so unvollkommen, widerspiegelte. So blicke ich bescheiden und erwartungsvoll, und durch meine Erkenntnis mit Vertrauen erfüllt, in die Zukunft.

Learned Lions* im N. Y. Homely

Ich ging mit meiner Familie durch den Central Park spazieren, als wir den Höchst Ehrenwerten Emeritierten Premierminister Englands erblickten, der an der Tavern-on-the-Green einen Spatzen fütterte. »Wie geht es Ihnen denn heute, Mr. Churchill«, sagte ich, und er antwortete mit seinem berühmten Lächeln: »Unsinn, gelehrter Freund, nenn mich doch Winnie. Ich erinnere mich so gut an die Zeit, als wir beide noch Jungen waren und du dir ab und zu einen Zug aus meiner altvertrauten Zigarre geliehen hast.«

Voltaire Vein-Chill** im N. Y. Daily Rimmer

Gefängnis für Sie, Mr. und Mrs. Erotica, und alle Marihuana-Besessenen ... Einige Solovisionen drüben in Greenwich Village, wo man zwei Löcher in die Schmalzkringel bohrt, weil die Perversen ein monatliches Käseblatt herausgeben unter dem Titel »Village-Laster«. Bühnenautor Norman Mailer – er verfaßte »Nackt bis in den Tod« – svengalisiert nun diese miesen Einsiedler ins Elendsviertel, wo es KEINE Löcher in den Schmalzkringeln gibt!!!

---

* *Leonard Lyons: Learned Lions = Gelehrte große Tiere*
** *Walter Winchell: Voltaire Vein-Chill = Voltaire Aderfrost*

Dorothy Kill-Talent* im N. Y. Churlish-American

Falls die wirklich schmutzige Geschichte, die sich hinter dem gefährlichen Wuchern jener neuen Wochenschrift aus Greenwich, Conn., den Village-»STIMMEN«, verbirgt, jemals erzählt werden sollte, käme ich wegen Verleumdung ins Gefängnis!!

Niche Touchee** in Village Void

Zertrümmert die Fernsehgeräte! Schlagt dem Konformismus das Gehirn aus, hämmert auf ihm herum und gebt ihm die Schönheit der Flügel kleiner Vögel. Doch Ehre erweist all jenen, die es ablehnen, auf ewig mit dem Finger in der Nase zu posieren. So will ich die demütige, zaghafte Geste machen, ebenfalls »Adlais des Demütigen« Wahlkampagnezug zu besteigen, wo die schönen Reden noch verschönt werden, und los geht's unter dem Motto »Dichter für Stevenson«!

BRIEFE AN VOICE

Sehr geehrte Herren!
Es ist eine Schande, daß Norman Mailer in Ihrer Zeitung zusammengeschnitten wird. Wenn er nicht die *ungeschminkten* Tatsachen des Lebens in seiner kraftstrotzenden Art ausdrücken darf, werden gewiß Eiterbeulen die Folge sein! Bitte, nehmen Sie sich seiner an.
Wir auf dem Lande lesen den »Hirschpark« hübsch heimlich – hinter dem *Farm Journal*.

RuthMcGray
Glastonbury, Conn.

---

* Dorothy Kilgallen: Dorothy Kill-Talent = Talentmörderin
** Niche Touchee = *ein gelungener Schabernack*

Sehr geehrte Herren!

An Norman Mailer:
Was mir auffällt, ist die Entfernung, die Sie zurückgelegt haben (von einer Position der Unschuld, viele Jahre zurück), um an den Punkt zu gelangen, an dem Sie sich jetzt befinden und wo Sie Ihre kostbare kleine Portion Wahrheit in vorgetäuschte Unaufrichtigkeit, in Sarkasmen, Paradoxe und Es-Theorien hüllen müssen. Wenn ich Sie lese, habe ich sogleich das Gefühl, daß Sie zu oft verletzt und mißverstanden wurden. Sie sind durch ein lustloses Publikum, dem es an Zartgefühl mangelt, über den Punkt höflicher, intellektueller Widerlegung hinausgetrieben worden. Nun müssen Sie Ihre Feder wie einen Hammer führen.

Es ist eine sehr heikle Aufgabe, den Versuch zu unternehmen, sich eine Meinung darüber zu bilden, was Sie tun und ob dies der Mühe wert ist. Einer der Gründe, warum dieser Brief nicht schon vor drei Wochen geschrieben wurde, ist der, daß ich fürchtete, zu spontan zu reagieren. Ich wollte mich zunächst einmal vergewissern, an welche Teile Ihrer Behauptungen Sie selber nicht glauben (und auch gar nicht glauben können) und an welche Teile Sie selber glauben. Es ist natürlich verstandesmäßig und auch in anderer Hinsicht nicht ratsam, alles, was Sie sagen, für bare Münze zu nehmen. Die Hälfte von dem, was Sie sagen, ist absolut sinnloses Gerede (natürlich wissen Sie das), und nicht alles von der anderen Hälfte, die noch übrig ist, besitzt Gültigkeit oder ist es wert, bewahrt zu werden. Die Aufgabe, Sie zu verstehen, war durch die snobistische Haltung, die Sie offenbar für notwendig halten, sogar noch mehr erschwert.

Nun ist es nicht einfach, Snobismus vorzuspiegeln, wenn man nicht mit ihm zusammen aufgewachsen ist (ich nehme an, Sie werden diese Erfahrung machen). Ich bin so halb und halb sicher (völlige Gewißheit in irgendeiner Hinsicht schadet nämlich der inneren Wachsamkeit), daß Sie bewußt und mit voller Überzeugung die Maske des Snobismus anlegen, um Ihren Lesern um so wirkungsvoller das kleine Goldkorn an Aufrichtigkeit, das Sie irgendwo in Ihren Worten verborgen haben, vermitteln zu können. Snobismus ist (wie Sie wissen) nicht immer beleidigend oder bedrückend; hier und da läßt er sich anwenden, und es ist möglich, sich in gewissen Situationen mit ihm abzufinden. Ortega schrieb »Der Aufstand der Massen«, und eine Menge vernünftiger Menschen hat ihn deswegen nicht als einen widerwärtigen Kerl bezeichnet. Sie möchten den Menschen einreden, Sie würden Ortegas Buch gern umschreiben und es »Die Masse ist abstoßend« nennen, doch persönlich glaube ich, daß Sie trotzdem, sogar in dem elenden Zustand, in dem Sie sich befinden, einiges Verständnis für die Masse aufbringen. Wäre das nicht der Fall, würden Sie, glaube ich, nicht schreiben. Ein großer Teil guter Sachen, die geschrieben werden, entspringt der Ungeduld gegenüber der Menschheit, aber ich halte es nicht für möglich, daß beim Schreiben aus herzloser Grausamkeit gegen die Menschheit etwas Gutes herauskommt. Der allererste Eindruck, den man nach dem Lesen Ihrer Kolumne erhält, ist der: Mailer hat sich in einen Tiger verwandelt; er zeigt die Krallen und bleckt wütend die Zähne. Geht man dem jedoch etwas nach, wird einem klar, daß der Tiger in Wirklichkeit nicht existiert.

Es ist ein tollkühnes (und sogar etwas pathetisches) Unternehmen, das es Ihnen ermöglicht, aus der Defensive in die Offensive überzuwechseln und in einer gewaltsamen Sprache von einfachen Dingen zu sprechen, die zu lernen Sie (höchstwahrscheinlich) viel Leid und Qualen gekostet hat.

Es ist, ich muß es zugeben, zuweilen schwierig, die kühne, größenwahnsinnige und ganz allgemein alles andere als hübsche Maske, die Sie für gewöhnlich unbedingt tragen wollen, zu übersehen und den objektiven Versuch zu unternehmen, den Mann dahinter richtig abzuschätzen und zu verstehen. (Ich habe den Argwohn, daß der Mann hinter der Maske im Grunde eine ungewöhnlich weiche und empfindsame Persönlichkeit ist; es ist ein Jammer, daß die Welt zu empfindsamen Menschen nicht freundlicher ist.)

Es ist, wie ich annehme, sehr leicht, Sie zu hassen. Meine eigene anfängliche Reaktion bestand darin, Mitgefühl mit Ihnen zu haben. Und ich glaube, die ideale Reaktion (für Sie) wäre, daß die Menschen versuchen sollten, Sie ganz einfach zu verstehen. Ich nehme jedoch nicht an, daß die Mehrheit von ihnen sich die Zeit nehmen wird, dies zu tun, und so bin ich wohl an meinen Ausgangspunkt zurückgekehrt, nämlich Mitleid mit Ihnen zu haben.

Robert A. Perlongo
West 12th Street

Sehr geehrte Herren!

Bemerkungen im Versmaß von Tamerlan über die Norman-Mailer-Unrast und ihre Auswirkungen: In Gegenwart von Byron, Dostojewskij, Bodenheim und Jedermann.

- Doch Norman Mailers Unrast ist noch immer
Die tiefe, tiefe Unrast, die ein Mann nur haben kann –
Dazu gezwungen, selber sich zu sehen: eine Welt im Wandel,
Sich drängend, um sich schlagend und bezaubernd –
und dies zur selben Zeit,
Im selben Augenblick und von demselben Geist.
Zumindest kämpft er gegen Selbstgefälligkeit.
Und fragt, ob der Gedanke leide unterm Fleisch –
Und stellt die Frage immer neu, in Rauch und Sonne.
Die Köstlichkeit des Denkens müssen wir erkennen –
In des Verlangens Glut die bleiche Jungfrau.
Notwendigkeit ist strenger nun denn je; und jetzt
Erfordert und erfordert die Achtung vor uns selbst,
Die Eingeweide mit der Zeit, der Logik zu versöhnen.
Die Unrast Norman Mailers hilft dabei.
Die Offenbarung dieses Autors drängt uns
Die Frage auf: Das Wesen der Bescheidenheit –

Besteht worin? Kommt denn Bejahung uns noch zu,
Uns, die wir immer fragen, was wir wirklich sind?
Wie gut wir sind, wie stark, wie schwach, wie wirklich?
Dann prahle nur in deiner vielverschlung'nen Art,
　o Geist!
Demüt'ge dich im Wirbelrauch der Stunden.
Die blaue Flamme der Fabrik im Innern
Wird noch erstrahlen in der Sonne draußen.
Doch Arbeit tut uns not; die Arbeit Norman Mailers:
Ein Romancier, der Selbstgefälligkeit verwirft, und
　mehr –
Die innre Unaufrichtigkeit, und sei es auch die eigne.
Der Weg zum Ruhm, es ist der Weg des Spieles auf
der Bühne:
Das Spiel von Untergang und Aufstieg, Finsternis und
　Licht –
Das Spiel des eigenen Selbst als Drama Tag um Tag.
So steckt in Mailer ein Stück Byron, ja –
Von Dostojewskij und von Bodenheim –
Und Gott weiß, von wem sonst – ein jeder Künstler hat
　für sich und ist
Sich selber eine Welt der Liebe und des Zorns.
Wir wünschen nur, daß Liebe und Verachtung so ver-
schmölzen
In ihm, daß sie in jedem einzelnen von *uns*
Zur Form kristallisieren. – Hier diese Zeilen sind ein
　Gruß,
Kritik und auch – ein freundlich Oh!

　　　　　　　　　　　　　　　Eli Siegel
　　　　　　　　　　　　　　　Jane Street

Die Kolumnen eins, zwei und drei wurden ungekürzt abgedruckt und einige der Briefe, die während dieser Wochen in der Zeitung erschienen, ebenfalls aufgenommen. Vom übrigen habe ich alle Kolumnen zusammengestrichen oder gekürzt, mit Ausnahme der vierten, fünften und siebzehnten, und ich habe fast alle Briefe weggelassen. Bis zu einem gewissen Grade widerspricht das der in der Vorrede zu diesem Abschnitt geäußerten Absicht, denn ein großer Teil des Schlechtgeschriebenen wurde entfernt, und was noch übrig ist, wird weniger schwach erscheinen, als ich es geschildert habe. Aber ich glaubte, dem Schlechtgeschriebenen in diesem Buch bereits in ausreichendem Maße Platz eingeräumt zu haben, und ich weiß nicht, ob es notwendig ist, noch mehr vom Mittelmäßigen durchzuarbeiten.

Trotzdem bin ich den psychologischen Wurzeln des schlechten Stils nachgegangen, und es wäre vielleicht enttäuschend, nun keine typischen Beispiele dafür zu liefern. Ein erstklassiges Beweisstück ist die zweite Kolumne – selten haben Ideen, die es wert waren, klar und eindeutig ausgesprochen zu werden, eine so verkrampfte Darstellung gefunden, nur um die Neugier von ein paar Leuten zu befriedigen. Ich lasse einige Ausschnitte folgen, die für das, was damals gestrichen wurde, typisch sind. Unnötig zu sagen, daß ähnliche Goldkörner in der Masse der hier abgedruckten Kolumnen noch immer zu finden sind.

AUS DER SECHSTEN KOLUMNE

Wenn alle sich durch das ihnen mögliche Höchstmaß an Handlungen ausdrücken könnten, wobei lediglich die durch Zeit und Energie auferlegten Hindernisse als Einschränkung gelten dürften, und wenn der Mensch bewiese, er sei eher gut als böse, dann würde sich schließlich herausstellen, daß der Staat und die Gesellschaft überflüssig sind, und die Menschheit, worin auch immer ihre fortdauernden und neu entdeckten Übel bestünden, hätte das Verlangen und die Möglichkeit, sich eine Welt wahrhaft individueller Freiheit zu erschaffen.

AUS DER ACHTEN KOLUMNE

Der Psychoanalytiker – sagen wir, die meisten Psychoanalytiker – betrachtet seinen eigenen Zustand, seine eigenen Gefühle als ein Produkt der im Elternhaus und in der Gesellschaft herrschenden Zustände, die sich außerhalb seiner Einflußnahme befinden, und so dürfte der Psychoanalytiker dem Gefühl kaum die gleiche Würde zuerkennen oder der Ansicht sein, es sei dem Gefühl weitgehend überlassen, sich selber für die von ihm gewünschte Handlung zu entscheiden. Im Gegenteil, das Schicksal jedes einzelnen Menschen ist, im Grunde genommen, festgelegt, und seine Gefühle, sein subjektiver Zustand sind nur ein geheimes Trugbild, mit dem er die wahre Natur erstarrter, unbewußter und unvernünftiger Bedürfnisse, die sein Tun beherrschen, vor sich selber verbirgt. Da der Psychoanalytiker weit davon entfernt ist, dem Gefühl seine allgemeinmenschliche Gültigkeit zuzuerkennen, wird er wahrscheinlich eher die Ansicht vertreten, daß in fast jedem Gefühl eine individuell falsche Einschätzung der Wirklichkeit vorherrscht.

Vierte Kolumne

Die erste Hälfte von »Auf die Schnelle« hat in dieser Woche rücksichtsvollerweise Kenneth J. Schmidt aus dem Village beigesteuert, dem damit, wie ich glaube, eine höchst amüsante Parodie auf meine zweite Kolumne gelungen ist. Befassen wir uns also mit einem

Rülpser: Eine Kolumne für Leute, die lesen können
von Normal Fehler

Warnung: *In dieser Woche ist die Kolumne einfach. Ich schrieb sie langsam, denn das ist die Art, in der ich denke. Falls Sie nicht über einen kräftigen Magen und einen schwachen Verstand verfügen, schlage ich vor, daß Sie mich übergehen. Doch wenn Sie sich wirk-*

lich darauf konzentrieren, seien Sie bitte so anständig, nicht darüber hinwegzugehen. Denken Sie stets an die Jagd nach dem Glück und lassen Sie es dabei bewenden.

DENKEN

Zum Beispiel, wenn man jemand in der Untergrundbahn mit einem Schuh auf dem Ohr sieht. Man denkt: Wie merkwürdig, die Schnürsenkel sind nicht zugebunden. Man sagt es dem Fremden, und er bindet sich die Schnürsenkel zu. Der eigene ursprüngliche Gedanke hat den Fremden zum Handeln angespornt. Dies kann man Gedankenaustausch nennen.

LÜGEN

Zum Beispiel, wenn ich etwas schreibe und von den Leuten erwarte, es nicht zu glauben. (Selbst wenn es wahr wäre, dürften sie es nicht glauben, denn als ich es schrieb, dachte ich, es sei eine Lüge.) Das ist die Art der Mitteilung, die ich am liebsten habe. Eine, bei der Wahrheit und Unwahrheit voneinander nicht zu unterscheiden sind.

MACHT

Zum Beispiel, wenn ich ein wahrhaft großartiges Buch schreibe und ich mich ganz unglücklich fühle, weil die einzigen, die es lesen können, Menschen sind. Warum schreibe ich? Weil ich eine große Anzahl von Menschen in einer verhältnismäßig kurzen Zeit beeinflussen will. Mitteilung auf gesellschaftlicher Ebene. Uff! Was gäbe ich nicht für einen wirklich aufgeweckten Affen! Ich wette, er könnte meine linkischen, halbfertigen oder gar völlig ungereimten Ansichten begreifen. Dies kann man Fern-Mitteilung nennen.

OBSZÖNITÄT

Zum Beispiel, wenn man auf einer ausgelassenen Party in einer behaglichen Village-Wohnung beisammen ist und die Gastgeberin einen fragt: »Ist es Ihnen zu ›muffig‹ hier?« Man möchte sich frei äußern, gleichsam von Seele zu Seele, und ihr ein paar saftige Ausdrücke an ihre Spießerstirn knallen. Statt dessen sagt man höflich: »Aber nein, es ist ganz reizend. Wie eine riesige Achselhöhle.« Dies nennt man taktvolle Mitteilung.

Da diese wertlose Epistel nun zu Ende ist, verspreche ich, in der nächsten Woche für etwas Unterhaltung zu sorgen. Vielleicht sogar für ein paar Rülpser. Wenn ich dies schon selber sage, verstehe ich mich ziemlich gut darauf.

Danke sehr, Kenneth. Sie sind ein freundlicher Mensch.

Um nun wieder auf meine Kolumne zurückzukommen:

WOHNZIMMERGESPRÄCHE
für sehr langsame Leser

Wenn ein Zeitungskolumnist mit seinem stets empfänglichen Ohr am Herzschlag der Öffentlichkeit zu erkennen beginnt, daß er auf Ablehnung stößt – nur so ein ganz kleines bißchen, wissen Sie –, nun, dann wird er, wenn er ein richtiger Kolumnist ist und die Hauptchance im Auge behält, sich hinsetzen und eine Kolumne über seine Familie, vorzugsweise über seine Kinder schreiben. Da die Situation, wie sich denken läßt, auf Ihren sehr Ergebenen bösartigen Diener, d. h. mich selber, zutreffen mag, bin ich gezwungen, die Partei der Vorsicht zu ergreifen und darum den folgenden sentimentalen Dialog zwischen meiner kleinen, sechsjährigen, mit zwei resoluten Fäusten ausgestatteten Tochter Susan und Ihrem geliebten Narzißten hierherzusetzen.

(Szene: *Wohnzimmer der Mailers. Susan sieht sich, wie stets, eine Fernsehsendung an. Ich halte mich im Hintergrund und lese in ei-*

ner Nummer der Voice. *Nach meiner Gewohnheit lese ich von unten nach oben. Die Spannung steigt.)*
»Susan«, frage ich neugierig, »warum fangen die Menschen eigentlich Krieg miteinander an?«
»Na, Paps«, flötet sie, *»weil sie es satt bekommen, zu Haus zu bleiben.«*

Hierbei runzelt meine Tochter die Stirn, als wolle sie das Ende aller Übelkeit erregenden Machenschaften der Menschen verkünden, und sagt mit ihrer Kinderstimme, in der bereits der kaltschnäuzige scheppernde Tonfall eines höchst routinierten Hipsters mit psychopathischem Einschlag zu erkennen ist: »Und da wir nun schon einmal dabei sind, es war ja auch reichlich hitzig von dir, die zahlenden Leserknülche so grausam mit der Nase darauf zu stoßen, in wie hohem Maße sie geistig impotent sind und wie wenig sie über ihre Freuden Bescheid wissen.«
»Ja«, sage ich traurig, »keiner verzeiht einem, daß man sie daran erinnert.«
»Heiliger Bimbam, natürlich nicht!« Und im Ton unerbittlichster großmütterlicher Geringschätzung schleudert sie mir ins Gesicht: »Mann, mit den Spießern im Village verfahre bloß hübsch sachte, weil sie die *Hip*-Maske nicht mögen« – hier hellt sich Susans finstere Miene auf, und mit dem hellsten, fröhlichsten, vertrauten Kinderlachen in ihrer Stimme wiederholt sie: »Weil sie die *Hip*-Maske nicht mögen, und du, *mon chou,* warst ihnen eben einen Zahn zu scharf.«

IN DER NÄCHSTEN WOCHE WIRD ALSO DER VILLAGE-BÖSEWICHT, DEM RAT SEINER TOCHTER FOLGEND, WIEDER MIT EIN PAAR KALTBLÜTIGEN BELEIDIGUNGEN UND EIN PAAR KOLUMNEN AUS SEINEM NEUESTEN WÄLZER »DER NIHILISTISCHE IDEALISMUS EINES DIALEKTISCHEN EXISTENTIALISTEN« AUFWARTEN. UND WENN ER DAZU IN DER RICHTIGEN STIMMUNG IST, WIRD ER DEMONSTRIEREN, DASS LÜGE UND WAHRHEIT,

IM GEGENSATZ ZUR AUFFASSUNG VON HERRN DOKTOR KENNETH J. SCHMIDT, IM GRUNDE UNMÖGLICH VONEINANDER GETRENNT WERDEN KÖNNEN UND DARUM VORLÄUFIG IN DER WELT DER EREIGNISSE ALS EIN UND DASSELBE ANZUSEHEN SIND.

Fünfte Kolumne

Eine Parodie bedeutet Rückkehr zum gesunden Menschenverstand, und der Anklang, den sie findet, beruht ebenfalls auf gesundem Menschenverstand – sie fesselt den gemeinsamen Nenner in jedem einzelnen, sie ist, horizontal betrachtet, gewöhnlich, sie nivelliert alle Triebkräfte des Denkens. Die wirksame Genugtuung, die eine Parodie gewährt, gründet sich darauf, daß sie im Leser ein befriedigendes Gefühl auslöst und ihn zu sich sagen läßt: Wie lächerlich, wie völlig lächerlich.
Dennoch lähmt die Furcht davor, lächerlich zu sein, das Denken in höherem Maße als der eigentliche Vorgang des Lächerlichseins, und der gesunde Menschenverstand ist ja, wie allgemein bekannt sein dürfte, unschöpferisch. Was die in der letzten Woche erschienene Parodie von Kenneth J. Schmidt auszeichnet, ist, daß es ihrem Verfasser unbeabsichtigt, wenn auch glücklich gelungen ist, tiefgründig zu sein. Ich zitiere:

> Zum Beispiel, wenn ich etwas schreibe und von den Leuten erwarte, es nicht zu glauben. (Selbst wenn es wahr wäre, dürften sie es nicht glauben, denn als ich es schrieb, dachte ich, es sei eine Lüge.) Das ist die Art der Mitteilung, die ich am liebsten habe. Eine, bei der Wahrheit und Unwahrheit voneinander nicht zu unterscheiden sind.

Mit dichterischer Konzentration ist es Schmidt gelungen, das Wesen der öffentlichen Mitteilung, d. h. der Mitteilung auf ge-

sellschaftlicher Ebene, einzufangen. Für die Menschen, die im Dienste der Massenbeeinflussungsmittel arbeiten, sind Wahrheit und Unwahrheit in der Tat ein und dasselbe und für gewöhnlich praktisch ununterscheidbar geworden.
Diesmal werde ich ein höchst eindeutiges Beispiel liefern. Die Zeitungsnotiz betrifft mich selber, und ich führe sie an, um meinen eingefleischten Egoismus zu befriedigen und um beiläufig ausführlichere Erörterungen über »Tatsachen« zu vermeiden.
Die folgenden Zeilen erschienen vor einigen Wochen in Hedda Hoppers Kolumne in der *N. Y. Daily News:*

> Die Engländer empfinden eine hämische Freude über den Film »The Big Knife«; sie genießen die Art und Weise, wie darin nahezu jedem in Hollywood eins ausgewischt wird. Angesichts dessen kann ich nicht begreifen, daß ein großes Filmstudio 200 000 Dollar an Norman Mailer für seinen Roman »Der Hirschpark« zahlt, in dem unsere filmschaffende Industrie mit noch weitaus sadistischerer Bosheit unter die Lupe genommen wird.

Hedda Hopper ist ein menschliches Wesen und besitzt daher wahrscheinlich ein paar Tugenden, die aber irgendwo in ihrem Innern verschüttgegangen sind. Ihre Genauigkeit allerdings wird sie bestimmt nicht in den Himmel bringen. Die von mir zitierte Zeitungsnotiz ist unwahr. Nicht nur, daß mir kein großes Filmstudio 200 000 Dollar für den »Hirschpark« gezahlt hat, sondern ich habe das Buch überhaupt noch nicht zum Verkauf angeboten, wie jeder Drehbuchbearbeiter in Hollywood inzwischen erfahren haben dürfte.
Trotzdem erzeugt Heddas Unwahrheit sehr konkrete, wenn auch geringfügige Wirkungen. Im unbewußten Werturteil jener Leute, die die Zeitungsnotiz in Hedda Hoppers Kolumne gelesen haben und durch Geld beeindruckt werden, muß ich unweigerlich ein wenig gestiegen sein. Menschen, die wohlhabende Schriftsteller nicht mögen, werden mich zweifellos geringer einschätzen. Es ist

durchaus möglich, daß ich in einigen Jahren jemandem begegnen werde, der sich mir gegenüber in einer sehr realen, auf einer sehr unrealen Geschichte beruhenden Art und Weise verhält. Eine »Unwahrheit« erzeugt eine »Wahrheit«. Ich meine natürlich eine ganz spezifische Definition des Wortes »Wahrheit«. Trotzdem, in der Welt der Ereignisse verstehe ich nicht, wie die gesellschaftliche Wahrheit anders definiert werden könnte als das, was geschieht, was Geschichte macht. Nachdem es sich seit langem als unmöglich erwiesen hat, die Richtigkeit oder Unrichtigkeit einer bestimmten »Tatsache« zu ermitteln, handeln die Menschen weiter gemäß dem, was ihrer Überzeugung nach geschehen ist, und ihre Handlungen führen wiederum zu weiteren Handlungen. Die Geschichte ist schließlich die Summe menschlicher Taten, nicht menschlicher Gefühle. (Und, bitte, keine Briefe, daß aus Gefühlen Taten entspringen. Offensichtlich ist dies nicht bei allen Gefühlen der Fall, und ein Gefühl, das eben nur ein Gefühl bleibt, gelangt nie in den weitverzweigten Bereich menschlichen Handelns, dessen offenkundiges Ergebnis die Veränderung ist, die Geschichte der Menschheit.)

Wenn jedoch die gesellschaftliche Wahrheit als das, was geschieht, definiert werden soll, dann müssen die Massenbeeinflussungsmittel eine Lüge, eine Halbwahrheit oder eine ganze Wahrheit (was auch immer das sein mag) zwangsläufig unter dem gleichen Gesichtswinkel betrachten; letztere lassen sich nur nach ihrer gesellschaftlichen Auswirkung beurteilen. Hedda Hopper wird vermutlich von 10 000 000 Menschen gelesen; 20 000 lesen diese Kolumne. Denn wie gering auch ihre gesellschaftliche Bedeutung sein mag, die Unwahrheit der Hopper besitzt eine größere gesellschaftliche Realität und daher eine größere gesellschaftliche Wahrheit als meine Widerlegung, und in, sagen wir mal, fünf Jahren, wenn mein nächster Roman erscheint, wird irgendein Kritiker in irgendeinem literarischen Flecken wie Kansas City unbewußt denken: »Diese reiche Memme, dieser Mailer, ich hasse seine Frechheiten«, und seine Kritik – eine bescheidene gesellschaftliche Realität – wird teilweise eine Spiegelung der 200 000 Dollar sein, die ich nie gesehen habe.

Man wird sich erinnern, daß diese Kolumne unter dem Titel »Auf die Schnelle« erscheint. Ich habe meine Einfälle in großer Eile und höchst skizzenhaft zu Papier gebracht. Doch wird das, was ich mehr oder weniger formal auszudrücken mich bemüht habe, von allen Kolumnisten, Reportern, Werbeleitern, Lektoren, Reklamechefs, Filmleuten usw., usw., usw. als selbstverständlich hingenommen; stets verfahren sie nach der ihnen unbewußten Faustregel, daß persönliche Wahrheit und Unwahrheit durch die Alchimie der Massenbeeinflussungsmittel zu gleichwertigen gesellschaftlichen Realitäten werden. Daher möchte ich darauf hinweisen, daß die einzige Möglichkeit, herauszubekommen, was bei einem großen oder kleinen geschichtlichen Ereignis möglicherweise geschieht, nicht darin zu suchen ist, das, was man liest, als das, was wirklich geschieht, hinzunehmen, sondern vielmehr in dem Versuch, zu erraten, was die Persönlichkeiten A, B, C, D und E des öffentlichen Lebens und ihre Hebammendienste leistenden Massenbeeinflussungsmittel a, b, c, d und e von einem im Hinblick auf ein bestimmtes Ereignis X zu glauben verlangen. Und in entsprechend kleinerem Maßstab trifft dies auf *The Village Voice* ebenso zu wie auf die Zeitschrift *Life,* die *N. Y. Post,* das *Journal American* und, was das anbelangt, auch auf die *New York Times.*

> Selbst wenn es wahr wäre, dürften sie es nicht glauben, denn als ich es schrieb, dachte ich, es sei eine Lüge.

Achte Kolumne

Ich sehe einen ganz interessanten Wettstreit voraus. Zweifellos hat sich ein großer Teil der *Voice*-Leser einer psychoanalytischen Behandlung unterzogen oder ist mit diesem Gebiet hinreichend vertraut – zumindest dürfte es wohl kaum einen Leser dieser

Zeitung geben, der sich in der einen oder anderen Weise nicht eines psychoanalytischen Jargons bedient. So möchte auch ich über einige Aspekte dieses Themas schreiben. (Um es von vornherein festzuhalten: Ich bin nie analysiert worden, doch habe ich das letzte Jahr damit zugebracht, mich selber zu analysieren, und zwar in einer Weise, die nicht viel mit Karen Horney zu tun hat. Als Hinweis möchte ich noch sagen, falls ich jemals einen Psychoanalytiker suchen sollte, wäre ich geneigt, mich nur einem Reichianer anzuvertrauen.) Jedenfalls lasse ich hiermit eine Herausforderung – nennen Sie es eine Einladung – an alle jungen oder alten Analytiker innerhalb und außerhalb des Village ergehen, sich in dieser Kolumne an einer lebhaften Diskussion zu beteiligen, sofern sie nur gewillt sind, ihr Selbstvertrauen zu überwinden, ihre Streitlust zu begraben oder den freimütigen Wunsch hegen, in einer öffentlichen Diskussion zu lehren und zu lernen. Dabei kann als Thema alles dienen, was uns nach vorheriger Übereinkunft einen gegenseitigen Anreiz zu versprechen scheint.
Das Angebot ist offen. Ich bezweifle allerdings, ob sich überhaupt ein Analytiker melden wird. Ihre Energie wird vielfach durch ehrliche Arbeit in Anspruch genommen, aber allzu viele von ihnen neigen zu der weniger offenen – und für meine Begriffe weniger rühmlichen – Anschauung, psychoanalytische Diskussionen mit Laien müßten vermieden werden, denn sie bilden sich ein, die Geheimnisse der neuen Religion könnten darunter leiden, ganz zu schweigen vom Snobismus ärztlicher Wohlanständigkeit.
Wie schade aber, wenn die Diskussion nicht stattfände! Handelt es sich doch um einen ganz natürlichen Wettstreit. Der Romanschriftsteller verbringt ebenso wie der Psychoanalytiker sein Leben mit dem Studium der feinen Unterschiede in der menschlichen Natur – doch beide gehen an ihren Beruf aus diametral entgegengesetzten Richtungen heran.
Der Romancier vertraut seiner »Vision«, der Analytiker mißtraut ihr; dem Schriftsteller als Romantiker geht es mehr um das, was

ein Mann oder eine Frau in einer Situation werden kann, die ein Höchstmaß seines bzw. ihres Charakters zutage treten läßt (so hat es einmal Georges Simenon formuliert); dem Analytiker als Realisten muß es um die wahrscheinlichste und am leichtesten durchführbare Alternative gehen, die sich seinem Patienten bietet. Verstandesmäßig ist der Analytiker gezwungen, der Gesellschaft mehr Macht beizumessen als dem einzelnen Menschen, und obgleich er mit Individuen arbeitet, bewegt sich sein Denken auf gesellschaftlicher Ebene, ist er sich der Welt, die seinen Patienten umgibt, stets bewußt, während der Romanschriftsteller, der sich doch zunächst mit einem Teil der Welt als seinem Thema an die Welt wendet, erst dann wahrhaft interessant wird, wenn er die Wahl oder Möglichkeit, vor die sich ein einzelner Mensch gestellt sieht, überzeugend darzustellen weiß und dabei etwas weiter, ein wenig tiefer als der letzte Schriftsteller vor ihm in die Geheimnisse des Ichs eindringt. Wiewohl mit demselben Gegenstand beschäftigt, vertreten der Romanschriftsteller und der Analytiker gegensätzliche Anschauungen, bedienen sich unterschiedlicher Verfahren und weichen, wie sich denken läßt, in ihren Bestrebungen voneinander ab, denn ungeachtet der heillosen Verwirrung durch sich widersprechende Erklärungen von seiten des Künstlers und gleichermaßen des Analytikers frage ich mich, ob ihre Ziele in wesentlichen Punkten nicht recht verschieden sind, wobei es dem Künstler als Rebellen um das Werden, dem Analytiker als Regulator um das Sein geht.

Können wir also mit der Diskussion beginnen? Diejenigen Leser der *Voice*, die sich zur Zeit in psychoanalytischer Behandlung befinden, bitte ich, das von mir vorgeschlagene Turnier ihrem jeweiligen Analytiker zur Kenntnis zu bringen. Wenn diesmal ein Schriftsteller dazu aufgelegt ist, der Öffentlichkeit einen freundlichen Dienst zu erweisen, sollten die Psychoanalytiker, die schließlich auf den Dienst an der Öffentlichkeit angewiesen sind, einer Antwort fähig sein.

Neunte Kolumne

Einer meiner wenigen wahrhaft guten Freunde starb in der letzten Woche im Alter von 41 Jahren. Es war Robert Lindner, der Psychoanalytiker, der bereits seit vielen Jahren an Herzbeschwerden litt. Vielleicht sind einige Leser dieser Kolumne mit seinem Werk vertraut, denn er war ein fruchtbarer Autor und schrieb »Rebel Without a Cause« (nicht mit dem Film zu verwechseln), »Stone Walls and Men«, »Prescription for Rebellion«, »The Fifty-Minute Hour« und »Must You Conform?«, das erst im letzten Monat veröffentlicht wurde.

Bob Lindner war ein so guter Freund von mir, daß ich es nicht über das Herz bringe, jetzt von ihm zu erzählen. Ich müßte ausführlich eingehen auf seinen Charme, seine Freigebigkeit, seine intellektuelle Neugierde, seine schwachen Seiten, seine Neigungen, seine Freundlichkeit, seinen Ehrgeiz, seine Leistungen, seine Fehler und seine überströmende Warmherzigkeit (er war in der Tat einer der warmherzigsten Menschen, die ich kennengelernt habe), doch über einen so vielschichtigen, so individuellen und doch mit unserer Generation so innig verwachsenen Menschen spontan schreiben hieße ihm einen schlechten Dienst erweisen, denn Bob Lindner besaß ein feines Gefühl dafür und hätte eine leichtfertige Lobhudelei verabscheut.

Darum möchte ich im Rest dieser Kolumne ein paar Stellen aus seinen Büchern zitieren. Diese Stellen gehören zweifellos nicht zu den besten in seinem Werk noch zu den erregendsten, aber sie stehen stellvertretend für die Hauptthemen, die ihn beschäftigten. Außer seiner frühen Arbeit über den kriminellen Psychopathen verfocht Lindner fast als einziger unter den Analytikern die These, daß der gesunde Mensch ein Rebell sei und daß der Versuch, einen Patienten den Zerrbildern einer ungerechten Welt anzupassen, sich auf die Psychoanalyse lähmend auswirke.

Aus »The Fifty-Minute Hour« • Rinehart and Company • Januar 1955:

Man hat um die Psychoanalyse einen Wall aus Geheimnissen und einer Art ehrfürchtiger Scheu errichtet. Diejenigen, die sie ausüben, sind zwar noch nicht Gegenstand der Verehrung und Furcht, doch auf dem besten Wege, in einen gewissen Priesterstand erhoben zu werden; und die Eingeweihten – d. h. jene, die bereits auf der Couch gelegen haben – drohen eine Bruderschaft der Erretteten zu werden, eine auserwählte Sekte von Heiligen des Jüngsten Tages, deren beseitigte Hemmungen einen Empfehlungsbrief für den Himmel einschließen, der den vom Schicksal weniger (oder mehr?) Begünstigten versagt ist.

Ein Psychoanalytiker ist ... ein Künstler des Verstehens, das Produkt eines intensiven Studien- und Ausbildungsganges, der – sofern er erfolgreich verlaufen ist – ihn für seine Mitmenschen ungewöhnlich aufgeschlossen macht. Und diese Aufgeschlossenheit – kurz, die eigene Persönlichkeit des Analytikers – ist das einzigartige Instrument, das einzige Werkzeug, mit dem er arbeitet. Lediglich auf sich selber ist er angewiesen, auf nichts anderes.

Aus »Must You Conform« • Rinehart and Company • Januar 1956:

Heute erleben wir die Blütezeit des psychologischen Kurpfuschers. Jeder, dem Gedrucktes zugänglich ist, hält sich für einen Psychologen, und wenige nur zögern, über den Menschen, sein Wesen, seinen Geist und seine Zukunft geschwollen daherzureden.

Dieses weitverbreitete Psychologisieren hat bei zahlreichen, für das Studium menschlichen Verhaltens wichtigen Schlüsselbegriffen zu einer Einbuße an Genauigkeit geführt. An irgendeinem Punkt im Verlauf des mündlichen Entstellungsprozesses werden Wörter und Gedanken, die Wissenschaft und Philosophie mühsam erarbeitet haben, unbestimmt und im wesentlichen sinnlos. Sie nehmen neue Bedeutungsgehalte an, die im Laufe der Zeit eine solche Verzerrung erfahren, daß sie für das weitere Streben nach Erkenntnis völlig unbrauchbar sind.

Ein solches Wort ist *Reife;* auch ihm scheint ein derartiges Schicksal beschieden zu sein ...

Ich bin der Meinung, daß die Definitionen der Reife, die im Überfluß auf uns einstürmen, sich durchweg übereinstimmend auf die stillschweigende Annahme stützen, die Entwicklung des Menschen hänge mit menschlicher Passivität zusammen. Alle, denen ich begegnet bin, sind der Auffassung, daß Anpassung und Konformismus die erstrebenswertesten Lebensformen seien und daß man um so reifer sei, je mehr man sich dem Zustand der Gewöhnung nähere. Meines Wissens berücksichtigt keiner von ihnen das Wesen und den Intellekt des Menschen, sein ihm angeborenes rebellisches Element, seine Eigenarten oder seine Individualität. Mit eintöniger Regelmäßigkeit stützen und verteidigen diese Definitionen eine Gesellschaftsordnung, die von Tag zu Tag und überall immer bedrückender wird. Daher sind die Maßstäbe für ein reifes Verhalten, wie sie es empfehlen, Maßstäbe, die für reifes Vieh oder reife Marionetten gelten mögen – aber nicht für reife Menschen.

Die schlichte, doch in ihrer Einfachheit unerbittliche und rauhe Wahrheit ist, daß *wir uns nicht anpassen können;* denn es hat den Anschein, daß im Aufbau unserer Zellen ein Bestandteil, in unserem Blut ein chemischer Stoff, in unseren Knochen eine Substanz enthalten ist, die nicht zulassen, daß der Mensch sich für immer unterwirft.

Eingebettet im Menschen, im Fundament seines Bewußtseins, in der Quelle seines Menschseins und dem Gefährt seiner Aufwärtsentwicklung aus dem Schlamm eines brodelnden urzeitlichen Sumpfes ruht ein Instinkt. Ich habe mich entschlossen, diesen Instinkt den »Instinkt der Auflehnung« zu nennen, da er sich als ein innerer Drang oder Antrieb manifestiert, der auf die Überwindung und Beherrschung jedes natürlichen oder von Menschenhand geschaffenen Hindernisses gerichtet ist, das als Schranke zwischen dem Menschen und seinen fernen, vielleicht nie zu erreichenden, doch unablässig erstrebten Zielen steht. Dieser Instinkt verbürgt das Überleben des Menschen, aus diesem Instinkt leitet er sein Wesen ab: eine große und mächtige Triebkraft, die ihn zu dem macht, was er ist – ruhelos, suchend, wißbegierig, stets unbefriedigt, ewig ringend und am Ende doch siegreich ... Wegen dieses Instinkts der Auflehnung ist der Mensch mit den Grenzen, die seinem Geist gesetzt sind, nie zufrieden gewesen: Er hat den Menschen veranlaßt, in die Geheimnisse des Universums einzudringen, das ungeheure Inventar des Kosmos zusammenzustellen, sich anzueignen und sich seiner zu bedienen, ja sogar die Mysterien der Schöpfung selber zu erforschen. Wegen dieses Instinkts der Auflehnung schließlich hat der Mensch sich nie mit den Grenzen seines Lebens abfinden können: Er trieb ihn, den Tod nicht anzuerkennen und dem Sterbenmüssen den Kampf anzusagen. Der Mensch ist ein Rebell. Bedingt durch seine biologischen Gegebenheiten, ist der Mensch verpflichtet, sich *nicht* anzupassen, und hierin liegt der Hauptgrund für die furchtbaren Spannungen, denen er heute in seinem Verhältnis zur Gesellschaft ausgesetzt ist ...

Zehnte Kolumne

Der Tod Robert Lindners hat mich in einer verdrießlichen Laune zurückgelassen.
Ich fühle mich etwas gereizt, während ich mich an das Schreiben dieser Zeilen mache, und ich weiß aus Erfahrung, daß, wenn einem – gelinde gesagt – nach Mord zumute ist, es gut tut, sich mit Rücksicht auf die Gesundheit des Nervensystems Luft zu machen. Sehen Sie, ich hoffte von einem Analytiker einen Brief zu erhalten, der sich als ermutigend erweisen würde, doch war dies leider nicht

der Fall. Der einzige zweckdienliche Brief, den ich bisher als Antwort auf meinen Aufruf erhalten habe, kommt von einem Analytiker, von dem ich den Eindruck habe, daß er als fast hoffnungsloser Fall unter »Ferner liefen« einzustufen ist. Darum will ich gar nicht erst versuchen, sein Schreiben ernsthaft zu beantworten; statt dessen werde ich es zerpflücken, Satz für Satz, nichts auslassen und mich dabei an die Reihenfolge seiner Argumente halten, um meine jeweilige Erwiderung in Form eines Pseudodialogs notieren zu können. Da ich mir mit seinem Brief reichlich frei zu verfahren gestatte, setze ich den Namen des betreffenden Analytikers nicht hierher, es sei denn, daß er nach dem Lesen dieser Kolumne es ausdrücklich wünscht. Bis dahin werde ich ihn Doktor Y. nennen. (Übrigens hat dieser Herr im Village seine Praxis, oder wenigstens ist Greenwich Village seine Anschrift; deshalb ist es mir auch durch das Studium seines Briefs endlich etwas klarer geworden, warum einige von Ihnen so sind, wie Sie nun einmal sind.)
Jetzt also der nicht-couchgemäße Dialog:

Dr. Y.: (Sein Brief begann wirklich so.) Wären Sie ein wahrer Künstler, würden Sie sich nicht von den Psychoanalytikern bedroht fühlen und sich nicht zu einem an sie gerichteten Aufruf herablassen.
Norman Mailer: Die traurige Wahrheit ist, fürchte ich, daß ein Künstler heutzutage in der Rangstufenordnung aufsteigen muß, um einen Analytiker herauszufordern, denn der größte Teil der Öffentlichkeit hört viel gewissenhafter auf einen drittklassigen praktischen Arzt als auf einen erstklassigen Romancier.
D. Y.: Wir Psychoanalytiker beziehen einen ziemlich großen Teil unseres Einkommens von Autoren und machen ihnen keine Konkurrenz.
N. M.: Nach meinen Erfahrungen macht man einem, von dem man seinen Lebensunterhalt bezieht, immer Konkurrenz.
D. Y.: Der Schlüssel zu Ihrer Misere liegt in Ihrer ständigen Langeweile.

N. M.: Als Analytiker sollten Sie damit vorsichtiger sein, flüchtige Bemerkungen für bare Münze zu nehmen. Nur weil ich behauptet habe, das Schreiben dieser Kolumne langweile mich, ist dem noch lange nicht so. Ich verweise Sie auf meine erste Kolumne, wo ich angedeutet habe, daß ein guter Zeitungsmann gleichermaßen bereit ist, zu lügen wie die Wahrheit zu sagen.
Dr. Y.: Ein wahrhafter Künstler langweilt sich nie.
N. M.: Freud war in seinen Bemerkungen über Künstler vorsichtiger als Sie.
Dr. Y.: Mir tut jeder leid, der die anspornende Aufforderung, jede Woche in diesem frühen Stadium eine Kolumne zu produzieren, als langweilig empfindet.
N. M.: Ist es nicht selbstgerecht und tyrannisch, sich solch erstarrter Denkformeln wie »anspornende Aufforderung« zu bedienen? Wie alles andere im Leben, schwankt die dieser Kolumne zugrunde liegende Aufforderung recht erheblich und ist bald amüsant, bald provozierend, bald langweilig oder auch anspornend.
Dr. Y.: Langeweile ist ein Leiden.
N. M.: Genau das ist es, Herr Doktor.
Dr. Y.: Sie ist eine ernsthafte Sache, die Langeweile, weil sich hinter ihr ein Gefühl der Leere verbirgt, eine herablassende Haltung gegen jedermann und eine enorme Selbstunzufriedenheit.
N. M.: Ja, ein solches Gefühl muß sehr schmerzlich sein.
Dr. Y.: Sie können sich davon nicht mit Hilfe einer Selbstanalyse befreien.
N. M.: Ich frage mich, ob Ihre Phantasie wohl ausreicht, um allmählich dahinterzukommen, wie meine Selbstanalyse aussieht.
Dr. Y.: Selbst Freud gelang dies (sich selber zu analysieren) nur teilweise und erst nach jahrzehntelanger Arbeit, aber er war ein Genie und verstand sich darauf, den Menschen zu helfen, was man von Ihnen nicht behaupten kann.
N. M.: Noch nicht, vorläufig noch nicht. Trotzdem, was würde Freud getan haben, wenn er Ihre Haltung eingenommen hätte?

Dr. Y.: Dutzende unserer größten Persönlichkeiten in der Literatur haben ungeachtet ihres scharfsinnigen, auf Selbstbeobachtung gegründeten Talents ein höchst unglückliches Privatleben geführt, weil eben die geistige Einsicht nicht ausreichte.
N. M.: Nein, zur Selbstanalyse reicht sie in der Tat nicht aus. Aber gewiß ist Ihr Hang zum Autoritären nicht so streng, daß Sie jede intellektuelle Auseinandersetzung, die nicht zwischen Analytikern stattfindet, verbannen möchten. Oder würden talentierte, aber unglückliche Analytiker – von denen es eine ganze Menge gibt – ebenfalls für untauglich erklärt werden?
Dr. Y.: Die Langeweile, die Sie beim Schreiben Ihrer Kolumne empfinden, dient als Schutz für Ihre Befürchtung, das Interesse Ihrer Leser an dem, was für Sie eine zwanglose und genußreiche Erfahrung sein sollte, nicht wachhalten zu können.
N. M.: Sie heben meine schwindende Bescheidenheit hervor. Ich versichere Ihnen, Herr Doktor, daß es in der Praxis für einen abgebrühten Scharlatan wie mich relativ einfach ist, das Interesse an einer so kleinen Schau wie dieser wachzuhalten.
Dr. Y.: Ihre Kenntnisse in der Psychoanalyse sind mangelhaft.
N. M.: Sehr mangelhaft. Ebenso wie die Kenntnisse aller anderen, einschließlich der – man darf es nur flüstern – Psychoanalytiker. Die Psychoanalyse beschäftigt sich schließlich mit der Erforschung eines höchst geheimnisvollen Bestandteils der Natur – des Menschen.
Dr. Y.: Mit aller Entschiedenheit möchte ich mich gegen Ihre Behauptungen verwahren, der Analytiker mißtraue seiner »Vision«, interessiere sich nur für die praktische Realität, messe der Gesellschaft mehr Macht bei als dem einzelnen Menschen, daß ferner sein Denken sich auf gesellschaftlicher Ebene bewege und er nur ein Regulator sei, dem es um das Sein gehe.
N. M.: Wenn Sie nicht ein Interesse daran hätten, die öffentliche Meinung abzustumpfen und sich als Regulator aufzuspielen, könnten Sie Ihren Intellekt in ein viel vorteilhafteres Licht rükken, indem Sie versuchen würden, das, was ich geschrieben habe, zu widerlegen, statt es für null und nichtig zu erklären.

Dr. Y.: Wenn es allerdings der Zweck Ihrer Kolumne war, zu provozieren, dann ist Ihnen das zweifellos gelungen: Darin ist Ihr Talent unbestreitbar.
N. M.: Ich? Provozieren? Aber ich bin doch nie gegen jemand unhöflich gewesen.
Dr. Y.: Ich möchte bei Ihrer Herausforderung lieber nicht mehr weiter mitspielen.
N. M.: Schlaf ist für Wortfechter wie Sie Weisheit.
Dr. Y.: Er könnte nur weiterhin Ihrem Narzißmus dienlich sein ...
N. M.: Den ich, wie Sie zugeben werden, selber eingestehe. Ich bin nämlich ehrlicher als die meisten.
Dr. Y.: (meinen Einwurf übergehend) ... wenn die Würfel nach den von Ihnen gestellten Bedingungen allzu sehr zu Ihren Gunsten beschwert werden.
N. M.: Ich frage mich, ob Sie sehr sorgfältig lesen. Die von mir »gestellten Bedingungen« lauteten: *Als möglichen Verfahrensmodus schlage ich vor, ohne im geringsten auf der Annahme dieses Vorschlags zu bestehen, daß einer von uns die Diskussion eröffnet und der andere zu demselben Problem eine Widerlegung ausarbeitet und daß wir davon ausgehend die weiteren Diskussionsthemen ableiten. Doch bin ich im wesentlichen auch mit anderen Abmachungen einverstanden.*
Dr. Y.: Sie werden jedenfalls Ihre eigene Kolumne schreiben müssen – möglicherweise.
N. M.: Soll dies ein letzter gezielter Hieb sein?

Da es zutrifft, daß ich das unbillige Vorrecht genieße, das letzte Wort zu haben, möchte ich gern den Herrn Doktor für seine Freundlichkeit, mir eine kostenlose psychiatrische Beratung gewährt zu haben, dadurch entschädigen, daß ich den Höflichkeitsbesuch erwidere. Doktor Y. macht auf mich den Eindruck eines leichten Neurotikers, wie er von den meisten Menschen als gesellschaftlich konstruktiver Typ angesehen wird. Er leidet an geringfügigen Zwangsvorstellungen und Schuldkomplexen, deren

Wurzel zweifellos analretentiven Ursprungs ist, die aber – vorausgesetzt, daß ihm die Sublimierung seines Sadismus gelingt – so relativ harmlos sind, daß sein bedingter Konservatismus ihm mächtige Über-Ich-Energien zuweist, um das leicht paranoide Element unter Kontrolle zu bringen, wie es sich heute durch seinen literarischen Stil und die (für jeden Kliniker) unverkennbaren Projizierungen seiner eigenen Konflikte auf mich manifestiert hat. Man kann vielleicht noch hinzufügen, daß Dr. Y. maßlos ehrgeizig, doch insgeheim sich der Tatsache bewußt ist, daß seine Machttriebe unrealistisch sind. Dies drückt sich unter der Oberfläche seiner allgemeinen Niedergeschlagenheit durch Ambivalenz und intermittierende Ängstlichkeit aus. Jedoch gewinne ich von ihm den Eindruck, daß er ein gleichmäßiger Arbeiter ist, was vielleicht seinem psychischen Gleichgewicht zuzuschreiben ist, das eben durch eine allgemeine Niedergeschlagenheit aufrechterhalten wird. Er eignet sich nach meinem Dafürhalten für die Behandlung schwacher, unglücklicher Patienten, für deren Abhängigkeitsbedürfnis er auf Grund seines autoritären Wesens eine Stütze sein würde. Psychopathische, aggressive oder sonstige ungewöhnliche Fälle würden in ihm jedoch Angstgefühle hervorrufen, denn solche Patienten würden sein Ich bedrohen, und deshalb würde auch die Prognose derartiger Analysen schlecht ausfallen, da sie ständig Gefahr liefen, plötzlich abgebrochen zu werden, woraus ein Schaden für beide Teile entstünde.

Elfte Kolumne

Die Rubrik »Letzte Nachrichten«, die in der vorigen Woche auf Seite 1 der *Voice* erschien, hatte folgenden Wortlaut: *Wer ist Norman Mailers Präsidentschaftskandidat? Diejenigen Leser, die Seite 5 aufschlagen und langsam »Auf die Schnelle« lesen, finden vielleicht einen Hinweis. Jedenfalls ist für die erste richtige Lösung, die in der Redaktion eingeht, eine Belohnung von 10 Dollar ausgesetzt.*

(Übrigens befindet sich der Name desjenigen, auf den seine Wahl gefallen ist, in einem versiegelten Umschlag, der in der Mitte des Schaufensters der Voice *angeklebt ist. Sie können ihn dort von der Straße aus sehen.)*
Nun, dies war ein wenig irreführend, da die Kolumne der letzten Woche keine ominösen Andeutungen enthielt. Ich hatte dem Herrn, der für die Abfassung der »Letzten Nachrichten« verantwortlich ist, gesagt, daß sich in allen meinen Kolumnen einige Hinweise finden würden; leider wurde diese Mitteilung bei der Weitergabe etwas verstümmelt. Darum will ich, gleichsam als Entschuldigung dafür, daß ich mir die Rubrik »Letzte Nachrichten« nicht im Fahnenabzug angesehen habe, meinen Einsatz auf 20 Dollar erhöhen und gleichzeitig noch ein paar konkretere Hinweise geben.

Die wichtigsten Anhaltspunkte stecken natürlich in jenen Zügen meines Charakters, die Woche um Woche enthüllt werden. Schließlich läuft doch alles auf die eine Frage hinaus: Wen kann wohl, bei Gott, dieser größenwahnsinnige Mailer schon nominieren außer sich selber? Und der weise Mann – falls es einen unter Ihnen gibt – dürfte antworten: »Nun, höchstens einen, der noch größenwahnsinniger ist.«

Anhaltspunkt 2. In der letzten Woche lautete ein Satz, den ich Dr. Y. zur Antwort gab: »Schlaf ist für Wortfechter wie Sie Weisheit.« Damit hat also Ihr Kolumnist indirekt den Nachweis erbracht, daß er in seiner fröstelnden, verbitterten Seele vor Wortfechtern, die nicht auf den Mund gefallen sind, Respekt hat. Daher muß auch der Kandidat X diese Bedingung erfüllen.

Anhaltspunkt 3. Kandidat X würde langsame Leser gelten lassen.

Anhaltspunkt 4. Kandidat X muß natürlich *hip*-besessen sein, darf sich jedoch nicht übertrieben als Hipster aufführen. Vielleicht können wir annehmen, daß er zur Geburt des Hipsters entscheidend beigetragen hat.

Anhaltspunkt 5. (Und damit soll es genug sein.) Wie einige langsame Leser inzwischen gemerkt haben dürften, ist es meine Leidenschaft, Klischees, Kategorien und Aushängeschilder zu zerstören. Obwohl der Kandidat X (meines Wissens) von beiden Parteien nie als politischer Kandidat für irgend etwas angesehen wurde – wie es einmal bei Eisenhower der Fall war –, spielt er nichtsdestoweniger eine wichtige Rolle im Leben Amerikas. Bis zu einem gewissen Grade hat er die amerikanische Lebensart ungünstig beeinflußt. Würde er als Kandidat aufgestellt werden, könnten die Ausstrahlungen seiner Persönlichkeit vielleicht zu einer Lockerung der kläglich-verkrampften, schönrednerisch-verworrenen liberalen Argumente führen, die die Luft um all diese demo-bürokratischen Kandidaten so stickig machen.

Den Rest dieser Kolumne möchte ich einem kleinen Gespräch über Politik widmen, von dem das meiste wie üblich in der ersten Person geschrieben ist. Ich bin seit 1948 nicht zur Wahl gegangen, und ich bezweifle, ob ich 1956 meine Stimme abgeben werde, selbst wenn durch irgendeinen unglücklichen Zufall Kandidat X in die nähere Wahl gezogen werden sollte. (Mein einziges Motiv dabei ist, daß ich mich amüsieren will. Ich wünsche mir, daß die nächste Präsidentenwahlkampagne, statt die Form einer langweiligen Folge von sich widersprechenden Werbesendungen anzunehmen, die sie jetzt zu werden verspricht, zu einem tollen faszinierenden Trubel ausartet.

Trotzdem werden die meisten von Ihnen Ihre Stimmabgabe als ernsthafte Angelegenheit betrachten, und in diesem Stil fortfahren hieße nur Sie noch weiter vor den Kopf zu stoßen. Die meisten Leute glauben, wenn sie erst durch Propaganda genügend gefügig gemacht worden sind, daß ein Mensch, der nicht zur Wahl geht, noch ein wenig unter einem Mann steht, der seine Mutter schlägt, oder, um psychisch genauer zu sein, einem Sohn, der seinen Vater schlägt. Und vielleicht würde sogar der Mailer sich zur Stimmabgabe von seinem Olymp herunterbemühen, wenn er nur die feste Überzeugung hätte, daß die Republikanische oder Demokratische Partei ein kleines bißchen mehr Initiative entwickeln würde, ein Jahr lang von der Geschichte vorgezeichnete Wege zu beschreiten, die man möglicherweise für ermutigend halten könnte. Aber die seltsamen Widersprüche der Macht- und Parteipolitik sind so groß, daß ich mich, sollte ich nach diesem Prinzip meine Stimme abgeben, wenn auch noch so schwach zu den Republikanern hingezogen fühlen würde. Wohlgemerkt, nicht weil ich sie besonders mag – im Gegenteil, ich mag sie nicht, denn sie sind gewissenlose Heuchler. Doch die unangenehme, aber ausschlaggebende Tatsache in diesen politisch flauen Jahren ist eben – friß, Vogel, oder stirb –, daß die Republikanische Partei etwas mehr Handlungsfreiheit genießt, weil sie die Republikaner nicht zu fürchten brauchen, was aber bei den Demokraten der Fall ist.

Ich bin mir bewußt, daß dies für alle diejenigen von Ihnen, die der Meinung sind, Wahrheit und Un-Wahrheit seien verschiedene Dinge, unerfreulich sein wird, aber ich habe auch gar kein besonderes Verlangen danach, Ihnen Freude zu bereiten. Die Machtgegensätze haben sich heute so zugespitzt, daß meiner Meinung nach die jeweilige Regierungspartei sich, sobald sie im Amt ist, genau das Gegenteil jener Bestrebungen zu eigen machen muß, die sie verkünden ließ, als sie noch nicht an der Macht war. Bildlich gesprochen, kann dies mit einer Veränderung der Persönlichkeitsstruktur verglichen werden, wie Sie sie vielleicht schon bei einigen Ihrer Freunde bemerkt haben, die nach jahrelangem Zusammenleben sich endlich zur Heirat entschlossen.

Zwölfte Kolumne

Ja, es mag auf den ersten Blick etwas phantastisch erscheinen, aber der Mann, den die Demokraten nach meinem Dafürhalten im Jahre 1956 als Präsidentschaftskandidaten aufstellen sollten, ist Ernest Hemingway.

Um es vorweg zu sagen, die Demokratische Partei hat die schlechtesten Chancen gegen Eisenhower, und ob es sich nun um Stevenson, Kefauver oder irgendeinen anderen politischen

Schwachkopf handelt, die Persönlichkeit des Kandidaten würde unter seiner unglückseligen Ähnlichkeit mit einem erfolgreichen Unternehmer leiden. Es läßt sich nicht verheimlichen – das amerikanische Volk pflegt jenem Kandidaten seine Stimme zu geben, der den Eindruck erweckt, als habe er in seinem Leben bereits einige Freuden genossen, und Eisenhower sieht trotz seiner passiven schwankenden Haltung nun einmal so aus, als habe er sich ab und zu ganz großartig amüsiert.

Hemingway besitzt, glaube ich, eben diese Art von Charme, besitzt sie in noch viel höherem Maße als Eisenhower, und deshalb dürften ihm als Außenseiter einige Gewinnchancen sicher sein. Eine weitere politische Tugend Hemingways besteht darin, daß er eine interessante Laufbahn im Kriege hinter sich hat und daß es ihm gelungen ist, sich zu einem Mann zu entwickeln, der mehr physischen Mut besitzt als die meisten – was für einen großen Schriftsteller weder eine leicht erworbene noch eine unerschöpfliche Fähigkeit darstellt. Ob das Village es nun mag oder nicht, die Amerikaner haben eine Vorliebe für Kriegshelden, die sogar so weit geht, daß sie bereit waren, die bittere Pille eines Armeegenerals an der Spitze der Regierung zu schlucken. Dennoch glaube ich, daß sie noch nicht so tief in dem hoffnungslosen Konformismus, der uns heimsucht, versunken sind, daß sie die selbständige Initiative eines Generals auf eigene Faust, wie Hemingway, ignorieren könnten, der im letzten Krieg mit nur ein paar hundert Mann beinahe Paris eingenommen hätte.

Außerdem neigt Hemingway dazu, sich einer schlichten und, was die Politik anbelangt, unverbrauchten Sprache zu bedienen, und die Energie, die dadurch in dem von den schwülstigen Latinismen der Kefauver, Stevenson und Eisenhower gegenwärtig gelähmten Bewußtsein der Wählerschaft erzeugt werden würde, ist etwas, was man nicht unterschätzen sollte, denn fast niemals wurde den Wählern die Möglichkeit eines geistigen Anreizes gegeben.

Schließlich vertrete ich die Ansicht, daß Hemingways Mangel an früherer politischer Betätigung eher als Pluspunkt denn als

Laster zu werten sei. Die Politik ist in Amerika statisch geworden, und stets haben die Amerikaner Politikern mißtraut. (Dieses Mißtrauen erklärt zweifellos die ursprüngliche Anziehungskraft Eisenhowers.) Der einzige Hoffnungsschimmer an unserem finsteren Horizont ist, daß die Zivilisation bis zu dem Punkt fortschreiten möge, an dem wir unsere Stimme wieder einzelnen Männern (oder einzelnen Frauen) geben statt politischen Ideen, jenen politischen Ideen, die schließlich als Verrat an den individuellen Bestrebungen, die ihnen zum Leben verhalfen, im Gefüge des gesellschaftlichen Lebens verankert werden – denn die Gesellschaft ist die Meuchelmörderin von uns allen: So wird mein Urteil an dem Tage lauten, an dem ich klug geworden bin.

Vorstehende Zeilen sind für Leute, die an einer Diskussion Punkt für Punkt Gefallen finden. Worauf sie, gemessen an dem aufbegehrenden Maßstab des *Hip*, hinausläuft, ist, daß Hemingway wahrscheinlich um ein gutes Stück menschlicher ist als Eisenhower oder die anderen, und so könnte es in unserem Römischen Reich ein wenig mehr Farbe geben. Von einem Präsidenten mehr als das zu erwarten hieße Unbilliges verlangen.

Nun, um derjenigen willen, die der Meinung sind, daß eine Wahlrede auch ein wenig Leidenschaftlichkeit und sogar – mein Magen zieht sich dabei zusammen – ein wenig Sentimentalität enthalten müsse, sollte ich wohl fortfahren und an dieser Stelle mitteilen, daß Hemingway einer der wenigen Menschen im Leben unseres Volkes ist, der den Versuch unternommen hat, mit einer gewissen Leidenschaft sich in den Besitz dessen zu setzen, was er begehrte, und ich glaube, ihm ist es gelungen, sich um die Achtung vor sich selber verdient zu machen, nach der er immer gesucht hat; dennoch war er gleichzeitig imstande, auch noch seine Romane zu schreiben, wobei die Anstrengung, die er an das Schreiben wandte, nur von einem anderen bedeutenden (guten oder nicht guten) Schriftsteller ermessen werden kann; und darum habe ich das Gefühl, daß er, ungeachtet seiner charakterlichen Fehler, deren Zahl nicht gerade gering zu nennen ist, wahrscheinlich einen beträchtlichen Teil seines Traumes – mehr zu sein als die meisten – in die Wirklichkeit umgesetzt hat. Somit könnte Amerika einen wirklichen Mann als Präsidentschaftskandidaten vorschlagen, denn bereits während allzu vieler Jahre wurde unser Leben von Männern gelenkt, die im Grunde Frauen waren, was aber weder für Männer noch für Frauen gut ist. Jedenfalls scheint mir Ernest Hemingway sich als die beste praktische Lösung in Sichtweite anzubieten, da ich vermute, daß er trotz seiner argen und albernen Eitelkeiten und einiger seiner intellektuellen Feigheiten immer noch ein gut Teil aufrichtiger ist als die meisten.

P. S. Da mein Eintreten für Hemingway ihm nur verschiedene kleinere Nachteile zufügen kann, verspreche ich jedem demokratischen Parteiführer, der davon hört und klug genug ist, den Sex-Appeal zu erkennen, der in der Aufstellung Ernest Hemingways als Kandidat liegt, den alten Hemingway anzugreifen, wie klein die Anzahl der Wähler auch sein mag, die ich durch verkehrtes Englisch dazu bringen kann, für ihn zu stimmen. Ihr seht, Freunde und Auftraggeber dieser Zeitung, als Village-Bösewicht bietet sich einem wenigstens der eine Vorteil, die Ereignisse stets mit Sicherheit beeinflussen zu können, indem man das Gegenteil von dem behauptet, was man in Wirklichkeit beabsichtigt.

Dreizehnte Kolumne

BRIEF AN VOICE

Zu den Bewunderern Ihrer Kolumne gehöre ich nicht. Doch möchte ich mir ein paar Worte konstruktiver Kritik erlauben.
Sie benötigen 98 Prozent der Kolumne, um über sich selber zu reden. Sehr verkehrt.
Das Fürwort »ich« kommt 26mal vor, »mich« 5mal, »mein« 5mal, »ich bin« 3mal und »ich werde« 1mal. Gesamtzahl der Stellen, an denen Sie auf sich selber Bezug nehmen: 43. Jeder, der nicht weiß,

was für ein feiner Kerl Sie sind, könnte meinen, Sie seien in sich selber verliebt ...

(Warum bringen Sie nicht) eine kleine positive Kritik irgendeines Unbekannten aus der großen Menge derer, die nie ihren Namen gedruckt sehen – ohne dabei freilich Ihre Zuflucht zu dem gönnerhaften Gebaren eines großen Mannes zu nehmen, der sich herabläßt, über einen ganz gewöhnlichen »Herdenmenschen« etwas Nettes zu sagen. Diese »ganz einfachen« Männer und Frauen haben ein sehr feines Empfinden für derartige Dinge und lassen sich als Freunde auf Lebenszeit gewinnen. Wenn Sie allerdings der Meinung sind, Sie brauchen keine Freunde, dann ist es überhaupt sinnlos, sich mit Ihnen zu unterhalten.

Hochachtungsvoll
Karl L. Ekstrand
Queens Village, New York

Antwort
Sehr geehrter Mr. Ekstrand! Ich habe wirklich einen schlechten Charakter. Wäre es nicht unehrlich und ein Betrug der Öffentlichkeit sowie höchst unamerikanisch, mich besser zu machen als ich bin? Lassen Sie andere von meiner unziemlichen Beschäftigung mit mir selber profitieren und danach trachten, ihren eigenen Charakter zu bessern.

N. M.

Sechzehnte Kolumne: *Hip* und Spießer

Für einen Spießer ist ein Vergewaltiger ein Vergewaltiger. Man bestrafe den Vergewaltiger, sperre ihn ein, sei über ihn entsetzt und/oder an ihm nicht interessiert, und das ist das Ende vom Lied. Aber ein Hipster weiß, daß der Akt der Vergewaltigung ebenfalls ein Teil des Lebens ist und daß selbst in der brutalsten und unverzeihlichsten Vergewaltigung künstlerische Fähigkeiten oder der Mangel daran offenbar werden und deshalb weder zwei Vergewaltiger noch zwei Vergewaltigungen jemals ein und dasselbe sind.

Hip ist eine Forschungsexpedition in das Innere der menschlichen Natur, wobei der Akzent auf dem Ich und nicht auf der Gesellschaft liegt. Als eine der neo-mittelalterlichen philosophischen Richtungen, die der Todeskampf des zwanzigsten Jahrhunderts gerade gebiert, hat es *Hip* am Ende darauf abgesehen, den Menschen in den Mittelpunkt des Universums zurückzuführen, statt ihn zu dem immer schwächer werdenden Ablauf eines biochemischen Mechanismus zu degradieren, der sich in irgendeinem unbedeutsamen Winkel des rationalen und materiellen Universums vollzieht, das wir als Erbe vom neunzehnten Jahrhundert übernommen haben. Darüber hinaus ist *Hip* ein amerikanischer Existentialismus, der sich vom französischen Existentialismus grundlegend unterscheidet, weil *Hip* auf einem Mystizismus des Fleisches beruht und sein Ursprung sich bis in alle Unterströmungen und Unterwelten des amerikanischen Lebens, ja bis zur instinktiven Daseinsangst und -dankbarkeit zurückverfolgen läßt, wie man sie beim Neger und beim Soldaten findet, beim kriminellen Psychopathen, beim Rauschgiftsüchtigen und beim Jazzmusiker, bei der Prostituierten, beim Schauspieler und – wenn man sich eine solche Möglichkeit vorstellen kann – in der Heirat des Callgirls und des Psychoanalytikers. Unähnlich der Rationalität des französischen Existentialismus, der mit dem Werk Sartres seinen Anfang genommen hat, ist *Hip* ein amerikanisches Phänomen, das ohne einen geistigen Mentor entstanden ist. *Hip* ist eine Sprache, um Seinszustände zu beschreiben, die bisher noch in keinem philosophischen Wörterbuch zu finden ist. Dennoch, *Hip* als Philosophie hält sich noch immer – bildlich gesprochen – im Hintergrund des Körperlichen, *Hip* ist passiv, ist die nahezu verzweifelte Philosophie der großen feinfühligen Masse aller Enttäuschten, Vereinsamten, Gewalttätigen, Gefolterten und Verleiteten, und darum ist *Hip*, menschlich und historisch betrachtet, noch sehr weit von der Philosophie entfernt, die vielleicht danach kommt, einer Philosophie, die sich eines Tages vielleicht durch ein derart berühmtes und berüchtigtes Wort mit vier Buchstaben umspannen läßt, daß diese Zeitung, würde ich es drucken lassen, eingestampft werden würde.

Passiv, verzweifelt, eine philosophische Hefe, die fast spontan gerade aus den Existenzbedingungen so vieler in Amerika Entfremdeter aufgegangen ist, stellt *Hip* mit seiner spezifischen und intensiven Aufgeschlossenheit für das Gegenwärtige im Leben, glaube ich, eines der philosophischen Systeme der Zukunft dar – vorausgesetzt, daß wir eine Zukunft haben werden –, und da *Hip* nicht völlig negativ ist und eine Lebensanschauung aufweist, die sich auf Entwicklung und die Unannehmlichkeiten der Entwicklung gründet, habe ich die Absicht, weiterhin, und zwar mindestens noch in den nächsten paar Wochen, darüber zu schreiben.

Siebzehnte Kolumne

Ich habe »Warten auf Godot« nicht gesehen, auch den Text nicht gelesen, aber mir sind natürlich viele Kritiken zu Gesicht gekommen, und ich habe vieles dafür und dagegen gehört. Mich amüsiert dabei die Ehrerbietung, die Beckett von allen entgegengebracht wird, und der Fehler, das Traurige an der ganzen Sache, ist natürlich, daß keiner der Leute, die Beckett feiern, etwas von Joyce gelernt hat (für den Beckett als Sekretär arbeitete). Ich will damit nicht sagen, daß man alles von Joyce gelesen haben muß, um den Stil der Joyceschen Denkweise und die dialektischen Schönheiten seines Geistes zu verstehen. Aber bis jetzt haben in der Hauptsache Akademiker versucht, sich mit den verwickelten *Hip*-Nuancen von Joyce' Mystizismus des Fleisches auseinanderzusetzen, wie es auf dem gesellschaftlichen Amboß des Christentums litt, verstümmelt und durch Bearbeitung verändert wurde. Auch will ich damit nicht sagen, daß ich ein Joyce-Kenner bin –

gleich vielen von Ihnen, die diese Kolumne lesen werden, habe ich vielleicht die Hälfte des »Ulysses« und Bruchstücke aus »Finnegan's Wake« gelesen –, aber es ist ja auch nicht nötig, alles von Joyce zu lesen, um die Bedeutung seiner Sprache und die Reichweite seiner Genialität zu erfühlen oder nicht zu erfühlen. Er ist im Grunde das einzige Genie des zwanzigsten Jahrhunderts, das in englischer Sprache geschrieben hat.

Aber zumindest hätten die Kritiker die Bedeutung des Titels »Warten auf Godot« in groben Umrissen ergründen sollen; das Beste, was sie dabei herausgefunden haben, ist, daß Godot etwas mit Gott zu tun hat. Meinen Glückwunsch. Aber Godot bedeutet auch *'ot Dog* – heiße Würstchen – oder der Hund, der heiß ist, in Hitze ist; und es bedeutet auch *God-O,* also Gott als weibliches Prinzip, ebenso wie *Daddy-O* in der Sprache des *Hip* den Vater bezeichnet, der versagt hat, den Mann, der zu einem O geworden ist, zu einer Vagina. Zwei sich offensichtlich anbietende dialektische Umstellungen für »*Waiting for Godot*« (Warten auf Godot) wären »*To Dog the Coming*« (Sich vor dem Kommen drücken) und »*God Hot for Waiting*« (Gott scharf aufs Warten), aber jeder, der in der Gedankenwelt von Joyce zu Hause ist, könnte Hunderte zusätzlicher Bedeutungen nennen. Wie zum Beispiel: *Go, Dough!* (Fahr dahin, Leben!) Trotzdem sagt mir »Sich vor dem Kommen drücken« am meisten zu, denn in all dem wittere ich, daß »Warten auf Godot« eine der Impotenz gewidmete Dichtung ist, und ich vermute (wiederum aus Unwissenheit, es nicht gesehen zu haben), daß Beckett den Menschen als hoffnungslos impotent betrachtet und die Lage, in der sich der Mensch befindet, als ebenso impotent. Betrachtet man das Format der Menschen, die »Warten auf Godot« mit Beifall aufgenommen haben, hege ich weiterhin den Verdacht, daß der verwickelte Aufbau des Stückes und die in ihm geäußerten Anschauungen über das Leben gerade jene anziehen, die am impotentesten sind. So bezweifle ich, daß es mir gefallen wird, denn schließlich ist ja nicht jeder impotent, noch ist unser endgültiges Schicksal, unser Zustand als

Mensch notwendigerweise zur Impotenz verurteilt, wie der alte Joyce wußte, und Beckett habe ich im Verdacht, es nicht zu wissen. Wenn es darum geht, ein Werk groß zu nennen, muß man sich zunächst einmal mit den inkommensurablen Nuancen der potenten Dur-Tonart und der impotenten Moll-Tonart vertraut machen. Und jetzt, um einen äußerst schroffen Übergang zu vollziehen, muß ich gestehen, daß das Schreiben fast der ganzen restlichen Kolumne für mich äußerst deprimierend ist:

DIE UNANNEHMLICHKEITEN DER ENTWICKLUNG

Fehler, die beim Setzen eines Textes und beim Korrekturlesen gemacht werden, gehören zwei verschiedenen Kategorien an – offensichtliche orthographische Fehler und solche (gewichtiger und psychologisch interessanter), bei denen ein Wort ausgelassen oder in ein anderes verwandelt wird und der Sinn des Satzes sich ändert. Jedoch wird im letzteren Fall der Leser nie erfahren, daß ein Fehler vorlag.
Vorige Woche ereignete sich ein in dieser Hinsicht geradezu klassischer Schnitzer. Ich hatte etwas über *Hip* geschrieben, und ein Teil meines Schlußsatzes sollte lauten:

> ... da *Hip* nicht völlig negativ ist und eine Lebensanschauung aufweist, die sich auf Entwicklung und die Nuancen der Entwicklung gründet, habe ich die Absicht, weiterhin darüber zu schreiben ...

Beim Erscheinen in der *Voice* lautete dieser Satz jedoch:

> ... da *Hip* nicht völlig negativ ist und eine Lebensanschauung aufweist, die sich auf Entwicklung und die Unannehmlichkeiten

(nuisances) der Entwicklung gründet, habe ich die Absicht, weiterhin darüber zu schreiben ...

Während der vier Monate, in denen ich diese Kolumnen nun bereits schreibe, sind in allen meinen Beiträgen, bis auf zwei, ähnliche (für mich) schmerzliche Fehler unterlaufen, und diese Fehler haben zu immer größeren Reibungen zwischen dem Chefredakteur, einem Redakteur und mir selber geführt. Da keine abgegriffene Wahrheit zutreffender ist als die, daß jede Geschichte zwei Seiten hat, behaupteten der Chefredakteur und sein Redakteur – beide Herren arbeiten sehr angestrengt –, schuld daran sei meine Gewohnheit, meinen Beitrag erst in letzter Minute abzuliefern, was unleugbar ihre Schwierigkeiten nur vergrößere.

Auf jeden Fall hatten wir alle uns einiges vom Herzen zu reden, und dabei fielen ziemlich scharfe Worte; gewisse Dinge wurden gesagt, die man kaum ungesagt machen kann, und als Folge davon ist dies meine letzte Kolumne für die *Voice* – zumindest unter ihrer gegenwärtigen Leitung.

Eigentlich war dieser Streit recht belanglos, und ich kann auch den größten Teil der Schuld für seinen Verlauf auf mich nehmen, aber wie das so oft geschieht, stritten wir uns im Grunde alle um ganz verschiedene Dinge – es waren sehr viel ernstlichere Meinungsverschiedenheiten im Spiel als die, die zwischen mir auf der einen und dem Chefredakteur und dem Verleger auf der anderen Seite ausgetragen wurden.

Nach ihren Wünschen müßte die Zeitung konservativer sein, mehr für den gutbürgerlichen Durchschnitt – ich möchte sie mehr im Sinne des *Hip* sehen. Wir haben viele Wochen hindurch, so gut wir konnten, unsere Meinungsverschiedenheiten durch Kompromisse überbrückt, und die *Voice* hat vielleicht unter diesem Kompromiß gelitten. Da ich jedoch nur die Aktienminorität besitze und mir keinerlei wirkliche Entscheidungsbefugnis in irgendeiner Hinsicht, es sei denn bei meiner eigenen Kolumne, zusteht, bin ich zu dem Schluß gelangt, daß diese widerspruchsvolle Verbindung nicht länger aufrechterhalten werden kann. Falls aus dieser Zeitung überhaupt etwas werden soll, ist es erforderlich, daß ich ausscheide, denn es geht allzu viel Energie bei internen Streitigkeiten verloren. (Ich möchte hinzufügen, daß es sich bei diesen Auseinandersetzungen nicht um meine Kolumne handelte. Obwohl der Chefredakteur und der Verleger mit nur einem geringen Teil des Inhalts einverstanden waren, gestatteten sie doch eine äußerst seltene Pressefreiheit oder unterwarfen sich ihr.)

Für diejenigen unter Ihnen, die zum *Hip* neigen und die *Voice* lieber als eine auf *Hip* ausgerichtete Zeitung sähen (wodurch sie die erste dieser Art in New York wäre), muß ich wohl hinzufügen, daß der Chefredakteur und der Verleger für die Meinungen der Leser sehr aufgeschlossen sind, und wenn Sie sich zum Wort melden, wird diese Zeitung Ihren Einfluß widerspiegeln. Tun Sie es nicht, werden der Chefredakteur und der Verleger den Beweis erbringen, daß sie recht hatten – daß sie die Lage und die Interessen der Leser objektiver eingeschätzt haben –, und so wird sich das Schicksal dieser Zeitung ohne mich günstiger entwickeln als mit mir. Vielleicht ist in Greenwich Village Platz für die Zeitungen zweier Interessengruppen – was auch schließlich das Argument war, das meine Gesprächspartner die ganze Zeit über geltend machten.

Jedenfalls ist dies mein Abschied von der Kolumne, und ich kann nur bedauern, daß sie ein so jähes Ende finden mußte. Vielleicht war unser Verhältnis nicht das erfreulichste, aber mir bot es Anregung, und vielleicht auch einigen von Ihnen. Mir tut es leid, daß es dadurch für mich unmöglich wurde, weiterhin über das Wesen des *Hip* und des Spießers zu schreiben, denn das war für mich faszinierend, und ich hatte schließlich das Thema gefunden (jawohl, nach all diesen Kolumnen), das ich eingehend behandeln wollte. Also denn, wenn auch voller Bedauern, auf Wiedersehen. Ich frage mich nur, in welcher Form einige von uns wieder zu einem Gedankenaustausch gelangen werden.

ZUGABE

Als letzten Nasenstüber möchte ich hier das einzige Gedicht abdrucken, das ich jemals geschrieben habe, ein Gedicht über Potenz und Impotenz (wie auch über andere Dinge); es trägt den Titel »Saufbolds Bebop Potpourri« und erschien in meinem Roman »Der Hirschpark«. Sehen wir einmal, wie viele Druckfehler dort auftauchen. Sollten es nicht zu viele sein, versuchen Sie es laut zu lesen.

Die unsündhaftig Kerlin namlich Shash
Trank Tee mit Geilinozorus heißt Asshy

Sozwischenteils warsie zukosen lasch
Macht Schläferbei natotal wischiwaschi.

»Wattu dasukst datisnich«
»Du plak minik und zwicknich«

»Und/oder tudie Püschel indie Vas«,
»Die Rumpelpumpel macht mich nimmerspass«,

»Printz Jerrhom ward durch Hodenstrie gefraut.«
»Und Sündenrom nick ineintag erbaut.«

Reklame für das Ende einer Kolumne und eine öffentliche Stellungnahme

Zwei Tage nachdem ich die Zeitung verlassen hatte, las ich Warten auf Godot. *Beim ersten Lesen gefiel es mir nicht, aber ich war beunruhigt, und so sah ich mir das Stück an. Es war keine gelungene Aufführung, doch konnte man durch die Verzerrung der Broad-*

waymontage hindurch noch immer etwas von Becketts künstlerischem Wollen ahnen, und auf dem Weg nach Hause war ich vor Niedergeschlagenheit ganz krank. »Mein Junge«, sagte meine Frau nicht gerade sanft, »du bist ja ganz durchgedreht.« Der General las das Stück noch einmal. Es war – mindestens – sehr gut. Er konnte die Zeitung nicht verlassen, ohne die Mentalität des Village ein letztes Mal anzugreifen. Der General trommelte mit äußerster Anstrengung seine geschlagenen Energien zusammen, schüttete schließlich alles, was er in siebzehn Wochen gelernt hatte, in einen Kessel und richtete von seiner selbsterdachten Insel der Verbannung einen Abschiedsgruß an seine enttäuschten Truppen – endlich nahm sich der Held die Freiheit, auf jede Berechnung zu verzichten und sich in den weißglühenden Zorn eines Schriftstellers zu stürzen; so schrieb er in anderthalb Tagen einen dreitausend Wörter umfassenden Reklameartikel und bezahlte dafür in bar. Es war ein schlampiges Stück Arbeit, durch eine schwerfällige Ausdrucksweise behindert, infolge von Gedankensprüngen unvollständig und von Irrtümern durchsetzt – so wurde zum Beispiel auch der Bus-Streik in Montgomery als der Bus-Streik von Birmingham bezeichnet –, aber gegen Ende hatte ich mich freigeschrieben, und in den letzten fünf Absätzen des letzten Beitrags, den ich für The Voice schrieb, und zwar von der Stelle an, die beginnt »Denn ich glaube, Beckett sagt auch ... , daß Gottes Schicksal durch Fleisch und Blut mit dem unseren verbunden ist«, fand ich endlich das, worüber ich zu schreiben versucht hatte. Ein Augenblick höchster Glückseligkeit für den Unwürdigen. Er gab mir zu verstehen, nicht alles müsse notwendigerweise in einer Niederlage enden, und während der folgenden Monate war diese Ahnung zuweilen geeignet, einen daran zu erinnern, daß die Laufbahn nicht unbedingt erledigt sein müsse, daß man vielleicht doch ein Romancier sei und daß man, wären die Kosten auch nicht niedrig gewesen, als Entschädigung dafür sich als Romancier sehr gut mit solchen Gebieten wie Ehrgeiz, Mißerfolg, Bürointrigen, den wirtschaftlichen Problemen des kleinen Unternehmers, Verlustgeschäften, der Unordnung und *den Gefühlen eines Vereinsboxers in einem schlechten Jahr hätte vertraut machen können.*

Eine öffentliche Stellungnahme zu »Warten auf Godot«

Ich empfinde es niemals als besonders angenehm, mich zu entschuldigen, und unter den vorliegenden Umständen ist es mir sogar zuwider. Eine Abschiedsvorstellung anzukündigen und dann in der Woche darauf wieder auf der Bühne zu erscheinen, erinnert an den versiegenden Charme und den scharfen Schweiß des verzweifelten alten Schauspielers oder des versagenden Stierkämpfers, der in die Jahre gekommen ist und ganz einfach nicht abtreten, nicht verschwinden will, selbst wenn er nichts weiter als ein paar neue Pfuirufe zu hören bekäme und wahrscheinlich aufgespießt würde.

Da ich meinen Stolz habe, hätte ich es vorgezogen, mein Wort zu halten und in dieser Zeitung so lange nicht wieder zu erscheinen, bis ihre allgemeine Einstellung sich geändert hat. Aber ich bin auch meiner Aufrichtigkeit gegenüber verpflichtet, und ich habe etwas getan, dessen ich mich schäme, und so muß ich mich auf die unangenehmste, aber auch wirkungsvollste Weise entschuldigen: durch eine öffentliche Stellungnahme.

Ich meine natürlich die Bemerkungen über »Warten auf Godot« in meiner letzten Kolumne. Einige von Ihnen werden sich daran erinnern, daß ich sagte, Becketts Stück sei eine der Impotenz gewidmete Dichtung und ziehe gerade jene an, die am impotentesten seien. Seitdem habe ich das Stück gelesen, die gegenwärtige Aufführung am Broadway gesehen, das Stück nochmals gelesen, darüber nachgedacht, mit seinen Unklarheiten gerungen (und mit meinem Gewissen) und mußte, wenn auch widerstrebend, zu der Überzeugung gelangen, daß ich gegen Beckett höchst ungerecht gewesen bin. Denn »Warten auf Godot« ist weit eher ein Stück *über* als etwa ein Loblied *auf* die Impotenz, und obwohl seine Einstellung zum Leben tatsächlich hoffnungslos ist, bleibt es dennoch ein Kunstwerk und daher etwas Gutes. Wenn ich auch noch immer der Ansicht bin, daß es sich hier im wesentlichen um das Werk eines nicht allzu bedeutenden Künstlers handelt, da es einen engen, wiewohl tiefloten- den Bereich von Lebenserfahrungen umspannt, ist es dennoch, bedeutend oder nicht, das Werk eines Mannes, der sich gewissenhaft und mit großer Redlichkeit kompromißlos bemüht hat, seine Anschauung vom Leben in ein Kunstwerk zu verwandeln, wie unerträglich diese Anschauung auch sein mag. Es ist schlimm und traurig genug, wenn Kritiker einen Künstler angreifen und ihn nicht verstehen, aber das muß man ja im Grunde wohl als selbstverständlich betrachten. Daß jedoch ein Künstler einen anderen angreift und dies rein impulsiv tut, ist ein Verbrechen, und zum erstenmal seit Monaten habe ich mich mit einem echten Schuldbewußtsein herumgeschlagen.

Seltsamerweise habe ich, wenn auch auf oberflächliche Art und ohne »Godot« gelesen zu haben, mit dem, was ich in der vergangenen Woche schrieb, ins Ziel getroffen. Während ich dies nun tippe – es ist Sonntag –, habe ich in der Theatersparte der *Times* ein von Israel Shenker geschriebenes Interview mit Samuel Beckett entdeckt. Aus diesem möchte ich etwas zitieren. Beckett sagt da an einer Stelle:

»Bei der Arbeit, die ich tue, beherrsche ich nicht mein Material. Je mehr Joyce wußte, desto mehr konnte er. Er strebte als Künstler Allwissen und Allmacht an. Ich arbeite hingegen mit Impotenz und Unwissenheit. Ich glaube nicht, daß in der Vergangenheit die Impotenz ausgeschöpft wurde. Es scheint einen gewissen ästhetischen Grundsatz zu geben, daß Ausdruck allein bereits eine Leistung darstellt – eine Leistung sein muß. Meinen bescheidenen Forscherdrang widme ich jenem ganzen Daseinsgebiet, das von Künstlern stets als unbrauchbar abgelehnt wurde – als etwas, was definitionsgemäß mit Kunst unvereinbar war.

Ich glaube, daß heutzutage jeder, der seiner eigenen Erfahrung auch nur die geringste Aufmerksamkeit schenkt, sie als die Erfahrung eines Nicht-Wissenden, eines Nicht-Könnenden (eines, der nicht kann) erkennt. Der andere Typ des Künstlers – der apollinische – ist mir völlig fremd.« Das ist durchaus sauber und ehrlich gedacht – es fordert zur Anerkennung heraus. Was mich noch immer bekümmert und, wie ich mir vorstellen kann, auch Beckett bekümmert, ist die Tatsache, daß »Godot« zum letzten Prüfstein dafür geworden ist, gesellschaftlich auf der Höhe zu sein, und gerade Leute, die nicht die geringste Ahnung davon haben, worüber er redet und beim Ansehen seines Stücks aufschreien, in gurgelnde Laute ausbrechen und vor militantem, gereiztem Snobismus fast vergehen, zu jener Mehrheit gehören, die »Godot« hier hochgespielt hat. Denn »Warten auf Godot« nicht zu mögen bedeutet allgemeiner Verdammnis anheimzufallen – man ist nicht mehr obenauf.

(In einer langen Klammer möchte ich hinzufügen, daß es unmöglich ist, das Stück zu verstehen, ohne es gelesen zu haben, denn die gegenwärtige Aufführung ist meiner Ansicht nach eine Schande: grobschlächtig, provinziell, sentimental und in jeder nur möglichen falschen Richtung anmaßend – die Leistung der Schauspieler ist in gleicher Weise irreführend. Allein Alvin Epstein, der den Lucky spielt, hat in seiner Auffassung der Rolle etwas Erregendes und Klärendes – die anderen Schauspieler verzerren ihre Charaktere lediglich zu Karikaturen.)

Die meisten jetzigen Bewunderer von »Godot« sind meiner Ansicht nach Snobs, intellektuelle Snobs mit übertriebenem Ehrgeiz und impotenter Phantasie, die übelste Sorte von Literaten, denen – wie stets – mehr daran liegt, irgendeiner intellektuellen Elite anzugehören, als selber schöpferisch tätig zu sein. Diese Kombination deckt sich fast immer mit dem Haß gegen alles Geschlechtliche, denn wenn man sich des Geschlechtlichen schämt oder damit nicht glücklich wird, bleibt einem als Nächstbestes nur noch übrig, in der Gesellschaft emporzusteigen. Aber da Menschen mit geringem sexuellen Aktionsradius nur selten die Energie und den Mut haben, sich in ihrer Phantasie oder in ihrem Trotz zu erheben, sehen sie sich gezwungen, sich der Leiter der Snobs zuzuwenden, die ihnen einen zwar langsamen, aber am Ende doch sicheren, wenn auch begrenzten gesellschaftlichen Aufstieg gewährleistet.

Und aus diesen Gründen hatte ich von vornherein angenommen, »Godot« vertrete in seinem Kern eine stark antisexuelle Tendenz, aber ich habe mich geirrt. Es enthält fast keinerlei sexuelle Hoffnung, aber darin liegt sein Jammer, das ist Becketts Kummer, und die humorvolle Zärtlichkeit in dieser Geschichte rührt von der Resignation her, die diesem Kummer entspringt. Insoweit es eine Geschichte ist, handelt es sich hier um eine traurige, kleine Geschichte, die jedoch sauber erzählt wird.

Zwei Männer, zwei Landstreicher mit Namen Wladimir und Estragon (Didi und Gogo), ein männlich und ein weiblich empfindender Homosexueller, alt und erschöpft, haben sich, um auszuruhen, vorübergehend auf einer von einem abgestorbenen, kreuzähnlichen Baum beherrschten, zeitlosen Ebene niedergelassen, hilflos preisgegeben dem Fegefeuer ihrer versagenden Kräfte. Ihre Erinnerungen gleichen flüchtigen Dünsten, ihr Geist ist gebrochen, sie können sich nicht einmal mehr in Liebe vereinigen, sie können nur noch keifen und weinen, nörgeln, schmollen und schlafen; sie sind jenseits des Geschlechtlichen, tatsächlich weder alte Männer noch alte Frauen, sondern entkräftete Kinder, die Gott suchen, die nach dem Lebensspender dürsten. Sie sind so verzweifelt, daß sie mit schwacher Stimme sogar davon sprechen, sich aufzuhängen, da dies ihnen zumindest eine letzte Erektion gewähre. Aber sie haben nicht die Kraft, Selbstmord zu begehen, sie sind erschöpft und durch die Enttäuschung bei ihren Fehlschlägen so weit zerrüttet, daß sie nicht einmal mehr eine Verzweiflungstat zu vollbringen vermögen. Sie können nur auf Godot warten und stellen vage Betrachtungen über sein Wesen an, denn Godot ist für sie ein Geheimnis, und schließlich wünschen sie sich nicht nur sexuelle Potenz und Wiedergeburt in einem neuen Leben, sondern auch weltliche Macht. Sie ersehnen die Kraft des Phallus und der Hoden. Wladimir spricht vom Erlöser und den beiden Schächern und davon, wie einer der Schächer gerettet wurde. Der tiefere Sinn liegt darin, daß, da er und Gogo welke Staubpilze sind, die willenlos, opportunistisch und ziellos als kleine Übeltäter durchs Leben getrieben werden, vielleicht einer von ihnen, aber nur einer gerettet werden könnte, und da tritt die Versuchung an ihn heran: Vielleicht ist er dieser eine. Dann wäre er es natürlich auf Kosten seines Lebensgefährten Gogo. So ist er in religiösem Sinn bei all seiner Verzweiflung nicht einmal rein, sondern bereits in Sünde verstrickt.

Es treten Pozzo und Lucky auf, der dicke Herr mit der Peitsche und dem Strick um den Hals von Lucky, seinem Sklaven, einem unglücklichen Menschen, einem Wesen, das dem Willen Pozzos ausgeliefert ist. Pozzo beherrscht Lucky, beschimpft ihn und kommandiert ihn herum wie ein grausames Gehirn, das seinen eigenen Körper mißbraucht.

Und Wladimir erhält Gelegenheit zum Handeln; er kann Lucky retten, er protestiert sogar gegen Luckys Behandlung. Aber Wladimir läßt sich, ebenso wie Gogo, von der weltlichen Macht Pozzos verführen, und schließlich finden sich die beiden Landstreicher dazu bereit, Lucky zu quälen, oder doch zumindest Pozzo zu helfen, Lucky am Ende seiner einzigen, leidenschaftlichen Rede bis zur Bewußtlosigkeit zu schlagen.

Danach sinkt die Handlung (soweit überhaupt vorhanden) ab, und als Pozzo und Lucky erneut erscheinen – Pozzo ist dann blind und Lucky stumm –, hören wir nichts mehr von seiner Weisheit. Ihr Zustand ist sogar noch würdeloser als der Gogos und Didis. Aber auf manche wird Luckys Rede einen nachhaltigen Eindruck machen.

Es ist der einzige erstickte Aufschrei in dem ganzen Stück, der positiv zu werten ist, ein verzweifelt herausgewürgtes Durcheinander abgerissener Gedanken und intuitiver Vorstöße in das Wesen des Menschen, des Geschlechtlichen, Gottes und der Zeit, und dies alles kommt von einem Sklaven, einem armen Teufel, der dem Göttlichen näher ist als jede andere der handelnden Personen, es ist ein Schrei über den Abgrund hinweg, von der Impotenz zu Apollo (Dionysos ist tatsächlich weit jenseits des Horizontes), und Pozzo, Gogo und Didi reagieren auf diesen Aufschrei, indem sie Lucky bewußtlos schlagen. Danach wird Lucky – die Stimme, die Hebamme für die Wiedergeburt der anderen – mit Stummheit geschlagen, denn auch er leidet an versiegenden Kräften, auch er wird von der unaufhörlichen Folge seiner Niederlagen übermannt und so dem Tode näher gebracht. Später, sehr viel später, am Ende des Stückes, spricht Wladimir mit dem Jungen, der die Botschaft überbringt, daß Godot an diesem Tag nicht kommen werde, und als Wladimir ihn über Godot ausfragt, antwortet der Junge, Godot habe einen weißen Bart. Aber Lucky, der weißes Haupthaar hat, hatte seine Rede (diese ist wiederum das intellektuelle A und O des Stückes) damit begonnen, daß er von »einem persönlichen Gott kwakwakwakwa mit einem weißen Bart« sprach, und gerade seine Sprachfähigkeit haben die anderen zerstört. So erlebt Wladimir einen Augenblick innerer Qualen.

»Möge sich Christus unser erbarmen«, sagt er zu dem Jungen. Durch Eitelkeit, Gier, Gleichgültigkeit und sogar durch Snobismus haben sich Wladimir und Gogo der Gelegenheit, Godot zu finden, beraubt – sie haben das Bindeglied, Lucky, mißhandelt. (Ich muß zugeben, daß ich nicht ganz sicher bin, ob Lucky selber Godot sein könnte – es ist dies zumindest eine Möglichkeit.) Auf jeden Fall haben Wladimir und Gogo erneut versagt, ihre Lage ist jetzt noch verzweifelter, und so endet das Stück. In der letzten Zeile sagt Gogo: »Gehen wir!«, aber Beckett läßt die Regieanweisung folgen: Sie gehen nicht von der Stelle. Vorhang.

Es ist möglich, daß Beckett bewußt oder unbewußt die sittliche und sexuelle Grundlage des Christentums, die mit Christus ver-

lorenging, neu formuliert – daß man nämlich das Leben findet, indem man die Füße der Armen küßt, indem man den Elendesten in ihrer tiefsten Erniedrigung etwas von sich selber gibt, und daß, wie es in der Natur des Menschen liegt, auf dieser Erde rücksichtslos danach zu trachten, sich zum Gipfel emporzuschwingen, so auch Leben und Kraft aus der Anbetung der untersten Schichten erwachsen, denn dort hält Gott sich verborgen.
Und doch gibt es noch eine andere, fruchtbarere Möglichkeit. Denn ich glaube, Beckett sagt auch, wiederum bewußt oder unbewußt, daß Gottes Schicksal durch Fleisch und Blut mit dem unseren verbunden ist, und so haben wir es mit einem ganz anderen Gott zu tun, der weit davon entfernt ist, zu Gericht zu sitzen und Seelen, verlorenen Seelen, das Verlassen des Fegefeuers und ihre Wiedergeburt zu gestatten; hier haben wir es mit dem Todeskampf eines Gottes zu tun, der vom Schicksal des Menschen abhängig ist, eines Gottes, der durch das Tun des Menschen bestimmt wird, des Menschen, der einen freien Willen besitzt, ihn jedoch nicht länger auszuüben vermag, so daß Gott in Abhängigkeit von den Ergebnissen menschlichen Tuns gerät. Am Ende wird, nachdem Wladimir und Gogo wiederum versagt haben, angedeutet, daß auch Gottes Zustand schlimmer geworden, daß auch er dem Mißerfolg näher gekommen sei – und als Wladimir in den letzten Minuten des Stückes den Jungen fragt, was Godot tue, antwortet der Junge: »Er tut nichts.« Daraus ist zu entnehmen, daß Godot unter den gleichen Bedingungen lebt, in der gleichen geistigen Schlaflosigkeit, in Qualen, in einer Vorhölle, in der gleichen Verzweiflung über seine schwindenden Kräfte, welche die Atmosphäre des ganzen Stückes durchzieht.
Als Darstellung des Nadirs des zwanzigsten Jahrhunderts ist das Stück, ob es nun prophetisch oder eine Kuriosität sein soll, zumindest das unverfälschte Ende einer bestimmten Tendenz: Das vollständige Fehlen einer Hoffnung ist heilsam, wenn man verlangt, daß Kunstwerke heilsam sein sollen; denn ebenso wie bei dem berühmten schwarzen Gemälde von Clyfford Still, das vor ein

paar Jahren im Museum für Moderne Kunst in der Ausstellung 15 moderner Amerikaner gezeigt wurde, ist auch hier das Ende eines bestimmten Weges erreicht, tatsächlich wurde die Tendenz durch den Künstler beschleunigt, und so ist wieder einmal die Zeit durch den Künstler vorangetrieben worden (denn vielleicht liegt die wesentlichste Aufgabe des Künstlers darin, den Ablauf der Geschichte selber zu beschleunigen). Die Geschwindigkeit im historischen Ablauf wird durch das Verhältnis bestimmt, in dem das Bewußtsein des Menschen zunimmt, *vorausgesetzt*, daß dieses Bewußtsein sich in Taten ausdrücken und somit die Gesellschaft verändern kann. (Denn wo das Bewußtsein nicht durch den Mut getragen wird, zur Tat zu schreiten, versinkt es in Verzweiflung und Tod.) Becketts Werk bringt unsere Verzweiflung an die Oberfläche; es nährt sie mit Luft und verändert sie daher, denn die Verzweiflung des zwanzigsten Jahrhunderts liegt darin begründet, daß sich das Bewußtsein des Menschen mit unglaublicher Geschwindigkeit entwickelt hat, während seine Fähigkeit, den Gang der Geschichte zu beeinflussen und Veränderungen herbeizuführen, noch nie so ohnmächtig gewesen ist. So sind die letzten zehn Jahre ein Teil der ungeheuren Verkrampfung unserer Geschichte gewesen, der Verkrampfung, die uns allen zornige Ohnmacht aufzwingt (sonst auch als falsche Freundlichkeit bezeichnet) oder feige Passivität (die Passivität des Ungeziefers, das sich vollsaugt, ohne etwas dafür zu geben), jener Verkrampfung, die am Ende den Willen, das Bewußtsein und den Mut zerstören und uns im Nebel der versagenden Erinnerung, des erlöschenden Verlangens und der Sehnsucht nach dem Tod zurücklassen wird.
Aber ich frage mich, ob wir den Nadir, den tiefsten Punkt, nicht bereits überwunden haben. Ich weiß, daß ich selber nach Jahren des stärksten Pessimismus den Hauch, die Anzeichen und das Raunen einer nahenden neuen Zeit spüre. Es liegt eine allgemeine Rebellion in der Luft, und die Macht der beiden riesigen Super-Staaten mag, jawohl, mag durchaus im Verebben sein; es kann sehr wohl geschehen, daß ihnen die Energie noch schneller

ausgeht als uns, und wenn das eintritt, könnte der destruktive, der befreiende, der schöpferische Nihilismus des *Hip*, das rasende Suchen nach einer mächtigen Veränderung mit ihrer ganzen Gewalttätigkeit, ihrer Verwirrung, ihrer Häßlichkeit und ihren Greueln hervorbrechen. Und dennoch ist, wie bei jeder Veränderung, die Gewalttätigkeit, die sich nach außen Luft macht, besser als die, die sich nach innen wendet; besser sind individuelle Aktionen als der kollektive Mord an der Gesellschaft, und wenn wir genügend Mut aufbringen, liegt all dem Schönheit zugrunde, denn die einzige Revolution, die für das zwanzigste Jahrhundert sinnvoll und natürlich sein würde, ist die sexuelle Revolution, die man überall verspürt, überall, angefangen von dem kitschigsten Fernseh-Komiker, der wider den Stachel zu löcken versucht, bis zu dem geheimnisvollen und erregenden Phänomen des Weißen Südens, der durch den Bus-Streik in Birmingham in Angst und Schrecken versetzt wurde, bis zu der wachsenden Macht des Negers – überall, ja sogar bis zur komischen Verweiblichung der ehemals eisernen Kommissare des sowjetischen Super-Staates.

Die Natur des Menschen, die Würde des Menschen liegt darin, daß er in seinem Bemühen, das Geheimnis des Daseins zu ergründen, handelt, lebt, liebt und sich schließlich selber zerstört; und falls wir nicht in irgendeiner Weise daran teilnehmen, als Teil dieses menschlichen Forschungsdranges (und dieses Kampfes), sind wir nichts weiter als die Zuhälter der Gesellschaft und Verräter an unserem Ich.

1956

BRIEFE AN VOICE

Sehr geehrte Herren!
Ohne Norman Mailer gibt es keine *Village Voice*.

Penny Funt
East 10th Street

ABGEGEBENE STIMME

Ich möchte hiermit erklären, daß ich für eine mehr auf *Hip* ausgerichtete Zeitung bin.

Ben Newman
Washington Place

KLEINSTADT

Sehr geehrte Herren!
Mensch, ihr seid ja blöde – wirklich idiotisch. Ihr wollt wohl Artikel von Yahoo dem Büffel bringen und nette kleine Nachrichten über Schmidlapps Tochter Sophronia, die auf Urlaub vom Staatlichen Schlepp-Lehrerseminar eine Woche zu Haus verbringt. *The Village Voice* ohne Mailer ist nichts weiter als eine Kleinstadtzeitung mit lächerlich anmaßenden Ansprüchen.

Joan Lorraine Smith
Bedford Street

REICHER

Sehr geehrte Herren!
The Voice ist durch den Verlust des kastrierten Geblöks von N. Mailer reicher geworden. Daß der Autor von »Die Nackten und die Toten« so weit absinken und ein so undiszipliniertes Gefasel schreiben konnte, ist ein Jammer.
Früher einmal habe ich Mailer bewundert. Heute habe ich Lust, ihm eine Münze in den Blechteller zu werfen und für seinen verblichenen literarischen Genius ein Gebet zu sprechen.

A. Kent MacDougall
West 112th Street

BEZEICHNEND

Sehr geehrte Herren!
Der Druckfehler »Unannehmlichkeiten der Entwicklung« war für das, was geschehen ist, recht bezeichnend. Es *ist* auch tatsächlich eine der Unannehmlichkeiten der Entwicklung, die einen dazu verleiten könnte, den Wert dieser Kolumne in Zweifel zu ziehen. Sie laufen Gefahr, Erfolg zu haben, und schon packt Sie die Angst bei dem Gedanken, nicht auch nur ein abgeschmacktes Klischee zu sein. Sie wären gut beraten, sich zu fragen: Wieso fängt diese Zeitung an, Erfolg zu haben? Seien Sie versichert, Ihre anderen Seiten sind so leicht vorauszusehen, daß sie alles Neue oder Anregende, was sich Mr. Mailer oder Mr. Tucci ausdenken könnten, mehr als aufwiegen. Wenn Ihnen aber diese Art des Denkens und Schreibens nicht gefällt, warum überlassen Sie dann nicht *ihnen* die Zeitung und nehmen eine Stellung in der Madison Avenue an, wo Sie sich wahrscheinlich heimischer fühlen und ebensoviel Geld verdienen würden?

Maxwell Kenton
West 23rd Street

SOBALD DIE KARTEN AUFGEDECKT AUF DEM TISCH LAGEN

Sehr geehrte Herren!

An Mr. Mailer:
Gestatten Sie mir, Ihnen zu sagen, wie sehr ich bedaure, daß Ihre Kolumne vom 2. Mai die letzte ist. In allen Ihren Kolumnen, wenn auch manche so verdammt erbitternd waren (und warum hätten sie es nicht sein sollen), war das, was Sie zu sagen hatten – sobald alles schmückende Beiwerk entfernt war und die Karten aufgedeckt auf dem Tisch lagen –, im Grunde genommen

doch ehrlich und wahrhaft stark und bot etwas Originelles zu lesen.

Hochachtungsvoll
Joe Jensen
Bank Street

Nachschrift zu einer öffentlichen Stellungnahme

Die Voice hat, seitdem ich sie verlassen habe, eine interessante Geschichte gehabt und hat sich inzwischen zu einem literarischen, zivilisierten, liberalen und gelegentlich unberechenbaren Blatt entwickelt. Ich bezweifle, ob es im ganzen Land eine Wochenschrift gibt, die so lesenswert ist wie diese, denn im Village muß es mehrere hundert Menschen geben, die hin und wieder zu rund tausend oder weniger Worten erstklassiger Prosa fähig sind. Sie war auch die erste Zeitung, die sich der beträchtlichen Begabung von Jules Feiffer bediente, dessen Karikatur Krank, Krank, Krank *die Voice in den Brennpunkt rückte.*

Dennoch ist die Zeitung noch immer nicht das Sprachrohr von etwas Größerem als einem kultivierten und höflich aufbegehrenden Bewußtsein neuer Richtung. Welchen Weg sie jetzt gehen wird, ist noch immer eine Frage, genau wie an jenem Tag, als ich meine Kolumne beendete. Man kann vermuten, daß Hip *als unterirdische Kraft weiterwächst und die Voice mit ihm zusammengehen wird, denn die Zeitung hat sich in den Vordergrund gespielt.*

VIERTER TEIL • HIPSTER

Sechster Versuch

Nachdem ich die Voice *verlassen hatte, wußte ich, es war an der Zeit, in mir aufzuräumen. In mir steckte ein Roman, der Roman, von dem ich in diesen Einleitungen gesprochen habe, aber wenn ich ihn jemals schreiben wollte, mußte ich mit der mühseligen und nicht sehr ermutigenden Arbeit beginnen, erst einmal wieder arbeiten zu lernen.*

Wir waren eine Weile in Paris gewesen, und ich hatte mich von einigen meiner Gewohnheiten befreit, auf jeden Fall von Seconal und Benzedrin, aber ich war auch durch zehn Wochen der Enthaltsamkeit nervös und in meinem Denken abgestumpft. Als wir nach New York zurückkehrten, übte die Stadt keinen Reiz auf mich aus. Ich war bis zum Zerreißen gespannt. Meine Frau erwartete ein Kind. Plötzlich erschien es uns als eine zu große Belastung, in dem Tempo weiterzuleben, das wir seit mehreren Jahren angeschlagen hatten. So suchten wir uns ein Haus auf dem Lande. Bevor es den Reiz des Neuen verlor und New York uns wieder lockte, arbeiteten wir beide dort ganz gut. In diesen zwei Jahren arbeitete ich zwar langsam, aber ich schrieb »Der Weiße Neger«, sechzig Seiten meines Romans, einen Teil des Neuen in diesem Buch, und aus dem Hirschpark *machte ich ein Stück. Über diese Arbeiten kann jedoch später noch gesprochen werden. Hier möchte ich auch auf einen Briefwechsel mit William Faulkner hinweisen, der durch einen Freund vermittelt wurde.*

Als ich aufs Land zog, beschloß ich zunächst, ohne Zigaretten auszukommen. In New York hatte ich schon mehrere Versuche unternommen, war aber stets nach etlichen Wochen wieder zu meinen gelieb-

ten Stäbchen zurückgekehrt – wenn man vierzig Zigaretten am Tag raucht, ist es nicht viel leichter, Nikotin aufzugeben als Heroin. Aber nun boxte ich ein wenig. Mein Schwiegervater war Berufsboxer gewesen, er ging mit mir immer zusammen in den Ring. Ich dachte, es sei vielleicht nicht so übel, wieder in Form zu kommen. So kämpfte ich mit Ehrgeiz, Gier, Nervosität, neuen gewaltsamen Ausbrüchen, neuer Passivität und kam vier Monate lang ohne Zigaretten aus. In dieser Zeit schwoll ich auf hundertfünfundsiebzig Pfund an, aber ich befand mich in gutem Zustand, meine Sinne waren wach, und mir gefielen unzählige Dinge, die ich bis dahin nicht gemocht hatte; zum erstenmal in den zwei Jahren, in denen ich mich mit Marihuana angefreundet hatte, überkam mich das Gefühl, ich sammelte wieder Kräfte, anstatt sie zu vergeuden. Alles war schön, bis auf die Tatsache, daß ich nicht schreiben konnte; in meinen Gedanken hatte ich glückliche Augenblicke, aber meine Fähigkeit, Zusammenhänge zu entdecken, war getrübt; mein Gehirn schien mit Watte vollgestopft. Es war die erste Pause, die ich mir seit Jahren leistete, und ich hatte das Gefühl, als sei ich völlig benommen. In Gesellschaft anderer Menschen kam ich mir dumm vor; wenn mein Geist zu arbeiten versuchte, gab es Lücken in der Kette meiner Assoziationen. Ich glaubte jetzt für die Jahre bezahlen zu müssen, in denen ich meine Nerven mit Benzedrin und Seconal gefoltert hatte. Zuweilen hatte ich den Eindruck, als könne ich mich nicht mehr sehr viel länger vom Schreiben zurückhalten, aber dann beschlich mich wieder die Gewißheit, daß mein Talent verbraucht war.

So kam eines Tages Lyle Stuart über das Wochenende zu mir zu Besuch. Eines Abends unterhielten wir uns darüber, wieviel Freiheit es wohl in den Massenbeeinflussungsmitteln gebe. Stuart war optimistischer als ich und erklärte beiläufig, es gäbe keine Idee, die er nicht in seiner Monatsschrift The Independent abdruckte. Ich entgegnete, wenn ich nur eine halbe Seite über das schriebe, was ich von der Aufhebung der Rassentrennung in den Schulen hielte, würde er es vielleicht abdrucken, aber keine große Zeitung würde es jemals übernehmen.

»Schreiben Sie es, und wir werden ja sehen«, antwortete Stuart. Bevor ich an jenem Abend zu Bett ging, schrieb ich noch ein paar Worte. Sie strotzten von brutalen, ungeschminkten Behauptungen. Ich hatte das Gefühl, ich müsse das, was ich zu sagen hatte, in einer so widerwärtigen Sprache sagen, daß sie nicht zu überhören wäre. Jedes Wort stammelte ich mit der schweren Zunge eines Nikotinsüchtigen hervor, den man seines Genußmittels beraubt hat, und brachte folgendes zustande:

Können wir nicht dem, was sich jetzt im Süden abspielt, mit etwas Aufrichtigkeit begegnen? Jeder, der den Süden kennt, weiß, daß der Weiße die sexuelle Potenz des Negers fürchtet. Auf der anderen Seite hat der Neger seinen Haß aufgespeichert und ist noch stärker geworden, während er die schmerzliche Wunde mit sich herumtrug, daß er für gewöhnlich machtlos war, sich dagegen zu wehren, zum Hahnrei gemacht zu werden.

Denn der Weiße hat symbolisch und tatsächlich seit zwei Jahrhunderten die Negerfrauen besessen. Das meinen alle Literaturkritiker, wenn sie von der Blutschuld des Südens sprechen.

Das Komische an der ganzen Sache ist, daß der Weiße den Gedanken verabscheut, der Neger könne im Klassenzimmer Gleichheit erlangen; der Weiße fühlt nämlich, daß der Neger sich bereits einer sinnlichen Überlegenheit erfreut. So glaubt der Weiße unbewußt, daß das Gleichgewicht erhalten blieb und die alte Ordnung gerecht war. Der Neger hatte seine sexuelle Überlegenheit, und der Weiße hatte seine Überlegenheit als Weißer. Nach dieser Logik, der unbewußten Logik des Weißen aus dem Süden, ist es verhängnisvoll, dem Neger die Gleichberechtigung einzuräumen, denn das hieße ihm den Sieg schenken. Und wie alle schlechten Gewinner und kleinlichen Verlierer sind die Weißen des Südens nicht gewillt, sich mit den Umkehrprozessen der Geschichte abzufinden, wenn auch das Aufblühen der Neger und die vorübergehende, aber nichtsdestoweniger unbestreitbare geistige Versklavung der Weißen aus dem Süden für beide

Rassen fruchtbar sein sollte – ganz zu schweigen von der darin liegenden moralischen Gerechtigkeit.

Stuart war zufrieden. Er war davon überzeugt, daß die Presseagenturen etwas damit anfangen würden. Wir schlossen eine Wette ab, und Lyle Stuart nahm meine Präsidentenbotschaft mit nach Hause. Stuart ist ein erstklassiger Journalist, und bevor er etwas unternahm, hatte er den Instinkt, meinen Text an Faulkner zu schicken, der sich bereit fand, kurz darauf zu antworten. Faulkner schrieb:

> Ich habe im Verlauf der letzten zwanzig Jahre gehört, daß dieser Gedanke mehrfach geäußert wurde, allerdings bisher noch von keinem Mann.
> Die anderen waren Damen, Damen aus dem Norden oder Mittelwesten, gewöhnlich etwa 40 oder 45 Jahre alt. Ich weiß nicht, was ein Psychiater daraus machen würde.

Als ich dies las, habe ich nicht so sehr viel darüber gelacht. Meine Worte mögen schlecht gewählt gewesen sein, aber sie waren nicht so leicht abzudrucken. Ich schrieb eine Antwort:

> Wie so viele Romanciers, die eine außerordentliche Arbeitsleistung aufzuweisen haben, ist Mr. Faulkner ein ängstlicher Mann, der bisher ein behütetes Leben geführt hat. Deshalb würde es mich nicht wundern, wenn er seine besten und intensivsten Gespräche mit empfindsamen Damen mittleren Alters geführt hätte.

Hätte ich es dabei belassen, wäre alles in Ordnung gewesen, aber natürlich war ich vom Nichtschreiben eingerostet und drängte mich danach, die Gelegenheit eines Auftritts nicht zu versäumen. Trotzdem sollte ich mich ruhig dazu bekennen – ich bin nicht so sicher, ob nicht doch eine gewisse Wahrheit darin liegt.

Ich halte es für interessant und reizvoll, daß sie solche Ideen haben, denn ich habe »meine« Ideen in der einen oder anderen Form von einem schwarzen, höchst intelligenten Wagenwäscher in Queens gehört, von einem Taschendieb und Zuhälter – er war Mulatte –, einem Freund von Freunden von mir und schließlich von einer recht bemerkenswerten Frau, die in Südkarolina Bordellmutter gewesen war, in Harlem Rauschgift verkauft hatte, um sich über Wasser zu halten, und der es gelungen war, ihre Kinder aufzuziehen und eine lebensfrohe Frau mittleren Alters zu werden.

Diese Frau war keine Heilige, sie war sogar bei einer Gelegenheit regelrecht tückisch, aber ich möchte mich hinsichtlich der Beziehungen zwischen Negern und Weißen im Süden eher auf ihren Verstand verlassen als auf den Mr. Faulkners.

Ich bin überrascht, daß William Faulkner annimmt, ein Psychiater könne jemals einen Schriftsteller verstehen.

Mit diesem Briefwechsel ausgerüstet, sandte Stuart Kopien unserer Briefe an eine Reihe von Leuten und erhielt Antworten von Eleanor Roosevelt, Dr. W. E. B. DuBois, William Bradford Huie, George Sylvester Viereck, Murray Kempton und einigen anderen. Ein nicht namentlich genannter »prominenter Negerführer« (ich zitiere hier aus Stuarts Kommentar in The Independent *vom März 1957) »erklärte, er könne öffentlich nicht dazu Stellung nehmen, sei aber der Ansicht, daß Mailer natürlich hundertprozentig recht habe«.*
Eleanor Roosevelt schrieb die folgende Zeile:

Ich halte Mr. Mailers Erklärung für abscheulich und unnötig.

Dabei fiel mir ein, vielleicht sei dies das erste Mal gewesen, daß Mrs. Roosevelt das Wort »abscheulich« im Druck verwendet hatte.
William Bradford Huie schickte eine lange Antwort, die im wesentlichen darauf hinauslief, ich sei berufsmäßiger Romancier und Sex

sei für mein Geschäft günstig und es sei selbstverständlich, daß ich so dächte.
Die meisten anderen waren bestürzt, kritisch, gemäßigt und/oder liberal – Kempton, ein Kolumnist der N. Y. Post, war davon überzeugt, daß Sex nicht der Mittelpunkt des Dilemmas im Süden sei, und hätte beinah eine Antwort von mir erhalten, als er beiläufig erklärte: »Ich glaube nicht, daß Mailer mehr über den Süden weiß als das, was er sich angelesen hat.« Ich fühlte mich versucht, ihn daran zu erinnern, daß ich im Pazifik bei einer Einheit aus Texas gedient hatte, und zwar beim 112. Kavallerieregiment, das sich zu dem Zeitpunkt, als ich ihm zugeteilt wurde, aus Texanern, allgemein aus Südstaatlern und ein paar anderen zusammensetzte. (Wer sich ein ziemlich genaues Bild von dieser Einheit machen möchte, sollte The Day the Century Ended *lesen – als Taschenbuch erschienen unter dem Titel* Between Heaven and Hell *– von Francis Irby Gwaltney, einem Mann aus Arkansas, mit dem ich gut befreundet war.*)
Stuart schickte die verschiedenen Erklärungen an die Chefredakteure von sechs Zeitungen im Süden, und sie nahmen nicht mit einem einzigen Wort dazu Stellung, noch druckten sie eine Zeile ab. Nicht eine Agentur übernahm meinen Beitrag. Die einzige Stellungnahme war eine heftige Kritik in einer Zeitung in Mississippi, die es jedoch nicht für nötig hielt, das, was ich gesagt hatte, zu erwähnen; man hatte lediglich angedeutet, es sei entsetzlich gewesen.
Trotzdem war ich hinsichtlich meiner Beweggründe in Sorge. Meine Erklärung hatte wohl provozierend gewirkt, aber nichts geklärt. Ich mußte etwas Besseres bringen, ich mußte sehr viel Besseres bringen, denn andernfalls bestand für mich die Gefahr, eines Gefühls verlustig zu gehen, dafür aber ein neues zu gewinnen, ein Austausch, den ich fieberhaft zu vermeiden suchte, lag doch in dem ersten Gefühl nichts Geringeres als meine feste Überzeugung, daß ich es ernst meinte, daß ich recht hatte und meine Arbeit anderen mehr geben als abverlangen würde. Was nun das andere Gefühl anbetrifft – das zu gewinnen ich vielleicht Gefahr lief –, so war das schon schlimmer. Es ging dabei um nichts anderes, als daß ein Romancier, den

ich für einen großen Schriftsteller hielt, mich verächtlich abgetan hatte. Das Eis seiner wenigen Zeilen spiegelte das Licht wider, in dem die anderen mich sehen würden, falls es mir nicht gelang, meinen kühnen, lauttönenden Behauptungen dadurch Fleisch und Blut zu verleihen, daß ich lernte, besser zu schreiben als bisher. In dem Spiegel meines Ichs zeichnete sich wie ein latentes Bild die andere Persönlichkeit ab, die Faulkner erkannt haben mußte: ein lauter, aufdringlicher, arroganter Affe, den seine ihm überlegenen literarischen Kollegen schon zu lange geduldet hatten. So verdanke ich Faulkner den biblischen Akt, mich zu verdammen. Trotz meiner Furcht vor den Folgen blieb mir schließlich keine andere Wahl, als den Vorstoß in die seelische Wildnis des »Weißen Neger« zu wagen. Bevor ich mich jedoch an diese Arbeit machte, verbrachte ich eine Woche in Mexiko, eine Woche, die für mich ebenso gut war wie ein guter Kurzroman, und meiner Meinung nach kam ich dabei ganz und gar nicht übel weg. Aber ich will nicht versuchen, auch nur eine Andeutung von dieser Zeit zu geben. Was sich für das Schreiben als lebendig erweist – Liebe, Gewalttätigkeit, Drogen, geschlechtliche Betätigung, Verlust, Familie, Arbeit, Tod, Niederlage, Sieg oder etwas, was in den Augen anderer unwesentlich sein mag –, entspringt diesen wenigen Augenblicken, die bis zu den seelischen Kreuzwegen des Bewußtseins vordringen und sich dort zu einem neuen Kristallisationspunkt der Einbildungskraft verdichten. Es kommt einen teuer zu stehen, eine solche Erinnerung ihrer Einzelheiten zu berauben, denn man verliert dadurch die Kraft, das Beste der eigenen Phantasie in einen schöpferischen Raum hineinzuprojizieren, der größer ist als die Einzelheiten des eigenen Lebens.

Was der Grund auch sein mag, berechtigte Vorsicht oder Unfähigkeit, so muß ich doch über diese Woche in Mexiko und die guten Wochen, die ihr folgten, hinweggehen und darf nur ganz beiläufig den nächsten Monat voller Niedergeschlagenheit und Verzweiflung erwähnen, in dem ich das Zigarettenrauchen wiederaufnahm und den »Weißen Neger« schrieb. Es braucht nichts weiter darüber gesagt zu werden, wie das geschah, nur soviel, daß ich beim Schreiben unter der Furcht litt, ich sei kein Schriftsteller mehr. Da ich mich in vielen dieser Versuche über die Mängel meiner Arbeiten ausgelassen habe, ist es für mich ein Trost, hier sagen zu können, daß »Der Weiße Neger« eines der besten Essays ist, das ich je schrieb. Und ist es auch schwierig zu lesen, so verdient es doch, wie ich glaube, Beachtung. Aus dem »Weißen Neger«, dem Romanfragment »Die schönste Zeit ihres Lebens« und aus der letzten Arbeit dieses Buches »Reklame für mich selber auf dem Weg nach oben« kann man die eigentliche Absicht dieser verstümmelten Autobiographie des fast geschlagenen Abenteurers, der ich selber war, herauslesen. Mit diesen drei Samenkörnern, können wir sagen, ist der Zweck des Buches erfüllt. Ein Samenkorn ist ein Endzweck, es birgt das Ziel der schlummernden Möglichkeiten, wie man sie selber sieht, und jeder Organismus schafft sich seine Samenkörner aus den Erfahrungen, die er in der Vergangenheit gesammelt hat, und aus der noch nicht erkennbaren Vision oder aus dem Fluch, der der Zukunft gilt. So mag denn eine Andeutung des Besten und des Schlimmsten von dem, was im Laufe dieser sich über Jahre erstreckenden Bekenntnisse wirklich geschehen ist, in dem letzten Teil, der nichts und alles mit mir gemein hat, zum Leben erwachen.

An dieser Stelle und hiermit sehe ich mich gezwungen, alle Spuren einer Autobiographie, die in diesen Versuchen möglicherweise zu finden sind, auszulöschen. Alles, was nach dem »Weißen Neger« geschrieben wurde, ist zu eng mit der Gegenwart verknüpft, um in der Wiedergabe persönlicher Erinnerungen Vollkommenheit des Stils zu erlauben. Die Beichte ist vorbei – und ich habe das Gefühl, daß ein Versuch, von dem, was mir in den letzten Jahren widerfahren ist, noch mehr zu berichten, vielleicht fünftausend gute Wörter ergeben, mich aber ebensogut um fünfzigtausend bessere Wörter bringen könnte.

Der weiße Neger

Einige Gedanken über den Hipster

Unsere Suche nach den Rebellen dieser Generation hat uns zum Hipster geführt. Der Hipster ist ein umgestülptes *enfant terrible*. Er versucht, es den Konformisten heimzuzahlen, indem er sich im Hintergrund hält ... Man kann einen Hipster nicht für ein Interview gewinnen, denn sein Hauptziel liegt darin, sich der Gesellschaft fernzuhalten, die, so meint er, jeden nach ihrem Bild zu formen sucht. Er greift zu Marihuana, weil es ihm die Erlebnisse vermittelt, an denen der »*square*«* nicht teilhat. Vielleicht trägt er einen breitkrempigen Hut oder auffälligen Anzug, aber für gewöhnlich zieht er es vor, sich unauffällig herumzudrücken. Der Hipster kann ein Jazzmusiker sein; selten ist er ein bildender Künstler, fast nie ein Schriftsteller. Er verdient sich möglicherweise seinen Lebensunterhalt als kleiner Verbrecher, als Landstreicher, als Gelegenheitsarbeiter auf Rummelplätzen oder als selbständiger Fuhrunternehmer in Greenwich Village, aber einige Hipster haben als Komiker beim Fernsehen oder als Filmschauspieler eine gesicherte Zukunft gefunden. (So war der verstorbene James Dean ein Hipsterheld.) ... Man fühlt sich versucht, den Hipster als infantil im Sinne der Psychiatrie hinzustellen, sein Infantilismus ist jedoch ein Zeichen der Zeit. Er versucht nicht, nach dem Vorbild eines Napoleon, seinen Willen anderen aufzuzwingen, sondern begnügt sich mit einer bisher nie geleugneten, weil nie auf die Probe gestellten, magischen Ausstrahlung ... Als der einzige radikale Nonkonformist seiner Generation übt er allein durch Zeitungsartikel, die über seine Vergehen, über seinen zerfließenden Jazz und sein emotionales Gestammel erscheinen, eine mächtige, wenn auch untergründige Anziehungskraft auf Konformisten aus.

Aus: »Geboren 1930, Die nichtverlorene Generation« von Caroline Bird, Harper's Bazaar, Februar 1957.

---

* Spießer, Biedermann

Wahrscheinlich werden wir niemals fähig sein, die seelische Verwüstung zu ermessen, die Konzentrationslager und Atombombe im Unterbewußtsein fast jedes einzelnen Menschen, der in unserer Zeit lebt, angerichtet haben. Zum erstenmal in der Geschichte der Zivilisation, vielleicht zum erstenmal in der gesamten Geschichte sind wir gezwungen, mit dem in uns unterdrückten Wissen zu leben, wir seien immer noch dazu verurteilt, als bloße Zahl im Rahmen einer großangelegten statistischen Untersuchung zu sterben, bei der wohl unsere Zähne gezählt und unsere Haare geborgen werden würden, unser Tod an sich jedoch unbekannt, ungeehrt und unregistriert bliebe, nicht ein Tod, der mit Würde als mögliche Folge eigener wohlbedachter Handlungen eintreten könnte, sondern vielmehr ein Tod durch einen *deus ex machina* in einer Gaskammer oder einer radioaktiv verseuchten Stadt. Inmitten einer Zivilisation, die sich auf den faustischen Drang gründet, die Natur durch Überwindung der Zeit, durch Aufhebung der Verkettung von gesellschaftlicher Ursache und Wirkung zu beherrschen – also inmitten einer ökonomischen Zivilisation, die auf der Zuversicht beruht, man könne die Zeit tatsächlich unserem Willen unterwerfen –, wurde unsere Seele selber der unerträglichen Angst überantwortet, das Leben sei, da auch der Tod keine Ursache habe, ebenfalls ohne Ursache und die der Ursache und Wirkung beraubte Zeit stehe an einem toten Punkt.

Der Zweite Weltkrieg hielt der Menschheit einen Spiegel vor, der alle blendete, die in ihn hineinblickten. Denn wenn in den Konzentrationslagern Millionen und Abermillionen infolge der unerbittlichen Todeskämpfe und Krämpfe der Superstaaten, die auf den stets unlösbaren Widersprüchen der Ungerechtigkeit beruhen, getötet wurden, dann mußte man auch erkennen, daß die Gesellschaft, die der Mensch geschaffen, so verzerrt und pervertiert sie sein Bild auch wiedergab, doch seine Schöpfung war, seine kollektive Schöpfung (zumindest seine kollektive Schöpfung aus der Vergangenheit). Wer konnte also, wenn die Gesellschaft derart blutdürstig war, der entsetzlichsten aller Fragen nach der Natur des Menschen ausweichen? Schlimmer. Man konnte kaum noch den Mut aufbringen, ein Individuum zu sein, mit seiner eigenen Stimme zu sprechen, denn die Jahre, in denen man sich selbstgefällig als Teil einer Elite hatte betrachten dürfen, weil man ein Radikaler war, sie waren nun für immer vorbei. Wich ein Mensch von der Meinung der anderen ab, so wußte er, daß sein Leben gezeichnet war, und dieses Zeichen konnte ihm jederzeit, im Falle einer offenen Krise, zum Verhängnis werden. Kein Wunder also, daß dies die Jahre des Konformismus und der Depression wurden. Aus jeder Pore des amerikanischen Lebens steigt der ekle Gestank der Angst empor, und wir leiden an einem kollektiven Versagen des Mutes. Der einzige Mut, dessen Zeugen wir, bis auf seltene Ausnahmen, gewesen sind, war der vereinzelt auftretende Mut einiger weniger Menschen.

2

Gegen diesen düsteren Hintergrund zeichnet sich eine Erscheinung ab: der amerikanische Existentialist – der Hipster, der Mensch, der weiß, daß, wenn es unser aller Los sein soll, mit dem augenblicklichen Tod durch einen Atomkrieg, mit dem verhältnismäßig schnellen Tod durch den Staat als *l'univers concentrationnaire* oder mit einem langsamen Tod durch Konformismus im Nacken zu leben, wobei jeder schöpferische und rebellische Instinkt erstickt wird (mit welchen Schädigungen für Geist und Herz, Leber und Nerven wird kein Krebsforschungszentrum so schnell zu entdecken vermögen), daß, wenn es also dem Menschen im zwanzigsten Jahrhundert als Geschick beschieden sein soll, von Jugend an bis zur vorzeitigen Vergreisung mit dem Tod vor Augen zu leben, es dann nur eine einzige lebensspendende Antwort gibt, nämlich die Todesbedingungen anzunehmen, sich mit dem Tod als unmittelbarer Gefahr vertraut zu machen, sich selber von der Gesellschaft loszulösen, dahinzuvegetieren, ohne Wurzel zu schlagen, und sich auf die Wanderung in noch unerforschte Gebiete zu den rebellischen Imperativen des Ichs zu begeben. Kurz, ob das Leben kriminell ist oder nicht, die Entscheidung läuft darauf hinaus, den Psychopathen in einem selber zu ermutigen, jenen Erfahrungsbereich zu erforschen, wo Sicherheit Langeweile und daher Krankheit bedeutet und man in der Gegenwart existiert, innerhalb dieser riesigen Gegenwart, welche ohne Vergangenheit und Zukunft ist, ohne Erinnerung und ohne Plan und Ziel; es ist das Leben, in dem ein Mensch weitermachen muß, bis er am Ende ist, in dem er durch all die kleinen oder großen Krisen des Mutes und unvorhergesehener Situationen, die im Verlauf seiner Tage auf ihn einstürmen, seine Energien wie in einem Spiel einsetzen und entweder mitmachen muß oder dazu verurteilt ist, abseits zu stehen. Das bisher unbenannte Wesen des Hip, sein psychopathischer Scharfsinn gerät förmlich in Schwingung bei der Erkenntnis, daß Siege neuer Art auch die Fähigkeiten zu Wahrnehmungen neuer Art steigern; und Niederlagen, Niederlagen der falschen Sorte, greifen den Körper an und kerkern die Energie ein, bis man sich in der Gefängnisluft der Gewohnheiten anderer Menschen gefangen sieht, in den Niederlagen anderer Menschen, in ihrer Langeweile, in ihrer stillen Verzweiflung und in ihrer stummen, eisigen, selbstzerstörerischen Raserei. Man ist Hip oder man ist Square (die Alternative, vor die jede neue, in Amerika geborene Generation sich gestellt sehen wird), man ist Rebell oder man unterwirft sich, man ist ein Grenzer im Wilden Westen des amerikanischen Nachtlebens oder eine im totalitären Gewebe der amerikanischen Gesellschaft eingeschlossene Zelle des gutbürgerlichen Durchschnitts, und man ist wohl oder übel dazu verurteilt, mitzulaufen, will man Erfolg haben.

Eine totalitäre Gesellschaft stellt an den Mut ihrer Menschen ungeheure Anforderungen und eine nur zum Teil totalitäre Gesellschaft sogar noch höhere, denn die Lebensangst ist größer.

Tatsächlich erfordert fast jede Art nicht-konventioneller Betätigung unverhältnismäßig großen Mut. So ist es kein Zufall, daß der Ursprung des Hip auf den Neger zurückgeht, denn dieser hat seit zwei Jahrhunderten auf dem schmalen Grenzstreifen zwischen Totalitarismus und Demokratie gelebt. Aber das Vorhandensein des Hip als wirksame Philosophie in der Unterwelt des amerikanischen Lebens ist wahrscheinlich auf den Jazz und sein messerscharfes Eindringen in die Kultur, seine schleichende, doch alles durchsetzende Beeinflussung einer avantgardistischen Generation zurückzuführen – jener Nachkriegsgeneration von Abenteurern, die (einige bewußt, die anderen durch Osmose) die Lehren der Ernüchterung und des Ekels der zwanziger Jahre, der Depression und des Zweiten Weltkrieges in sich aufgenommen hatten. Ihnen gemeinsam war ein kollektiver Zweifel an den Worten der Menschen, die zu viel Geld besaßen und zu viele Dinge beherrschten, und sie hegten einen fast ebenso mächtigen Zweifel an den gesellschaftlich unumstößlichen Ideen von nur *einer* Partnerin des Mannes, der festen Familienbande und des ehrbaren Liebesverhältnisses. Wenn die intellektuellen Vorläufer dieser Generation auch ursprünglich von so verschiedenen Männern wie D. H. Lawrence, Henry Miller und Wilhelm Reich beeinflußt worden sind, so deckt sich doch die lebensfähige Philosophie Hemingways mit den meisten ihrer Erkenntnisse: In einer bösen Welt, wie er immer wieder behauptete (wobei er sich vorübergehend frei machte von seinem emporkömmlingshaften Snobismus und seinem gierigen Lebensgenuß), in einer bösen Welt gibt es ohne Mut weder Liebe noch Gnade, weder Barmherzigkeit noch Gerechtigkeit, was sich ebenfalls mit einigen dieser Erkenntnisse deckt. Noch genauer jedoch entsprach den Bedürfnissen des Abenteurers der kategorische Imperativ Hemingways, daß das, was ihm ein gesteigertes Lebensgefühl vermittle, das Gute schlechthin sein müsse.

Kein Wunder also, daß in manchen Städten Amerikas, selbstverständlich in New York und in New Orleans, in Chikago, San

Franzisko und Los Angeles, in so amerikanischen Städten wie Paris und Mexiko dieser bestimmte Teil einer Generation von dem angezogen wurde, was der Neger zu bieten hatte. An Orten wie Greenwich Village wurde eine *ménage-à-trois* gegründet – der Bohemien und der jugendliche Verbrecher sahen sich dem Neger gegenübergestellt, und das war die Geburtsstunde des Hipsters. Wenn Marihuana der Trauring war, so wurde Hip das Kind, das heißt seine Sprache, denn dieser Jargon gab neuen Gefühlszuständen Ausdruck, an denen alle teilhaben konnten, zumindest alle, die zum Hip gehörten. Und in diese Ehe brachte der Neger die kulturelle Mitgift ein. Jeder Neger, dem sein Leben lieb ist, muß vom ersten Tag an mit der Gefahr leben und darf keine seiner Erfahrungen beiläufig hinnehmen; kein Neger kann in der festen Gewißheit, daß ihm nicht Gewalt angetan werde, die Straße entlangschlendern. Die für den Weißen so kostbaren Inbegriffe von Mutter und Heim, Beruf und Familie, die ihm Sicherheit bedeuten, sind für Millionen Neger nicht einmal bei kühnster Phantasie vorstellbar; sie sind einfach nicht vorhanden. Dem Neger bleibt nur ein Leben unaufhörlicher Demütigung oder steter Gefahr. In einer solchen Lage, in der Selbstüberschätzung für das Überleben ebenso wichtig ist wie Blut, war der Neger nur am Leben geblieben, weil er den Bedürfnissen seines Körpers einfach nachgab, wo immer es ihm möglich war. Da er in allen Fasern seines Wesens spürte, daß Leben Kampf bedeutet, nichts als Kampf, konnte sich der Neger (Ausnahmen zugegeben) selten die Hemmungen der verfeinerten Zivilisation leisten, und so bewahrte er sich die Lebenskunst des Primitiven in der ungeheuren Gegenwart. Er vegetierte um der Samstagabende willen dahin, an denen er über die Stränge schlug, wobei er die Vergnügungen des Geistes zugunsten der lockereren Freuden des Körpers aufgab. In seiner Musik verlieh er dem Charakter und der Art seiner Existenz Ausdruck, seinem Zorn und den unendlichen Variationen von Freude, Wollust, Sehnsucht, Groll, Verkrampfung, Not, Tollheit, wie auch der Verzweiflung in seinem Orgasmus. Denn Jazz ist Orgasmus, es ist die Musik des Orgasmus, des guten und des schlechten Orgasmus, und so sprach der Jazz eine ganze Nation an, er besaß die Kraft der künstlerischen Aussage auch dort noch, wo er verwässert, pervertiert und fast umgebracht worden war; er sprach in wenn auch noch so verdünnter volkstümlicher Form von momentanen Existenzzuständen, auf die manche Weiße zu reagieren vermochten; es war tatsächlich eine durch die Kunst vermittelte Botschaft: »Dies empfinde ich, und nun empfindest du es auch.«

Ein neues Geschlecht von Abenteurern war herangewachsen, städtischen Abenteurern, die zu nächtlicher Stunde auszogen und nach Betätigung suchten, im Herzen das Gesetz des schwarzen Mannes, das ihrem Wahrheitsbegriff entsprach. Der Hipster hatte sich die existentialistischen Litaneien des Negers zu eigen gemacht und konnte praktisch als weißer Neger angesehen werden.

Um Existentialist zu sein, muß man die Fähigkeit haben, sich selber zu fühlen – man muß die eigenen Wünsche, Süchte, Ängste kennen, man muß sich über die Wurzel der eigenen Enttäuschungen im klaren sein und wissen, wodurch sie sich überwinden lassen. Der überzivilisierte Mensch hingegen kann nur dann Existentialist sein, wenn es gerade Mode ist, und gibt diese sofort um der nächsten Moderichtung willen auf. Um ein echter Existentialist zu sein (für Sartre gilt zugegebenermaßen das Gegenteil), muß man religiös sein, man muß ein eigenes Gefühl für das »Ziel« haben – was immer dieses Ziel sein mag –, aber ein Leben, das durch den eigenen Glauben an die Notwendigkeit des Handelns geleitet wird, ist der Vorstellung verpflichtet, daß die Grundlage der Existenz ein Suchen ist, das zu einem bedeutsamen, aber geheimnisvollen Ziel führt; es ist unmöglich, ein solches Leben zu leben, falls nicht die eigenen Gefühle ihre tiefe Überzeugung beisteuern. Allein die Franzosen, über alle nur denkbare Entfremdung hinaus ihrem Unbewußten entfremdet, konnten eine Existenzphilosophie begrüßen, ohne sie überhaupt jemals zu empfinden; tatsächlich konnte nur ein Franzose durch die Erklärung, das Unbewußte existiere nicht, dazu übergehen, die kaum wahrnehmbaren Verflechtungen des Bewußtseins, die mikroskopisch sinnfälligen und fast unbeschreiblichen *frissons* des geistigen Werdens zu erforschen, um schließlich die Theologie des Atheismus zu erschaffen und so zu beweisen, daß in einer Welt der Absurditäten die existentielle Absurdität die logischste ist.

In dem Dialog zwischen dem Atheisten und dem Mystiker steht der Atheist auf der Seite des Lebens, des vernunftbegründeten Lebens, des undialektischen Lebens. Da er den Tod als Leere betrachtet, kann er sich, wie erschöpft oder verzweifelt er auch sein mag, nichts anderes als noch mehr Leben wünschen; er ist stolz darauf, daß er seine Schwäche und seine geistige Erschöpfung nicht zu einer romantischen Todessehnsucht erhebt, denn eine solche Auffassung vom Tod ließe sich dann allzu leicht durch seine Phantasie zu einem Universum mit sinnvollem Aufbau und moralischer Orchestrierung erweitern.

Doch kann diese mannhafte Beweisführung dem Mystiker nur sehr wenig bedeuten. Der Mystiker vermag wohl die Charakterisierung seiner Schwäche durch den Atheisten hinzunehmen, und er kann einräumen, daß sein Mystizismus eine Reaktion auf seine Verzweiflung darstelle. Und dennoch ... ja, und dennoch behauptet er, daß er, der Mystiker, derjenige sei, der sich am Ende dazu entschlossen habe, mit dem Tode zu leben, und darum sei der Tod *seine* Erfahrung und nicht die des Atheisten; der Atheist habe sich selber, indem er den grenzenlosen Dimensionen tiefer Verzweiflung ausgewichen sei, der Fähigkeit beraubt, diese Erfahrung zu beurteilen. Das eine wesentliche Argument, das der Mystiker stets vorbringen muß, ist die Intensität seiner persönlichen Vision – sein Argument ist gerade durch die Vision bedingt, denn das in der Vision Empfundene ist so außergewöhnlich, daß kein verstandesmäßiges Argument, keinerlei Hypothesen von »ozeanischen Gefühlen« und gewiß keine skeptischen Herabsetzungen das hinwegklären können, was für ihn zu der Wirklichkeit geworden ist, die realer ist als die Wirklichkeit genau durchdachter Logik. Sein inneres Erleben der Möglichkeiten innerhalb des Todes ist seine Logik. Das gilt auch für den Existentialisten. Und für den Psychopathen. Und für den Heiligen, den Stierkämpfer und den Liebenden. Der ihnen allen gemeinsame Nenner ist ihr brennendes Bewußtsein des Gegenwärtigen, genau jenes weißglühende Bewußtsein, das ihnen die Möglichkeiten innerhalb des Todes zugänglich gemacht hat. In diesem Zustand liegt eine Tiefe der Verzweiflung, die einen befähigt, nur dadurch am Leben zu bleiben, daß man sich den Tod dienstbar macht, aber der Lohn liegt im Wissen dieser Menschen, daß alles, was in jedem Augenblick der elektrisch geladenen Gegenwart geschieht, für sie gut oder schlecht ist, gut oder schlecht für ihre Sache, ihre Liebe, ihr Handeln, ihre Bedürfnisse.

Diese Erkenntnis bringt in der Welt der Hipster die seltsame Gemeinsamkeit ihres Empfindens hervor, eine gedämpfte, leidenschaftslose, religiöse Wiedererweckung, gewiß, aber das erregende, beunruhigende und vielleicht angsttraumhaft bedrükkende Element ist, daß Unvereinbares sich hier vereint, das verinnerlichte Leben und das gewalttätige Leben, die Orgie und der Traum von der Liebe, das Verlangen zu morden und das Verlangen zu erschaffen, eine dialektische Auffassung von der Existenz in Verbindung mit Machtgier, eine dunkle, romantische und doch unleugbar dynamische Betrachtungsweise der Existenz, denn diese sieht jeden Mann und jede Frau sich gleichsam durch jeden Augenblick des Lebens getrennt fortbewegen – weiterer Entwicklung entgegen oder zurück in den Tod.

3

Es lohnt sich vielleicht, den Hipster als philosophischen Psychopathen zu betrachten, als einen Mann, der sich nicht nur für die gefährlichen Imperative seines psychopathischen Verhaltens, sondern auch, zumindest um seiner selbst willen, für eine systematische Ordnung all jener Vermutungen interessiert, auf denen sein inneres Universum errichtet ist. Nach dieser Prämisse ist der Hipster ein Psychopath und dennoch kein Psychopath, sondern die Negierung eines Psychopathen, denn er besitzt die narzißtische Gelöstheit des Philosophen, jenes Versunkensein in die verschachtelten Nuancen des eigenen Beweggrunds, das dem vernunftwidrigen Drängen des Psychopathen so fremd ist. In Amerika, wo jedes Jahr Millionen neuer Psychopathen herangezüchtet werden, die mit dem Stempel unserer widerspruchsvollen Zivilisation gebrandmarkt sind (in der alles Geschlechtliche Sünde und dennoch das Paradies ist), hat sich, scheint es, bereits die Entwicklung des antithetischen Psychopathen angebahnt, der aus seinem eigenen Zustand, aus der inneren Gewißheit, daß sein Aufbegehren gerecht ist, eine radikale Vision des Universums ableitet, die ihn so von der allgemeinen Unwissenheit, dem reaktionären Vorurteil und dem Zweifel des konventionelleren Psychopathen an sich selber scheidet. Nachdem der Hipster seine unbewußte Erfahrung in sehr viel bewußtes Wissen umgewandelt hat, verlagert er nunmehr den Brennpunkt seines Verlangens von unmittelbarer Befriedigung zu dem umfassenderen, leidenschaftlichen Streben nach zukünftiger Macht als dem Merkmal des zivilisierten Menschen. Doch mit einem unverwischbaren Unterschied. Hip ist nämlich der Intellektualismus des weisen Primitiven in einem riesigen Dschungel, und so übt er noch keine Anziehungskraft auf den zivilisierten Menschen aus. Wenn es zehn Millionen mehr oder weniger psychopathische Amerikaner gibt (diese Zahl ist äußerst bescheiden), entfallen auf diese wahrscheinlich nicht mehr als hunderttausend Männer und Frauen, die sich bewußt als Hipster betrachten; ihre Bedeutung liegt jedoch darin, daß sie eine Elite sind, mit der potentiellen Erbarmungslosigkeit einer Elite und einer Sprache, welche die meisten Jugendlichen instinktiv verstehen, denn die Leidenschaft, mit der der Hipster das Dasein betrachtet, entspricht ihrer Erfahrung und ihrem Verlangen, sich aufzulehnen.

Bevor man sich noch mehr über den Hipster äußern kann, muß offensichtlich viel über den psychischen Zustand des Psychopathen gesagt werden – oder genauer über die psychopathische Persönlichkeit. Aus Gründen nun, die seltsamere Zusammenhänge haben mögen als die bloße Ähnlichkeit der Wörter, wäre hier darauf hinzuweisen, daß sogar viele Menschen, die in der Psychoanalyse bewandert sind, oft Psychopathie mit Psychose verwechseln. Und doch sind diese Begriffe entgegengesetzt. Bei einer Psychose ist der Mensch vor dem Gesetz geisteskrank, der Psychopath jedoch nicht; bei einer Psychose ist der Mensch fast immer unfähig, seinen ohnmächtigen Zorn durch physische Handlungen abzureagieren, während der Psychopath im extremen Fall tatsächlich ebenso unfähig ist, seine Neigung zur Gewaltanwendung zu bezähmen. Der Mensch, der an einer Psychose leidet, lebt in einer so nebelhaften Welt, daß alles, was in seinem Leben vorgeht, für ihn nicht sehr wirklich ist, während der Psychopath selten eine größere Wirklichkeit kennt als das Gesicht, die Stimme, das Wesen der Menschen, in deren Gegenwart er sich gerade aufhalten mag. Sheldon und Eleanor Glueck beschreiben ihn folgendermaßen:

> Der Psychopath ... läßt sich von der Person, die in eine »echte Psychose« gleitet oder sich aus ihr wieder befreit, durch das lange, hartnäckige Andauern seiner antisozialen Einstellung und Verhaltensweise sowie durch das Fehlen von Halluzinationen, Wahnvorstellungen, manischer Ideenflucht, Verwirrung, Desorientiertheit und anderer auffälliger Anzeichen einer Psychose unterscheiden.

Der verstorbene Robert Lindner, einer der wenigen Experten auf diesem Gebiet, hat in seinem Buch *Rebel Without a Cause – The Hypnoanalysis of a Criminal Psychopath* folgende Definition gegeben:

... der Psychopath ist ein Rebell ohne Sache, ein Agitator ohne Schlagwort, ein Revolutionär ohne Programm: Mit anderen Worten, sein Rebellentum richtet sich nur darauf, Ziele zu erreichen, die für ihn allein befriedigend sind; er ist unfähig, sich für andere anzustrengen. Alle seine Bemühungen, hinter welchen Vorwänden sie sich auch verbergen, stellen Investitionen dar, die zur Befriedigung seiner unmittelbaren Wünsche und Begierden bestimmt sind ... Der Psychopath kann ebensowenig wie das Kind die Freuden der Befriedigung abwarten; und dieser Zug ist eines seiner grundlegenden, universellen Merkmale. Er kann nicht die erotische Befriedigung abwarten, bei der, wie es die Konvention verlangt, dem Erlegen der Beute die Jagd vorausgehen sollte: Er muß vergewaltigen. Er kann nicht die allmähliche Anerkennung in der Gesellschaft abwarten: Seine egoistischen Ambitionen verleiten ihn dazu, sich durch tollkühne Taten in die Schlagzeilen zu bringen. Wie ein roter Faden zieht sich das Vorherrschen dieses Mechanismus zur unmittelbaren Befriedigung durch die Geschichte jedes Psychopathen hin. Es erklärt nicht nur sein Verhalten, sondern auch das Gewalttätige in seinen Handlungen.

Aber selbst Lindner, der phantasiebegabteste und verständnisvollste der Psychoanalytiker, die die psychopathische Persönlichkeit studiert haben, war nicht willens, in seinem Mitgefühl noch weiterzugehen – was besagt, daß der Psychopath tatsächlich der pervertierte und gefährliche Vorläufer einer neuartigen Persönlichkeit sein mag, die noch vor Ende des zwanzigsten Jahrhunderts der zentrale Ausdruck der menschlichen Natur werden könnte. Denn der Psychopath ist besser geeignet, jene einander widersprechenden Hemmungen gegenüber Gewalttätigkeit und Liebe zu überwinden, welche die Zivilisation von uns fordert, und wenn man sich daran erinnert, daß nicht jeder Psychopath einen extremen Fall darstellt und ein psychopathischer Zustand bei vielen Menschen vorliegt, einschließlich vieler Politiker, Berufssoldaten, Zeitungskolumnisten, Künstler, Jazzmusiker, Callgirls, Homosexueller und der Hälfte der führenden Leute in Hollywood, beim Fernsehen und in der Werbung, sieht man, daß es gewisse Formen der Psychopathie gibt, die bereits einen erheblichen kulturellen Einfluß ausüben.

Charakteristisch für fast jeden Psychopathen und Teil-Psychopathen ist die Tatsache, daß sie ein neues Nervensystem für sich zu entwickeln versuchen. Im allgemeinen sehen wir uns gezwungen, auf ein Nervensystem gestützt zu handeln, das von Kindheit an geformt wurde und in der Art seiner Reaktionen die widersprüchlichen Eigenschaften unserer Eltern und unsere frühe Umwelt spiegelt. Daher müssen wir, jedenfalls die meisten von uns, dem Tempo der Gegenwart und der Zukunft mit Reflexen und Rhythmen begegnen, die der Vergangenheit entstammen. Nicht nur der »Ballast vergangener Institutionen«, sondern gerade auch ein unbrauchbares und oftmals veraltetes Nervensystem, das längst der Vergangenheit angehört, würgt unsere Fähigkeit ab, auf neue Möglichkeiten zu reagieren, die für unsere individuelle Entwicklung von erregender Bedeutung sein könnten.

In der Geschichte der Neuzeit war zumeist eine »Sublimierung« möglich: Man zahlte zwar dafür, indem man nur einen kleinen Teil des eigenen Ichs ausdrücken konnte, jedoch ließ sich dieser kleine Teil intensiv ausdrücken. Aber Sublimierung ist von einem vernünftigen Tempo der geschichtlichen Entwicklung abhängig. Hat sich das kollektive Leben einer Generation zu schnell entwickelt, dann ist die »Vergangenheit«, nach der sich bestimmte Männer und Frauen dieser Generation vielleicht richten, nicht, sagen wir, dreißig, sondern – relativ gesehen – hundert oder zweihundert Jahre alt. So wird das Nervensystem über die Möglichkeit solcher Kompromisse, wie sie die Sublimierung bietet, hinaus beansprucht, und dies um so mehr, da in unserer Zeit die stabilen Werte des Mittelstandes – eine für die Sublimierung so notwendige Voraussetzung – im wesentlichen zerstört sind, zumindest als erhaltende Werte, die frei sind von Verwirrung oder

Zweifel. In einer solchen Krise, die sich in einem beschleunigten geschichtlichen Zeitablauf und einer Entwertung aller Werte manifestiert, verläuft die Entwicklung in der Weise, daß psychopathisches Verhalten die Neurose verdrängt, und der Erfolg der Psychoanalyse (die noch vor zehn Jahren alle Aussicht hatte, einen unmittelbaren, bedeutsamen Einfluß auszuüben) schwächt sich auf Grund ihrer immanenten und bezeichnenden Unfähigkeit, Patienten zu behandeln, die komplizierter, erfahrener oder unternehmender sind als der Analytiker selber, immer mehr ab. In der Praxis läuft die Psychoanalyse heute allzu häufig auf nichts anderes als einen seelischen Aderlaß hinaus. Der Patient wird weniger verwandelt als vielmehr künstlich gealtert, und die infantilen Phantasien, die von sich zu geben er ermutigt wird, sind dazu verurteilt, sich an den verständnislosen Reaktionen des Analytikers totzulaufen. Für allzu viele Patienten besteht das Ergebnis in einer Verminderung, einer »Dämpfung« ihrer interessantesten Eigenschaften und Laster. Der Patient ist tatsächlich nicht so sehr verändert, er ist vielmehr ausgelaugt – weniger schlecht, weniger gut, weniger aufgeweckt, weniger eigenwillig, weniger zerstörerisch und weniger schöpferisch. Somit ist er in der Lage, sich der widerspruchsvollen, unerträglichen Gesellschaft anzupassen, die zunächst einmal seine Neurose hervorgebracht hatte. Er kann sich dem anpassen, was er verabscheut, weil er das leidenschaftliche Gefühl des Abscheus nicht mehr so intensiv zu empfinden vermag.

Es ist bekanntlich schwierig, den Psychopathen zu analysieren, denn die fundamentale Entscheidung seiner Natur besteht in dem Versuch, sich gemäß seiner infantilen Phantasie auszuleben, und in dieser Entscheidung mag (die traurige Alternative der Psychoanalyse vorausgesetzt) eine gewisse instinktive Weisheit liegen. Denn für die Änderung des eigenen Wesens gibt es eine Dialektik, die Dialektik, welche der gesamten psychoanalytischen Methode zugrunde liegt: Es ist das Wissen, daß man, um seine Gewohnheiten zu ändern, bis zur Quelle ihrer Entstehung zurückgehen muß; daher versucht der Psychopath, indem er den Weg des Homosexuellen, des Orgiasten, des Rauschgiftsüchtigen, des Vergewaltigers, des Räubers und des Mörders zurückverfolgt, jene von Gewalttätigkeit erfüllten Parallelen zu den gewalttätigen und oft hoffnungslosen Auflehnungen zu finden, die er als Kleinkind und im späteren Kindesalter gekannt hatte. Denn wenn er in dem Augenblick, in dem er dazu bereit ist, den Mut aufbringt, sich der Parallelsituation zu stellen, dann erhält er eine Chance, so zu handeln wie nie zuvor; indem er die alten Enttäuschungen überwindet – falls ihm das gelingt –, kann er dann vielleicht mit Hilfe eines symbolischen Ersatzes die Fesseln der Blutschande abstreifen. Indem er also dem verschütteten Kind in sich selber Ausdruck verleiht, vermag er die Spannung dieser infantilen Wünsche zu verringern und sich auf diese Weise so weit zu befreien, daß er ein Stück seines Nervensystems erneuert. Ebenso wie der Neurotiker sucht er nach einer Gelegenheit, ein zweites Mal heranzuwachsen, aber der Psychopath weiß instinktiv, daß es für ihn weitaus nützlicher ist, einem verbotenen Impuls durch Handeln Ausdruck zu geben, als lediglich diesen Wunsch in der Geborgenheit eines ärztlichen Sprechzimmers zu beichten. Der Psychopath ist gewöhnlich ehrgeizig, ja viel zu ehrgeizig, als daß er jemals seine verzerrte, aber großartige Konzeption von den ihm im Leben möglicherweise zufallenden Siegen gegen die erbarmungslose, wenn auch friedliche Zermürbung auf der Couch des Psychoanalytikers eintauschen würde. Seine Reise in die Vergangenheit auf der Suche nach Assoziationen wird daher in der Arena der Gegenwart restlos durcherlebt; er existiert um jener spannungsgeladenen Situationen willen, in denen seine Sinne so lebendig sind, daß er aktiv wahrzunehmen vermag (wie es der Patient des Psychoanalytikers passiv tut), worin seine Gewohnheiten bestehen und wie er sie ändern kann. Die Stärke des Psychopathen liegt darin, daß er weiß (wo die meisten von uns nur ahnen können), was gut und was schlecht für ihn ist, und zwar genau dann, wenn eine alte, lähmende Gewohnheit von der Erfahrung so zernagt ist, daß die Möglichkeit besteht, sie zu ändern, eine negative, hohle Furcht durch ein nach außen gerichtetes Handeln zu ersetzen, selbst wenn – und hier gehorche ich der Logik des extremen Psychopathen – selbst wenn er sich vor sich selber fürchtet und sein Handeln Mord ist. Der Psychopath mordet – wenn er den Mut dazu hat – aus der Notwendigkeit, sich von seiner ihm innewohnenden Gewalttätigkeit zu reinigen, denn wenn er seinen Haß nicht zu entleeren vermag, kann er auch nicht lieben und sein ganzes Wesen ist wegen seiner Feigheit in unversöhnlichem Haß gegen sich selber erstarrt. (Natürlich kann man hier einwerfen, daß für zwei starke achtzehnjährige Strolche nicht viel Mut dazu gehört, zum Beispiel dem Inhaber eines Süßwarengeschäfts den Schädel einzuschlagen; freilich wird diese Tat – sogar gemäß der Logik des Psychopathen – sich wahrscheinlich nicht als sehr therapeutisch erweisen, denn das Opfer kann nicht als wirklich gleichwertiger Gegner angesehen werden. Dennoch bedarf es eines gewissen Mutes, denn man ermordet ja nicht nur einen schwachen fünfzigjährigen Mann, sondern damit auch eine Institution, man verletzt das Privateigentum, man tritt in ein neues Verhältnis zur Polizei und führt ein gefährliches Element in das eigene Leben ein. Der Rowdy fordert daher das Unbekannte heraus, und folglich ist seine Tat, wie brutal sie auch sein mag, nicht gänzlich feige.)

Im Grunde besteht das Drama des Psychopathen darin, daß er Liebe sucht. Nicht Liebe als Verlangen nach einer Gefährtin, sondern Liebe als Verlangen nach einem Orgasmus, der apokalyptischer ist als der vorangegangene. Orgasmus ist seine Therapie – im Kern seines Wesens weiß er, daß ein guter Orgasmus seine Möglichkeiten steigert und ein schlechter Orgasmus ihn zum Gefangenen macht. Aber auf dieser Suche wird der Psychopath zu einer Verkörperung der extremen Widersprüche der Gesellschaft, die seinen Charakter geformt hat, und der apokalyptische Orgasmus bleibt ihm oft so fern wie der Heilige Gral, denn in seinen eigenen Bedürfnissen und in den Geboten und den Vergeltungsmaßnahmen der Männer und Frauen, in deren Mitte er sein Leben lebt, gibt es Anhäufungen, Brutstätten und Hinterhalte der Gewalttätigkeit, so daß, selbst wenn er seinen Haß durch die eine oder andere Tat entleert, die Umstände seines Lebens neuen Haß in ihm erzeugen, bis das Drama seines Tuns eine geradezu tükkisch-boshafte Ähnlichkeit mit den Bewegungen eines Frosches aufweist, der die Brunnenwand ein Stück nach oben gekrochen ist und gleich wieder zurückfällt.

Jedoch läßt sich für die Suche nach dem guten Orgasmus folgendes anführen: Lebt man in einer zivilisierten Welt und kann dennoch nichts von dem kulturellen Nektar einer solchen Welt genießen, weil die Widersprüche, auf denen die Zivilisation aufgebaut ist, es erforderlich machen, daß ein kulturloser und kulturentfremdeter Bodensatz ausbeutbaren menschlichen Materials zurückbleibt, dann liegt die Logik der Entwicklung zu einem Sexualverbrecher (falls die eigenen psychologischen Wurzeln in diesen Bodensatz hinreichen) darin, solange man lebt, ständig zumindest eine gewisse Chance physischer Gesundheit zu haben. Es ist daher kein Zufall, daß die Psychopathie bei den Negern äußerst verbreitet ist. Von der Außenwelt gehaßt und daher von Haß gegen sich selber erfüllt, wurde der Neger dazu gedrängt, die gesamte moralische Wildnis des zivilisierten Lebens zu erforschen, deren Erscheinungsformen der brave Durchschnittsbürger mechanisch als verbrecherisch, böse, unreif, krankhaft, selbstzerstörerisch oder ruchlos verurteilt. (Tatsächlich sind diese Begriffe gleichwertig. Je nach der kulturellen Clique, durch deren Teleskop der Biedermann das Universum betrachtet, stellen »böse« oder »unreif« gleich starke Verdammungsurteile dar.) Der Neger jedoch, dem es nicht freistand, seine Selbstachtung durch die unüberlegte Genugtuung einer kategorischen Verdammnis zu befriedigen, zog es statt dessen vor, sich in jener anderen Richtung zu bewegen, in der alle Situationen die gleiche Geltung besitzen; und in der schlimmsten Perversität, in Hurerei, Zuhälterei, Rauschgiftsucht, Vergewaltigung, in mit Rasiermessern und abgebrochenen

Flaschenhälsen geführten Schlachten und was dergleichen mehr entdeckte der Neger eine Moral des Bodensatzes und entwickelte sie weiter, eine ethische Differenzierung zwischen Gut und Böse in jeder menschlichen Tätigkeit, von dem eifrigen Zuhälter (im Gegensatz zum faulen) bis zum verhältnismäßig zuverlässigen Rauschgifthändler oder der Prostituierten. Berücksichtigt man das Verschlagene ihrer Sprache, die abstrakten, zweideutigen Alternativbegriffe, welche zu gebrauchen sie die Gefahr in Zeiten der Unterdrückung lehrte, berücksichtigt man ferner die hochgradige Sensibilität des Negers als Jazzmusiker – als solcher war er der kulturelle Lehrmeister eines Volkes –, dürfte es einem nicht allzu schwerfallen zu glauben, daß die Sprache des Hip, die sich daraus entwickelt hat, eine listenreiche, in gründlicher Erfahrung erprobte und geformte Sprache ist, die sich deshalb in ihrer Art vom Slang der Weißen unterscheidet, und wiederum auch von der ganz spezifischen Obszönität der Soldatensprache, die mit ihrem Akzent auf dem Wort »Arsch« als der Seele und auf dem Wort »Scheiße« als dem Milieu den Existenzzustand der Truppe auszudrücken vermag. Hip wird zu einer besonderen Sprache, da man sie nicht wirklich lehren kann; falls man weder an der Erfahrung überschwenglicher Begeisterung noch an der des Erschöpftseins teilhat, die zu beschreiben sie sich so gut eignet, erscheint sie einem lediglich als durchtrieben, vulgär oder aufreizend. Es ist eine bildhafte Sprache, aber bildhaft im Sinne abstrakter Kunst, durchtränkt mit der Dialektik einprägsamer Nuancen, eine Sprache für den Mikrokosmos, in diesem Fall für den Menschen, denn sie greift die unmittelbaren Erfahrungen jedes einzelnen auf und vergrößert die Dynamik seiner Bewegung, zwar nicht auf eine spezifische, sondern auf abstrakte Weise, so daß der Mensch als Vektorgröße bestimmter Richtung in einer Vielzahl von ineinandergeschachtelten Kräften aufgefaßt werden kann, nicht aber als unverrückbares Merkmal in einem kristallisierten Gebilde. (Letzteres ist der Standpunkt des Snobs.)

4

Es ist unmöglich, eine neue Philosophie zu konzipieren, bevor man nicht eine neue Sprache geschaffen hat, aber eine neue, allgemeinverständliche Sprache (obwohl sie unbedingt eine neue Philosophie enthalten muß) legt nicht notwendigerweise ihre Philosophie offen dar. Man kann also fragen, was denn in der Weltanschauung des Hip wirklich so einzigartig sei, daß es seinen Jargon über die vorübergehenden, launenhaften Wortbildungen des Bohemiens oder des Lumpenproletariats hinaushebt. Die Antwort dürfte in dem psychopathischen Element des Hip enthalten sein, das fast kein Interesse daran hat, die Natur des Menschen zu betrachten, oder besser, die menschliche Natur nach einer Reihe von Wertmaßstäben zu beurteilen, Maßstäbe, die a priori, unabhängig von aller Erfahrung, aufgestellt werden und von der Vergangenheit ererbt sind. Da Hip in jeder Antwort sofort eine neue Alternative, eine neue Frage erblickt, liegt bei ihm der Akzent mehr auf dem Verwickelten als auf dem Einfachen (tatsächlich geht diese Kompliziertheit so weit, daß die Sprache des Hip ohne das klärende Moment der Stimme, ohne Gesichtsausdruck und Körperhaltung hoffnungslos unverständlich bleibt). Da Hip seinen Nachdruck auf die Kompliziertheit legt, verzichtet es auf jede konventionelle moralische Verantwortung, denn es würde den Standpunkt vertreten, das Ergebnis unserer Handlungen sei unvorhersehbar, und deshalb könnten wir nicht wissen, ob wir Gutes oder Böses tun; wir können nicht einmal wissen (nach Joyce' Auffassung von Gut und Böse), ob wir einem anderen Energie gegeben haben, und selbst wenn wir es wissen könnten, hätten wir noch immer keine Ahnung davon, was der andere mit ihr anfängt.
Daher werden die Menschen weder als gut noch als böse betrachtet (daß sie gut-und-böse sind, wird als selbstverständlich vorausgesetzt), vielmehr wird ein Mensch als ein Sammelgefäß von mehr oder minder realisierbaren Möglichkeiten angesehen

(nach der im Hip stillschweigend enthaltenen Auffassung vom Charakter), und einige Menschen werden für fähiger als andere gehalten, in kürzerer Zeit mehr in ihnen ruhende Möglichkeiten zu verwirklichen, vorausgesetzt, und darin liegt die treibende Kraft, daß der jeweilige Charakter mitzuschwingen vermag. Und hier zeichnet sich das Gefühl für die Umwelt ab, das Hip von der Betrachtungsweise des Charakters durch den Spießer unterscheidet. Hip sieht die Umwelt als das den Menschen allgemein beherrschende Element an; sie beherrscht ihn, weil sein Charakter weniger bedeutsam ist als die Umwelt, in der er sich auswirken muß. Da es an die eigene Energie viel höhere Anforderungen stellt, selbst eine belanglose Handlung in einer ungünstigen Umwelt vorzunehmen als in einer günstigen, verkörpert der Mensch somit nicht nur seinen Charakter, sondern auch seine Umwelt; der Erfolg oder Mißerfolg einer Handlung in einer bestimmten Umwelt wirkt sich nämlich auf den Charakter aus und übt daher auf das, was der Charakter in einer anderen Umwelt sein wird, einen gewissen Einfluß aus. Was also sowohl den Charakter als auch die Umwelt beherrscht, ist die im Augenblick innigen Verwobenseins zur Verfügung stehende Energie.

Da der Charakter demnach als ständig ambivalent und dynamisch gesehen wird, gerät er in eine absolute Relativität, in der es keine anderen Wahrheiten mehr gibt als die isolierten Wahrheiten dessen, was jeder Beobachter in jedem Augenblick seiner Existenz empfindet. Um einen vielleicht ungerechtfertigten metaphysischen Vergleich heranzuziehen: Es ist, als ob das Universum, das bisher begrifflich als feststehende Tatsache betrachtet wurde (selbst wenn diese Tatsache Berkeleys Gottbegriff wäre), als eine Tatsache, die zu ergründen und zu enthüllen die gesamte Wissenschaft und Philosophie sich zum Ziel gesetzt hatte, statt dessen zu einer sich wandelnden Realität werde, deren Gesetze in jedem Augenblick durch alles, was lebt, neu geschaffen werden, besonders aber durch den Menschen, der einen neo-mittelalterlichen Gipfel erklommen hat, wo die Wahrheit nicht in dem besteht, was man gestern empfunden hat oder was man morgen zu empfinden hofft, sondern wo die Wahrheit nicht mehr und nicht weniger ist als das, was man in jedem Augenblick auf dem ständigen Höhepunkt der Gegenwart empfindet. Daraus ergibt sich zwangsläufig die Scheidung des Menschen von seinen Werten, die Befreiung des eigenen Ichs vom Über-Ich der Gesellschaft. Die einzige Hip-Moral (natürlich handelt es sich um eine ständig gegenwärtige Moral) besteht darin, das zu tun, was man empfindet, wann und wo auch immer es möglich ist, und – auf diese Weise beginnt der Krieg zwischen Hip und Spießer – einen Kampf um das Wesentliche zu eröffnen: die Schranken des Möglichen im eigenen Interesse niederzureißen, und zwar ausschließlich im eigenen Interesse, denn das gebietet die persönliche Notwendigkeit. Indem man jedoch die Arena des Möglichen erweitert, erweitert man sie entsprechend auch für andere, so daß die nihilistische Erfüllung des Verlangens eines jeden einzelnen Menschen auch ihre Antithese einer menschlichen Zusammenarbeit in sich schließt.

Wenn diese Ethik sich auch auf ein Erkenne-dich-selber und ein Sei-du-selber zurückführen läßt, unterscheidet sie sich doch radikal von dem sokratischen Begriff des Maßhaltens mit seiner strengen, konservativen Achtung vor den Erfahrungen der Vergangenheit dadurch, daß die Hip-Ethik auf einer in ihrer Vergötterung der Gegenwart kindlichen Maßlosigkeit beruht (und tatsächlich bedeutet doch die Achtung vor der Vergangenheit, daß man auch einen so üblen Schandfleck der Vergangenheit wie das kollektive Morden durch den Staat achtet). Diese Vergötterung der Gegenwart versinnbildlicht die lebensbejahende Tendenz des Hip, denn in seiner äußersten Logik übertrifft Hip sogar die unvergeßliche Lösung, die der Marquis de Sade für das Problem des Geschlechtlichen, des Privateigentums und der Familie gefunden hatte, daß nämlich alle Männer und Frauen einen absoluten, wenn auch nur zeitweiligen Anspruch auf die Körper aller anderen Männer und Frauen haben – der Nihilismus des Hip schlägt in seiner letzten Entwicklungsstufe vor, jede gesellschaftliche Schranke und Kategorie niederzureißen und aufzuheben, und in diesem Vorschlag ist stillschweigend die Versicherung enthalten, der Mensch werde sich dann als schöpferisch, nicht als blutdürstig erweisen und sich so vor der Selbstzerstörung bewahren. Genau das scheidet Hip von den autoritären philosophischen Systemen, die zur Zeit das konservative und liberale Temperament ansprechen. Was uns in der Mitte des zwanzigsten Jahrhunderts heimsucht, ist der verlorene Glaube an den Menschen, und das Verlockende der Autorität beruht darauf, daß sie uns vor uns selber im Zaum zu halten sucht. Hip möchte uns an uns selber zurückgeben, wie stark der dabei im einzelnen ausgeübte Zwang auch sein mag; Hip ist die Bejahung des Barbarischen, denn die menschliche Natur bedarf einer primitiven Leidenschaft, um zu glauben, daß individuelle Gewaltakte stets der kollektiven Gewalttätigkeit des Staates vorzuziehen sind; es bedarf eines nüchternen Glaubens an die schöpferischen Möglichkeiten des Menschen, um Gewalthandlungen als eine Katharsis zu betrachten, die seiner weiteren Entwicklung den Boden bereitet.

Ob das Verlangen des Hipsters nach absoluter sexueller Freiheit eine wahrhaft radikale Vorstellung von einer anderen Welt enthält, ist natürlich eine andere Sache, und da die Hipster mit ihrem Haß leben, wäre es möglich, daß viele von ihnen eine Sturmtruppen-Elite abgeben, die bereit ist, dem ersten, wirklich anziehenden Führer zu folgen, der seiner Auffassung vom Massenmord sprachlich solchen Ausdruck zu verleihen vermag, daß ihre Gefühle angesprochen werden. Aber in Anbetracht seiner verzweifelten Lage als psychisch Außenstehender könnte der Hipster ebensogut den konservativsten wie auch den fortschrittlichsten Bewegungen verfallen; so wäre es ebenso möglich, daß viele Hipster, wenn die Krise sich verschärft, zu der Erkenntnis ihres unwiderruflichen Abscheus vor der Gesellschaft gelangen. Denn so wie dem Radikalen durch seine Erfahrungen die unüberbrückbare Kluft der Anschauungen gerade wegen seiner Enttäuschungen, wegen der ihm versagt gebliebenen Gelegenheiten und der bitteren Jahre wegen, die er für seine Ideen hat durchstehen müssen, bestätigt wurde, so kann auch durch die unerbittliche, feindselige Haltung einer Gesellschaft, die den sexuell Radikalen totschweigt, dieser ebenso zu der verbitterten Erkenntnis der trägen, unbeugsamen Unmenschlichkeit dieser konservativen Kräfte gelangen, die ihn von außen und von innen beherrschen. Dadurch, daß der Hipster beherrscht, totgeschwiegen, ausgehungert und zermürbt wird, bis er sich schließlich unterwirft, wird in ihm vielleicht die Erkenntnis reifen, daß sein Zustand nichts weiter sei als eine Übersteigerung normalen menschlichen Verhaltens, daß seine Freiheit auch die Freiheit aller bedinge. Ja, auch das ist möglich.

Das Wesen des Hip liegt in der Forderung, in einem kritischen Augenblick Mut aufzubringen, und es ist schön, sich vorzustellen, daß der eigene Mut (als Beweis seiner Existenz) eine schwache Ahnung von der Notwendigkeit vermittelt, aus dem Leben etwas mehr zu machen, als es bisher gewesen ist.

Es ist offensichtlich kaum möglich, sich genaue Vorstellungen von der Zukunft des Hipsters zu machen. Gewisse Möglichkeiten zeichnen sich jedoch ab, und die wesentlichste ist die, daß das organische Wachstum des Hip davon abhängt, ob sich der Neger zu einem vorherrschenden Machtfaktor im Leben Amerikas entwikkelt. Da der Neger mehr von der Häßlichkeit und den Gefahren des Daseins weiß als der Weiße, ist es wahrscheinlich, daß er nach erreichter Gleichstellung eine potentielle Überlegenheit besitzen dürfte, eine zu fürchtende Überlegenheit, ja daß diese Furcht sich bereits als verborgenes Drama durch die amerikanische Innenpolitik zieht. Wie bei jeder politischen Furcht konservativer Elemente ist es auch hier die Furcht vor nicht voraussehbaren zukünftigen Konsequenzen; denn diese Gleichstellung des Negers würde in der Psychologie, der Sexualität und der moralischen Vorstellungskraft jedes Weißen eine tiefgreifende Umwandlung herbeiführen.

Mit dem möglichen Emporsteigen des Negers könnte Hip als eine psychisch gewappnete Aufstandsbewegung in Erscheinung treten, deren sexuelle Stoßkraft gegen die antisexuelle Haltung der tragenden Kräfte Amerikas Sturm laufen und damit neue Feindseligkeiten, Antipathien und Interessenkonflikte heraufbeschwören dürfte, so daß der kleinliche, geheuchelte Konformismus der Masse ausgelöscht werden würde. Wahrscheinlich würde dann eine Zeit der Gewalttätigkeit, neuer Hysterie, Verwirrung und Rebellion die Zeit des Konformismus ablösen. Zu einem solchen Zeitpunkt würde dann Hip, falls sich die Überzeugung des Liberalen, für jede Anschauung gebe es Raum in Amerika, als richtig erweisen sollte, sich schließlich als ein farbenfrohes Muster in das Gesamtgewebe einfügen lassen. Sollte aber die Wirklichkeit anders aussehen und sollten die wirtschaftlichen, sozialen, psychologischen und schließlich moralischen Krisen als Begleiterscheinung des Aufstiegs der Neger sich als unerträglich erweisen, dann bricht eine Zeit an, in der jeder politische Leitstern verschwunden sein wird; Millionen Liberale werden sich politischen Zwangslagen gegenübersehen – denen sie bisher mit Erfolg ausgewichen sind – und einer Auffassung vom Wesen des Menschen, mit der sie sich nicht werden abfinden wollen. Nehmen wir die Aufhebung des getrennten Schulunterrichts in den Südstaaten als Beispiel, so ist es durchaus möglich, daß der Reaktionär die Realität deutlicher sieht als der Liberale, wenn er den Standpunkt vertritt, das eigentliche Problem sei nicht die Rassentrennung, sondern die Rassenmischung. (Als Radikaler vertrete ich selbstverständlich eine Auffassung, die sich gegen die *Ausschüsse der weißen Bürger* richtet – es ist klar, daß ich es für ein unabdingbares Menschenrecht des Negers halte, sich mit einer Weißen zu paaren, und zweifellos wird es zu solchen Paarungen kommen, denn es wird auf der Oberschule junge Neger geben, die den Mut aufbringen, dafür ihr Leben aufs Spiel zu setzen.) Aber für den durchschnittlichen Liberalen, dessen Denken durch die Phrasendrescherei in den Klüngeln der professionellen Liberalen getrübt wurde, ist die Rassenmischung kein Problem, weil man ihm eingeredet hat, der Neger wünsche sie nicht. Wenn es dann dazu kommt, wird die Rassenmischung Entsetzen hervorrufen, vergleichbar vielleicht der Verwirrung der amerikanischen Kommunisten, als Stalins Standbilder von ihren Sockeln gestürzt wurden. Der durchschnittliche amerikanische Kommunist klammerte sich nämlich an den Mythos Stalin aus Gründen, die mit der politischen Wirklichkeit nur wenig, aber sehr viel mit seinen seelischen Nöten zu tun hatten. In diesem Sinn ist es für den Liberalen gleichfalls eine psychische Notwendigkeit zu glauben, daß der Neger und sogar der reaktionäre Weiße aus dem Süden im Grunde ihres Wesens Menschen seien wie er selber; auch sie haben die Voraussetzungen dafür, gute Liberale zu werden, wenn man ihnen nur die Gedanken einer vernünftigen liberalen Einstellung näherbringen könnte. Aber der Liberale vermag den Haß nicht zuzugeben, der unter der Oberfläche einer Gesellschaft schwelt, die so ungerecht ist, daß die im Volk aufgestaute Menge kollektiver Gewalttätigkeit vielleicht nicht gezügelt werden kann; wenn man sich nun eine bessere Welt wünscht, tut man daher gut daran, den Atem anzuhalten, denn es ist unvermeidlich, daß zunächst eine schlimmere Welt kommt, was zu dem folgenden Dilemma führen kann: Bei einem solchen Haß muß dieser sich entweder nihilistisch Luft machen oder er verwandelt sich in die erbarmungslosen, mörderischen Liquidationen des totalitären Staates.

5

Welche Greuel das zwanzigste Jahrhundert auch hervorbringt, es ist wegen seiner Tendenz, das ganze Leben auf seine letztmöglichen Alternativen zu beschränken, eine ungemein erregende Zeit. Man kann sich wirklich fragen, ob der allerletzte Krieg zwischen Schwarzen und Weißen, zwischen Männern und Frauen, zwischen den Schönen und den Häßlichen, den Plünderern und den Managern oder den Rebellen und den Elementen der Ordnung ausgetragen werden wird. Damit allerdings gerät man mit seinen Betrachtungen über einen Punkt hinaus, an dem sie noch ernst zu nehmen sind, und dennoch hat sich die Verzweiflung über die Monotonie und die Trostlosigkeit der Zukunft der Vorstellung des Radikalen so tief eingeprägt, daß er Gefahr läuft, jeglicher Phantasie zu entsagen. Die Gedanken und Empfindungen eines Menschen wirken als Antrieb seiner schöpferischen Kraft. Wenn nun ein so gut wie ungebildetes Volk ganz unerwartet einen fremdartigen, aber nichtsdestoweniger leidenschaftlichen Instinkt für den Sinn des Lebens entwickelt, ein Volk, das sich aus einem Zustand der Ausbeutung, der grausamen Erniedrigung, der Unterdrückung und Vergewaltigung, wie man ihn sich schlimmer kaum vorstellen kann, emporgearbeitet hat, wenn es also diesem gequälten Volk instinktiv gelungen ist, sich am Leben zu erhalten, dann ist es vielleicht auch möglich, daß der Neger einen größeren Teil der sich immer mehr durchsetzenden Wahrheit in Händen hält als der Radikale. Verhält es sich so, dann wäre es für den radikalen Humanisten nicht das Schlechteste, sich mit diesem Phänomen auseinanderzusetzen. Denn sollte jemals wieder eine revolutionäre Zeit anbrechen, wäre es von entscheidender Bedeutung, wenn jemand bereits eine neomarxistische Formel umrissen hätte, die es ermöglichen würde, jede Strömung und jeden Vorgang innerhalb der Gesellschaft vom Ukas bis zum Kuß als Botschaften menschlicher Energie zu begreifen, eine Formel, welche die ökonomischen Verhältnisse der Menschen in ihre psychologischen Beziehungen untereinander zu übertragen imstande sein würde und umgekehrt. Dadurch würden die Produktionsverhältnisse des Menschen auch seine sexuellen Beziehungen umschließen, bis man die Krisen der kapitalistischen Gesellschaftsordnung im zwanzigsten Jahrhundert als ihre unbewußten Anpassungsbestrebungen auffassen würde, die eigene wirtschaftliche Unausgeglichenheit auf Kosten einer neuen psychologischen Unausgeglichenheit der Massen zu beheben. Es übersteigt fast die Vorstellungskraft, eine Schöpfung zu konzipieren, an der die menschliche Energie in ihren dramatischen Verflechtungen beteiligt ist und in der eine Theorie ihrer gesellschaftlichen Strömungen – geordneter und ungeordneter –, ihrer Unterdrückungsmaßnahmen, ihrer schöpferischen und sinnlos vertanen Kräfte zu einer gewaltigen Synthese menschlichen Handelns zusammengefügt wird; dabei würde die Gesamtheit der marxistischen Gedanken und insbesondere die epische Größe des »Kapitals« – (das erste der bedeutsamen *psychologischen* Werke, das so einfach und so wirklichkeitsnah das Geheimnis der sozialen Grausamkeit aufdeckte und erklärte, wir seien ein kollektiver Körper von Menschen, dessen Lebensenergie der einzelne vergeudet, falsch einsetzt und, durch das kapitalistische System bedingt, stiehlt) – ihren Niederschlag in einer übergöttlichen Betrachtung menschlicher Gerechtigkeit und Ungerechtigkeit finden, in einer zugleich qualvolleren Vision jener innersten, durch unsere Organisiertheit verursachten Vorgänge, die zu Schöpfungen und Katastrophen führen und durch Zermürbung und Auflehnung unsere Entwicklung bedingen.

1957

Bemerkungen zu »Betrachtungen über Hip«

Der besondere Wert des Beitrags »Der Weiße Neger« liegt wohl in der Vielzahl von Ketzereien, die darin ausgesprochen werden. In der folgenden Auseinandersetzung mit Jean Malaquais und Ned Polsky werden zwei dieser Ketzereien behandelt, nämlich daß eine moderne Revolution auch unter einer anderen Bedingung als durch eine organisierte, militante Bewegung des Proletariats entstehen kann und es andere Heilmethoden für eine Neurose gibt als die Couch des Psychoanalytikers. Für Leser, denen solche Themen gleichgültig sind, wird diese Auseinandersetzung von fragwürdigem Interesse sein; für diejenigen, die gern ein wenig mehr über den »Weißen Neger« zu erfahren wünschen, ist das Folgende vielleicht der Mühe wert.

Ich habe mir eine Änderung erlaubt: Ursprünglich erschien diese Korrespondenz in Dissent *unter dem Titel »Betrachtungen über Hipsterismus«. Ich hatte diesen Titel nicht gewählt, und darum habe ich jetzt den Namen dieses Beitrags geändert.*

Betrachtungen über Hip

1) Jean Malaquais
Es gab einmal einen Mythos, der hieß *le prolétariat*. Obwohl augenscheinlich männlichen Geschlechts, glaubte man dennoch, dieser Mythos gehe mit einem Kind schwanger – einem braven sozialistischen Baby, wie es im Buche steht. Da dieses Baby schon lange überfällig war, wurde die Gemeinschaft der Gläubigen zunächst einmal skeptisch und war dann ausgesprochen verärgert. Da sie sich betrogen fühlten, wobei sie niemals auf den Gedanken kamen, sie hätten die *Schrift* vielleicht falsch ausgelegt, verstießen sie *le prolétariat*, reichten die Scheidung ein, und da sie eine idealistisch eingestellte Herde waren, begannen sie, sich nach einem besseren, weniger sterilen Mythos umzusehen. Es folgten große Spaltungen, und dennoch verfielen nur wenige aus der Herde dem Zynismus. Ganz im Gegenteil. Von ihrem Durst nach ewigen Werten getrieben, unternahmen viele von ihnen gefährliche Vorstöße in bisher unerforschte Gegenden. Dort, gleichsam in einem geheimen, glücklicherweise wiederentdeckten Garten Eden erwarteten den kühnen mythischen Jäger erstaunlich neue und ermunternde Gründe, weiterzuleben: Liberalismus, Demokratie, Freie Welt, Frieden, Schluß mit den Atombombenversuchen usw. und – Ehre, wem Ehre gebührt – der lange Zeit vernachlässigte uneheliche Bruder von *le prolétariat*, der mit Marihuana vollgesogene Hip.
Daß Hip in Norman Mailer seinen hervorragendsten und originellsten Theologen (ich sage nicht Apologeten) gefunden hat, erscheint mir im Lichte seines Essays (*Dissent,* Sommer 1957)

völlig klar. Er mag mit seiner Behauptung recht haben, daß Hip und Psychopathologie parallel laufen, aber er bleibt seinem Leser dennoch den Beweis schuldig, daß der amerikanische Neger-Bohemien und sein weißer Nachahmer eine besondere Art der menschlichen Gattung bilden. Von der Tatsache ausgehend, daß die Stellung des Negers innerhalb der amerikanischen Gesellschaft eine Randexistenz darstellt, begnügt sich Mailer jedoch nicht damit, ihm eine besondere oder charakteristische psychologische Neigung zuzusprechen; er geht so weit, ihm eine messianische Mission zu verleihen.

Er scheint zu vergessen, daß das Pendant des amerikanischen Hipsters in Ländern ohne Negerbevölkerung zu finden ist: Schweden, England, Rußland, Polen und Frankreich, um nur ein paar zu nennen. Der schwedische Jugendliche ist ein echter Amokläufer. Der britische Teddy, der russische *Besprisornij,* die polnischen Straßenlümmel, die französische pseudo-existentialistische Fauna verhalten sich dem Leben gegenüber nicht anders als der Hipster. Sie alle sind das Ergebnis gleichartiger gesellschaftlicher Erscheinungen, die in hochindustrialisierten und mehr oder weniger patriarchalisch regierten Ländern auftreten: extreme innere Unsicherheit gepaart mit einer vom Staat geförderten »Wohlfahrt« auf Kosten einer entsetzlichen Einbuße an Individualität. Das ist ein Grund dafür, warum sie in der Regel nach einer rein persönlichen Vorstellung von einem »Sicherholen« reagieren – aber wovon, und wohin es führen soll, weiß in Wirklichkeit keiner von ihnen.

Wenn Mailer vom Hipster sagt, er habe »seine unbewußte Erfahrung in sehr viel bewußtes Wissen umgewandelt«, so mag er vielleicht das Wissen des Hipsters in einem sehr begrenzten praktischen Sinn meinen, zum Beispiel das Wissen, wie man in einer obskuren Seitengasse für einen Augenblick am Leben bleibt; aber er irrt, wenn er mehr darin erblickt, als es in Wirklichkeit ist: ein instinktives und empirisches Wissen, wie man sich zu verhalten hat. Das Bemerkenswerte an den Hipstern aller Arten und Schattierungen (und sie unterscheiden sich in vielerlei Hinsicht) ist, daß sie als Gesamtheit, mit Ausnahme des einen oder anderen Falls innerhalb einer Generation, früher oder später von dem konformistischsten Routinebetrieb, den es je gab, verschlungen werden.

Hip ist nichts weiter als ein neuer Name für Gesindel, und Gesindel gibt stets ausgezeichnete Konformisten ab und die denkbar besten Henker um der »Ordnung« willen. Noch bevor sie sich ins Glied einordnen, quasseln solche Leute weit eher von Vergewaltigung und Mord, als daß sie tatsächlich vergewaltigen und morden; nach idiotischen Klischees träumen sie – ersatzweise – von Vergewaltigung und Mord und lassen sich dabei von den Käseblättchen und Schundliteratur ähnlicher Art beeinflussen. Und wenn trotzdem ein paar unter den Zehntausenden, nach Mailers Schätzung, wirklich vergewaltigen und einen Mord begehen, so meistens durch Zufall, durch tragischen Irrtum, fast niemals jedoch auf Grund einer bewußten klaren Entscheidung, und dann auch nur einmal, denn sie werden, kaum daß sie den Reißverschluß ihrer Hose geöffnet haben, aus dem Hinterhalt erledigt.

Ein weiterer Grund, warum Gesindel aller Art im Sinne gesellschaftlichen Handelns nur einen Mythos darstellt, möglicherweise mit Ausnahme eines kleinen selbstgebastelten Pogroms, das den heimlichen oder ausdrücklichen Segen des Staates und der Verwaltungsbehörde genießt, liegt darin, daß es keine geschlossene gesellschaftliche Gruppe bildet. Ladenbesitzer, seien sie nun Neger oder Weiße, würden, falls ihre Läden bedroht wären, alle Rassentrennungen vergessen und Schulter an Schulter das schwarze und das weiße Gesindel zusammenschlagen. Es gibt eine echtere Solidarität (Klassensolidarität) zwischen weißen und schwarzen »gesetzestreuen Bürgern« als zwischen Menschen »kaukasischer« oder »afrikanischer« Hautfarbe.

Darüber hinaus gibt es kaum einen Hipster, der sich nicht danach sehnt, sich anzupassen (ebenso wie sein extremer Vertreter, der Psychopath, ist er stets ein verhinderter Konformist), und es gibt kaum einen weißen oder schwarzen Konformisten, den es nicht nach Vergewaltigung und Mord gelüstet (ebenso wie sein extremer Exponent, der Kanzelmoralist, ist er stets ein verhinderter Rebell). Der Unterschied ist nur, daß sich der Konformist kaum jemals dem Gesindel anschließt, das Gesindel jedoch fast immer zu Konformisten wird (wobei Ausnahmen die Regel bestätigen). Andererseits ist dieser Unterschied auf die einzige echte Beziehung innerhalb der modernen Gesellschaft zurückzuführen: die Eigentumsbeziehung. Wenn der Konformist zum Gesindel übergeht, so bedeutet es für ihn, sein effektives Eigentum oder die Idee des Eigentums aufzugeben, was er, wäre es ihm freigestellt, nicht tun würde; für das Gesindel bedeutet jedoch der Übergang zum Konformismus, Eigentum zu erwerben, was es stets aus einer freien Entscheidung heraus anstrebt – wie sehr es auch nach außen hin dies leugnen mag. (In Wirklichkeit bedeutet, als Gesindel zu existieren, auch eine Art, sich den Lebensunterhalt zu verdienen.)

Andererseits weiß auch der Rebell, der dem romantischen Stadium seiner Auflehnung entwachsen und sich dessen bewußt ist – ein Rebell ist etwas ganz anderes als ein »Radikaler«, denn schließlich war ja auch McCarthy ein »Radikaler« –, daß er dabei ist, sich dem Konformismus zu beugen, und sich innerhalb der Schranken gesellschaftlicher und kultureller Organisationen bewegt, deren Bürde er nicht auf Rebellenweise abzuschütteln vermag; im Konformismus bewahrt er sich einen wachen Geist und ein reines Gemüt, die ihn befähigen, jetzt Konformismus und Rebellion nicht nur subjektiv, allein auf sein Ich bezogen, zu betrachten, sondern auf den Menschen schlechthin, auf den Menschen als gesellschaftliches Geschöpf. Ein Bild zur Veranschaulichung: Das Gesindel schreit dem Polizisten an der Straßenecke »Scheiße« zu und fühlt sich danach erleichtert; der Konformist hingegen nimmt vor dem gleichen Polizisten den Hut ab und fühlt sich sicher in seiner Haut, während der dem Rebellentum Entwachsene den Polizisten übersieht (obwohl er im Notfall seine Hilfe in Anspruch nehmen mag) und seine Energie darauf richtet, den Baum zu fällen, zu dessen Zweigen die Polizisten, die Konformisten und das Gesindel gehören.

Amüsant ist, daß man aus Mailers Essay sehr wohl die Behauptung herauszulesen vermag, der Hipster sei nichts weiter als ein umgekehrter Konformist. »Wenn«, sagt Hip mit Mailers Worten, »wenn es also dem Menschen im zwanzigsten Jahrhundert als Geschick beschieden sein soll, mit dem Tod zu leben ... dann gibt es nur eine einzige lebenspendende Antwort, nämlich die Todesbedingungen anzunehmen, sich mit dem Tod als unmittelbarer Gefahr vertraut zu machen, sich von der Gesellschaft loszulösen«, usw. Wie stellt sich eigentlich der Hipster, der also die »Todesbedingungen« hinnimmt, die Loslösung von der Gesellschaft vor, wenn es nun einmal das Schicksal des Menschen sein soll, mit dem Tod zu leben? Wenn die Bedingungen lauten, mit dem Tode zu leben, und er diese Bedingungen akzeptiert – ja, wenn er sich sogar den für alle geltenden Bedingungen als Naturalisierter unterordnet, dann tut er doch nichts weiter, als sich nach allen Regeln dem Konformismus zu ergeben; er gehört dann zur Avantgarde des Konformismus.

»Nur mit dem Tode leben?« fragt Hip die Gesellschaft. »Gut, dann eben den Tod!« Und da geht er nun, der kleine Unternehmer, der in Tod macht, der mit dem industriellen Tod in Wettbewerb getreten ist. Ein gewisser Herr Verdoux hat einmal wunderbar den aufs Sterben versessenen Hipster parodiert. Aber nein, meint Mailer, der Hipster verlange ja nach Liebe, nach Frieden in einer hübschen Kochnische und nach seinem Mädchen mit einer weißen Schürze. Der ganze »Mystizismus«, die gesamte »dialektische Auffassung von der Existenz«, die Mailer dem Hip so großzügig zuschreibt, ist, so wie ich die Sache sehe, nichts weiter als eine prächtige Blüte von Mailers romantischem Idealismus.

Paris 4. September 1957

Mailers Antwort

Auf der Suche nach einem Sexualleben, das seinen orgiastischen Bedürfnissen entspricht, stellt sich der Hipster wohl oder übel gegen die konventionelle Sexualmoral, und es gelingt ihm, bis zu einem gewissen Grade ihr Gleichgewicht zu stören. Wenn die kapitalistische Gesellschaft auf den Eigentumsbeziehungen beruht, so sind diese mit den Begriffen Monogamie, Familie und den sexuellen Schranken, die sie aufrechterhalten, eng verbunden. Es bliebe noch zu beweisen, daß sich das Sexualleben im Sinne einer Promiskuität ändern läßt, ohne dadurch die psychischen Grundfesten des Kapitalismus zu erschüttern. Da Malaquais indirekt eine solche Möglichkeit zu bejahen scheint, möchte ich einwenden, daß seiner Beweisführung Hindernisse entgegenstehen dürften, die weder sein brillanter Stil noch seine bildhafte Sprache überwinden kann.

Der Mensch besteht aus einem Strudel von Möglichkeiten und Kräften, lange bevor und vielleicht auch noch lange nachdem er sich anmaßte, Grund und Boden, Eigentums- und Produktionsverhältnisse neuzugestalten. Die heutige Zivilisation – das gewaltige Ergebnis westlicher Expansion –, die auf dem Eigentumsbegriff und auf so unmenschlichen Abstraktionen menschlicher Energie wie Geld, Ansehen und Mehrwert errichtet wurde, läßt sich als eine eiszeitlich grausame und langsame Freisetzung produktiver, zielstrebiger, schöpferischer und sexueller Energien ansehen, die Ungleichheit und Ausbeutung nicht nur in den Arbeitsgewohnheiten erstarren ließen, die ferner nicht nur zur perfekten Heuchelei in den gesellschaftlichen Institutionen führten, sondern das gesamte Gewebe des Daseins mit geradezu krebsartig wuchernden Ambivalenzen und Hemmungen durchsetzten.

Die Entwicklung des menschlichen Bewußtseins in diesem Jahrhundert erforderte – in Anbetracht seiner zunehmenden Vitalität – den Ausbruch einer Revolution, die Befreiung der Menschheit. Da der Versuch der Revolution, einen Frontalangriff zu unternehmen, mißlang, da es insbesondere nicht gelang, den ausbeuterischen Charakter unserer Produktionsverhältnisse zu ändern, kann man das Auftauchen des Hipsters vielleicht als den ersten Windstoß einer zweiten Revolution in diesem Jahrhundert deuten. Diese Revolution beabsichtigt jedoch keine Aktion und hat keine gerechtere, auf Vernunft gegründete Verteilung der Produktionsgüter zum Ziel, sondern schreitet vielmehr rückwärts auf das wahre Sein und die Geheimnisse der menschlichen Energie zu; sie steuert nicht nach vorn auf die Kollektivität, die sich als totalitär erwiesen hat, sondern bewegt sich rückwärts zum Nihilismus schöpferischer Abenteurer hin. Es ist eine Revolution, die sich zugestandenermaßen nicht einmal in ihren Umrissen erfassen läßt, denn im Gegensatz zu jener ersten Revolution – die bewußt, wenn auch vergeblich handelte, von faustischem Geist erfüllt und im Namen des Proletariats inszeniert war, jedoch mit größerer Wahrscheinlichkeit die Folge wissenschaftlicher Selbstbewunderung darstellte, die wir vom neunzehnten Jahrhundert ererbten, einer Revolution, deren Triebkräfte in dem Vernunftwahn wurzelten, das Bewußtsein könne den Instinkt ersticken und ihn nutzbringend in die Produktion einordnen – würde die zweite Revolution, sollte sie wirklich kommen, als eine Antithese zu dem »Großen Experiment« auftreten: Ihr Ziel wäre es, den Materialismus auf den Kopf zu stellen und das Bewußtsein unter das Joch des Instinkts zu beugen. Der Hipster, die rebellische Zelle im Körper unserer Gesellschaft, lebt sich aus, handelt hemmungslos, folgt bis an die Grenzen seines Wagemuts dem drängenden Instinkt und weist damit auf Möglichkeiten in den bislang wegelos gebliebenen Dschungelgebieten des moralischen Nihilismus hin. Der Kern dessen, was der Hipster auszudrücken sucht, der Kern seines Glaubens, wenn man will, ist sein echtes Verlangen, eine bessere Welt zu erschaffen, was im Grunde auf jener aus dem Instinkt geborenen Offenbarung des menschlichen Bewußtseins beruht, der Mensch sei eher gut als böse und unter der rauhen Schale seiner Gewalttätigkeit schlummerten Liebe und eine Ahnung von dem, was gerecht ist. Das Einreißen aller sozialen Schranken würde uns wohl eine Ära individueller Gewalttätigkeit ohnegleichen bescheren, uns dafür aber die kollektive Gewalttätigkeit in Form vernunftbestimmter, totalitärer Liquidationen ersparen (in den wir im großen ganzen ein psychisch bedingtes Anzeichen für das verschüttete, stillschweigende und unausrottbare Streben nach Gewalt ganzer Nationen zu erblicken haben). Indem sich nämlich die Gewalt unmittelbar austoben könnte, würde – und hierin liegt der Unterschied – die Möglichkeit eröffnet, die Lust am Schöpferischen einzusetzen, den Gegenspieler nackter Gewalttätigkeit.

Natürlich mag dieser Auffassung nichts weiter als der Schwertertanz meines »romantischen Idealismus« zugrunde liegen. Malaquais' Angriff besagt doch eigentlich nur, daß er im Hipster unser altvertrautes Schaf sieht, den armen Verwandten des Proletariats, den machtlosen kleinen Gesinnungslumpen, den nur tausend Dollar davon trennen, die vom Kleingeldzählen schwielige Hand des Kleinbürgers zu küssen. Aber das ist eben noch die Frage. Ist es denn wirklich so unehrenhaft, sich für fähig zu halten, die amerikanische Kultur zu beeinflussen? Die große Masse kommt vielleicht gern zu einer abendlichen Versammlung unter dem Sternenbanner – Brust raus, Bauch rein, Gesäßbacken zusammengepreßt –, vielleicht um einer Fünf-Minuten-Ansprache wegen, die sie entsprechend schneller – ähnlich wie im Gottesdienst – einschlafen läßt, während dasselbe Publikum hellwach vor Erregung wird durch den inzwischen deklassierten (so schnell verändert sich alles) Heiligen Hüftwackler, jenen ehemaligen Apostel eines kleinstädtisch-südstaatlerischen Orgasmus, Elvis Presley.

Malaquais behauptet, der Hipster habe sein Gegenstück im britischen Teddy, im *Besprisornij* (noch immer ungezähmt? – wie wenig gesindelhaft!), in den polnischen Straßenlümmeln und in den französischen Existentialisten – sie alle Hip, und dabei ist nicht ein Tropfen Negerblut in den Tausenden ihrer Schwarzen Messen zu finden. Allerdings geriete Malaquais in große Verlegenheit, wollte er auch nur eine Spur von Hip ohne die belebende Kraft des Jazz nachweisen. Der Erfahrungsschatz des Negers scheint das universellste Verständigungsmittel des Westens zu sein, und es mag durchaus zutreffen, daß die Autorität seiner gefolterten Sinne über die musikalischen Bereiche seines künstlerischen Ausdruckswillens, *ohne Sprache, ohne bewußte Verständigung,* in die zweifellos ebenfalls gefolterten Sinne des ungebärdigen, dabei aber hochempfindsamen Abschaums zweier Weltkriege eingeht. Aber für Malaquais bleibt Gesindel Gesindel. Wie sollten wir es auch wagen, das Lumpenproletariat ernst zu nehmen, wenn Marx es nicht für nötig befunden hat?

Ich frage mich jedoch, ob es nicht marxistischer sei anzuerkennen, daß der ideologische Überbau der Gesellschaft eine riesige Autonomie außerhalb der Produktionsverhältnisse geschaffen hat, jene psychologischen Unterströmungen, die zu den materiellen, ökonomischen Realitäten oft im Widerspruch stehen – und zum Beispiel als Reaktion auf den Sputnik die Aktienkurse stürzen ließen. Es mag sogar unausrottbare Interessenkonflikte zwischen dem Überbau und der Basis der Produktionsverhältnisse geben. Wäre es zumindest nicht vernünftig, davon auszugehen, daß die Gesellschaft eine derartige Kompliziertheit, eine solche »Überorganisiertheit« erreicht hat, daß sie durchaus imstande wäre, sich auf Wirtschaftskrisen einzustellen und diese zu vermeiden, indem sie sich bei Krisen, wenn auch widerwillig (je nach den Widersprüchen in der Massenführung), der Massenbeeinflussungsmittel bediente?

Die jeweiligen Widersprüche, an denen Amerika bisher gekrankt hat, sind (die im wesentlichen sich selbsttätig regelnden Wirtschaftsventile der Kriegsfinanzierung vorausgesetzt) beinahe unerträgliche psychologische Widersprüche gewesen, im Grunde vollkommene Ambivalenzen im Sinne Orwells (Krieg ist Frieden, Liebe ist Haß, Nichtwissen ist Wissen). Wenn diese psychischen Widersprüche schließlich zu einer Apathie führen, die genügt, um unser Land in wirtschaftliche Widersprüche und Depressionen zurückzuwerfen, was tatsächlich gar nicht so unmöglich ist, würde dies nicht bedeuten, daß dieser Vorgang lediglich dialektischer Natur sei und die Produktionsverhältnisse nur am Rande berühre. Vielleicht gelingt es, sich an eine Dialektik heranzutasten, die eine Brücke zwischen dem Materiellen und dem Ideellen zu schlagen vermag, die materielle Vorstellungen von Energie in den philosophischen Bereich des Ideellen (das heißt: in das Unbewußte des einzelnen) einströmen läßt, das nun die Psychoanalyse mit einer mittelständlerisch mechanistischen Weltanschauung für sich in Anspruch nimmt. Wenn wir Sozialisten, Radikale, Anarchisten, Nihilisten und Abweichler mehr werden sollen als nur die trockenen Äste eines alten Stammbaums, mehr als die heruntergekommenen, aber vornehm tuenden Funktionäre – letzte Ausläufer eines Kriegergeschlechts –, muß man zumindest einsehen, daß wir, solange nicht die radikale Brücke von Marx zu Freud geschlagen ist und unsere Auffassung vom Menschen nicht mehr Tatsachen in sich schließt, nicht mehr Widersprüche und neue Erkenntnisse in sich vereinigt als jede konservative Anschauung und schließlich auch nicht so erschreckende Alternativen wie den totalitären Staat oder die kulturelle Barbarei ins Auge faßt, daß wir uns bis dahin lediglich selber ausschelten und jene revolutionäre Anklage, auf die jeder Mensch in seinem Innersten zu reagieren vermag, mißachten: daß nämlich eine ungerechte Gesellschaft aus Rache in grausamer, wenn auch oft zunächst nicht spürbarer Weise die persönliche Energie einkerkert und vernichtet, wobei sich diese Rache nicht nur gegen eine bestimmte Schicht oder Rasse richtet, sondern gegen jeden einzelnen von uns. Über eines müssen wir uns im klaren sein: daß jede Gesellschaftsordnung, die auf Ungerechtigkeit aufgebaut ist, zwangsläufig durch die ihr innewohnenden Widersprüche das Beste der schöpferischen Kräfte des einzelnen erstickt und dadurch jene Zukunft, die ungestüm danach drängt, geboren zu werden, der Nahrung beraubt und sie verkümmern läßt.

2) Ned Polsky

Obwohl Norman Mailer im »Weißen Neger« zu erkennen gibt, daß er sich über gewisse Schattenseiten des Hipster-Lebens durchaus im klaren ist, gibt es doch andere, die er durch romantische Verklärung wegzuzaubern sucht oder die er übersieht. Mailer hat recht, wenn er die Hipster als die einzige bemerkenswerte neue Gruppe von Rebellen in Amerika betrachtet. Er hat auch recht, diese neue Boheme anzuerkennen, ihr sein »Mitgefühl« entgegenzubringen und dort, wo er nicht viel Lobenswertes findet, das Hipstertum dadurch zu ermutigen, daß er es durch milden Tadel preist. Aber es ist in gleicher Weise berechtigt und wünschenswert zu erkennen, daß es qualitative Unterschiede zwischen den einzelnen Gruppen der Boheme gibt und die gegenwärtige Boheme ihren Vorgängern, zumindest während der letzten vier Jahrzehnte, weitgehend unterlegen ist.

1

Die Minderwertigkeit der neuen Boheme offenbart sich ganz deutlich in ihrem Mangel an geistigem Gehalt. Die meisten Hipster lesen nur selten, nicht weil sie nicht lesen können (die Mehrzahl von ihnen hat die Oberschule absolviert, und ein überraschend hoher Prozentsatz der Weißen hat unsere angeseheneren Universitäten besucht); sondern weil sie nicht wollen. In ihrem Geschwätz über die Pseudo-Tiefgründigkeiten des heutigen Jazz kommen sie einer intellektuellen Diskussion noch am nächsten; sie wissen nicht einmal – schlimmer, sie wollen es nicht einmal wissen –, daß die Dinge, die sie preisen, von Komponisten ernst zu nehmender Musik schon vor Jahren erreicht wurden. Was nun die wenigen anlangt, von denen man sagen kann, daß sie mit einiger Regelmäßigkeit lesen, so wenden sie nicht nur dem Entsetzlichen, sondern auch dem Großen in der Vergangenheit den Rücken zu, beschränken ihren Gesichtskreis auf die Literatur der Gegenwart und wählen aus diesem Gebiet, was zu einem großen

Teil Schund ist – eine Mischung aus Rexroth und Rimbaud, Henry Miller und *Mad Comics*, Sartre und technischen Zukunftsromanen, Jazzmagazinen und Zeitschriften für geistige Onanisten. Ihre eigene literarische Produktion ist gering, und was es davon gibt – einige Gedichte Robert Duncans und Teile seines unveröffentlichten Schauspiels *Faust Foutu* ausgenommen – hat so gut wie keinen literarischen Wert. (Man braucht nur *Evergreen Review* Nr. 2 und einige alte Exemplare von *Origin* zu kaufen und sich davon zu überzeugen.) Nach dem Grund dafür braucht man nicht lange zu suchen: Selbst wenn wir Mailers zweifelhafter Behauptung, die amerikanischen Existentialisten empfänden ihren Existentialismus stärker als die Franzosen, Glauben schenken wollen, trifft es doch noch immer zu, daß man für ein Kunstwerk etwas mehr braucht als nur die rohe Wiedergabe roher Empfindungen. So kann man die literarischen Äußerungen der amerikanischen Hipster bei weitem nicht mit dem Werk solcher Erz-Hipster der modernen europäischen Literatur wie Céline und Genet vergleichen, ganz zu schweigen von der Unzahl von Nicht-Hipstern.

2

Der Hedonismus des Hipsters nimmt viele Formen an. Manche Hipster-Gruppen sind zum Beispiel in Motorräder vernarrt, während das bei anderen ganz und gar nicht der Fall ist. Für alle diese Gruppen ist jedoch, im Gegensatz zu Mailers Behauptung, eine sexuelle Revolution in keiner Weise bezeichnend. Selbstverständlich sind Hipster bereit, eine Vielfalt von Partnern und Stellungen auszuprobieren, sie haben auch nichts gegen Rassenmischung einzuwenden und dergleichen – aber das bedeutet nichts weiter, als daß sie in ebenso oberflächlicher Weise »liberal« sind wie viele »Liberale«. Denn wie sehr er sich auch bemüht, in die Pathologie des Hipsters einzudringen, vermag Mailers Beredtheit doch nur die Tatsache aufzudecken, daß Hipster nicht nur »psychologisch« verkrüppelter sind als die meisten Menschen, sondern auch auf sexuellem Gebiet – daß sie nämlich sexuell nicht frei sind und keine Aussicht haben, es zu werden, was bedeutet, daß sie weder tatsächlich noch potentiell sexuelle Revolutionäre in jenem höheren Sinn sind, von dem Mailer redet. Zwei Beispiele: Viele männliche Hipster (wenn ich den Aussagen mehrerer männlicher und weiblicher Hipster glauben darf) sind in ihren sexuellen Beziehungen äußerst sadistisch und viele andere sind so narzißtisch, daß ihr Orgasmus unweigerlich vorzeitig einsetzt und nur mit geringer Kraft erfolgt. Das läßt sich weder durch konventionelle noch durch raffinierte Stellungen beim Geschlechtsverkehr ändern. Wenn Mailer die Suche der Hipster »nach dem guten Orgasmus« mit einem Nimbus umgibt, nimmt er lediglich ihre vernünftelnde Darstellung für bare Münze, während es sich in Wirklichkeit um ein pathetisches, hektisches Sexualleben handelt, in dem sich die gleichen Mißerfolge ständig wiederholen. In dieser wie auch in anderer Hinsicht verwechselt Mailer ein Leben der Tat mit einem Leben, in dem sich die Menschen lediglich austoben.

Ich kann mir vorstellen, daß Mailer dies alles weiß, es jedoch nicht ungeschminkt aussprechen kann, denn dann würde es offenbar, daß »ein schlechter Orgasmus« eine Gewohnheit ist, von der sich der Hipster niemals ohne die »traurige Alternative« der Psychoanalyse befreien kann. Nun jedoch, da die Psychoanalyse zu einem anerkannten Zweig der Psychiatrie geworden ist und an die Stelle der europäischen Psychoanalytiker alter Schule, die zumeist Rebellen waren, wie sie im Buch stehen, junge, bürgerlich eingestellte amerikanische Ärzte treten, ist es nicht zu bezweifeln, daß der Patient weit mehr als früher Gefahr läuft, einem Psychoanalytiker zu begegnen, für den eine »Heilung« notwendigerweise eine »Anpassung« an die gegenwärtige gesellschaftliche Struktur bedeutet. Und es gibt nicht wenige bahnbrechende Psychoanalytiker, die nun ihre ganze Energie darauf verwenden, die Kinder reicher Leute mit ihrem Los im Leben auszusöhnen. Aber es ist in gleicher Weise unbestreitbar, daß die Psychoanalyse – welcher Art sie auch sei – noch immer größeren sexuellen Gewinn bringt als die traurige Alternative, die Mailer verherrlicht. Die Psychoanalyse ist wohl gezähmt, jedoch nicht kastriert worden.

3

Es wird von der Welt des Hipsters allgemein angenommen, daß sie rassische Schranken niederreiße, was ja auch tatsächlich stimmt. Wenn wir den üblichen Test vornehmen (und auch Mailers dabei verwenden) – ob nämlich Weiße und Neger miteinander schlafen –, so werden wir zweifellos zu dem Schluß gelangen, daß dies bei Hipstern viel häufiger vorkommt als bei gutbürgerlichen Durchschnittsnaturen. Dennoch gibt es eine feste Schranke gegen eine vollständige Anerkennung der schwarzen Hipster durch die weißen (in geringerem Umfang gilt dies auch umgekehrt), was auf die Tatsache zurückzuführen ist, daß der Hipster eine Randerscheinung ganz besonderer Art ist.

Der weiße Neger, wie Mailer ihn ganz richtig nennt, ist selbstverständlich eine Randerscheinung. Er stößt die weiße Welt, aus der er kam, von sich. Und es kann ihm niemals gelingen, vollkommen in die Welt des Negers einzudringen oder von diesem anerkannt zu werden; so unternimmt er – von einigen seltenen Ausnahmen (insbesondere Mezz Mezzrow) abgesehen – nicht einmal den Versuch, innerhalb einer Negergemeinschaft zu leben, und wenn er es tut, wird er von den Negern sehr oft zurückgewiesen. So lebt er ein Dasein zwischen zwei Welten, wo er seinem Gegenstück begegnet: dem Neger-Hipster, der die Negergemeinschaft als Ganzes ablehnt (ein Grund, wenn auch nicht der Hauptgrund, dafür ist, daß auch die meisten Neger Spießer sind, der Schablone zum Trotz, die Mailer vom Neger zeichnet) und es dennoch in der Welt der Weißen niemals ganz schaffen kann.

Was einem bei diesen Randexistenzen auffällt – bei den weißen oder schwarzen – ist folgendes: Sie sind nicht die völlig isolierten, von allen Beziehungen zur Umwelt abgeschnittenen Individuen, wie es die Soziologen bei allen Menschen, die am Rande der Gesellschaft leben, voraussetzen. Sie tun sich zusammen und erschaffen sich eine eigene kleine Welt, in der ihre eigene Weltanschauung, ihre Verhaltensvorschriften, ihre Institutionen, ihre Sprache und dergleichen hervorgebracht werden. Sie erschaffen etwas, was für die Soziologen ein Widerspruch in sich selber ist: eine Unter-Kultur randständiger Persönlichkeiten.*

Die innere Tragödie der Unter-Kultur des Hipsters ist folgende: Der ihr angehörende Weiße fühlt sich zu dem ihr angehörenden Schwarzen wegen seines Negertums hingezogen, während der Neger – und dies übersieht Mailer – zu dem Weißen, eben weil er ein Weißer ist, hingezogen wird. Obwohl die rassisch gemischten Gruppen, aus denen sich die Unter-Kultur des Hipsters zusammensetzt, im Sinne der Soziologie »primäre« Gruppen darstellen, da in ihnen Weiße und Neger sich »in intimen Verhältnissen, in direktem Kontakt« begegnen, ist dies nicht automatisch mit einer festen gesellschaftlichen Bindung gleichzusetzen; die theoretische Soziologie arbeitet hier mit zu groben Mitteln, weil sie die Tatsache übersieht, daß der Ausdruck »in direktem Kontakt« zuweilen unter anderem auch die Möglichkeit einschließt, daß man »in verschiedene Richtungen blickt«. Oft genug habe ich weiße Hipster, wenn keine Neger zugegen waren, über einen abwesenden Neger herziehen hören: »X hat den Fehler, daß er zu sehr uns Weiße nachäfft«; oder »Y ist ein langweiliger Pinsel;

---

* *Einen guten Maßstab für die Kraft der Unter-Kultur bietet eine bei den Hipstern weitverbreitete Gewohnheit, nämlich das Marihuana-Rauchen und das dazugehörige Erforschen exotischer Bewußtseinszustände, denn die Reaktionen eines unter dem Einfluß von Marihuana stehenden Menschen werden bei weitem nicht so sehr durch seine individuelle Psychologie oder Physiologie als vielmehr durch subkulturelle Normen bestimmt. Ähnliche Ansichten und umfangreiches Tatsachenmaterial findet man bei Howard S. Becker, »On Becoming a Marihuana Smoker«, American Journal of Sociology, LIX (November 1953), S. 235–242.*

ihn interessiert nichts anderes, als weiße Puppen flachzulegen.« Und ich wette meinen letzten Dollar, daß Neger-Hipster, wenn sie unter sich sind, oft genug über die Weißen herziehen, etwa so: »Mensch, diese Weißen sind doch ziemlich kaltschnäuzig; sie wollen zwar, daß wir ihnen nicht in den Hintern kriechen, andererseits sehen sie uns eben doch bloß als dreckige Nigger an. Für uns als Menschen haben sie nichts übrig; nur wegen unserer Musik und unseres Marihuana sind sie hinter uns her.« Und das stimmt. Selbst in der Welt des Hipsters bleibt der Neger im wesentlichen das, was Ralph Ellison ihn nannte – ein unsichtbarer Mensch. Der weiße Neger akzeptiert den echten Neger nicht als einen Menschen in seiner Gesamtheit, sondern nur als den Spender einer höchst spezifizierten und begrenzten »kulturellen Mitgift«, um mich der Mailerschen Formulierung zu bedienen. Dadurch aber schafft er lediglich eine andere Form, den Neger auf seinen Platz zu verweisen.

Mailers Antwort

Da Ned Polskys Ausführungen eine leidenschaftslose, kritische Betrachtung der Affektiertheiten, Eitelkeiten und Heucheleien des Hipsters darstellen, habe ich gegen sie wenig einzuwenden. Sie wurden mit großem Scharfsinn geschrieben. Jedoch glaube ich, daß Polsky eine äußerst komplizierte Frage allzu leicht nimmt, wenn er erklärt, daß bei vielen männlichen Hipstern der Orgasmus vorzeitig einsetze und mit geringer Kraft erfolge. Da er kaum die erforderlichen persönlichen Erfahrungen haben dürfte, frage ich mich, ob nicht Polsky tatsächlich nur eine stereotype Behauptung weitergibt, die einer der Zementblöcke ist, auf denen eine spießerhafte Psychoanalyse errichtet ist.
In der westlichen Sexualliteratur, mit der ich vertraut bin, sei sie nun klassisch, instruktiv oder pornographisch, kann ich mich – ausgenommen den aggressiven, radikalen Wilhelm Reich – an fast keine einzige tiefschürfende Abhandlung über den männli-

chen Orgasmus erinnern. Schon der Begriff »Guter Orgasmus« (den ich in der Tat sehr oberflächlich im »Weißen Neger« gebrauchte) verrät, eine wie leichtfertige Prüfung wir ihm angedeihen lassen, setzt er doch voraus, daß es zwei Bereiche gibt, den guten und den schlechten Orgasmus, die beide durch eine Verteidigungslinie seelischer Drachenzähne deutlich voneinander getrennt sind. Im Argument des Hipsters jedoch wird man bei genauerer Betrachtung auf die Behauptung stoßen, daß ihm – dem Hipster – sogar bei einem Orgasmus, der ihm die tiefste Befriedigung gewährt, stets eine Vision von einem äußersten, noch umfassenderen, noch leidenschaftlicheren Orgasmus vorschwebe, bei dem er in noch höherem Maße *mitgehe*. Der Orgasmus ist seinem Wesen nach vielleicht ein unendlich vielfältiges Spektrum und vielleicht im Kern dialektischer Natur: Der schlechteste Orgasmus birgt immer noch geringe Spuren der Lust, und im besten Orgasmus findet sich eine gewisse erkünstelte Zurückhaltung, die einem eine weitere Steigerung der Lust über ein hochgradiges Lustempfinden hinaus versagt und dadurch *die* unvergleichliche Energieentladung auf den nächsten Tag verschiebt. Ich bin überzeugt, daß der durchschnittliche Psychoanalytiker jetzt sagen würde: »Die Tatsache, daß der Vertreter dieser These vom Orgasmus mehr verlangt, ist ein Zeichen dafür, daß er mit seinen narzißtischen Verklemmungen nicht zu Rande kommt. Der mit der Gesellschaft ausgesöhnte Mensch hat anderes zu tun, als sich Sorgen um seinen Orgasmus zu machen. Dieser wurde durch die psychoanalytische Behandlung verbessert.« Natürlich könnte man tausend Patienten befragen, bis man einen findet, der wirklich davon überzeugt ist, sein Orgasmus sei verbessert worden. Aber wenn wir in dieser Weise argumentieren, läuft man mit seinem Gegner auf sichere Entfernung nur im Kreis herum. Schließlich ist es unmöglich, sich in den Orgasmus eines anderen Menschen hineinzuversetzen und seine echte Intensität zu messen (insbesondere weil dabei die verkümmerten schauspielerischen Ambitionen vieler Menschen ganz entschieden zutage treten);

man kann lediglich aus dem Spektrum des eigenen Orgasmus erraten, welche Möglichkeiten es für andere geben könnte. Und ich ziehe es vor, dabei das Eigeninteresse des Psychoanalytikers zu berücksichtigen, der nämlich glaubt, fast alle Sexualrebellen seien in sexueller Hinsicht krank. Tatsächlich hat er damit recht. Aber fast jeder Mensch ist, sexuell gesehen, mehr oder weniger »krank«, und daher sollte die Anklage des Psychoanalytikers ganz anders lauten: Besser wäre es, als Spießer, nicht aber als Hipster krank zu sein.

Dennoch bleibt die unhöfliche Frage zu stellen: Gibt die unmittelbare Erfahrung, die er in seinem eigenen Leben gesammelt hat, dem Psychoanalytiker das Rüstzeug, um die inneren Zustände des Hip beurteilen zu können? Er übt einen seßhaften Beruf aus, gehört dem Mittelstand an, hat eine fünfzehnjährige Ausbildung hinter sich und lebt umgeben von dem ungereimten, bevormundenden Geschwätz seiner Ehefrau, seiner Kinder, seiner Kollegen, Patienten und feindselig eingestellter Fremder; die meisten Psychoanalytiker sind daher gezwungen, biederer als bieder zu sein, wobei ihr Charakter, ihre Impulse und ihre Wertmaßstäbe so lange umgeformt werden, bis sie den gesellschaftlichen Forderungen an ihre Arbeit entsprechen. Den gesellschaftlichen Forderungen? Der Psychoanalytiker ist ein sicheres Bollwerk in dem uferlosen Meer des Mittelstandes. Seine Fackel, die den Weg weist, entzündet sich am Geld, seine Erfolge demonstriert er immer nur an einfachen, elenden Patienten, die das Leben zu früh zu Boden drückte, denen es das Lustempfinden nahm und die nun unter der strengen Autorität des Arztes ein wenig aufblühen und das tröstliche Bewußtsein genießen, daß ein Mensch, dessen Zeit sehr teuer ist, ihnen zweieinhalb Stunden in der Woche zuhört. Und dieser Psychoanalytiker, dieses für gewöhnlich verhätschelte Kind des Mittelstandes, soll der Mensch sein, der, von seiner Phantasie beflügelt, imstande ist, in das von Marihuana gefolterte Hirn und in das Geschlechtsleben des Hipsters einzudringen, der am Rande der gefährlichsten aller Negerwelten zu leben wagt? Oder ist es nicht am Ende eine Frage des Mutes, eines Mutes, der nicht notwendigerweise oder einzig und allein im Angesicht von Gewalttätigkeit bewiesen werden muß, sondern vielmehr den Hipster befähigt, schwere Schläge gegen das eigene Ich hinzunehmen? Denn was würde der Psychoanalytiker wohl tun, und was würde aus seiner wohlgeordneten, engen, kleinen Welt werden, in der er sich auf andere Menschen einzustellen sucht, sollte er eines Tages entdecken – möge ihm Gott dabei helfen! –, daß der Hipster, der sich am Rande äußerster Gefahr entlangbewegt, ganz offensichtlich mehr von der Würze und dem hinreißenden Rhythmus, die in der verdammten Dialektik des Orgasmus liegen, versteht als er, der Arzt, der gelehrte Mann, unter dessen Einfluß die Hoden verkümmern und der jegliches Lustempfinden, das nicht seinem eigenen entspricht, als krankhaft abtut?

Hipster und Beatnik

Eine Fußnote zum »Weißen Neger«

Der Begriff Hipster wurde mindestens schon 1951 oder 1952 verwendet und erschien das erste Mal im Klappentext zu Chandler Brossards *Who Walk in Darkness*. Von Zeit zu Zeit tauchte er dann erneut auf, so in Ginsbergs *Geheul* (»Engelköpfige Hipster«) und wurde weiterhin im *Weißen Neger* häufig gebraucht. Dann erschien Kerouacs *Unterwegs*, und nach diesem Erfolg wurde der Ausdruck Beat-Generation (ein schon vor vielen Jahren von ihm verwendetes Wort, das auch mehrfach in Aufsätzen von Clellon Holmes wiederkehrte) von der Presse, von Rundfunk und Fernsehen übernommen. Ein Jahr später, im Sommer oder Herbst 1958, entstand der Beatnik; dieser Ausdruck wurde von Herb Caen, einem Kolumnisten aus San Franzisko, geprägt. Das Suffix »nik« jedoch – »nik« ist im Jiddischen ein bedeutungsverschlechterndes Diminutiv – verlieh dem Wort etwas Herablassendes, und gerade das kam der Mentalität der Journalisten entgegen. »Beatnik« schlug ein. Aber man wußte nicht mehr, ob sich die Beat-Generation auf Hipster oder Beatniks bezog oder beide in sich schloß, und so begannen einige Leute, um die Abstempelung als Beatnik zu vermeiden, sich selber Beats zu nennen. Da es keine Behörde gibt, die diese Spezialbezeichnungen von oben her regelt, kann sich jeder nach Belieben einordnen; ich möchte hier den Versuch unternehmen, etwas Klarheit zu schaffen, denn ich glaube, es gibt Unterschiede, die man beachten sollte.

Der Ausdruck Beat-Generation eignet sich wohl am besten dafür, sowohl Hipsters als auch Beatniks zu bezeichnen. Nicht allzu viele scheinen sich des Wortes Beats zu bedienen; es spricht sich nicht gut aus; diejenigen, die es nicht aussterben lassen wollen, scheinen es als Gesamtbezeichnung für Hipster und Beatniks zu verwenden, als eine Abkürzung für Beat-Generation. Gerade diese Bezeichnung jedoch ist unglücklich gewählt, aber da sie sich nun einmal eingebürgert hat, müssen wir uns eben mit ihr abfinden. Dennoch muß ich hervorheben, daß die Unterschiede zwischen Hipster und Beatnik vielleicht von größerer Bedeutung sind als ihre Ähnlichkeiten, auch wenn sie die folgenden gemeinsamen Merkmale aufweisen: Marihuana, Jazz, Geldmangel und das alle verbindende Gefühl, die Gesellschaft sei das Gefängnis des Nervensystems. Das Gefühl, an einen bestimmten Ort zu gehören, ist stark ausgeprägt – nur wenige entfernen sich für längere Zeit vom Village, von Paris, North Beach, Mexiko, New Orleans, Chikago und einigen anderen Städten. Hipster und Beatnik sprechen beide Hip, aber nicht in der gleichen Weise. Der Beatnik benutzt nur den Wortschatz, der Hipster jedoch besitzt jene dumpfe, tierhafte Stimme, die – von Marlon Brando zum erstenmal zu Gehör gebracht – Amerika aufhorchen und erschauern ließ.

Und nun beginnen die Unterschiede. Der Hipster geht aus einer unterdrückten Rebellion des Gesindels hervor, er stellt sozusagen das faule Proletariat dar, den Schmarotzer; nur wenn ihm nichts anderes mehr übrigbleibt, läßt er sich auf körperliche Arbeit ein. Der Beatnik – oft ein Jude – kommt aus dem Mittelstand und hätte sich vor fünfundzwanzig Jahren der kommunistischen Jugendbewegung angeschlossen. Heute zieht er es vor, ganz einfach nicht zu arbeiten, und damit verurteilt er den Konformismus seiner Eltern und empfindet deswegen seine Abkehr von der Gesellschaft als eine moralische Handlung. Der Hipster trägt die Last und die Würde eines müßiggängerischen Lebens ohne Geld viel unbekümmerter.

Ihre Körper sind nicht die gleichen. Ein Hipster bewegt sich wie eine Katze, langsamer Gang, schnelle Reaktionen; er kleidet sich mit einem Anflug von Eleganz; sind seine Tuchhosen alt, krempelt er sie mit einem gewissen Schick hoch. Der Beatnik ist schlampig, um sich damit gegen den Mittelstand zu stellen, dessen Zwangsvorstellung es ist, ein Mensch habe ordentlich herumzulaufen. Außerdem ist der Beatnik eher geistig als körperlich auf der Höhe. Wohl ist er sich mit den meisten Hipstern über ihren ersten Glaubensgrundsatz einig, daß nämlich erst die Qualität des Orgasmus den Schlüssel biete, um zu beurteilen, wie gut einer lebe; aber dennoch bringt er von vornherein geringere körperliche Voraussetzungen dafür mit, und so sind seine Chancen, sich mit Hilfe der Steigbügel sexueller Ausschweifungen emporzuheben, im allgemeinen praktisch gleich null, insbesondere, weil jede der mittelalterlich anmutenden Institutionen sich immer wieder auf eine mehr oder weniger allen gemeinsame sexuelle Vitalität oder den Mangel daran gründet. Die dem durchschnittlichen Beatnik erreichbaren jungen Männer und Mädchen sind ebenso erschöpft wie er selber. Es ist also nur natürlich, daß das Geschlechtsleben des Beatnik immer mehr verkümmert und der Mystizismus zum Gral erhoben wird. Am Ende greift er zum Rauschgift, um seinen Geist zu einer Betrachtung des Universums und seiner Geheimnisse von höherer Warte aus anzupeitschen – eine passive Haltung, ihrem Wesen nach onanistisch. Ihn verlangt es nach dem Trancezustand schlechthin, nicht als Inspiration zu einem Kunstwerk. So bewegt sich der Beatnik also auf den Zen zu, und die Suche nach einem Mädchen endet als Suche nach *satori*. Daß die Zuhilfenahme eines Rauschgifts gegen die Disziplin des Zen verstößt, ist etwas, womit er sich später zu befassen haben wird.

Der Hipster empfindet eine gewisse Achtung vor dem Zen, er leugnet nicht das Erlebnis des Mystikers, er hat es selber erfahren, aber er zieht es vor, dieses Erlebnis durch den Körper einer Frau zu erfahren. Für ihn sind Rauschgifte ein Hasardspiel; er spielt darum, daß die durch Marihuana erhöhte Libido auch seinen Orgasmus steigert. Wenn Marihuana und der Geschlechtsakt mehr von ihm erfordern, als er dafür zurückerhält, dürfte er sich wahrscheinlich für nicht »in Form« halten; der Beatnik dagegen könnte sehr wohl die Auffassung vertreten, er sei in Form: Wen bekümmert Impotenz, wenn sie immerhin wenigstens die Andeutung einer Vision vermittelt? Beim Beatnik steht offensichtlich mehr das Gefühlsmäßige im Vordergrund – er braucht einen Gott, der alles versteht und alles verzeiht. Die harte Erfahrung des Hipsters, daß man für alles, was man erhält, bezahlen muß, ist für den Beatnik gewöhnlich zu bitter. Der Hipster aber steht immer im Leben; er hat einen Willen, den er durchzusetzen sucht, und stürzt sich in die ausschweifenden Genüsse des Rauschgifts, um aus diesem Leben noch mehr für sich herauszuholen; er kämpft mit seinem Nervensystem als seinem Schicksal, er ist faustisch. Der Beatnik betrachtet die Ewigkeit, findet sie schön und gibt sich gern dem Glauben hin, sie warte darauf, ihn aufzunehmen. Bei ihm ist das Verlangen, sich aus der Realität zu entfernen, stärker als etwa der Wunsch, sie zu verändern, und am Ende des Weges steht die Irrenanstalt.

Tut der Hipster einen Sturz, so ist es der Tod oder das Gefängnis, die ihn empfangen. Die Psychose ist nicht seine Sache. Ebenso wie ein Psychopath jongliert er mit Gefahren, wenn er in dieser Welt die Befriedigung seiner Gelüste sucht – in Erwartung des

Gefängnisses oder der Hölle, in der er in einem künftigen Leben die Rechnung begleichen muß. Der Hipster sucht nach Betätigung, und eine Bar, in der es Rauschgift gibt, ist sein Ziel, wenn er erst einmal dem Marihuana verfallen ist. Den Beatnik hingegen, der sich beim Gespräch wohler fühlt, findet man im Café. Der Dichter ist sein naturgemäßer Gefährte, sein geistiger Ansporn, so wie der Kriminelle, der Rowdy und der Boxer dem Hipster alles Wissen vermitteln, das er braucht; er meidet die durch Psychosen bedingten Beziehungen zwischen Beatniks, weil sie ihn zu sehr deprimieren, sie führen für ihn zu nichts, sie geben ihm keine Nahrung. Der Beatnik stellt einen Nachfolger des früheren Bohemiens dar und ist in seiner Tradition weit vom Hipster entfernt, dessen seelische Verfassung sich von der Negerelite herleitet, die aus dem Bodensatz hervorging. Trotzdem steht der Beatnik links von ihm, denn der Hipster ist daran interessiert, die drängende Stimme des eigenen Ichs zu erforschen, was ihn dazu zwingt, sich dem Lebensrhythmus und den Neigungen der Gesellschaft, die er verlassen hat, enger anzupassen. Damit soll nicht gesagt sein, daß der Hipster reaktionär sei, vielmehr würde er sich in einer Krisenzeit nach Macht umsehen, und da in Amerika ein radikaler Geist fehlt, besteht große Wahrscheinlichkeit dafür, daß ihm Macht weit eher von der Rechten als von der Linken mit ihren nicht lebensfähigen liberalen Tendenzen geboten wird. Der Beatnik, sanft, frei von rassischen Vorurteilen, ist oftmals ein radikaler Pazifist, der das Gelübde der Gewaltlosigkeit abgelegt hat – tatsächlich aber ruht die Gewalttätigkeit in einem verschlossenen Bereich seines Innern, an den er nicht herankommt. Bei einem Gewaltakt neigt er zum Selbstmord wie der Hipster zum Mord, aber in seiner geistigen Verlorenheit fühlt sich der Beatnik als Fackelträger, der nach all jenen nahezu nicht mehr auffindbaren Werten wie Freiheit, Gleichheit und Recht auf Ausdruck der eigenen Persönlichkeit ausspäht, die ihn in erster Linie dazu bewogen, gegen die unfruchtbaren, kulturlosen Flachköpfe des Mittelstands und ihre Heuchelei Sturm zu laufen.

Seit Jahren haben nun Hipster und Beatnik Seite an Seite gelebt, weißer Neger und verkrüppelter Heiliger, und ihre Zahl ist mit jedem Monat ständig gewachsen. Man kann sie überall finden, wenn man nur weiß, wo sie zu suchen sind, in allen ihren Permutationen und Kombinationen: Sie stellen individuelle Persönlichkeiten dar, die sich nicht einordnen lassen. Ich habe zwar einige ihrer Tendenzen übertrieben und eine gewisse systematische Einteilung vorgenommen, aber ich habe auch das Spektrum ihrer Individualität verwischt, indem ich zwei Typen hervorhob, die man in dieser reinen Form im gärenden Schlamm eines beliebigen Village-Milieus schwerlich finden dürfte. Wenn es Hipster und Beatnik gibt, dann auch den Hipnik und den Beatster, wie etwa Ginsberg und Kerouac; auf diesem Spektrum bleiben, nachdem die Woge der Zerstörung verebbt ist – denn jede Rebellion fordert als Preis ein verwüstetes Land und ein verlorenes Jahr –, die erschöpften und geschlagenen Hipster zurück, die ihren Schachzug machten, dann verloren und als Beatniks mit ausgebranntem Hirn endeten. Mürrisch lauschen sie der emsigen Wortjongliererei der jüngeren Beatniks, in denen noch die Flamme der Empörung lodert, die dem Elternhaus, der Schule und der staatlichen Obhut den Rücken kehrten und die alle insgeheim den brennenden Ehrgeiz hegen, eines Tages zu den Höhen des Hipsters emporgetragen zu werden.

Reklame für »Hip, Hölle und der Navigator«

Richard Stern hat zu diesem Interview ein Vorwort geschrieben, und ich kann dem nur hinzufügen, daß er seine eigene Rolle dabei sehr bescheiden beurteilt. Wenn ich mich von Zeit zu Zeit einer gewissen Redseligkeit hingebe, so ist dies zu einem Teil ihm zu verdanken. Er besitzt die Fähigkeit, mich beim Sprechen zu einer mehr oder minder logisch gegliederten Formulierung meiner Gedanken anzuregen. Als wir das Interview begannen, war ich müde, hatte seit mehreren Tagen sehr wenig geschlafen, und vielleicht habe ich mich aus diesem Grund zu Ideen bekannt, über die ich nie zuvor mit jemand gesprochen hatte. Der größte Fehler dieses Interviews liegt wahrscheinlich in seiner Aufrichtigkeit – jedes Wort von dem, was ich sagte, war mein voller Ernst –, und so besitzt es wohl eine ungestüme Kraft der Aussage, läßt dafür aber auch jeglichen Humor vermissen. Im folgenden werden auch einige meiner Ansichten über Hip als Religion verraten, die ein Streiflicht auf den Prolog zu meinem neuen Roman werfen, mit dem dieses Buch endet.

Hip, Hölle und der Navigator

Ein Interview mit Norman Mailer von Richard G. Stern

Das Interview fand am 6. Mai 1958 in meiner Wohnung statt. Nichts wurde vorher abgesprochen, alle Fragen wurden vorher weder notiert noch überlegt. Auch fand keine vorbereitende Besprechung statt, etwa, um uns aneinander zu gewöhnen, mit Ausnahme einer dreißig Sekunden dauernden belanglosen Unterhaltung, die wir für die Regelung der Lautstärke benötigten. Das Band* gibt auch Kinderstimmen wieder, das Brummen einiger Abendflugzeuge und das Klirren von Gläsern, die auf kleinen Couchtischen abgestellt werden; diese Geräusche bilden zuweilen einen heiteren Hintergrund zum Interview.

Mailer und ich kannten uns erst seit einer Woche – er hielt Gastvorlesungen an der englischen Abteilung der Universität Chikago –, aber wir hatten uns bereits angefreundet; das Interview war als Fortsetzung der vielen Gespräche gedacht, die wir im Laufe der Woche miteinander geführt hatten. Es fing damit an, daß wir unsere Angst vor dem Tonbandgerät äußerten (hier nicht mit

---

* Das Band ist in der Harper Library der Universität Chikago erhältlich.

aufgenommen), und obwohl Mailer schon sehr bald auf die surrenden Spulen nicht mehr zu achten schien, gelang es mir nicht, die Augen von ihnen abzuwenden. Zweitens gingen wir von der Vorstellung aus, etwas »produzieren« zu müssen, was jedoch bei den meisten Gesprächen nicht der Fall ist, und dadurch entstand eine Atmosphäre des Gekünstelten. Drittens war ich über manche Antworten Mailers ehrlich betroffen: Einige seiner Ansichten hatte ich weder in solcher Heftigkeit noch in solcher Formulierung erwartet, und so reagierte ich entsprechend. Meine Vorhaltungen und Einwände mögen als Beweis für meine Überraschung gewertet werden und schließlich als Beweis für das »Gekünstelte«, für meine mich quälende Rolle als lästiger Fragesteller, als auskunftheischender Störenfried und gelegentlich als des Teufels (oder vielleicht Gottes) Anwalt. Es würde mir selber schwerfallen, nach diesem Interview zu beurteilen, inwieweit ich aufrichtig gewesen bin. Selbst nach Berücksichtigung dieser Unzulänglichkeiten – die fast ausschließlich auf den Interviewer und seine Methode, Fragen zu stellen, oder vielmehr auf das völlige Fehlen einer solchen Methode zurückzuführen sind – erschien Mailer und mir das Interview als ganzes dennoch einer Veröffentlichung wert. Die darin aufgezeigten Gedanken haben ihren Ursprung in einigen Arbeiten, auf die am Anfang des Interviews hingewiesen wird, so Mailers Aufsatz »Der weiße Neger: Einige Gedanken über den Hipster«, die Korrespondenz zwischen Mailer, Jean Malaquais und Ned Polsky und der Aufsatz von Norman Podhoretz über »*The Know-Nothing Bohemiens*«, der in der Frühjahrsausgabe 1958 der *Partisan Review* zu finden ist. Die Art und Weise, wie alles ins Rollen kam, könnte einen veranlassen, das Folgende (mit den Worten eines Freundes) »Das Dritte Testament« zu nennen. Dies bezieht sich auf einige meiner Äußerungen wenige Stunden nach dem Interview. Ich erklärte, man könne von jener Gruppe jüngerer amerikanisch-jüdischer Schriftsteller, die gerade viel von sich reden mache, durchaus behaupten, sie arbeite an einer neuen Art von Testament, an einer wunderlichen Theologie. Bellows erstaunlicher neuer Roman *Der Regenkönig* (den ich nur als unkorrigiertes maschinegeschriebenes Manuskript gelesen habe) erläutert einen gleichsam psychologischen Totemismus, der in magischer Weise glaubhaft gemacht wird, jedenfalls so glaubhaft, wie es für einen Roman noch möglich ist; Bernard Malamud beschäftigt sich in *Der Gehilfe* und einigen seiner Erzählungen mit der essenistischen Abtrünnigkeit, obwohl einige meiner Freunde die Essener als »reine Christen« oder auch verärgert als »bekehrungswütig« bezeichnet haben; Salingers ein wenig sentimentale Spielart des Buddhismus hat ihn in seinem Bemühen um größere Klarheit vom Schreiben jener Prosa fast abgebracht, die sich ganz besonders durch ihr schmerzliches Ringen um die Gewißheit im Glauben auszeichnet. Nun schließt sich Mailer dieser Gruppe an – und zwar mit explosiver Vehemenz. Obwohl er Jahrhunderte breit ausgeführter theologischer und philosophischer Spitzfindigkeiten übersehen zu haben scheint, ist er dennoch der klarste »Theologe« unter all diesen Schriftstellern, gleichsam ein Manichäer, bei dem die Tatsache, daß er seine »ketzerischen« Vorgänger übersehen hat, nicht nur verzeihlich erscheint, sondern in Anbetracht des Inhalts und der Dringlichkeit seiner Ausführungen auch als unumgängliche Voraussetzung.

Eine abschließende Bemerkung über den Rhythmus und die Authentizität des Interviews: Mailer sprach im allgemeinen schnell, ich selber zögernd; Mailer sehr klar, ich vor mich hin murmelnd. Mailers Sprechweise wurde immer schneller, und als die zweite Hälfte des Bandes lief, ließ er sich von seiner inneren Erregung mitreißen. Alles in allem strömt dieses Band eine gewisse Musikalität aus, was niemals so deutlich wurde wie in dem Augenblick, als unser Freund Bob Lucid eine Frage einwarf, eine ausgezeichnete Frage übrigens, aber doch so gestellt, daß sie auf den »Klangzauber« wie ein Schock wirkte. Ich möchte hiermit nicht sagen, daß diese »Musikalität« eine einzigartige oder gar ungewöhnliche Eigenschaft darstellt, aber sie gibt ein bestimmtes Verhältnis zu den Dingen und eine Gelöstheit wieder, die ein gedruckter Text nicht vermitteln kann, da dieser sklavisch genau sich lediglich an die Reihenfolge der gesprochenen Worte zu halten gezwungen ist. Denn die wenigen Abschnitte ausgenommen, die mit einem Sternchen (*) bezeichnet sind, ist dies im wesentlichen das Interview, wie es später ins Stenogramm übertragen wurde. Man kann sogar behaupten, daß es sich bis auf einige ausgemerzte falsche Satzanfänge, wiederholt auftretende Stilmanieriertheiten und ein paar syntaktisch verwickelte Konstruktionen um eine wortgetreue Wiedergabe des Interviews handelt. Die mit einem Sternchen bezeichneten Abschnitte wurden jedoch umgeschrieben, da die ursprünglichen Bemerkungen an diesen Stellen gewöhnlich zu unergiebig waren und einer Erweiterung bedurften. Mailer und ich machten uns – allerdings jeder für sich – an die Arbeit, nachdem wir uns darauf geeinigt hatten, jeder solle seine eigenen Bemerkungen der ungezwungenen Atmosphäre des Dialogs entsprechend neu schreiben. Wenn der Leser dies nicht bemerkt, um so besser – lag es doch in unserer Absicht, diese Änderungen so unauffällig wie nur möglich vorzunehmen.

RICHARD STERN: Ich habe den »Weißen Neger« und ziemlich viel anderes Material über den Hipster gelesen, und ich muß sagen, daß ich verstandesmäßig Hip so stark ablehne, wie ich überhaupt nur etwas ablehnen kann. Nun habe ich mir die Frage vorgelegt, bis zu welchem Punkt Sie eigentlich dem Hip ergeben sind. Benutzen Sie dieses Material für Ihre schriftstellerische Arbeit, oder haben Sie sich dem Hip als einer Lebensweise verschrieben, die Sie selber in die Tat umzusetzen und anderen zu empfehlen gedenken?
NORMAN MAILER: Ich glaube, für die meisten Menschen, die überhaupt an meiner Arbeit interessiert sind, liegt die Schwierigkeit darin, daß ich als Schriftsteller eines bestimmten Typus angefangen und mich seitdem zu einem Schriftsteller eines anderen Typus entwickelt habe. Und da wir in einer Zeit grenzenloser Unsicherheit leben, trifft es sich im allgemeinen, daß diese Unsicher-

heit in den verfänglichen Exaltiertheiten des Augenblicks ihren Niederschlag findet. Die meisten ernsthaften Leser sehen es gern, daß ein Schriftsteller etwas ganz Besonderes ist. Das ist wichtig; es wirkt beruhigend, und ich habe festgestellt, daß die meisten Schriftsteller, die man als scharfe Klinge, verstehen Sie? als Stilett, als Dolch, hm? bezeichnen könnte, ihre Tage in irgendeinem Winkel beschließen, wo sie vor jeder Kritik sicher sind. Und es hat ein paar Schriftsteller wie mich gegeben, die gleichsam eine kleine Reise unternahmen, durch die sie alle alten Freunde verloren, ohne genügend neue zu finden, so daß der Nutzen dieser Reise angezweifelt werden mußte. Wenn ich mich also in dieser Richtung bewege, glaube ich, daß man – zumindest dem äußeren Eindruck nach – an meiner Aufrichtigkeit nicht zweifeln sollte. Ob ich nun für Hip eintrete, steht auf einem ganz anderen Blatt.

STERN: Das Interessante an Hip ist doch, daß Hip Schriftstellern nicht zukommt. Als echter Hipster ist man, so scheint mir, zu einer Art Ausdrucksfeindlichkeit, einer Art Dadaismus oder dergleichen verpflichtet. Sie interessieren sich für die Erfahrung als solche. Wenn Sie ein aufrichtiger Hipster wären, dürften Sie kein Schriftsteller sein.

MAILER: Als Schriftsteller bin ich nicht daran interessiert, meine Ausdrucksmöglichkeiten einzuschränken. Was mich am Hip fesselt, ist, daß er mir die Möglichkeit zu größerer Ausdruckskraft bietet und sich bemüht, die feinen Unterschiede zwischen den Dingen zu erfassen.

STERN: Mehr Ausdruckskraft oder mehr Erfahrung?

MAILER: Die beiden Begriffe sind wie durch eine Nabelschnur miteinander verbunden. Ein Romancier wird dadurch groß, daß er jede Zeile seines Werkes durch die intensivste Erfahrung erhellt. Eines müssen Sie dem Hipster lassen, nämlich, daß er in einem Zustand äußerster Bewußtheit lebt; deshalb sind für ihn die Dinge und die Beziehungen, welche die meisten Menschen als selbstverständlich hinnehmen, von einer geradezu furchtbaren Spannung erfüllt; und da er in einem Zustand der Selbstbewußt-

heit lebt, verstreicht seine Zeit langsamer. Er bringt mehr auf eine Seite. Die Art seiner Erfahrungen wird eindringlicher. Das führt keineswegs dazu, daß die Kraft seiner Aussage nachläßt; es führt jedoch dazu, daß es ihm schwerer fällt, sich zu äußern. Es führt dazu, daß man mehr Seiten mit weniger Episoden füllt, was aber gewiß nicht als mangelnde Ausdrucksfähigkeit zu werten ist.
STERN*: Gut. Sie behaupten also, daß zwischen Erfahrungen und dem Ausdrücken der Erfahrung eine einfache Beziehung bestehe. Mir scheint, daß der Hipster ein Mensch ist, der sowohl mit der Erfahrung als auch mit ihrem Ausdruck in große Schwierigkeiten gerät. Sein »Über-die-Stränge-Schlagen«, sein seelischer Überschwang könnten, meiner Ansicht nach, auf diese Schwierigkeiten zurückzuführen sein.
Dann gibt es noch etwas, was das Schreiben anbelangt. Wird ein Roman nicht durch eine alle Schranken sprengende Vorstellung geleitet, durch eine Art Fanatismus, der eine ziemliche Fülle ungleichartigen Materials in eine bestimmte Ordnung zwingt? In gewissem Sinne ist doch ein Roman wie der Geist eines Irren: Alles – zufällige Blicke, Straßenschilder, Berichte über Weltereignisse – ist mit Bedeutung geladen. Darum schreiben auch Romanciers über solche alles beherrschenden Leidenschaften wie Liebe und Ehrgeiz, Leidenschaften, die allem, womit sie in Berührung kommen, sei es belanglos oder bedeutungsvoll, ihren Stempel aufdrücken. Nun kann ich aber nicht glauben, daß Hip auf derartige unbezähmbare Vorstellungen und Leidenschaften Rücksicht nimmt. Für den Hipster, den leidenschaftslosen Hipster, wird das Detail nur um seiner selbst willen beleuchtet und durch kein ordnendes Prinzip, wie es der Roman verlangt, näher bestimmt. Ich frage mich wirklich, ob ein solches Material sich zu einem Roman verarbeiten läßt.
MAILER: Ich glaube schon; und nicht nur das, sondern ich bin der Meinung, Hip erhält seine innere Leuchtkraft durch eine einzige zentrale Idee, die so überwältigend ist, daß ihre Auswirkungen auf die Religion das kommende Jahrhundert entscheidend beeinflussen werden. Ich bin ferner der Überzeugung, daß im Hip der

winzige Funke einer Vision glimmt: Gott schwebt in Todesgefahr. Nach meinen sehr begrenzten theologischen Kenntnissen ist dies nie zuvor wirklich zum Ausdruck gebracht worden. Ich glaube, daß dem Hipster das Schicksal des Menschen als an das Schicksal Gottes gekettet erscheint. Gott ist nicht mehr allmächtig. (Hier ging ein Satz infolge elektrostatischer Aufladung des Bandes verloren.) Die daraus zu ziehenden moralischen Konsequenzen sind nicht nur verblüffend, sie sind geradezu erregend, denn die moralische Erfahrung wird eher verstärkt als verringert.

STERN: Das ist ja nun eine phantastische Behauptung. Ich bin wirklich überrascht. Was soll denn Gott hinter all dem? Wollen Sie damit sagen, daß gleichsam ein persönlicher Gott mit uns stirbt?

MAILER: Ich spreche jetzt nur von meiner eigenen Art, die Dinge zu sehen, denn dieses Thema gehört nicht zu den Dingen, über die man normalerweise mit Hipstern spricht. Ich glaube, daß der besondere Gott, den wir uns vorzustellen vermögen, ein Gott ist, dessen Beziehung zum Universum wir nicht ahnen können, ja wir können nicht einmal andeuten, wie ungeheuer groß sein Wirken im Plan des Universums ist. Ganz gewiß aber ist er nicht allmächtig; er existiert als ein widerstreitendes Element in einem geteilten Universum, und wir sind ein Teil – vielleicht der wichtigste Teil – seiner großen Ausdrucksfähigkeit, seines gewaltigen Schicksals; vielleicht versucht er, dem Universum seine Vorstellung vom Dasein aufzuzwingen, im Vergleich zu anderen, den seinen stark entgegengesetzten Vorstellungen vom Dasein. Vielleicht sind wir in gewissem Sinne der Samen, die Samenträger, die Reisenden, die Forscher, die Verkörperung jener umkämpften Vision; vielleicht nehmen wir teil an einer Tat von heroischem Ausmaß, deren Bedeutung nicht abzusehen ist.

STERN: Da ist doch wirklich etwas dran.

MAILER: Ja, ich möchte sagen, diese Vorstellung ist viel edler, als religiöse Konzeption weitaus kühner und schwieriger zu verstehen als die Idee eines allmächtigen Gottes, der für uns sorgt.

STERN: Und greifen Sie nun nach dieser Konzeption wegen des gefährlichen Adels, der ihr innewohnt, oder weil Sie daran glauben?

MAILER: Ich glaube daran.

STERN: Sie glauben daran.

MAILER: Es ist das einzige, was für mich einen Sinn ergibt. Es ist das einzige, was mich befähigt, das Problem des Bösen zu deuten. Sehen Sie, die Erklärung dafür könnte doch lauten – wie soll ich mich ausdrücken? –, Gott selber ist in ein so außerordentliches, in ein ihn derart überforderndes Schicksal verstrickt, daß auch er an einer Sittenverderbnis kranken, auch er unbillige Forderungen an uns stellen und unser Dasein mißbrauchen kann, um seine Ziele zu erreichen, so wie auch wir die Zellen unseres eigenen Körpers mißbrauchen.

STERN: Ist es die Pflicht eines Menschen, herauszufinden, ob er auf Gottes Seite steht? Ob er mit dem gütigen Gott oder mit dem bösen Gott zusammenarbeitet?

MAILER: Nun, gehen wir einmal zurück; kehren wir für den Augenblick zu etwas viel Bescheidenerem, Anspruchsloserem zurück, wodurch es uns vielleicht gelingt, all dies zusammenzufassen, jedenfalls bis zu einem gewissen Grade. Sie haben mich vorhin gefragt, wieso Hip für den Roman interessant sei. Nun ja, wenn ein Romancier einen Rauschgiftsüchtigen beschreibt, so pflegte bisher der Spießer den Süchtigen als soziologisches Studienobjekt, als einen armen Krüppel zu schildern, der verloren und dazu verdammt ist, seiner unvermeidbaren Niederlage entgegenzugehen. Der Hipster jedoch, der schließlich bis zu einem gewissen Grade aus dem Genuß von Rauschgift – einer der Faktoren bei der Entwicklung des Hip – geboren wurde, würde zu der Annahme neigen, daß der Rauschgiftsüchtige, wenn Rauschgifte nun einmal dem Menschen außerordentliche Erlebnisse vermitteln, wahrscheinlich etwas von Gott empfängt. Vielleicht Liebe. Und vielleicht empfängt er sie auch wirklich. Machen wir uns diese Auffassung zunächst als eine vernunftgemäße Hypothese zu eigen – mag sie nun richtig sein oder nicht –, und sehen wir zu, wie weit wir damit kommen. Wenn der Hipster von Gott Liebe empfängt, könnte es doch sein, daß er Gott etwas von seiner Substanz entzieht, indem er etwas von dieser Liebe, verstehen Sie, die durch das Rauschgift freigesetzt wird, für sich fordert. Und indem er Gott etwas von seiner Substanz entzieht, saugt er ihn aus, so daß der Rauschgiftsüchtige möglicherweise in dem Augenblick, in dem das Gefühl ihn erfüllt, er sei voll von Gott und dem Guten und einer schönen Mystik, sich einer außerordentlich bösen Handlung hingibt. Dies hat neue moralische Verwicklungen zur Folge, die meiner Ansicht nach interessanter sind als alles, womit sich der Roman bisher beschäftigt hat. Es eröffnet die Möglichkeit, daß der Roman zusammen mit vielen anderen Kunstformen sich eher zu etwas Größerem als zu etwas Geringerem entwickelt; und in meinen Augen krankt unsere Zeit eben gerade an der verdammten Seuche, daß alles geringer und immer geringer geworden ist und immer mehr an Bedeutung verloren hat, daß der Geist der Romantik verdorrt ist und es heute fast nichts Schändlicheres gibt als die Angst vor der Romantik. Wir werden alle so mittelmäßig und gering, so unbedeutend und lächerlich und leben alle unter der Bedrohung, eines Tages ausgerottet zu werden. Im Gegensatz dazu wachsen wir mit den Anschauungen des Hip, unsere kleinen Handlungen werden dadurch zwar nicht notwendigerweise groß, gewinnen aber an Bedeutung. Wenn wir zu einer Flasche greifen, während wir einer Jazzdarbietung lauschen, und dabei die Berührung jeder einzelnen Fingerspitze mit der Flasche verspüren, erhält die Flasche dadurch eine gewisse Form für uns, und wir beginnen zu empfinden, daß jede unserer Fingerspitzen von der Form und der Struktur des Glases etwas Verschiedenartiges empfängt; wir fangen an, darüber nachzudenken, daß vielleicht innerhalb der Struktur, der Bestandteile dieses Glases selber möglicherweise eine Art Hölle enthalten ist, daß diese Struktur einen anorganischen, erstarrten oder eingekerkerten Daseinszustand verkörpert, der geringer ist

als der unsere. Meiner Ansicht nach ist das eine interessantere Vorstellung, als ganz einfach nur zur Flasche zu greifen und sich Whisky einzuschenken.
STERN: Es ist eine sehr hübsche Vorstellung.
MAILER: Hip ist hübsch.
STERN: Aber Hip ist doch durch und durch Aktion, durch und durch erektil, nicht wahr? Beim Hip ist doch alles Gefühl und Geschmack, Berührung und Geruch. Ist das nicht der Haken bei der ganzen Sache?
MAILER: Der Haken ist der, daß es sich als ungeheuer schwierig erweist, zur Welt der Sinne zurückzufinden. Wir alle sind zivilisiert, und um zur Welt der Sinne zurückzufinden und dabei das Beste unseres zivilisierten Daseins zu behalten, um uns unsere Fähigkeit für eine geistige Ordnung, für geistige Konstruktionen, für Logik zu bewahren, bedarf es der Überwindung verdoppelter Schwierigkeiten, und es besteht die große Gefahr, daß der Nihilismus des Hip die Zivilisation zerstören wird. Jedoch scheint mir die noch bedrohlichere Gefahr – die Gefahr, die auch den Hip heraufbeschworen hat – darin zu liegen, daß die Zivilisation selber so mächtig geworden, so von der Welt der Sinnesempfindungen losgelöst ist: Wir können heute Millionen von Menschen in Konzentrationslagern methodisch liquidieren.
STERN: Jede mächtige und veredelnde Kraft bringt Gefahren und Verluste mit sich. Rechtfertigt diese Loslösung von den Sinnen, welche Sie soeben erwähnten, die Zerschlagung einer sich über zwei- oder dreitausend Jahre erstreckenden, ununterbrochenen Kulturepoche?
MAILER*: Ihr Einwand ist strittig. Er holt zu weit aus für dieses – für mich. Aber ich will versuchen, es anders zu formulieren. Wenn die Loslösung von der Welt der Sinne, von der ich spreche, zu einem für die Menschen gültigen Zustand führt, dann muß, jawohl, dann muß die Zivilisation auf jeden Fall zerschlagen werden, oder wir zerstören uns selber durch die erbarmungslosen Auswirkungen ordnungsgemäß angewandter Gesetzesvorschrif-

ten und atomarer Strahlung. Andererseits wird diese Loslösung von den Sinnen vielleicht nur durch sehr wenige meiner Generation wahrgenommen, während der Spießer im Gegensatz dazu ein Leben führt, in dem die Sinne ihm genügend Befriedigung verschaffen, um ihn als einen (im guten Sinn) zivilisierten und ausgeglichenen Menschen zu erhalten. Dann wären wir – die Hipster – die einzigen, die sich ihren Sinnen entfremdet fühlen. Sollte dies zutreffen, dann ist alles, was ich gesagt habe, also in Wirklichkeit nichts weiter als der Versuch, durch eine komplizierte und scharfsinnige Beweisführung meine neurotischen ... Verschrobenheiten zu verteidigen, ja? Nun, ich glaube natürlich nicht, daß dies zutrifft.
STERN: Gut, nehmen wir an, mein Einwand sei strittig. Sie haben doch einen Beruf, eine persönliche Laufbahn, eine Laufbahn als Romancier und dann vielleicht noch die Laufbahn als Verkünder eines neuen Glaubens. Lassen wir den letzten Punkt unberücksichtigt.
MAILER: Ja, lassen wir den letzten Punkt unberücksichtigt.
STERN: Lassen wir auch den ersten Punkt beiseite und betrachten wir nur Ihre Laufbahn als Romancier. Sie sind Schriftsteller. Sie betrachten sich selber als Schriftsteller, obwohl Sie im Verlauf der letzten Woche immer wieder behauptet haben, die Literatur gebe Ihnen nicht mehr viel. Sie seien auf der Suche nach etwas anderem. Aber gleichwohl betrachten Sie sich als Schriftsteller.
MAILER *(unterbrechend):* Ich will nicht, daß man es so darstellt. Die Dinge liegen komplizierter.
STERN*: Meinetwegen, vergessen wir das und konzentrieren wir uns darauf, was dies alles damit zu tun hat, daß Sie ein Schriftsteller sind. Wie werden sich diese Ideen bei Ihnen auswirken? Ich habe gesehen, welche Form sie in der Bühnenfassung vom *Hirschpark* angenommen haben. Dort hatten Sie einen Prolog in der Hölle, aber Sie werden sich wohl daran erinnern, daß ich diesen Prolog als einen Fremdkörper in dem Stück empfand. Es war, als habe ein Kritiker sich das Stück angesehen und geäußert:

»Scheint nicht viel dran zu sein, solange ich Ihnen nicht das Geheimnis anvertraut habe: Diese Menschen befinden sich in der Hölle.« Haben Sie sich das nicht bloß ausgedacht, um das Material, das Ihnen vorlag, der großen Masse schmackhaft zu machen? Nachdem Sie es doch wirklich ausgeschöpft hatten und damit fertig waren?
MAILER: Nun ja ... *(seufzt),* als ich den *Hirschpark* als Roman schrieb, agierten die Hauptfiguren auf einer Ebene. Mir schien, ich würde die Bedeutung ihrer moralischen Erfahrungen vertiefen, indem ich sie in die Hölle versetzte. Daß diese Situation, in der Hölle zu sein und es nicht zu wissen, vielleicht die erste Umkehrung darstellt – nein, so möchte ich es nicht bezeichnen –, es handelt sich hier um die erste Verschiebung der moralischen Sphäre. Es fällt mir schwer, mich über diese Dinge zu äußern – sie sind für mich so furchtbar schlecht greifbar. Es ist, als stelle der Glaube, man existiere auf der einen Daseinsebene, während man tatsächlich – sofern man dieser Tatsache jemals auf die Spur käme – auf einer anderen Ebene existiert, möglicherweise den wahren Zustand dar, in dem der Mensch sich befindet. Und so habe ich den Prolog nicht als etwas Nebensächliches oder gar oberflächlich geschrieben. Es mag sein, daß es mir an genügendem Können gefehlt hat, um den Prolog dem Stück richtig anzupassen. Aber diesen zweifachen Existenzzustand, diesen Existenzzustand von Menschen, die in der Hölle sind und es nicht wissen – den hatte ich genau beabsichtigt.
STERN: Sie hatten auch im Roman eine Art Doppelzustand. Dort jedoch bildete er eine natürliche Fortsetzung der Fiktion. Sie zitierten aus den Memoiren eines französischen Höflings, der die sittliche Verkommenheit am Hofe Ludwigs XV. schilderte, und meiner Ansicht nach war es dabei Ihr Ziel, den Menschen, über die Sie schrieben, noch eine zusätzliche Dimension zu verleihen. Es war, als wollten Sie sagen, da sei noch etwas mehr Asche, die in den Abgrund falle. Dort haben Sie – das ist selbstverständlich meine persönliche Meinung – Ihr Werk nicht verfälscht, sondern

nur erweitert. Wie ich es sehe, sollte ein literarisches Kunstwerk durch die Behandlung des Stoffes eine Gemütsbewegung hervorrufen können, es sollte aber nicht auf einen bestimmten Stoff und ein wenig Gefühl hinweisen und dann sagen: »So, lieber Leser, nun brauchst du beides nur noch miteinander zu verbinden.«
MAILER: Ersparen Sie es mir, Ihnen direkt zu antworten. Ich denke, die eigentliche Aufgabe der Kunst liegt darin, das moralische Bewußtsein der Menschen zu steigern, ja sogar, falls erforderlich, aufzustacheln. Insbesondere glaube ich, daß der Roman, wenn er gut ist, die moralischste der Kunstformen darstellt, weil er die unmittelbarste und, wenn Sie wollen, sogar die anmaßendste ist. Er ist die Kunstform, der man am wenigsten auszuweichen vermag. Man könnte viel leichter über den Sinn eines abstrakten Gemäldes oder der Musik oder anderer Ausdrucksformen streiten. Aber im Roman ist der Sinn gegeben. Er wirkt viel unmittelbarer; man könnte sich über doppelsinnige Begriffe unterhalten, aber da man nun einmal mit Wörtern umgeht, kommt er der Bedeutung sittlicher Gebote und sittlicher Verbote sehr viel näher. Und dabei gerät man auf ein ganz besonderes Gebiet, das außerordentlich interessant ist: Man beginnt nämlich, die Lücken im moralischen Verhalten zu erforschen – darin liegt für viele von uns der erste Schritt zu religiösen Erfahrungen –, und dies um so mehr, als die Kirchen keine Anstalten machen, das weitverzweigte und entsetzlich komplizierte Gebiet moralischer Erfahrungen zu durchforschen. Es mag ja sein, daß bestimmte Menschen verschiedener Religionen, die sich ganz individuell mit bestimmten Menschen ihrer Gemeinde oder was weiß ich befassen, einiges Gute zu vollbringen vermögen, aber im Zusammenhang damit auch sehr viel Schaden anrichten können. Als Institutionen jedoch halte ich die Kirchen für moralisch tot, ihre Auswirkungen sind verderblich, wenn nicht geradezu entsetzlich und abscheulich. Die Kirchen entwickeln sich wahrscheinlich zu einem der großen Feinde unserer Zeit ... *(nachdenklich)* Sie sind Mörder unserer Sinne.

STERN: Was nun ein Kunstwerk anbelangt, so können wir es vollenden und dann in jede x-beliebige Kirche und in jeden x-beliebigen Gerichtssaal einschmuggeln, und das alles, um das moralische Bewußtsein aufzustacheln. Wir können einen Prolog in der Hölle schreiben – oder wie wäre es mit einem Prolog im Himmel?
MAILER: Oh, das wäre interessanter.
STERN: Interessanter?
MAILER: Aber es wäre auch schwieriger. Das ginge über meine Vorstellungskraft hinaus.
STERN: Für Sie also sind Handlungen an sich neutral. Der Romancier liefert sie und etikettiert sie dann, ganz wie er mag. Man geht dabei von der Überzeugung aus, daß die Handlung an sich den Leser nicht befriedigen wird; am Ende des Buches wird er nicht völlig erschöpft, nicht von seinen Gefühlsgerinnseln befreit sein, es bleibt vielmehr noch ein Rest, und der Leser wird sich nach einer Linderung sehnen, die er außerhalb des Romans zu suchen hat. Das Kunstwerk stachelt das moralische Gewissen an, und dann tritt das moralische Gewissen in die Welt hinaus und gibt bei der nächsten Wahl seine Stimme der Fortschrittspartei; auf diese Weise lindert es die Schmerzen, die der Romancier ihm zugefügt hat. Was der Romancier investiert hatte, wird nun draußen in der Welt zu Geld gemacht.
MAILER: Nun ja, im Idealfall erhoffe ich von meinem Werk eine Stärkung der Anschauung, daß das Leben in seinem Kern sich nicht betrügen läßt. In jedem Augenblick des Daseins entwickelt man sich zu etwas Größerem oder zieht sich in etwas Geringeres zurück. Stets lebt man ein wenig intensiver, oder man stirbt bereits ein wenig. Die Entscheidung besteht nicht darin, etwas intensiver oder etwas weniger intensiv zu leben; man muß entweder etwas intensiver leben oder etwas intensiver sterben. Und in dem Maße, wie man ein wenig intensiver stirbt, gerät man in einen für die eigene Person äußerst gefährlichen Zustand, weil man anfängt, andere Menschen ein wenig intensiver sterben zu

lassen, um selber am Leben zu bleiben. Ich glaube, genauso sieht das mörderische Labyrinth aus, in dem sich nunmehr unser aller Leben abspielt.

STERN: Und genau das tut der Hipster; er holt gegen die anderen aus; stets verlangt er nach mehr. Er nimmt das Wagnis der Auslöschung seiner Sinne, der Auslöschung seines Daseins, der Auslöschung seiner Fähigkeit zu unterscheiden auf sich.

MAILER: Er tut gewisse Dinge, die in ihrer Art sehr tapfer sind; so setzt er zum Beispiel seine Seele aufs Spiel – und der Einsatz des Spiels besteht darin, daß er sich in entsetzlicher, tragischer Weise irren kann und daher verdammt ist, verstehen Sie, zur Hölle verdammt ist. Und genau das tun die kirchlich eingestellten Leute ganz und gar nicht. Sie denken an nichts anderes als an ihre eigenen häßlichen kleinen Seelen, die sie sich für ein späteres, sorgfältig vorbereitetes Weiterleben zu bewahren suchen. Der Hipster spielt mit dem Tod und er spielt mit dem Jenseits; und vielleicht irrt er sich.

STERN: Und der Romancier spielt mit seinem Talent als Romancier.

MAILER: O ja. Durchaus.

STERN: Mit dem einzigen Talent, das er besitzt.

ROBERT LUCID: Ich verstehe wohl den Romancier, aber ich kann den Hipster nicht begreifen. Da komme ich nicht mit. Sie setzen Bewußtsein voraus, Sie setzen Ziele voraus, Sie setzen von seiten dieser Klasse – wenn das der richtige Ausdruck ist – eine bestimmte Richtung voraus, die der des Romanciers entspricht. Und dabei scheint mir, daß die ganze Idee des Hip eigentlich im Unbewußten liegt, sie äußert sich lediglich im Handeln.

STERN: Ich glaube, es wurde bereits gesagt, daß der Hipster sein persönliches Dasein – was immer das bedeuten mag – aufs Spiel setzt und der Romancier sein Talent als Romancier. Er tut es, weil ihm nur die Wahl bleibt, ein wenig intensiver zu leben oder ein wenig intensiver zu sterben.

LUCID: Die Sache liegt doch so, daß der Romancier bewußt Ent-

scheidungen trifft und die moralischen Folgen auf sich nimmt. Mir scheint, daß ein solcher Typ, wie wir ihn im Hipster vor uns haben, ein Mensch ist, der sich derartiger Wagnisse überhaupt nicht bewußt ist, und auch nicht der Tiefe ...
MAILER: Bewußt glaubt er wahrscheinlich, daß er dabei eine ganze Menge gewinnt. Was ich bei der ganzen Sache als selbstverständlich voraussetze – die Idee, mit der ich stets gearbeitet habe und die in allen meinen Erklärungen stillschweigend enthalten ist –, läuft darauf hinaus, daß das Unbewußte, Sie verstehen, einen ungeheuren teleologischen Sinn hat, also einem Ziel zustrebt; es hat ein reales Gefühl dafür, was in jedem gegebenen Augenblick einem selber widerfährt – sehen Sie, was ich meine? –, so daß die Botschaften der eigenen Erfahrung ständig wiederholen: ›Es wird besser‹, oder ›Es wird schlimmer. Für mich. Für den dort. Für meine Zukunft, für meine Vergangenheit‹. Nicht wahr, mit dieser Kraft bewegen sich die Menschen, tasten sie sich vorwärts – mit diesem Navigator, verborgen im Grunde ihres Wesens.

FÜNFTER TEIL · SPIELE UND ERGEBNISSE

Reklame für »Spiele und Ergebnisse«

Amerika ist ein Wirbelsturm, und die einzigen Menschen, die das Brausen nicht hören, sind jene glücklichen, wenn auch unglaublich dummen und selbstgefälligen weißen Protestanten, die im windstillen Zentrum leben, im Auge des Sturms. Sie können nicht ahnen, was es bedeutet, sein Leben am äußersten Rand des Sturms zu beginnen und dann zu versuchen, von dort draußen zum Zentrum vorzudringen; tatsächlich liegt ihnen, jedenfalls den meisten auch gar nichts daran, es zu wissen, es wirklich zu erfahren. Zuweilen glaube ich, sie sähen es lieber, wenn unsere Republik zu den Russen überginge, als daß sie der sexuellen Untergrundbewegung mit ihren Dissonanzen zum Opfer fiele. Trotz aller dieser Strömungen von unten herauf und der seltsamen, die Sinne aufschließenden Eigenschaften der grünen Pflanze Marihuana, die für die sechziger Jahre die Bedeutung erlangen wird, die der Saloon für die zwanziger Jahre hatte (jawohl, ich glaube, sogar die Polizisten werden das Kraut rauchen, es bleibt ihnen gar nichts anderes übrig, oder sie kommen nicht mehr mit), also trotz der nihilistischen Wogen der kommenden Jahre werden die Zitadellen des protestantischen Spießertums die Zukunft nicht als Wogenprall empfinden, sondern höchstens als kleine Erschütterungen und als atmosphärische Störung. Da die Protestanten die historische Verkörperung des starken Willens darstellen, der das Fleisch abtötete (mit aller Grausamkeit und ohne jede Rücksichtnahme muß darauf hingewiesen werden, daß der Krebs ihr letzter Beitrag zur Zivilisation war), muß die Sympathie der weißen Protestanten notgedrungen den exakten Wissenschaften, der Cliquenwirtschaft und dem Ausschußunwesen gelten und nicht dem Sexus, der Geburt, der

Leidenschaft, dem Fleisch, der Zeugung, dem Jazz und der seelischen Depression; sie müssen abstimmen, manipulieren, kontrollieren und lenken, diese Protestanten, die das Zentrum der Macht in unserem Land bilden, müssen sich nach dem richten, was sie für Vernunft halten, auch wenn es sich dabei nur um Spießerlogik aus der Vergangenheit handelt. Und wenn nun eine Zeit der Apokalypse naht, müssen sie schließlich gegen die Freiheit des Körpers und die Demokratie des Fleisches sein, sie müssen eher mit den Russen gehen als mit dem Hip, denn die Auffassung der Sowjets von der Wissenschaft und vom Formalismus wird sie mehr anziehen oder richtiger, sie weniger abschrecken als die Gewalttätigkeit des Schlägers auf der Straße, die Wiedergeburt des Sexus und die Marihuanaorgien.

Im »Weißen Neger« begannen wir das Thema des Hip zu erkunden, und wir werden das für den Rest des Buches fortsetzen. Wenn das Wort »erkunden« hier vielleicht ein wenig gesucht klingt, trifft es dennoch den Kern der Sache. Auf den Philippinen zogen wir gewöhnlich am Morgen los und unternahmen einen anstrengenden Vorstoß über hügeliges Gelände, durch Reisfelder, über Flußläufe hinweg und am Rand eines kleinen Dschungels entlang, der fünf Meilen im Geviert maß. Wenn wir am Abend zurückkehrten, unsere Füße um fünfzehn Meilen älter, zweimal von Regen und von Schweiß durchnäßt, hatte unser Bericht an ruhigen Tagen – und die meisten waren ruhig – lediglich zum Inhalt, daß wir unterwegs auf keinerlei Feindtätigkeit gestoßen seien. Es war eine Vermutung, der sehr wenige Tatsachen zugrunde lagen. Ein Dorf, durch das wir gekommen waren, hatte seit Wochen keine Japaner zu sehen bekommen; von der Kuppe einer großen Anhöhe, die eine freie Aussicht ins Tal bot, nahmen wir keine Bewegung wahr, und die Reste japanischer Ausrüstungsgegenstände, die wir auf unserm Pfad fanden, waren alt und unter dem Einfluß der Feuchtigkeit verrottet. Rein gewohnheitsmäßig nahm man an, daß da, wo wir wenig gesehen hatten, auch wenig vorhanden sei, aber genau wußten wir das niemals, und hin und wieder waren wir dann überrascht. Im Anfang fragte ich mich immer, mit was für weißen Flecken die Leute beim Führungsstab wohl arbeiten mußten, *denn schließlich wurden ja die Karten im Hauptquartier auf Grund von Berichten solcher Stoßtrupps wie des unseren mit Stecknadeln markiert. Damals hatte ich den Eindruck, daß Truppenverschiebungen lediglich nach Maßgabe einer Unzahl von Halbwahrheiten und falschen Informationen erfolgen. Erst nach Jahren wurde mir klar, daß sich fast das ganze Leben auf diese Weise abspielt, ein klares Verständnis war nur denen möglich, die sich vor Erfahrungen fürchteten und mit Tatsachen vollgestopft waren.*

Wenn wir jetzt unseren Vorstoß durch neues Gelände fortsetzen, werden wir dabei die Lebensweise und die Strapazen eines Spähtrupps auf uns nehmen müssen – uns werden keine richtigen Führer zur Verfügung stehen, nur sehr geringfügige unmittelbare Erläuterungen, nur ein paar geistige Lichtblicke und mehr Fragen als Antworten. Es ist aber auch nicht möglich, eine Vorlesung über Hip zu halten, man muß Hip empfinden, man muß sich den Teil der eigenen Erfahrung zunutze machen, der für dieses Thema aufgeschlossen ist, und es ihm überlassen voranzugehen. Wie wir später sehen werden, gründet sich Hip nicht auf Tatsachen, sondern auf die nicht greifbare Nuance, das Imponderable, und um in das Wesen des Hip richtig einzudringen, bedarf es der instinktiven Furcht, wie sie die Männer eines Spähtrupps verspüren.

War ein Unternehmen glücklich gelungen, konnten wir uns nie daran erinnern, wie das Gelände bei jedem Schritt des Weges ausgesehen hatte. Meilenweit gingen die meisten von uns mit gesenktem Kopf, und nach unserer Rückkehr blieb uns nichts weiter als ein matter, schon zu lange zurückliegender Eindruck von Erdhaufen, Wurzeln und Gras. Später, vielleicht im Schlaf, erschien uns das, was wir gesehen hatten, in dramatischem Licht – der hohe Hügel, den wir nicht erklommen hatten, verdüsterte durch seinen Schatten den von uns zurückgelegten Weg, und der kleine, hinter Buschwerk versteckte Flußlauf, dessen Ufer wir gemieden hatten, war plötzlich von tiefem Geheimnis umwoben. Wir hatten den einen oder anderen Zugführer, der eine feine Nase dafür besaß, wohin er uns führte; während er über Nacht die unsicheren Schlußfolgerungen aus dem, was er am Tage gesehen hatte, beschlief, formten sich in seinem Kopf die Umrisse eines dem Kunstwerk verwandten Gebildes: Eine Reihe bescheidener Fakten, seine Erfahrung und ein wenig Instinkt stritten in seinem Unterbewußtsein miteinander, und am Morgen erwachte er mit einer völlig neuen Konzeption, die dieser seelischen Auseinandersetzung entsprungen war; wenn er noch immer ein guter Zugführer war und sein Herz auf dem rechten Fleck hatte, führte er uns an diesem Morgen auf jenen Hügel und an jenem Flußufer entlang, die wir am Tage zuvor gemieden hatten. In militärischer Hinsicht war das völlig sinnlos – keiner von uns verspürte auch nur die geringste Lust, bei einem Einsatz draufzugehen, der den schwerfälligen Idioten, die unser Schicksal lenkten, nicht das kleinste Bröckchen Tatsachenmaterial einbringen würde. Dem Zugführer lag ebensowenig wie uns daran, ins Gras zu beißen, und wenn er etwas von einem Künstler in sich trug, was bei den guten stets der Fall war, verließ er sich in diesem Hasardspiel auf seine Intuition – die einzige Chance für ihn, über sich selber hinauszuwachsen. Wenn er den Hügel nicht bestieg, würde er nie feststellen können, ob seine Vermutung, die Japaner könnten dort sein, richtig oder falsch sei. Jedesmal also, wenn er sich auf seine Großmannssucht und seinen Mut verlassen mußte, würden seine Instinkte wegen unbeantworteter Fragen abgestumpft sein. Ein guter Zugführer suchte stets ein wenig die Gefahr, um sich seine Gelassenheit zu bewahren, und es war bemerkenswert, wie selten man in einen Hinterhalt geriet.

Da es auch für mich von geringem Wert ist, meine Leser unnötig in einen Hinterhalt zu locken oder sie auch nur ohne besonderen Grund voranzutreiben, habe ich den Rest dieses Buches in drei Abschnitte aufgeteilt. Der erste besitzt das gleiche Verhältnis zu einem Spähtruppunternehmen wie eine Ruhestellung zu einem Schlachtfeld; nach dem schweren Gepäck des »Weißen Negers« und der ihm folgenden Beiträge hat der Leser, glaube ich, für eine Weile Anspruch auf etwas Entspannung. So sollen die Kurzgeschichten, die weniger gewichtigen Artikel und das Fragment eines Schauspiels, die zu Anfang dieses letzten Buchabschnitts stehen, unterhaltend *wirken. Danach begeben wir uns wiederum auf ein schwieriges Gebiet, das den Namen »Eine Bemerkung über vergleichende Pornographie« trägt und das ich nicht jedem empfehlen kann, denn einige der dort vertretenen Ideen sind zu gewagt.*

Als letztes folgt ein literarisches Bekenntnis: zwei Gedichte, ein Teil vom Hirschpark *als Schauspiel, eine breit angelegte Studie über Picasso und eine kritische Würdigung vieler meiner Zeitgenossen. Soweit ich weiß, ist dies das erstemal, daß einer von uns in aller Öffentlichkeit mit den gleichen Worten, deren man sich bei einer Unterhaltung in den eigenen vier Wänden bedienen würde, über seine Konkurrenten gesprochen hat. Also ein historisches Dokument. Ganz zum Schluß folgen noch drei Teile aus meinem neuen Roman, die mehr oder weniger für sich allein stehen können. Sagte ich hier mehr, wäre dadurch zuviel verraten, denn ich möchte nicht den Eindruck erwecken, als finde sich in dem Rest dieses Buches überhaupt kein einziger Hinterhalt.*

Reklame für »Es«

Dies habe ich im Jahre 1939 geschrieben, einige Tage nach meiner Ankunft in Harvard. Archibald MacLeish hielt eine Ansprache an die Studenten im ersten Semester, und während er über den Ausbruch des Zweiten Weltkriegs redete, warf ich eine Kurzgeschichte hin, die kürzeste Geschichte, die ich je geschrieben habe.

Es

Wir stiegen durch den Stacheldraht, als ein Maschinengewehr zu schießen begann. Ich ging weiter, bis ich meinen Kopf auf dem Boden liegen sah.
»Mein Gott, ich bin tot«, sagte mein Kopf.
Und mein Körper sank in sich zusammen.

Reklame für »Großartig im Bett«

Ich schrieb diese Geschichte im Jahre 1950, als ich in Hollywood war. Hier ist Der Hirschpark *in seinen Anfängen zu erkennen. Jahre später suchte ich nach dieser Geschichte, konnte sie aber nirgends finden. Dann erwähnte Mickey Knox eines Abends ihren Titel. Wie er mir erzählte, hatte er seit Jahren »Großartig im Bett« dazu benutzt, um in Gesellschaft seine schauspielerischen Fähigkeiten zu beweisen.*

Großartig im Bett

Es gab einmal zwei Produzenten mit Namen Al und Bert. Beide waren klein, beide kahlköpfig, beide verheiratet, und beide stellten Filme her. Sogar ihre Büros lagen nebeneinander. Alles an ihnen wies solche Ähnlichkeit auf, daß man sie für Zwillinge hätte halten können, hätte es nicht einen einzigen, aber derart großen Unterschied zwischen ihnen gegeben, daß man nie auf den Gedanken kam, sie als auch nur im entferntesten einander ähnlich zu betrachten.

Der Unterschied bestand darin, daß der eine – Al – im Ruf stand, großartig im Bett zu sein. In jeder anderen Hinsicht ähnelte er Bert sehr, dessen einziger Ruf in Ermangelung anderer Vorzüge darin bestand, daß er sehr viel Geld verdiente.

Das ärgerte Bert. Wenn er Freunde bei sich hatte, unterhielt er sich mit ihnen darüber und pflegte schließlich zu sagen: »Ich kenne Al nun seit zwanzig Jahren. Wir haben beide mit einem Abstand von nur drei Monaten geheiratet, wir verdienen die gleiche Menge Geld, wir haben so ungefähr die gleiche Anzahl großer Kassenerfolge und großer Pleiten erlebt, wir sind gleich groß, wir haben fast das gleiche Gewicht, wir ähneln einander, und dennoch steht Al in dem Ruf, großartig im Bett zu sein. Wieso hat er diesen Ruf?« Es begann Bert zu quälen, es quälte ihn sogar ganz außerordentlich. Jeden fragte er, aber niemand konnte ihm eine Antwort darauf geben. Am Ende betrachtete er es als eine Angelegenheit von geschäftlicher Bedeutung, und da ließ er einen Detektiv kommen.

Dem Detektiv gegenüber erklärte er: »Ich möchte, daß Sie den Grund dafür finden. Und mag er noch so gemein sein. Dieser Mann hat ein Geheimnis, und es muß doch einen Grund dafür geben, warum Al als Experte gilt und ich unbekannt bleibe. Ich erwarte von Ihnen, daß Sie diesen Grund finden.«

Der Detektiv machte sich an die Arbeit, tat sich um, stellte eine Liste von Namen zusammen und fertigte schließlich eine Abschrift des kleinen, schwarzen Notizbuches an, in das Al alles eintrug. Jede der dort angegebenen Adressen suchte der Detektiv auf. Nachdem er Antwort auf seine Fragen erhalten hatte, schrieb er seinen Bericht und kehrte damit zu Bert zurück.

»'Rausgeschmissenes Geld«, schrie Bert ihn an. »Durch Ihren Bericht weiß ich noch immer nichts. Sie haben mich nur verwirrt. Ich werde Ihnen einmal vorlesen, was da steht. Widerlich ist es.«

Bert las nun aus dem Bericht vor. Er las, was Claudia Jane zu sagen hatte, und Dianthe und Emeline, Fay, Georgia, Hortense und all die anderen.

»Er ist der beste Liebhaber, dessen ich mich je bedient habe«, erklärte Claudia Jane, »denn er ist ein Schlappschwanz, und ich kann mit ihm umspringen, wie ich will.«

»Er ist großartig«, murmelte Dianthe, »er bringt mein Eis zum Schmelzen. Er stürmt über mich hinweg, verachtet mich und läßt mich spüren, daß ich eine Frau bin.«

»Er ist einfach süß«, schrieb Emeline, »und gehört ganz mir.«

»Ein Meister der Sexspielerei«, meinte Hortense, »denn das will ich Ihnen sagen, Freundchen, alles andere langweilt mich.«

»Sauber«, stellte Fay mit Nachdruck fest, »und ohne üble Gewohnheiten. Für ihn ist die Liebe eine Verbindung von Reinheit und Einfalt, und dies wiederum bestärkt mich in meiner so schwer errungenen Wandlung zum Religiösen.«

»Er ist spendabel«, lispelte Georgia, »und meiner Ansicht nach ist das doch die Hauptsache, finden Sie nicht auch?«
Bert war wütend. »Das nennen Sie einen Bericht?« brüllte er den Detektiv an. »Das ist doch nur Gewäsch.« Er warf die Seite in die Luft. »Gehen Sie gefälligst seinem Geheimnis auf den Grund.« Erschöpft machte sich der Detektiv noch einmal an die Arbeit. In seinen abgetretenen Schuhen latschte er durch wohlriechende Boudoirs, stets bemüht, das gewisse Etwas aus all dem Gewäsch herauszuhören. Schließlich jedoch konnte der Fall abgeschlossen werden. Eines Morgens nämlich hinterließ Al zur Überraschung aller eine Notiz, in der es hieß: *Mit jedem Jahr wurde meine Depression größer.* Er hatte sich eine Kugel durch den Kopf gejagt. Bert hat es nie begreifen können. Als er den Detektiv entließ, beklagte er sich ihm gegenüber mit einem Seufzer: »Ich verstehe noch immer nicht, warum Al so großartig war. Es ist zu ärgerlich. Ich habe das Leben mit vollen Zügen genossen und weiß also Bescheid. Im Dunkeln sind alle Frauen gleich. Ich müßte es also wissen.«
Die Moral dieser Geschichte könnte also sehr wohl lauten: Menschen, die im Dunkeln leben, leben am längsten.

1950

Reklame für »Der Schutzheilige der MacDougal Alley«

Diese Geschichte entstand etwa zu der Zeit, als ich meine Kriegsgeschichten und »Das Notizbuch« schrieb. Ich schickte sie an den New Yorker, *der sie ablehnte, und dann legte ich sie beiseite. Als sie mir jetzt wieder in die Hände fiel, schien sie mir für diesen Teil des Buches zu passen, da es sich hier um einen Beatnik handelt, der seiner Zeit zu weit vorauseilte, um diesen Namen schon zu verdienen.*

Der Schutzheilige der MacDougal Alley

Wie könnte man Pierrot schildern? Es ist unmöglich, ihn zu verstehen; man kann nur Geschichten über ihn erzählen. Jedoch legt er bereits mit jeder Bewegung die Grundlage zu einer neuen Geschichte, so daß man nicht mitkommen kann. Pierrot ist ein Original; auf der ganzen Welt hat er nicht seinesgleichen. Ich kann versuchen, sein Aussehen zu schildern. Er ist jetzt neunzehn Jahre alt und von mittlerer Größe. Er hat dunkles Haar, ebenmäßige Gesichtszüge und ein sehr gewinnendes Lächeln. Zuweilen läßt er sich einen Schnurrbart stehen, und zuweilen rasiert er ihn wieder ab. Sobald er ein paar Haare unter der Nase zur Schau trägt, wirkt er um einige Jahre jünger; legt er das Bärtchen ab, ist er wieder neunzehn. Ich vermute, daß er in zehn Jahren noch immer wie neunzehn aussehen wird; ja, ich hege den Argwohn, daß er schon bei seiner Geburt nicht anders ausgesehen hat. Pierrot wird sich niemals verändern. Bei ihm läßt es sich genau voraussehen, wie er sich auch in der unwahrscheinlichsten Situation verhalten wird.

Er ist der Sohn meines Freundes Jacques Battigny, eines Professors für romanische Sprachen an einer Universität in New York, und niemals hat es einen Vater und einen Sohn gegeben, die mehr miteinander verwandt und sich gleichzeitig weniger ähnlich waren. Jacques ist ein außerordentlich kultivierter Herr; als typischer französischer Intellektueller ist es ihm unerträglich, Erfahrungen zu machen, ohne sie verstandesmäßig zu begreifen. Ihn verlangt es nach Ordnung in jedem Winkel seines Lebens. Es bedrückt ihn, daß Pierrot in einem ewigen Wandel begriffen ist. Vater und Sohn sind wie These und Antithese. Mit anderen Worten, Pierrot ist der umgestülpte Jacques, die Kleiderpuppe eines Intellektuellen. Er besitzt alle Eigenschaften des französischen Geistes mit Ausnahme der Bildung; größtes Vergnügen bereitet es ihm, gewaltige Erfahrungskomplexe, von denen er jedoch nichts versteht, logisch zu untersuchen. Als ich Pierrot zum erstenmal begegnete, redete er stundenlang auf mich ein; ganz beiläufig erwähnte er Marx, Freud und Darwin; Heidegger, Kierkegaard und Sartre; Lawrence und Henry Miller; Nietzsche und Spengler; Vico und Edmund Wilson; Jean Genet und Simone de Beauvoir; Leo Trotzki und Max Schachtman; Wilhelm Reich, Gregory Zilboorg und Karen Horney. Es fielen noch zweihundert andere Namen von unterschiedlicher Bedeutung, und ich glaube, er verwendete kein Wort unter vier Silben. Daher brauchte ich einige Zeit, um mir darüber klarzuwerden, daß Pierrot ein Dummkopf war. Zwischendurch leerte er mein Gehirn. Was ich von Aldous Huxley hielte, fragte Pierrot, und lange bevor ich das, was mir von Huxleys Werk im Gedächtnis geblieben war, gesammelt hatte, um es in einigermaßen geordneter Form von mir zu geben, fragte mich Pierrot, wie ich Thomas Stearns Eliot einschätzte. Mir schien, als sei ich nie zuvor einem intelligenteren jungen Mann begegnet: Die Weitläufigkeit seiner Fragen, seine ungestüme Wißbegier und das rasche Verstehen, das aus seinen braunen Augen leuchtete, beeindruckten mich sehr. Chaplin und Griffiths, Jackson Pollock und Hans Hofmann, was ich von Berlioz hielte und ob ich Benjamin Britten gehört hätte? Pierrot war unermüdlich. Erst nachdem der Nachmittag verstrichen war und meine Frau sich verpflichtet fühlte, ihn zum Essen einzuladen, stieg der Argwohn in mir auf, daß Pierrot nicht so viel zum Gespräch beigetragen hatte wie ich.

Einige Minuten später gestand mir Pierrot auf ein paar behutsame Fragen hin voller Genugtuung, er habe niemals eines der von mir erwähnten Bilder gesehen noch einen der Autoren, über die wir gesprochen hatten, gelesen. »Sieh mal«, sagte er zu mir, »es ist so deprimierend. Ich möchte das gesamte Wissen in mir anhäufen, und daher weiß ich nicht, wo ich beginnen soll.« Er seufzte. »Ich betrachte die Bücher auf den Regalen meines Vaters und sage zu mir: ›Werde ich in diesen Büchern die Krönung meines Erkenntnisdranges finden?‹ Verstehst du das? Worin liegt der Sinn des Lebens? Das ist es, was mich verfolgt. Werden diese Bücher mir die Antwort geben? Ich sehe sie an. Sie sind aus Papier, sie sind aus Pappe. Ist es möglich, daß der Kern der Wahrheit sich durch Papier und Druckerschwärze mitteilen läßt?« Er hielt inne und lächelte. »Wirklichkeit und Illusion. Ich denke über Geschichte nach, und ich frage mich: ›Berücksichtigt der Marxismus die Geschichte in angemessener Weise?‹ Jemand hat mir geraten, Engels' *Ursprung der Familie* zu lesen. Würdest du es mir empfehlen? Ich interessiere mich sehr für diese Frage.«

Er war wirklich unermüdlich. Im Verlauf des Essens und während des Abwaschens verlagerte sich das Gewicht der Unterhaltung von meiner auf Pierrots Zunge. Er saß den ganzen Abend mit meiner Frau und mir zusammen und redete über seine Wünsche, seine Depressionen, seine Siege und Niederlagen. Was ich von seinen Eltern hielt, wollte er gern wissen und ging sofort dazu über, es selber zu sagen. Pierrots Mutter war gestorben, und sein Vater hatte nochmals geheiratet: Georgette. Sie war zehn Jahre jünger als Jacques, und Pierrot fand dies beunruhigend. »Verstehst du«, erklärte er mir heiter, »ich suche nach Liebe. Ich suche sie inmitten meiner Familie und kann sie nicht finden. Zwischen Georgette und mir besteht eine starke Zuneigung, und ich frage mich, ob sie mütterlicher oder körperlicher Natur ist. Ich würde es ja gern darauf ankommen lassen, aber ich bin noch unberührt, und es wäre mir entsetzlich, wenn ich sie nicht befriedigen könnte. Stimmt es, daß man in der Liebe erst eine Lehrzeit durchmachen muß?« Noch ehe ich eine Antwort geben konnte, hatte er seine Frage bereits vergessen. »Und dann frage ich mich in meinen geheimsten Gedanken, ob ich Georgette tatsächlich erobern will oder ob ich in ihr nur die Mutter suche. Ich möchte, daß sie streng gegen mich ist; ich bin nämlich masochistisch. Es gibt so vieles, was ich empfinde.« Er legte die Hand aufs Herz. »Ich bin ein Kind und ich bin ein Liebender. Worin liegt meine eigentliche Natur? Wen von beiden suche ich zu befriedigen? Siehst du, ich möchte meinem Vater nahe sein und fühle mich doch von ihm abgestoßen. Es ist wie in der Psychoanalyse. Manchmal glaube ich, ich wünsche mir, in einer *ménage à trois* zu leben, aber dann gelange ich zu dem Schluß, daß ich destruktiv bin und mir nichts anderes wünsche, als in Einsamkeit zu leben. Entspricht es aber der Natur des Menschen, in Einsamkeit zu leben? Zuweilen fühle ich mich so verlassen, Ich habe das Verlangen, mich anderen mitzuteilen. Die Fähigkeit, sich mitzuteilen, ist ein Problem, das mich interessiert. Dich auch?«

Um ein Uhr morgens sah ich mich gezwungen, nachdem zahlreiche Andeutungen nichts gefruchtet hatten, Pierrot zu bedeuten, er müsse nun nach Hause gehen. Er sah mich traurig an, erklärte mir, er wisse, wie sehr er mich langweile, und verließ uns mit einem so niedergeschlagenen Gesicht, daß meine Frau und ich uns schämten. Wir wurden das Gefühl nicht los, ein heimatloses Kind auf die Straße gejagt zu haben. Als ich das nächste Mal seinem Vater begegnete, entschuldigte ich mich dafür bei ihm, aber er unterbrach mich.

»Du brauchst dich für nichts zu entschuldigen«, rief Jacques. »Der Junge ist fürchterlich. Er hat nicht das geringste Zeitgefühl. Hättest du ihn nicht hinausgesetzt, wäre er eine Woche geblieben.« Jacques griff sich an die Stirn. »Ich werde bestimmt noch verrückt. Es bleibt einem nichts anderes übrig, als zu ihm einfach grob zu sein. Hör dir einmal an, was geschehen ist.«

Was Jacques mir erzählte, war tatsächlich schmerzlich. Battigny senior liebt Bücher. Er liest sehr gern, ereifert sich über die Kunst des Lesens, liebt Einbände, liebt das Schriftbild, liebt Bücher einzeln und in ihrer Gesamtheit. Nun hatte Pierrot einmal mit einem Freund von Jacques gesprochen, einem ziemlich angesehenen Professor. Der Professor, der von dem Jungen sehr angetan war, lieh ihm Florios Übersetzung der Essays von Montaigne. Es war keine Erstausgabe, aber doch eine alte wertvolle Ausgabe, wunderbar in Leder gebunden und schön gedruckt. »Weißt du, wie lange das her ist?« fragte mich Jacques. »Zwei Jahre. Pierrot hat das Buch zwei Jahre lang in seiner Aktentasche aufbewahrt. Hat er jemals eine Seite gelesen?« Die Antwort lautete natürlich:

nein! Er habe es lediglich behalten, und dabei sei der Rücken abgerissen. »Ich habe ihn angebrüllt«, sagte Jacques leise, »es sei unerhört. Ich hielt ihm vor, zwei Jahre habe er das Buch mit sich herumgetragen, worauf er mir zur Antwort gab, nein, es sei erst kurze Zeit her. Er hat eben kein Zeitgefühl. Blättert mal hier, mal da in einem Buch, es ist eine Schande.«
»Es ist unerträglich«, fuhr Jacques fort. »Er quält mich. Ich habe mit seiner Englischlehrerin in der Oberschule gesprochen. Er hat sie gefragt, ob er sich mit dem *Beowulf* beschäftigen solle, und dabei kann er nicht einmal die üblichen Prüfungen bestehen. Es ist mir gleichgültig, ob er aufs College geht oder nicht, ich bin kein Snob, und es macht mir nichts aus, aber der Junge ist doch auch unfähig, sich durch seiner Hände Arbeit zu ernähren. Niemals würde er ein Handwerk erlernen.«
Später sollte ich entdecken, daß Pierrot sich nicht entscheiden konnte, ja oder nein zu sagen. Er war dazu völlig unfähig, wie lange ich auch erbarmungslos auf ihn einreden mochte. Als er einmal bei mir zu Hause aß, fragte ich ihn, ob er ein Butterbrot wolle.
»Ich weiß nicht«, antwortete Pierrot, »das frage ich mich selber.«
»Pierrot, willst du ein Butterbrot?« stieß ich hervor.
»Warum soll ich etwas essen?« fragte er träumerisch, als ließe ich mich bei meiner Frage von finsteren Motiven leiten. »Man ißt doch, um zu leben, was jedoch voraussetzt, daß das Leben lebenswert ist. Aber ich frage mich: Ist das Leben wirklich lebenswert?«
»Pierrot! Willst du ein Butterbrot? Antworte, ja oder nein?«
Pierrot lächelte einfältig. »Warum stellst du mir eine Ja-oder-nein-Frage?«
Was man ihm auch sagte, er genoß es grenzenlos. Meiner Frau hatte er eine ganze Weile den Hof gemacht. Obwohl sie sich über ihn lustig machte, ihn tadelte oder übersah, ließ er sich nicht abschütteln. Einmal, als ich mit ihm spazierenging, begann er mit einer langen Aufzählung aller meiner Tugenden. Ich sei schön,

ich sei anziehend und errege ihn sehr. Er drückte meinen Bizeps und sagte: »Du bist so stark.«
»Mein Gott, Pierrot«, erwiderte ich gereizt, »erst versuchst du, meiner Frau den Hof zu machen, und dann mir.«
»Ja«, antwortete er düster, »und Erfolg habe ich bei keinem.«
Schließlich setzte ihn sein Vater auf die Straße. Er gab Pierrot zweihundert Dollar und erklärte ihm, er müsse sich in der Stadt eine Arbeit suchen und lernen, sich aus eigener Kraft über Wasser zu halten. Jacques bereute es gleich darauf. »Ich bin grausam zu dem Jungen. Aber was soll ich nur tun? Ich kann seinen Anblick nicht mehr ertragen. Hast du ihn jemals beim Arbeiten beobachtet? Greift er zum Hammer, schlägt er sich auf den Daumen. Dann legt er den Hammer weg, saugt am Finger, vergißt, wozu er den Hammer überhaupt benötigte, versucht, sich daran zu erinnern, und schläft schließlich ein.« Jacques stöhnte. »Ich bekomme es mit der Angst zu tun, wenn ich nur daran denke, was er draußen in der Welt wohl treiben mag. Er ist völlig unpraktisch. Er wird die zweihundert Dollar in einer einzigen Nacht für seine Bohemienfreunde ausgeben.«
Nur ein Vater konnte sich so irren. In Pierrots Adern floß das Blut eines französischen Bauern. Die zweihundert Dollar reichten sechs Monate. Er wohnte bei einem Freund, dann bei einem anderen; er aß bei einem Bekannten zu Mittag und blieb zum Abendessen. Er trank Bier im Village; stets war er bei »Louis«, bei »Minetta« oder im »San Remo« zu finden, aber niemand konnte sich daran erinnern, daß er jemals eine Zeche bezahlt hatte. Er war hübsch genug, daß man seine Zuneigung zu gewinnen suchte; häufig führte dies zu Abenteuern mit Homosexuellen. Sie fanden ihn stets in einer Bar, sprachen ihn an, und er unterhielt sich mit ihnen. Er erzählte von seinen Sorgen, vertraute sich ihnen an und gestand, noch nie sei ihm soviel Verständnis entgegengebracht worden. Es endete damit, daß er in die Wohnung des anderen mitging. Dort trank Pierrot, redete weiter und redete auch noch, als der Freund sein Hemd auszog und sich der Hitze

wegen entschuldigte. Erst im allerletzten Augenblick brach Pierrot auf. »Sieh mal«, erklärte er, »ich möchte dich gern erst genau kennenlernen. Jetzt bin ich verwirrt. Aber werden wir nicht in Zukunft eine Basis für unsere gemeinsamen Interessen finden?« Und damit war er schon zur Tür hinaus.

»Wie kommt es, daß sie mich immer ansprechen?« fragte er mit unschuldiger Stimme.

Da machte ich den Fehler, streng zu sein. »Weil du sie dazu herausforderst, Pierrot.«

Er lächelte. »Ach, das ist aber eine interessante Erklärung. Ich hoffe, sie stimmt. Ich würde nur zu gern meinen Lebensunterhalt auf asoziale Weise verdienen. Die Gesellschaft ist so böse.«

Er lebte mit einem Mädchen zusammen, das ganz gut zu ihm paßte. Sie litt an einem Tic, einem leichten Zucken des einen Mundwinkels, war Anhängerin Buddhas und versuchte, in Amerika eine Buddhistenkolonie zu gründen. Auf irgendeine Weise hing alles mit einer Theorie über das Geburtstrauma zusammen, die sie mir eines Abends auf einer Party erläuterte. Daß sich Armeen im Kampf überhaupt planmäßig verhielten, beruhe lediglich darauf, daß der Schlachtenlärm den einfachen Soldaten in das Urerlebnis der Geburt zurückwerfe. Die Offiziere träten an die Stelle der schützenden Mutter, und so gehorchten die Soldaten ihrem Befehl, selbst wenn er sie in den Tod führte. Sie war stolz auf diese Theorie und fuhr Pierrot an, als er versuchte, mit ihr darüber zu diskutieren.

»Ein wunderbares Mädchen«, erklärte er mir einmal. »Es ist ein sehr erregendes Verhältnis. Sie ist absolut frigide.«

Wie sich herausstellte, erlaubte sie ihm nicht, sich ihr zu nähern, wenn er seine Schuhe zu Boden fallen ließ. »Es gibt eine solche Unsicherheit. Dadurch wird die Unsicherheit des Lebens erneut aufgeworfen. Ich denke darüber nach. Menschen begegnen einander. Das Leben des einen überschneidet sich mit dem des anderen, wie sich zwei Linien im Schnittpunkt treffen. Meinst du nicht, daß das für eine philosophische Untersuchung geeignet ist?«

Im weiteren Verlauf der Ereignisse warf ihn die Buddhistin hinaus. Es war nur ein symbolischer Hinauswurf. Das Verhältnis hatte sein Ende gefunden, aber da Pierrot nicht wußte, wohin, blieb er weiterhin bei ihr, sah sich indessen aber nach einer neuen Freundin um, die ihm ein Bett bieten konnte. In dieser Zeit kam er auch zu mir und fragte, ob ich ihn aufnehmen wolle, aber ich lehnte ab. Danach sah er so unglücklich aus, daß ich mich selber nicht mehr ausstehen mochte.

»Ich verstehe«, sagte er. »Einer meiner Freunde, der mich durch Hypnose analysiert, hat mich einsehen gelehrt, daß ich alle Menschen ausbeute. Ich glaube, das liegt an der Zivilisation. Ich interessiere mich jetzt lebhaft für politische Strömungen. Ich sehe ein, daß ich bis dahin einen allzu persönlichen Standpunkt den Dingen gegenüber vertrat. Was hältst du von meinem neuen politischen Interesse?«

»Darüber sprechen wir ein anderes Mal, Pierrot. Es tut mir furchtbar leid, daß ich dich nicht für die Nacht aufnehmen kann.«

»Schon gut«, antwortete er freundlich. »Ich weiß zwar nicht, wo ich heute nacht schlafen werde, aber es macht nichts. Ich bin ein Ausbeuter, und es ist nur recht und billig, wenn die anderen Menschen das erkennen.« Er verabschiedete sich mit einem demütigen, verzeihenden Blick. »Ich werde schon irgendwo schlafen. Mach dir um mich keine Sorgen«, sagte er, bevor sich die Tür hinter ihm schloß.

Als ich fünf Minuten später noch immer versuchte, die Angelegenheit zu vergessen, klingelte es. Pierrot war wieder da. Den ganzen Abend hindurch habe er daran gedacht, mit mir über ein bestimmtes Problem zu sprechen, jedoch sei unsere Unterhaltung so interessant gewesen, daß es ihm entfallen sei.

»Worum handelt es sich?« fragte ich kühl und verärgert, daß er mich hinters Licht geführt hatte.

Er antwortete mir auf Französisch. »*Tu sais, j'ai la chaudepisse.*«

»Ach, du lieber Gott!«

Er nickte. Er habe bereits einen Arzt aufgesucht, alles werde wieder in Ordnung kommen. Durch eine Wunderdroge.
»Hoffentlich doch keinen deiner Freunde?«
Nein, es handele sich um einen richtigen Arzt. Aber es gebe noch ein anderes Problem. Die Buddhistin habe ihn angesteckt. Dessen sei er ganz sicher. Im Augenblick jedoch habe er eine Affäre mit einer jungen verheirateten Frau, und nun wisse er nicht, ob er es ihr sagen solle.
»Bestimmt mußt du das.« Ich packte ihn an den Schultern. »Du mußt es ihr sagen, Pierrot.«
Seine braunen Augen trübten sich. »Sieh mal, das würde schwierig sein. Dadurch würde viel von dem, was zwischen ihr und mir ist, zerstört werden. Ich möchte ihr lieber nichts sagen. Warum sollte ich es? Ich kenne keine Moral«, erklärte er leidenschaftlich.
»Zum Teufel mit der Moral«, erwiderte ich. »Ist dir klar, daß du den Arzt immer wieder aufsuchen mußt, wenn du es der Frau nicht sagst? Weißt du, was das für Geld kostet?«
Er seufzte. Genau das war es, wovor er Angst hatte. Wie ein Bauer, der langsam und sehr gegen seinen Willen eine neue und unangenehme Tatsache einzusehen beginnt, stimmte er mir mürrisch zu. »Da die Sache so liegt, werde ich es ihr sagen. Es ist zu dumm.«
In letzter Zeit habe ich Pierrot nur noch selten gesehen. Seine zweihundert Dollar sind zu Ende, und er muß jetzt arbeiten. In vier Monaten hatte er elf Stellungen. Hoffnungslos, sie alle aufzuzählen. Hin und wieder hat er sogar selber gekündigt. Zwei Tage lang war er als Bürobote beschäftigt, und am zweiten Tag, als er an einem Brunnen stehenblieb, um zu trinken, war Wasser in seinen Korb mit Briefen eingedrungen. Er war davon überzeugt, es sei die Schuld des Wasserbeckens. Bei dem Versuch, die Feuchtigkeit abzuwischen, entglitt ihm der Korb, und das durchnäßte Papier wurde nun auch noch schmutzig. Unterschriften zerliefen, Namen wurden unleserlich, und was den Bürochef in besonderen Zorn versetzte, war die Tatsache, daß Pierrot gar nicht erst

versuchte, sich zu entschuldigen, sondern statt dessen fragte, warum die Amerikaner solche Sklaven ihrer Geschäftskorrespondenz seien.

Er arbeitete auch in einer Fabrik. Nach dem ersten Arbeitstag war er sehr deprimiert und rief mich mit einer so traurigen Stimme an, daß ich mich verpflichtet fühlte, ihn aufzusuchen. Er war müde, angewidert. »Ich halte ein Stück Metall in der Hand«, erklärte er mir, »und führe es an eine Schleifscheibe. Langsam werden die kantigen Ecken abgerundet. Acht Stunden solcher Arbeit muß ich über mich ergehen lassen. Kann denn das der Sinn des Lebens sein?« Seine Stimme verriet, daß er sich damit abgefunden hatte, diese Arbeit bis an das Ende aller Zeiten fortzusetzen. »Ich suche nach meiner Persönlichkeit. Sie ist zerstört. Ich bin nur noch Nummer 48.«

Jetzt fuhr ich ihn zornig an. Ich erklärte ihm, er habe die Wahl. Er könne arbeiten, um zu leben, oder er könne sterben. Wenn er sterben wolle, würde ich nicht versuchen, ihn davon abzuhalten. Ich würde ihm sogar zureden. »Wenn du zu mir kommst, Pierrot, und bittest mich um eine Pistole, werde ich versuchen, dir eine zu beschaffen. Aber bis dahin hör mit deinem Gejammer auf.« Er hörte mir mit strahlendem Lächeln zu. Seine Augen leuchteten vor Freude über meine heftigen Worte. »Du bist herrlich«, sagte er bewundernd.

Als letztes habe ich erfahren, daß Pierrot bald eingezogen werden soll. Einige meiner Freunde regen sich sehr darüber auf. Sie behaupten, der Junge werde innerhalb weniger Wochen ein seelisches Wrack sein. Andere meinen, die Armee werde ihm guttun. Mit beiden Ansichten bin ich nicht einverstanden.

Ich sehe Pierrot in der Armee vor mir. Zusammengerollt unter seinen Decken, wird er lange schlafen und mit Sicherheit das Wecken verpassen. Gegen acht Uhr morgens taumelt er unausgeschlafen in den Speisesaal, läßt dabei sein Eßgeschirr fallen und starrt den Koch dumm an.

»Oh«, sagt er, »ich komme leider zu spät zum Frühstück.«

»Mach, daß du 'rauskommst!« brüllt der Koch.
»Ich gehe ja schon.« Pierrot nickt. »Ich verdiene es, kein Frühstück zu bekommen. Ich habe die Zeit verpaßt. Ich werde heute an einem ganztägigen Übungsmarsch teilnehmen und natürlich großen Hunger haben, aber es ist meine Schuld. Und es macht ja auch nichts. Was bedeutet Essen?« Er sieht so unglücklich aus, daß der Koch, so sehr er auch flucht, ihm doch ein paar Eier in die Pfanne schlägt. Pierrot möchte noch etwas Toast und bringt den Koch dazu, auch den Kaffee aufzuwärmen; dabei verwikkelt er ihn in ein philosophisches Gespräch. Um elf Uhr setzt sich Pierrot in Bewegung, um sich seinem Ausbildungszug anzuschließen, und um zwei Uhr nachmittags hat er ihn endlich gefunden. Stunden später, beim Zapfenstreich, wird der Offizier vom Dienst feststellen, daß Pierrot sein Gewehr verloren hat.
Das ist der Anfang vom Ende. Pierrot wird für drei Tage hintereinander zum Arbeitsdienst in der Küche eingeteilt. Im Verlauf des ersten Vormittags hat er die Töpfe so durcheinandergebracht und so schlecht ausgewaschen, daß sich die Köche gezwungen sehen, ihm zur Hand zu gehen. Dabei werden sie mehr zu tun haben als je zuvor. Am Abend wird der Küchenfeldwebel den Hauptfeldwebel bitten, Pierrot nie wieder zum Arbeitsdienst in der Küche abzustellen.
Die Armee kann sich von einem solchen Schlag nicht erholen. Küchendienst bildet ihre Strafgrundlage, und wenn Köche schon darum bitten müssen, Mannschaften von diesem Dienst zu befreien, kann es nur noch wenige Tage dauern, bis jeder Soldat in der Armee dem Beispiel Pierre Battignys folgt. Ich sehe die Armee bereits zwei Monate nach Pierrots Eintritt zusammenbrechen.
In diesem Augenblick hoffe ich den Lauf der Geschichte zu beeinflussen. Gemeinsam mit allen anderen pflichtbewußten Menschen, denen ich begegne, will ich eine Sammlung durchführen, deren Ertrag es ermöglichen soll, Pierrot in die Sowjetunion zu schicken. Kaum trifft er dort ein, ist die Welt gerettet. Man wird

ihn sofort in die Armee stecken, und bevor noch der erste Tag zu Ende geht, wird er vor einem Exekutionskommando stehen. Da erst wird Pierrot seine wahre Größe offenbaren. »Ich frage mich«, wird er zu den russischen Soldaten sagen, »bin ich nicht ein elender Mensch? Ist das Leben nicht traurig? Erschießt mich.« Hier werden die Russen ihre Waffen hinwerfen und in Tränen ausbrechen. »Auch wir haben keine Freude mehr am Leben«, werden sie schluchzend hervorstoßen. »Erschießt uns ebenfalls.« Guter russischer Tradition folgend, wird sich diese Nachricht wie ein Lauffeuer über die Steppe verbreiten. Überall werden Soldaten ihre Waffen wegwerfen. Die Abrüstung Amerikas und Rußlands ist über Nacht Wirklichkeit geworden, und Friede senkt sich über die Welt.

An der Ecke der Eighth Street und der MacDougal Alley wird man Pierrot ein Denkmal errichten. Kommende Generationen werden an ihm vorübergehen und ihn anspucken. »Er war ein bürgerlicher Held*«, werden sie sagen.

1951

Reklame für einen Brief an die New York Post

Dieser Brief verleiht einem Mann, der für mich völlig unwichtig ist, eine gewisse Bedeutung. Ich habe ihn jedoch hier aufgenommen, um mir dadurch Gelegenheit zu der Erklärung zu geben, daß ich mit der Herstellung des Films Die Nackten und die Toten *nichts zu tun hatte. Meine einzige, wenn auch schwere Sünde war, daß ich die Verfilmungsrechte verkaufte, nachdem ich Jahre hindurch bemüht gewesen war, die Keuschheit des Buches zu verteidigen.*

---

* *square*

Ein Brief an die *New York Post*

Am Montag, dem 11. August, wurde Paul Gregory, der Produzent des Films *Die Nackten und die Toten*, in Archer Winstens Kolumne zitiert. Er soll folgendes über mich gesagt haben:

> Mailer? Eine unverbesserliche Niete. Ich habe nichts gegen Temperament. Ich bin noch nie einem talentierten Menschen, der auch nur einen Pfifferling taugt, ohne Temperament begegnet. (Aber es gibt Grenzen) ... wir sitzen in einem Restaurant und er wirft die Kartoffeln durch das ganze Lokal. Gewiß, er hatte gesagt, er wolle keine Kartoffeln haben, aber es gibt ja noch andere Möglichkeiten, sie loszuwerden. Und dann die Prozesse. Hat man mit ihm etwas zu tun, hat man sofort Prozesse am Hals.

Um mit der letzten unwahren Erklärung zuerst aufzuräumen: Ich war in meinem ganzen Leben in nur einen Prozeß verwickelt – und das ist der, den ich jetzt gegen RKO und Warner Bros. führe. Es handelt sich dabei um Dinge, die mit der Verfilmung meines Buches *Die Nackten und die Toten* in Zusammenhang stehen. Was nun die Kartoffeln betrifft – selbstverständlich warf ich sie nicht. Niemals habe ich in einem Restaurant, zu Haus oder im Bett mit Kartoffeln geworfen – auch nicht auf Paul Gregory. Ich habe einmal mit Mr. Gregory gegessen (nur einmal), und vielleicht hat er durch eine meiner Äußerungen den Eindruck gewonnen, ich neigte zu Gewalttätigkeit.
Damals bemühte er sich, *Die Nackten und die Toten* zu erwerben, und dabei erklärte er mir immer wieder, es sei ein großartiges, einfach großartiges Buch, das großartigste Buch, das er je gelesen habe (was zweifellos stimmen mag, falls er nicht sehr viele Bücher gelesen hat). Als ich ihn fragte, wie er dieses großartige, einfach großartige Buch dramatisch zu gestalten gedenke, nannte er den Namen eines Soldaten, der innerhalb der ersten zwanzig Seiten des Romans fällt, und erklärte:

»Ich höre die Begleitmusik; sie spielen ›From the Halls of Montezuma‹. Das ist natürlich zunächst nur so aus dem Ärmel geschüttelt, aber ich höre das Lied der Marineinfanterie, und ich sehe bereits die Marineinfanterieuniform dieses Mannes mit Blut bedeckt. Sagen Sie, Norman, interessiert Sie das überhaupt auch nur die Bohne?« Und ich antwortete: »Wenn Sie mich damit auch nur die Bohne interessieren wollen, Paul, dann hören Sie endlich auf, diese Soldaten Marineinfanteristen zu nennen.«
War es das, woran Gregory dachte, als er in seiner Phantasie Kartoffelbrei durchs Restaurant fliegen sah?
Ein wenig später an diesem Abend bin ich zum ersten und einzigen Mal in meinem Leben in eine tiefe Ohnmacht gefallen. Blicke ich heute zurück, möchte ich als Grund dafür annehmen, daß ein gewisser Sinn für Ehrenhaftigkeit in mir ausgelöscht worden war; ich wußte, daß ich die Verfilmungsrechte meines Buches (das ich so sehr liebte) an einen Mann verkaufte, der nicht einmal den Unterschied zwischen Armee und Marine kannte.

Wie man mit Hilfe der Massenbeeinflussungsmittel
einen Mord begeht – A

Vor einigen Monaten trat ein Mann an mich heran, der für den kanadischen Rundfunk eine Sendung über die Beat-Generation vorbereitete. Er hatte von Leuten, die man als Persönlichkeiten von Bedeutung in diesem Gärungsprozeß betrachten konnte, Interviews auf Band aufgenommen. Nun hatte er den Wunsch, auf der Grundlage des »Weißen Negers« ebenfalls ein Gespräch mit mir aufzunehmen. Ich versuchte abzulehnen; dabei brachte ich als Entschuldigung vor, für gewöhnlich miede ich Interviews, weil man dazu neige, zu viele neue Ideen zu zerreden. Ob ich aber, so fragte er, trotzdem bereit sei, wenigstens ein paar Abschnitte aus dem »Weißen Neger« vorzulesen. Ich war einverstanden.
Eines Abends kam er mit seinem Tonbandgerät zu mir, und nach-

dem wir uns zehn oder fünfzehn Minuten über dies und jenes unterhalten hatten, las ich einige Seiten vor. Er sagte, er würde mich, sobald die einzelnen Bänder zusammengeschnitten seien, zu einer Party einladen und mir das nunmehr sendefertige Band vorspielen.

Etwa einen Monat später erhielt ich die Einladung. Zusammen mit meiner Frau und meinem Freund Mickey Knox ging ich hin und landete in einer ziemlich primitiven Wohnung, südlich des Village; man hatte bei den Gästen den Eindruck, daß drei Bärte auf ein Kinn kamen, es gab auch viel Wein, etwas Bier und keinen Whisky. Wir hatten uns verspätet, und das Band (das länger als eine Stunde lief) war bereits bis etwa zur Mitte abgespult. Was ich davon zu hören bekam, war gut, ehrlich und für eine Rundfunksendung sogar aufschlußreich. Andererseits war es tendenziös. Der Mann, der mich aufgesucht hatte, war der Sprecher und lehnte Beat ab; innerlich stand er wahrscheinlich, ohne es ausdrücklich zu erwähnen, seiner bürgerlich-spießigen kanadischen Zuhörerschaft näher als den Männern und Frauen, die er um Interviews gebeten hatte.

Als meine Stimme ertönte, traf es mich wie ein Schlag. Es ist selten angenehm, die eigene Stimme zu hören, aber das war mir schon seit Jahren bekannt. Die Laute klangen vertraut, und ich war sogar fähig, mir selber völlig gelassen zuzuhören. Was ich allerdings bei dieser Party vernahm, glich keineswegs mehr meiner eigenen Stimme. Sie klang gereizt, schrill, ereiferte sich in peitschendem, abgehacktem Rhythmus – wie die Stimme Hitlers. Dann kam der Sprecher wieder zu Wort: eine warme, männliche Stimme. Sie hatte zwar von Natur einen guten Klang, aber *so* gut war sie nun wieder auch nicht.

Es fiel mir schwer, ruhig zu bleiben. Während das Band weiterlief, bemerkte ich, daß dieser Kontrast der Stimmen fortdauerte. Alle Hipster und Beatniks klangen schrill, feminin, nervös und gehetzt – der Sprecher jedoch hatte die dem nordamerikanischen Hörer bekannte, sonore Rundfunkstimme. Es war mir klar, daß man mit dem Band etwas angestellt haben mußte, und kaum war das Gerät ausgeschaltet, trat ich zu dem Sprecher und fragte ihn, ob er glaube, daß die Stimme auf dem Band meiner eigenen Stimme sehr ähnlich sei. Er wirkte betreten. Nein, sie scheine nicht die gleiche zu sein, antwortete er. Ich fragte ihn, ob er die Klangregelung des Geräts für die anderen hell und für sich selber dunkel eingestellt habe. Seine Antwort schien aufrichtig: er besitze nur ein englisches Batteriegerät ohne eine solche Abstimmvorrichtung. Schließlich flüsterte mir ein Mädchen zu: »Wahrscheinlich waren die Batterien zu schwach, und er hatte nicht das Geld, sich neue zu kaufen.« Ein solcher Umstand mochte durchaus als eine teilweise Erklärung gelten, denn erschöpfte Batterien vermindern die Bandgeschwindigkeit. Wird ein besprochenes Band dann mit normaler Geschwindigkeit abgespielt, sprechen die Stimmen schnell und klingen schrill, wie bei einer Schallplatte auf einem altmodischen Grammophon, dessen Plattenteller sich zu schnell dreht. Selbstverständlich war es dem Sprecher möglich gewesen, seine eigene Stimme im Studio neu aufzunehmen, weswegen sie so gut geklungen hatte und ihn jetzt das schlechte Gewissen plagte. Dieses Band hatte die traurige Komödie der Eitelkeit und einer technisch unzulänglichen Apparatur enthüllt.

Ich habe diese kleine Geschichte erzählt, weil in ihr angedeutet wird, was bei jeder Rundfunk- und Fernsehsendung geschieht. Handelt es sich um einen größeren Sender, wird der Toningenieur zwar nur geringfügige Verbesserungen beziehungsweise Verzerrungen an einer Stimme vornehmen, aber da es Millionen Zuhörer gibt, darf man wohl zu Recht vermuten, daß sich dadurch bei einigen hunderttausend Menschen die instinktive Abneigung gegen einen Sprecher oder Darsteller in eine gewisse Sympathie umwandelt und umgekehrt. Wenn wir erst einmal den Superstaat der Zukunft haben, besitzt dieses Verfahren ganz offensichtliche Vorzüge, nämlich die breite Masse einer Gehirnwäsche unterziehen und sie auf diese Weise bequem aus dem einen ideologischen

Pferch in einen anderen treiben zu können: Durch gutes oder schlechtes Schminken, durch willkürliche Timbrierung der Stimme, durch eine Kamera, die in ungünstigen Augenblicken ganz dicht heranfährt und bei Höhepunkten in der Handlung zurückrollt, kann man zum Beispiel einen Mann, der dem Staat abträgliche Ideen äußert, in den Hintergrund einer Debatte drängen, wobei der Betreffende selber nie erfahren wird, wieviel durch die manipulierte Bespiegelung einer Fernsehszene verlorenging. Das Geschehen wird bereits in dem Augenblick verändert, in dem es geschieht.

Die Geschichte der Vergangenheit läßt sich durch Beeinflussung unserer Sinne noch viel schlimmer verzerren. Sollte in Amerika eine neuartige Sympathie für den Nazismus erwachen, wer weiß, ob man dann nicht sogar die unvergeßliche Stimme Adolf Hitlers derart verändert, derart anziehend und derart *amerikanisch* zu Gehör zu bringen versteht, daß jeder auf Männlichkeit versessene, mit einschmeichelnder Stimme begabte Rundfunksprecher im einundzwanzigsten Jahrhundert des Führers Sprechweise als vorbildlich empfinden wird.

Wie man mit Hilfe der Massenbeeinflussungmittel einen Mord begeht – B

Vor zwei Jahren trat ich zum erstenmal im Fernsehen auf. Es handelte sich zwar nur um eine für das Gebiet von Groß-New York ausgestrahlte Regionalsendung, die aber in jener Saison sehr beliebt war. Abend für Abend, von elf Uhr bis Mitternacht führte Mike Wallace, der Regisseur dieser Sendung – sie lief unter dem Titel *Night Beat* – jeweils einen Fernsehgast durch ein dreißig Minuten dauerndes Interview. Wallace stand zu jener Zeit in dem Ruf, sehr eigenwillig und einem jungen Staatsanwalt nicht unähnlich zu sein, denn, verbissen und nicht immer gerecht, besaß er die Fähigkeit, den Interviewten zu Eingeständnissen zu zwingen, die man vor dem Fernsehschirm mit einiger Verwunderung vernahm. *Night Beat* war eine der ersten Sendungen mit extremen Großaufnahmen des Gesichts, so daß Schweißtropfen die Größe von Mottenkugeln annahmen. Man verfolgte diese Sendung mit dem Interesse eines Jägers. Im Idealfall sollte das Fernsehen eine geradezu sadistische Schärfe besitzen. Die Art der Inszenierung und die Bildgüte üben auf die Sinne eine klinische Wirkung aus. Sänger und Tänzer bewirken stets Langeweile – sie erscheinen durch die technische Übertragung ein wenig verzerrt. Beim Fernsehen wirkt optische Schonungslosigkeit auf den Zuschauer viel stimulierender, und das war es, was *Night Beat* bot. (Später schlug Wallace einen anderen Weg ein und brachte Interviews, die über das ganze Land gesendet wurden; wie alle es vorhergesehen hatten, verloren nun seine Interviews die ätzende Schärfe; sie wurden fast ebenso uninteressant wie ein beliebiges halbstündiges Unterhaltungsprogramm.) Der Abend, an dem ich in Wallaces Sendung auftrat, erwies sich als anregend. Ich ahnte nicht, wie mir zumute sein würde. Ich hatte wohl nicht damit gerechnet, daß die Existenz von einer Million unsichtbarer Menschen, die mein Bild anstarrten, auf meine Sinne wie der Anblick eines elektrischen Stuhls wirken würde. Meine Nerven hatte ich zwar unter Kontrolle, aber mein Kopf war leer. Jedesmal wenn Wallace mir eine Frage stellte, wußte ich nicht, ob meine Antwort rechtzeitig kommen würde oder nicht. Dennoch fühlte ich mich aufgekratzt wie ein Schauspieler bei der Premiere, und nach einer Weile gewann ich den Eindruck, ich machte meine Sache sehr gut – ich selber empfand meine Persönlichkeit als so mitreißend, daß ich annahm, die Zuschauer müßten von mir ebenfalls hingerissen sein. Tatsächlich aber kam ich nur einigermaßen über die Runden, und wenn mich zu meiner Überraschung hinterher Leute zu meiner Gelassenheit während der Sendung beglückwünschten, so hatte ich einige Wochen später das zweifelhafte Vergnügen, eine Bandaufnahme dieser halben Stunde zu hören. Nun mußte ich zu meinem Entsetzen feststellen, wie verschwommen meine Gedanken waren und wie vieles von dem, was hätte gesagt werden müssen, ungesagt blieb. Immer wieder tauchte in meiner Erinnerung die Sendung auf. Der folgende Auszug aus dem Frage-und-Antwort-Spiel machte mir jedoch Spaß:

Wallace: Vor der letzten Wahl haben Sie in *The Village Voice* den Vorschlag gemacht, Ernest Hemingway solle für das Amt des Präsidenten kandidieren, und dabei geäußert: »Amerika könnte ruhig einmal einen Mann als Präsidenten vertragen, da seit allzu vielen Jahren unser Leben von Männern bestimmt wurde, die ihrem Wesen nach Frauen waren, und das tut weder Männern noch Frauen gut.«
Mailer: Richtig. Das habe ich gesagt.
Wallace: Hatten Sie das ernst gemeint?
Mailer: Oh, absolut.
Wallace: *(Zum großen Schlag ausholend)* Was meinen Sie damit – »Männer, die ihrem Wesen nach Frauen waren«? Wer unter unseren führenden Persönlichkeiten ist so unmännlich, daß Sie ihn in solchem Licht sehen?
Mailer: Nun, ich glaube, Präsident Eisenhower hat etwas von einem Weib an sich.

Als fünf Minuten später die Sendung beendet war, trat meine Frau an mich heran und flüsterte: »Vielleicht sind wir morgen tot, aber es hat sich gelohnt.«
Es blieb nicht ohne Folgen. Durch verschiedene Kanäle erfuhr ich, daß James Hagerty, der Pressechef des Präsidenten, am nächsten Tag um eine Kopie der Sendung bat. (Wahrscheinlich war es jemand aus Hagertys Büro.) Und ein paar Tage später erschien dieser Teil des Interviews in Jack O'Brians Kolumne im New Yorker *Journal-American*. Es spricht vieles dafür, daß diese

Nachricht stimmt. Wäre ich Pressechef des Präsidenten gewesen, hätte ich auch so gehandelt. Zumindest gelingt es einem dadurch, dem Produzenten und den anderen für das Programm verantwortlichen Leuten einen leichten Schauer über den Rücken zu jagen, indem man ihnen etwa folgendes zu verstehen gibt: »Ihr Jungens vom Fernsehen wollt doch wohl mit weißer Weste dastehen, oder?« Auf jeden Fall wurde ich zu keiner Sendung mit Mike Wallace wieder eingeladen.

Ein Jahr später bat mich Wallace um die Erlaubnis, eine gekürzte Fassung unseres Interviews in einem Buch ausgewählter Interviews zu veröffentlichen, das er für den Verlag Simon and Schuster zusammenstellte. Ich gab mein Einverständnis und vergaß die ganze Sache wieder, bis ich das Buch zu sehen bekam. Es war hübsch gemacht, ein flexibler Band im Zeitschriftenformat mit dem Titel *Mike Wallace Interviews,* der Preis war niedrig, auf Massenabsatz zugeschnitten. Als ich die Seiten durchblätterte, kam ich mir ein wenig wie der arme Verwandte bei einem prunkvollen Familienessen vor. Es gab ganzseitige Photographien der Hauptmitwirkenden und viele halbseitige Photographien, Aufnahmen, die während der Sendung oder im Heim der Betreffenden gemacht worden waren: eine umfangreiche Würdigung einiger Berühmtheiten. Mein Bild war das kleinste, und als mein Blick darauf fiel, wäre ich glücklicher gewesen, wenn man mich nie zu diesem Essen eingeladen hätte. Das Bild stammt aus dem Jahre 1949 und zeigt einen verschwitzten jungen Mann mit hervorquellenden Augen, der sich sehr lange nicht die Haare hat schneiden lassen. Seine Augen funkeln, sein Mund ist zu einem leichten Knurren geöffnet, und sein Blick hat etwas von dem eines Wahnsinnigen an sich. Er weist eine unverkennbare Ähnlichkeit mit einer in die Enge getriebenen Ratte auf. Ich konnte mich an dieses Bild gut erinnern, die schlimmste Aufnahme, die jemals von mir gemacht wurde, und die Zeitschrift *Time* hatte sie 1951 neben jene Kritik des Romans *Am Rande der Barbarei* gesetzt, mit der Norman Mailer der Todesstoß versetzt werden sollte. Die Photographie war während der Friedenskonferenz im Waldorf-Astoria aufgenommen worden, und ein paar Tage lang war ich mir tatsächlich wie eine Ratte vorgekommen, denn ich stand im Begriff, aus der Fortschrittspartei auszutreten. Meiner Ansicht nach war es nicht mehr sehr sinnvoll, gegen totalitäre Bestrebungen in Amerika zu Felde zu ziehen, während man sich selber geistig in eine Zelle mit nur einem Fenster sperrte, durch das man keinen Blick auf all jene Dinge werfen konnte, um die es in Rußland möglicherweise noch schlimmer stand. Es hatte mich viele Monate gekostet, bis zu diesem Punkt zu gelangen, und wäre nicht Jean Malaquais gewesen, hätte es vielleicht Jahre gedauert, aber nun hatte ich mich trotz aller meiner Zweifel zu einer Entscheidung durchgerungen und versprach mir nichts von dieser Friedenskonferenz. Drei Tage lang lief ich umher und unterhielt mich mit Leuten, die ich kannte; ich versuchte, ihnen ins Gewissen zu reden und ihnen klarzumachen, warum die Friedenskonferenz keinen Frieden bringen könne. In der hektischen Atmosphäre jener verrückten Tage wurde mir immer wieder nur gesagt:»Gut, gut, Norman. Aber nun hilf uns, mit dem und dem ins Gespräch zu kommen ...«, und so ging es weiter. Ich hatte zahlreiche Freunde in der Fortschrittspartei, die große Stücke auf mich hielten – es war ganz einfach meine Pflicht, ihnen mitzuteilen, ich würde ihre Sympathien für immer verlieren, wenn ich in der Öffentlichkeit spräche. Aber niemand wollte dergleichen hören. Die antirussische Hysterie in Amerika hatte wieder einen Höhepunkt erreicht, und in der Woche vor Eröffnung der Konferenz waren in der New Yorker Boulevardpresse fast unverhüllte Aufforderungen zur Anwendung von Gewaltmaßnahmen erschienen. Die Versammlungen im Waldorf-Astoria wurden von Tausenden von Demonstranten belagert, die wiederum von Hundertschaften der Polizei in Schach gehalten wurden. Vielleicht waren sie in der unrealistischen Vorstellung gekommen, die Tore des Waldorf würden sich öffnen; dann könnten sie einigen dieser gottverdammten Roten den Schädel einschlagen, die

Seide in diesem superluxuriösen Hotel von den Wänden reißen und vielleicht sogar einen leibhaftigen Russen nach Queens oder Staten Island verschleppen, um ihn dort auf ihrem Festplatz über kleinem Feuer zu braten. Diesen Eindruck hatten jedenfalls wir, die wir im Innern des Waldorf saßen, ausnahmslos gutgekleidete Fortschrittler und Mitläufer. Selbstverständlich hörte keiner auf mich; ich wurde drei Tage lang wie ein Baumstamm in einer Holztrift hin und her gestoßen und schließlich, als die Konferenz ihrem Höhepunkt zustrebte, auf die Rednertribüne geschwemmt. Schostakowitsch war anwesend – ich hatte ihn während dieser drei Tage immer wieder gesehen; unter dem Eindruck all der Amerikaner, Russen, Blitzlichter, Reporter, Interviewer, der Empfänge am Flughafen und vielleicht des Lebens schlechthin war seine Miene zu Stein geworden – so erschien es mir wenigstens. Ganz in meiner Nähe saß der russische Schriftsteller Alexander Fadejew, ein ungeschlachter Hüne, Funktionär seines Staates noch bis in die Bewegung seiner klobigen, dicken Hände auf den massigen Schenkeln: Heute ist er erledigt, in Ungnade gefallen. Dann kam mein Selbstmord. Nachdem mir das Wort erteilt worden war, gab ich drei Minuten lang dumpfe, wirre Laute von mir, sprach über Monopolkapitalismus und über Staatskapitalismus, und wie allein der Sozialismus die Welt retten könne; Amerika sei von diesem Ziel weit entfernt, und Rußland auch, und die Menschen sollten ohnehin nicht ihr Vertrauen in ihre Nationen und in den Patriotismus setzen; Friedenskonferenzen wie diese würden den Eindruck erwecken, man könnte dies ruhig tun, und seien somit völlig verfehlt. Die ganze Zeit über wußte ich, daß ich an diesen Menschen, die zu einem kleinen Teil hergekommen waren, um mich zu hören, einen Verrat beging, denn dies war es bestimmt nicht, was sie hören wollten. Ich wußte auch nicht, ob ich aus einer neuen und tiefer wurzelnden politischen Überzeugung sprach, oder ob etwas in mir jetzt nur nach einer günstigen Gelegenheit suchte, den endgültigen Bruch mit der Fortschrittspartei zu vollziehen. Oder hatte ich tatsächlich Angst vor dem vernichtenden Zorn der psychisch ausgehungerten Rowdys dort draußen auf der Straße? Dann kam ein Augenblick gegen Ende meiner Rede, da ich fast in Tränen ausgebrochen wäre – übrigens war ich während der ganzen Rede dem Weinen nahe gewesen –, und um dieser Katastrophe zu entgehen, verzog ich mein Gesicht wie zu einem Knurren, denn ich kam mir vor wie eine elende, undankbare Ratte – und da flammten die Blitzlichter auf, und ich setzte mich hin.

Diese Momentaufnahme wurde nun benutzt, um mein Interview in Wallaces Buch zu schmücken, Dokument eines acht Jahre zurückliegenden Augenblicks und Bildnis eines nun nicht mehr so jungen Mannes – sein Gesicht hatte sich inzwischen recht erheblich verändert –, der freimütig zu sagen beschloß, der Präsident der Vereinigten Staaten sei ein wenig weibisch. Als ich beim Blättern dieses alte Bild vor mir sah, das vortäuschte, neu zu sein, dachte ich mir: Ihr Scheißkerle! Das gebe ich euch auch noch einmal zurück.

Reklame für »Kameraden«

Als nächstes lasse ich das Fragment eines Einakters folgen. Er dauert etwa zehn Minuten und bricht mittendrin ab. Ich begann ihn eines Nachmittags zu schreiben und arbeitete in flottem Tempo etwa zwei Stunden. Seitdem habe ich kaum ein Wort geändert. Nach einer Woche, die ich ohne Zigaretten durchhielt, fing ich an jenem Abend wieder an zu rauchen und ging ins Ordeal, *eine Bar, die eigentlich* The Ideal Bar *heißt; sie liegt der* White Horse Tavern *gegenüber. Dort trank ich gemächlich meine acht oder neun Glas Whisky mit Soda, ging, als geschlossen wurde, nach Hause und fiel in einen bleiernen Schlaf, aus dem ich erst um halb ein Uhr mittags erwachte; die Atmosphäre des Stücks war natürlich unwiederbringlich dahin. Seitdem ist mir kein einziger neuer Gedanke mehr gekommen. Das ganze Vorhaben war ebenso nutzlos wie alles andere, was ich seit einiger Zeit unternahm, aber das Stück hätte sich wohl ohnehin früher oder später totgelaufen, denn um es am Leben zu erhalten, hätte der bühnenmäßige Ablauf der Handlung sich von Minute zu Minute steigern müssen. Wahrscheinlich hätte es einer großen Anstrengung bedurft, um dem Stück zum Erfolg zu verhelfen. Tun wir also das, was unterblieb, mit der verläßlichen Bemerkung ab, daß es leicht ist, einen guten Anfang zu einem Stück zu schreiben.*

Kameraden oder Das Loch im Gipfel

Fragment eines Einakters

E

Wie ich sehe, sind wir endlich allein.

Ch

Ich bin entzückt, Ihr Gastgeber zu sein.

E

Sehen Sie, das ist einer der Punkte, die wir meines Erachtens zuerst erörtern sollten. Verstehen Sie mich recht, rein formell gesehen, das heißt dem Protokoll nach sind Sie nicht mein Gastgeber. Wir treffen uns doch als Regierungschefs, nicht wahr?

Ch

Als Premiers.

E

Ich weiß nicht, ob dies das richtige Wort ist. Es ist natürlich sehr nett von Ihnen, sich meiner Sprache zu bedienen.

Ch

Ich hasse Übersetzer. Judasse. Fast hätten wir mit China Krieg bekommen, nur weil ein Übersetzer einen Fehler gemacht hat, einen höchst peinlichen Fehler. Er hat gesagt ... ich hätte gesagt ... ein gewisser Chinki – wie sagen Sie?

E

Chinese.

Ch

Chinese chinesischer Abstammung, um ganz genau zu sein. Ich werde sowieso nicht versuchen, es zu übersetzen – mein Geist ist zu schwach. Aus dem Chinesischen ins Russische und dann noch ins Englische. Das ist zuviel! – Dazu müßte ich ein Dichter sein. Lieben Sie Gedichte?

E

In meinem Land tragen alle Dichter Bärte.

Ch

Ja, ja, eure Beatniks. Bei uns sind wir sehr stolz auf sie. Wir sind der Meinung, daß ihr in das Rußland des neunzehnten Jahrhunderts eindringt – Amerika schlüpft in Dostojewskijs geistigen Mantel.

E

Ihr Europäer seid so verdammt kultiviert.

Ch

Ha, ha! Das ist unsere Schwäche. Wir sind verderbt, kosmopolitisch – unser Geist ist an zu vielen Orten zugleich tätig. Ihr Amerikaner versteht euch zu konzentrieren. Eure Stahlwerke! Das ist Konzentration. Wenn Sie erlauben, das ist wahre Kultur.

E

Wir wollten doch nicht auf Dogmen eingehen.

Ch

Ich liebe Sie. Aber Sie können kein Kompliment vertragen.

E

Sie scheinen mich sehr schnell zu verstehen.

Ch

Sie – ich meine Ihr Land, Ihr starkes, einfaches, primitives Land, ich meine es im kulturellen Sinn und nicht Sie persönlich. Ich spreche ganz allgemein und abstrakt. Verstehen Sie mich recht, mein Freund.

E
Nun hören Sie mal, ich mag Sie auch, aber ich weiß nicht, ob wir von uns sagen könnten, wir seien Freunde.
Ch
Ich liebe Sie. Wenn wir niemals wieder miteinander reden sollten, wenn unser Zusammentreffen auf höchstem Gipfel zu nichts, zu rein gar nichts führt, höchstens zu Meinungsverschiedenheiten, zu einem Mangel an Herzlichkeit, zum Krieg – jawohl sprechen wir dieses Wort ruhig aus –
E
Ich mag nicht einmal den Klang dieses Wortes.
Ch
Sie, Sie mögen nicht den Klang von Worten. Sie sind ein Protestant. Verzeihen Sie.
E
Wir müssen unbedingt die Religion heraushalten. Ihr Glaube und der meine lassen sich nicht vereinen.
Ch
Entschuldigen Sie, aber wir Russen sind leidenschaftliche Menschen, wir sagen, was wir denken – und so sage ich Ihnen: Sollten wir uns auch nie wiedersehen – werde ich in meinem stillen Kämmerlein, als spräche ich mit mir selber, an meinen guten, großen Freund, den Präsidenten der Vereinigten Staaten, E, meinen Liebling, denken. Also weiter. Möchten Sie etwas trinken?
E
Nein, ich kann kein Glas annehmen. Ich möchte Sie nicht verletzen, aber es war doch abgemacht, daß, selbst wenn wir uns in Ihrer alten Hauptstadt Moskau treffen ...
Ch
Leningrad ist die alte Hauptstadt. Hier sind wir in Moskau, der neuen Hauptstadt.
E
Soll doch diese Idioten der Teufel holen – wieder haben sie mir eine Tatsache in die Hand gegeben, die ihre zwei Seiten hat.

Ch
Schon gut. Wir verwechseln auch immer die Hauptstadt *chez* Ihrem Land, das heißt, Wall Street und Washington, Washington ist Ihre Hauptstadt*, nicht wahr, nein, ich irre mich, Wall Street.

E
Sie sind wirklich sehr gütig, aber ich möchte mich trotzdem entschuldigen.

Ch
Bitte nicht. Wir hegen nicht die gleichen Gefühle wie Sie für den Zauber einer bezaubernden Stadt. Weswegen ja auch der Alte ...

E
Sie meinen ... St?

Ch
Jaja, ihn. Er hat immer gesagt, wir hätten noch keinen Kommunismus, bis wir nicht Moskau als 78.7°–121.5° bezeichnen könnten.

E
Temperatur?

Ch
Nein, Breiten- und Längengrad. Er wollte, alle Städte sollten Nummern haben. Er war ein Wahnsinniger.

E
He, he, ist das nicht eine sehr harte Bezeichnung für ihn?

Ch
Nein. Der Alte hat niemals etwas von Liebe geahnt.

E
Sie denken viel über die Liebe nach.

Ch
Muß ich doch. Russen sind groß in der Liebe. Es bricht uns das Herz, wenn wir in Ihrer Presse lesen, wir seien Barbaren. Unsinn! Rauhbeine mit Herz, das ist alles – wer könnte es Ihren Zeitungen erklären?

---

* *capital*

E
Sie sollten einmal lesen, was unsere Presse über mich sagt. Die ist nicht nur Ihnen gegenüber unfreundlich – diese Leute machen allen die Hölle heiß.
Ch
Mit Ausnahme der Kapitalisten.
E
Davon lassen wir mal die Finger.
Ch
Sie wollen wirklich über nichts Interessantes sprechen. Sie wollen sich gleich hinsetzen und zu arbeiten anfangen, aber das ist ein Fehler. Ich habe mich wirklich auf diese Zusammenkunft gefreut.
E
Ja, eine große Aufgabe. Von vitaler Bedeutung.
Ch
Vital, Vitalität, Energie, Schwung – sagen Sie nicht so?
E
Nun ja ...
Ch
Schwung – das Wort gefällt mir. Schwung, Schwung. Ihr Land und das meine. Wir sind die Länder mit Schwung, Schwung. Kraft, Energie, jeder von uns spricht die Sprache des anderen. Lernen wir uns doch besser kennen.
E
Sie meinen unsere gegenseitigen Interessen.
Ch
Ja, so ungefähr.
E
Das geht nicht.
Ch
Was ist denn jetzt los?
E
Da ist eine gewisse Angelegenheit, nicht, daß sie wesentlich ist oder daß es sich um eine Verfahrensfrage handelt – zum Teufel

damit. Tatsache ist, daß Sie sich schuldig gemacht haben – es tut mir leid, die herzliche Atmosphäre zu zerstören, aber irgendwo, irgendwie – Tatsache ist eben, daß Sie nicht mein Gastgeber sind und ich nicht Ihr Gast bin. Wir treten einander als Gleichberechtigte gegenüber.

Ch

Wir sind auch Gleichberechtigte. Sie sind der einzige Mensch in der ganzen Welt, der mit mir auf gleicher Stufe steht.

E

Immerhin eine seltsame Art, es darzustellen.

Ch

Ich habe Sie unterbrochen, mein Freund. Verzeihen Sie mir.

E

Ja, da wir jetzt in Schwung kommen und die Unannehmlichkeiten beginnen, ich meine, die Schwierigkeiten – ja, ich möchte Sie wirklich bitten, mich nicht mehr zu unterbrechen.

Ch

Ich möchte Sie doch nur anregen.

E

Es lenkt mich aber ab.

Ch

Ich bin ein Bär. Ich möchte jeden umarmen, mit dem ich rede.

E

Nun will ich Ihnen mal etwas sagen, worüber Sie nachdenken sollten. In der Armee haben wir ein bestimmtes Wort für so etwas.

Ch

So etwas?

E

Sie wollen also jeden umarmen, mit dem Sie reden?

Ch

Genau. Ich bin ein liebender Mensch.

E
Bestimmt. Aber in der Armee würden wir sagen, unser alter Ch hat richtiggehende Muttergefühle.

Ch
Ist das nun ein Kompliment oder eine Beleidigung?

E
Nur ein Soldatenausdruck.

Ch
General – ganz nüchtern gesprochen, was haben Sie vor?

E
Sie haben mir gegenüber Ihr Wort gebrochen.

Ch
Wie ich sehe, stehen wir kurz vor einem neuen internationalen Zerwürfnis.

E
Das können Sie wohl sagen. Es gibt unangenehme Einzelheiten, mit denen wir uns befassen müssen.

Ch
Ja. Ihr Amerikaner eßt stets den letzten Gang zuerst. Unser Nachtisch ist für Sie ein Vorgericht. Obstsalat mit Halbgefrorenem, wenn's recht ist.

E
Ich glaube, Sie sind auch einer von diesen Dichtern. Die ganze Zeit reden Sie in Gleichnissen, in Parallelen.

Ch
Das muß ich. Zwei gerade Linien, Sie und ich. Da wir uns nie treffen werden, muß ich versuchen, es dahin zu bringen, daß wir uns wenigstens parallel zueinander bewegen.

E
Da ist schon wieder diese verfluchte europäische Mentalität.

Ch
Trinken Sie einen Wodka. *(Beginnt einzuschenken)*

E
Genug, Mütterchen.

Ch
Schon gut. *(Stellt den Wodka hin)* Nun bin ich bereit, Ihnen zuzuhören, wie Sie Ihre verdammt barbarischen, amerikanischen Manieren an den Mann bringen.

E
Was gehen denn Sie zum Teufel meine Manieren an? Mit den Ihren können Sie auch keinen Preis gewinnen. Aber ich komme gleich zum Wesentlichen.

Ch
Ja, bitte.

E
Unterbrechen Sie mich nicht.

Ch
Ich tue, was mir paßt. Wenn Sie nicht mein Gast sein wollen – verzichte ich darauf, Ihr Gastgeber zu sein.

E
Immer langsam mit den russischen Pferden – ich bin nicht Ihr Gast. Wir begegnen einander nicht in Moskau.

Ch
Wo sind wir denn bitte?

E
Das heißt, tatsächlich befinden wir uns wohl auf Moskauer Boden, wenn Sie so wollen, aber technisch gesprochen, auf Grund früherer Vereinbarungen, befinden wir uns nicht hier, nicht hier im Kreml.

Ch
Aber wir sind doch hier.

E
Nicht im Sinne dieses Treffens. Wir hatten uns darauf geeinigt, daß wir uns auf internationalem Boden, der niemandem gehört, begegnen.

Ch
Warum haben wir uns dann nicht ein Loch ausgesucht?

E
Wir haben doch ein Loch gemacht, verdammt noch eins, das wissen Sie ganz genau. Ein symbolisches Loch mitten in Ihrem Kreml, bei Gott! Solange ich hier bin, gehört es nicht Ihnen.

Ch
Demnächst werden Sie mir noch erzählen, es gehöre Gott.

E
Es ist ein Teil vom Geist des internationalen Rechts.

Ch
Und dennoch, wenn ich Sie allein ließe, würden Sie sich hier verirren.

E
Diese verfluchten Federfuchser! Machen Sie mir doch nicht weis, Sie wüßten nichts von den Abmachungen, die Ihr Mann mit meinem Mann getroffen hat: Wir müßten in Rußland zusammenkommen, sonst würden Sie an Ansehen verlieren, und zwar bei –

Ch
Erwähnen Sie den Namen nicht.

E
Meinetwegen. Wir haben immerhin lieber mit Ihnen zu tun als mit ihm.

Ch
Das kann ich mir denken.

E
Schon gut. Da wären wir nun. Ihr Mann hat meinem Mann versprochen, daß wir uns in Moskau treffen, irgendwo, auf Ihrem Boden, und daß Sie für mich und meinen Stab ein internationales Loch graben.

Ch
Das haben wir getan. Wir mußten ja auch Ihr Prestige retten.

E
Dann seien Sie ehrlich, Kamerad. Wir stehen uns als Gleiche gegenüber. Ich bin nicht Ihr Gast, und Sie sind nicht der meine.

Wenn Sie mir Wodka eingießen wollen, dann muß ich Ihnen Whisky einschenken.
Ch
Sie meinen, immer abwechselnd das eine und das andere?
E
Das bedeutet es, wenn zwei Gleichberechtigte einander gegenübertreten. Wir können nicht trinken, falls wir nicht den Alkohol mischen.
Ch
Sie haben keine Seele.
E
Passen Sie auf, ich sage es Ihnen immer wieder. Das Thema der Religion ist wie ein Geschwür an meinem Gesäß.
Ch
Sie sind genauso wie der Alte. Wenn man Ihnen freie Hand ließe, würden Sie ebenfalls den Städten Nummern geben.
E
Überlassen wir doch alles Persönliche und alle Privatmeinungen den anderen. Tatsachen bitte. Das ist es, was ich zum Frühstück lese. Tatsachen sind der Kompost der Geschichte. Und Tatsache ist, daß in dem Augenblick, in dem Sie anfangen, mir Wodka einzuschenken, ich mich bis tief über die Ohren in einer verteufelten Situation befinde, denn dann bin ich nur ein jämmerlicher Strohmann von einem Gast, und Sie werden mein kommunistischer Gastgeber.
Ch
Sie lesen zuviel Ihre eigenen Zeitungen.
E
Sie sind grammatikalisch richtiger als die Ihren.
Ch
Sie denken an die Übersetzungen. Jeder einzelne dieser Übersetzer ein Judas.
E
Erinnern Sie sich an die Rede, in der Sie mich einen Lakaien der Wall Street nannten?

Ch
Eine schöne Übersetzung! Ich sagte, Sie seien ein Wall-Street-Podorshka.
E
Und in welcher Hinsicht ändert das etwas an der Situation?
Ch
Podorshka bedeutet einen weisen, freundlichen, verständnisvollen, überlegenen, bescheidenen, souveränen und getreuen alten Diener, der tatsächlich alle Fäden in der Hand hält.
E
Und das wurde mit Lakai übersetzt?
Ch
In Ihrer kapitalistischen Presse.
E
Du lieber Gott. Es kommt noch so weit, daß man nicht einmal mehr Grandma Moses vertrauen kann.
Ch
Das Leben ist traurig.
E
Immerhin haben Sie mich einen Diener genannt.
Ch
Glauben Sie, wir sind schon so weit, daß wir den Klassenkampf und Ihr Verhältnis zu abstrakten Kräften diskutieren könnten?

Nachschrift zu »Kameraden«

Die Idee zu diesem Stück stammte von meinem Freund Howard Fertig. Er erzählte mir eines Abends von einer Idee, mit der er sich beschäftige; es könne daraus ein längerer Roman werden, wenn man die Möglichkeiten des Komischen bis ans Ende ausschöpfe. Die beiden Hauptpersonen würden der Führer der Sowjetunion und der Präsident der Vereinigten Staaten sein. Ich will hier auf Fertigs Konzeption dieses Themas nicht näher eingehen, da es durchaus denkbar ist, daß er diesen Roman eines Tages noch schreiben wird. Während wir darüber redeten, sagte ich, die Situation zweier solcher Männer, die miteinander geheime Besprechungen führten, eigne sich gut für ein Stück. Howard war von meiner Bemerkung unangenehm berührt – er hatte das Ganze als einen etwas heiklen Roman mit psychologischem Hintergrund aufgefaßt. Ich warf drei oder vier halbwegs reizvolle Ideen aufs Geratewohl in die Debatte, und da wir etwas Gutes zu trinken hatten, amüsierten wir uns köstlich.

Am nächsten Tag machte ich mich, nachdem ich gut geschlafen hatte, an die Arbeit und begann, den Dialog zu schreiben. Was ich zusammenbrachte, unterschied sich sehr stark von dem, was Fertig als Möglichkeit vorgeschwebt hatte; freilich wäre mir nie der Gedanke an ein solches Stück gekommen, hätte er nicht eine solche Situation in groben Zügen angedeutet. Vor der Veröffentlichung bat ich ihn selbstverständlich um sein Einverständnis, und er war so großzügig, mir auf seinem eigenen Grund und Boden Siedlerrechte einzuräumen.

Eine Bemerkung über vergleichende Pornographie

Die Menschen unserer Zeit sind vom Rausch des Geschlechtlichen besessen; es gelüstet sie nach Blut, Mord, Ehebruch, Orgie und Vergewaltigung. Niemand kann eine Zeitschrift aufschlagen, ohne nicht auf Überschriften zu stoßen wie »Die wahre Gefahr der Rauschgifte«, oder »Hemmungsloser Geschlechtsverkehr in der Oberschule«, »Steigt die Zahl unserer Ehescheidungen?«, »Stellt die Beat-Generation eine sexuelle Revolution dar?« oder »Kann der Psychiater das Verbrecherproblem lösen«?

Es ist langweilig, diese Aufzählungen fortzusetzen. Jede Auseinandersetzung mit dem Phänomen der Pornographie sollte an der Wurzel beginnen: bei der heutigen *Reklame*. Vor zehn Jahren verkaufte die Reklame das Mädchen zusammen mit dem Wagen –

dabei stand die unbewußte Schlußfolgerung des Käufers Pate, er würde zusammen mit dem neuen Kabriolett auch ein neues Mädchen bekommen. Heute bedeutet das Mädchen weniger als die Maschine. Ein Wagen wird verkauft, nicht weil er dem künftigen Besitzer helfen wird, sich ein neues Mädchen zu angeln, sondern weil der Wagen selber bereits mit allen Attributen eines neuen Mädchens ausgestattet ist. Das Leder der Sitze ist hautähnlich genarbt, seine Farbe ist lippenstiftrosa oder weist den blaßgrünen Schimmer einer Blondine auf, die Schlußlichter gleichen Afteröffnungen, und der hintere Teil des Wagens ist gefurcht wie das stramme Gesäß einer Tambourmajorin.

Man sehe sich einmal das Werbefernsehen an. Die Zahnpasta wird nicht mehr so sehr deshalb verkauft, weil sie die Möglichkeit bietet, der Zahnkaries vorzubeugen, oder weil sie den Mundgeruch verbessert; ihr Nutzen ist heutzutage fragwürdig geworden – sie scheint vielmehr dazu bestimmt, den Mund gegen die brennende Gier nach *fellatio* zu schützen. Denn der Phallus hat in Form tausend verschiedener, handlicher Plastikzylinder, die einen Strahl oder einen Schuß Insektenvertilgungsmittel, Eierkuchenteig oder Rasiercreme abgeben oder aus einer kugelförmig verdickten Spitze ein Desodorans versprühen, seinen Einzug auf dem Supermarkt und im Drugstore gehalten. In jeder dritten oder vierten Werbenummer des Fernsehprogramms gibt die Vagina die Visitenkarte ihrer Windungen ab; sie ist für den weiblichen Bedarf da, für Gesichtspuder und Waschmaschinen, sie ist Frieden und Geborgenheit, eine Handelsreisende in Aspirin, die sich mit ihren Kurven in Magenverstimmungen und Kopfschmerzen hineinschmeichelt.

Natürlich kann man sich fragen, ob es unbedingt so schlimm ist, in einem Land zu leben, in dem fast jede Ware mit sexuellen Symbolen verbrämt ist. Unter vernünftigen Voraussetzungen braucht die Vitalität dadurch nicht abzustumpfen. Aber bei uns gibt es ja nicht einmal den Ansatz zu vernünftigen Voraussetzungen. Es gibt keine einflußreiche Persönlichkeit, die den Mut aufbrächte auszusprechen, daß das Geschlechtliche zum Mittelpunkt unserer Wirtschaft geworden ist, und so werden die Waren, die sich im Laufe unseres Lebens wie Mauern um uns auftürmen, nicht als das angeboten, was sie in Wirklichkeit sind: maschinell verfertigte Sakramente, die dem Verbraucher näher sind als das Brot und der Wein des Abendmahls. Der Sexus begegnet uns am Ende eines Produktionsprozesses und trägt die Bürde biologischer Schuld, denn der Begattungstrieb stirbt in uns ab, und wir bedürfen der pikanten Würze des toten Gegenstands. Die mühselige Jagd nach der Partnerin im Fleische scheint eine geringere Anziehungskraft auszuüben als die Fetisch-Maschine, die wir kaufen können; der Konsument fängt an, das Verlangen nach Paarung für das Verlangen aufzugeben, auf seinen beglückenden und getreuen Fetisch Jagd zu machen.

Den Traum von Liebe auf einen toten Gegenstand zu übertragen bedeutet jedoch sich im Sog der Psychose treiben zu lassen. Auch den Geisteskranken verlangt es im Innersten danach, dem Leben um sich her zu entfliehen und sich zu einem gottähnlichen Wesen zu wandeln, um schließlich das Geschenk seines schizophrenen Lebens den Dingen zu geben, die kein Leben besitzen und nie besitzen können (wobei er nicht weit von jenem interessanten Augenblick entfernt ist, in dem Gott zu dem Schluß gelangt, daß Maschinen seine Aufmerksamkeit mehr verdienen als wir).

Die traurige Entwicklung des Sexuallebens einer ganzen Nation, das von Gebrauchsartikeln abhängig ist, hat derart erschreckende Ausmaße angenommen, daß die unfrisierten (das heißt, die reinen) Erzeugnisse der Pornographie, die Aktphotos, die Fünf-Dollar-Hefte, die Busen-Magazine, die Comics und die obszönen Filme sich möglicherweise weniger destruktiv auf Geist und Gemüt auswirken als die achtbaren Produkte einer ebenso achtbaren Wirtschaft: Ein Sechzehnjähriger, der sich mit dem Photo einer Prostituierten im Badezimmer einschließt, legt die physische Grundlage zu einer späteren Neurose. Er wird zwar dafür mit unbefriedigenden Reflexen, verklemmten Orgasmen und Schuldkomplexen bezahlen müssen, aber wenigstens sucht er nicht nach einem Fetisch – im Gegenteil, hier beginnt seine Suche nach einer Partnerin. Wenn er auch seine Chancen zum größten Teil dadurch lahmlegt, daß er eine Befriedigung aus sich selber erwartet, hält er doch zumindest die Augen offen und sieht sich um – er träumt davon, welchen Höhepunkt der Lust es ihm bedeuten würde, einer solchen Frau in Wirklichkeit zu begegnen. Soviel läßt sich zugunsten der Pornographie sagen. Allerdings muß darauf hingewiesen werden, daß Pornographie nicht zur Vorbereitung auf den ersten Geschlechtsakt geeignet ist. Im pornographischen Traum werden alle Wünsche erfüllt: Der Körper ist geschmeidig, der Geruch sauber, und die Lusterfüllung fällt wie Manna vom Himmel. Welcher Schock für den empfindsamen Jugendlichen, wenn er den Mut zum ersten geschlechtlichen Erlebnis aufbringt. Denn wie wohltuend es bisweilen auch sein mag, gibt es doch verborgene Winkel, auf die er nicht vorbereitet, und eine Verantwortung, deren er sich nie bewußt war. Nichts in seinem Phantasieleben hatte ihn auf Zärtlichkeit, auf Kampf und die tragische Notwendigkeit vorbereitet, daß der Geschlechtsakt zur Liebe heranreifen müsse oder die Glut des ersten Erlebens sich rasch abkühlen würde.

Das Obszöne wird manchmal als das definiert, was aus den Fugen der Natur geraten ist. Es ist nicht die schlechteste Definition, und danach müßte Amerika eine obszöne Nation genannt werden. Die riesigen, kahlen Wände unserer Fabriken und Behörden stellen eine Entartung dar, eine Vergewaltigung unserer Sinne durch staatliche Ausschüsse. Wir sind ein krankes Land, wo alles Lebendige von Krebszellen durchsetzt ist, und wenn man an unsere seltsame Duldsamkeit gegenüber der Pornographie denkt – solange sie einen Kompromiß darstellt und nicht allzu offen in Erscheinung tritt –, hängt das vielleicht mit dem schuldbeladenen, nur träge reagierenden Unterbewußtsein der führenden, uns gängelnden Schicht zusammen. Denn in einer Art dumpfer, auswegloser Unruhe haben diese Menschen wohl das Gefühl, daß die Massenbeeinflussungmittel uns in eine ganz Amerika erfassende Psychose treiben. Selbstverständlich kann man die Massenbeeinflussungsmittel wegen einer drohenden Geisteskrankheit nicht mit Stumpf und Stiel ausrotten, ohne dabei die Psychologie des Verbrauchers abzuwürgen und die gedeihliche Entwicklung des Warenmarktes, der sich von der Leidenschaft des Käufers zum Fetisch ernährt, durch Aushungern zu unterbinden. Daher tauchen aus den bedrückenden Nebelschwaden unglücklicher Kompromisse die Comics, die gewissen Anschlagtafeln und Plakate, die unverhüllte Schlüpfrigkeit und die zensierte Schlüpfrigkeit auf und zusammen mit all dem die stickige Hoffnung der führenden Schicht, daß die lebendige Kraft des Sexus fortbestehen werde.

Darf aber der schwerfällige Machtapparat des Staates, dürfen Gesetz und Kirche es dem Künstler erlauben, das verwüstete Schlachtfeld und die kümmerlichen Lebensäußerungen des heutigen Geschlechtslebens zu erforschen? Kann man von der Staatsmacht verlangen, daß sie bereit sei, die Folgerungen aus einer minuziösen Darstellung geschlechtlicher Phänomene zu ziehen, sich ihrer bewußt zu werden und den Adel des Details anzuerkennen? Nein, das wäre zuviel verlangt. Als Nation haben wir uns heute dem Grundsatz verschrieben, daß allen Menschen die gleiche Möglichkeit geboten ist, das Leben zu betrügen. Wenn wir zu früh sterben, ohne viel gewonnen zu haben, unserer Sinne beraubt, ehe wir noch von der Bühne des Lebens abtreten und niemand um uns trauert außer der chromglänzenden Fose von 300 PS in der Garage aus Zementklinkern – dann, so meint die Staatsmacht, ist der Tod für das Volk immer noch besser als klares Bewußtsein, denn bei klarem Bewußtsein könnte sich ein Umsturz in der Geschichte vollziehen, eine Ablösung des Manipulators durch sein Menschenmaterial. Was aber – o Grauen vor dem Leeren! – hat die Ewigkeit einer besiegten Macht zu bieten?

Quellen – ein Rätsel in psychischer Ökonomie

Aufgabe: Lesen Sie die folgenden Abschnitte durch und stellen Sie fest, ob Sie den Autor der beiden Texte erraten können.

A. Auf den folgenden Blättern werde ich den Nachweis erbringen, daß es eine psychologische Technik gibt, welche gestattet, die unbewußten Unterströmungen der Gesellschaft zu deuten, und daß bei Anwendung dieses Verfahrens jede Gesellschaft sich als ein psychisches Gebilde mit einer unbewußten Richtung oder einem Widerstreit von Richtungen herausstellt, welche an jeder angebbaren Stelle in den offenkundigen, wirksamen Kräften des gesellschaftlichen Lebens zu entdecken sind. Ich werde ferner versuchen, die Vorgänge klarzulegen, von denen die Fremdartigkeit und die Unkenntlichkeit dieser unbewußten Unterströmungen der Gesellschaft herrührt, und aus ihnen einen Rückschluß auf die Natur der psychischen Kräfte ziehen, aus deren Zusammen- oder Gegeneinanderwirken soziale Konflikte, Fortschritte und Rückschritte hervorgehen. So weit gelangt, wird meine Darstellung abbrechen, denn sie wird den Punkt erreicht haben, wo das Problem der unbewußten Unterströmung der Gesellschaft in geheimnisvollere und begreiflicherweise mystische Probleme einmündet, deren Lösung auf der Grundlage einer inneren Erfahrung anderer Art in Angriff genommen werden muß.

B. Das Unterbewußtsein jener Menschen, bei welchen die allgemein anerkannte Art sexueller Beziehungen vorherrscht, erscheint als eine ungeheure Sammlung unbefriedigter Wünsche, das einzelne unerfüllte Verlangen als seine Elementarform. Unsere Untersuchung beginnt daher mit der Analyse des unerfüllten oder verbotenen Verlangens.
Das Verlangen wird zunächst durch ein Bedürfnis in uns nach einem Wesen hervorgerufen, das durch seine Eigenschaften se-

xuelle Bedürfnisse irgendeiner Art befriedigt. Die Natur dieser Bedürfnisse, ob sie z. B. sozialer Unterdrückung oder individueller physiologischer Notwendigkeit entspringen, ändert nichts an der Sache. Es handelt sich hier auch nicht darum, wie das erfüllte Verlangen diese Bedürfnisse befriedigt, ob unmittelbar als Gegenstand des Genusses oder auf einem Umweg als Mittel zur Verbesserung der eigenen gesellschaftlichen Stellung.

Lösung: Wenn in diesen beiden Absätzen die Sprache ein wenig unnatürlich klang, so ist das meine Schuld – es ist mir nicht gelungen, neue Wörter zu finden, die sich ohne weiteres in die lauttönenden Erklärungen der zwei Herren einfügen ließen, die zwar nicht die vorstehenden, jedoch die beiden folgenden Abschnitte verfaßt haben.

A' Auf den folgenden Blättern werde ich den Nachweis erbringen, daß es eine psychologische Technik gibt, welche gestattet, Träume zu deuten, und daß bei Anwendung dieses Verfahrens jeder Traum sich als ein sinnvolles psychisches Gebilde herausstellt, welches an angebbarer Stelle in das seelische Treiben des Wachens einzureihen ist. Ich werde ferner versuchen, die Vorgänge klarzulegen, von denen die Fremdartigkeit und Unkenntlichkeit des Traumes herrührt, und aus ihnen einen Rückschluß auf die Natur der psychischen Kräfte ziehen, aus deren Zusammen- oder Gegeneinanderwirken der Traum hervorgeht. So weit gelangt, wird meine Darstellung abbrechen, denn sie wird den Punkt erreicht haben, wo das Problem des Träumens in umfassendere Probleme einmündet, deren Lösung an anderem Material in Angriff genommen werden muß.

Sigmund Freud
Die Traumdeutung

B' Der Reichtum der Gesellschaften, in welchen kapitalistische Produktionsweise herrscht, erscheint als eine »ungeheure Warensammlung«, die einzelne Ware als seine Elementarform. Unsere Untersuchung beginnt daher mit der Analyse der Ware.

Die Ware ist zunächst ein äußerer Gegenstand, ein Ding, das durch seine Eigenschaften menschliche Bedürfnisse irgendeiner Art befriedigt. Die Natur dieser Bedürfnisse, ob sie z. B. dem Magen oder der Phantasie entspringen, ändert nichts an der Sache. Es handelt sich hier auch nicht darum, wie die Sache das menschliche Bedürfnis befriedigt, ob unmittelbar als Lebensmittel, d. h. als Gegenstand des Genusses, oder auf einem Umweg, als Produktionsmittel.

Karl Marx
Das Kapital

LAMENT OF A LADY

Normally
  I can't come
And when I can   well then
  for some dim reason
  usually I don't
Although once I did
  almost

They say Italian men are fine
  wild and mild as wine
And the French   I thought them tired
The Germans   I'm afraid of them
And the English are cultivated to the teeth.

  To tell the sad dreary truth
  it was a Jew
Almost I came with him

almost
was pissy
but sweet

Oh, there's a vogue to the sweet
It's star and far
  smells of drinks in a good bar
  mink
  and a soupçon of stink

A Jew
You
Dear Kike
I wish you were a dyke.

WEHKLAGE EINER DAME

Normalerweise
  Kann ich nicht kommen
Und wenn ich kann   nun dann
  Ich weiß nicht recht warum
  Dann komme ich gewöhnlich nicht
Obwohl ich einmal kam
  Beinah

Schön ist sagt man Italiens Männerwelt
  wild und mild wie Wein
Und die Franzosen   ich hielt sie für erschöpft
Die Deutschen   vor ihnen hab' ich Angst
Und die Briten sind bis an die Zähne kultiviert.

Um die traurige Wahrheit zu sagen
  es war ein Jude
Beinah kam ich mit ihm
  beinah
    war pissig
  aber süß

Ach ja, das Süße kommt in Mode
Ist Stern und fern
riecht nach Getränken in einer guten Bar
  Nerz
  und ein Spürchen Gestank

Ein Jude
Du
Liebes Jüdchen
Wärst du doch eine Lesbierin.

I GOT TWO KIDS AND ANOTHER IN THE OVEN

There we were,
  a blur,
  a void in the ovoid.
For the ova and the brat
  like their punning formal familiars
  the oven and the bread
  exist in an intellectual relationship
  an arbitrary declaration
  of the will upon the flesh
  so that the flesh body will.

Ah!
   what if … it is not like that at all?
     and seed swims into an eternity of closing spaces and
     dying seas,
       seed so adrenal in the whip of its race
       that the royal procession into cavern
         beyond feminine cavern
         is not felt as majesty
       nor tropical velvets of water
       which murmur for birth
   but in all despair as most desperate night.

   Yes.
     what if the seed be already a being? So desperate that it claws,
       bites, cuts and lies,
         bums, and betrays
   desperate to capture the oven, be nectared in yeasterly
   expansion.

One wins
     upon occasion
       (assuming there is no diaphragm, jelly, condom, pill,
       or coit interrump to gulp up a death on the
       sandy sun-lit beaches of a woman's belly
      wipe goes a sheet like a winter wind)

One wins
     one out of some multi-million other sons and daughters
     not to be born

One wins
one more there is,

one more or less incandescent enthusiasm,
itch of the detumescent present,
new god, embryonic two-cell
good at murder.

ICH HAB ZWEI KINDER UND EIN WEITERES IM OFEN

Da waren wir,
ein trüber Spritzer,
eine Leere im Ovarium.
Denn die Ova und die Brut
wie ihre wortspielerisch-formalen Verwandten
der Ofen und das Brot
existieren in einer geistigen Beziehung
eine willkürliche Erklärung
des Willens an das Fleisch
so daß das Fleisch Körper will.

Ach!
was wenn ... es nun ganz anders ist?
und Samen schwimmt in eine Ewigkeit sich schließender Räume
und sterbender Meere,
Samen so adrenalinisch im Endspurt seines Rennens
daß die königliche Prozession hinein zur Höhle
  über die weibliche Höhle hinaus
  empfunden wird nicht als erhabenes Ereignis
noch als tropisch-samtner Wasserstrom
der leise murmelnd sich Geburt erfleht
sondern, jeder Hoffnung bar, als hoffnungsloseste Nacht.
Ja.

Was wenn der Same schon ein Wesen ist? So ungestüm daß er
   sich festkrallt, beißt, zerteilt und lügt,
   brennt und verrät,
   verzweifelt, den Ofen zu erreichen, sich zu mischen mit
   Nektar in
   hefiggärender
   Schwellung.

Einer gewinnt
   gelegentlich
   (vorausgesetzt, es gäbe nicht Membran, Gelee, Kondom noch
   Pille
   noch Coit interrupt den Tod ausspeiend auf die
   sandig-sonnigen Gestade eines Frauenleibs
   weggewischt wie von einem Winterwind)

Einer gewinnt
   einer aus einigen Multimillionen noch anderer Söhne und
   Töchter
     die ungeboren bleiben

Einer gewinnt
   einer mehr,

   eine mehr oder weniger weißglühende Begeisterung,
   Gier, jetzt verebbt,
   neuer Gott, embryonischer Zweizeller
   tauglich, gemordet zu werden.

Reklame für den Hirschpark *als Schauspiel*

Ich habe die Absicht, im Verlauf des nächsten Jahres den Hirschpark als Schauspiel zu veröffentlichen. Zwar habe ich das Manuskript rücksichtslos zusammengestrichen, aber es enthält noch immer zwölf Szenen und würde zur Aufführung dreieinhalb Stunden benötigen. Wenn ich mir keinen Zwang anzutun brauche, finde ich, daß es Aussichten hat, die Geschichte des amerikanischen Theaters zu beeinflussen. Von dieser Chance ist, glaube ich, in dem kurzen, hier abgedruckten Auszug nur wenig zu erkennen, jedoch waren es die einzigen Seiten, die für sich allein stehen konnten; außerdem wollte ich doch dem Leser der vorliegenden Sammlung gern eine Vorstellung von dem Stück vermitteln.

Für Leser, die den Roman kennen, mag hier einiges verwirrend sein. Bei der Bearbeitung des Buches für die Bühne habe ich einige Änderungen vorgenommen: insbesondere gilt das für Eitel und Marion Faye, die vor Beginn des Stückes im Gefängnis gesessen haben; außerdem hat Marion Faye eine Laufbahn als Schauspieler hinter sich. Ferner ist noch zu erwähnen, daß die Handlung in der Hölle spielt, aber aus der Szene und den Ausschnitten aus zwei anderen Szenen, die ich hier zusammengestellt habe, geht das nicht unmittelbar hervor.

Der Hirschpark

(Szene zwei, drei und vier)

Zweite Szene

Eitels gemietetes Ranchhaus in der Wüste

Eitel, im Bademantel, raucht eine Zigarette auf der Terrasse. Elena kommt aus dem Schlafzimmer und betritt das Wohnzimmer. Sie ist fast eine Schönheit, was aber auf einer Täuschung beruht, denn

sie wirkt weniger schön als sinnlich. Dennoch ist ihr Benehmen ein wenig ungeschliffen, und ihre Stimme gehört gewöhnlich nicht zu ihren Vorzügen. Auch wenn sie zuweilen warm und musikalisch klingt, vermag sie doch oft nur mit Mühe den näselnden, quengelnden, keifenden und spöttischen Tonfall eines in Armut aufgewachsenen Kindes zu unterdrücken. In ein trägerloses Abendkleid gezwängt, das nicht zu ihrem morgendlichen Kater paßt, bewegt sie sich, als fühle sie sich nicht sehr frisch.
»Trinken wir doch Kaffee«, *sagt Eitel. Als sie mürrisch nickt, fährt er ein wenig zu munter fort.*

Eitel
Wenn wir uns ein bißchen gestärkt haben und uns wieder wie Menschen fühlen, fahre ich zu deinem Hotel und hole dir ein paar Kleider. Das wird dich wieder aufmuntern.
Elena
Mach dir um mich keine Sorgen. Ich haue ab.
Eitel
Ich will doch gar nicht, daß du gehen sollst.
Elena
(bestimmt)
Nein ... es war sehr nett.
(Ein Augenblick verlegenen Schweigens)
Aber ich möchte keinen Kaffee.
Eitel
Wir werden doch nicht so schnell auseinandergehen.
Elena
Morgens geht immer alles schief.
Eitel
Trinken wir Kaffee.
(reicht ihr eine Tasse)
Du wirst schon sehen. Wir müssen über hunderterlei Dinge miteinander reden.

Elena
Ich weiß nicht, ob ich überhaupt reden möchte. Dadurch wird alles ganz anders.
Eitel
Stimmt ja – Tänzerinnen sprechen im allgemeinen nicht viel. Warst du eine gute Tänzerin?
Elena
(zögernd – über die Kaffeetasse hinweg)
Sagen wir lieber, ich wollte eine sein. Hin und wieder hat mir mein Agent Arbeit für ein paar Wochen verschafft.
Eitel
Das klingt sehr bescheiden.
Elena
Ich bin eingebildet. Ich glaube noch immer, ich hätte es schaffen können, wäre ich Collie nicht begegnet. Er wollte mich unter Verschluß halten für den Fall, daß er mal eine Stunde frei hätte.
Eitel
Folglich hast du das Tanzen aufgegeben.
Elena
Ja, er hat mich ausgehalten ... ich bin faul.
(seufzt)
Ich bin faul, und Collie ist ein Geizkragen. Wir gaben ein gutes Paar ab.
Eitel
Ihr müßt das Beste im anderen geweckt haben.
Elena
Das Beste.
(niedergeschlagen)
Es war gemein von Collie, mich hier sitzenzulassen.
Eitel
Eine sachliche Frage, was hält dich eigentlich davon ab, in die Stadt zurückzukehren?
Elena
In der Stadt kenne ich niemand.

Eitel
Du kennst niemand in der Stadt? Du hast mir doch erzählt, du hättest dein ganzes Leben dort verbracht.
Elena
Ich schließe schwer Freundschaften. Frauen haben es nicht sehr eilig, sich mit mir anzufreunden – nicht wenn sie einen Mann in der Nähe haben, und ich mache die meisten Männer nervös. Alle, die ich nicht nervös mache, mögen mich erst dann, wenn ich ja sage, ich kann nicht mehr leben, wenn es nicht heute nacht passiert. Was ich mit den meisten Menschen erlebt habe, reizt mich nicht gerade, sie wiederzusehen. So kenne ich eben niemand in der Stadt.
Eitel
Keine Verwandten?
Elena
Ich stamme aus einer großen Familie. Bei einer so großen Familie ist bloß mal ein Streit fällig, und du bist geliefert ... Man hatte herausgefunden, daß Collie mich aushielt ... Eher sterbe ich, als daß ich noch einmal zurückgehe.
Eitel
Auf deine Art bist du ein stolzes kleines Mädchen.
Elena
Ich pfeife drauf, was für eine Berühmtheit du früher gewesen bist. Rede nur nicht so von oben herab mit mir, als hätte ich dich um eine Stellung gebeten.
Eitel
Ich habe gar nicht bemerkt, daß ich einen solchen Ton angeschlagen habe.
Elena
Hast du aber. Du benimmst dich wie ein Engländer.
Eitel
Ich habe mich gerade gefragt, wie du mich beschreiben würdest.

Elena
(*Zum erstenmal klingt ihre Stimme bewegt*)
Über dich würde ich mit niemand sprechen.
(*Eitel blickt zur Seite, aber sie stellt die Frage*)
Würdest denn du über mich sprechen?
Eitel
Nur beim Psychoanalytiker.
(*gibt ihr einen Klaps hinten drauf*)
Elena
(*lacht zum erstenmal fröhlich*)
Ich weiß, was du meinst. Ich habe meinen Psychoanalytiker stets wegen Collie befragt. Ich hätte zu gern gewußt, wie ich Collie von meiner Liebe überzeugen könnte.
Eitel
Ist es dir gelungen?
Elena
Nein.
Eitel
Bist du nun mit dem Psychoanalytiker fertig?
Elena
Ich ging nicht mehr hin.
(*Einen Augenblick tritt ein Leuchten in ihre Augen*)
Ich glaube, ich habe mich in all diese verrückten Dinge nur eingelassen, um meinem Arzt interessanter zu erscheinen.
(*lacht*)
Weißt du, damit er mich als interessanten Fall zu den Akten legen konnte.
Eitel
(*bemüht sich, unter ihrer Ausdrucksweise nicht zusammenzuzucken*)
Wie nahm Collie es auf?
Elena
Er hätte mir verziehen, wenn ich ihn hätte zusehen lassen.

Eitel
Du hältst dich für besser als Collie.
Elena
Nun, ich weiß nicht recht.
(Ein schelmischer Blick in ihren grünen Augen)
Ich habe aber auch schon tolle Sachen angestellt.
Eitel
Noch toller als heute nacht?
Elena
(versetzt ihm einen leichten Schlag)
Prahl nicht so.
Eitel
Ich meine, ich hätte allen Grund zum Prahlen.
Elena
Das tun Männer immer. Meiner Ansicht nach sind Männer ...
Eitel
Sind was?
Elena
Leicht zu täuschen.
Eitel
Danke.
Elena
Oh, du bist großartig, du weißt, daß du großartig bist ... du bist geradezu ein Meister.
Eitel
Auf jeden Fall ein Professioneller.
(lächelt)
Paß bloß auf. Du wirst dich doch nicht etwa in mich verlieben wollen?
Elena
(blickt zur Seite)
Ich liebe niemand.
Eitel
Du fühlst dich also frei?

                    Elena
Ja.
                    Eitel
Ein schönes Gefühl.
                    Elena
    (spricht die nächsten Worte leichthin)
Bleiben wir doch ein paar Tage zusammen.
                    Elena
Ich glaube, besser nicht.
                    Eitel
Warum?
                    Elena
Ich bin frei von Collie und ich möchte sehen, ob ich nicht allein leben kann.
                    Eitel
Ist das der wahre Grund?
                    Elena
Es würde mit dir nicht gut gehen.
                    Eitel
Warum nicht mal den Versuch machen?
                    Elena
    (ironisch)
Natürlich, warum nicht mal den Versuch machen.
                    Eitel
    (unterdrückt seinen Zorn)
Du wirst doch hier in der Stadt bleiben?
    (Elena nickt)
Wir werden uns sehen … Vielleicht sogar jeden Abend, wenn es sich so ergibt.
                    Elena
Ja, du tust, was du willst, und ich tue, was ich will.
                    Eitel
Brauchst du Geld …?

Elena
(*Sie ist an die Tür getreten, die vom Wohnzimmer auf die Terrasse hinausgeht*)
Für eine Weile reicht es.

Eitel
Ich möchte dich darauf aufmerksam machen, daß ich wirklich ein sehr kalter Mann bin.

Elena
(*hat die Tür geöffnet*)
Du bist voller Gefühle ...
(*Sie will hinausgehen*)

Während der letzten Worte zwischen Eitel und Elena hat Marion Faye von der Straße aus die Terrasse betreten. Als Elena aus der Tür des Wohnzimmers hinaustritt, steht sie Marion Faye gegenüber. Er ist mittelgroß oder ein wenig darunter, vielleicht vierundzwanzig, sieht gut aus, bestimmt und geschmeidig in seinen Bewegungen, katzenartig.

Marion
(*Zu Elena – denn in diesem Augenblick stehen sie allein auf der Terrasse*)
Bleiben Sie doch noch.

Elena
(*wendet sich an Eitel mit etwas ängstlicher Stimme*)
Du bekommst Besuch.

Eitel
(*tritt zu ihnen auf die Terrasse*)
Elena, ich möchte dir Marion Faye vorstellen ... Marion, dies ist Elena Esposito.

(*Sein Benehmen hat sich durch Fayes unerwartetes Auftauchen um eine gerade noch wahrnehmbare Nuance verändert*)

Marion
(wiederholt sehr langsam den Namen)
Elena Esposito ...
Elena
Sie kennen meinen Namen?
Marion
Ich habe von Ihnen gehört.
Elena
(ruhiger)
Glauben Sie nur nicht alles, was Sie gehört haben, denn ich habe auch schon von Ihnen gehört.
Marion
Was Sie auch gehört haben mögen, es stimmt.
Elena
(Fasziniert, weicht aber zurück)
Ich glaube, ich habe Sie früher in einigen Filmen gesehen.
Eitel
Marion war ein begabter Schauspieler.
Marion
Ein begabter Charakterschauspieler.
Elena
Ja, jetzt erinnere ich mich. Ich habe etwas über Sie gelesen. Sie hatten doch einen Autounfall ... zusammen mit einem Mädchen.
Marion
(tonlos)
Sie wurde getötet.
Elena
(erschauert)
Über so etwas könnte ich nie hinwegkommen.
Marion
Sie kommen drüber hinweg.
Eitel
Marion findet, daß er dafür gezahlt hat.
(Elena sieht bestürzt aus)

                Marion
(tonlos)
Die Zulassung meines Wagens war abgelaufen. Man hat mich ins Gefängnis gesteckt.
                Eitel
Wir waren eigentlich Zellengenossen.
                Marion
Nur habe ich das Gefängnis erregender gefunden als Eitel.
                Elena
Marion, was sind Sie für ein seltsamer Heiliger.
                Marion
Ich weiß, was ich will. Kapiert?
                Elena
(beleidigt, wendet sich Eitel zu)
Ich bin drüben in meinem Hotel.
                Eitel
Wart auf meinen Anruf.
                Elena
Wir sehen uns morgen – wie verabredet.
(kühl)
Auf Wiedersehen, Marion.
(Sie geht hinaus)
                Eitel
(nach Elenas Abgang)
Warum heute? Ich habe dich seit Wochen nicht mehr gesehen.
                Marion
Ich habe gehört, daß du es gestern abend mit Elena getrieben hast. Ich wollte feststellen, wie Collies Freundin aussieht.
                Eitel
Warum?
                Marion
Collie ist Sammler. Jedes Mädchen, das er drei Jahre lang behält, interessiert mich.

Eitel
Ich werde dich nicht bitten, sie in Ruhe zu lassen – ich glaube nämlich nicht, daß du an sie herankommst.
Marion
O doch, durchaus. Ich könnte pfeifen, und sie würde es auf eine Meile Entfernung hören. Respektiere doch ein wenig meine Erfahrung im Umgang, mit Menschen.
Eitel
Die Erfahrung eines Zuhälters?
Marion
Ich weiß mehr als der Präsident der Vereinigten Staaten, Charley, und das gleiche gilt für eine Niggerhure.
Eitel
Wäre es nicht möglich, daß du die Vorteile der Zuhälterei übertreibst, um vor dir selber die wahre Ursache deines ... Kummers zu verbergen?
Marion
Und die wäre?
Eitel
Tiefe Angst, die tiefe Angst des Homosexuellen.
Marion
Die tiefe Angst des Homosexuellen. Du hast gut reden.
Eitel
Habe ich auch. Für mich war das Schlimmste vom ganzen Gefängnis das Sexuelle. Ich war entschlossen, die Finger davon zu lassen, von all dem. Ich sah keinen Grund, warum ich so spät im Leben damit anfangen sollte.
Marion
Und inzwischen bist du ein Mann mittleren Alters geworden, mein Kleiner.
Eitel
Du! Als du im Gefängnis warst, bist du Amok gelaufen.

Marion
Ich habe mir immer Sorgen gemacht, ich sei schwul. Jetzt weiß ich, daß ich nur halbschwul bin.
Eitel
Halbschwul und würdelos.
Marion
Du hast ja deine Würde, und du kommst dir ... amputiert vor.
Eitel
Das war mal. Bis gestern nacht.
(Wendet sich ab und sagt fast zu sich selber)
Aber gestern nacht ist etwas geschehen.
(Seine Stimme verändert sich kaum merklich)
Es war außergewöhnlich.
Marion
Nur mit der Ruhe, Charley. Fünfzehn Jahre lang konntest du keinen Film drehen, ohne König im Bett zu sein, und nun gerätst du wegen einer Gans in Begeisterung, die Collie Munshin gekitzelt hat, wo es ihn am meisten juckte.
Eitel
Ich bitte dich, nicht so über sie zu sprechen.
Marion
Mensch, du stehst im Begriff, dich einem Riesenirrtum hinzugeben.
Eitel
Als ich jünger war, habe ich mich immer wieder verausgabt. Es hat mir nie das geringste bedeutet. Vieles in mir blieb tot. Ich verbrauchte die Mädchen nur. Aber heute ... heute weiß ich, daß in mir noch etwas ganz anderes steckt.
Marion
Was für ein Talent Elena doch haben muß.
Eitel
Du würdest Elenas Talent niemals auch nur ahnen.

Marion
Vielleicht würde ich nicht all den Quatsch zu hören bekommen, den du dir anhörst, verliebter Junge, aber ich könnte ihr Talent entwickeln. Du mußt dich nämlich fragen, ob du überhaupt genug hast, um ihr Talent zu entwickeln.
Eitel
Ich habe mehr, als ich jemals hatte.
Marion
Du bist zu lange ein großer Name gewesen. Du bist verwöhnt. Früher einmal konntest du einer Frau den Hof machen, und der Nimbus deines Rufes ließ sie auftauen und machte sie zugänglich, bevor du nur einen Finger rührtest. Heute bist du einer, der gesessen hat, ein Mann, der keine Stellung bekommt und dem kaum etwas Geld geblieben ist. Und da willst du ein Mädchen behalten, das auf großem Fuß zu leben gewohnt ist. Hast schwere Zeiten vor dir, Charley, und vielleicht werde ich es dir ganz einfach beweisen.

Vorhang

Auszug aus der dritten Szene

(Nachdem Sergius gegangen ist, legt Eitel die Arme um Elena, aber sie bleibt kühl. Er entfernt sich ein paar Schritte und verrät dann durch seine nächsten Worte, wie erregt er ist.)

Eitel
Wo warst du gestern nacht?
Elena
Darüber möchte ich mit dir sprechen. Dein Freund hat mich angerufen, um sich mit mir zu verabreden.
Eitel
Welcher Freund?

        Elena
Marion Faye.
        Eitel
Und du bist hingegangen?
        Elena
Ich fand, daß wir beide, du und ich, nicht jede Nacht zusammensein sollten.
        Eitel
Also eine ganz beiläufige Verabredung?
        Elena
Ein wenig mehr als das.
        Eitel
Meinst du damit, viel mehr als das?
        Elena
Ja.
        Eitel
Anscheinend habe ich dich nicht befriedigt.
        Elena
Wie sprichst du zu mir?!
        Eitel
Immerhin hattest du noch etwas in Reserve.
        Elena
Das macht dir wohl Spaß.
        Eitel
Elena! Warum hast du es getan?
        Elena
Ich war neugierig. Ich hatte Lust ...
        Eitel
Du brauchst mir nichts zu erzählen. Ich verstehe mich auf die weibliche Psyche.
        Elena
Du scheinst dich auf alles zu verstehen ... Ich wußte nicht Bescheid, und ich wollte herausfinden, ob ...

Eitel
… ob deine Sinnlichkeit nur bei mir angestachelt wird oder ob es mit jedem beliebigen anderen Mann auch geht. Stimmt's?

Elena
(murmelt ihre Antwort)
So ungefähr.

Eitel
So ungefähr! Ich könnte dich umbringen.

Elena
Aber ich möchte dir sagen …

Eitel
Was?

Elena
Ich war wie aus Stein bei ihm.

Eitel
Nur daß du dich nicht wie ein Stein benommen hast.

Elena
Aber – ich habe nur an dich gedacht.

Eitel
Du bist ein Schwein.

Elena
(beginnt zu weinen)
Du machst dir nichts aus mir. Nicht das geringste. Nur dein Stolz ist verletzt.

Eitel
Elena, warum hast du es getan?

Elena
Du glaubst, ich bin dumm.

Eitel
Was hat das damit zu tun?

Elena
Eine treulose Frau ist für einen Mann anziehender.

Eitel
Idiot! Hör auf, mich zu belehren!

Elena
Ich belehre dich nicht. Ich weiß es ...
Eitel
Begreifst du denn nicht? Ich glaube, ich liebe dich.
Elena
Du liebst mich nicht.
Eitel
(verbessernd)
Ich liebe dich.
Elena
Ich bete dich an. Mit dir ist es schöner als mit jedem anderen.

Vorhang

Auszug aus der vierten Szene

(Als der Vorhang sich hebt, steht Elena allein auf der Bühne und räumt im Wohnzimmer auf. Marion kommt von der Straße, überquert die Terrasse und blickt zu ihr hinein. Sie starren sich einen Augenblick an.)

Elena
Charley ist nicht da.
Marion
Ich möchte mit *dir* reden.
Elena
Wir haben uns nicht sehr viel zu sagen, Marion.
Marion
Du lügst. Das letzte Mal hast du mir alles geboten, für dich allerdings war es die alte Tour.
Elena
Erzähl du mir nicht, was ich empfunden habe.

Marion
Wir haben es miteinander getrieben. Es gibt keine andere Wahrheit. Genau das.
Elena
Genau das. Nie in meinem Leben bin ich mir gemeiner vorgekommen als nach dem Zusammensein mit dir. Es war die Gosse. Und nun laß mich in Ruhe. Charley ist der einzige, mit dem ich es treiben will.
Marion
Du spielst doch Eitel etwas vor – eine nette, hübsche kleine Unschuld vom Lande, die so entsetzlich an ihrem Mann hängt. Nicht deine Rolle, mein Kind. Du bist dazu geboren, dich auszutoben. Wir sollten zusammenleben.
Elena
Oje!
(Natürlich mit leiser Stimme)
Marion
Wie du siehst, meine ich es ernst.
Elena
Das glaube ich schon.
Marion
Ich brauchte eine Rechenmaschine, um alle meine früheren Weibergeschichten aufzuzählen – aber du, du bist die einzige, auf die ich wirklich scharf bin, du kannst für mich die Geliebte sein, und ich kann dein Geliebter sein, denn du bist ja so wild, Kleines, und zwar ebenso wild wie ich.
Elena
Du bist ein Zuhälter.
Marion
Ja. Damit ich so eine wie dich finden konnte.
Elena
Du ekelst mich an.

Marion
Hör zu, du bist mir ins Blut gegangen. Wenn wir beide es miteinander probieren und wir kommen nicht zu Rande, würde ich mich umbringen.
Elena
Mich würdest du umbringen.
Marion
Dich umbringen?
Elena
Mein Vater war ein kleiner Gauner. Über Mord weiß ich Bescheid.
Marion
Ja ... Vielleicht würde ich dich ermorden. Denn du bist feige. Du tust dich mit einem Mann zusammen, der bald alt ist.
Elena
Du glaubst, ich bleibe bei ihm, weil er gut und freundlich zu mir ist?
Marion
Er hält dich aus.
Elena
Er ist mein Geliebter.
Marion
Das glaube ich nicht.
Elena
Er ist mein Geliebter ... Niemals zuvor habe ich dieses Wort gebrauchen können. Nicht anderen Männern gegenüber. Nicht zu dir. Aber er ist nun einmal mein Geliebter. Wenn er mich berührt ...
Marion
... bist du bereit für die nächste Berührung.
Elena
Verrückt danach.
Marion
Und die nächste Berührung ist nicht so, wie du sie dir gedacht hast, sondern ein wenig intensiver und erfolgt in einer neuen Richtung, was dich nur noch bereitwilliger macht.

Elena
Du verstehst dich auf die Liebe.
Marion
Ich verstehe mich auf Sex, Kleines. Ich empfinde das für Hunderte von Männern und Frauen.
Elena
Und für noch ein paar geile Hunde dazu.
Marion
Jawohl, und für noch ein paar geile Hunde dazu. Und du hast eben etwas von einer läufigen Hündin an dir, Kleines – das wollen wir Eitel lassen, er hat dich scharf gemacht. Er hat dich scharf gemacht und wird dich sitzenlassen. Bei Eitel hast du keine Zukunft.
Elena
Er liebt mich doch.
Marion
Was er auch hat, was er auch besitzt, früher oder später wird er es verabscheuen, weil es ihm gehört, und so kann es nichts taugen. Er ist ein Snob. Nur eine Prinzessin könnte ihn noch erfreuen.
(Eitel nähert sich von der Straße her. Als die Tür zur Terrasse zuschlägt, verfallen Elena und Marion in Schweigen. Eitel betritt das Wohnzimmer – es herrscht Stille.)
Eitel
Nett von dir, uns zu besuchen, Marion.
Marion
Wir sind doch Freunde.
Eitel
(mit einer Handbewegung auf Elena zu)
Freunde?
Marion
Du bist doch alt genug, Charley, daß du dir über eins klar sein müßtest: Wenn ein guter Freund von dir es eine Nacht lang mit deiner Puppe treibt, kehrt sie bereichert zu dir zurück.

Elena
(lacht spöttisch)
Nicht immer, Marion, nicht immer.
Marion
(starrt sie an)
Wir wollen hier nicht auf Einzelheiten eingehen. Ich wollte dir nur sagen, Charley, gut, daß du gerade jetzt kamst – dein Mädchen fing schon an, etwas nervös zu werden.
(Marion geht ab)

Ein Blick auf Picasso

Während der letzten fünfzig Jahre (wenn man *Les Demoiselles d'Avignon* als Ausgangspunkt nehmen will) hat Picasso seinen Pinsel wie ein Schwert geführt. Hier hat er ein Auge herausgelöst, um es über das Ohr zu klatschen, dort eine Brust abgesägt, um sie hinter einen Arm zu schieben, und die Nasenlöcher seiner Damen hat er durch Einschnitte geweitet, bis sie die Form jener Gewaltanwendung heischenden Zwillingsöffnungen annahmen, aus denen das Leben und das Abgestorbene tritt, nämlich der Vagina und des Anus. Er hat die Welt der Erscheinungen in allen Richtungen durchquert, hat geraubt und geplündert, zerrissen und aufgeschlitzt, ein moderner Cortez, der sich das Weltreich der Erscheinungen untertan machte. Möglicherweise gab es nie einen Maler, der die vertrauten Dinge dieser Welt durch den Schwung seiner Arbeitsweise so verändert hat. Die institutionelle, die monumentale Welt, die Welt der Wolkenkratzer und der Bankhäuser mit ihren gläsernen Mauern, die öffentlichen Grünanlagen, die Architektur im Stil der neuen Sachlichkeit gehören (mit ihren besten Schöpfungen) zu Mondrian, zum Bauhaus und zu Corbusier. Picassos Eroberungen umfassen eine Vielfalt kleiner Gegenstände, Aschenbecher und Lampen, Steingutgefäße und Gewebemuster sowie die künftige Tendenz der Damenmode (aufgetriebene Leiber, wattierte Hüften, schiefe Brüste), grüne Lidtusche und silbernen Nagellack, Schmuck aus Greenwich Village und nach Maß gefertigte Bauernschuhe mit diagonal verschnürten Senkeln, Haarschnitte, wie sie Homosexuelle zu tragen pflegen, die Pudelfrisuren von der East Side und die stromlinienförmigen Chromzierleisten und die Stahlversteifungen amerikanischer Autos.

Aber diese Einflüsse stellen natürlich nur die oberflächlichen Triumphe dar, die einem gerade einfallen, die durch die Sinne wirkende Befruchtung jener Gegenstände und Geschöpfe, die sich zur sinnlichen Wahrnehmung eignen. Tiefgreifender ist Picassos Eroberung der Form, die so vollkommen ist, daß die gesamte moderne Malerei, einschließlich der bei Künstlern wie Hofmann und Pollock anzutreffenden relativen Loslösung von der Form, sich auf seine geradezu napoleonische Entwicklung zurückführen läßt. Er ist der erste Maler, der die Brücke vom Beseelten zum Unbeseelten geschlagen hat; er hat das kindliche Sehen neu entdeckt, das zwischen einem Krug und einem Vogel, einem Gesicht und einer Pflanze oder gar einem Penis und einer Nase, einer Zehe und einer Brust nicht zu unterscheiden vermag. Indem sie alle glatten Oberflächen durchbrechen, führen uns die ungeheuerlichen Anomalien seiner Gestalten in die Geheimnisse der Form zurück. Picasso ist der von der Form Besessene; er zeigt uns eine Figur, die eine Wucherungserscheinung der Brust darstellt; das Auge als Brust, die Nase als Brust, das Kinn und der Kopf, die Schultern, Knie, Baum und Zehen als ein Haremsgarten von Brüsten – oder gleicherweise ein Füllhorn von Fäkalienformen, von Genitalien, Gesäßbacken, oder umgekehrt – denn das ist die andere Hälfte der Demonstration – rekonstruiert er die topologischen Gegebenheiten unseres Fleisches in geometrisch exakten Zellen, bis ein Dreieck oder Rhomboid den von ihm gewünschten Beweis erbringt. Das ist ein Gesicht, so sagt er uns, und ich habe ihm die Form des Buchstaben W gegeben, statt eines Auges habe ich ein Dreieck eingesetzt, die Nase beiseite gelassen, ein Prisma von Dreiecken als Mund eingefügt, den Hals durch geschliffene Flächen wiedergegeben und statt der Brüste Winkel eingezeichnet, und dennoch ist es ein Mensch; diese Frau atmet, hat Charakter, einen äußerst widerborstigen Charakter, aber sie ist da, eine Dame aus Dreiecken, und wenn das Dreieck das Geheimnis der menschlichen Gestalt zu offenbaren vermag, dann ist auch das Dreieck etwas Geheimnisvolles. *Quod erat demonstrandum.*

Denn er behauptet auch, jedes Eindringen in Neuland bewege sich im Kreise und sei nur auf assoziativem Wege möglich; daher müsse man bei jeder Erforschung der Wirklichkeit nicht von einem Ding zum anderen wandern, sondern von einer Beziehung zur anderen. In diesem Sinne ist er der moderne Schöpfer des visuellen Symbols, der Vater der gesamten Reklame. Das Symbol ist die Fahne all der Reiche, die er sich selber ersonnen hat, das Symbol ist die sichtbare Darstellung einer unsichtbaren Kette von Beziehungen. Picassos Gitarre ist Hüfte, Leib und Brust; sie ist ein Torso; eine Frau; ein Stundenglas; die Zeit; sie ist ein Laut; sie versinnbildlicht zwei einander entgegengesetzte Wellenbewegungen ⌒⌒; sie ist die geschwungene Linie zweier Liebenden beim Geschlechtsakt, sie ist der Akt, sie ist Schöpfung.

Aber selbstverständlich stellt die Gitarre nichts von allen diesen Dingen dar, wenn wir sie nicht bewußt damit verknüpfen, falls wir nicht bereit sind, die Gitarre als Symbol für einige fast nicht wahrnehmbare Beziehungen zwischen dem Geschlechtlichen und der Zeit, zwischen Laut und Schöpfung aufzufassen; dadurch aber haben wir nichts anderes getan, als nach Art Picassos ein Auge herauszulösen, die Unzahl der Erscheinungen aufeinanderprallen zu lassen und schließlich den morbiden Scherz eines Psychopathen zu hinterlassen, denn zweifellos wurde mit dem Symbol weit eher die Begeisterung des Augenblicks verbunden als eine persönliche und dauerhafte Beziehung.

So ist der Maler als Kämpfer im umgekehrten Sinne ein Kind, das dem anderen Universum, aus dem er geboren wurde, nie zu lange entfremdet bleibt – Konquistador, Krieger, Liebender, Ringer; der Künstler als Kind ist ständig dabei, zu lernen und Rückfälle zu erleiden, sich mühend, das Auge vom Ohr zu unterscheiden, und taucht am Ende nur wieder in jenem Meer der Äquivalente unter, wo ein offener Mund und eine Fensterscheibe gegeneinander auswechselbar sind und Licht und Laut an der Oberfläche der Haut zusammentreffen.

Würdigungen – Einige beiläufige, gewagte, kritische Bemerkungen über Talente unserer Zeit

Der einzige meiner Zeitgenossen, dem ich mehr Talent zubilligte als mir selber, war James Jones. Und er war auch der einzige Schriftsteller meiner Zeit, für den ich eine gewisse Zuneigung empfand. Im Verlauf der Jahre haben wir uns vielleicht sechs- oder achtmal gesehen, aber es gab mir stets einen Auftrieb, wenn ich erfuhr, Jim halte sich in der Stadt auf. Er barst förmlich vor Energie und besaß die Gabe, eine nächtliche Sauferei zu einem großartigen Erlebnis werden zu lassen. Ich war damals der Ansicht und bin es noch heute, daß uns mit *Verdammt in alle Ewigkeit* der beste amerikanische Roman seit dem Kriege geschenkt wurde, und wenn er auch von Fehlern und Unwissenheit strotzt und mit Sentimentalität durchsetzt ist, besitzt er doch eine Kraft der Aussage, wie nur wenige Romane sie aufzuweisen haben. Einzigartig an Jones ist, daß er sich aus dem Nichts emporarbeitete, ein Autodidakt, auch in seinen Fehlern noch ein Kerl, und der einzige von uns, der das ungestüme Temperament eines hemmungslosen Draufgängers besaß. Was aber nun noch gesagt werden muß, ist traurig. Jones hat nämlich im Verlauf der Jahre gewaltig nachgelassen. Es gibt keinen Menschen, den er nicht bezaubern kann, wenn es ihm gerade paßt, und das Zusammengehen dieser Gabe mit seinem gewaltigen Erfolg versklavte ihn; dadurch wurden dem Rebellen Fesseln angelegt. Ebenso wie Styron, wie ich selber, wie Kerouac hat er sich in gleicher Weise um das Amt des Präsidenten beworben und sich dabei auch noch hinter seine Arbeit geklemmt, und es war fast tragisch zu beobachten, wie er seinen Zorn unterdrückte und so langsam dahinsiechte. Verurteilen kann man ihn nicht. Seine großen Tugenden sind sein Lebenshunger und ein tierischer Instinkt dafür, wer Macht und Einfluß besitzt, und vielleicht wäre es für Jones schlimmer gewesen, sich selber zu verleugnen. So hat er jahrelang mit Dreckskerlen verkehrt, die sich als Herren aufspielten, mit unwissenden Angebern, und etwas davon ist an ihm klebengeblieben, um so mehr, als er es nicht verstand, mit seinen Schwächen zu leben, und mit einer blinden Eitelkeit, die ihn seine Fehler übersehen ließ und ihn weit weg von allen führte, die ihn zu durchschauen vermochten.

Die Katastrophe mit dem Roman *Die Entwurzelten* geht jedoch mehr auf das Schuldkonto des Verlages Scribner als auf das seine. Nicht einer im Verlag hatte den Mut, ihm zu sagen, daß *Die Entwurzelten* mit ihren 1200 Seiten einfach ein Unding seien, während das Buch mit 400 Seiten hingehen mochte. So tauchte etwas vom Allerbesten, was Jones je schrieb, in den reizlosen Einöden und in den ermüdenden Selbstbespiegelungen der äußerst zutreffenden, wenn auch langatmigen Schilderung des Mittelwestens unter.

Als nächstes erschien *Die Pistole,* eine glatte Niete. Noch mehr Eitelkeit. Der göttliche Sir Jones, der den Finger an die Nase legt und auf Applaus wartet.

Jones könnte zehn schlechte Romane schreiben, und trotzdem würde ich ihn nie als hoffnungslosen Versager aufgeben, auch dann nicht, wenn es medizinisch erwiesen wäre, daß er sein Gehirn in Gin eingelegt hat. Denn Jones ist, ebenso wie ein Stier, am gefährlichsten, wenn er halbtot ist, und in einem rebellischen Aufbegehren seines Selbstbewußtseins könnte die Hölle losbrechen. Wenn Jones den Versuch aufgäbe, der erste Romancier sein zu wollen, der als Multimillionär endet; wenn er seinen Hang bezähmte, sein Talent nach dem Geld, das es ihm einbringt, einzuschätzen; wenn er den Mut besäße, seinen Haß gegen die Gesellschaft nicht dadurch zu ersticken, daß er sie nach Art eines idiotischen Literaturpolitikers hofiert, dann müßte ich ihm sogar Beifall zollen; denn vielleicht ist er doch dazu geboren, einen neuen großen Roman zu schreiben.

Auch William Styron könnte dafür geboren sein. Nur frage ich mich, ob jemand, der ihn genauer kennenlernt, ihm anderes als viel Glück auf seinen Weg wünschen könnte. Ich will versuchen, sein Talent gerecht zu beurteilen, aber ich weiß nicht, ob ich dazu imstande bin, weil ich gegen meine vorgefaßte Meinung angehen muß, ihn bei weitem nicht so groß zu finden, wie es angebracht sein sollte.

Styron hat den hübschesten Roman unserer Generation geschrieben. *Lie Down in Darkness* weist an seinen stärksten Stellen eine gewisse Schönheit auf, ist fast niemals sentimental und als Werk eines Dreiundzwanzigjährigen beinahe genial. Es wäre der beste Roman unserer Generation, hätten ihm nicht drei Eigenschaften gefehlt: Styron war es nicht in den Sinn gekommen, einen Menschen zu gestalten, der auf eigenen Füßen stand, einer neuen Idee Ausdruck zu geben und seinem Buch das Element des Bösen einzuverleiben. Was übrigblieb, war lediglich Styrons Gefühl für das Tragische: für das Mißverständnis – und dies Fenster ist zu klein, um einen Blick auf die Welt werfen zu können, in der wir leben. Seitdem ist von Styron nur noch ein bemerkenswert guter Kurzroman, *The Long March*, erschienen. In den letzten Jahren hat er jedoch angestrengt an einem zweiten Roman mit dem Titel *Und legte Feuer an dies Haus* gearbeitet, den er, wie ich höre, inzwischen beendet hat. Wenn das Buch überhaupt etwas taugt, und das erwarte ich, wird die gute Aufnahme als positives Ergebnis der Bemühungen Styrons zu werten sein, ein Buch an den Mann zu bringen. Jahre hat Styron nämlich damit zugebracht, alle literarischen Hebel zu schmieren und auf jeden kleinen Literaturpapst, von dem er glaubte, er könne ihm bei seiner Karriere helfen, Einfluß zu gewinnen. Die Massenmedien warteten bereits darauf, ihn mit Auszeichnungen und Ehrungen zu überhäufen. Sollte er jedoch ein Buch geschrieben haben, das tatsächlich etwas von seiner komplizierten und dabei alles andere als erquicklichen Art, den amerikanischen Charakter zu durchleuchten, ausdrückt, sollte dieser neue Roman die ätzende Handschrift eines starken und kritischen Geistes offenbaren, so kann man Styron kaum seinen Eifer verübeln, mit dem er sich als Politiker betätigte, denn es ist nicht leicht, viele Jahre an einem Roman zu arbeiten, in dem etwas Unbequemes und Neues gesagt wird, ohne auch nur zu versuchen, eine günstige Aufnahme des Werkes vorzubereiten. Für den Fall jedoch, daß Styron sein Talent prostituiert und etwas geschrieben hat, was sich als das bravste Buch der letzten zehn Jahre erweist, als ein *literarisches* Werk, in dem er sich mit Erfahrungen aus zweiter Hand begnügt und seicht dahinplätschernd sich über den Dunsthauch der Leidenschaft und den Kuß des Todes verbreitet; wenn er lediglich ein Füllhorn mit zahmen Begriffen vollgestopft hat, die den Konservativen gefallen und die Liberalen begeistern, niemand weh tun und sich als hochtrabend, konventionell, harmlos und erkünstelt herausstellen; wenn sein Werk plattestes Mittelmaß darstellt, ätherisch und überschwenglich in der Schönheit seiner Sprache, ein Quell des Entzückens für Zartbesaitete und Literaturkritiker, dann wird Styron eine hinreißend gute Aufnahme finden, denn Presse, Rundfunk und Fernsehen halten verzweifelt Ausschau nach einem solchen Roman. Man wird ihn zum bedeutendsten Schriftsteller meiner Generation stempeln. Aber um wieviel gewichtiger wird er uns, seinen Zeitgenossen und Konkurrenten, erscheinen, falls er den moralischen Mut aufbringt, ein Buch zu schreiben, bei dem ihm der Haß die Feder führt und das daher dem Geist unserer Zeit eine Wendung zu geben vermöchte: eine Leistung, die immer noch als wesentlichster Maßstab für das Format eines Schriftstellers gilt.

Truman Capote kenne ich nicht gut, aber ich mag ihn. Er ist bissig wie eine alte Jungfer, aber auf seine Art ist er doch ein reizender Bursche und der vollkommenste Stilist meiner Generation; keiner beherrscht die Form wie er; da sitzt jedes Wort, jeder Satz. In *Frühstück bei Tiffany* hätte ich keine zwei Wörter geändert; dieses Buch wird wohl ein kleiner Klassiker werden. Capote hat noch immer keinen Beweis dafür erbracht, daß er es mit den tiefer schürfenden Möglichkeiten des Romans ernst meint; seine Kurzgeschichten sind allzuoft reinstes Sacharin. An seinen schwächsten Stellen hat er weniger zu sagen als jeder andere gute Schriftsteller, den ich kenne. Ich habe den Verdacht, daß er zwischen der Gesellschaft, die seine einzigartige Begabung schätzt und ihn dafür entlohnt, und dem Roman, den er über das wirkliche Leben jenseits der Klatschspalten schreiben könnte, einem vermutlich bedeutenden Werk, schwankt, denn ein solches Werk würde ihn für immer aus der von ihm bevorzugten Welt verbannen. Da ich nichts zu verlieren habe, möchte ich sagen: Ich hoffe, daß Capote sich einige der lohnenderen Fische angelt.

Kerouac fehlt es an Disziplin, Intelligenz, Aufrichtigkeit und am Spürsinn für das Spezifische der Romanhandlung. Der Rhythmus seiner Sätze ist unausgewogen, seine Fähigkeit, Menschen darzustellen, ist gleich null; dabei ist er anmaßend wie eine reiche Hure und sentimental wie ein Backfisch. Dennoch, glaube ich, besitzt er ein großes Talent. Seine literarische Potenz ist enorm, und er hat sich einen hinreichend wilden Blick zugelegt, der zu seinen Instinkten paßt und ihn zum Idol einer neuen Generation werden ließ. An den stärksten Stellen bricht seine Liebe zur Sprache in ekstatischem Wortstrom hervor. Um ihn beurteilen zu können, vergißt man am besten den Romancier und stellt sich ihn als Maler bewegter Szenen oder als Barden vor. Er besitzt ein mittelalterliches Talent, er ist ein Erzähler erregender Hofgeschichten für die Ohren eines längst verstorbenen Königs, und so hat er in den Jahren, in denen die Madison Avenue seine Heimat war, gewiß bahnbrechend gewirkt. Eine Zeitlang betrachtete ich ihn mit Sorge als eine Kraft der politischen Rechten, durch die Hip in eine Sackgasse geraten könnte, aber als ich ihn kennenlernte, gefiel er mir besser, als ich es erwartet hatte, gewann aber gleichzeitig den Eindruck, daß er erschöpft sei; warum sollte er auch nicht erschöpft sein, hat er sich doch in einer Welt bewegt, wo Adrenalin das Blut bis auf den letzten Tropfen aufsaugt.

Saul Bellow versteht es, mit Wörtern umzugehen, aber er schreibt einen Stil, den ich nicht nur als eigenwillig, sondern auch als gekünstelt empfinde. Die Sätze klingen verkrampft. In seinem Roman *Die Abenteuer des Augie March* (und das ist alles, was ich von seinem Werk kenne) gibt es zwar einige originelle Einfälle und ein paar starke Stellen, aber nach den schwächsten Partien zu urteilen, ist das Buch nichts weiter als eine Reisebeschreibung für schüchterne Intellektuelle; kurz, um die Wahrheit zu sagen, ich kann Bellow als Romancier nicht ernst nehmen. Ich glaube nicht, daß er sich auf andere Menschen versteht, ja, daß er nicht einmal über sich selber Bescheid weiß. Er weist einen hohen, fast krankhaft zu nennenden Mangel an Verantwortungsgefühl gegenüber den von ihm geschaffenen Situationen auf, und das anomale Mißverhältnis in seiner Erzählweise nimmt ein geradezu unerträgliches Ausmaß an. Diesem Urteil liegt nichts Persönliches zugrunde; denn wir sind uns nur ein einziges Mal in freundlicher Atmosphäre begegnet und haben ein ruhiges Gespräch miteinander geführt, das in mir keinen Eindruck von ihm als Mann hinterließ, mich aber auch nicht befähigte, ihn als Menschen zu analysieren.

Inzwischen habe ich Bellows Kurzroman *Seize the Day* gelesen. Ich glaube, es ist der erste der Krebs-Romane. Sein unglückseliger Held, Tommy Wilhelm, führt ein Leben, welches den in seinem Fleisch eingekerkerten Träumen von einer edlen Liebe derart viele unüberwindliche Widerstände entgegensetzt, daß man seinen Zustand bereits als präkarzinomatös diagnostizieren könnte.

In dem überraschend wirkungsvollen Schluß von *Seize the Day* bricht Wilhelm in einem Bestattungsinstitut an der Bahre eines Fremden in Tränen aus, und das ist für mich das erste Anzeichen, daß Bellow da, wo er sein höchstes Niveau erreicht, nicht völlig hoffnungslos ist. Bevor er jedoch die Anerkennung für sich beanspruchen darf, die ihm der mittelmäßige Geschmack unserer Zeit voreilig zuteil werden ließ, muß er, ebenso wie Styron, erst beweisen, daß er über Menschen schreiben kann, die von dem unbezähmbaren Verlangen durchdrungen sind, sich mit der historischen Entwicklung auseinanderzusetzen. Es bedarf nämlich keiner großen Anstrengung, über Personen zu schreiben, die, gemessen an der Person des Autors, weitaus schwerere Niederlagen haben einstecken müssen; denn dabei läuft das Ich des Schriftstellers selten Gefahr, sich mit Selbsterkennen allzusehr zu plagen, und der süße Rahm des Mitleids steht im Krug jederzeit bereit, um über das eigene Lebenswerk ausgegossen zu werden.

Wenn man für die Literatur keine apokalyptischen Möglichkeiten fordert, dann bin ich gegen Bellow unnötig streng gewesen, denn sein Werk richtet keinen offensichtlichen Schaden an. Aber meines Erachtens darf man mit einem literarischen Erzeugnis nicht nachsichtig verfahren, in dem weniger angestrebt wird, als der Autor leisten könnte, oder das, um beim Beispiel der *Abenteuer des Augie March* zu bleiben, etwas viel Schlimmeres bewirkt, nämlich Echtes mit Falschem in derart ehrgeiziger Weise zu verquicken sucht, daß der Geist des Lesers verdorben wird. Augie ist eine unmögliche Figur, und niemals hätte er seine Abenteuer erleben können, denn er ist ein viel zu ängstlicher Mensch, um öfter als ein- oder zweimal seine Nase in die grausameren Winkel der Welt zu stecken. Aber so ist es nun einmal: Um eine helle Dur-Stimmung vorzutäuschen, muß Bellow eine Welt erschaffen, die nichts von der seelischen Härte der Gesellschaft zeigt, weder die Fakten noch ihre feinen Unterschiede innerhalb der sozialen Maschinerie bloßlegt, die darauf abzielt, alle Abenteurer, bis auf die gewandtesten, durch innere Schwächung und äußere Nötigung auf die Knie zu zwingen.

Sobald und falls ich dazu komme, den *Regenkönig* zu lesen, werde ich hoffentlich nicht das auf eine Art Tradition gegründete Vorrecht des Kritikers ausnutzen wollen, einen geächteten Schriftsteller in der Rumpelkammer der Literatur verstauben zu lassen, da ich, ohne das Buch gelesen zu haben, voller Unruhe bemerke, daß sich bereits Ansätze zu einer negativen Würdigung in mir ausbilden, denn ich bezweifle, ob ich an Henderson, die Hauptfigur des Romans, als einen Helden werde glauben können.

Nelson Algren besitzt etwas, was ihm allein eigen ist. Ich schätze ihn, weil er ein Radikaler geblieben ist, aber dennoch habe ich keine enge Beziehung zu seinem Werk. Wahrscheinlich unterscheidet es sich zu stark von dem meinem. Wenn ich sage, daß er, wie ich es sehe, nie ein bedeutenderes Werk schaffen wird, falls er nicht seine Eigentümlichkeit überwindet – jenen dämonischen und unheimlich sentimentalen Sinn für Humor, der für Algren so typisch ist und ihn von seinen eigentlichen Absichten wegführt –, nun, so erkläre ich dies, ohne davon überzeugt zu sein, daß ich ihn wirklich durchschaue. Von allen Schriftstellern, die ich kenne, ist er die Große Komische Nummer. Einmal nahm er mich zu einem Polizeiverhör nach Chikago mit, und ich hätte darauf schwören können, daß die Polizei und die zur Identifizierung und zum Verhör versammelten Typen den *Mann mit dem goldenen Arm* so gründlich studiert hatten, daß sie, Polizisten und Gauner gleichermaßen, Algrens Stil bis zur Vollkommenheit imitierten. Und dennoch amüsierte sich Nelson die ganze Zeit über köstlich und brach immer wieder in schallendes Gelächter aus, wie ein übergeschnappter Tourist aus der Provinz, der an solchen Gegenüberstellungen zum erstenmal teilnimmt.

Salinger steht bei allen in hohem Ansehen. Ich bin offenbar der einzige, der in ihm nichts weiter sieht als den großen Geist, der nie über das Niveau eines Volksschülers hinauskommen wird. Das, was zu leisten in seinen Kräften steht, macht er gut, und es trägt den Stempel seiner Persönlichkeit. Aber am Ende ist es eben doch nicht gerade anregend, sich immer nur auf einem College-Gelände aufzuhalten, wo die Muskelprotze stets und ständig diejenigen verprügeln, die weiter nichts vermögen, als sich schwach zu fühlen. Ich kann mir nicht vorstellen, daß Salinger sich eines Tages auf dem Schlachtfeld eines bedeutenden Romans die Sporen verdient. Selbstverständlich mag ein solches Urteil von Neid bestimmt sein, und das wäre für mich nicht sehr schmeichelhaft. Salinger war klug genug, sich Themen auszusuchen, die beruhigend wirken, was man von mir ganz gewiß nicht behaupten kann. Da sich aber die Welt heute in einem Zustand akuter Unruhe befindet, bin ich nicht der Ansicht, daß seine Klugheit ihm zur Ehre gereicht.

Paul Bowles hat die Welt des Hip erschlossen. Er hat dem Mord, dem Rauschgift, der Blutschande, dem Tod des Spießers (Port Moresby), dem Lockruf der Orgie und dem Ende der Zivilisation den Weg bereitet; schon vor ein paar Jahren hat er unsere Aufmerksamkeit auf diese Themen gelenkt und eine Kurzgeschichte *Pages from Cold Point* geschrieben, die die Verführung eines Vaters durch den Sohn zum Inhalt hat, eine der besten Kurzgeschichten, die je geschrieben wurden. Dennoch bin ich nicht bereit, Bowles als bedeutenden Romancier anzuerkennen – seinen Gestalten fehlt das Leben, und man empfindet deutlich, daß der Autor sich nie intensiv mit ihnen auseinandergesetzt hat. Er liebt sie nicht, und ganz gewiß haßt er sie nicht – seine Figuren langweilen ihn ebenso wie diese sich untereinander langweilen, und diese Langeweile, die Bowles' Werk durchzieht, ist nicht etwa die allgemeine Langeweile der ganzen Welt, die mit dem leidenschaftslosen Auge des Künstlers gesehen wird, sondern weit eher ein Miasma, das der Autor ausströmt. Paul Bowles läßt sich dennoch auf keinen Fall übersehen, denn welche Mängel ihm auch immer anhaften mögen, seine Themen zeugen von einem Sinn für das Abenteuerliche und Unverfälschte.

Vance Bourjaily ist ein alter Bekannter von mir, und gelegentlich sind wir sogar Freunde. Seine ersten beiden Romane halte ich für unbedeutend, und mir scheint, daß er als Schriftsteller nur am Leben geblieben ist, weil er es recht gut versteht, seine Beziehungen spielen zu lassen. (Da in der literarischen Welt nur sehr wenige Menschen Geschmack besitzen – sie lassen sich allzu leicht von Modeströmungen beeinflussen –, genießt der, der seine Beziehungen auf dem Gebiet der Literatur geschickt auszuspielen weiß, den Vorteil, seine eigene Richtung propagieren zu können, lanciert zu werden und sich auf diese Weise dem Zugriff des aufgebrachten Snobs so lange zu entziehen, bis dieser bereit ist, seine Botschaft zu schlucken.) Aber ich habe Bourjaily nie richtig eingeschätzt, denn ich nahm an, er krieche in der Madison Avenue zu Kreuze, und war davon überzeugt, er werde früher oder später am Ende sein. Statt dessen schrieb er einen Roman mit dem Titel *Die Ruhelosen,* einen guten, langen, aufrichtigen Roman, erfüllt von einem unverbildeten Lebensgefühl, in dem er im einzelnen unter vielerlei Aspekten Wesensmerkmale meiner Generation behandelt. Ein Buch, das schwierig zu schreiben gewesen sein muß, aber Bourjaily entledigte sich dieser Aufgabe mit Geschick, denn er hatte wirklich einiges zu sagen. Er ist der erste aus meinem Haufen, der einen entscheidenden Schritt vorwärts gemacht hat, und wenn sein nächster Roman den *Ruhelosen* ebenso überlegen ist wie die *Ruhelosen* seinen frühen Arbeiten, könnte er wohl eine Weile die erste Rangstufe einnehmen. Ich bezweifle jedoch, daß er bei der starken Konkurrenz diesen Platz lange innehaben wird, denn er neigt dazu, sich überall lieb Kind zu machen, und darin liegt seine Schwäche.

Chandler Brossard ist ein unangenehmer, bissiger Bursche, der ziemlich viel herumgekommen ist und sich glücklicher gefühlt hätte, wenn er Chirurg statt Romanschriftsteller geworden wäre. Aber er ist originell, und was ich von *The Bold Saboteurs* gelesen habe, hat mich doch so weit interessiert, daß ich das Buch beiseite legte – es deckt sich allzusehr mit einigen meiner eigenen Anschauungen. Brossard hegt jene tiefe Abneigung gegen Schwäche, die einem Werk den kalten Glanz des Poetischen verleiht. Ich schätze ihn als Mann, aber meiner Ansicht nach gibt es zu viel, was er nicht versteht; ebenso wie zahlreiche andere von uns bildet er sich zuviel auf sein Können ein, ist den eigenen Fehlern gegenüber blind, und da er nicht die Anerkennung gefunden hat, die er suchte und vielleicht verdiente, habe ich das Gefühl, daß er vorübergehend keine Begeisterung mehr für dieses Rennen aufzubringen vermag. Jedoch würde es mich nicht überraschen, wenn er in zehn oder fünfzehn Jahren – oder wann immer die übrige Welt für ihn genauso Wirklichkeit geworden sein mag wie Chandler Brossard selber – mit einem großangelegten Werk an die Öffentlichkeit träte.

Etwa das gleiche ließe sich über Gore Vidal sagen. Unter den wenigen Romanschriftstellern, die ich kenne, besitzt er ein ganz hervorragendes Formgefühl. Wir haben uns einmal eine Stunde lang über die Bühnenfassung meines Romans *Der Hirschpark* unterhalten, und es war die fruchtbarste Kritik, die ich jemals von einem meiner Konkurrenten zu hören bekam – scharfsinnig, unvoreingenommen, mit einer feinen Witterung dafür, an welchen Stellen das Stück Längen aufwies oder nicht genügend durchgearbeitet war. Am besten gefiel mir, daß er mein Stück nach dessen eigenen Gesetzen beurteilte und es im Zusammenhang kritisierte, anstatt unsere Zeit mit einem sperrfeuerartigen Geschwafel über die hohe ästhetische Aufgabe des Theaters zu vergeuden. Da seine Bemerkungen meinem Stück nur zugute kommen konnten und er wußte, daß das Werk dadurch gewinnen würde, fand ich seine Handlungsweise sehr großzügig und mehr als anständig. Inzwischen habe ich an ihm gewisse Seiten entdeckt, die ich nicht für so nett hielt, und ich weiß nicht, ob man ihn einen Freund nennen könnte. Ich erwähne dies nicht, um mich über Vidals Charakter auszulassen, sondern nur, um das Gleichgewicht herzustellen – ich bin nicht der Ansicht, daß ich ihm in irgendeiner Weise Dank schulde, und so kann man meine Bemerkungen über sein Werk als mehr oder weniger objektiv betrachten. Nicht, daß ich ein endgültiges Urteil fällen möchte. Obwohl sich in seinem umfangreichen Werk (dem größten eines Autors meiner Generation) nicht ein einziger Roman findet, der auch nur einigermaßen erfolgreich gewesen wäre (zumindest von den Romanen, die ich gelesen habe), hat er eine ganze Reihe von Stilen entwickelt und experimentiert noch immer damit. Seine Essays, die zu seinen besten Sachen gehören, zeugen von einem unerschrockenen, kultivierten Geist, womit er dem faden Geschmack unseres nationalen Puddings ein wenig Würze verleiht. In seiner Romanprosa allerdings scheint es ihm schwerzufallen, eine von Menschen bewohnte Landschaft darzustellen. In den schwächsten Partien seines Werkes wird er zu seinem eigenen Kerkermeister und verliert sich wie ein umherirrender Gefangener immer tiefer im Labyrinth seiner narzißtischen Untersuchungen, bei denen er jedoch noch nicht tief genug in sein Inneres hinabsteigt, so daß sie lediglich nichtssagende Gesten und leere Pose bleiben. Wenn Vidal es aber nicht an Willenskraft fehlen läßt, könnte er trotzdem noch einen gewichtigen Beitrag zur Literatur leisten, denn er bringt die erste Voraussetzung für einen interessanten Schriftsteller mit: Man kann die Richtung, die er einschlagen wird, nicht voraussagen. Ich kann mich aber hier nicht meiner Meinung enthalten, daß es ihm guttäte, wenn ihm einige Wunden geschlagen würden: Dadurch würde er befähigt, die Objektivität, auf die er sich soviel zugute hält, in neue Erkenntnisse umzusetzen.

Ich habe zwei Geschichten von Anatole Broyard gelesen. Sie sind ausgezeichnet, und sobald ein Roman von ihm erscheint, würde ich ihn sofort kaufen.

Ein Schriftsteller, der nicht den verdienten Beifall gefunden hat, war Myron Kaufmann, dessen *Remember Me to God* zu den aufrichtigsten Romanen gehört, die seit dem Krieg geschrieben wurden. Kaufmann ist kein eleganter Schriftsteller, seine Arbeiten sind vielleicht zu solide und zu nüchtern, und sie lassen etwas Neues vermissen, das sie rasch populär machen könnte. Aber er hatte mehr über das Absterben der Individualität beim amerikanischen Juden zu sagen als jeder andere, dessen ich mich entsinne. Von allen Romanen über das Judenproblem, die ich gelesen habe, schneidet der seine seit Meyer Levins *The Old Bunch* bei weitem am besten ab. Kaufmanns Begabung für realistische Episoden ist so vollkommen, sein Blick für das Detail so geschärft, daß er nicht umhin kann, etwas Bedeutendes zu leisten, wenn er sich nur zu einem größeren Werk aufraffen könnte, allen Hemmnissen einer Zeit zum Trotz, die den Selbstbetrug zum obersten Prinzip erhoben hat.

Calder Willingham ist ein Clown mit dem scharfen Gebiß eines Frettchens; doch leidet er an dem Irrtum, sich selber für einen der führenden Köpfe zu halten. Er hat etwas geschrieben, was vielleicht den komischsten Dialog unserer Zeit enthält, und wenn *Geraldine Bradshaw*, sein zweiter Roman, nur halb so lang gewesen wäre, hätte er den besten Kurzroman geliefert, den je einer von uns geschrieben hat. Es ist jedoch schwierig, auf Calder zu setzen, denn welche Richtung wird er einschlagen, wenn er einmal heranwächst? Es ermangelt ihm an Ideen, und er ist gegen seine Fehler ebenso nachsichtig wie eine dicke alte Dame gegen ihren Pekinesen. Nachdem dies gesagt ist, muß aber auch eingestanden werden, daß er einer der wenigen Schriftsteller ist, mit denen man einen amüsanten Abend verbringen kann. Einmal hat er mir durch seine an einen Meister des Zen erinnernde Bedürftigkeit sehr imponiert. Ich hatte gerade *Natural Child* gelesen und traf ihn in der White Horse Tavern. »Calder«, sagte ich und imitierte dabei Max Lerner, »ich hätte gerne mit Ihnen über Ihr

neues Buch gesprochen. Einiges davon hat mir gefallen und anderes wiederum nicht.«
»Schon gut«, meinte Calder, »könnten Sie mir zwei Dollar pumpen? Ich hab' nämlich noch nicht gefrühstückt.«

Daß Ralph Ellison sehr viel taugt, klingt nichtssagend. Im Grunde ist er ein von Haß erfüllter Schriftsteller: Wenn seine Satire einer reinen Quelle entspringt, schreibt er so großartig, daß man das Erlebnis der Lektüre nicht vergessen kann – es ist, als halte man einen unter Strom stehenden Draht in der Hand. Aber Ellisons Geist, so scharf und eiskalt er auch sein mag, abgestimmt auf die Raserei eines ernst zu nehmenden Schriftstellers, reicht nicht immer aus, um die Formen des Zorns, des Schreckens und des Abscheus zu meistern, die seiner Erfahrung zuteil wurden. So stürzt er beständig von den Höhen reiner Satire in die Fangnetze eines zu Tode betrübten Clowns; sein Roman *Unsichtbar* reitet auf einer Theorie herum, die nicht absurder sein könnte, denn der Neger ist von allen Menschen in Amerika derjenige, der am wenigsten unsichtbar ist. (Daß der Weiße nicht jeden Neger als Persönlichkeit, als Mitmenschen ansieht, ist nicht so bedeutsam, wie Ellison es darstellt – die meisten Weißen sehen sich untereinander schon lange nicht mehr als Menschen an. Ihre Erfahrung ist nicht so wirklichkeitsbezogen wie die des Negers, und ihre Gesichter haben in den Folterkammern des überlasteten amerikanischen Gewissens das starre Aussehen von Masken angenommen. Sie sind jedes Gefühls für die Probleme des Lebens und seine Gefahren verlustig gegangen, und darum gleichen ihre Gesichter nicht denen der Neger – es ist sehr selten, daß ein Neger, der das zwanzigste Lebensjahr erreicht, nicht ein Gesicht hat, das wie ein Kunstwerk wirkt.)

Wie Ellisons Weg verlaufen wird, vermag ich nicht zu sagen. Sein Talent ist zu ungewöhnlich, als daß es für die üblichen Voraussagen Raum ließe. Wenn man behauptet, Ellison würde nun vielleicht in der Welt der Weißen, die er inzwischen so gut kennengelernt hat, weiteren Abenteuern nachjagen, um die schwieriger zu erfassende und darum viel entsetzlichere Unsichtbarkeit des Weißen darzustellen – nun, es wäre verfehlt, wollte ich einem so begabten Romancier wie Ellison Vorschriften machen oder Ratschläge erteilen.

James Baldwin ist ein zu bezaubernder Schriftsteller, um bedeutend zu sein. Wenn er auch in *Notes of a Native Son* seine Aufgeschlossenheit und sein Verständnis für moralische Differenzierungen beweist – heutzutage eines der wenigen Hilfsmittel, um sich in den vertrackten Spitzfindigkeiten des Ethos zurechtzufinden –, so sind selbst die besten Teile dieses Buches noch mit einem Tröpfchen Parfüm getränkt. Baldwin scheint unfähig, seinen Lesern »Du kannst mich mal« zuzurufen; statt dessen muß er die Erschütterung, das Brechen, Zerschmelzen und Verhärten eines Herzens schildern, das derartige Phasen emotionaler Entwicklung nie hätte bestehen können, hätte man dieses Herz nicht schon vorher seiner Fähigkeit, sich auszudrücken, beraubt. Es ist ein Jammer, denn Baldwin fehlt es durchaus nicht an Mut. Sein zweiter Roman, *Giovanni's Room*, war ein schlechtes, aber doch weitgehend mutiges Buch, und da sein Leben ebenso phantastisch und wechselvoll verlaufen ist wie das Leben jedes anderen meiner Kumpane und er sich seine Empfindungsfähigkeit bewahrt hat, bekommt man zuweilen nicht übel Lust, mit einem Hammer auf seine Gelassenheit einzuschlagen, das parfümierte Gewölbe seines Ichs zu zertrümmern und eines der gequältesten und wunderlichsten Nervensysteme unserer Zeit freizulegen, das er zweifellos besitzt. Sollte er jemals den Gipfel erklimmen und tatsächlich aus sich herausgehen, wird es sich um ein echtes Vermächtnis handeln, nicht nur um ein vornehm duftendes Toilettenwasser. Bis dahin ist er dazu verurteilt, lediglich unter »Ferner liefen ...« eingestuft zu werden.

Ich muß ein furchtbares Geständnis ablegen: Über keine der heute schreibenden Frauen von Talent habe ich irgend etwas Positives zu sagen. Ohne Frage liegt der Fehler bei mir, aber ich scheine nicht fähig, sie zu lesen. Ich bezweifle stark, ob es überhaupt jemals eine wirklich aufregende Schriftstellerin geben wird, bevor nicht zum erstenmal eine Hure zum Callgirl avanciert und nun ihre Lebensgeschichte erzählt. Auf die Gefahr hin, mir bis zu meinem Tode ein paar erbarmungslose Feindinnen zuzulegen, kann ich nur sagen, daß alles, was mir so von der Tinte der Frauen in die Nase steigt, stets als weltfremd, als alter Hut, als seicht und verschroben, als verniedlichend, als lesbisch überzüchtet, unfruchtbar, leisetreterhaft, als vornehmes Getue, als frigide, als hoffnungslos antiquiert, nach den launischen Einfällen eines Mannequins aufgetakelt oder als supergescheit und als totgeborenes Kind erscheint.* Da ich nie imstande war, Virginia Woolf zu lesen, und ich zuweilen bereit bin zu glauben, ich könne selber schuld daran sein, so mag dieses vernichtende Urteil als verleumderische Böswilligkeit eines verdorbenen Geschmacks gewertet werden, zumindest von denjenigen Lesern, die nicht die gleiche Ausgangsposition beziehen wie ich – daß nämlich ein guter Romancier so ziemlich auf alles verzichten kann, nur nicht auf den letzten Rest seiner Hoden. Wenn ich hier hinzufüge, daß das wenige, was ich von Herbert Gold gelesen habe, mich an nichts so sehr erinnert wie an eine Schriftstellerin, bezweifle ich, ob ich jemals Gefallen daran finden werde, eine weitere ähnliche Bekanntschaft zu machen.

Es gibt noch fünfzig andere gute Schriftsteller, die man erwähnen könnte, und es besteht kaum die Wahrscheinlichkeit, daß der erste unter uns, der es zu etwas Bedeutendem bringt, aus ihrer Mitte hervorgehen wird. Wahrscheinlicher ist es, daß wir eines Tages von völlig unbekannten Schriftstellern hören werden, die in aller

---

* *Es tut mir leid und widerstrebt mir, die Strenge dieses Urteils durch das Eingeständnis zu mildern, daß ich die frühen Arbeiten von Mary McCarthy, Jean Stafford und Carson McCullers mit Vergnügen gelesen habe.*

Stille hier, dort und nirgends arbeiten.* Da ich jedoch nur von Menschen sprechen kann, mit deren Arbeit und/oder Persönlichkeit ich vertraut bin, bleibt mir jetzt nichts anderes übrig, als meinen Hut abzunehmen vor solchen Männern und jungen Leuten von gutem Ruf wie William Gaddis, Harvey Swados, Harold Humes, William Humphrey, Wright Morris, Bernard Malamud, John Philips und all den anderen Vertretern alter und neuer Stilrichtungen in unserer sich in Gemeinheiten überbietenden Zeit. Ich möchte mit der Bemerkung schließen, daß die Romanciers sich entfalten werden, sobald die Verleger sich bessern. Fünf mutige Verlage (ein Wunder) wären imstande, dem krebsverseuchten Gewissen Amerikas etwas von seinem ekelhaften Ausfluß zu nehmen und dem runden Tausend von uns, die echtes Talent besitzen, aber isoliert stehen, die Hoffnung zu geben, daß wir diese blutrünstige und feige Welt ein wenig mehr erforschen können, die unweigerlich dem Irrsinn verfallen wird, wenn sie nicht das kühne Wagnis einer neuen Kunst auf sich zu nehmen bereit ist.

Letzter Versuch vor meinem Weg nach oben

Amerika ist zwar reich an Begabungen, aber dieser Reichtum wird durch das rasende Tempo, mit dem wir unsere Talente verbrauchen, mehr als kompensiert. Vor Jahren habe ich im College ein Buch von Joseph Warren Beach verschlungen, eine kritische Betrachtung

---

* *Die zehn Episoden aus* The Naked Lunch, *die in* Big Table *veröffentlicht wurden, waren meiner Ansicht nach fesselnder als alles, was ich seit Jahren von einem Amerikaner gelesen habe. Wenn der Rest von William Burroughs' Buch es mit dem aufnehmen kann, was abgedruckt wurde, und wenn sich dieser Roman wirklich als Roman erweist und nicht nur als eine Aneinanderfügung von außergewöhnlich gut geschriebenen Bruchstücken, dann verdient Burroughs in die Reihe der bedeutendsten Romanciers Amerikas aufgenommen zu werden und ließe sich vielleicht in der Kraft seiner Aussage mit Jean Genet vergleichen.*

mit dem Titel American Fiction, 1920–1940; *heute brauchte man dieses Buch nicht erst auf den neuesten Stand zu bringen – denn keiner von jener Generation bedeutender amerikanischer Schriftsteller, die der meinen voranging, hat seit Kriegsende Arbeiten von erstrangiger Bedeutung vorgelegt, es sei denn, daß man* The Old Man and the Sea, East of Eden, Fable, The Face of Time *und dem halben Dutzend eintöniger Romane von J. P. Marquand ein gewisses Gewicht beimißt.*

Doch was war das für eine Generation – um wieviel eindrucksvoller als meine eigene! Wenn das Werk dieser Autoren uns auch nicht auf die Trägheit, die Erstarrung und die Entwurzelung der geistigen Kräfte in unserer Zeit vorbereitete, so waren es doch Männer, die starke, originelle Romane schrieben und ihren persönlichen Stil fanden – mancher unter uns wurde Schriftsteller, weil er einen Blick in jene Welt getan hatte, die sie uns offenbarten.

Sich heute diese Namen ins Gedächtnis zu rufen, ist deprimierend. Wolfe ist tot, Fitzgerald ist tot, beide zu früh gestorben, der eine eine ausgebrannte Rakete, der andere ein unerschrockener Fechter, der seine Wunden zu lange verbarg und an ihnen zugrunde ging. Hemingway schien, bevor er aus dem Leben schied, seinen Arbeitswillen bereits eingebüßt zu haben. Faulkner hat seinen Höhepunkt überschritten. Jeder von ihnen besaß Größe, und dennoch hat keiner den Roman geschrieben, der seinem Werk ein bleibendes Denkmal setzen könnte, und dabei waren sie alle ganz hervorragend begabt. Dos Passos schuf ein riesiges Werk; keiner von uns hat einen Roman geschrieben, der auch nur im entferntesten an es heranreicht, aber die Zeit ging über ihn hinweg: Er wurde an das dürre Gestade seiner politischen Integrität geworfen und hat sich mit dem Salzwasser ungenügender Anerkennung begnügen müssen. Farrell pflügte seine breite Furche und blieb sich selber treu – auch ihm blieb jene Anerkennung versagt, die seinem Format entsprochen hätte, und so nahm man ihm die Möglichkeit, in neue Welten vorzudringen und sich weiterzuentwickeln; er resignierte würdevoll und wurde beiseite geschoben. Steinbeck scheint seine Überzeu-

gungskraft eingebüßt zu haben, und das ist nicht weiter verwunderlich: Die Welt ist für einen Mann, dessen Kunst nach Situationen von biblischer Einfachheit verlangte, zu komplex geworden. Und J. P. Marquand, den Beach für würdig erachtete, in seinem Buch aufgenommen zu werden, hat nichts Neues gebracht – er hat lediglich eine große Menge unbedeutender Kleinigkeiten geliefert und damit ein beschämend hohes Vermögen gemacht. Man muß noch weiter zurückgehen, etwa bis zu Dreiser, Lewis und Sherwood Anderson, um auf Männer zu stoßen, denen es gelungen war, fast ihr ganzes Leben mit Schreiben auszufüllen bis nahezu an die Grenze ihrer Schaffenskraft.

Amerika ist für Talente ein harter Boden. Sie verkümmern, werden niedergetrampelt, entwurzelt oder mit billigem Kunstdünger zu vorzeitiger Reife getrieben. Und unsere literarischen Gärtner, unsere Verleger, Lektoren, Kritiker und sonstigen Handlanger sind Trunkenbolde, Feiglinge, Biedermänner, Prosa-Couturiers, Modenarren, alte Jungfern, Opportunisten und nebenberufliche Zuhälter auf der Avenue des Präsidenten Madison. Das Publikum ist nicht viel besser – es scheint zu neun Zehnteln aus den überforderten, urteilslosen Opfern einer durch die Massenbeeinflussungsmittel verseuchten Kultur zu bestehen, die unfähig sind, ein Buch zu verdauen, es sei denn, es handle sich um einen Schlager. Das restliche Zehntel, jener bildungsbeflissene Leser mit literarischen Ambitionen, einer Bibliothek und einer Reihe erworbener Vorurteile, ist noch viel schlimmer, denn ihm mangelt es an der Fähigkeit, mit unverbildetem Auge zu lesen. Seine Meinung wird von den geistig unproduktiven und in ihrer kulturellen Mission traditionsgebundenen Vierteljahreszeitschriften bestimmt, und da diese Zeitschriften nur allzu häufig von Männern mit großem Wissen und geringem Mut geleitet werden, sind die Schriftsteller, die von solchen Lesern bewundert werden, durchweg unbedeutend, überkultiviert und zu literarisch. Das Funkeln kleiner, glattgeschliffener Edelsteine wird von noch kleineren Halbedelsteinen reflektiert. Das Licht ist intim; sie wünschen es sich nicht anders. Reinste Freude bereitet ihnen der allesverschlingende Geschmack der breiten Masse, denn eine starke Strömung guten Geschmacks im Kulturleben Amerikas würde ihr Leben seines Inhalts berauben.

So bleiben die wenigen starken Talente meiner Generation, die sich in der Zwangsjacke einer zivilisatorisch überentwickelten Zeit einen jeder Einengung trotzenden Geist bewahrt haben, sich selber überlassen und irren durch eine Landschaft unheimlicher Schlingpflanzen, gierig wuchernder Kräuter, heimtückisch bedroht von sinnlosen Situationen wie von am Boden liegenden, elektrisch geladenen Drähten. Unsere Erfolge sind oft unverdient, und unsere wahren Bemühungen werden erst zu spät verstanden; demjenigen von uns, der als erster stirbt, wird ein würdiges Begräbnis zuteil werden, und seine literarischen Aktien werden in einer Hausse emporschnellen, ehe noch die Totenwache beendet ist. Dächte man nicht an die neue Generation, die ins Leben tritt – eine Generation, die interessanter sein könnte als meine eigene, was ich wohl erhoffen darf –, dann wäre es am besten, alles aufzugeben, denn es ist einem die Lust vergangen, zu Lesern zu sprechen, die älter sind als man selber. Durch Krieg, Wohlstand und Konformismus sind die Besten der älteren Generation zu Denkmaschinen abgesunken, während die Schlimmsten von ihnen enttäuschten alten Weibern gleichen, die wie Papageien die banalen Ansichten eines nüchternen Hausfrauenverstandes über das Normale nachplappern – ausgemergelte, langweilige Geister vom Typ Mittelstand –, die der psychoanalytischen Überredungskunst verfallen sind und die Lügen der Mäßigung, des Kompromisses, der Komiteearbeit und der Unentschlossenheit anhimmeln oder, was noch schlimmer ist, sich respektvollst Vergangenem zuwenden.

Meiner Generation von Romanschriftstellern war eine Grenze gezogen. Als wir aus der Orgie des Krieges heimkehrten, war unser Bewußtsein für Sexualität und Familie gespalten. Es gab für uns keine Tradition mehr. Mit der Feder in der Hand mußten wir uns einen Weg durch die Grenzgebiete des Geschlechtlichen buchstäblich hindurchschreiben – dort gab es Neues in Hülle und Fülle, und der

Bestand unseres Talents hing davon ab, ob wir uns da hineinwagten. Indessen – und das ist eine alte Geschichte – mußten auch wir unsere Erfahrungen machen: Das, was in unseren Manuskripten nicht dem Rotstift des Lektors zum Opfer fiel, ging beim Feilschen zwischen Verleger und Autor verloren; was dann noch übrigblieb, und einige von uns bestanden darauf, alles oder doch fast alles des ursprünglich Geschriebenen stehenzulassen, wurde dann durch die besten und schlechtesten Zeitungskritiker verrissen, besudelt oder überhaupt nicht beachtet. Und was tat sich in den Vierteljahreszeitschriften? Der Himmel war einem gnädig, wenn ein intelligenter junger Akademiker, der eine kleine Ahnung vom Leben besaß, vier oder fünf unserer Arbeiten miteinander verglich und sie dann zum übrigen legte.

Jetzt bessern sich die Verhältnisse ein wenig. Einige von uns werden wahrscheinlich von einer zweiten Woge der Beachtung hochgespült werden (unsere Zeitgenossen werden allmählich alt genug, um selber ein bißchen Macht auszuüben), aber was für eine Energievergeudung war das alles. John Horne Burns ist tot, ein ansehnliches Talent, nicht zu unaufrichtig, etwas zu süßlich, aber heiklen sexuellen Themen zugetan – die geiferden Dummheiten der Kritiker gegenüber seinen letzten beiden Romanen haben sein Dahinscheiden beschleunigt, und wer weiß, was aus seinem Talent hätte werden können, denn es rechtfertigte große Erwartungen. Wir übrigen sind älter, als wir es sein sollten: Zehn Jahre unseres Lebens fielen zwei oder drei Kriegsjahren zum Opfer und weitere zwanzig gingen während der letzten vierzehn Jahre drauf. Wenn ich mich selber zu beurteilen und abzuschätzen versuche, welche Aussichten mir noch bleiben, jenes große Buch zu schreiben, das ich wiederum in mir trage, so weiß ich in meiner tiefen Verbitterung nicht, ob ich es schaffen werde. Denn man muß sich um andere Menschen sorgen können, wenn man die eigenen Erkenntnisse mit ihnen teilen will, insbesondere solche, die sie zu ermuntern vermögen. Indessen stelle ich immer wieder fest, daß ich für die meisten Menschen auch nicht das geringste empfinde. Ich hatte das Glück im Unglück, auf dem

Gipfel des Berges zu beginnen und dann steil hinabzusteigen, während andere an mir vorbei emporklommen. So habe ich ihre Gesichter beobachtet, als sie der Schwierigkeiten beim Aufstieg Herr werden lernten, und was für Gesichter waren das! Furcht als erstes, und dann die Geldgier, die ihnen aus allen Poren drang; ihre Schritte – Snobismus, der Gipfel – Macht; und ihre Panik – die Folgen. Dennoch! Es gibt die Fehler der anderen und die eigenen Fehler, und ich muß meine Schulden bezahlen. Fitzgerald ist mit seinem Talent sehr sorglos umgegangen, und auch ich habe das meine leichtfertig aufs Spiel gesetzt. Wenn ich nun das Fazit ziehe, kann ich keinen allzu großen Gefallen an mir finden, denn ich war feige, als ich hätte auftrumpfen sollen, und gar zu bravourös, wenn es bisweilen um eine schlechte Sache ging. Die ersten dreißig Jahre meines Lebens habe ich damit verbracht, die Kräfte meines Körpers zu ruinieren, die letzten sechs galten geistigen Gewaltmärschen, und so bin ich heute dümmer als ich es eigentlich sein dürfte, mein Gedächtnis ist halb verzehrt und mein Geist träge; aus Angst und Eitelkeit habe ich für das, was ich an Erfahrungen sammeln konnte, einen zu hohen Preis bezahlt. Wenn ich nach Beendigung dieses Buches die Arbeit an meinem Roman wiederaufnehme, bin ich mir nicht im klaren, ob ich es schaffen werde. Wenn nicht – welch ein Verlust! Welch ein Elend, lediglich mit einigen wohlgemeinten Notizen in den Tod gehen zu müssen!

Es sind die Taten der Menschen, die Geschichte machen, nicht ihre Gefühle – *der beste Satz, den ich je geschrieben habe* –, aber es wäre mir unangenehm, mit diesem einen Satz der Ewigkeit gegenüberzutreten, da ich selbst nach der theoretischen Hälfte meines Lebens noch immer Gefühle hervorbringe, die durch ihre Größe mein eigentliches Werk überschatten.
Ich möchte diesen Abschnitt mit einigen Bemerkungen über mein neues Buch beenden, denn der Prolog dazu bildet den Abschluß der vorliegenden Sammlung. Nach den gegenwärtigen Maßstäben der Verlagspraxis zu urteilen, wird es, wenn ich es überhaupt schaffe,

ein Buch sein, das sich nicht verlegen läßt. Da es wahrscheinlich zehn Jahre brauchen wird – in Anbetracht meiner Bemühungen, mir nebenbei etwas Geld zu verdienen –, hege ich keinerlei Zuversicht, daß man es in seiner endgültigen Form zu sehen bekommen wird, es sei denn als geächtetes Produkt der literarischen Untergrundbewegung, wie es seinerzeit Der Wendekreis des Krebses, Ulysses *oder* Les Cent-Vingt Journées de Sodome *war. Wenn das Buch überhaupt Wirkung haben sollte, und ich kann es kaum erwarten, während der nächsten zehn Jahre meine ganze Kraft bis aufs Blut zu erschöpfen, ohne dabei allerdings auf eine wirkungsvolle und nachhaltige Explosion zu hoffen, dann wird das Buch wie eine Rakete in den literarischen Himmel emporschießen, gezündet durch das Gerücht, daß ich einmal auf das am weitesten entfernte Ziel gedeutet und gesagt haben soll, ich wolle innerhalb der nächsten zehn Jahre den Ball am weitesten zu werfen versuchen, einen Ball, der wie kein anderer die von Wirbelstürmen durchpeitschte Luft unserer amerikanischen Literatur durchdringen würde. Denn ich habe vor allem den Ehrgeiz, einen Roman zu schreiben, den Dostojewskij und Marx, Joyce und Freud, Stendhal, Tolstoi, Proust und Spengler, Faulkner und sogar Hemingway vielleicht zu lesen vermöchten, denn er würde das weiterführen, was sie auf einer anderen Strecke des Weges geschaffen hatten.*

Bemerkung zu »Die schönste Zeit ihres Lebens«

In dem neuen Roman wird »Die schönste Zeit ihres Lebens« etwa fünfzig bis hundert Seiten nach der »Reklame für mich selber auf dem Weg nach oben« stehen. In dem vorliegenden Buch jedoch hielt ich es für angebracht, die Reihenfolge umzukehren. Es erschien mir angenehmer, den Prolog an das Ende zu stellen.

Die schönste Zeit ihres Lebens

1

Ich wohnte in einem Raum von dreißig Meter Länge und acht Meter Breite, und neunzehn Fenster starrten mich von drei Wänden und einem Teil der vierten Wand her an. Die Dielenbretter waren derart abgetreten, daß die Nägel etwas hervorstanden; nur in der nach Süden gehenden Hälfte des Fußbodens hatte ich rauhes Linoleum ausgelegt, das so aussah, als sei dort Sand gestreut, zweifellos eine gute Hilfe für die Beinarbeit meiner Schüler. Für hundert Dollar ließ ich den Raum tünchen, und zwar alles: das schachbrettartige Muster der Deckenplatten aus Blech mit ihren in das Metall eingeprägten Lilienemblemen und die verfaulten Fensterbretter (zwölf Stunden waren notwendig, um die Leimfarbe von den Scheiben zu kratzen), sogar Teile des Fußbodens waren mit weißen Spritzern gesprenkelt (obwohl diese im Lauf der Zeit zu Staub zerschlurft wurden), doch die Mühe hatte sich gelohnt. Als ich diesen das gesamte obere Stockwerk einnehmenden Speicher mietete, stank es dort nach ausrangierten Maschinen, und der Anstrich war ein düsteres Rotbraun – eine Woche lang versuchte ich, mit dieser Farbe zu leben. Meine alten Möbel, die ein mir befreundeter Spediteur aus dem Village mit meiner Hilfe hierhergeschafft hatte, wiesen einige Narben auf, denn wir hatten sie schiebend und zerrend sechs Stockwerke hochgewuchtet. Der Anblick der über den riesigen Wohnraum verteilten Möbel – drei ausgesessene, wacklige Sofas samt einigen verstaubten Kissen, ein Sessel mit gebrochener Seitenlehne, ein aus einer alten Tür zurechtgezimmerter niedriger Tisch voller eingebrannter Zigarettenflecken, ein Küchentisch, einige abblätternde Schleiflackstühle, die, wenn man sich setzte, auf dem Fußboden bumsten wie das Holzbein eines Seeräubers, Bücherregale aus ungebeiztem Kiefernholz, an den Enden durch aufeinandergelegte Ziegelsteine gestützt – ja, dies alles war meine Welt, ein großartiger Anblick:

Der New Yorker Sonnenschein, der mich am Morgen durch das doppelte Filter der gelblichen Rauch- und Nebelschwaden und der schmutzig-trüben Fensterscheiben begrüßte, insbesondere jedoch diese fahlbraunen Wände, erfüllten mich mit einer solchen Zufriedenheit, daß ich meine Bude wie eine Seuche mied. In der ersten Woche hielt ich mich, nachdem ich einen Tag lang meine Möbel zurechtgerückt hatte, lediglich vier Stunden in meiner Bude auf, um etwas zu schlafen, von fünf Uhr morgens, als ich aus einer Bar im Village, die als letzte zu schließen pflegte, und von dem letzten nächtlichen Kaffeeklatsch mit meinen philosophischen Freunden heimwärts steuerte, bis etwa gegen neun Uhr. Ich erwachte mit benebeltem Gehirn und der Gewißheit, daß das schmerzhafte, bösartige Rumoren in meinem Magen zumindest den Beginn eines Magengeschwürs ankündigen, wahrscheinlicher jedoch von einer tiefgreifenden Krebswucherung am Zwölffingerdarm herrühren müsse. So verbrachte ich auf diese Weise eine Woche, dann jedoch folgte ich dem Rat eines mit einem Bekannten von mir befreundeten Barkumpels, raffte mich am Morgen des achten Tages auf, kochte mir auf einer Heizplatte meinen Kaffee, während ich in der Oktoberluft fröstelte (weder der Herd noch die Gasheizöfen waren bisher angeschafft worden), ging die Treppe hinunter und trat durch die vordere Tür des Lagerhauses auf die Monroe Street hinaus, nahm meinen Weg entlang dem mit Abfall übersäten Rinnstein, wobei mir stets die Banden in den Sinn kamen, die in dieser Straße ihr Unwesen trieben: die Neger am östlichen Ende des Häuserblocks und die ihnen benachbarten Portorikaner und die Italiener und Juden im westlichen Teil. Diese Banden würden eine gewisse Rolle in meinem Leben spielen, das vermutete ich wenigstens, und ich sah dem nicht gerade gelassen entgegen, wenn ich daran dachte, wie mir des Morgens der Kopf herunterhing; die Schlimmsten waren die sechsjährigen Knirpse, diese Schänder des Abfalls, diese Ritter vom Müll. Hier, in einem Bezirk von Manhattan, am südlichen Zipfel der Insel, am Fuße der gigantischen Manhattan- und Brooklyn-Brücken, der einzigen erhabenen Bauwerke inmitten eines meilenweiten Dschungels von Mietskasernen – hier nahmen die Fremdlinge ihre Kinder in die Mache, und jedes Kind, welches das Alter von sechs Jahren erreicht hatte und von Vater, Mutter, Familie oder Freunden noch nicht völlig zerfleischt worden war, stellte bereits einen abgefeimten Dreikäsehoch dar, so zäh, so raubgierig und mit einem so scharfen Gebiß, daß selbst die angriffslustigste aller umherstreunenden Katzen eine frisch erbeutete Ratte ihm gegenüber eher fahrengelassen als ihren Fraß verteidigt hätte. Sie waren ganz bezaubernd, diese Sechsjährigen, wie ich meinen Freunden in den besseren Wohngegenden der Stadt erzählte; sie hatten es sich nämlich zur Gewohnheit gemacht, die übervollen Mülltonen umzukippen, ihren Inhalt auf der Straße zu verstreuen und sich mit Apfelsinenschalen, Kaffeegrund, Suppenknochen und sonstigem Abfall sommerliche Schneeballschlachten zu liefern; sie vergnügten sich mit Diskuswerfen, nachdem sie die scharfrandigen Deckel von den Blechdosen gelöst hatten, ihre Kissenschlachten wurden unter Verwendung alter, mit Dreck gefüllter Socken geführt, und eine Ausschweifung eigener Art war es, wenn zwei von ihnen einen dritten im Innern einer Achtzig-Liter-Tonne herumrollten, die von den soeben entleerten Schätzen noch warm war. Wie ich hörte, wurde ihre »Olympiade« im Sommer ausgetragen, wenn Ferien waren und die klebrig-zähe Masse aus faulenden Küchenabfällen, angeschwemmtem Müll und sonstigem Kehricht die Straßen derart bedeckte, daß der von den Autoreifen zu Brei gewalzte Unrat in der Sonne zu gären begann. Dann feuerten die Eltern, die Halbstarken und ihre Mädchen aus den Banden und die matronenhaften Großmütter sie an und versprachen denen, die gewinnen würden, das Blaue vom Himmel herunter, während den ganzen Tag über der Dreck nur so umherflog, aber ich kam erst im Herbst dorthin, und so blieb es von neun bis drei verhältnismäßig ruhig. Ich bahnte mir also an diesem achten Morgen meines Aufenthalts in der Monroe Street einen Weg durch den wirren Abfall der letzten Nacht und ging einen halben Block entlang bis zu einem Mietshaus an der Grenze zwischen den beiden rivalisierenden Banditenrepubliken der Neger und der Portorikaner. Nachdem ich mehrere Male an der falschen Tür geklopft und eine Nase voll von Gerüchen aus den kranken, durch zu viel Pfeffer zerfressenen Eingeweiden der armen Leute mitgenommen hatte, Gerüche, die dem undichten Abflußrohr jedes Gemeinschaftsscheißhauses entquollen (erst wenn man weiter nordwärts geht, ist der anständigere Ausdruck Lokus gerechtfertigt), gelang es mir schließlich, den Mann, den ich suchte, ausfindig zu machen. Ich war ihm um eine volle Stunde voraus – denn er schlief noch immer den Rausch der letzten Nacht aus. So sprach ich mit seiner Frau, einer fetten, maskulin wirkenden Negerin mit dem Gesicht und der Barmherzigkeit eines japanischen Ringkämpfers. Als ihr klar wurde, daß ich mir weder Schnee verschaffen wollte noch von der Polente war, keine Lotterielose verkaufte, keine Rechnungen überbrachte und ganz gewiß auch kein Detektiv war (obwohl mein irisches Gesicht in dieser Hinsicht einige Zweifel bei ihr aufkommen ließ), daß ich sie vielmehr aufsuchte, um ihrem Mann eine Arbeit anzubieten, wurde ich in das erste von drei dunklen Zimmern geführt, unmittelbar vor das graue, schimmernde Auge des eingeschalteten Fernsehgeräts. Dann konnte ich sie durch die Vorhänge zum Korridor im Schlafzimmer miteinander reden hören.

»Steh auf, du Mistvieh«, sagte sie zu ihm.

Er kam also zu mir arbeiten, obwohl er mir meine Großzügigkeit verübelte; er schleppte seinen Druckluftapparat die sechs Stockwerke zu mir hinauf, und nach einer Diskussion, bei der er mit seiner Forderung von zweihundert auf einhundert herunterging und mein Angebot um fünfzig Dollar stieg, machte er sich mit einem Zwanzigdollarschein auf den Weg, wobei er den Apparat als Sicherheit zurückließ, und kehrte nach einer Stunde mit so vielen Säcken Schlemmkreide zurück, daß ich mich genötigt sah, ihm beim Hinauftragen zur Hand zu gehen. Wir arbeiteten an diesem Tag zusammen. Charley Thompson – so hieß er – war ein kleiner hagerer Neger von etwa vierzig Jahren, der aber wie sechzig aussah, mit zwei Narben im Gesicht, von denen die eine wie

eine Vertiefung der Wange wirkte, während die andere sich als feine Linie längs des Nasenrückens abzeichnete. Wir kamen gut miteinander aus, arbeiteten schweigsam und verbissen, bis der Kater ausgeschwitzt war, und gingen dann in die Negerkneipe an der Ecke, um uns bei einer Tasse Kaffee ein wenig zu unterhalten. Als wir eintraten, blickten die Gäste zunächst erstaunt auf, kümmerten sich dann aber nicht weiter um uns. Sobald die Stimmung sich wieder beruhigt hatte, taute Thompson auf.
»Mensch«, sagte er zu mir, »wozu brauchst du denn all den Raum?«
»Um Geld zu verdienen.«
»Und womit?«
Ich zögerte nicht lange. Die Leute im Block würden früher oder später ohnehin erfahren, welchen Geschäften ich nachging – der Vorteil, in einem Elendsviertel zu wohnen, liegt eben darin, daß jeder über alles Bescheid weiß, was sich innerhalb der Reichweite seiner fünf Sinne abspielt –, und da ich die Absicht hatte, über meinem Briefkasten im Hauseingang ein Schild anzunageln, um meinen Schülern mitzuteilen, in welchem Stockwerk sie mich finden könnten, und unten die Haustür offenbleiben mußte, weil ich keine Klingel hatte, würde man meine Tätigkeit sowieso schnell herausbekommen. Aber auch abgesehen davon mußte ich ja unweigerlich die Aufmerksamkeit auf mich lenken; bei meiner Größe und den blonden Haaren würde ich den Fremdlingen sofort auffallen, und so war es klüger, den Leuten von vornherein reinen Wein einzuschenken, als zu versuchen, sich heimlich und unerkannt einzuschleichen.
»Jemals was von einer *Escuela de Torear* gehört?« fragte ich ihn, ohne dabei zu lächeln.
Er fand den Klang der Worte so komisch, daß er lachen mußte, gab sich aber keine Mühe, meine Frage zu beantworten.
»Eine Schule für Stierkämpfer«, erklärte ich ihm. »Ich gebe Unterricht im Stierkampf.«
»Verstehst du denn was davon?«

»Ich habe es schon in Mexiko gemacht.«
»Mensch, dabei kann man ja getötet werden.«
»Manche schon.« Ganz gelassen ließ ich diese kleine Übertreibung in meiner Stimme mitschwingen. Schließlich hatte er ja recht: Einige kamen dabei wirklich zu Tode. Jedoch nicht so viele, wie ich andeutete, vielleicht einer auf fünfzig unter den Erfolgreichen und einer auf fünfhundert unter den Amateuren, wie ich einer war, die gegen ein paar Stiere gekämpft, einige Wunden erhalten und sich dann von diesem Geschäft wieder zurückgezogen hatten. Charley Thompson zeigte sich beeindruckt. Die anderen aber auch, denn man hörte unserem Gespräch zu, und plötzlich war ich zu einer Hauptfigur auf dem chaotischen Schachbrett des Cliquengemisches der Monroe Street geworden – wie schrilles Läuten durchfuhr mich die nackte Angst, die keiner Schwäche, Selbstsucht, neurotischen Gewohnheit oder Feigheit entspringt. Denn ich hatte meinen Pokereinsatz offen auf den Tisch gelegt, ich war der Neuling in einer Grenzerspelunke, und so hatte ich das Unheil heraufbeschworen; nicht heute, nicht morgen, aber früher oder später würde sich daraus irgend etwas entwickeln. Wohl würden die Schwachen mich in Ruhe lassen und die Starken Respekt vor mir haben, aber gleichgültig, ob im Sommer oder im Winter, bei Sonnenschein oder Dunkelheit, einmal würde die Stunde schlagen, in der jemand, irgendwer, irgendein aufgekratzter Knülch aus Stärke oder Schwäche sich veranlaßt sehen würde, die Geheimnisse des eigenen Mutes oder der eigenen Feigheit zu erforschen und so zu einer neuen gewaltigen Wahrheit über sich selber zu gelangen. Ich hatte meine Erfahrungen. Ein Jahr zuvor, als ich gerade nach New York gekommen war, hatte ich in den Bars des Village ständig einen auffälligen Kerl bemerkt, von dem man sich erzählte, er sei eine Kanone mit dem Messer oder, um genau zu sein, mit zwei Messern. Diese führte er überall bei sich, und da er in der Marineinfanterie ein von seiner diabolischen Kunstfertigkeit besessener Ausbilder im Nahkampf gewesen war, machte es ihm Spaß, einige seiner locker federnden Angriffs- und

Verteidigungsstellungen öffentlich zur Schau zu stellen, Ellbogen eingewinkelt, die Messer auswärts gestreckt, wobei die Spitzen der Klingen ihre gefährlichen Kapriolen unabhängig voneinander ausführten, denn er konnte jede Hand in jede beliebige Richtung stoßen und damit seinen Gegner täuschen. Er hielt sich für einen Künstler auf seinem Gebiet und glaubte, er sei mit dem Messer besser als jeder andere Mann in ganz New York; so zog er Nacht für Nacht von einer Bar zur anderen, sang das Ruhmeslied seines Draufgängertums und hielt nach einem mutigen Gegner Ausschau, der seine Herausforderung annehmen würde, auf daß er als unbestrittener Sieger oder als Toter aus dem Zweikampf hervorgehe.

Es ist Wahnsinn, eine Großstadt wie New York herauszufordern, denn es gibt dort schon zu viele Talente, die sich nach Betätigung drängen; dieser Kerl aber machte sich an jeden in einer Bande organisierten Schläger heran, der sich auf seinen Ruf als Messerheld etwas einbildete. Eines Nachts, als er betrunken nach Haus wankte, begrüßte ihn ein Rivale – ein jugendlicher Messer-Fan aus Portoriko, der in der Schule nichts leistete und seine Nachmittage und Abende damit verbrachte, im Kellerklublokal seiner Clique sich im Messerwerfen zu üben, ein echter Heißsporn, für einen Lateinamerikaner sehr langarmig, spindeldürr wie ein Lehmbruckscher Jüngling, blitzschnell zustoßend wie ein hungriger Wolf. Zwei Monate lang hatte der Portorikaner geübt, um sich dem Messer-As von New York zu stellen.

Beide gingen in eine Toreinfahrt, der Meister betrunken, von Eitelkeit berauscht, die seinen kunstvollen Paraden die Wirkung nahm. Alles in allem war es kein sehr großer Kampf: Der Junge aus Portoriko bekam etwas an den Fingerknöcheln, der Lippe und oberhalb des Knies ab, aber es waren nur leichte Schnittwunden, während der Meister übel zugerichtet liegenblieb und am Unterarm, am Bauch, an der Brust, am Hals und im Gesicht blutete; nachdem er zu Boden gegangen war, hatte der Portorikaner ihm ein doppeltes Oval in die Wangenhaut geritzt, eine große und eine kleine Schamlippe, hatte ihn dort liegen lassen und dann – aus Überlegung oder Furcht – die Bar angerufen, in der unser Verlierer gezecht hatte. Der Ex-Meister, nun ein blutverschmiertes Etwas, wurde in seine Bude transportiert, die nicht weit entfernt lag (immerhin ein geringer, wenn auch verspäteter Glücksumstand), und innerhalb einer Stunde hatte man einen Arzt aufgetrieben, der sich bereit erklärte, sich seiner anzunehmen. Es folgten Polizeiberichte, und nach allem, was man zu hören bekam, verliefen die Ermittlungen – wie man so sagt – im Sande. Das Traurige an meiner Geschichte ist nur, daß unser Ex-Meister erledigt war. Er genas mehr oder weniger schnell, prahlte noch immer in den Bars des Village, und wenn er nüchtern und in guter Verfassung war, sprach er davon, er werde den Portorikaner schon eines Tages irgendwo aufstöbern. Tatsache war jedoch, daß er sich dem Alkohol ergeben hatte und allem Anschein nach nie wieder von ihm loskommen würde. Er war einer jener Spieler, die das Leben als einzigen Einsatz betrachten, und er hatte verloren. Oft dachte ich, er habe nur deshalb auf einen Sieg gerechnet, um ihn mit einem Quantum begießen zu können und dabei seiner Quasselsucht zu frönen.

Nun, ich suchte einen ähnlichen, wenn auch bescheideneren Weg zu beschreiten, und als Thompson mir einige vernünftige Fragen über das Wesen des Stierkampfes stellte, die aber den Ahnungslosen verrieten, legte ich mir jede Antwort so sorgfältig zurecht, als schriebe ich einen Dialog, und sprach dabei besonders für die finster lauschenden drei Neger, die hinter mir saßen, jeder von ihnen ein Riese (ich hatte ihnen, als ich das Lokal betrat, einen flüchtigen Blick zugeworfen), mit einer maskengleichen, fast chinesenhaft anmutenden Ausdruckslosigkeit des Gesichts. Gesichter wie diese hatte ich schon bei Boxern und Tiefbauarbeitern gesehen; solche Gesichter hatte ich zu dritt oder viert in Cadillacs beobachtet, die in den frühen Morgenstunden kreuz und quer durch Harlem fuhren. Ich ermahnte mich zur Besonnenheit, und trotzdem ließ ich mich auf mehr ein, als mir dienlich war, denn zugleich schämte ich mich meiner Zurückhaltung, was zur Folge hatte, daß ich meiner Prahlerei genau am falschen Ort die Zügel schießen ließ. Thompson ermunterte mich natürlich. Er war ein gerissener alter Fuchs und hatte unsere Zuhörer sogar noch besser durchschaut als ich.

»Mensch, du kannst dich wenigstens schützen«, meinte er lauernd.

»Dessen bin ich nicht so ganz sicher«, erwiderte ich und gehorchte damit dem vorgeschriebenen Ritual des starken Mannes. »Ich stecke meine Nase eben nicht in die Angelegenheiten anderer Leute«, erklärte ich ihm. »Aber sollte *mir* mal einer in die Quere kommen – nun, dann dürfte er sich, wenn wir uns trennen, schlechter fühlen als vorher.«

»Mag schon sein. Ich genau hören, was du hören.« Er redete wie ein altmodischer Neger – wahrscheinlich aus den Südstaaten. »Aber wenn nun vier oder fünf von denen da auf dich losgehen?«

Wir hatten uns inzwischen ein gutes Stück von der Kunst der *corrida* entfernt. »Mir kann das nicht passieren«, gab ich zur Antwort. »Ich sorge schon immer dafür, daß ich einige Freunde habe.« Und teils, weil mir ehrlich daran lag, dies zu bekräftigen, und teils, um meiner Vorstellung von der männlichen Hauptrolle in einem Film Ausdruck zu verleihen – jener strahlenden Mischung aus Rauhbeinigkeit und maßgeschneiderter moralischer Rechtschaffenheit (die ja schließlich auch *ihr* Vorbild sein würde) – fügte ich hinzu: »Gute Freunde, verstehst du.«

Dabei beließen wir es. Ich hatte meinen Kaffee ausgetrunken. Im Fußbad der Untertasse machte eine Fliege verzweifelte Schwimmbewegungen. Ohne großes Mitleid für sie zu empfinden, kam mir der Gedanke, daß diese Fliege, wo immer sie auch geboren sein mochte, ganz gewiß nicht damit gerechnet hatte, in einem gelbbraunen, süßlichen, kreisförmigen Teich zu ertrinken, wo sie nun nach der fettigen, vom Würstchendunst geschwängerten Luft einer billigen Negerstampe rang. Thompson jedoch rettete die Flie-

ge, indem er sie geschickt mit dem Finger fortschnippte.
»Ich rette immer«, erklärte er mir gewichtig. »Ich würde nie was nich' krepieren lassen. Ich bin nämlich Prediger.«
»Richtiger Prediger?«
»War einer. Mit Kirche und ergebener Gemeinde.« Mehr sagte er nicht. Er zeigte die würdevolle Trauer eines Mannes, an dessen geistigem Auge die Erinnerung an die entscheidende Niederlage seines Lebens vorüberzog.

Als wir aufbrachen, gelang es mir, mich umzudrehen und einen letzten Blick auf die drei Schwarzhäute nebenan in der Nische zu werfen. Zwei von ihnen saßen mir zugewandt. Ihre Augen waren ausdruckslos, das Weiße war gelb und blutunterlaufen – sie erwiderten meinen Blick ohne jede Zuneigung. Wieder beschlich mich würgende Angst, diesmal fast angenehm – ich wußte nun genausogut Bescheid über sie wie sie über mich.

Der nachfolgende Teil von »Die schönste Zeit ihres Lebens« wurde in der in Großbritannien erschienenen Lizenzausgabe des vorliegenden Buches nicht veröffentlicht. Der englische Verleger erklärte, daß dieser Teil nach der wohlüberlegten Ansicht der besten juristischen und literarischen Köpfe des Landes nicht gedruckt werden dürfe.*

Ich stand daher vor der Alternative, Reklame für mich selber entweder ohne den zweiten und entscheidenden Teil von »Die schönste Zeit ihres Lebens« drucken zu lassen oder die Veröffentlichung des ganzen Buches zu untersagen. Wenn ich mich nun dafür entschied, dennoch die verstümmelte Version zu veröffentlichen, dann bin ich

---

* *Dies könnte auch die Meinung in Deutschland sein. Daher wurde in der vorliegenden Übersetzung der erwähnte zweite Teil von »Die schönste Zeit ihres Lebens« zwar nicht ausgelassen, aber an einigen Stellen gemildert, so daß kaum Einwände gegen diese Veröffentlichung zu befürchten sind. Lediglich der Autor mag gegen ein derartiges Verfahren Bedenken haben, er war aber so einsichtig, die Entscheidung darüber, was in der deutschen Fassung gedruckt werden soll oder nicht, dem Ermessen seines deutschen Verlegers zu überlassen.*

keineswegs stolz darauf. Ich könnte den Standpunkt vertreten, es sei natürlich besser, es würden wenigstens Teile des Buches gelesen als überhaupt nichts davon, und so wird es wohl sein; aber mehr noch trifft es zu, daß ich es satt habe, »Die schönste Zeit ihres Lebens« ständig verteidigen zu müssen. In Amerika war der Anwalt des Verlegers davon überzeugt, daß wir mit einer Klage zu rechnen hätten, und mein Anwalt war es auch. Nachdem man ein Jahr lang das Für und Wider diskutiert und ich zugesagt hatte, mich an den Kosten jedes gegen uns angestrengten Prozesses zu beteiligen, gelang es mir schließlich, den Verleger zu überreden, gegen den Rat seines juristischen Sachverständigen zu handeln. Wir druckten also »Die schönste Zeit ihres Lebens« in vollem Wortlaut (viele meinen übrigens, es sei das Beste, was ich je geschrieben habe), und es hat uns keine Klage eingebracht. Zur Zeit kann man Reklame für mich selber in einer ungekürzten Taschenbuchausgabe in fast jedem Drugstore Amerikas kaufen. Aber diese Diskussion mit den Anwälten und meinem Verleger trieb immer wunderlichere Blüten und nahm mich, so langweilig sie war, im Laufe der Jahre so stark in Anspruch, daß es einfach über meine seelische Kraft ging, einen ebensolchen endlosen Krieg nun auch in Großbritannien zu beginnen.

Schließlich ist es auch gar nicht mein Krieg. Wir haben in Amerika Siege erfochten, große Siege. Wir können heute in einer Freiheit schreiben, die wir im Jahre 1946 noch nicht besaßen. Aber wir haben die zermürbenden, zähen, törichten Auseinandersetzungen um Kompromisse und auch um die Ablehnung solcher Kompromisse durchstehen müssen; dabei haben einige aus meiner Generation ihr Talent geopfert, um den Schriftstellern, die nach ihnen kommen, eine größere literarische Freiheit zu sichern. So möchte ich mit diesen Zeilen laut die Frage stellen, wann endlich auch der britische Schriftsteller zu der – für ihn freilich unbequemen – Einsicht gelangt, daß er, verglichen mit uns in Amerika, zu wenig gekämpft hat und er allzuoft auf jene typischen Täuschungsmanöver hereingefallen ist, die im Namen des guten Geschmacks und als angebliche Vorsichtsmaßnahme zum Schutze der Allgemeinheit angezettelt werden.

2

Das war im Oktober, und aus Gründen, die ich nicht so leicht zu erkennen vermochte, fiel mir dieser Tag wieder ein, als ich über ein halbes Jahr später an einem Frühlingsmorgen von dem starken Licht, das durch meine neunzehn Fenster fiel, erwachte. Seitdem hatte ich meine Behausung hergerichtet, einige weitere Möbel angeschafft, ein Spülbecken installiert und in der Toilette eine blechverkleidete Duschanlage an die Klosettspülung angeschlossen. Was am augenfälligsten war: Ich hatte zwischen dem Stierkampfatelier und dem übrigen Raum, in dem ich wohnte, eine Trennwand gezogen. Außerdem hatte ich – und das war notwendiger, als man annehmen sollte – die neue Wand rot angestrichen; nachdem nämlich Thompson alles weiß getüncht hatte, glaubte ich schneeblind zu werden. Es war gerade kein besonderes Vergnügen, allmorgendlich in einem weißen Raum zu erwachen, dessen frostige, bläulich schimmernde Helligkeit mir jedesmal das Blut wie von der grimmigen Kälte eines Berggipfels erstarren ließ. Wenn ich jetzt meine Augen aufschlug, konnte ich mich dem blutroten Anstrich zuwenden und brauchte nicht die eisbedeckten Hänge des Mount O'Shaugnessy anzustarren, wo auf den Gletschern der Fensterscheiben ständig gleißendes Sonnenlicht lag.

Aber an jenem denkwürdigen Morgen nun, als ich mich noch ein wenig auf die Seite drehte, lag neben mir im Bett ein Mädchen, den einen Ellbogen aufgestützt. An sich keine große Überraschung, denn das war das tollste Jahr meines Lebens, in dem ich drei- oder viermal in der Woche einen Abschuß zu verzeichnen hatte und buchstäblich alle Kraft aus mir herausrammelte, keine besondere Leistung, wenn man das Village und die wissenschaftlich gefärbte Mentalität von Greenwich Village kennt. Ich möchte hier nicht den falschen Eindruck erwecken, daß ich etwa zu jenen geilen Typen gehörte, die abenteuerlüstern durch die Straßen zogen – ich war kühl, vielleicht von Geburt, ganz gewiß aber auf Grund meiner Umwelt: Ich bin in einem katholischen Waisenhaus aufgewachsen – und noch vor einigen Jahren war ich gehemmt und verkrampft, und meine pubertätsbedingten Schwierigkeiten machten mir zu schaffen, aber die hatte ich nun längst überwunden, und ich legte jetzt eine Art nonchalanter, doch dafür um so höher entwickelter Befähigung an den Tag: Ich konnte es mit einem durchschnittlichen Mädchen eine Stunde lang treiben, ohne mehr von meiner vitalen Substanz einzubüßen, als sich durch einen guten Schlaf wieder ersetzen ließ. Da sich der Besitz solcher Kräfte offenbar schnell herumspricht, ich gut aussehe – mein blondes Haar, meine Größe, meine Figur – und ich dazu noch die Stierkämpferschule leitete, stand ich bei den Mädchen im Village ebenso hoch im Kurs wie das Leistungsabzeichen für Pfadfinderinnen. Ich stellte sozusagen eine der Pflichtvorlesungen dar, die man zur Erlangung des Diploms in klassischer Sexologie absolviert haben mußte; ich verbürgte mit Sicherheit einen befriedigenden Unterricht, und eine ganze Reihe von Mädchen und Frauen machte mit mir an einem freien Abend einen Versuch – so wie man Waren in verschiedenen Schaufenstern miteinander vergleicht –, um auf diese Weise den Wert ihres Freundes, ihres Geliebten, ihres Geschlechtspartners oder ihres Ehemannes an der amtlich bestätigten, berufsmäßigen Kompetenz eines Sergius O'Shaugnessy zu ermessen. Wenn das nun etwas kaltschnäuzig klingt, so habe ich wohl ein wenig übertrieben – hin und wieder läßt sich sogar eine alte Gewohnheit zu neuem pulsierendem Leben erwecken, denn es gab Mädchen, hinter denen ich wirklich her war, und Nächte, in denen der Stier in mir alles andere als tot war. Ich hatte sogar zwei Frauen, mit denen ich mindestens einmal in der Woche zusammenkam; mit jeder einzeln. Worauf ich aber hinaus will, ist folgendes: Wenn man es zu oft treibt und nichts dabei empfindet, kommt man sich bald wie ein Heiliger vor. Es war eine verteufelte Sache, das Hinterteil einer Neunzehnjährigen zu befühlen, diesen knetbaren Rohstoff künftiger Macht prüfend abzutasten, während der Laboratoriumstechniker in meinem Hirn sich die ganze Zeit über sagte, daß es sich hier lediglich um ein Routineergebnis handle – Routine aus dem Grunde, weil ihre Backen halt ebenso aussahen und sich genauso anfühlten, wie ich es mir vorgestellt hatte, als sie früher neben mir in der Bar saß. Und so war ich noch immer nicht damit weitergekommen, meinen wissenschaftlichen Drang zu verstehen, der mich dazu trieb, in der Retorte des Bettes bestätigt zu erhalten, bis zu welchem Grad ich Form, Beschaffenheit, Rhythmus und Überraschungsmomente bei jeder einzelnen Frau, die mir aufgefallen war, richtig im voraus beurteilt hatte.

Nur ein ehemaliger Katholik vermag eines der selteneren Amalgame des Schuldbewußtseins hervorzubringen, und der Heilige in mir verdient eine eingehende Schilderung. Stets habe ich eine Verpflichtung empfunden – eine Art *noblesse oblige* des freundlichen Beschälers –, meine Frauen wieder ziehen zu lassen, ohne ihrer Würde größere Wunden geschlagen zu haben, wobei ich mich bestenfalls ein bißchen wohler fühlte als in dem Augenblick, in dem sie meinen Speicher betraten, ich wollte wirklich nett zu ihnen sein (welche Eitelkeit eines Heiligen!). Ich benahm mich im Bett selten wie ein Schwein, ich war nicht unersättlich, ich mahlte nicht alle meine Lüste in ihre Münder und verzichtete sogar darauf, sie mir allzu gut vorzunehmen, wenn ich das Gefühl hatte, die Frau sei tatsächlich in ihren Freund verliebt und bediene sich meiner nur, um für ihre Liebe eine neue Perspektive zu gewinnen. Ja, ich war ein feiner Kerl, und wahrscheinlich gab ich mehr, als ich selber erhielt. Während all dieser Monate auf dem Speicher gab es trotz meiner Unterrichtsstunden im Stierkampf, trotz der überraschend ruhigen Zeit, die ich in der Monroe Street verbrachte (schließlich war es ja Winter), trotz des anschwellenden Aktenstücks über meine Versuchsobjekte –

etwa fünfzig Mädchen müssen jeweils mindestens eine Nacht bei mir auf dem Speicher verbracht haben –, gab es also trotz des von mir mit Verbissenheit zusammengetragenen und allmählich immer umfangreicher werdenden, wenn auch langweiligen wissenschaftlichen Testmaterials eine Sache, die mich ernstlich wurmte, nämlich, daß sogar die kalten, bleichen Freuden meiner Heiligkeit als Preis wenigstens eine Abwechslung forderten: Sobald ich erwachte, konnte ich es kaum erwarten, das Betthäschen aus meinem Lager und mir vom Halse zu schaffen. Ich wußte nicht warum, aber beim Erwachen verspürte ich gewöhnlich Niedergeschlagenheit, die mir Übelkeit verursachte. Der vordem verlockende Geruch einer Frau war einer ranzigen Ausdünstung gewichen, und die Achselhöhlen, die ammoniakartige Schärfe und die verweste Meeresfauna der Ergüsse, die sauren Nachwehen des Schweißes der letzten Nacht, der Hurenduft übermäßig verwendeten Parfüms wurden für mich zum Inbegriff des Ekels. Dies war um so merkwürdiger, weil ich mich im Schlaf an meine Partnerin anzuklammern pflegte; ich war ein Don Juan, der es haßte, allein zu schlafen, und stets hatte ich das Gefühl, als atmeten meine Poren all die mütterliche (weil schlummernde) Süße jener feuchten oder trockenen, festen oder schlaffen, molligen, aufgeschwemmten oder mageren Dame ein, die ich, während wir träumten, umfangen hielt. Aber sobald ich mit schwerem Kopf erwachte – hatte ich in diesem Jahr öfter als dreimal mit einer Frau geschlafen, ohne betrunken gewesen zu sein? –, nahte dem Heiligen die Stunde der Versuchung, denn nichts hätte ich dann lieber getan, als sie mit einem Tritt in ihren liebenswerten Hintern aus dem Bett zu befördern, den Morgenkaffee, die Höflichkeitsfloskeln, meine Niedergeschlagenheit – und oft auch die ihre – mit einer Handbewegung beiseite zu schieben und den neuen Tag damit zu beginnen, daß ich sie aus meiner verderbten Mönchsklause in einem Korb sechs Stockwerke tief auf den Abfallhaufen abseilte (dessen Umfang durch die Frühjahrsüberschwemmungen wieder zugenommen hatte), ihr nach geglückter

Landung zuwinkte und selber in die gesegnete Einsamkeit eines alleinstehenden Mannes zurückkehrte.
Aber das war natürlich nicht möglich. Obwohl gewöhnlich nur banausenhafte Gemüter Banalitäten über Frauen verbreiten, sei dennoch auch mir an dieser Stelle die verallgemeinernde Behauptung erlaubt, daß der herzliche Ton am Morgen für die sportliche Betätigung in der vorangegangenen Nacht ebenso wichtig ist – zumindest, wenn der Gewinn, der sich für beide aus einem netten Zusammensein ergab, nicht verlorengehen soll. Ich hatte meine Arbeitsstunden am frühen Morgen der Aufgabe gewidmet, einige der Hemmungen, der erstarrten Reflexe und der verkrampften Bewegungen des vor mir liegenden Körpers zu lokkern, aber es gibt auf der ganzen Welt kein Hindernis, das nicht zweimal überwunden werden müßte – einmal des Nachts bei einem auf vollen Touren laufenden Saufgelage, und einmal bei Tage mit der Unbefangenheit, mit der man jemand zum Tee bittet. Ein Mädchen so weit aufzutauen, daß es einen selber oder die Sache liebt oder wenigstens eine kleine sexuelle Regung verspürt, und ihm dann am Morgen eine Abfuhr zu erteilen, ist ein schlechter Dienst, den freilich das Gehässige in jeder Frau am meisten liebt – denn damit hat man ihr kaltes, selbstgerechtes Mißtrauen dem Mann gegenüber gemästet. Daher lehnte der Heilige in mir sich gegen den verborgenen Grobian auf, und wenn ich auch bis in alle Fasern unter dem Mißbrauch meines sympathischen Nervensystems litt, ließ ich bei Tage meinen Charme spielen und war weit mehr noch als sonst ein lieber Kerl.
An diesem Morgen sollte es sich jedoch etwas anders abspielen. Wie bereits erwähnt, drehte ich mich im Bett auf die Seite und sah die junge Frau an, die sich neben mir auf den Ellbogen stützte. In ihrem Blick lag ein unmißverständlicher, durch nichts gemilderter Haß – bereits seit etlichen Minuten mußte sie auf diese Weise meinen Rücken angestarrt haben. Als ich mich umwandte, zeigte sie keine Reaktion und betrachtete weiterhin mein Gesicht ohne die geringste Spur von Verlegenheit oder Freude.

Mir genügte es, um mich wieder auf die Seite zu rollen. Meine Schulterblätter ihren kritischen Blicken aussetzend, gab ich vor, das Öffnen meiner Augen sei nur ein unbeabsichtigtes Erwachen gewesen. Dann fühlte ich mich plötzlich von allen Plagen der Langeweile überfallen. Die körperliche Vereinigung mit ihr – ein ermüdender Marathonlauf – hatte mich etwas zu sehr erschöpft.

Sie war Jüdin – eine jener spröden Legierungen eines eigenwilligen Bohemientyps, der einer Familie des Mittelstands entstammte (ihr Vater war Eisenhändler en gros) – und studierte das dritte Jahr an der Universität von New York. Dabei fiel mir ein, wie sehr ihre Stimme mich gereizt hatte: ein häßlicher New Yorker Akzent, mit Kulturtünche überpinselt. Da sie alles andere als fertig geformt war, ließen sich aus ihrem schrillen Lachen alle möglichen Varianten lesbischer Hysterie deuten, die gegen ein Übermaß von Kraft, Selbstgefälligkeit und Geringschätzung ankämpften, wie ich es bei vielen jüdischen Frauen angetroffen habe – eine Art Interjektion des Widerwillens gegen alles Romantische und Geheimnisvolle.

Dieses jüdische Mädchen war von mittlerer Größe und hatte dunkles, langes Haar, das sie wie eine Village-Hexe in zwei über ihre flachen Brüste herabhängenden Zöpfen trug, eine lange, spitze Nase und dunkle Augen. Eine seltsam drahtige Kraft war ihr eigen; die Arme und die kantigen Schultern wiesen die dünnen, flachen Muskeln eines sehnigen Knaben auf. Trotzdem war sie nicht übel, sondern besaß sogar eine Art Village-Schick, eine gewisse kesse Eleganz der Überheblichkeit. In meiner ersten Zeit in New York war ich auf Mädchen wie sie scharf gewesen – Jüdinnen hatte ich bis dahin nicht kennengelernt –, und mit einer war ich sogar einige Monate lang gegangen. Die Neue erwies sich jedoch als ein absoluter Mißgriff – ich war ihr zwei Wochen zuvor auf einer Party begegnet, und sie hatte sich von ihrem Freund getrennt. Wir stritten uns über T. S. Eliot, eines der üblichen Gespräche, die für mich zum Inbegriff alles Banalen geworden waren; sie behauptete, Eliot sei die Inkarnation des guten Stils, er verkörpere den Ekklesiastizismus der klassischen und nun zukunftslosen Form, sie vergöttere ihn geradezu, sagte sie, und ich fühlte mich versucht, ihr zu erklären, wie wenig Eliot die stillosen Hohlköpfe und Schaumschläger aus Brooklyn, woher sie stammte, vergöttern würde; er würde nur dann geruhen, ihr den Genuß seiner Dichtungen zu erlauben, wenn sie ihre Stimme von allen aufdringlichen jiddischen Nasallauten reinigte und dafür zu den wenigen hochenglischen Anallauten verdrängter Begierden überwechselte. Nein, diese andere Welt würde sie sich nicht so schnell erobern können – die gute Gesellschaft würde ihr nicht so bereitwillig von ihrem Kuchen abgeben, nur weil sie in Thomas Stearns E. vernarrt sei. Ihr oberschülerinnenhafter Snobismus und das Mitleid mit mir als einem der fünfundachtzig übrigen Honigtöpfe, aus denen sie sich mit Village-Ästhetik vollsaugen konnte und deren Gerüche ich nur allzu gut kannte, erzürnten den Rächer zwischen meinen Lenden dermaßen, daß ich sie dort an Ort und Stelle, gleich auf dem Fußboden inmitten der anwesenden Party-Gäste vornehmen wollte, und eine Urweltminute lang war ich ein Primitiver, der kraftstrotzende Phallusmeißel der Arbeiterklasse, begierig, alle ihre widerlichen kleinen Überspanntheiten zu zertrümmern. Wieder vernahm ich die Botschaft: Ich war einer von Millionen aus der untersten Schicht, der das Zeug dazu hatte, den lebenbewahrenden Strom des Sexus in Bewegung zu setzen, und ich würde es in sie hineintreiben, Zoll um Zoll, das Gesunde und das Kraftvolle und den Schweiß, den es kostete, mühsam eine Kultur zu erwerben, wenn man tief unten beginnt und hoch hinaus will. Sie war ganz Frau, und sie empfand es in diesem Augenblick; sie wußte zwar nicht, ob sie mir gewachsen sein würde, brachte aber den Mut und die Entschlossenheit auf, sich darüber Gewißheit zu verschaffen. So verließen wir gemeinsam die Party und gingen noch etwas trinken; ihr gelang es wahrhaftig (wenn jemand bei einem Rennen sehr vorsichtig setzt, so ist es bestimmt ein jüdisches Mädchen), die stärksten Triebfedern meiner Begierde im Verlauf unserer Unterhaltung zu entspannen, denn sie befand sich gerade in psychoanalytischer Behandlung – hätte ich dieses Unheil nur rechtzeitig geahnt! –, und zwar in jener Phase, in welcher der psychoanalytische Jargon mit seiner allesverseuchenden Macht, wie sie jedem beliebigen technischen Vokabularium innewohnt, bereits von ihr Besitz ergriffen hatte. So vermochte sie nur von ihren infantilen Beziehungen zu Männern, von ihren Komplexen und Hemmungen, von einem unbewältigten Penisneid zu sprechen, wobei sie dem Tonfall ihrer Stimme das selbstgefällige Behagen einer Kommissarin verlieh. Sie war von ihrem ebenfalls jüdischen Psychoanalytiker begeistert (zur Zeit arbeiteten sie an dem Haß des Juden gegen sich selber), er war ein Mensch ohne rassische Vorurteile, dieser Stanford Joyce, er gehörte auf den gleichen erhabenen Gipfel wie Eliot; sie liebte die im Dienst des Lebens Tätigen und die Heiler des Lebens, die inmitten einer übermächtigen, uferlosen Leere jene Eilande stolzen Bemühens erschaffen hatten.

»Auf der Universität mußt du gute Noten bekommen«, sagte ich zu ihr.

»Natürlich.«

Wie beneidete ich die Juden um ihr phantasiebegabtes Gehirn. Wieder war ich lüstern nach ihr, verlangte die salzigen Tropfen ihres Schweißes in meinem Mund zu schmecken. Vielleicht würden sie ätzend sein, aber ich würde sie verdauen, und die Moleküle ihrer geistigen Substanz würden in mein Gehirn dringen.

»Ich kenne ein Mädchen, das in deine Stierkämpferschule gegangen ist«, sagte sie zu mir und stieß ihr schrilles Lachen aus. »Meine Freundin glaubte, du hättest Angst vor ihr. Sie meinte, du seist von narzißtischen Ängsten erfüllt.«

»Das werden wir noch feststellen«, erwiderte ich.

»Oh, mich wirst du nicht mögen. Ich bin als Liebhaberin völlig ungeeignet.« Ihre dunklen, harten New Yorker Augen betrachteten, leuchtend vor Gier, meinen Kopf, als sei ich eine köstliche und besonders scharfe Gewürzgurke.

Dann bezahlte ich, und wir gingen hinüber zu meinem Speicher. Wie ich es erwartet hatte, machte sie um das Drum und Dran des

Verführtwerdens kein großes Theater – ganz im Gegenteil. Als wir oben angelangt waren, durchschritt sie zweimal den Raum in seiner Länge, betrachtete dabei die selbstverfertigten Stierkampfrequisiten, die ich längs der einen Wand des Ateliers aneinandergereiht hatte, stellte mir einige Fragen über die Technik des Tötens, sah sich die Degen an, fragte noch etwas über das Stichblatt des Descabellars und kehrte dann in die Eß-, Schlaf- und Wohnküche des anderen Teils zurück. Beim Anblick der blutroten Wand verzog sie ihr Gesicht. Als ich sie küßte, antwortete sie mit einer mahlenden Wollust ihres Mundes auf dem meinen und preßte ihre muskulöse Zunge zwischen meine Lippen, ein aggressives Verhalten, das ebenso unweiblich war wie ihre mißtönende Stimme.

»Ich möchte gern meine Kleider aufhängen«, sagte sie.

Als wir schließlich miteinander ins Bett krochen, war sie durchaus nicht mehr so sachlich. Ihrer Art, den Akt zu vollziehen, entströmte nichts besonders Sinnliches, auch nicht ihrer Haut; ihr Geruchs- und Tastsinn schienen verkümmert. Nur Verbissenheit beherrschte sie, Verbissenheit darüber, mitgegangen zu sein. Noch etwas anderes lag darin, das mir selber guttat, jene Raserei, etwas leisten zu wollen ... nur was eigentlich, vermag man nicht zu sagen. Sie vollzog den Akt, als laufe sie eine steile Wand hinauf, wobei ein noch so kurzes Innehalten sie unweigerlich in einen Abgrund stürzen lassen würde. Ihr Rhythmus hämmerte auf mich ein, ein harter, peitschender Rhythmus, ein fast monotones Getrommel, bis zu dem Augenblick, in dem ich aus meiner Raserei zu jenem Zeitpunkt zurückfand, als ich sie auf der Party hatte vornehmen wollen. Ich war enttäuscht worden, hatte warten müssen, dabei war mein Ärger verflogen, und so hatte sie gesiegt. Das brachte mich jetzt hoch. Während des ganzen Gesprächs über T. S. Eliot hatte ich darüber nachgedacht, wie ich ihrem kleinen Unabhängigkeitsgefühl beikommen könnte, und nun war sie allein, und ich rittlings über ihr. Sie tobte sich wie eine durchgehende Stute aus, zerbiß das Kissen und warf den Kopf hin und her.

Auch das verstimmte mich. Ich weigerte mich, ihrem Rhythmus zu folgen, und fand meinen eigenen. Wir benahmen uns wie zwei Preisboxer beim Schlagwechsel, keiner wich vor dem anderen zurück, Rhythmus stand gegen Rhythmus. Wie in einem Trancezustand empfanden wir beide weder Schmerz noch Lust, und eben dieses Gefühl des Gemeinsamen, dumpf dröhnend im Gehirn, schien sie in eine wohligere Tiefe der Wollust zu tragen. Ich hatte mich durchgesetzt, sie folgte meinem Rhythmus, ihr muskulöser Körper wand sich hemmungslos um mich, wie eine verwundete, jäh sich aufbäumende Schlange. Sie war entbrannt und gleichzeitig wie erstarrt; dann küßte sie mich mit einem gummiartigen, gierigen Saugen, als wolle sie mich verschlingen, und zu meiner Verwunderung – denn es ziemt sich nicht für einen Heiligen, gewalttätig zu werden – zuckte meine Hand hoch und verpaßte ihr eine schallende Ohrfeige. Sie stieß einen Schrei aus, und ihr mechanischer, unerbittlicher Rhythmus schlug um in Sanftheit, Feuchte, weiche Wärme. Ich hatte das Gefühl, als öffne sich ihr Leib vollends, um mich endgültig willkommen zu heißen. Als sie mich in einer flüchtigen Aufwallung zärtlicher Leidenschaft erneut küßte, den Geruch warmen Fleisches verströmend, und die Sprödigkeit ihres Körpers zerschmolz, um meine Entschlossenheit, sie vollends zu nehmen, mit einer echt weiblichen Umarmung zu bekräftigen – da war es schon zu spät. Im Augenblick ihrer Wandlung war ich weitergelangt: Alle Rinnsale meines Körpers ergossen sich in jene Knospe der Süße, die ich so lange gekostet hatte. Einen Augenblick schien es auch ihr zu gelingen. Sie versuchte, mich einzuholen, und machte den Fehler, ihren Willen einzuschalten, um den Rhythmus zu beschleunigen; sie verfiel in den lächerlich hämmernden Marschtritt einer Militärkapelle – während ich mich so gut wie seit vielen Monaten nicht mehr entladen hatte –, bis es verebbte und es ihr wiederum versagt blieb. Als meine Erregung in jenen Zustand ausklang, der mir einen erquickenden Nachgenuß hätte schenken sollen, blieb etwas Kaltes und Mordgieriges in mir zurück, weil sie mich des Einsseins mit ihr beraubt und dadurch ihre Freiheit behalten hatte. So mußte der Rest der Nacht zur Hölle werden.

Ihr Gesicht war verzerrt. »Du bist ein Miststück, weißt du das?« fragte sie mich.

»Schon gut. Ich fühle mich prächtig.«

»Natürlich fühlst du dich prächtig. Hättest du denn nicht eine Minute warten können?«

Ich konnte dergleichen nicht leiden. Immerhin aber machte ich mir klar, wie alle erweckte Süße in ihrem Leib nun sauer geworden war und ihre Nervenfasern, der Spannung beraubt, ins Leere tasteten.

»Ich hasse ungeschickte Männer«, sagte sie.

»Gib nicht so an.« Sie hätte sich ruhig wie eine Dame benehmen können. Denn wenn sie damit nicht aufhörte, würde auch ich ihr einiges zu sagen haben.

»Das hast du absichtlich getan«, nörgelte sie, und ich war betroffen von der allzu deutlich gezeigten Verbitterung. In Anbetracht dessen, daß wir uns in diesem Augenblick so zuwider waren, hätten wir ebensogut seit zehn Jahren verheiratet sein können.

»Was willst du nur«, erwiderte ich, »du tust, als sei das für dich etwas ganz Ungewöhnliches.«

»Das ist es auch.«

»Unsinn! In deinem ganzen Leben hast du es noch nicht geschafft.«

»Was du nicht sagst!« rief sie aus. »Heute ist es mir zum erstenmal seit Monaten mißlungen.«

Wäre sie bereit gewesen, sich mit dem, was ich gesagt hatte, abzufinden, hätte ich mich nun einem erquickenden Schlummer hingeben können. Statt dessen mußte ich mich erneut aufpumpen, und als jage irgendein Schreckgespenst kommender Zeiten mir einen Schauder über den Rücken, so überfiel mich jetzt eine seltsame Angst – nicht vor dem weiteren Verlauf der Nacht, sondern vor einem künftigen Versagen, das sich heute vielleicht zum erstenmal bemerkbar gemacht hatte. So lag ich neben ihr, zog ihren Körper an den meinen und empfand ihre eingekerkerte, unbefriedigte Leidenschaft ebensosehr als Mißklang wie als erneute Aufstachelung. Obwohl ich geglaubt hatte, der Rächer werde in seinem Schlaf verharren, regte er sich dennoch in Schmerz und Auflehnung; er hatte sein Werk für vollendet gehalten, und darum würden seine Überstunden auf Kosten meiner Reserve gehen. So ungefähr würde es kommen, hatte ich gedacht, aber das junge Semester von der New Yorker Universität, dieses Mädchen mit ihrem spröden Körper und ihrer Vorliebe für saubere Lyrik, verzog das Gesicht zu einem geilen, bösen, häßlichen Grinsen und sah mich herausfordernd an; mit der unverhüllten Lüsternheit der Jüdin streckte sie mir, während sie mich jetzt in trügerisch mädchenhaftem Stolz anlächelte, einen symbolisch-zweckbestimmten Finger entgegen und stieß ihn dann zwischen meine fest zusammengepreßten Gesäßbacken. Im Nu hatte ich sie abgeschüttelt; dabei ließ ich ein halb unwilliges, halb überraschtes Knurren vernehmen. Darüber lachte sie, legte sich wieder hin und wartete ab, was ich tun würde.

Ja, sie hatte mit ihrer Vermutung recht gehabt, daß dieser Finger mich reizen würde. Ich gab ihr alles, was in mir war, ja, noch mehr, zugleich aber war ich ihrer überdrüssig, und ihr Geruch erinnerte zu wenig an das Meer und zu sehr an die Achselhöhle, daß ich die von Willensstärke geschwängerte Atmosphäre einer Turnhalle einzuatmen vermeinte, wo Bizepsgewaltige sich mühten, ihren Körperbewegungen Anmut zu verleihen. Und im Grunde war es auch so: eine Übungsstunde voll harter Strapazen mit Rollenzuggewichten, tollen Spurts auf dem fest montierten Trainingsfahrrad und zehn atemberaubenden Runden. Ja, als mich dieser Geruch traf, wußte ich, daß sie es wieder nicht schaffen würde, und darum blieb ich nur so lange dabei, bis ich spürte, daß sie körperlich erschöpft war, und zwar weit über jenen Punkt hinaus, an dem eine Pause von zehn Minuten sie erneut dazu hätte verleiten können, ihren Finger wider mich zu gebrauchen. In meinem Haß gegen sie, in meinem Haß gegen alle Frauen, denen es nicht gegeben war, sich selber auf den Höhepunkt gelangen zu lassen, nahm ich wie rasend den Hügel, das Herz nicht mehr länger vor Lust pochend, und erreichte die Höhe, haßerfüllt und verkrampft, wie vom Schlag getroffen und aller Kräfte bar, unter mächtigen Zuckungen, deren Ursprung nicht in den Lenden, sondern im Herzen lag. Am Ende erhielt der Rächer seine Strafe: Erschüttert war er bis in die Grundfesten meiner Zeugungskraft. Für sie, über die es hereinbrach, muß es eindrucksvoll gewesen sein. »O du Glücklicher«, flüsterte sie mir ins Ohr, als ich erschöpft neben ihr lag und nur noch angestrengt den raunenden Stimmen lauschte, die mir von einer Schädigung im unbekannten Labyrinth meines Athletenkörpers Kunde zu geben versuchten. Ich war tatsächlich ein Kraftmensch, ich wußte, daß meine Zukunft in meinem Körper lag, dem ich im Lauf der Nacht sicherlich einiges zuviel zugemutet hatte. Deshalb erfaßte mich eine Abneigung gegen sie, die simple Abneigung gegen Dummköpfe.

»Zigarette?« fragte sie.

Ich konnte damit warten, mein Herz hätte noch der Ruhe bedurft, aber in ihrer Stimme schwang eine gewisse Müdigkeit mit, die nicht allein von der vorangegangenen Anstrengung herrühren konnte. So rappelte ich mich aus meiner zweiten Verschnaufpause hoch, um sie mir anzusehen: In ihren Gesichtszügen konnte ich die schmerzliche Entspannung (und Gefaßtheit) einer jungen Hure lesen, die ihr nächtliches Arbeitspensum hinter sich gebracht und dabei die Sinnlosigkeit ihres Tuns erneut bestätigt erhalten hat und die sich nun lediglich mit dem Geld und dem Bewußtsein routine- und pflichtgemäß erledigter Arbeit bescheidet.

»Es tut mir leid, daß du es nicht geschafft hast«, sagte ich zu ihr. Sie besaß die dem jüdischen Menschen eigene Gelassenheit gegenüber dem Versagen des Fleisches. »Ich habe dich vorhin belogen«, antwortete sie.

»Du hast es noch nie schaffen können, nicht wahr?«

»Nein.« Sie knetete meine Schultermuskeln, als wolle sie ihre Kräfte unbewußt an den meinen messen. »Du bist recht gut«, erklärte sie widerwillig.

»Also doch nicht ungeschickt?« fragte ich.
»Sans façons«, sagte die Dichterin in einem jähen Stimmungsumschwung, der mich verwirrte. »Sandy hat alle diese Gebiete durchleuchtet, wo sich meine Gewohnheiten zerstörerisch auswirken.«
»Sandy ist doch wohl Dr. Joyce?« Sie nickte.
»Du redest von ihm, als sei er für dich eine Art Navigator«, fuhr ich fort.
»Offensichtlich scheinst du die Psychoanalyse abzulehnen.«
Noch vor drei Minuten waren wir durch den alptraumhaften Endspurt der letzten Runde gehetzt, und nun plauderten wir bereits fast gemütlich miteinander. Ich setzte meine Fußsohle auf ihr spitzes, kleines Knie.
»Weißt du – vorhin, beim ersten Mal ...?« fragte sie mich. »Da bin ich ganz nah daran gewesen – ich glaube, so nah wie nie zuvor.«
»Du wirst noch näher herankommen. Bist ja erst neunzehn.«
»Schon, aber dieser Abend hat mich durcheinandergebracht. Von dir habe ich eben mehr als von meinem Geliebten.«
Arthur, ihr Geliebter – ebenfalls jüdisch, was ihr Interesse an ihm, wie sie mir offen gestand, erheblich beeinträchtigte – war einundzwanzig und stand im letzten Semester an der Columbia-Universität. Außerdem war Arthur zu passiv – »im Grunde ist es durchaus verständlich«, dozierte die Kommissarin, »eine aggressive Frau und ein passiver Mann – wir ergänzen einander, und genau das klappt eben nicht.« Selbstverständlich war es ihr ein leichtes, bei Arthur Befriedigung zu finden, »durch die oralen Perversionen«, wie sie mir erzählte, »denn ich stehe vaginal wie unter einer Betäubung – ein guter Phallus-Narzißt reicht für mich nun einmal nicht aus.«
In Ermangelung wissenschaftlicher Beweise versuchte sie erneut, mir überlegen zu sein. So beschloß ich, sie zu übertrumpfen.
»Wirfst du nicht die Begriffe ein wenig durcheinander?« begann ich. »Der Phallus-Narzißt gehört in eine von Wilhelm Reichs Kategorien.«

»Na und?«
»Bist du nicht eine Anhängerin Freuds?«
»Es wäre anmaßend von mir, das zu behaupten«, erwiderte sie wie eine Seminaristin, die sich auf ihre Doktorarbeit vorbereitet. »Aber Sandy ist ein Eklektiker. Er übernimmt zwar viel von Reich, möchte aber, weil er sehr ehrgeizig ist, zu einer Synthese eigener Prägung gelangen.« Sie blies mir Rauch ins Gesicht und bedachte mich mit einem hübschen, kleinen, bissigen Grinsen, das ihrem schmalen, ernsten, jungen Hexengesicht etwas von seiner Überheblichkeit nahm. »Außerdem«, meinte sie, »*bist* du ein Phallus-Narzißt. Es gibt ein Element des Sinnlichen, das dir fehlt.«
»Aber Arthur besitzt es?«
»Allerdings. Und du ... du bist nicht gerade einfallsreich.«
»Ich weiß wirklich nicht, was du meinst.«
»Ich meine dies hier.« Und mit dem strahlenden, grausamen Blick eines Konquistadors, der eine weitere Truhe mit indianischem Gold entdeckt hat, senkte sie den Kopf und fuhr mit einer flüchtig-spöttischen Bewegung ihrer Zunge über die Verbindungsnaht meines Scrotums. »Das meine ich«, sagte sie und war schon aus dem Bett heraus, bevor mir klar war, daß sie im Grunde doch ein raffiniertes Luder war.
»Komm zurück«, rief ich.
Aber sie zog sich in aller Eile an. »Laß mich zufrieden. Ich pfeife auf dein überlegenes Getue.«
Ich wußte, worum es ging: Sie war gerade dabei gewesen, die Reserven, die Arthur gehörten, aufs Spiel zu setzen, und der Gedanke, diese Reserven möglicherweise an einen siebenundzwanzigjährigen Kenner wie mich zu verschwenden, hatte sie zu sehr verärgert, um sich darauf einzulassen.
Ich blieb also im Bett liegen und belustigte mich über sie, während sie sich anzog – ich hatte nicht das geringste Verlangen, von neuem anzufangen –, und außerdem würde mein Lachen sie nur noch in größere Wut versetzen. Ihre Wut würde sich nach außen Luft machen, in ihrem Innern aber würde das schmerzliche

Bewußtsein zurückbleiben, daß der Abend so wenig erfreulich geendet hatte.

Gemächlich schlenderte sie zur Tür, und ich stand gerade noch rechtzeitig auf, um sie zu bitten, sie möge auf mich warten – ich würde sie zur Untergrundbahn bringen. Aber der Morgen dämmerte schon, und sie erklärte, sie wolle allein gehen, sie habe die Nase voll von mir, das könne ich mir gesagt sein lassen.

Wollüstig malte ich mir insgeheim aus, wie aufregend es künftig wäre, wenn diese stolze, aggressive, vulgäre, überspannte, prüde und arrogante Jüdin unter mir wild würde – zwar hatte ich schon etliche Mädchen in Raserei versetzt, doch noch nie eines dieses Schlages. Vermutlich hatte nicht ich hier Erfolg gehabt, sondern sie; so war ich bereit, nochmals mit ihr zusammenzukommen, um sie etwas Besseres zu lehren.

Sie wollte sich nicht mit mir verabreden, bequemte sich jedoch dazu, mir ihre Adresse und Telephonnummer zu geben. Dann sah sie mich von der offenen Tür her an und sagte: »Ich bin dir übrigens noch einen Schlag ins Gesicht schuldig.«

»Geh doch nicht mit einem solchen Gefühl der Unterlegenheit weg.«

Ich hätte eigentlich wissen sollen, daß sie von Natur aus eine kräftige Handschrift schrieb, deren Wirkung mein Kiefer noch eine halbe Stunde, nachdem sie gegangen war, verspürte, und es verging eine weitere halbe Stunde, bevor ich zu dem Schluß gelangte, daß sie alles in allem doch ein recht seltsames Geschöpf sei.

So also verlief die erste Nacht mit der Kommissarin. Ich sah sie in der Folgezeit noch zweimal, das letzte Mal an dem Abend, als sie sich schließlich bereit fand, die ganze Nacht mit mir zu verbringen, und ich am nächsten Morgen nach dem Erwachen feststellte, daß sie ihren Blick starr auf mich gerichtet hielt. Wie oft mußte ich bei geschlechtlichen Erlebnissen, wenn die zweite Nacht keine besseren Aussichten versprach als die Erinnerung an die erste Nacht, an Kafkas *Schloß* denken, diese Geschichte eines Mannes auf der Suche nach seinem apokalyptischen Orgasmus: Mit dem leichtfertigen Optimismus der Jugend nimmt er am ersten Tag das Schloß fast ein – doch sollte er ihm nie wieder so nahe kommen. Die Sage vom Innersten eines Mannes, der im Sumpf der Niederlagen, Schwierigkeiten und Enttäuschungen nicht mehr ein noch aus wußte. Meine Zukunft lag selbstverständlich noch vor mir – das heißt, die ungeminderte Kraft meines Willens in ein beinahe aussichtsloses Unternehmen, das ich freilich meiner selbst für würdig hielt, zu investieren, dies stand mir noch bevor. Aber bisweilen vermochte ich mich in die Psyche eines alten Mannes einzufühlen, zum Beispiel, als nach der zweiten Nacht mit Denise Gondelman – so hieß das Mädchen – von mir nur noch ein Nervenbündel übrig war. Bei unserem letzten Zusammensein hatte sich so wenig ergeben, daß wir es nicht dabei bewenden lassen konnten – der Katzenjammer wäre für uns beide zu groß gewesen –, und so trafen wir eine Verabredung für die dritte Nacht. Immer wieder mußte ich in jener Zeit das Bett mit einem Stierkampf vergleichen, bei dem ich mich das eine Mal als Matador, das andere Mal als Stier sah. Dieser zweite Auftritt nun, hätte er auf der Plaza Mexico stattgefunden, wäre zu einem *fracaso* geworden, mit höhnisch und wütend in die Arena geschleuderten Kapoksitzkissen und einem eigensinnigen, feigen Stier, der es angesichts der zweifelhaften, verspielten Ouvertüren des Matadors vorgezogen hätte, in der *querencia* zu bleiben – wäre der ausgefeilten, aber langweiligen Technik eines Veteranen und mittelmäßigen Toreros an einem seiner Pechtage gleichgekommen, an dem er nicht umhin konnte, sich die Frage vorzulegen, ob er denn überhaupt noch sein *pundonor* habe, auf das er sich verlassen könne. Es war eine trübsinnige Angelegenheit. Jeder von uns wußte, daß dem anderen möglicherweise übel mitgespielt werden würde, so daß keiner auch nur einen Finger zu rühren wagte. Obwohl wir ins Bett gingen und zehn Minuten routinemäßig miteinander verbrachten, erschienen sie mir wie eine geschlagene Stunde in einem Café, wenn zwei Freunde sich überworfen und nun nichts mehr zu sagen haben.

In der dritten Nacht waren wir wieder auf einige Komplikationen gefaßt; mit einer Frau dreimal zusammenzukommen heißt ein Verhältnis auf die Probe stellen. Wenn die Wellen, die wir schlugen, auch weniger der Natter der Begierde als dem Wurm der Neugier in uns zuzuschreiben waren, wurde es doch von Anfang an offenbar, daß jeder für den anderen noch einige Überraschungen bereit hielt. Von der zweiten Nacht hatten wir uns mehr erhofft und daher weniger erhalten; in dieser dritten fanden wir uns mit der Absicht, alles zu beenden – und sahen uns in etwas hineingezogen, womit wir nicht gerechnet hatten. Zunächst einmal rief mich Denise am Nachmittag an. Sie habe zu arbeiten, erklärte sie, und so wolle sie fragen, ob es mir recht sei, wenn sie um elf Uhr zu mir komme, statt uns zu einem Cocktail und zum Abendessen zu treffen. Da mir das zehn Dollar ersparte, verstand sie nicht, wieso ich etwas dagegen einwendete. Dieses Gespräch enttäuschte. Ich hatte beabsichtigt, ihre Eroberung sorgfältig vorzunehmen und ihr aus dem großen Vorrat meiner Zaubermittel ein Elixier einzuträufeln. Statt dessen wünschte sie, alles solle *in camera* vor sich gehen. Sie hatte etwas an sich, was ich nicht zu erklären vermochte, ein gewisses Unabhängigsein aber urplötzlich fiel mir ein, was es war. Ein Jahr später würde sie sich nicht mehr an mich erinnern, falls es mir nicht – ja, jetzt war es mir völlig klar – als erstem gelang, die Last ihres Unvermögens den steilen Hang hinaufzuschleppen, bis zum Gipfel, um sie dann weit ins Meer zu schleudern. In der Vorstellung, daß mir dies gelingen könnte, lag ein prickelnder Reiz; in einem Jahr, in fünf Jahren, bis in ihr hohes Alter hinein würde ich derjenige sein, an den sie sich stets erinnern müßte, und andererseits würde ich im Verlauf der Jahre ein wenig Kraft daraus schöpfen können, daß ich mir selber jenes nicht verblassende Bild von mir, das sie sich in ihrer Erinnerung bewahrte, zurückrief: mein blondes Haar, meine blauen Augen, meine kleine eingeschlagene Nase, das klar geschnittene Profil meines Mundes und meines Kinns, meine Größe, meinen boxkampfgestählten Körper, meine Geschlechtsteile – ja, ich geriet wahrhaftig in Erregung, wenn ich mir dann vorstellte, daß mein nacktes Ebenbild in dem jungalten Hirn jener verrotteten, sauer gewordenen, schwarzhaarigen Sexmaschine herumspukte. Einen Phallus-Narzißten hatte sie mich genannt. Nun, phallisch war ich zur Genüge, ein Village-Rammler, der wenn er nur wollte, eine ausreichende Dosis von dem göttlichen Es aufzutreiben vermochte, um einer Frau mehr als einen Erguß zu entlocken, ja, erheblich mehr, bei meinen fünfzig neuen Mädchen pro Jahr, und wenn ich dennoch vor einigen Bollwerken der Frigidität die Waffen streckte, fiel das nicht ins Gewicht. Die Erfahrung lehrte, daß es Frauen gab, die sich nach einem Jahr bester Behandlung auch nicht um einen Zoll rühren ließen, weshalb ich dann nach anderen Dingen in ihnen suche. Aber diese eine, diese Denise, sie war geeignet, ihr stand die schönste Zeit ihres Lebens bevor, und wenn nicht ich, dann würde es eben ein anderer sein – mir wurde schon jetzt übel bei dem Gedanken, irgendein bärtiger Neger könnte dort einen Treffer landen, wo ich versagt hatte, mir auf diese Weise Hörner im Geiste aufsetzen und mich jener telepathisch übermittelten Botschaft des Verlangens berauben (an die ich offensichtlich glaubte), die sie Jahr um Jahr zu mir ausstrahlen würde, um mich in den Stunden meiner Niedergeschlagenheit mit dem Balsam ihrer Sehnsucht zu trösten, denn ich war ihr seelischer Bräutigam geworden, hatte das Lügengespinst ihrer Gedanken zerzupft und bloßgelegt und ihr den Weg zu einer wahren Hochzeitsnacht gewiesen. Da sie mich nicht mochte – was für ein hübscher Dreh, ihr dennoch dies Schnippchen zu schlagen! Während der Stunden, die ich nach dem Essen allein auf sie wartete, beschlich mich das Gefühl – auf das ich mich stets verließ –, daß der kleine Sieg oder die Niederlage dieser Nacht von größter Tragweite sein würde, im Emotionellen um ein Vielfaches übersteigert, denn ich hatte mit mir selber eine Wette abgeschlossen, daß ich gewinnen und bei einer Niederlage in einer allgemeinen Depression, in einer Nebelwand der Selbstunzufriedenheit versinken würde, die mich erfahrungsgemäß dann für Monate oder noch länger zu umlagern pflegte. Ein Sieg hingegen würde den Panzer meines Selbstbewußtseins verstärken, und in sonderbarer (aber für mich wertvoller) Weise würde sich etwas von ihrer Anmaßung, ihrem Starrsinn und ihrer Willenskraft, wovon ich selber nie genug bekommen konnte, auf mich übertragen.

Als sie eintrat, trug sie, wie von mir erwartet, einen Pullover und eine grobe Tuchhose. Eine Überraschung aber war es für mich, daß sie sich die Zöpfe hatte abschneiden lassen und jetzt eine kurze, lockige, italienische Frisur ihren Kopf zierte. So schien das herbe, ja strenge junge Gesicht einer Dichterin in das jener praktisch denkenden und sich dem allgemeinen Geschmack unterwerfenden europäischen Mädchen verwandelt zu sein, die ihren heiligen kleinen Hügel an die Deutschen verkauften und denen man später zur Strafe das Haupthaar kahlgeschoren hatte. Wie gut ihnen diese neue Frisur stand! Einmal bestraft, waren sie von nun an frei, genossen die Freiheit, sich jedem hemmungslos hingeben zu können; das Schlimmste war geschehen, aber sie freuten sich noch immer des Lebens. Auf ihren Lippen lag noch etwas von dem, was der erste Sieger genossen hatte und was den sinnlichen Reiz des Mundes verstärkte.

Ob sie mir so gefalle? wollte Denise gern wissen. Ja, es sei zwar ein Schock, zugegeben, aber ein erfreulicher, antwortete ich. Wenn du so lange zögerst, dies festzustellen, mußt du starr vor Erstaunen gewesen sein, erklärte sie. Nun, in gewissem Sinne war ich auch starr, starr vor lauter Erwartung.

Nonnenhafte Unnahbarkeit verfinsterte ihr Gesicht. Sie könne unbeherrschte Männer nicht leiden, das möge ich mir gesagt sein lassen.

»Hast du das etwa von deinem Psychoanalytiker?«

Sie hatte sich den Mantel ausgezogen, aber jetzt warf sie mir einen Blick zu, als wolle sie wieder hineinschlüpfen. »Nein, davon hat er nichts gesagt.« Sie lachte verächtlich. »Aber etwas anderes, Aufschlußreiches über dich.«

»Was du nicht wiederholen willst.«
»Selbstverständlich nicht.«
»So werde ich es nie erfahren«, antwortete ich und gab ihr den ersten Kuß an diesem Abend. Dann spürte ich ihre Lippen heiß auf den meinen: Es war der beste Kuß, den ich von ihr bekommen hatte, und er wühlte mich auf. Ich bin reif, genommen zu werden, schien der Duft ihres Mundes mir zu sagen. An diesem Abend war sie verändert. Ihrem Gesicht und dem Halsansatz entströmte ein neuartiger Geruch, süß, schweißig und zart, der Geruch eines Körpers, der sich hingegeben und dies genossen hatte. Ich empfand ihn als angenehm, völlig anders als die üblichen Ausdünstungen, so daß eine Reihe von Reflexen in mir ausgelöst wurde, und ehe ich mich versah, war ich mit dem beschäftigt, was Denise wahrscheinlich als das »vertikale Vorspiel« bezeichnet hätte. Als ich sie packte und versuchte, meine atemlose Begierde auch in ihr zu entfachen, blieb ihr Körper regungslos, nur ihr Mund antwortete meinem Drängen, ihre Lippen bedeckten mein Gesicht mit den schwärmerischen und dennoch verhaltenen Küssen eines jungen Mädchens, und der Geruch ihres Schweißes nahm mir fast die Sinne.
Natürlich mußte sie wieder einmal den Gang der Dinge behindern. Als ich ihren Pullover hochstreifen wollte, entwand sie sich mir und sagte ein wenig heiser: »Ich kann meine Sachen allein ausziehen.« Wieder hätte ich sie schlagen mögen. Mein sechster Sinn, der mir gestattet, alle hellen und dunklen Winkel meines Athletenkörpers zu erforschen, ließ mir verdrießlich eine Warnung zukommen: Wenn ich meinen sexuellen Drang noch länger aufstaute, würde er welken und schließlich absterben.
Herunter kam der Pullover und der alberne Büstenhalter, ihre dürftigen Brüste schwollen diesmal ein wenig an, ausreichend, um die sanften Wölbungen eines Amazonenpanzers zu füllen. Der Gürtel war nun offen und auch der Reißverschluß ihrer Tuchhose, der sich an der Vorderseite betätigen ließ, was jedoch reizlos war. Allein ihr Hintern, ein kleines Meisterwerk, und ihre starken Schenkel rechtfertigten diese Angeberei mit der Hose.

Nun stand sie da, nackt, wenngleich seelisch immer noch bekleidet, und zündete sich eine Zigarette an.
Wenn ein erigiertes Glied kein Gewissen hat, so bestimmt auch keinen gesunden Menschenverstand. Clownhaft schäkernd versuchte ich, sie auf die Schaukel der Unzucht zu locken, ich noch mit all meinen Kleidern behangen, sie ein nacktes muskulöses Nixlein, das auf meinen Knien vergehen sollte. Sie lachte – kurz und schnaubend wie ein Bankdirektor, der nicht die Absicht hatte, mir auf meinen idiotischen Kandidaten hin einen Kredit zu gewähren.
»Du hast mich nicht einmal gefragt«, fiel es Denise ein zu sagen, »wie mir heute die Arbeit von der Hand gegangen ist.«
»Was für eine Arbeit?«
»Ich habe nicht über meinen Büchern gesessen.« Sie bedachte mich mit einem reizenden, mädchenhaften und strahlenden Lächeln.
»Die letzten drei Stunden habe ich mit Arthur verbracht.«
»Du bist recht naschhaft«, antwortete ich.
Einen Augenblick lang war ich verwirrt. Als Denise – dazu bedurfte es weiterer fünf Minuten – sich endlich auf meiner ausgesessenen alten Matratze darbot, verwandelte mich der Anblick ihrer schwarzen Schamhaare, das Erfühlen der fremden, doch brüderlichen Feuchtigkeit in ihrem ungehemmt preisgegebenen Leib in einen kraftstrotzenden Berserker, dessen erregte Zuckungen echolos blieben. Ich hatte noch keine halbe Minute mit ihr verbracht, als ich erledigt und alles vorbei war. Mit zu geringer Kraft war ich zu Werke gegangen, als daß es mir hätte gelingen können, ihr und ihres Geliebten Heiligtum zu plündern.
Im Grunde war Denise nicht ungehalten darüber. Kein schrilles Lachen drang an mein Ohr. Während sie mir eine Zigarette zur Beruhigung reichte, gab sie mir nur einen leichten Nasenstüber; hätte nicht eine solche Verachtung in ihrem unentwegten Grinsen gelegen, wäre nichts weiter nötig gewesen, als die Straßenkehrer in meinem Gehirn zu beauftragen, meinen Mißerfolg wegzufegen.
»Ist mir seit Jahren nicht passiert«, sagte ich mit dem Gefühl, plötzlich alle meine Karten auf den Tisch legen zu müssen.

»Ach, hör auf. Ruh dich aus.« Und sie begann, ein spöttisches kleines Lied vor sich hin zu summen. Ich lag da, sehr aufgebracht. Manches in mir würde für die nächsten achtundvierzig Stunden durcheinander sein, und trotzdem war ich noch nicht bereit, mit mir Frieden zu schließen. Ich wußte, was es war. Vor Jahren hatte ich als Soldat der Luftwaffe am Endrundenkampf um die Halbschwergewichtsmeisterschaft teilgenommen, der auf meinem Fliegerhorst ausgetragen werden sollte. Zwei Wochen lang trainierte ich, von ständiger Angst vor dem Gegner erfüllt, den ich hatte kämpfen sehen und der besser war als ich. Am Abend unseres Kampfes landete er einen linken Haken gegen meine Leber, so daß ich bewegungsunfähig, wenn auch bei vollem Bewußtsein, am Boden lag. Während der Ringrichter zählte, was ich nur allzu deutlich vernahm, machte ich meinen Frieden mit mir, einen Frieden der Ohnmacht, der mir einen Vorgeschmack gab vom Sterben eines friedlich entschlummernden alten Mannes. Nichts hatte mehr Bedeutung für mich, nur noch das Bewußtsein, daß mein Fleisch verwundbar war. Ich versank in einen Dämmerzustand, und als mir das Gebrüll der Kameraden in den Ohren dröhnte, sah ich mich selber auf einer fernen grünen Wiese liegen: Den Ehrgeiz, in eine andere, frühere Welt der Sinne zurückzukehren, hatte ich aufgegeben. Ich erinnere mich noch, daß ich in diesem Augenblick einen Becher leerte, den mir mein Betreuer gereicht hatte. Dann muß ich in ein neues Traumbild hinübergeglitten sein. Während man mich aus dem Ring trug, schien der Boden unter meinen Füßen mit großer Geschwindigkeit zurückzuweichen, als erhöbe ich mich in einem Flugzeug. Einige Minuten später wurde mir übel, und ich erbrach mich in die Hände. Dann aber kehrte die Erinnerung an die mit Spannung erfüllten drei Wochen meines Trainings zurück. In die verblassenden Bilder meines Geborgenseins und durch die krampfartig aufsteigenden Wellen der Übelkeit drang die Erkenntnis, daß das Schlimmste mir noch bevorstand. Wochen würde ich brauchen, um darüber hinwegzukommen, und dann Jahre – vielleicht würde es mir aber auch nie gelingen –, das Bewußtsein in mir auszulöschen, daß ich in einem Augenblick, in dem ich mir so sehr einen Sieg wünschte, völlig versagt hatte.

Und etwas von diesem trügerischen, von Übelkeit bedrohten Frieden schwebte auch jetzt wieder über mir. Ruckartig richtete ich mich von meinem Lager auf, als wolle ich diese Schwächen in mich zurückdrängen. In meinen Lenden hatte ich, während ich Stunde um Stunde auf Denise wartete, ein Prickeln verspürt; noch war ich erregt, aber der Rächer blieb schlaff: Er hatte mich im Stich gelassen, und wenn sie nicht bereit war, mir darüber hinwegzuhelfen, saß ich schön in der Klemme.

Aber sie half mir. »Leg dich doch um Himmels willen wieder hin«, sagte sie. »Ich hatte geglaubt, du würdest dich endlich ausruhen.« Und dann spürte ich, daß das Weibliche in ihr im Begriff stand, ihren Sieg preiszugeben. Sie beugte sich über mich, die kleinen Brüste strafften sich unter ihrem eigenen knospenden Verlangen, und ihr Mund war bereit, die Niederlage ihres Herrn auszukosten. Ich brauchte nur die Hand zu heben und ihren Körper sanft in die von ihr gewünschte Richtung zu lenken, und schon zerwühlte mich ihr Gesicht.

In dieser Nacht war ich es, der ihr den mechanisch hetzenden Takt meines Tempos aufzwang. Ich nahm sie mir vor, als gelte es, einen Kampf über fünfzehn Runden zu bestehen, bis ich ihr von Lust und auch von Schmerz verzerrtes Gesicht erblickte und ich sie unter Schluchzen ausstoßen hörte: »O mein Gott, ich hab' es wirklich geschafft.«

»Glückwünsche von T. S. Eliot«, flüsterte ich mir zu. Mein Kopf schmerzte, und mein Körper war erledigt. Sie schmiegte sich an mich, küßte meinen Schweiß, berührte mit den Lippen meine Augen, murmelte mir etwas ins Ohr und glitt dann in den schönsten, süßesten Schlaf der Erschöpfung hinüber.

»War es auch schön für dich?« flüsterte sie im Halbschlaf; denn sie hatte wohl ebenfalls die Werke des großen Hemingway gelesen, und ich antwortete: »Ja, wunderbar«, und dann war sie eingeschlafen.

Ich löste mich vorsichtig von ihr, streifte auf meinem Speicher umher und sah mit Gelassenheit den Stunden entgegen, die vergehen würden, bis mein ausgeplünderter Körper ein wenig Schlaf gefunden und sich so von seinen Strapazen erholt haben würde. Jedoch hatte ich mich zu sehr verausgabt, und es dauerte, bis der Morgen dämmerte, und bedurfte einer halben Flasche Whisky, bevor ich in eine unerquickliche Betäubung versank. Nach dem Erwachen, ehe ich mich ihr zuwandte, ging mir durch den Kopf, ob es sich – nachdem ich nun den Schlüssel herumgedreht hatte – wirklich lohne, diese Denise noch ein paar Nächte weiter zu studieren und dabei das Risiko einzugehen, daß sich daraus ein kleines echtes Gefühl entwickeln könnte. Trotz meines Katzenjammers und der Erkenntnis, daß es viele Tage, Wochen, ja Monate erfordern würde, um alles in meinem Körper wieder einzurenken, empfand ich eine Stärkung meiner Willenskraft – schließlich hatte ich ja gesiegt. Welcher Aufwand auch notwendig gewesen sein mochte, wieviel Glück und Entgegenkommen von ihrer Seite: Am Ende hatte ich gesiegt. Und da jeder Sieg eine echte Belohnung in sich trägt, durfte ich die Hoffnung hegen, beim nächsten Mal, wenn ein geeigneteres Objekt meinen Ehrgeiz anstacheln würde, erst recht zu siegen.

Dann sah ich sie an, bemerkte den Haß in ihren Augen, drehte mich wieder um und ließ sie in dem Glauben, ich schliefe, während die Furcht vor den nächsten Minuten bleiern auf der neuen Haut meines Ichs lastete.

»Du bist doch wach?« fragte sie. Ich gab keine Antwort.

»Nun gut, dann gehe ich jetzt. Ich ziehe mich an.« Sie sprang aus dem Bett, griff nach ihren Kleidern und begann sich zornig anzuziehen, während sie darauf wartete, daß ich etwas Entscheidendes sagen würde. Dann rief sie mit jäher Heftigkeit: »Das war roh, was du heute nacht mit mir getan hast.«

Dabei sah sie reizender aus als je zuvor. Die gestrenge Dame und das trotzige Mädchen von gestern hatten sich in ein freches kleines Ding verwandelt.

Ich machte den Fehler zu erklären: »Ich habe dir nur gegeben, was du nötig hattest.«
»Hast du eben nicht«, erwiderte sie und war schon auf dem Weg zur Tür. »Gib bloß nicht so an. Bei mir hast du nichts verändert.« Dann lächelte sie. »Du bist offenbar sehr von dem beeindruckt, was du bei mir erreicht zu haben glaubst, von der wunderbaren Bresche, die du in mich geschlagen hast, aber hör mal gut zu, du Prachtstück: Als ich gestern abend herkam, dachte ich an das, was mir Sandy Joyce über dich erzählt hat. Und er hat recht; Mensch, und wie der recht hat!« Sie stand in der offenen Tür und zündete sich eine Zigarette an; dann warf sie das Streichholz auf den Boden. Aus zwanzig Schritt Entfernung sah ich in ihren Augen unverkennbare Mordlust, wie sie bisweilen in den Augen einiger weniger Stierkämpfer funkelt. Nachdem sie bewußt eine Pause eingelegt, hatte, rang sie sich zur Aufrichtigkeit durch und stieß hervor: »Er hat mir gesagt, daß dein ganzes Leben eine einzige Lüge ist und du nichts anderes tust, als vor dem Homosexuellen in dir davonzulaufen.«

Und wie ein echter Mörder blickte sie sich nicht mehr um und war schon zur Tür hinaus, bevor ich ihr sagen konnte, wie großartig sie sei und wie gut sie zu mir passe.

Reklame für mich selber auf dem Weg nach oben

Prolog zu einem langen Roman

1

Unser aller Leben vollzieht sich in dieser schlimmen Zeit unter dem Zwang, das, was man instinktiv haßt, zu bewundern, und alles zu hassen, was man von Natur lieben würde – dieser Zustand bildet somit die Hauptursache unserer Krankheit und unseres Todes. Wenn auch einige von euch sofort verstehen werden, was ich meine, so muß ich doch an die anderen denken, die mich auf dieser Reise begleiten sollen: jenen Haufen von Lesern, deren Lebenserfahrung ebenso begrenzt wie armselig ist und die – was viel schlimmer ist – zu diesem Buch greifen, weil sie gehört haben, es sei gut fürs Badezimmer und könne ihre Depressionen lindern; ausgerechnet dieses Buch! Meine Geschichte von Helden und Schurken, von Mördern und Selbstmördern, Orgienmeistern, Perversen und leidenschaftlich Liebenden, die Geschichte meiner Sucht, die *Zeit* einzufangen. Diese Leser brauchen Mut. Ich habe eine Vorliebe dafür, Unschuld zu zerstören, und wer sich einen Teil dieses lebenswarmen, fast körperlich greifbaren Gewebes von Lügen, Sentimentalität, Heuchelei und Unwissen bewahren möchte, das die Unschuldigen für Liebe halten, muß sich auf eine Sezierung des Extremen, des Obszönen und des Unaussprechlichen gefaßt machen.

Es gehört zur Eigenart eines Philosophen, sein Werk mit seinem Namen verbunden zu sehen; er möchte, daß seine Ideen von den simplen Silben seines Namens, die die Rüstung seiner Persönlichkeit ausmachen, getragen werden. So müßte ich mich eigentlich vorstellen, und ich täte es auch, wäre ich dazu imstande, aber mein Name ist mir entfallen und würde im Augenblick an euch bedeutungslos vorbeigleiten, denn im Grunde bin ich mit der *Zeit* verheiratet, falls sie mich nicht inzwischen schon wieder verlassen hat (über diese schwerverdauliche Feststellung später weitere Erläuterungen), und so ändert sich mein Name in dem Maße, wie die *Zeit* sich von mir abwendet; daher ist es gar nicht so einfach, zu erklären, wer ich bin. Belassen wir es dabei. Nur ein stumpfer Geist vermag nichts Geheimnisvolles zu ertragen.

Jedoch weiß ich nicht, ob ich euren Fragen besser ausweichen sollte. Es werden die mörderischsten Gefühle in einem geweckt, wenn wir nicht das zutreffende Wort finden können; allerdings hat der Mord (zu dessen Gunsten ich einige Argumente vorbringen werde) noch immer den Nachteil, daß er die Spannung nimmt. Da nach meinem Wunsch die verschiedenartigen Geister die Reise, die sie gemeinsam mit mir unternehmen, erfüllt von neuen spirituellen Anregungen und gestärkt durch die Erinnerung an körperliche Annehmlichkeiten beenden sollen, sehe ich mich gezwungen, auf die trägeren Geister unter euch Rücksicht zu nehmen, denen der Luxus, einer Stimme ohne Gesicht zuzuhören, widersteht, sofern man ihnen nicht wenigstens eine andeutungsweise Vorstellung von meinem Zustand vermittelt. Ich will daher als möglich unterstellen, ich sei eine Art Geist, der Geist erschöpfter Leidenschaft – ich selber ziehe es jedoch vor, zu glauben, daß dies unzutreffend ist. Wieviel weniger unangenehm ist es, als Hauch zu schweben durch das Unbewußte einer der Gestalten in diesem unnatürlichen Mysterienspiel, oder gar das Bewußtsein selber zu verkörpern, hervorgegangen aus den Beziehungen und Verstümmelungen der außergewöhnlichen Personen, die ich im folgenden vorstellen werde.

Dies auszusprechen bedeutet es auch gleichermaßen zu leugnen; denn wenn ich das Geschöpf von Beziehungen bin, darf ich nicht so sehr ein Bewußtsein darstellen als vielmehr etwas Körperliches, das einen Urmund enthält, dessen Kernproteine einen Schriftzug wiedergeben: die festgelegte erste Hälfte meines Schicksals. Ja, ich muß der lebendige Atem des gegenwärtig Gegenwärtigen sein, ein Schleimklümpchen, das in den ersten Fruchtwasserfluten meiner ungesehenen Mutter umherschwimmt, ein embryonaler Zweizeller, ich, der ich nichts Geringeres als das dahinflutende Bewußtsein eines Gottes beanspruche, sein Geist noch in dem meinen, wie ich dies von allen ungeborenen Wesen annehme, deren Entwicklung sich noch im Leib vollzieht. So könnte ich ein Embryo sein, acht Augenblicke alt, ein fern von Licht, Lärm und Schmerz reifendes Werk der Trächtigkeit, und könnte doch mehr wissen, als ich je wieder wissen werde, denn ich bin ein Teil von Ihm. (Oder von Ihr?)

Aber ohne die Beihilfe der Geistlichkeit auf das fragwürdige Gewürm der Theologie zu treten hieße den Boden unter den Füßen verlieren. Der Kai unserer Einschiffung ist das Mysterium meines

Auges, und zu wem oder wozu es gehört: Bin ich Geist, Embryo, Intellekt, Hauch des Unbewußten oder ein Teil von Ihm oder von Ihr oder eine Kreuzung von beiden? – aber da haben wir es – ein Er oder eine Sie oder eine Kreuzung von beiden – wir sind auf unseren guten Glauben angewiesen; allein der Teufel könnte sich rühmen, mit der Gottheit auf so vertrautem Fuß zu stehen. Darum sollte in dieser ganzen Arbeit, in den vergnüglichen Stunden, die wir zusammen verbringen und in denen wir sogar miteinander lachen, ein Vorbehalt bestehen bleiben, ein angenehmes Grausen davor, daß die Erleuchtung vom Fürsten der Finsternis ausgeht und die Farbe meines Lichts satanischen Ursprungs ist. Natürlich könnte ich ebensogut das alte Haus sein, in dem sich das Ende dieser Geschichte abspielt. (Welche Stimmen sind in den Pfosten, im Gebälk und in den durchgebogenen Dielenbrettern eines alten Hauses verborgen!) Ich könnte ein Baum sein – es steht ein Baum vor diesem Haus, ein ungewöhnlicher Ahorn, der sich nur wenige Handbreit über dem Boden in vier Stämme teilt und dessen Äste im laublosen Winter den edelgeformten Nervenbahnen eines Gehirns gleichen, wie man sie auf den mit chirurgischer Sorgfalt ausgeführten Abbildungen der beängstigend dicken medizinischen Handbücher des neunzehnten Jahrhunderts findet. Es gibt sogar einen Garten, einen äußerst gepflegten Garten – wir wohnen nicht weit vom Meer –, und im Sommer besitzen die Blumen jene seltsame, knisternde Lebhaftigkeit, die durch die Salzluft, den Sandboden und den überreichlich mit künstlichem Nektar und Met versetzten Dünger hervorgerufen wird. Blumen habe ich stets, wenn sie schön sind, als unheimlich empfunden: Sie scheinen die trügerische Verheißung einer schönen Frau zu verkörpern, deren Stimme zu vollkommen klingt; nie weiß man, ob sie nicht ein fleischgewordenes Traumbild oder ein anderes Meisterwerk der Täuschung darstellt: So wenig gleicht sie uns selber. Bei einem solchen Vergleich läuft es offenbar meiner Natur ganz zuwider, mein Dasein mit einer Blume zu teilen. Dennoch will ich diese Hypothese einmal aufstellen, um mich dadurch leichter verständlich zu machen, und weil diese Möglichkeit mich in wunderlich-perverser Weise fasziniert: Wo könnte sich ein Dämon besser verstecken als in der Vulva einer Gartenblume! – Falls ein Lüstling den Stiel bricht (habt ihr jemals *diesen* Schmerzensschrei gehört?), kann die gewesene Blume das Haus vergiften, noch ehe sie dahinwelkt. Ja, man tut gut daran, Pflanzen zu fürchten – ich habe einmal aus Übermut und Langeweile einen großen Pilz zertrampelt. Der Durchmesser seines Hutes betrug etwa zwölf Zentimeter, und ich hätte schwören können, daß er, als der Tod ihn traf, einen giftigen Wutschrei ausstieß – »Du Hund«, hörte ich ihn rufen; welch schmähliches Ende für diesen ungewöhnlich bemerkenswerten Pilz mit den Proportionen eines Schädels! Es tat mir leid. Nicht jeder Pilz wächst mit solcher Lust: Ich hatte einen vielleicht Jahrhunderte zurückreichenden Entwicklungsprozeß zerstört. So habe ich aus Furcht auch die Blume und den Baum erwähnt, und obgleich ich mir zuflüsterte, daß das pflanzliche Leben mich eher abstößt, möchte ich der Natur doch meine Reverenz erweisen – auch ich könnte aus dem Ozean und den Dünen hervorgegangen sein, aus jener Urbegattung der Kieselsteine mit dem gewaltigen Wasser – ich könnte einer von ihnen sein, doch hoffentlich nicht; gewisse Vereinigungen sind zu monumental und werden daher mit der Zeit langweilig. Die Behauptung, die Ozeane der Welt seien nur eine Mitleidsträne Gottes, ist eine so schauderhaft hohle Metapher, daß die ersten Stürme auf der Welt die Blähungen dieses Junggesellen gewesen sein müssen. Aber der Glaube, daß Gott ebenso wie der Mensch an Durchfall leiden könne, ist ein wahrhaft ansteckender Gedanke, der auf alle erregend wirkt, nur nicht auf die Frömmler und Lasterhaften.

So will ich nun den Ozean verlassen, die Blumen, die Bienen und die Bäume, und euch nur noch daran erinnern, daß das Außergewöhnliche auch in der gewöhnlichsten Made verborgen sein kann; um der damit verbundenen interessanten Überlegung willen werde ich mich jetzt auf die Größe eines Hundes zusammenschrumpfen lassen. In diesem Roman kommt ein gewisser Hund vor, der zu einer Party – dem Höhepunkt des Ganzen – mitgenommen wird, von der bald die Rede sein wird, ein ausgewachsener Pudel, Standardschnitt, Stammbaum, vornehmes Haus, mütterlicherseits einer Linie von Westchester-Champions entstammend, väterlicherseits allerdings nur anerkannt; wie alle großen Pudel, die einem reichen Perversen gebührende Aufmerksamkeit erregt haben, ist er ein unglaublicher Hund. Ich kenne ihn so gut, daß ich nicht umhin kann anzunehmen, ich selber könnte dieser Hund sein, denn das Bild unseres Lebens, das euch bald das Hirn sprengen soll, ist zu einem Teil aus der Hundeperspektive gesehen. Ein Hund braucht nur einem anderen Hund auf der Straße zu begegnen und ihn hinten zu beschnuppern, um zu wissen, ob Freundschaft möglich ist. Und das ist wohl auch der Grund dafür, daß Hunde stets so trübsinnig sind.

Genug. Es dürfte wahrscheinlich wenig verlockend sein, damit zu prahlen, wie ich mich aus dem Bewußtsein eines Wesens in die Gefühlswelt eines anderen hineinversetzen werde – in ein Haus, einen Baum, einen Hund, einen Polizisten, einen Kannibalen; sie alle sind gleich vor meinem Jägerauge und meinem unterschiedslos lauschenden Ohr.

2

Unter uns befindet sich ein Meister der Zuhälterei, Anwärter auf die Rolle des Helden (seine Rivalen, die um die Gunst eurer Stimme buhlen, sind eine Berühmtheit vom Fernsehen und ein Psychoanalytiker); vor einigen Jahren hat dieser Zuhälter namens Marion Faye sich eine Zeitlang oberflächlich in der Malerei versucht (wobei er als Vorwand angab, eine solche Beschäftigung könne seine Erfahrung bei der Herstellung pornographischer Photos bereichern, durch die er sich damals seinen Lebensunterhalt verdiente). Faye war ein schlechter Maler; indessen hatte er eine sich über mehrere Wochen hinziehende Liebesaffäre mit der Form der Spirale, und es war für ihn eine Angelegenheit von nicht geringer Bedeutung, daß der Deckel eines Schneckengehäuses, wie er ihn durch sein Mikroskop (Zeiß, 2000 Deutsche Mark, Immersionssystem, binokularer Tubus) erblickte, sich ihm als ein Spiralnebel horniger Zellen offenbarte, deren Pigmentierung das satte Orange der untergehenden Sonne aufwies. Wenn er den Mittelpunkt des Schneckendeckels betrachtete, fragte er sich, welche heißen Gefühlsaufwallungen ihre Glut wohl in dieses Rot gehaucht haben mochten – damals stand er selbstverständlich unter dem Einfluß von Rauschgiften –, und als er später seine von Marihuana erfrischten Augen auf die Papillarlinienwirbel seines Daumenballens und seiner Fingerspitzen richtete, fand er erneut diese Spirale und erlebte jene erregende Furcht, die bei den mittelalterlichen Alchimisten, den spiritistischen Medien und Rauschgiftsüchtigen so verbreitet war und vielleicht auch einigen von euch nicht unbekannt ist: jenen köstlichen Schauder, sich selber am Rande von Geheimnissen zu wissen, in die einzudringen noch kein anderer den Mut aufgebracht hatte. Denn so verhielt es sich: Die Spitzen der Finger besaßen, ebenso wie der Deckel des Schneckengehäuses (der sich bei der geringsten Gefahr schloß) einen Tastsinn, und auf Berührungsreize eingestellt waren auch all die anderen Spiralen in der Natur, die er kannte – von Berufs wegen war er mit der verwikkelten, doppelten Schneckenwindung des vaginalen Raumes zur Vollkommenheit vertraut, wie auch mit den sonstigen Körperhöhlen der Frauen und, was das anlangt, der Männer; so fand er sich mit der Logik seiner Intuition ab: Die natürliche Spirale, wo immer sie erschien, war das Zeichen für einen Gefühlskomplex, und wenn Teile des nächtlichen Himmels ein Vergnügen darin fanden, sich in Spiralen zu bewegen, lag auch hinter diesen eine sinnliche Empfindung, Lichtjahre des Weltraums, der vor Sinnlichkeit und banger Erwartung zu beben schien und sich verzehrte – wonach? Dies war jedoch ein anderer, zu umfangreicher Fragenkomplex. Für den Augenblick gab er das Nachgrübeln auf – auch seine Gedanken bewegten sich in Form einer Spirale: Er mußte erst jene fast kreisförmige Reise durch die Welt der Erfahrungen hinter sich bringen, bevor er zurückkehren konnte, um sich noch einmal in den Anblick der Spirale zu versenken. Und deswegen habe ich mich vielleicht für diese Art entschieden, einen so rührigen Mann, wie ein Meisterkuppler es ist, vorzustellen. Wenn man daran interessiert ist, sein eigenes Leben zu verstehen, gilt als oberster Grundsatz, daß Genialität in allen Berufen vorkommt, und als Zuhälter war Marion Faye zweifellos ein Genie. Der Beweis: Er brachte innerhalb weniger Jahre eine Million Dollar zusammen. Auf welche Weise er das schaffte, ist eine hochinteressante Sache, die uns später noch ausführlich beschäftigen wird, denn solche geringfügigen Details lassen sich nur erforschen, indem man die psychische Struktur unserer Republik analysiert. Also gut. Er war Millionär, noch jung und besaß Geschäftsanteile, mehrere Häuser in verschiedenen Teilen des Landes, eines in Acapulco; er besaß ferner ein Privatflugzeug, das er selber flog, sowie zahlreiche Autos, umfangreiche Garderobe, Schmuckgegenstände, erhebliche Lebensmittelvorräte und hielt sich Bedienstete. Ganz zu schweigen von den laufenden Geschäften und den beiden ausgehaltenen Liebhabern – Mann und Frau –, die ihm zur Verfügung standen. Dies alles hatte er innerhalb einiger Jahre geschafft, nachdem er ohne einen Cent aus dem Gefängnis entlassen worden war; trotzdem war er alles andere als zufrieden, jedenfalls in diesem Augenblick, den ich schildere. Wie alle Männer, die von napoleonischem Ehrgeiz besessen sind und deren Talent so unerschöpflich ist wie das des Renaissancemenschen, besaß er ein untrügliches Gefühl für die künftige Entwicklung der Dinge, die Witterung eines Liebenden für den kritischen Augenblick, und er wußte, vielleicht ebensogut wie jeder andere, wie teuer man eine Niederlage bezahlen muß, wird sie nicht durch einen Gewinn an Selbstbewußtsein gemildert, und wie verderblich sich ein Sieg auswirkt, wenn es am Mut fehlt, ihn zu nutzen. Er kannte also die Gefahr der Untätigkeit (wenn man sich nicht weiterentwickelt, muß man dafür, daß man derselbe bleibt, einen höheren Preis zahlen), und nun wartete auf ihn seit Monaten eine Entscheidung, die er nicht zu treffen vermochte: Wie schon früher einmal spürte er, daß seine Kräfte ihn verließen, die ihm aus Entschlossenheit und zielstrebigem Handeln erwuchsen. Er war religiös (freilich auf ganz besondere Art), er war abergläubisch, und sein Aberglaube war wohl so verschroben wie selten einer; er glaubte an das Vorhandensein der Hölle und war nun, wie er es voller Schrecken manches Mal vorausgesehen hatte, an einem Punkt seines Lebens angelangt, wo der stete Strom seiner Weiterentwicklung, das Entdecken neuer Schönheiten in der Fähigkeit, seiner Persönlichkeit Ausdruck zu geben, von der Ermordung eines Menschen abhing, eines ganz bestimmten Menschen, der vielleicht ebenso außergewöhnlich war wie er selber, eines Menschen, dem es kaum entgangen sein konnte, daß seine eigene Entwicklung, verglichen mit der Marions, sich ebenfalls in einem Engpaß befand, der in gleicher Weise, wenn auch in entgegengesetzter Richtung, überwunden werden konnte, und zwar umgekehrt durch den Mord an Marion Faye, der einst sein Freund gewesen war.

Es war daher ein nicht zu unterschätzendes Problem. Die einem Mord vorausgehende Spannung ist ebenso quälend wie die Versuchung, auf der Streckfolter ein Geständnis abzulegen. Solange man den Mund hält, wird die Zerstörung des Körpers fortgesetzt, können vielleicht die der Folter unterworfenen Glieder und Organe die letzte Antwort erteilen, durch die Rettung noch möglich ist; wenn man am Ende doch gesteht, ist es klüger, es bald zu tun, es jetzt zu tun, bevor sich der Schaden nicht wiedergutmachen läßt. Das gleiche gilt auch für das Verlangen, einen Mord zu begehen. Mit jedem Tag, den wir dieses Verlangen in uns unterdrücken, zehrt der Mord ein wenig an unserem Körper: Die Geschwüre fressen sich tiefer ein, die Leber erkrankt, die Lungen welken, das Gehirn zerfetzt den kunstvollsten Umlauf unserer Gedanken, das Herz wird seiner Lebenskraft beraubt, und der Saft der Hoden versiegt. Dies mag sehr wohl der Tag sein, an dem die erste der Zwangsarbeit leistenden Zellen den selbständigen und geheimnisvollen Sprung von einem Leben in ein anderes wagt – von dem gesellschaftsgebundenen, zweckbestimmten, armseligen und unaussprechlich deprimierenden Alltagsleben der gehorsamen Zelle in das andere Leben, das Leben in der Wildnis, das Leben eines Tagediebs oder eines gedungenen Mörders, das Leben einer rebellischen Zelle, die nach eigenen Gesetzen wächst, eines von orgiastischen Trieben erfüllten Straßenräubers, der den Sinnen auflauert und die Organe belagert, mit ungestüm trommelndem Rhythmus, der Millionen andere Zellen in seinen Bann schlägt; denn währt das neue Leben auch nur kurze Zeit, so verläuft es doch wenigstens wild und ohne Zwangsarbeit. Ja, wenn man den Trieb zu morden zu lange unterdrückt, zerstört man den Körper und eilt jenem unwiderruflichen Augenblick zu, in dem die erste Zelle sich auf die abgegriffene Intelligenzschablone stürzt und sich freiwillig den künftigen Legionen von Barbaren und Bohemiens zur Verfügung stellt.

Natürlich ist für alte Spitzbuben Mord niemals eine einfache Sache. Alte Gauner sind Schlappschwänze, und wenn Marion Faye oft mit zurückhaltendem Stolz daran dachte, daß er zu den wenigen gehörte, denen es gelungen war, die mörderischen Abgründe menschlichen Verhaltens, der Moral, des Sündengefühls und der Bazillenangst zu überqueren, so wußte er auch, wieviel er dafür gezahlt hatte – ja, er hatte einen Teil seiner Gaben eingebüßt, hatte sich durch ausgefallene sexuelle Vergnügungen verausgabt, die feiner geschliffenen Klingen seines Gehirns stumpf gemacht und ließ sich nun teilnahmslos im Sog der Erschöpfung treiben, die ihm in diesen Wochen zum Bewußtsein kam, bevor er die Einladungen zu der Party in dem alten Haus in Provincetown verschickte, jener Party, die mit einem regelrechten, kaltblütig geplanten Mord enden sollte.

3

Es ist nun an der Zeit, etwas über dieses Haus und seine Lage zu sagen. Die Halbinsel Cape Cod ist etwa achtzig Meilen lang und in der Mitte wie der einstmals starke, jetzt aber knotige und unansehnliche Arm eines alten Mannes angewinkelt. Der Unterarm und die Hand dieses Küstenstrichs tragen die Bezeichnung The Upper Cape, und es ist ein anheimelndes Land, wenn man selber in trauriger Stimmung ist – windgepeitschte Moore mit spärlicher Vegetation, einsame Dünen, einsame Tümpel und verkrüppelte Bäume; seine vorherrschenden Farben sind Grau und Schwarzbraun, nur das Laub zeigt einen stumpfgrünen Ton. Abseits der großen Verkehrsader mit ihrer ungezügelten, exkrementalen Architektur von Obstständen, Motels, Blinklichtern, salzzerfressenen Anschlagtafeln, das alles in schmerzend grellen Farben, im Gegensatz also zu dieser Hauptverkehrsader mit ihren protzigen Versteinerungen – Symbole für den maßlos überspannten Willen des amerikanischen Volkes – sind die Seitenstraßen ruhig; sie sind kaum mehr als Wege mit kleinen, mausgrauen, kastenartigen Häusern, die zumeist von pensionierten, wohlanständigen, hageren, sparsamen und geizigen, selber grauen, zumeist mausgrauen Protestanten bewohnt werden.

Im Herbst und im Winter herrscht dort nicht gerade überschäumende Lebensfreude, es ist eine Landschaft, die Einsiedlern empfohlen werden kann – sandige Pfade führen den einsamen Wanderer an moosbewachsenen Torfbrüchen vorbei, deren dorniges Gestrüpp sich bei grauem Himmel violett gegen die lavendelblauen Töne der Dünen abhebt. In der Nähe von Provincetown erstreckt sich zwischen der Bucht und dem Ozean etliche Meilen weit ein sandiges Gelände, dessen gewellte Oberfläche an die Wüste erinnert – die Dünen steigen zu flachen Hügeln an und gehen in sanfte Mulden über, so daß man sich in die Sahara verirrt glauben könnte. Ich habe von Leuten gehört, die über die Dünen im Kreis gewandert waren und den Ozean oder die Bucht erst nach stundenlangem Umherirren erreicht hatten. Es gibt wenige Orte an der Ostküste, wo man einen Menschen so leicht begraben und sein weiteres Geschick einfach der Natur überlassen könnte wie hier, denn der Wind könnte die Leiche unter einer sechs Meter hohen Flugsandschicht verbergen, sie aber auch ebensogut freilegen, ehe sie noch vollends erkaltet ist.

Jenseits dieser Wüste, an der Spitze des Kaps, gleichsam im Innern der fast geschlossenen Hand, liegt auf einem der östlichsten Vorgebirge der atlantischen Küste eines der letzten großen Fischerdörfer der Welt, der Ort Provincetown, der im Winter schätzungsweise dreitausend Einwohner zählt. Drei Meilen lang und zwei Straßen breit, schmiegt sich die Stadt an die gekrümmte Handfläche der Bucht an, ein bunter Streifen mit mediterranen Farbtupfen, einem Gewirr steiler Dächer, Ausladeplätzen und Fischereifahrzeugen, deren penetranter Gestank nach Makrelen und Benzin auf die sinnenfreudige Nase ebenso geschlechtlich erregend wirkt wie der saubere Whiskygeruch an der Bar eines Nachtklubs, wo sich Callgirls einfinden.

In Provincetown waren seinerzeit die Puritaner gelandet und hielten dort drei Monate lang hungernd im Biwak durch, ehe sie das Lagerleben aufgaben und nach Plymouth Rock weiterzogen. Sie waren ohne Verpflegung, und außerdem war da jene Spirale, die sie langsam zermürbte: Das Kap windet sich vom Handgelenk bis zu den Fingern wie ein Schneckengehäuse – der Hafen gleicht einem Auge –, so daß der Richtungssinn ständig irregeführt wird. Ohne zur Sonne aufzublicken, kann man nie genau angeben, wo eigentlich Boston oder Portugal liegt. Es ist ein Ort, der jeglichem Spürsinn für die geographische Länge und Breite trotzt, ein Sorgenkind jedes Kartographen und in gleicher Weise jedes Puritaners. Ein engstirniger, eifernder Glaube verläuft seiner Konzeption nach geradlinig, weswegen die Klitoriswölbung in der Fassade der meisten Kirchen Neu-Englands eine dreieckige oder eispickelspitze Form aufweist und sich nicht an das Vorbild des feminin geschwungenen katholischen Bogens der fast ebenso engstirnigen Glaubensgrundsätze des Mittelalters anlehnt.)

Das Haus, das Marion erwarb, lag auf einer Düne jenseits der letzten, die Stadt überragenden Anhöhe, vereinsamt, besonders im Herbst und im Winter, und ließ sich nur durch eine sandverwehte Straße erreichen, die bald abfiel, bald anstieg und von der der Blick über ein welliges, mit Stechginster bewachsenes Gelände, über Regenwassertümpel, über das Meer und den Strand der jenseitigen Küste schweifen konnte. Bei schlechtem Wetter tobte der Sturm mit unvorstellbarer Gewalt, ein Sturm aus dem besagten Neu-England der verlorengegangenen, engstirnigen Glaubensgrundsätze, der messerscharf durch offene Türen schnitt, Fensterläden aus ihren Feststellern riß und sie mit weit durch die Nacht hallendem Krachen hin und her schlagen ließ, jede noch so kleine Fensterscheibe auf Cape Cod erzittern machte und mit dem Gebrüll tosender Wasserfluten in jähen Stößen aus dem Himmel herniederfegte. In solchen Nächten erwachte das Haus aus seinem hundertjährigen tödlichen Schlaf: Es war eines jener Häuser, in denen die Hunde bei Unwetter wie toll bellten, das Kindermädchen sich nicht zur Ruhe legen konnte und das Baby um ein Uhr morgens vor Angst wach wurde, während die Mutter sich vor den hundertfachen Wutausbrüchen des sich im Schlaf unruhig neben ihr hin und her wälzenden Gatten fürchtete und das Haus unter der Wucht des Sturmes bebte und schwankte wie ein Schiff auf dem Nordatlantik. Dies Haus schien wahrhaftig alle Gefühlsregungen zu bewahren, die seit hundert Jahren, Winter für Winter, in seinen Zimmern und innerhalb seiner Mauern unterdrückt und umgebracht worden waren und deren Geist nur darauf lauerte, sich von den ungestüm drängenden Gefühlen der Gegenwart mitreißen zu lassen; es war ein Haus, das die Fähigkeit besaß, die in den feucht-dumpfen Verliesen einer Familiengeschichte modernen Mörder einen nach dem anderen zu befreien. Ein zur Unzeit nahender Sturm weckte im Bewußtsein eine Vorahnung von Tod und Untergang; tatsächlich war dort im neunzehnten Jahrhundert ein Mord geschehen, ein unaufgeklärtes Verbrechen: Die Witwe eines alten Schiffskapitäns war, als sie zum Firstbalken des Steildachs hinaufsteigen wollte, durch ein rechteckiges Loch in den Brettern gestürzt. Sie wurde eines Abends gegen Ende Februar nach drei Tagen Regen aufgefunden, während der Wind heulte und ächzte wie ein verwundetes Schreckgespenst.

Ich weiß nun zwar, es entspricht nicht der Neigung unserer überheblichen, von der Auslöschung aller Werte heimgesuchten Zeit, solche Gefühlstäuschungen wie den Animismus des Windes und eines alten Hauses zu fördern, aber da es inzwischen ganz klar geworden sein muß (ob ich nun als Gespenst, Geist, Weltschöpfer, Hund, Knospe, Blume, Baum, Haus oder als eine vergessene Zwischenstation des Göttlichen in den labialen Qualen und im Wust der Wörter nach meinem Ankerplatz suche, sei dahingestellt), daß ich, was immer ich sonst auch sein mag, auf jeden Fall ein Existentialist bin, möchte ich doch meinen, es sei, wenn sich das Heulen des Windes als ein für menschliche Ohren bedeutungsvoller Schrei deuten lasse, einfacher zu glauben, der Wind habe mit uns teil am erregenden Daseinsgefühl, als in dem auf geheimnisvolle Weise immer stärker anschwellenden Brausen eines aufkommenden Wirbelsturms lediglich das willkürliche Zusammenprallen gefühlloser Moleküle zu sehen. Ja, wenn ich jemals jenem Heiligen mit dem stierhaften Körper, dem heiligen Thomas von Aquin, begegnen sollte, einem Herrn, mit dem ich nur in sehr wenigem einig bin, würde ich mich dennoch bewogen fühlen, seiner außergewöhnlichen Auffassung von der »Autorität der Sinne« zuzustimmen, und zwar weil ich gerade jetzt die Enttäuschung eines Windes nachzufühlen vermag, der so viel weiß und unseren Ohren so wenig mitteilen kann. In dem Maße, wie unser Jahrhundert seinem Untergang zustrebt, das heißt, dem Untergang von uns allen, verkümmern auch, und zwar zuerst, unsere Sinne. Wer hat denn schon Ohren, dem Wind zu lauschen, wenn der undurchdringliche Qualm gegenseitigen Hasses in den Pendlerzügen auf und nieder wogt und die abendlichen Fernsehprogramme die Empfänglichkeit für sinnliche Eindrücke wie durch das monotone Rattern einer vorüberbrausenden Untergrundbahn zu Stumpfsinn zerstampfen, so daß wir empfindungslos und taub bleiben jenen fast unnennbaren Lauten gegenüber, die über die Eitelkeit, den Willen, die Kraft und die Versklavung des eigenen Ichs hinauszielen, des grausamen und

gottmordenden Ichs, des Vorkämpfers der aufs Praktische gerichteten, ungeschlachten, göttlichen Unantastbarkeit der Reformation, jenes faustischen Bürgers, der unsere Stahlwerke auf dem Fundament der strengen, leicht faßlichen und einleuchtenden Vorstellung errichtete, durch einen Punkt könne nur eine Linie parallel zu einer gegebenen Linie gezogen werden, während wir uns bereits durch die nichteuklidische Gegenwart des Raumzeitalters bewegen! Und siehe da, eher als wir glauben, wird sich die mit der gegebenen Linie parallel verlaufende Linie als nichts anderes erweisen als eben die gegebene Linie nach einer weiteren Kreisbahn der sich ausdehnenden Spirale des Daseins.
Und bis jetzt habe ich kaum ein Wort über die *Zeit* gesagt.

4

Wenn nun aber durch einen gegebenen Punkt eine Linie parallel zu einer gegebenen Linie gezogen wird und sie sich als nichts anderes als eben die gegebene Linie erweist, dann haben wir bereits den ersten Lehrsatz über das Wesen der *Zeit* aufgestellt: daß nämlich parallele Linien eine Funktion des natürlichen Sich-Entrollens der *Zeit* (onanistische Zeichen) darstellen, wenn die *Zeit,* sich selber überlassen, weder durch Mord noch durch Liebe zum Handeln veranlaßt wird und so im Takt mit den Zuckungen einer Uhr bleibt. Das ist die passive *Zeit,* die *Zeit* auf ihrem Weg in den Tod; aber *Zeit* als Entwicklungsprozeß, *Zeit* als das Anregende, ja Erregende eines Mordes, *Zeit* als die tropisch glühenden Umklammerungen der Liebe empfunden (selbst wenn Mordgier sich in der Brust emporreckt und Liebe sich nur als kalter Lendenschweiß manifestiert) – dann ist *Zeit* das harte Glied eines Wüstlings oder die auf dem Rücken liegende Hure in Erwartung des Liebhabers, der sie mit seinem Rhythmus der Zukunft entgegenträgt.
Aber diese Gedankenverbindung erweist sich nur allzu bald als höchst kompliziert und trübt die Aufmerksamkeit – lassen wir sie also beiseite und kehren wir wieder zurück zu dem kalten, greif-

baren Haus Marion Fayes in der abgelegenen Dünenlandschaft bei Provincetown, zu diesem meersalzverwitterten Gebäude, das mich zum erstenmal auf die Idee brachte, daß Häuser polarer Natur, das heißt, bald Boudoirs, bald Kirchen sind. Dieser Erwerb bestand, wenn wir unseren Augen trauen wollen, in einem kirchenartigen Gebäude mit einer riesigen, zwei Stockwerke hoch aufragenden und in düsterem, zu dunkel gebeiztem Walnußholz gehaltenen Wohnzimmer-Kathedrale; Eßzimmer, Küche, Vorratskammer und Bedienstetenzimmer waren im früheren Kellergeschoß untergebracht, während die Schlafzimmer, Arbeitsräume, Ateliers und Veranden sich wie eine mit Guano bedeckte Ansammlung von Entenmuscheln aneinanderdrängten, ein Wabengewirr von Räumen über und neben dieser zweistöckigen Kapelle mit ihren gotischen Spitzbogenfenstern und ihrer trüben Beleuchtung. Marion Faye kaufte das Haus, kaum daß er es gesehen hatte – es war ein Gelegenheitskauf – so groß, so frostig und so unpraktisch – man mußte in den Keller hinuntersteigen, wenn man sich ein Butterbrot machen wollte – so düster, so schauerlich widerhallend und gruftartig, daß es für ihn zur Kirche wurde, während alle seine anderen Häuser (mit Ausnahme des Hauses in der Stadt, gleichfalls eine komplizierte Angelegenheit) lediglich Boudoirs waren, in denen er seiner Lust frönen konnte, Puppenhäuser, an eine freundliche Kindheit erinnernd, die er nie erlebt hatte – einige seltene, von billigem Parfüm durchwehte Stunden mit seiner Mutter ausgenommen.

Ja, das war ein Haus für besondere Gelegenheiten, und er suchte es nur selten auf, jedoch niemals im Sommer, denn dann glich ganz Provincetown einem Hurenkörper, der von in der Sonne röstenden Lebemännern, Dampferausflüglern aus Boston, Bataillonen von Vergnügungssüchtigen und Regimentern von Hipstern überfallen wurde. Dieses Haus sparte er sich für ein gelegentliches Wochenende im Herbst und im Winter auf, und die meisten wußten sogar, daß es ihm nicht einmal gehörte: Er hatte es als eine so gut wie unwiderrufliche Leihgabe dem außergewöhnlichsten seiner ehemaligen Callgirls zur Verfügung gestellt, einer hochgewachsenen, vornehmen Negerin von samtener Sinnlichkeit, die mit Marion zusammen ihr Glück gemacht hatte. Nun war sie – ihre verschiedenen Dienstleistungen verheimlichend – eine reiche Gastgeberin, die in vielen Teilen New Yorks keinen geringen Ruf genoß; tatsächlich waren ihre Partys von dem Hauch des Besonderen umwittert, und mit dem Netz eines kultivierten Jazz fing sie die wenigen hervorragenden, in dieser todgeweihten, spannungsgeladenen Stadt noch vorhandenen geistigen Anregungen ein. Diese Negerin, die sich im Laufe ihrer Karriere eine Reihe von Namen zugelegt hatte (der letzte, unter dem die Leute sie nun kannten, war Cara Beauchamp), hatte in sich selber mehrere, in geradezu idealer Weise parallel laufende Persönlichkeiten entdeckt – einem Satz handgearbeiteter, ineinanderschiebbarer Tische vergleichbar –, und so war sie dem unausweichlichen Schicksal vieler Callgirls und fast aller Prostituierten entgangen: Es war ihr gelungen, jene Zyste des Charakters aufzulösen, jenes Gefängnis unempfindsamer Muskeln zu sprengen, was sogar eine hundertprozentige Hure zum Mitleid mit sich selber, zur Hysterie und zum Abscheu vor ihrem Handwerk treibt. Nein, diese war aus biegsamerem Holz geschnitzt, sie besaß die Fähigkeit, sich allen perversen Pflichten anzupassen, und durch ihr besonderes Glück, bei einem großen Meister in die Lehre gegangen zu sein, wurde in ihr sogar die Flamme der Leidenschaft entfacht. Daher war sie imstande, ihr umfassendes Wissen von den widerstreitenden, sich stauenden Kräften in den Körpern der Fremden, mit denen sie zusammenkam, auszuwerten; und auch noch das schüchternste, armseligste Bündel eines Mannes, sagen wir einmal eines hervorragenden Physikers, aschgrau, mit einem Fuß bereits im Grabe, in einem stumpfgrauen Anzug und schwarzen, abgetragenen, ebenfalls zu einem fahlen Grau verblichenen Schuhen und mit einem blassen Gesicht, aus dem eine fragwürdige Gesundheit sprach, eines Mannes, dessen vom nahenden Tod gezeichneter Körper trübe Aussichten bot, konnte ihr noch immer gefallen: Irgendwo in seinem von alten Gewohnheiten heimgesuchten Leib und in seinem schon überwiegend entwichenen Geist, irgendwo in seinem ausgemergelten Körper, dessen schlotternde, bitterriechende Glieder nur noch mit dem tierischen Magnetismus eines katatonischen Wurms zu reagieren vermochten, gab es einen unablässig arbeitenden Motor des Willens, der ihr (bei entsprechender Geduld und Aufbietung aller Hurenkünste) dennoch eine denkwürdige Nacht bereiten würde, selbst wenn der arme, von der Kraft seines Willens getriebene Herr infolge eines überanstrengten, weil an sitzende Beschäftigung gewöhnten Herzens hinterher dem Grab um ein beträchtliches Stück näher gekommen war. Hier also war ein Mann, der ihr – zumindest für einen Abend – eine wilde Lust würde schenken können, und nachdem sie ihn sich durch einen guten Freund, der gleichzeitig ihr Lieblingspsychoanalytiker war, hatte vorstellen lassen (dieser Psychoanalytiker wird später für uns eine Figur von quälendem Interesse sein; er hatte den Physiker als einen alten Freund vom College eingeführt), griff sie in den riesigen Vorrat ihrer noch schlummernden Möglichkeiten, die Sinnlichkeit anzustacheln, schätzte sogleich das vom Lärm um sie her bereits brüchig gewordene Nervengeflecht des Physikers richtig ein und bedachte ihn mit einem gepreßten, konventionellen Lächeln und einem flüchtigen Augenzwinkern (wenn sie auf diese Weise vorübergehend auch ihre Schönheit schmälerte, nahm sie doch damit die Gelegenheit wahr, ihre Augenmuskeln zu entspannen und sich einen Mann zum Freund zu machen – alles in allem also ein Gewinn für unsere Gastgeberin). Und sie hatte Erfolg: Der Physiker faßte eine Zuneigung zu ihr – sie gefiel ihm sogar noch besser, als er zu später Stunde, vom Stimmengewirr, vom einlullenden Cool Jazz, den die Kapelle – vier hornbebrillte homosexuelle Neger – an diesem Abend spielte, und von den mörderischen Zweideutigkeiten einer solchen Vielfalt verlockender, beutelüsterner Männerfallen, wie sie auf dieser Party umherstolzierten, geradezu hysterisch berauscht, die günstige Gelegenheit erhielt, freundlich, wenn auch zurückhaltend, wie es seinem Wesen entsprach, mit dem bemerkenswert intelligent aussehenden, messeräugigen, milchkaffeefarbenen Wesen, das ihn an der Tür begrüßt hatte, über physikalische Probleme zu plaudern. Ich habe mich entschlossen, ihre Unterhaltung hier zu wiederholen, weil sie für unsere rätselhaften Geschehnisse von wesentlicher Bedeutung ist, und wenn man das Gespräch für höchst sonderbar hält, so darf man nicht vergessen, daß wir uns am Rand einer sprachlichen Orgie entlang bewegen und die Fragwürdigkeit einer sinnvollen Deutung uns hart zusetzt.

»Steht die moderne Physik nicht im Lager der Spießer?« fragte sie ihn.

Ein typischer Terminus unbestimmter Funktionen, dachte er, Ausdruck der außer Phase geratenen Wellen der Negermassen. »Aber nein, keineswegs, wirklich nicht«, antwortete er. »Schließlich war Einstein kein Spießer.«

»Ich könnt' mich umbringen, daß er tot ist – hatte so gehofft, den Mann mal kennenzulernen«, meinte Cara Beauchamp, »der war ein Hipster – ein komischer Typ.« Ein Seufzer für den Toten.

»Aber was ich sagen wollte, seid ihr Physiker denn – *methodologisch gesehen* – mit der *Zeit* nirgendwo hingekommen?«

»Nirgends – meiner Ansicht nach fehlt es an der philosophischen Grundlage.«

»Ja, ihr habt eben nichts auf dem Kasten.« Jedoch zügelte sie ihr Ungestüm und fügte leise hinzu: »*Zeit* ist, wenn man sich zusammentut.«

»Und sonst gibt es sie nicht?« Er hatte leichthin geantwortet, sehr stolz darauf, wie gut es ihm gelungen war, den gedanklichen Zusammenhang zu erfassen, aber dann wiederholte er: »*Zeit* gibt es nicht, wenn man sich nicht ... zusammentut?« Vielleicht war er zu betrunken, aber noch während er über die Schönheit des Gedankens nachsann, erwachte in ihm das Mißtrauen des alten Physikers. Mein Gott, vielleicht führt sie etwas im Schilde, dachte er.

»Es gibt sie nicht und es gibt sie doch.«

»*Zeit* ruht also als etwas Potentielles?« fragte er, Erregung in seiner trockenen, traurigen Stimme, »ruht dort, bis die Kluft zur dynamischen Zeit übersprungen ist.«

»Ja – potentiell und dynamisch – so ist die *Zeit.* Sie stirbt, wenn man sich nicht zusammentut«, und einen Augenblick lang liebte sie ihn zärtlich wie eine Mutter, die von ihrem Kind eine Lehre annimmt. Für den Rest ihres Lebens hatte sie nun zwei neue Wörter – und was für Wörter das waren! Durch ihr Unterbewußtsein zuckte wie ein Funke die Lust ihrer Zellen – so vieles von ihrer eigenen Erfahrung war jäh zur höheren Ebene einer präziseren Ausdrucksweise emporgetragen worden.

In Wirklichkeit aber hatte dieses Gespräch sie nicht wie erwartet inspiriert. Ihr war noch immer der maskuline Charakterzug einer Hure oder einer Gastgeberin eigen – sie war Geschäftsmann –, sie suchte nach einer Synthese, einem großen Überblick; ihre Anschauungen über die *Zeit* stammten von Marion. Und schließlich war sie ein Verkäufer – sie schlachtete das Gerümpel ausrangierter Unterhaltungen auf das noch Verwertbare hin aus, um in Gesprächen ihren Argumenten erhöhte Überzeugungskraft zu verleihen. Sie hätte kaum anders handeln können. Sie entstammte einer armen Familie aus Harlem, die erst spät aus North Georgia nach New York zugewandert war. Ihre Mutter hatte ein billiges Bordell (drei Mädchen) unterhalten und in New York Heroin verkauft, bis die schwierige Rechnerei beim Aufteilen der Unzen ihr den Rest gab. Cara war das erste Kind in der Familie, das mit geringerer Mühe, als sie zum Beladen eines Lastwagens erforderlich ist, lesen und schreiben konnte. Dennoch erfüllte Cara jetzt ein Gefühl des Stolzes, daß alle zu ihren Partys kamen, die ganze Treibhausware aus der Madison Avenue, Reklame- und Fernsehleute, die genüßlich zahme Witze über die Gebrechen anderer rissen, sich um einen Martini drängten oder sich um ein Mannequin wie Efeu rankten, der sich üppig wuchernd von einer senkrechten Stange zur anderen schlingt; da fand sich die hochgezüchtete Elite von Negerkünstlern aus gewissen Spezialstampen ein, die im Augenblick bei Cara Beauchamp nicht in Ungnade standen, ein paar

Theaterleute (auffallen wollende und zugleich zurückhaltende Menschen), da war ein Klatschkolumnist, der soviel Beherrschung aufbrachte, daß er von dem, was er sah, nicht ein Wort schrieb; einige der am meisten überschätzten und/oder am heftigsten verrissenen jungen Schriftsteller Amerikas waren ebenfalls zugegen, sowie ein Modephotograph, ganz zu schweigen von den Leuten aus den Harlemer Buden und den Village-Kellern, ferner Maler (Caras Sammlung abstrakter Bilder wuchs ständig), Zuhälter und Rauschgifthändler (diejenigen, die sich unter ihren Jugendgefährten als die talentiertesten erwiesen hatten), Musiker, ein Gewerkschaftsfunktionär (ja, einer fand sich ein) und ein Bankier. Sie hatte Monate dazu gebraucht, aber ein mit ihr befreundeter Rechtsanwalt hatte den Bankier schließlich überredet mitzukommen; Cara hatte dann genügend gemeinsame Interessen entdeckt, daß es ihn wieder hinzog: Ihre Vorstellung von der Persönlichkeitsstruktur solch angesehener Geldgeber, denen eine außerhalb der Stadt gelegene Bank, stolz auf ihre persönliche Fühlungnahme, es erlauben konnte, für vierundzwanzig Stunden Wechselreiterei zu betreiben, faszinierte den Bankier als eine Verquickung von psychologischer Raffinesse und Geschäftstüchtigkeit so sehr, daß er noch einige Male wiederkam. Ja, es war schon eine Horde: Filmstars, die früh aufbrachen, Agenten, Produzenten, gelegentliche Profi-Sportler, Chirurgen, Psychiater, Wirtschaftsberater, Marihuanahändler (selbstverständlich sehr diskret), Gauner (die sich zu beherrschen verstanden), Studentinnen, Dichterinnen ... Undurchsichtig war jedoch die Geschichte von ihrem irischen Fahrstuhlführer, einem Mann mittleren Alters, der sich so sehr an ihre wunderlichen Besucher gewöhnt hatte, daß sogar ein dicker, der Episkopalkirche angehörender Gymnasiallehrer, seinen Sonntagnachmittagsausgeh-Homburg auf dem Kopf, Hand in Hand mit einem schwarzäugigen Araberknaben, der wie ein verwilderter, beutegieriger Köter aus der Kasba aussah, den Fahrstuhlführer nicht mehr in Erstaunen versetzte. Nur zwei schwule Weiber hatten ihn einmal aus der Fassung gebracht – eine berühmte Schauspielerin in einer Matrosenjacke und eine hünenhafte, in rosa Nerz gehüllte Blondine, die beide nach oben fuhren und unterdessen aus langen Platinspitzen an türkischen Haschischzigaretten sogen, bis der süßliche Verwesungsgeruch den Fahrstuhlführer allein durch den eingeatmeten Rauch so benebelt hatte, daß er bei der Fahrt nach unten vor lauter Verzückung sich zum erstenmal in dreizehn Jahren mit aller Kraft gegen das Abwärtsgleiten seiner Kabine stemmte und sie mit zärtlich-galantem Schwung bis zum Vestibül hinabschweben ließ, erfüllt von der ehrfürchtigen Scheu und der erwartungsvollen Freude des ersten Mondforschers, der den Schwanz seiner Rakete auf der pockennarbig zerklüfteten Oberfläche des Erdtrabanten aufsetzt.

Das war es also, das Heim von Cara Beauchamp, eine Genossenschaftswohnung mit zehn Zimmern, ein bauliches Monstrum, das auf den East River der fünfziger Jahre hinausging und an fast jedem Samstagabend einen Haufen Gäste beherbergte, deren intellektuelles und physisches Sichzusammentun die *Zeit* beschleunigte und die Treibladung künftiger Beschleunigung komprimierte. Kein Wunder also, daß Cara diese Wohnung jedes Jahr für einen Monat aufgab und nach Provincetown verschwand, wo sie lediglich einige gute Freunde und Schauspieler hatte, die die Nächte hindurch in Marion Fayes Privatkirche zu Besuch bei ihr weilten. Ja, sie brauchte ihre *Schulung,* wie sie es nannte, und außerdem liebte sie das leierkasten-monotone, beruhigende Rauschen der Brandung in diesem Fischerort, der sich aber selbst für gesellschaftliche Zusammenkünfte, wie sie sie verstand, so wenig eignete, daß kaum einer ihrer Bekannten dort anzutreffen war.

Hier muß ich jedoch unterbrechen, denn ich kann eine voreilig aufgestellte Behauptung nicht mehr aufrechterhalten. Ich merke nämlich, daß ich hin und her wandere, von den Seiten rede, die noch folgen, und selbst wenn ich mir einbilde, ich setzte Wörter an einem Schreibtisch zusammen und die kleinen Ereignisse, die ich schildere, seien mir oder anderen bereits zugestoßen, so weiß ich dennoch nicht, wer ich bin oder wo ich bin oder ob ich überhaupt schreibe. Doch kaum deute ich an, daß ich ohne eine besondere Verkörperung existiere, fühle ich angesichts der eigentümlichen gegenwärtigen Form meines Bewußtseinszustandes Gelächterblasen in mir aufsteigen, eines Bewußtseinszustandes, der in die Vergangenheit blickt und sich die Zukunft erobert, dennoch aber nichts von beidem tut, denn vielleicht bringe ich die Ordnung der *Zeit* durcheinander, um die Ordnung der Form aus dem, was formlos und doch überwirklich ist, wiederzugewinnen. So wie im Überschwang kindlicher Gefühle die Aufmerksamkeit von einem Gegenstand zum anderen flattert, bewege auch ich mich von Angst über unbeschwertes Vergnügen zu metaphysischer Gewißheit, und doch entferne ich mich wieder davon, als sei für mich nichts so wirklich wie das Bewußtsein, das mich jetzt, wahrscheinlich aber nur für einen Augenblick, in den lebendigen Strom meiner Erzählung führt. Ich bin sicher – ich weiß zwar nicht genau, warum –, daß im Anschluß an diese Party, an die Unterhaltung zwischen Cara Beauchamp und dem Physiker, Marion sich das für seine Ausbildung angemessene Honorar erbat und seine Forderung stellte: Cara solle in Provincetown eine Wochenendparty für zwei Dutzend ausgewählte Gäste aus ihrem gemeinsamen Bekanntenkreis geben. Die Gäste sollten mit einem gecharterten Flugzeug hin- und zurückgeflogen werden, und dies mitten im November, also zu einer Zeit, da in New York bereits die Saison begonnen hatte und in Provincetown bestimmt mit schlechtem Wetter zu rechnen war.

»Marion«, hatte sie geantwortet, »erkläre mir mal, was du eigentlich vorhast.«

Sein außergewöhnliches Gesicht (eines der hübschesten, wohlproportioniertesten, sinnlichsten Gesichter, das jemals aus einem jungenhaften Eisblock herausgemeißelt worden war) verzog sich zu einem hintergründig-schelmischen Lächeln. »Ich bin in der Stimmung für eine Party, die diesmal ein Weilchen andauern wird.« Dann gähnte er, und wie aus Protest gegen seinen theatralisch-launischen Einfall verspürte er in der Leistengegend einen grausam wühlenden Schmerz. Wieder fühlte er sich ausgehöhlt, seine Batterie war erschöpft, und er sah sich auf die reiferen Jahre zueilen, die manche Männer schon mit fünfunddreißig erreichen; ein Dorian Gray, dessen geheimes Bildnis innerlich zerfleischt war, gezeichnet von Ausschweifungen, die er hunderttausendmal seinen Nervensträngen abverlangt hatte. Wohl kannte er das Rezept, um den Verfallsprozeß des Bildnisses aufzuhalten und rückgängig zu machen; es war das letzte der Geheimmittel und hatte schon früher einmal gewirkt: Es war Mord. Tapferer Mord. Tapferer Mord verlieh einem die Kraft des Mannes, den man tötete. Potentielle *Zeit* und dynamische *Zeit* – es war das große Sichzusammentun und die *Zeit* des Toten und damit die eigene *Zeit*. Die Energien des Getöteten regenerierten die versiegten Säfte der eigenen freudlosen *Zeit,* und man zog mit größerer Kraft, neuen Nerven, aber auch mit einer schwereren Bürde seines Weges. Denn die Waage (jener natürliche Inbegriff moralischer Gerechtigkeit, an die sich der alte, mordlüsterne Gott noch immer klammerte – hoffentlich?) würde sich nun noch mehr auf die Seite der Hölle neigen, und Marion wußte, was ihn in der Hölle erwartete: die onanistischen Surrogate einer *Zeit* bar jeglichen Sichzusammentuns, das quälende Bewußtsein, vielleicht als einziger unter Milliarden und Abermilliarden wiedergeboren zu werden. In einer Hölle, wo seine Nerven (diese Vorauskünder eines das Fleisch peinigenden, in seiner kalten Glut gleichsam elektrisierenden Feuers) mit der grenzenlosen Langsamkeit von Nerven, deren Tod sie in *Zeit* verwandelt hatte, ihre unaussprechliche Spannung verlieren würden; wo die Spirale den Pfad einer blinden Spinne spann, die Träume zerrannen und das Reich verlorenging, und mit ihm das Schicksal der Welt. Das war das Schlimmste; sein eitler Wahn, ihm allein sei es gegeben, die Welt zu retten – und falls er versagte, würden seine Qualen um so größer sein, denn wie gewaltig wäre dann Gottes Zorn! »Bin ich bereit zu sterben?« fragte er und lauschte auf die Antwort, die das Bildnis ihm geben könnte, und mit grausiger Stimme sagte das Bildnis *nein*. Dunkel erschien Marion die Bilanz seiner Taten, und an dem gottähnlichen Blick, mit dem er sich betrachtete, erkannte er zwar, daß er noch immer nicht göttlich genug war. Jedoch zu beurteilen, ob der Einfluß, den er durch seine Lebenskraft auf andere ausübte, dieser sich vor Qual und Erschöpfung windenden *Zeit* die Impulse einer neuen Liebe verliehen oder die *Zeit* näher an ihre Alpträume von einem verspäteten und somit unerfüllt gebliebenen Schicksal, von einer neuen, aber nie zur Reife gelangten Empfängnis getrieben hatte, lag außerhalb seines Erkenntnisvermögens.

5

Die Einladungen gingen hinaus, wurden von fast allen angenommen, das Flugzeug wurde gechartert – zwei Flüge erwiesen sich als erforderlich –, und die Party fand statt. Mit einigem Zögern und in dem Bewußtsein, euch um gewisse Voraussetzungen für euer Interesse geprellt zu haben, muß ich nun gestehen, daß ich nicht in der Lage sein werde, diese Party in ihren erregenden Einzelheiten zu schildern, bevor wir nicht eine ausgedehnte und noch immer nicht vorausschaubare Rundreise durch die Vergangenheit unternommen haben. Es wäre wahrhaftig ein außerordentlich schlechter Dienst am Leser, wollten wir uns allzu unvermittelt in den Tanz der Enttäuschungen, Verführungen, Perversionen und Leidenschaften einreihen, welche die Party hervorrief: Das Ausschweifende neu geknüpfter Beziehungen beschleunigt die *Zeit* der anwesenden Damen und Herren. Um ein Erfolg zu werden, muß sich auf einer Party mehr ereignen, als ursprünglich vorgesehen war, und ich kann euch die einigermaßen befriedigende Zusicherung geben, daß nach meinen Maßstäben die Party nicht langweilig war: Wie mit der abwägenden Hand eines Künstlers war hier eine Auswahl jener widersprüchlichen und mannigfaltigen Menschentypen getroffen worden, die im Glühofen von Cara Beauchamps wilder Party die zähe und harte Struktur einer neuen gesellschaftlichen Legierung bildeten. Diese Party erhielt noch dadurch zusätzliche Anziehungskraft, einen geheimen Schwung, daß sich auch Gäste auf ihr befanden, die keineswegs das waren, was sie zu sein schienen, zum Beispiel ein russischer Spion, sehr darauf bedacht, die Freundschaft unseres Physikers zu gewinnen, ein Spion von solcher Wichtigkeit, daß auch ein Beamter des FBI zugegen war, wobei man natürlich jeden dieser Herren sorgfältig mit einem gefälschten Lebenslauf ausgestattet hatte. Die Sache wurde noch dadurch kompliziert, daß zwei weitere Beauftragte der Polizei anwesend waren: der eine vom Rauschgiftdezernat, unglücklicherweise aber selber süchtig, der andere von der Sittenpolizei aus New York. Um nun den Kreis zu vollenden, glaubte der Beamte der Sittenpolizei dem Beweis auf der Spur zu sein, daß Marion Faye einige Jahre zuvor einen anderen Beamten der Sittenpolizei ermordet hatte, was auch den Tatsachen entsprach; jedoch war all diesen Leuten von der Polizei unbekannt (obwohl der Beamte des FBI eine schwache Möglichkeit witterte), daß der russische Spion, der an einer in der Psyche aller Spione latent vorhandenen mitotischen Zwangsvorstellung litt, sich nicht mit seinem Doppelleben zufriedengegeben, sondern einen Teil seines Selbst nochmals aufgespalten hatte; gewisse unüberlegte und mit seinem Beruf nicht zusammenhängende Handlungen in Amerika hatten ihn in einen Sumpf von Erpressungen getrieben, aus denen jener ermordete Beamte der Sittenpolizei sich zusätzliche Einkünfte verschafft hatte. Indem sich Marion gerade dieser Sache angenommen hatte, war ihm auch der Beruf des Spions nicht verborgen geblieben, und es war ihm gelungen, ihn für Zwecke einzuspannen, die nunmehr im Zusammenhang mit seinen Plänen für die Party standen – wenn dies alles auch recht kompliziert erscheinen mag, so kann ich dem entgegenhalten, daß diese Schilderung die wirklichen Verwicklungen nur sehr oberflächlich wiedergibt, in die ungefähr ein Dutzend anderer Gäste ebenfalls hineingezogen wurden, darunter ein gewisser Shawn Sergius (vielleicht als Sergius O'Shaughnessy geboren), die einzige schöpferische Persönlichkeit, die jemals im Fernsehen tonangebend gewesen war, und Dr. Joyce, der Psychoanalytiker, der in seiner Menschenfreundlichkeit zu weit gegangen war und auf diese Weise seine Laufbahn, seinen Beruf und die Achtung vor sich selber in so hohem Maße aufs Spiel gesetzt hatte, daß er bereits, lange bevor er auf der Party erschien, sich mit Selbstmordgedanken trug.

Ein Selbstmord wurde wahrhaftig verübt (ich weiß noch nicht, ob es sich dabei um den Arzt handelte), dann folgte ein Mord, ein Mord, dessen Ausführung durch eben diesen Selbstmord inspiriert worden war, dem Selbstmord ging eine Orgie voraus, der Orgie wiederum eine Reihe von Vereinigungen in der Art des natürlichen wie auch des unerlaubten Koitus, letzterer von Homosexuellen ausgeübt, die ihre Praktiken willensschwächerem Fleisch aufzwangen, sowie von mißlungenen Paarungen und gewissen, im höchsten Grade unzüchtigen Handlungen, nach denen jeder der Beteiligten sich vom Rhythmus und den Reaktionen des anderen durchdrungen fühlte. Es war ein wüstes Fest. Nachdem alles vorbei war, blieben zwei Tote zurück, und bei dem einen von ihnen fand die Polizei ein Notizbuch mit einer Liste, einer seltsamen Liste, denn in ihr war jeder einzelne Teilnehmer aufgeführt. Dennoch wies sie mehr Eintragungen auf, als Menschen zugegen gewesen waren, sowie Bezeichnungen, die auf mehr als einen zutreffen, als hätten einige der Gäste mehrere Typen in sich vereinigt. Ich gebe die Liste hier so wieder, wie sie hingekritzelt worden war, eine äußerst appetitanregende Zusammenstellung:

ein Schwuler
ein Polizist
ein Gauner

ein Neger
ein Kriegsheld
ein Filmstar

ein Sportsmann
ein Rauschgiftsüchtiger
ein Gesellschaftstiger

ein Fischer
ein Psychoanalytiker
ein Callgirl

eine Hure
ein Geschäftsmann
eine Mutter
ein Vater

ein Kind
ein Geschwisterteil
ein Fernsehdarsteller
ein Politiker

ein Schriftsteller
ein Maler
ein Jazzmusiker
ein Vergewaltiger

ein *zeit*loses Wunder (ursprünglich ein Mann, dann aber in die naturgetreue Nachbildung einer Frau verwandelt)

(Hier war eine Linie gezogen)

ein Physiker
ein Arzt

ein Taxifahrer
ein Fließbandarbeiter

ein Pudel

ein Polizeihund
ein Boxer
Bedienstete

(Und hier war wieder eine Linie gezogen)

ein Geist (Gott?) (aus dem Loch – er?)
ein Haus
ein Baum
ein Vertrag
ein Friedhof
ein Käfer
eine Blume
eine Ratte
eine Kuh
ein Pferd

ein Wahnsinniger

ein Sturm
ein Flugzeug
ein Henker

ein Stierkämpfer

Es könnte Schlimmeres geben, als diese Liste nochmals zu lesen. Ich frage mich, ob es in der Geschichte unserer Republik eine in gleicher Weise bunt durcheinandergewürfelte Party gegeben hat: ein Filmstar und eine Ratte, ein Vergewaltiger und ein Kriegsheld, ein Psychoanalytiker und ein Callgirl, ein Pudel und ein Fließbandarbeiter, ein Kind und ein Geschwisterteil, ein Henker und ein Geist, ein Friedhof und ein Fernsehkomiker; ja, alles gleicht einem dieser neuartigen Spiele, bei denen Psychologie und Soziologie in einem Pappkarton zum Preis von drei Dollar untergebracht sind – »Theater« könnte man es nennen, denn man wählt selber seine Rolle: Sei eine Hure, ein Physiker, ein Jazzmusiker, ein Schwuler – wie langweilig muß unsere Republik doch sein, daß so wenige Menschen das Spiel kaufen. Verdammt noch eins! Was gibt es von der Leiche zu berichten? Was für ein außergewöhnlicher Mann – falls es ein Mann war –, eine solche Liste von Persönlichkeiten aufzustellen, wo er doch gewußt haben muß, wie nah er selber daran war, »zur Reinigung gebracht zu werden« – eine unbedachte Äußerung, die die Vorstellung enthält, der Tod müsse reinigen.

Aber der Tod reinigt ja gar nicht, sagt mir mein Verstand, der Tod löst auf: Unser Bewußtsein verstrahlt sich in dem Maße aus uns selber, wie unsre Zelleiber zerfallen (man verzeihe das Wortspiel, aber wir sprechen vom Tode), wir gleiten hinweg – verschwenderisch, hörbar nur der Nachtluft, unsere Gefühle, Heimlichkeiten, Gerüche, Ängste, Gelüste, Gedanken, Vorhaben, Pläne und – wenn wir zu spät gestorben sind – das dumpfe, erstickende Gas unserer Langeweile, sie alle lösen sich in der Luft auf, werden von anderen eingeatmet und wieder ausgestoßen – vielleicht haben wir die Millionen Lichtjahre ihrer Phantasie um einen Millimeter beeinflußt. Das Fettgewebe, das Blut, die Muskeln und die Knochen sinken wieder in die Erde (falls uns das Glück zuteil wird, nicht in einer hermetisch abgeschlossenen Luxusgruft zu ersticken), ja, durch die Poren der Kiefernholzkiste nähren wir mit unserem armen, verbitterten Fleisch das schmachtende Friedhofsgras – einige Jahrhunderte weiter, und die Leute werden die Kühe dorthin auf die Weide treiben, damit sie fressen, Milch geben und Fleisch liefern und es einem einzigen weitläufigen Verwandten eines Moleküls, tausend Familiendynastien entfernt, ermöglicht wird, wieder in einen menschlichen Körper zu schlüpfen. Einigen unserer Zellen mag die Wanderung aus unserem zerfallenen Körper in den Körper eines anderen gelingen – all das, was wir einmal waren, ist auf die Größe eines Moleküls zusammengeschrumpft, dessen geringfügige Abweichungen von der klassischen Form der riesigen Eiweißmolekülkette sich wieder irgendeines schiefmäuligen, eingeschrumpften Ionenkopfes voller Widersprüche und Möglichkeiten bemächtigen werden (wie dies alle Abweichungen von der klassischen Form tun), die einst einen Menschen ausmachten, einen General, der die Heerscharen seiner Zellen befehligte, ein Deus seines leiblichen Universums.

Und das ist alles? Eine heilige Kuh (»Jetzt habe ich auch die Hindumasche kapiert«, hat Marion einmal gesagt) soll unsere beste und zugleich höchst armselige Brücke sein, über die wir, gleichgültig, auf wie grausame Weise wir auch verkleinert wurden, den Weg zurückfinden zu dem Leben jener Wesen, die die Macht besitzen – nur allzu unbewußt –, den wandelbaren Rhythmus der *Zeit* zu verändern?
Oder gibt es noch etwas anderes?
Und wenn ich sage, ich glaube, es gibt noch etwas anderes, stecke ich damit den Schlüssel in mein Geheimfach, denn wie einige von euch inzwischen gemerkt haben werden, stammt die Liste, die ich zu eurer Belustigung vorlegte, von mir, und ich bin – o ja, jetzt weiß ich, wer ich bin oder war – ich bin der Tote auf dem Fußboden, denn auf diese Weise bin ich, ja (was für ein Augenblick erhabener Trauer über all das, was nicht getan wurde!) auf diese Weise bin ich in dem endlosen, wohlerwogenen Augenblick der mir durch den Tod geschenkten Vision die Million verebbender Zuckungen des sich verstrahlenden Bewußtseins von Wörtern, mein Letztes, wehklagend in meinem Innern, gehetzt von dem Schrecken, nicht mehr zu wissen, wo ich bin, noch, ob es Menschen gibt, mich zu hören und mir zu antworten. Endlich bin ich unterwegs, auf der Reise in den Wahnsinn, dessen Klänge zum erstenmal in jenen allzu unterschiedslosen Augenblicken der Bosheit, der Zügellosigkeit, der Verheißungen und all des Entsetzlichen auf einer Cocktailparty an mein Ohr schlugen, als ich, zu berauscht von der Er-

kenntnis, welcher Mut von mir gefordert wurde und wie wenig ich davon besaß, die Augen schloß, in der erlösenden Bequemlichkeit eines Sessels sitzend, den Geist eines ich-gestrafften Willens aufgab und mich von dem aus Alkoholfluten geborenen Schwindelgefühl hinwegschwemmen ließ, eine weite lange Strecke für jene wenigen Augenblicke, in denen ich mit einer Geschwindigkeit, die sich durchaus mit dem geilen Tempo unserer sich drehenden Erde vergleichen ließ, herumwirbelte und ich eins war mit etwas anderem, bis die Frau oder Geliebte oder welch jüngste Verkörperung der Königin Hure auch immer neben mir saß, mich durch einen Rippenstoß wieder zu mir brachte, weibliche Finger im Zorn gegen den rückgratlosen, immer wieder umsinkenden Mann mich mit Zeugungsentschlossenheit hoch und zurück in die Welt der Lebenden zerrten und ich schließlich vernahm:
»Ist dir wieder besser?«
»Ich habe über etwas nachgedacht«, antwortete ich, »und ich denke gern mit geschlossenen Augen nach«, aber das war eine Lüge, die lediglich den Schein zwischen uns wahren sollte, ein Brot, gebacken aus dem Mehl der Falschheit, das mich gleichwohl wirksam stärkte, mir meine festen Vorsätze ins Gedächtnis rief und mich nach langer Ohnmacht wieder in den Trubel der Party zurückholte.
Aber nun gehe ich, der Wirbel hört nicht mehr auf, die Strömungen des Strudels – abermals das Kreisen Gottes? – sind bedeutungsschwer, und ich sinke, oder fliege ich? Alle Bezugswerte sind dahin, und trotzdem eile ich in meinem Innern, ungetrübt wie das eisig-starre Kokain-Auge, auf einen Punkt des Gerichtetwerdens zu, mein Mut und meine Feigheit (mein maskulines Vorstoßen und Sichzurückziehen aus der habgierigen, energieraubenden, haarigen alten Grotte der *Zeit*) schleifen hinter mir her in jenem Kometenschweif von Begriffsinhalten, der die durch die Vision des *Jetzt* topologisch umgekehrte Vergangenheit darstellt, als jagte ich, indem ich Vergangenes zurückzugewinnen trachte, der Zukunft nach, so daß die Vergangenheit, das Netz

der namengebenden, die Oberfläche wahrnehmenden Vergangenheit, wiederum meine Zukunft ist und ich hinaustrete in die Vergangenheit, auf den Pfad des erloschenen Blicks vergangener Beziehungen, das Auge meines Ichs häuslich geborgen in dem mit Gegenständen angefüllten Chaos jedes einzelnen Ichs, das ich mir wähle, zumindest für diese kurze Weile zwischen dem Steigbügel und dem Erdboden, denn in einem Augenblick – wird er von ewiger Dauer sein? – stürme ich, ebenso wie eine Zelle in der Krise ihres selbstsüchtigen Zellenschicksals, hinein in das mitternächtliche Bewußtsein, in die von Träumen verfolgten Entscheidungen jenes Gottes, von dem ich ein Teil war. Wird er mich auserwählen, nochmals geboren zu werden? Habe ich mich als einer seiner Besten erwiesen? Bin ich ein Embryo in irgendeinem Leib der teilbaren femininen *Zeit,* oder liegt diese Reise noch vor mir? Oder, am allerschlimmsten, bin ich – und der lautlose Schrei gellt mir in den Ohren – bin ich bereits auf dem Wege hinaus und nach oben, ein übler Gestank, der aus dem Kot Gottes aufsteigt, wenn seine Zeit des Durchfalls gekommen ist? Wie ein exkrementales Junges bin ich dabei, mich triefend und saugend und blökend am letzten Drücken des göttlichen Schließmuskels vorbei ins Freie zu schieben, nur die Toilette der *Zeit,* des allerältesten Scheusals, zur Verfügung, die mich in den spiraligen Strudel sternenlichterhellter, leerer Gewässer fortwirbelt. So nähere ich mich Ihm, falls ich Ihn nicht schon verloren habe, Gott, in Seinem Schicksal, in dem Er Erfolg haben oder tragisch versagen mag, denn Gott leidet wie wir an dem Ehrgeiz, sich ein außergewöhnlicheres Schicksal zu schaffen, als Ihm zugedacht war; ja, Gott ist wie Ich, nur in höherem Maße.
Es sei denn, daß ich mich, statt durch die Finsternis eines inneren Raumes zu wirbeln – eisig wehen die Winde hier –, lediglich Selbsttäuschungen hingebe und in jene hoffnungslose Odyssee zurückgleiten lasse, wo die Wollust keine Bleibe hat und mein Wesen nur noch nach dem Teufel zu suchen vermag, während ich die Gedanken einiger von euch in mir trage.